珠江三角洲城市群年鉴

URBAN AGGLOMERATION IN THE PEARL RIVER DELTA YEARBOOK

2016

（总第7卷）

珠江三角洲城市群年鉴编纂委员会　编

方志出版社
Publishing House of Local Records

图书在版编目（CIP）数据

珠江三角洲城市群年鉴. 2016 / 珠江三角洲城市群年鉴编纂委员会编.—北京：方志出版社，2016.10

ISBN 978-7-5144-2153-8

Ⅰ. ①珠… Ⅱ. ①珠… Ⅲ. ①珠江三角洲—城市群—2016—年鉴 Ⅳ. ①Z526.5

中国版本图书馆 CIP 数据核字（2016）第 255587 号

ZHUJIANGSANJIAOZHOU CHENGSHIQUN NIANJIAN

珠江三角洲城市群年鉴（2016）

珠江三角洲城市群年鉴编纂委员会　编

珠江三角洲城市群年鉴编辑部
地　　址：广州市越秀区启明横马路 7 号
邮政编码：510080
电　　话：（020）87665153　87668385
电子邮箱：zsjcsq@163.com
传　　真：（020）87662941

出 版 人　冀祥德
特约编辑　何文倩　周慧琴
插页设计　广州市新角度广告有限公司
责任编辑　章　瑾
出 版 者　方志出版社
地　　址　地址：北京市朝阳区潘家园东里 9 号（国家方志馆 4 层）
邮编：100021
网址：http://www.fzph.org
发　　行　方志出版发行中心
电话（010）67110500
经　　销　各地新华书店
印　　刷　深圳中华商务安全印务股份有限公司
书　　号　ISBN 978-7-5144-2153-8
开　　本　787mm×1092mm　1/16
印　　张　36.5　**插页：**18　**字数：**866 千字
版　　次　2016 年 10 月第 1 版　2016 年 10 月第 1 次印刷
印　　数　0001~2500 册
定　　价　200.00 元

编辑说明

1.《珠江三角洲城市群年鉴》是广州、深圳、珠海、佛山、江门、东莞、中山、惠州、肇庆九个城市合作组织编纂的年度资料性文献，创刊于2010年，重点反映珠江三角洲城市群落实《珠江三角洲地区改革发展规划纲要（2008—2020年）》的基本情况和一体化发展进程。

2.《珠江三角洲城市群年鉴》每年出版一卷，以出版年号为卷次名称，内容主要记述上一年度的基本资料。

3. 全书的框架结构分为三大部分。第一部分是地区综述，设“基本情况”“大事记”“创新驱动”“区域协调”“合作交流”5个篇目；第二部分是各市发展，设“广州市”“深圳市”“珠海市”“佛山市”“江门市”“东莞市”“中山市”“惠州市”“肇庆市”9个篇目；第三部分是附属资料，设“泛珠江三角洲基本情况”“统计资料”“珠江三角洲发展研究论文摘要”“文献法规”4个篇目。各篇目下设分目、条目。条目是全书内容记述的主体，标题统一用黑体加【】表示，个别包含多方面资料的条目在段落间加插楷体标题提示。

4. 全书前有目录，后有索引，方便读者查阅，并随书附送包含全部内容的数据光盘。

5. 为进一步增加信息量，增强可读性，2016年卷设有两辑彩色图片专辑，分别为“2015·珠江三角洲大事”“珠江三角洲地区风采”，图文并茂地反映珠江三角洲各市日新月异的建设风貌。

6. 全书所载录的内容和数据，部分由珠江三角洲九市人民政府地方志办公室或地方综合年鉴编纂机构、泛珠三角九省（区），以及香港、澳门特别行政区提供，部分由本年鉴编辑部采集编写。文中如有数据与“统计资料”篇目的数据有出入，以广东省统计局提供的“统计资料”数据为准。

目　录

CONTENTS

■镇域经济
Town Economy

区域协调
REGIONAL COORDINATING

■重要会议
Important Meeting

■制度创新
System Innovation

■规划计划
Programming and Planning

合作交流
COOPERATION AND COMMUNICATION

■联席共商
Joint Conference

■合作协议

Cooperation Agreement

■项目实施

Project Implementation

■交流活动 Communication Activities

■开放合作 Openness and Cooperation

广州市
GUANGZHOU

■特色产业

Characteristic Industry

佛山市

FOSHAN

■基本情况

Basic Situation

■年度大事

Major Events in 2015

■区域合作

Regional Cooperation

■特色产业

Characteristic Industry

■产业调整

Industrial Adjustment

东莞市

DONGGUAN

■基本情况

Basic Situation

■年度大事

Major Events in 2015

■区域合作

Regional Cooperation

■电子商务

Electronic Business

■特色产业
Characteristic Industry

■非物质文化遗产
Intangible Cultural Heritage

中山市
ZHONGSHAN

■基本情况
Basic Situation

■年度大事
Major Events in 2015

■区域合作
Regional Cooperation

■会展业
Exhibition Industry

■特色产业
Characteristic Industry

■环大亚湾新区建设
Construction of Dayawan New District

肇庆市
ZHAOQING

■基本情况
Basic Situation

■年度大事
Major Events in 2015

■主导产业
Leading Industry

泛珠江三角洲基本情况
BASIC SITUATION OF PAN-PEARL RIVER DELTA

统计资料
STATISTICAL DATA

珠江三角洲发展研究论文摘要
RESEARCH PAPERS IN THE PEARL RIVER DELTA DEVELOPMENT

文献法规
DOCUMENTS, LAWS AND REGULATIONS

索引
INDEX

2015·珠江三角洲数字

土地面积：54 754平方千米

年末常住人口：5 874.27万人

城镇人口：4 969.10万人

年末就业人员：3 871.26万人

地区生产总值：62 267.78亿元

第一产业：1 116.89亿元

第二产业：27 136.63亿元

工业：25 482.89亿元

第三产业：34 014.26亿元

三次产业结构：1.8∶43.6∶54.6

人均生产总值：107 011元

规模以上工业增加值：23 680.10亿元

地区生产总值占全省比重：78.9%

公路通车里程：63 054千米

轨道交通营运里程：451千米

货运量：266 078万吨

港口货物吞吐量：129 108亿吨

邮电业务总量：3 573.05亿元

本地电话年末用户：2 086.68万户

移动电话年末用户：11 437.39万户

全社会固定资产投资额：20 048.69亿元

房地产开发投资：7 075.57亿元

社会消费品零售总额：22 651.04亿元

出口总额：6 087.57亿美元

进口总额：3 664.69亿美元

实际外商直接投资：256.24亿美元

地方一般公共财政预算收入：6 391.70亿元

地方一般公共财政预算支出：8 421.36亿元

中外资金融机构本外币存款：

141 609.04亿元

本外币住户存款：42 737.49亿元

中外资金融机构本外币贷款：

85 741.78亿元

（湘君 辑）

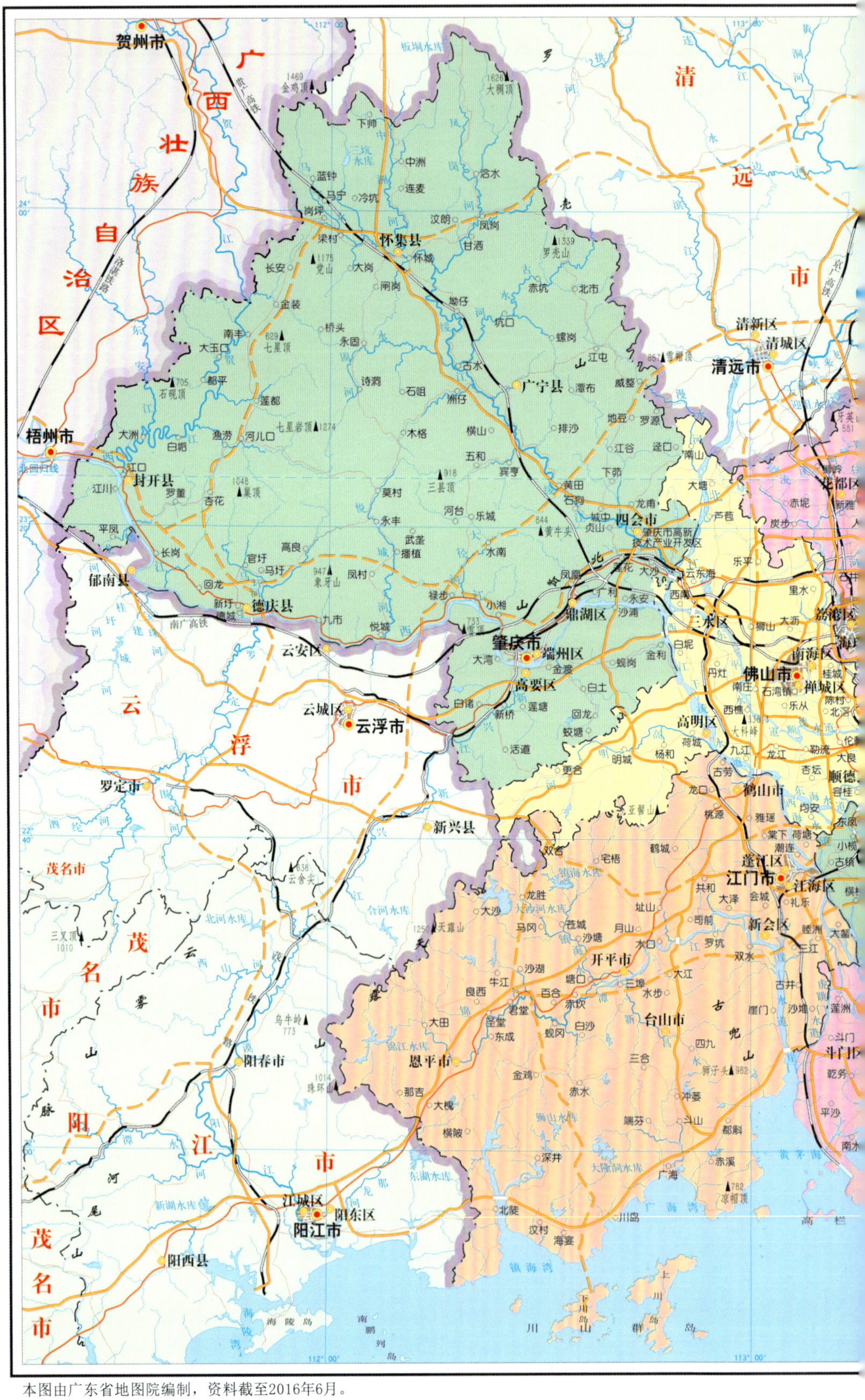

本图由广东省地图院编制，资料截至2016年6月。

审图号：粤S（2016）050号

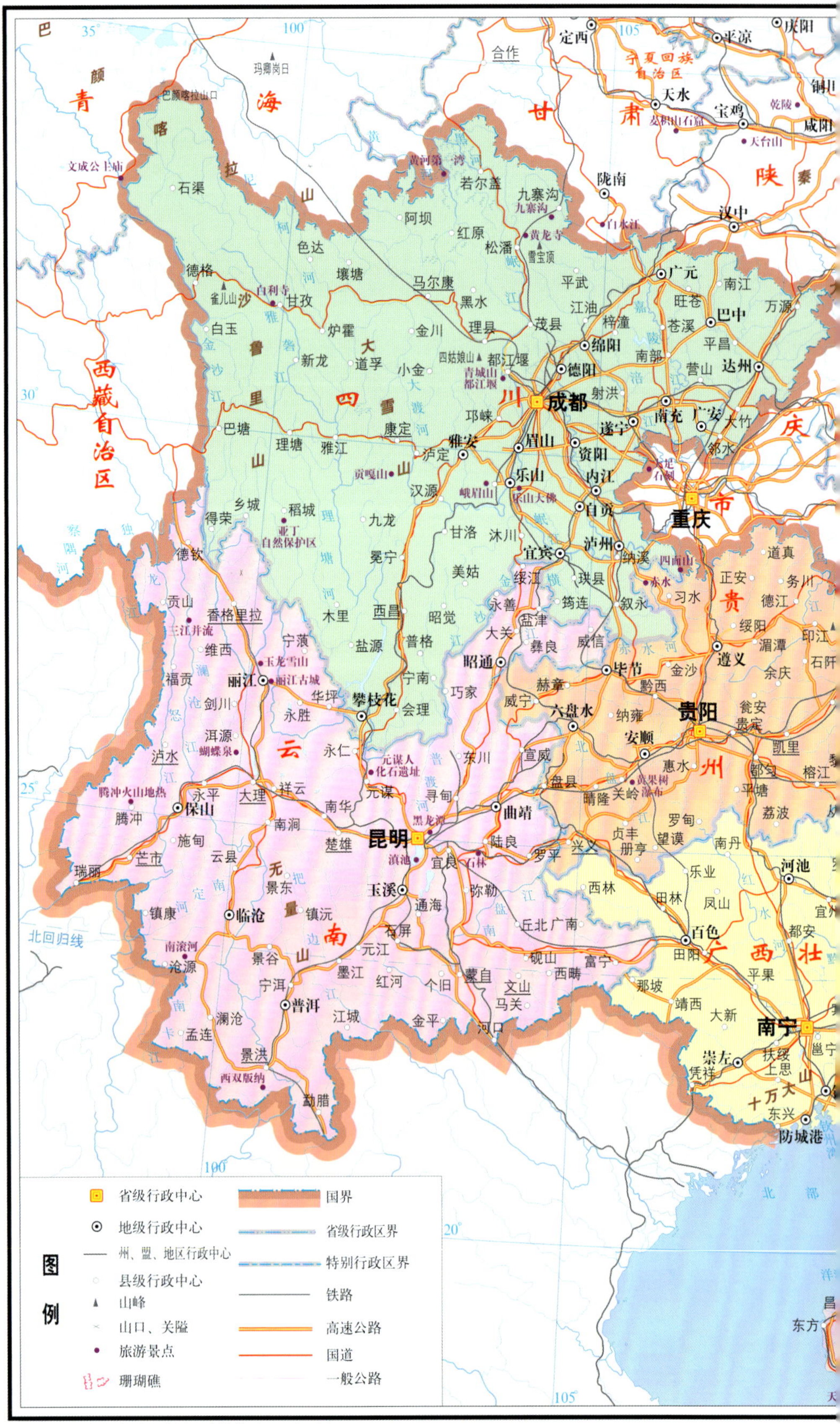

本图由广东省地图院编制，资料截至2016年6月。

泛珠三角地区地图

参考比例尺 1：9 800 000

审图号：GS（2016）1810号

2015年6月1日，中共广东省委书记胡春华（前右四）出席由广东省政府主办、广州市政府和斐济投资局承办的中国（广东）-斐济经贸合作交流会

（广州市商务委员会供稿）

2015年6月26日，中共广东省委副书记、省长朱小丹（前右三）参观中国（广州）金融交易·博览会

（人行广州分行供稿）

2015年4月21日，中国（广东）自由贸易试验区举行挂牌仪式

（广州市政务信息中心供稿）

2015年7月28日，“2015肇庆—广州经贸合作交流会”在广州东方宾馆举行

（广州市商务委员会供稿）

2015年8月28日，广州市荔湾区与佛山市南海区共建广佛同城化合作示范区签约
（广州市政务信息中心供稿）

2015年12月30日，广佛肇清社会保险服务合作交流会举行　（广州市人社局供稿）

2015年5月19日，“缤纷深莞惠、美丽乡村游”中国旅游日深莞惠3+2（河源、汕尾）“万人互游”系列活动在龙门尚天然温泉小镇举行（惠州市志办供稿）

2015年1月22—26日，第六届珠中江进出口商品展销会在江门市五邑华侨广场会展中心举行（卢锦权 摄）

2015年8月22日—23日，首届珠江西岸先进装备制造业投资贸易洽谈会在珠海国际会展中心举行（江门市商务局供稿）

2015年12月15日，江门、中山签订交通一体化协议（江门市交通局供稿）

2015年12月3日，第二届世界广府人恳亲大会在珠海国际会展中心召开　　（钟凡 摄）

2015年1月30日，2015深港合作会议在深圳举行　　（陈锡坤 摄）

2015年6月18日，粤港澳医药产业协同创新联盟揭牌　　（广东药科大学供稿）

2015年6月25日，2015年粤澳合作联席会议在江门举行。朱小丹（右）、崔世安（左）共同主持　（江门市政协供稿）

2015年6月27日，首届泛珠三角区域金融合作论坛在广州举行　（广州市金融局供稿）

2015年9月22日，粤桂黔高铁经济带合作联席会议在南海召开 （佛山市南海区供稿）

2015年10月27日，以“携手海上应急，共建平安珠江”为主题的2015年粤港澳三地海上联合搜救演习在珠江口海域举行
（广州海事局供稿）

2015年12月6日，深港城市建筑双城双年展开幕　（贺志熙 摄）

2015年12月29日，中山、澳门消费维权合作联席会议召开　（中山市工商局供稿）

2015年2月10日，港珠澳大桥CB05标贯通（珠海市大桥办供稿）

2015年6月27日，连接江门、顺德两地的广东第一斜拉桥——江顺大桥建成试通车（江门市交通局供稿）

2015年8月3日，创建国家下一代卫星通信国际科技创新产业园—“中国天谷”项目在宝安奠基　（甘杰 摄）

2015年12月30日，广明高速广州段主线建成通车　（广州交投集团供稿）

基本情况

珠江三角洲概况

【自然地理】 地理位置 珠江三角洲旧称粤江平原，简称“珠三角”，位于广东省中南部、濒临南海，是由珠江三大支流西江、北江、东江在溺谷湾内合力冲积而形成的复合三角洲。地处北回归线以南，是中国南亚热带最大的冲积平原。

地域范围 珠江三角洲东起东江石龙，西起西江羚羊峡，北起北江芦苞，南至南海沿岸，呈倒三角形，面积1万多平方千米。以珠江干流的黄埔至虎门河段为界，西部的西、北江三角洲为珠江三角洲的主体部分，面积8 370平方千米，东部的东江三角洲面积较小，面积1 380平方千米。

地质基础 珠江三角洲在大地构造单元上，处于华南地洼区。燕山运动和喜马拉雅山运动形成的NE向、MW向、EW向断裂，控制着三角洲的外部轮廓、河道延伸方向、古海岸线和第四系沉积物的展布。珠江三角洲受三组断裂的切割，形成多个垂直向上具有不同运动方向或运动速率的断块，新构造运动以断裂活动和断块差异升降运动为主要特征，并围限成珠江三角洲中、新生代构造盆地，与周围的龙归盆地、三水盆地、潭江盆地、东莞盆地，合成广义的珠江三角洲盆地。盆地内堆积白垩系和第三系陆相碎屑岩、火山碎屑岩、细粒层凝灰岩等；第四系盖层为中更新统河床相砂砾层，晚更新统河流相、河口湾—三角洲相碎屑沉积及其风化壳等，平均厚度约30米，由陆向海增加。

地貌形态 珠江三角洲东、北、西三面丘陵台地环抱，中部平原广阔、地势低平，可分为4个地貌类型：中部、北部高围田、高沙田（高平原）年代较老，围垦较早，占总面积的51.2%；南部近海的中沙田、低沙田（低平原），为近期围垦的平原，占总面积的25.0%；西北的塱田（积水地），占总面积的6.6%；人工地貌桑基鱼塘及蔗基鱼塘（基水地），分布在顺德及其附近，占总面积的17.2%。平原上散布160多个海拔300~500米的岛丘，多为三角洲沉积前古海湾中的岛屿，如五桂山、西樵山、莲花山等。

水文状况 珠江三角洲河网发达，主要水道共105条，长1 738千米。珠江水量大、含沙量小，多年平均径流量3 412亿立方米，各支流进入珠江三角洲后，62.5%的水量和50.9%的沙量经东四口门（虎门、蕉门、洪奇沥、横门）流入伶仃洋，37.5%的水量和49.1%的沙量经西四口门（磨刀门、鸡啼门、虎

广州市天字码头夜景 （广州市旅游局供稿）

跳门、崖门）流入黄茅海。珠江三角洲平均每年接纳泥沙 8 336 万吨，其中约 20%沉积在三角洲内，80%淤积在八大口门之外的海域中。

气候特征　珠江三角洲属南亚热带湿润季风气候，具有终年高温，光照充足，夏季长、霜期短，降水丰沛，水热季节配合好等气候特征。年日照时数为 1 900~2 000 小时，年平均气温 21℃~22℃，全年实际有霜日期在 3 天以下。年降水量 1 600~2 000 毫米，降水以夏季最多，春季次之，秋冬季最少，每年 4—9 月为雨季，降水量约占全年的 80%左右，降水年变化呈双峰型，最高峰在 6 月，次高峰在 8 月。各大支流汛期错开，但夏秋多台风，洪涝威胁大。

植被类型　珠江三角洲地带性植被为南亚热带常绿阔叶季雨林，种类组成以热带科为主，主要有桑科、大戟科、桃金娘科、樟科、金缕梅科、山茶科、壳斗科、茜草科、蝶开花科、苏木科、芸香科、梧桐科、杜英科、紫金牛科、冬青科、棕榈科和山矾科等。受人类干扰，珠三角自然植被少，局部村边保留榕树、红鳞蒲桃、鸭脚木、越南山龙眼组成的半常绿季雨林，丘陵地主要分布马尾松、岗松、桃金娘和鹧鸪草组成的疏林。

土壤性质　珠江三角洲的土壤主要有水稻土、堆叠土、赤红壤等。在南亚热带湿润季风气候和生物因子的长期作用下，红色风化壳深厚，土壤呈酸性，缺乏盐基物质，富铝化作用明显。水稻土成土母质以三角洲沉积物为主，土层深厚肥沃。堆叠土是在三角洲沉积物上由塘泥堆叠而成。赤红壤分布于孤山、丘陵地带，成土母岩为花岗岩、砂页岩、红色岩系等，表土层薄，磷钾缺乏，呈强酸性反应。

【资源物产】　土地资源　珠江三角洲的土地资源类型多样。据统计，珠江三角洲地区有土地资源 546.76 万公顷，其中农用地 425.89 万公顷，占总面积的 77.89%，建设用地 82.65 万公顷，占总面积的 15.12%。在农用地中，其中林地 275.64 万公顷，耕地 78.28 万公顷，园地 30.35 万公顷，牧草地 0.32 万公顷。建设用地中，居民点及工矿用地 69.47 万公顷，交通与水利设施用地 13.18 万公顷。

水资源　珠江三角洲降水丰沛，河网密布，水资源丰富。2015 年，珠江三角洲降水量 1 150.59 亿立方米，水资源总量 675.54 亿立方米，其中地表水资源量 671.75 亿立方米，地下水资源量 151.96 亿立方米，地表与地下水资源不重复量 3.79 亿立方米，供水总量 221.72 亿立方米，海水直接利用量 212.84 亿立方米。至 2015 年，珠江三角洲有保护区 9 个，其中源头水保护区河段 6 个，中华白海豚自然保护区 1 个，水库保护区 2 个（流溪河水库、深圳水库保护区）；保留区 7 个，其中 3 个为水库保留区；开发利用区 153 个，其中水库开发利用区 78 个，湖泊开发利用区 2 个，河涌开发利用区 5 个，三角洲河流开发利用程度比较高。

矿产资源　珠江三角洲矿产种类多、规模小，共生矿多、富矿少，共有矿床 140 处，矿产种类 46 种，其中大型矿床 23 处、中型矿床 64 处、小型矿床 53 处。主要矿产有金、银、铌、钽、水泥用灰岩、建筑用石料、石膏、盐矿、矿泉水、地下热水等。非金属矿产资源为珠江三角洲的优势矿产资源，共有矿床 53 处，主要有高岭土、石灰岩、膨润土、硅质原料、石膏、萤石、大理岩与砂石等。珠江三角洲的能源矿床共 39 处，以泥炭最多，其次是地热水、矿泉水和煤。珠江三角洲金属矿床48处，主要有铷、褐铱铌矿、独居石等。

生物资源　珠江三角洲常见植物有500多种，分属130多科373属，其中纯热带属占42%，泛热带性属占11%。常见乔木有榕树、蒲桃、胭脂木、红锥、中华锥、厚壳桂、黄桐、假苹婆、香樟、山乌桕、谷木、猴耳环、橄榄等。主要灌木有九节、栀子、毛果算盘子、细叶五月茶、箬竹、罗伞树、车轮梅、红背山麻杆等。草本植物有扇形铁线蕨、沙皮蕨、狗脊、淡竹叶、莩草、弓果黍、山姜、乌毛蕨等。藤本植物有瓜馥木、小叶买麻藤、爬崖藤等。珠江三角洲动物以热带性广布种为主，食肉动物极少，兽类有穿山甲、黄鼬、野兔、青鼬等，鸟类有鹰科、鸭科、稚科、文鸟科等，爬行动物有金钱龟、乌龟、银环蛇、水蛇、变色树蜥等，经济鱼类有鲥鱼、花鰶、凤鲚、七丝鲚、银鱼、鳗鲡、花鳗、青鱼、草鱼、鳡鱼、鳍鱼、赤眼鳟、海南红鲌、大眼红鲌、条鱼、广东鲂、鳊鱼、黄尾密鲴、刺鲃、南方白甲鱼、鲮鱼和唇鱼等。利用丰富的农业生物资源，珠江三角洲发展成为中国重要的粮食、蔗糖、桑蚕、塘鱼、水果、花卉、蔬菜、家禽生产和出口基地。

海洋资源　珠江三角洲的海洋资源优势主要在于港口资源、旅游资源和滩涂资源。珠江三角洲大陆海岸线长715.3千米，主要包括伶仃洋、磨刀门、广海—镇海湾三个岸段。大型港口区有大亚湾、荃湾、马鞭洲、秤头角、盐田、蛇口—大铲湾、沙田、沙角、黄埔、新沙、南沙、桂山、高栏、台山等。沿海主要港口与码头货物年吞吐量10.88亿吨、货物周转量8 269.29亿吨千米。已建设品清湖、莲花山、情侣路、横琴岛、崖门炮台、宝安等滨海重点风景旅游区。珠江三角洲每年海水产品产量约70万吨，重要渔港有新湾、新垦、莲花山、崖门、沙堤等，重点养殖区有考洲洋、范和港、大亚湾、长沙湾、北山、横琴岛南部、赤溪东部、广海湾等。

珠江三角洲海域功能区划

海域名称	范围	海岸线长度（千米）	海域面积（平方千米）	主要功能
大亚湾及周边海域	包括考洲洋、大亚湾、大鹏湾及周边海域	435	5 156	海洋保护、港口航运、旅游娱乐、农渔业
狮子洋—伶仃洋及周边海域	包括黄埔港、深圳湾、虎门、蕉门、洪奇门、横门及周边海域	480	1 973	港口航运、工业与城镇建设、旅游娱乐
万山群岛及周边海域	包括担杆列岛、佳蓬列岛、万山列岛、外伶仃岛、桂山岛及周边海域		4 803	旅游娱乐、港口航运、农渔业
磨刀门—黄茅海及周边海域	包括银洲湖、磨刀门、鸡啼门、虎跳门、崖门、黄茅海及周边海域	242	3 765	港口航运、工业与城镇建设、农渔业、旅游娱乐
广海湾—川山群岛及周边海域	包括广海湾、镇海湾、川山群岛及周边海域	325	4 621	农渔业、工业与城镇建设、旅游娱乐

【行政区域】 珠江三角洲包括珠江沿岸的广州、深圳、珠海、佛山、惠州、东莞、中山、江门和肇庆9个地级市，下辖33个市辖区、5个县级市、7个县，320个镇、267个街道、2个民族乡，土地总面积5.47万平方千米。

【历史沿革】 自然地理学中的珠江三角洲，一般是指西江羚羊峡以下、北江芦苞以下、东江石龙以下、流溪河江村以下、潭江开平以下的珠江平原（包括部分丘陵台地），陆地面积约1万多平方千米，称为“小珠江三角洲”。也有学者将肇庆盆地、清远盆地、惠阳盆地、广花平原、潭江盆地划入，称为“大珠江三角洲”。

1985年1月，国务院提出把珠江三角洲开辟为沿海开放区，先“小三角”，后“大三角”，分步骤、有计划地安排。珠江小三角经济开放区包括佛山、江门、中山、东莞4市和番禺、增城、南海、顺德、高明、新会、开平、恩平、台山、鹤山、宝安、斗门12县。1986年，广东省又将三水县划入。小三角经济开放区陆地面积2.28万平方千米。

1987年12月，为进一步扩大对外开放、加强对外经济技术交流与合作，经国务院同意，广东省决定将珠江三角洲经济开放区的范围由“小三角”扩大为“大三角”，纳入花县、从化、高要、四会、广宁、惠阳、惠东、博罗8县。这样，大三角经济开放区共7市21县，陆地面积4.26万平方千米。

1994年10月8日，中共广东省委在七届三次全会上提出设立珠江三角洲经济区。珠江三角洲经济区包括广州、深圳、珠海、佛山、江门、中山、东莞7市，惠州的惠城、惠阳、惠东、博罗，肇庆的端州、鼎湖2区和高要、四会2县级市，陆地面积4.169万平方千米。后来，珠三角经济区的范围又调整扩大为广州、深圳、佛山、珠海、东莞、中山、惠州、江门、肇庆9市，陆地面积4.52万平方千米。

2003年7月，中共广东省委首先正式提出“泛珠三角”的概念。2004年6月，首届“泛珠三角区域合作与发展论坛”召开，“泛珠三角”11省区政府领导共同签署《泛珠三角区域合作框架协议》。“泛珠三角”包括珠江流域地域相邻、经贸关系密切的福建、江西、广西、海南、湖南、四川、云南、贵州和广东9省区，以及香港、澳门2个特别行政区，简称“9+2”。“泛珠三角”陆地面积200.6万平方千米。

2008年12月，国家发展和改革委员会发布《珠江三角洲地区改革发展规划纲要（2008—2020）》，规划范围以广东省的广州、深圳、珠海、佛山、江门、东莞、中山、惠州和肇庆市为主体，辐射泛珠江三角洲区域，并纳入与港澳紧密合作的相关内容。首次将珠三角地区的改革发展上升为国家战略，在国家层面上将珠三角定位为探索科学发展模式试验区、深化改革先行区、扩大开放的重要国际门户、世界先进制造业和现代服务业基地、全国重要的经济中心。

2009年6月，广东省政府发布《关于加快推进珠江三角洲区域经济一体化的指导意见》。明确提出以交通一体化为先导，以广州、佛山同城化为示范，省市联手推进基础设施、产业发展、环保生态、城市规划、公共服务一体化，到2012年，在珠三角基本实现基础设施一体化，初步实现经济一体化；到2020年，在珠三角实现区域经济一体化和基本公共服务均等化。

2011 年 4 月，广东省政府在《广东省国民经济和社会发展第十二个五年规划纲要》中提出推进主体功能区建设，优化提升珠三角的发展目标。对人口密集、开发强度偏高、资源环境负荷偏重的珠三角核心区域要优化开发。坚持政府推动、市场主导，突破体制障碍，强化统筹协调，整合内部资源，推进珠三角经济一体化取得实质性进展，全面提升珠三角整体竞争力。

2016 年 1 月，《广东省国民经济和社会发展第十三个五年规划纲要》提出，广东省将深入实施珠三角优化发展战略，全面提升珠三角综合实力和核心竞争力，努力实现珠三角区域经济一体化，落实“九年大跨越”的目标要求。同时提出，要加快推进珠三角国家自主创新示范区建设，发挥广州、深圳示范带动作用，把珠三角地区建设成为国际一流的创业创新中心。

【人口语言】 珠江三角洲人口数量多、密度大，城镇人口比重大，外来人口多，文化教育基础较好。2015 年，珠江三角洲年末常住人口 5 874.27 万人（其中城镇人口 4 969.10 万人），户籍人口 3 265.69 万人。珠江三角洲从业人员年末人数为 3 871.26 万人，城镇单位就业人口 1 532.73 万人，占年末就业人员的 39.6%。由于本区域内的劳动力不足，每年吸引区域外大量青壮年劳动力前来就业。

珠江三角洲居民主要使用粤方言，俗称白话、广东话，属汉藏语系汉语族的声调语言。粤方言可分为：粤海片，也称广府片，以广州为代表，在粤语中影响最大；四邑片，以台山为代表；莞宝片，通行于东莞及宝安，以莞城为代表；香山片，通行于中山、珠海（斗门除外），以石岐为代表。各片小有差别，其中四邑片与粤海片差异最大。珠江三角洲客家方言主要分布在花都、东莞、惠东、惠阳、龙岗、中山五桂山等地。珠江三角洲外来打工者一般使用普通话。由于普通话为学校教学语言，大部分珠江三角洲居民均能听懂和交流。壮族、瑶族

2010—2015 年珠江三角洲各市城镇人口占常住人口的比例

单位：%

市别	2010 年	2011 年	2012 年	2013 年	2014 年	2015 年
广州	83.78	84.13	85.02	85.27	85.43	85.53
深圳	100.00	100.00	100.00	100.00	100.00	100.00
珠海	87.65	87.80	87.82	87.85	87.87	88.07
佛山	94.09	94.86	94.87	94.88	94.89	94.94
惠州	61.84	62.19	63.90	66.00	67.00	68.15
东莞	88.46	88.60	88.67	88.75	88.81	88.82
中山	87.82	87.87	87.92	88.00	88.07	88.12
江门	62.30	62.80	63.20	64.10	64.20	64.84
肇庆	42.39	42.45	42.62	43.82	44.01	45.16

聚居区使用壮语、瑶语等本民族语言，增城、博罗的畲族使用山瑶话。

【少数民族】 珠江三角洲的居民以汉族为主，汉族人口比例超过 98.2%，少数民族人口不到 1.8%。主要的少数民族有壮族、回族、满族、瑶族、苗族、黎族、畲族等。珠江三角洲古为百越族居地，土著民族大部分已被汉化，一部分发展成壮、瑶、畲等少数民族。如今，珠江三角洲的少数民族多分布在城市。据第六次全国人口普查统计，2010 年广东省少数民族人口 206.34 万人，户籍人口的一半，其中 1/3 分布在 3 个民族自治县和 7 个民族乡，1/6 居住在城市，1/2 散居在 50 多个市、县；外来少数民族常住人口占一半多，主要分布在广州、深圳、佛山、东莞、江门、中山、惠州等珠江三角洲城市。珠江三角洲有 2 个民族乡，分别为怀集县下帅壮族瑶族乡、龙门县蓝田瑶族乡。蓝田瑶族乡是广东省最大的少数民族乡，有瑶族居民近万人。

【地域文化】 珠江三角洲是广府文化核心区，发展历史悠久，市场经济发达，文化水平较高，地域文化独具特色。一方面，珠江三角洲的居民传承南越人的土著风俗，如善水、使用舟楫、嗜食水产、尚鬼敬神等；另一方面，又博采中原文化、港澳文化、西方文化等外来文化之长，形成商品意识重、不拘泥历史、敢于冒险开拓、善于接受新鲜事物等特点。珠江三角洲的农业文化、饮食文化、乐俗文化等在国内外影响深远。

珠江三角洲的农业文化起源很早。岭南是亚洲栽培稻的起源地之一，发现的原始人工栽培稻谷壳化石距今已 1.2 万年。种植水稻是土著南越人的重要文化特征。“饭之美者，玄山之禾……南海之秬”，其中的“秬”指的就是水稻，稻米为南越人主要的食物来源。宋代大量汉人南迁，带来先进的生产工具和技术，水田增多，一年三熟制形成，水稻得到大面积推广。明清时期，河流下游和海滩大量被围垦，耕作技术提高，稻作文化模式基本定型。珠江三角洲成为专业性的经济作物集中种植区，顺德、南海、中山、番禺等地的基塘农业驰名于世。现在，珠江三角洲的稻作、经作和生态农业等农业文化十分发达，并通过农产品和技术输出辐射海内外。

2015 年 12 月 3 日，第二届世界广府人恳亲大会在珠海开幕，该届主题是“世界广府人·共圆中国梦”。图为主题晚会现场 （钟凡 摄）

珠江三角洲食物资源种类丰富且四时不绝，岭南人善于利用各种食物资源，经过长期的交流与发展，形成杂食、饮茶、食粥等具有岭南特色的饮食风俗。粤菜是中国的四大菜系之一，以其特有的菜式和韵味，在国内外享有很高的声誉。其烹饪“集技术于南北，贯通于中西，共冶于一炉”。其用料广博、选料精细、善于变化、品种多样。烹调方法以炒、煎、焖、炸、煲、炖、扣等见长，讲究火候，制出的菜肴注重色、香、味、形。口味上以清、鲜、嫩、脆为主，讲究清而不淡、鲜而不俗、嫩而不生、油而不腻。

岭南的乐俗文化源远流长。铜鼓文化是百越文化的重要特征之一，铜鼓音乐广泛用于作战、祭祀、婚丧等仪式，1983 年考古人员在广州西汉南越王墓出土了编钟、编磬等大型乐器，古越人铜鼓音乐之发达可见一斑。流行于珠江三角洲的民间歌谣有咸水歌、客家山歌、竹枝词等，民间舞蹈有佛山醒狮、中山醉龙舞、增城火狗舞等。粤剧是珠江三角洲代表性地方戏曲之一，它利用本地民间曲调，吸取弋阳腔、昆山腔、秦腔、徽班等戏曲的优点，逐渐发展而成。2009 年 9 月，粤剧被列入人类非物质文化遗产名录。

【名胜古迹】 珠江三角洲海陆兼备，地貌复杂多样，自然景观千姿百态，独具神韵。至 2015 年，珠江三角洲不仅拥有肇庆星湖、佛山西樵山、广州白云山、惠州西湖、深圳梧桐山等国家重点风景名胜区和广东内伶仃岛—福田、广东珠江口中华白海豚、惠东港口海龟、广东象头山等国家级自然保护区，还拥有佛山西樵山、恩平地热、封开、深圳大鹏半岛等国家地质公园和梧桐山、万有、流溪河、南昆山、西樵山、从化石门、圭峰山、广宁竹海、北峰山、观音山、御景峰等国家森林公园。其中，鼎湖山 1956 年成为中国第一个国家级自然保护区，1979 年加入联合国教科文组织“人与生物圈”计划，被批准为世界生物圈保护区网络成员。另外，珠江三角洲的国家 AAAAA 级风景区有广州长隆旅游度假区、深圳华侨城旅游度假区、广州白云山风景旅游区、惠州罗浮山风景名胜区、佛山西樵山风景名胜区、佛山市长鹿旅游休博园等。

千百年来，各族人民世世代代在珠江三角洲地区生息繁衍，创造悠久灿烂的历史文化。1982 年，广州被国务院批准为首批国家历史文化名城。1994 年，肇庆、佛山被批准为第三批国家历史文化名城。2011 年 3 月 17 日，中山被增补为国家历史文化名城。至此，珠江三角洲地区的国家历史文化名城累计达 4 个。此外，珠江三角洲的中国历史文化名镇有 8 个：番禺区沙湾镇、开平市赤坎镇、珠海市唐家湾镇、东莞市石龙镇、惠州市惠阳区秋长镇、中山市黄圃镇、珠海市斗门镇、佛山市西樵镇；中国历史文化名村有 14 个：三水区乐平镇大旗头村、龙岗区大鹏镇鹏城村、东莞市茶山镇南社村、开平市塘口镇自力村、顺德区北滘镇碧江村、番禺区石楼镇大岭村、东莞市石排镇塘尾村、中山市南朗镇翠亨村、恩平市圣堂镇歇马村、佛冈县龙山镇上岳古围村、南海区西樵镇松塘村、广州市炭步镇塱头村、江门市棠下镇良溪村、台山市斗山镇浮石村。

珠江三角洲在历史时期就是中华民族重要的活动中心之一。近代以来，珠江三角洲更以其得天独厚的地理环境和兼收并蓄的文化传统，成为中国民族资本的摇篮、资产阶级维新思想的启蒙地、资产阶级民主革命和第一次国内革命的策源地和根据地。1961—2013 年，国务院先后核定并公布七批国家级重点文物保护单位。珠江三角洲第一批全国重点文物保护单位有三元里平英团遗址、黄花岗七十二烈士墓、广州农民运动讲习所旧址、广州公社旧址、光孝寺；第二批全国重点文物保护单位有林则徐销烟池与虎门炮台旧址；第三批全国重点文物保护单位有洪秀全故居、孙中山故居、黄埔军校旧址、中华全国总工会旧址、陈家祠堂；第四批全国重点文物保护单位有秦代造船遗址、南越国宫署遗址及南越文王墓、怀圣寺光塔、梅庵、德庆学宫、佛山祖庙、广州沙面建筑群、康有为故居、梁启超故居、广州圣心大教堂、广州大元帅府旧址；第五批全国重点文物保护单位有莲花山古采石场、东莞可园、东华里古建筑群、大鹏所城、悦城龙母祖庙、肇庆古城墙、七星岩摩崖石刻、中山纪念堂、余荫山房、开平碉楼；第六批全国重点文物保护单位有南汉二陵、却金亭碑、六榕寺塔、广裕祠、南社村和塘尾村古建筑群、陈芳家宅、粤海关旧址、叶挺故居、广东咨议局旧址、大岭山抗日根据地旧址；第七批全国重点文物保护单位有古椰贝丘遗址、蚝岗贝丘遗址、清真先贤古墓、五仙观及岭南第一楼、镇海楼与广州明城墙、南海神庙、清晖园、茶东陈氏宗祠群、三灶岛侵华日军罪行遗址、广九铁路石龙南桥、中国共产党第三次全国代表大会会址、顺德糖厂早期建筑、中山纪念中学旧址等。开平碉楼与古村落将外国不同时期、不同风格的建筑艺术移植到珠江三角洲乡村，是华侨文化的杰出代表，2007 年 6 月被列入世界文化遗产名录。

数量众多、高品位的名胜古迹，为珠江三角洲旅游业的发展提供良好的条件。2015 年，珠江三角洲旅游收入 6 474.28 亿元，比上年增长 12.82%。其中，旅游外汇收入折合人民币 1 052.91 亿元，比上年增长 4.91%；国内旅游收入 5 421.39 亿元，增长 14.5%。此外，珠江三角洲地区游客接待能力也进一步提高。2015 年，该地区接待过夜游客总数为 21 903.26 万人次，比上年增长 7.71%。其中，接待入境游客3 250.87 万人次，比上年下降 2.54%；接待国内游客 18 652.39 万人次，增长 8.63%。

【外贸口岸】 截至 2015 年底，珠江三角洲经国家批准对外开放的一类口岸 46 个，占广东省的 79.31%，其中港口口岸 30 个，占全省的 76.92%；航空港口岸 2 个，占全省的 40%；陆路口岸 14 个，占全省的 100%。珠江三角洲对外贸易口岸的数量、通过能力和各项效益指标自改革开放以来均居全国首位，在我国对外贸易、科技文化交流和国际旅游事业中发挥着举足轻重的作用。

2015 年，珠江三角洲出口总额 6 087.57 亿美元，占全省的 94.6%；进口总额 3 664.49 亿美元，占全省的 96.6%，实现贸易顺差 2 423.08 亿美元。外商投资企业出口总额 3 204.86 亿美元，占全省的 96.24%，外商投资企业进口总额 2 031.12 亿美元，占全省的 96.83%。外商直接投资签订项目 6 779 个，合同外资额达 530.48 亿美元，实际利用外资 256.24 亿美元。主要出口商品有机电、电气设备、电视机及音响设备，核反应堆、锅炉、机械设备及零件，珠宝首饰，光学、照相电影、计量检验、医疗仪器设备，家具、床上用品、照明装置、发光标志，针织或钩编的服装及衣着附件，鞋类及零件，塑料及其制品等。主要进口商品有机电、电气设备、电视机及音响设备，核反应堆、锅炉、机械设备及零件，光学、照相电影、计量检验、医疗仪器设备，矿物燃料、矿物油及产品，塑料及其制品，铜及其制品等。

2014 年 12 月 31 日，中国（广东）自由贸易试验区经国务院批准设立。广东自贸试验区涵盖广州南沙新区（含广州南沙保税港区）、深圳前海蛇口（含深圳前海湾保税港区）、珠海横琴新区，实施范围 116.2 平方千米，依托港澳、服务内地、面向世界，建设成为全国新一轮改革开放先行地、21 世纪海上丝绸之路重要枢纽和粤港澳深度合作示范区。

【城市发展】 改革开放以来，珠江三角洲工业化发展迅速，工业体系逐步完善，产业结构不断优化，竞争能力日益增强。至 2015 年，珠江三角洲成为以电子、电气为主导，汽车、石化等重化工业为依托的世界制造业中心之一。工业化的高速发展加快城市化进程。鲜明的政府主导与地区自发增长相结合，珠江三角洲涌现出“以下促上，遍地开花”的东莞模式、“以上带下、一镇一品”的中山模式、“中间突破，带动两头”的顺德模式、“六轮齐转，各显神通”的南海模式等城市化发展模式。

城市拓展和乡村城市化的双向作用，推动城乡一体化发展格局的形成。随着区域经济社会的快速发展，珠江三角洲城市规模增大、城市数量增加，形成大中小城镇相结合、多层次的城镇体系，城市空间结构和布局也发生根本性的改变。改革开放以前，广州市与周边地区城市之间属于核心—边缘结构；改革开放以来，深圳逐步发展成为又一个中心城市，珠海、佛山、中山、东莞、江门、肇庆等也发展成为中等城市，形成以广州、深圳为“双核”的珠江三角洲城市群。近年来，珠江三角洲城市群区域性基础设施和城镇基础设施逐步完善，城市生活质量和投资环境明显改善，广州、深圳的中心城市地位得到巩固，对全省的辐射带动作用不断增强，城乡一体、类型完备的多层次城镇体系初现雏形，双核模式正逐渐向网络化模式演化。

《珠江三角洲城乡规划一体化规划（2009—2020 年）》提出，要将广州、深圳建设成为世界城市，引领区域一体化；三大都市区多元化发展：广佛肇都市区形成多中心梯度分布的空间发展格局，广佛同城化发展，整体辐射能力加强；深莞惠都市区形成以深圳为核心，东莞、惠州为次中心，重要发展廊道为依托的多中心点轴发展格局；珠中江都市区形成多中心均衡分布的空间格局，人口城镇化水平达到 85% 以上。将环珠江口湾区建成珠三角的创新核心、生态核心、高端服务中枢和多元文化融合区。按照规划，珠江三角洲将进一步统筹城乡发展、提高城镇化水平，不断加快城市化进程、推进宜居城乡建设、推动“双转移”创新提质、辐射带动粤东西北振兴发展，采取优化国土空间布局、大力推进污染减排、促进资源节约、加强生态建设等措施，推进生态文明建设、努力建设美丽广东。

《广东省城镇体系规划（2012—2020 年）》提出，珠江三角洲将优先发展金融服务、信息服务、专业服务、教育培训服务、会展服务、流通服务、外包服务、旅游服务及文化创意等现代服务业，建设成为具有较强国际竞争力的世界高端服务业基地；加快总部经济发展，推进商业模式创新，全面提升广州、深圳、珠海等中心城市的综合服务功能和各类产业集聚区及专业镇的专业服务功能；加快发展装备制造、大石化、精品钢铁等先进制造业，打造成为世界级重大成套和技术装备制造产业基地；重点发展电子信息、新能源、新材料、生物医药、海洋、航空等战略性新兴产业与高技术产业，建成亚太地区和全球重要的高技术产业聚集区。

至2015年，珠江三角洲地区成为中国参与全球化竞争的前沿阵地和战略空间，努力建设成为世界先进制造业和现代服务业基地、“21世纪海上丝绸之路”的重要增长极、战略枢纽、社会文化交流中心和海陆统筹发展试验区，正朝着亚太地区最具活力和国际竞争力的“世界级城市群”的目标迈进。

（张争胜　南文龙　赵亮　刘玄宇　牛姝雅）

珠江三角洲地区经济社会发展概述

【概况】　2015年，珠江三角洲地区实现地区生产总值（GDP）6.23万亿元，比上年增长8.6%，增速比全省、全国分别高出0.6个和1.7个百分点，人均地区生产总值107 011元，增长7.1%；规模以上工业增加值2 368.10亿元，增长7.2%；固定资产投资总额20 048.69亿元，增长14.3%；社会消费品零售总额22 651.04亿元，增长9.6%；进出口总额60 601.70亿元，下降4.2%；地方公共财政预算收入6 391.70亿元，增长14.3%。

【创新驱动发展势头良好】　2015年，珠江三角洲地区研发经费支出比重达2.7%，百万人口发明专利申请量1 728件，万人发明专利拥有量23.33件，技术自给率超过71%。新增国家级高新技术企业1 748家，总数10 560家，高新技术产品产值5.1万亿元，比上年增长8.1%，高新区产值2.2万亿元。启动珠三角国家自主创新示范区和全面创新改革试验试点省建设。创建广东国家大科学中心，组建新的省科学院，高水平大学、高水平理工科大学和重点学科建设全面启动，“加速器驱动嬗变系统研究装置”“强流重离子加速装置”等国家重大科技基础设施落户惠州。实施大型骨干企业研究机构全覆盖行动，扶持8家大型骨干企业建设中央研究院。推动大众创业、万众创新，新增各类众创空间100个，总数150个，居全国前列；新增孵化器144个，新认定新型研发机构113个。实施“珠江人才计划”，累计引进五批117个创新科研团队，高层次人才850多人。深圳研发经费支出比重达4.05%，居世界前列，PTC国际专利申请量连续十二年居全国首位。珠海设立横琴知识产权交易中心、知识产权巡回法庭和知识产权检查工作站，初步建立起知识产权流动和保护机制。江门成为国家小微企业创新创业基地示范城市。佛山、中山率先启动创新券补助制度，扶持科技型小微企业创新创业。

【经济结构调整步伐加快】　2015年，珠江三角洲地区三次产业结构比重优化调整为1.8∶43.6∶54.6，现代服务业增加值比重达63%，先进制造业、高技术制造业增加值比重分别达53.9%和31.8%。全面启动工业转型升级三年攻坚战。出台技术改造事后奖补政策实施细则，完成工业技改投资1 765.5亿元，比上年增长54.3%，开展技改的规模以上工业企业4 337家。珠海格力自主研发的工业机器人投入使用，全球机器人领军企业ABB落户运营。东莞“机器换人”项目获人民日报、央视等主流媒体关注报道。成功举办首届珠江西岸先进装备制造业投资贸易洽谈会，珠江西岸装备制造业完成增加值2 466亿元，比上年增长13.5%。提升珠江东岸信息产业链，推动设立省集成电路产业发展基金，全省软件和信息服务业收入突破7 000亿元，比上年增长17%。推进新一代显示技术等6个战略性新兴产业集聚发展试点，战略性新兴产业增加值占规模以上工业比重的13.6%。出台关于加快发展生产性服务业的若干意见，70个省级现代服务业集聚区建设加快推进，广州服务业对经济增长贡献率接近70%。以“互联网+”为代表的经济新业态蓬勃发展，全省电子商务交易额预计3.2万亿元，信息消费总额10 040亿元，主要来自珠江三角洲地区。佛山举办首届国际“互联网+”博览会，签约合作项目21个。出台省大型骨干企业诉求管理办法，珠三角新增主营业务收入超百亿元企业19家，总数达211家；新增超千亿元企业3家，总数达22家，提前完成“九年大跨越”目标。佛山开展企业“暖春行动”，建立收集处理问题诉求长效机制，解决企业发展困难。

【重大项目建设成效明显】 2015年，珠江三角洲地区区域内省重点项目完成投资额2 831亿元，为年度计划投资的111.9%；新开工、完工1亿元以上项目分别为1 311个和1 270个，在建项目是年完成投资额7 562.41亿元，比上年增长2.5%。建成惠州军民合用机场改扩建工程、珠海三一重工港口机械、惠州科锐公司LED芯片项目等28个项目；开工建设深圳市轨道交通六号线工程、武（汉）深（圳）高速公路仁化至博罗段、惠州市中新工业园汽车零配件生产和珠海市长隆国际海洋度假区二期等41个项目。广州南沙新区新设立企业近6 500家，比上年增长3倍，落户融资租赁企业88家，新增航运物流企业超过1 000家。深圳前海注册企业累计突破7万家，平均注册资本5 000多万元。珠海横琴十字门中央商务区展览中心、会议中心投入使用，创新产业基地（创业谷）一期工程建成投产。中新广州知识城启动基础设施项目152个，总投资额430亿元，宝洁、金发碳纤维等一批重点项目建成投产。佛山中德工业服务区启用中欧中心、中欧实验园等，举办2015中欧城市可持续发展论坛。惠州环大亚湾新区三大起步区共有各类项目53个，计划总

2015年8月22—23日，首届珠江西岸先进装备制造业投资洽谈会（简称装洽会）在珠海举行。图为装洽会上的智能机器人与嘉宾握手

（吴长赋　摄）

投资 850 亿元。中山中瑞（欧洲）工业园在瑞士设立驻欧经贸代表处。江门大广海湾新区完成总体规划及环保生态、产业发展、基础设施等三个专项规划编制。肇庆新区引进启迪环保科技城、肇庆电商谷、中国优质农产品交易中心等一批大型产业项目。珠海西部生态新区、东莞粤海银瓶合作创新区总体规划获省政府批复。

【全面深化改革扎实推进】 2015 年，珠江三角洲地区出台实施自贸试验区建设实施方案和管理办法，形成 60 项创新经验，首批 27 项改革经验在全省推广，其中跨境电商监管新模式、政府智能化监管服务模式两项制度创新入选国家最佳实践案例。南沙片区开展国际贸易“单一窗口建设”和“智检口岸”试点，通关时效提高 50%以上；前海蛇口片区率先开展跨境人民币贷款业务，累计备案金额突破 1 300 亿元；横琴片区率先推行企业营业执照、法人代码证、税务登记证“三证合一”“一照一码”。加大简政放权力度，新取消和下放省级行政审批 120 项；全面取消非行政许可审批事项，完成省级非行政许可事项清理 328 项，珠三角各市基本完成非行政许可审批事项清理。省、市、县三级行政审批事项基本进驻网上办事大厅，网上全流程办理率分别为 91%、84%、73%。全面启动珠三角法治政府示范区建设。广州有 99.4%的市级行政审批事项和 91.7%的社会服务事项可网上办理。佛山全面推进“一门式、一网式”政府服务改革，极大地方便群众办事。

【开放型经济实现新提升】 2015 年，珠江三角洲地区外贸结构不断优化，高新技术产品占出口总额 36.2%，服务贸易占对外贸易总额的比重提高至 11.1%，加工贸易“委托设计 + 自主品牌”方式出口比重达 70%。港珠澳大桥、粤澳新通道等跨境基础设施建设加快推动，推进落实粤港澳服务贸易自由化协议，规划建设粤港澳深度合作试验区。中山在 CEPA 框架下，推进与港澳台医疗服务业合作先行先试，首家港资医疗机构获批准引入。出台参与建设“一带一路”实施方案，开通连接沿线国家重点 14 国和澳新的空中航线 66 条，海运航线 172 条。成功举办第二届 21 世纪海上丝绸之路国际博览会，达成签约项目 680 个，签约金额 2 018 亿元。

【绿色低碳发展取得成效】 2015 年，珠江三角洲地区单位 GDP 能耗和四项污染物减排预计完成国家“十二五”目标任务。累计完成电机效能提升 900 万千瓦，注塑机改造 11 500 台，提前完成预期目标，推广新能源汽车 4 万多辆，单位工业增加值能耗下降 10.25%，非石化一次能源消费比重提高到 20%以上。区域 $PM_{2.5}$ 平均浓度比上年下降 16.7%，空气质量（AQI）达标率 88.4%，提高 7.4 个百分点，在全国重点区域率先达到国家空气质量二级标准要求，全国空气十佳城市中珠三角占 5 个；省控断面水环境功能区水质达标率为 84.6%；水质优良率 70.8%，提高 1.5 个百分点。肇庆市开展大气污染防治四大战役专项行动，$PM_{2.5}$、PM_{10} 年均值浓度降幅排全省前两名。首次举办珠三角城市群绿色低碳发展论坛，发布《珠三角城市群绿色低碳发展深圳宣言》，设立全国首个省级低碳发展基金。推进珠三角国家森林城市群建设，启动珠三角绿色生态水网建设，新建森林公园 104 个，湿地公园 49 个，森林覆盖率 51.5%。东莞市成功创建国家森林城市，中山成为首个国家级生态建设示范区地级市。东莞麻涌华阳湖湿地、中山翠亨湿地获国家林业局批复同意开展国家湿地公园试点。

【城市群建设再上新水平】 2015年，《推进珠三角一体化2014—2015年工作要点》确定的10个方面、33项重点工作总体进展顺利，完成情况良好，其中交通基础设施一体化、大气污染联防联治等15项工作超额完成目标。珠三角全域空间规划加快编制。交通基础设施建设成效突出，珠江三角洲地区铁路运营里程、高速公路通车里程分别为1 574千米和3 720千米。建成广深港客专福田站、广佛肇城际佛山至肇庆段等铁路项目，新台高速南延线、惠深高速惠州段等高速项目。深中通道获国家发改委正式批复，先行工程顺利开工。出台广东省信息基础设施建设三年行动计划，互联网普及率77.5%，光纤入户率37%。推行统一就业失业登记，实现区域"诊疗一卡通"。建立珠三角物流发展联盟，推进广州全国物流标准化第一批试点城市建设。2015年经济圈合作事项清单所列31项合作事项进展顺利。广佛同城化"十三五"发展规划编制启动，广佛肇（怀集）经济合作区共引进项目75个，投资额107.16亿元。深莞惠重点推进跨界河流污染治理工作，茅洲河干流中上游段治理工程完工，牛湖水、山厦河（水贝河）、鹅公岭河综合整治工程开工建设。珠中江公交IC卡实现互通，珠中互通公交线路11条，中江互通1条，珠中江阳旅游一体化合作稳步推进。"广佛肇＋清远、云浮、韶关""深莞惠＋汕尾、河源""珠中江＋阳江"新型都市区加快融合发展。

【社会民生事业加快发展】 2015年，珠江三角洲地区居民人均可支配收入36 662元，比上年实际增长9%。城镇新增就业98.4万人、失业人员再就业43万人。医疗卫生机构1.9万个，床位数每千人4.3张。出台《关于深化教育改革的实施意见》，教育现代化先进县（市、区）31个、先进市4个，覆盖率分别为63%和44%。实施进一步促进创业带动就业意见及配套政策，九市共使用就业专项资金17.36亿元，惠及484万人次。启动惠州、江门、肇庆等市乡镇卫生院标准化建设和出生缺陷综合防控项目。广州建成小型足球场34个，举办广州马拉松等体育赛事200多项。珠海幸福村居建设基本实现生活污水处理、村民网上办事、村居文化广场、居家养老全覆盖。江门率先探索精准扶贫、精准脱贫，80个贫困村、贫困户全部实现脱贫目标。 （林希楠）

【实施纲要工作考核情况】 按照中共广东省委、省政府工作部署，省实施《珠江三角洲地区改革发展规划纲要（2008—2020年）》（以下简称《珠三角规划纲要》）领导小组组织开展实施《珠三角规划纲要》工作考核。

2014年，珠三角各市考核结果：深圳市（89.45分）、珠海市（88.82分）、广州市（88.36分）3市为优秀等次，佛山市（87.79分）、惠州市（87.63分）、东莞市（85.03分）、中山市（84.67分）、肇庆市（84.40分）、江门市（83.89分）6市为良好等次。广东省有关单位考核结果：省经济和信息化委（94.27分）、省发展改革委（93.96分）、省编办（93.16分）、省交通运输厅（92.75分）、省财政厅（92.63分）、省科技厅（92.09分）、省人力资源社会保障厅（91.17分）、省环境保护厅（91.04分）、省林业厅

(90.84分)、省住房城乡建设厅（90.73分）、省商务厅（90.73分）11个单位为优秀等次，省港澳办（90.68分）、省民政厅（90.63分）、省地税局（90.61分）、省农业厅（90.39分）、省知识产权局（90.19分）、省金融办（90.17分）、省工商局（90.16分）、省教育厅（90.06分）、省公安厅（89.93分）、省旅游局（89.84分）、省文化厅（89.77分）、省国土资源厅（89.76分）、省质监局（89.68)、省水利厅（89.62分）、省卫生计生委（89.57分）、省法制办（89.51分）、省海洋渔业局（89.12分）、省国资委（89.01分）、省体育局（88.96分）、省新闻出版广电局（88.66分）20个单位为良好等次。省委宣传部、省社工委、省委政研室，省监察厅、省外办、省统计局、省台办、省社科院、省政府发展研究中心、海关总署广东分署、省国税局、广东出入境检验检疫局、民航中南管理局、人行广州分行、广东银监局、广东证监局、广东保监局、省通信管理局等单位参与，措施有力，为推动珠三角“九年大跨越”工作作出贡献。

2015年，珠三角各市评估考核结果：广州市（88.88分）、深圳市（87.64分）、佛山市（87.44分）、惠州市（86.95分）、珠海市（86.86分）、东莞市（86.54分）、中山市（86.04分）、江门市（85.25分）、肇庆市（80.67分）。广东省有关单位评估考核结果：省发展改革委（95.47分）、省经济和信息化委（95.47分）、省财政厅（95.23分）、省编办（93.81分）、省交通运输厅（93.21分）、省林业厅（93.13分）、省科技厅（93.11分）、省住房城乡建设厅（93.07分）、省环境保护厅（93.02分）、省商务厅（92.96分）。其他单位按得分排序依次为：省国土资源厅、省公安厅、省农业厅、省人力资源社会保障厅、省工商局、省民政厅、省水利厅、省国资委、省卫生计生委、省港澳办、省法制办、省教育厅、省体育局、省旅游局、省地税局、省海洋渔业局、省质监局、省金融办、省文化厅、省知识产权局、省新闻出版广电局。省委宣传部、省委政研室，省外办、省统计局、省台办、省社科院、省政府发展研究中心，海关总署广东分署、省国税局、广东出入境检验检疫局、民航中南管理局、人行广州分行、广东银监局、广东证监局、广东保监局、省通信管理局等单位参与，措施有力，为推动珠三角“九年大跨越”工作作出贡献。　（珠三角年鉴编辑部）

珠三角帮扶粤东西北

【概况】　2015年，根据广东省第二轮扶贫开发“双到”（指规划到户，责任到人）工作，珠江三角洲地区6市继续帮扶粤东西北，广州市帮扶梅州、湛江、清远，深圳市帮扶河源、汕尾，珠海市帮扶阳江、茂名，佛山市帮扶清远、云浮，东莞市帮扶韶关、揭阳，中山市帮扶河源、肇庆、潮州，惠州、江门、肇庆三市没有帮扶任务。“十二五”期间广东省深入实施粤东西北地区振兴发展战略，狠抓交通基础设施建设、产业园区扩能增效、中心城区扩容提质和全面对口帮扶。五年来，珠三角6个帮扶市累计投入财政资金约95亿元，引进项目692个，完成投资约600亿元。　（珠三角年鉴编辑部）

【广州市帮扶梅州、湛江、清远】　2015年，广州市以“全面完成任务，走在全省前列，展现广州特色”为目标，完成对口帮扶梅州、湛江、清远（连州市）265个贫困村扶贫开发“双到”工作任务。截至年底，全市累计筹集和投入帮扶资金22.94亿元，帮扶农业、工业、商贸旅游等经济项目1 095个，实现贫困户年人均纯收入9 888元，与2012年相比增长2.53倍，贫困户脱贫致富能力提高。265个贫困村基本形成一村一产业，村集体经济收入平均每村14.95万元，与2012年末相比增长24.77倍，贫困村落后面貌得到改变。2015年在省三年总的考核验收中，全市265个贫困村均被评为“优秀”等次。全市77个帮扶单位和132名优秀个人受到省扶贫开发领导小组通报表扬。

（林玮婕）

【深圳市帮扶河源、汕尾】 2015年，深圳加大对口帮扶工作力度，创新形式内容，促进当地经济社会发展和民生改善，全面完成帮扶河源、汕尾的各项工作任务。11月11日，首次召开深圳、河源、汕尾三市对口帮扶工作联席会议，会议总结前一阶段工作，研究部署下一步工作。12月19日，深圳对口帮扶汕尾指挥部通过微信公众号“五彩汕尾”发布信息：深汕合作区第四次招商推介会于12月24日在深圳、汕尾两地举行。是年，深汕特别合作区动工项目累计达76个，再加上该次招商推介会的动工项目，合作区有望在2016年成为广东最大的“工地”。深圳投入财政资金13亿元帮扶河源，专门支持产业园区开发建设，并推进规模为10亿~15亿元的产业投资基金成立。年内，深圳（河源）产业城转移工业园经国务院批准，升级为国家级高新区；深河产业城被省发改委纳入省重点项目。

（叶博珂）

【珠海市帮扶阳江、茂名】 至2015年底，珠海市对口帮扶阳江、茂名两市80个贫困村，3年累计落实帮扶资金8.25亿元（其中珠海市投入3.5亿元），平均每个村1 032万元（其中珠海市投入435万元），累计建设各类扶贫开发“双到”项目55 599个，贫困村集体经济收入平均每个村10.33万元，是帮扶前的14倍，村民人均纯收入、有劳动能力贫困户人均纯收入分别为12 864元和9 900元，是帮扶前的2.7倍和3.8倍。完成危房改造5 527户，村道硬底化821千米，建成村办公楼、学校、卫生室、文化中心等民生项目1 304个。帮扶阳江、茂名两市建成36个农业产业基地，带动农户36 699户（其中贫困户4 817户）参与基地生产，年人均增收2 700多元，并逐步培育成珠海菜篮子基地。在珠海建立扶贫地区特优农产品流通平台，在批发市场、农贸市场和大型超市设立5个扶贫地区特优农产品销售专区和1个对口帮扶地区特优农产品专业市场，扶持贫困地区特优农产品进入珠海等珠三角市场和港澳市场，带动贫困村、户脱贫致富。贫困村生产生活条件显著改善，发展基础和社会保障有较大提高，村领导班子带领群众致富奔康能力明显提升。（骆小丹）

【佛山市帮扶清远、云浮】 2013—2015年，佛山市对清远、云浮开展第二轮帮扶工作。帮扶期间，全市共统筹安排366个帮扶单位结对帮扶到村，派出11个驻县工作组、150个驻村工作组、244名优秀干部全面进驻清远、云浮，各级党政领导和帮扶单位领导到村调研指导帮扶工作达3 000多人次，完成对150个贫困村、1.8万户贫困户，5.9万人贫困人口的帮扶任务。2015年，有劳动能力的贫困户人均纯收入倍增，从帮扶前的2 500多元增长到近1.1万元，是原来的

4倍。贫困村集体经济收入从2013年平均每村1.2万元增长到2015年的19.6万元，是原来的16倍。在被帮扶地引入企业、投资农业产业基地建设，产业的大发展直接拉动农户每年人均增收2 300多元。改造危房超1万户、培训劳动力近万人、筹集资金大力改善当地教育条件，让所有的贫困户参加新农合和新农保，以扶贫开发助推当地民生全面改善。至2015年末，佛山市在云浮和清远62个村，共安装光伏发电设备装机总容量800多千瓦，设备可正常运转25年，按当前电价计算，年均收入超百万元。

（许锦华）

【东莞市帮扶韶关、揭阳】 截至2015年，东莞市根据省委、省政府第二轮扶贫开发“双到”工作部署，连续3年担负韶关市乐昌、南雄、翁源、新丰、乳源，以及揭阳市揭西、惠来、普宁8个县（市），115个重点帮扶村，9 586户贫困户，3.75万人贫困人口的帮扶工作。在第二轮扶贫开发“双到”工作中，全市统筹落实帮扶资金10.39亿元（其中东莞市投入4.95亿元，统筹市外资金5.44亿元），实施到村帮扶项目3 579个，到户帮扶项目8.62万个。8 020户有劳动能力贫困户年人均纯收入达1万元，脱贫率100%，115个重点帮扶村村集体经济收入平均达10.62万元，3年扶贫开发“双到”工作目标全部实现。

（李文蔚　刘念宇　王学林）

【中山市帮扶河源、肇庆、潮州】 2015年，中山市推进第二轮扶贫“双到”帮扶工作，围绕产业发展、技能培训和转移就业、基础设施建设、基本民生保障等重点，帮扶河源市紫金县及肇庆市怀集、封开、德庆、广宁5个县75个贫困村。第二轮扶贫开发“双到”工作开展以来，至2015年12月，全市累计投入7.47亿元，村均995.3万元，实施完成村项目2 561个、户项目58 841个，建设硬底化道路338千米，修建农田三面光水渠2 276千米，修建卫生室、文体活动场所226个，新建、修缮村委会办公场所147个，完成住房改造3 612户，组织技能培训25 250人次。贫困村集体经济收入、贫困户收入显著提高，全年贫困村集体经济收入各村平均达14万元，贫困户人均纯收入10 050元。

中山特大镇组团对口帮扶潮州市潮安区、湘桥区、枫溪区、饶平县，成立“多对一”的帮扶机构，纳入中山对口帮扶潮州指挥部统一管理，打好区域协调发展的基础。至2015年底，中山潮州两地22个结对专业镇共开拓10个平台、5个专业市场项目，投资总额8.5亿元。其中，中山横栏镇与潮州金石镇共建“粤东海西花卉产业园”，中山东升镇与潮州浒洲镇共同建设“浒洲镇大蚝综合集贸市场”，中山南区与潮州凤凰镇共同建设“茶叶一条街”，中山阜沙镇与古巷镇投入建设全国首家淋浴房及卫浴3D网上展厅。发挥两地区域优势，推动潮州产业发展。中山黄圃镇和潮州钱东镇结对共同做强食品产业，钱东镇被授予“中国盐焗鸡之乡”的称号，成为全国唯一获该称号的乡镇，构建“政府+龙头企业+平台/协会+产业园区”的现代产业发展模式。中山阜沙镇与潮州古巷镇加强卫生洁具产业合作，助推古巷获国家质检总局批准筹建“全国卫生陶瓷产业知名品牌示范区”。促进两地企业加强技术支撑、产品研发和资源共享。是年，两地企业开展交流活动25次，达成合作项目总金额3.5亿元，产业的融合发展迈出实质性步伐。潮州陶瓷材料与中山灯饰加工相结合，催生“陶瓷灯饰”新兴产业，使传统的“工业品”转型为“工艺品”。至年底，中山古镇—潮州枫溪的两市陶瓷灯饰企业达 200 家，产品远销世界 60 多个国家和地区。组织两地企业参展办展，联合开拓国内外市场。全年两地政府组织 1 000 家次企业抱团参展，扩大“中山 + 潮州”区域品牌影响力；通过第十三届中国红木家具博览会和红木家具十里名店订货会等活动宣传，2015 年潮州金石镇家私城红木家具销售额比上年增长 25.4%；中山阜沙镇与潮州古巷镇再次联合组织两地企业抱团参加第 20 届上海国际厨卫展，获订单交易金额 20 亿元，增长 8%。借鉴中山经验，基于产业基础，打造市、区、镇、企“四级创新平台”，为潮州中小企业解决技术、资金、人才等发展瓶颈问题，推动产业升级转型。建立“中山—潮州产业创新中心”“庵埠—小榄生产力促进中心”“婚纱晚礼服设计研发中心平台”“凤凰茶叶质量检测中心”“广东钱东中潮食品质量检验检测中心”等。7 月，中山对口帮扶潮州工作被评为广东省政府对口帮扶优秀创新工作。（中山市地方志办）

2015 年珠江三角洲地区九市主要领导

城市名称	市委书记	市人大常委会主任	市长	市政协主席	市纪委书记
广州市	任学锋	张桂芳	陈建华	苏志佳	王晓玲（任至 10 月） 刘连生（10 月任职）
深圳市	王荣（任至 3 月） 马兴瑞（3 月任职）	白天（任至 6 月） 丘海（6 月任职）	许勤	王穗明（任至 6 月） 戴北方（6 月任职）	丘海（任至 5 月） 王兴宁（5—10 月任职） 张子兴（10 月任职）
珠海市	李嘉	王广泉	何宁卡（任至 1 月） 江凌（2 月任职）	钱芳莉	王衍诗（任至 6 月） 龚海明（6 月任职）
佛山市	刘悦伦	刘悦伦（2 月任职）	鲁毅（代职至 1 月，2 月任职）	杨晓光	张子兴（任至 5 月） 黄力（5 月任职）
江门市	毛荣楷	毛荣楷	邓伟根	赵基耀	周伟万
东莞市	徐建华	徐建华	袁宝成	李毓全	戚优华
中山市	薛晓峰	薛晓峰	陈良贤	丘树宏	李君能（任至 4 月） 雷彪（4 月任职）
惠州市	陈奕威	陈奕威	麦教猛	陈训廷	闫宝瑋
肇庆市	徐萍华	徐萍华	郭锋（任至 2 月） 赖泽华（4 月任职）	张成文	林晓明

·责任编辑　周慧琴·

大事记

2015 年大事记

1 月

4 日　△深莞惠及汕尾、河源“3+2”区域信用合作第一次联席会议在惠州市召开。会议发布“3+2”区域信用合作宣言，签署“3+2”区域信用合作备忘录，五市力争在 2016 年建立“3+2”区域网络信息共享平台，实现信用工作信息相互交流和企业信息相互查询。

△是日至 6 日，国务院总理李克强在中共中央政治局委员、广东省委书记胡春华，省委副书记、省长朱小丹陪同下，在深圳、广州考察并在广州白云区实地了解外来务工人员生活情况，察看危房改造。

5 日　△是日至 6 日，中共东莞市委书记、市人大常委会主任徐建华，市委副书记、市长袁宝成率东莞市党政代表团赴香港拜访中联办、香港东莞社团总会、粤海集团。

6 日　△首条“深圳—台湾”全货机航线正式开通。

8 日　△港珠澳大桥青州航道桥主塔封顶，青州航道桥主体工程转入斜拉桥主梁施工和斜拉索挂索施工的新阶段。

10 日　△广东省基层社会治理工作平台建设珠三角现场会在东莞市召开，中共广东省委副书记、政法委书记马兴瑞出席会议并讲话。

△港珠澳大桥东人工岛非通航孔桥主体结构收官。大桥建设抵达“一国两制”分界线，为实现桥隧转换，与香港段对接奠定基础。

14 日　△首届“珠三角企业家峰会”在东莞市举行。

22 日　△是日至 26 日，第六届珠中江进出口商品展销会在江门市五邑华侨广场会展中心举行，展场面积 16 000 平方米，标准展位 566 个，其中境外企业展位 180 个。展销会为期 5 天，吸引约 55 万人次到会。

28 日　△肇庆市副市长冯敏强会见广西壮族自治区梧州市政府党组成员、粤桂合作特别试验区（梧州）工作领导小组办公室（管理委员会）主任徐文伟一行，研究举行肇梧第五次市长联席会议以及推进粤桂合作特别实验区工作。

30 日　△国家发改委在北京组织召开座谈会，正式启动《促进泛珠三角区域合作发展的指导意见》编制起草工作。

2 月

2 日　△港珠澳大桥九洲航道桥主塔 206 号墩上塔柱 T4—T9 节段竖转提升到位，完成安装。该节段高 67.94 米，总重 1 168 吨，是国内首次采用整体竖转提升方式安装的上塔柱，填补中国在此领域的空白。

4日 △中山海事局与广州、珠海、深圳、东莞、佛山等地海事部门联合开展珠江口海事监管与协作联合巡航。

8日 △2015年度广佛肇经济圈市长联席会议在广州市召开。广州市市长陈建华主持会议。佛山市市长鲁毅、肇庆市市长郭锋参加，云浮市市长卓志强、清远市常务副市长曾贤林应邀出席。会议审议《广佛肇经济圈建设2015年度重点工作计划》《广佛肇（怀集）经济合作区建设方案》，陈建华、鲁毅签署《广佛两市轨道交通衔接工作备忘录》。

10日 △佛山市召开佛港澳合作工作联席会议第三次会议。佛山市副市长麦洁华强调，要适应粤港澳服务自由化协议，破除“门中门”，推动港澳服务业进入佛山。

△广佛肇高速公路罗仔山隧道贯通，该隧道是广佛肇高速贯通的第一条长隧道。隧道于2013年6月28日开工，连接高要市禄步镇和德庆县播植镇，长2 200多米。

11日 △深莞惠经济圈（3+2）环保合作会议在惠州市召开。深圳、东莞、惠州、汕尾、河源五市环保部门领导、业务部门负责人以及相关县（区）、镇（街）环保部门负责人出席会议。

△珠海海事局与江门海事局在珠海海事局召开船舶试航、崖门出海航道临时交通管制等议题的联席会议。会议就船舶跨管辖区试航提出安全监管要求，双方建立崖门出海航道临时交通管制联系机制。

17日 △广东省政府发布《中国（广东）自由贸易试验区管理试行办法》。

23日 △港珠澳大桥第一高塔——青州航道桥56号墩索塔“中国结”结形撑首个阶段（J3节段）吊装成功。

24日 △广东自贸区总体方案获中共中央政治局会议审议通过。

28日 △中山与澳门合作专责小组第一次会议在中山市召开。中共中山市委副书记、市长陈良贤和澳门特别行政区经济财政司司长梁维特共同主持会议，正式确定两地合作的组织架构、工作规则和工作要求。

3月

6日 △是日至8日，广州、佛山、肇庆三市旅游局联合以“广佛肇”旅游品牌参加广州国际旅游展。

8日 △珠中江澳四地长跑联赛在珠海市海滨泳场开跑，有300余名运动员参赛。来自珠海的郭涛、澳门的杨美娜分别获得甲组男女冠军。

14日 △是日至15日，香港工会联合会、粤西六市总工会工作拓展座谈会在中山市召开。香港工联会、省总工会，以及中山、珠海、江门、阳江、湛江、茂名等珠江西岸六个地市总工会代表参加。会议探讨加强粤港工会合作、服务两地职工和加强各地市总工会与香港工联会内地咨询服务中心合作事宜，并签署合作框架协议。

18日 △广州、贵阳、佛山、肇庆、江门、六盘水六市旅游局在广州市签订《旅游合作框架协议》。

19日 △是日至20日，2015深莞惠旅游联盟“3+2”（河源、汕尾）第一次联席会议在惠州市召开。五市（文体）旅游局有关领导及惠州各县（区）旅游主管部门负责人参加会议，并针对如何更好地开展旅游联动推广等事宜提出建议和想法。

23日 △是日至24日，中共深圳市委书记王荣、市长许勤率党政代表团到贵州学习考察，与毕节、贵州就深毕对口帮扶、加强黔深紧密合作召开座谈会。

26日 △港珠澳大桥岛隧工程E15管节第三次安装成功，大桥建设者攻克世界级回淤难题，完美实现“深海之吻”。

28日 △国家发改委、外交部、商务部联合发布《推动共建丝绸之路经济带和21世纪海上丝绸之路的愿景与行动》，首次明确提出要充分发挥深圳前海、广州南沙、珠海横琴、福建平潭等开放合作区作用，深化与港澳台合作，打造粤港澳大湾区。大湾区建设将成为粤港澳合作最大的亮点，有力推动内地与港澳更紧密合作。

30日 △中共广东省委常委、常务副省长徐少华在珠海市调研港珠澳大桥建设情况，并考察格力电器股份有限公司和丽珠医药集团有限公司的技术创新工作。

31日 △中共中央政治局委员、广东省委书记胡春华会见港澳青年社团代表一行。

△广东省实施珠三角规划纲要领导小组会议召开。中共广东省委副书记、省长朱小丹讲话，强调推动珠三角在新常态下加快优化发展。

4月

8日 △国务院正式印发福建、广东自由贸易试验区总体方案。

9日 △香港特别行政区政府驻粤经济贸易办事处在东莞市举行为期七天的“见识香港”大型展览，以平面及立体展品和影片介绍香港城市面貌。

△是日至12日，肇庆市参加港澳“2015丝绸之路旅游年”宣传推广活动。

10日 △广佛肇城际轨道肇庆大道特大桥合龙。该桥2014年12月动工，东起肇庆端州区前村接大冲特大桥，西至城际轨道肇庆站，全长5 010米。

14日 △是日至16日，中山市公安局承办第十五届粤港澳警察、保安体育交流会。

15日 △“泛珠三角地区来穗人员融合促进座谈会”在广州市召开，福建、广西、贵州、海南、湖南、江西、四川、云南八省（自治区）驻穗办事机构有关人士参加。

20日 △横琴发展有限责任公司、澳门科技大学签署《共同在横琴新区打造澳门科技大学青年创新创业基地合作备忘录》。

△国务院新闻办举办自由贸易试验区新闻发布会。

21日 △广东自贸区挂牌仪式在广州南沙举行。广东自贸试验区的实施范围达到116.2平方千米，涵盖三个片区，包括广州南沙新区片区，深圳前海蛇口片区以及珠海横琴新区片区。

△深莞惠经济圈（3+2）五市道路运输一体化项目对接工作座谈会在惠州市召开，深圳、东莞、惠州、河源、汕尾五市交通部门有关负责人参加会议。会议初步达成一批对接项目意向。

23日 △肇庆怀集县政府办公室印发《广佛肇（怀集）经济合作区三年行动计划（2015—2017）》。

△广东自贸区横琴新区片区正式挂牌运作。

24日 △广西壮族自治区梧州市党政代表团到肇庆市考察并开展合作交流，双方表示要加快推进粤桂合作特别试验区建设，继续深化肇梧两市的交流与合作。

25日 △肇梧战略合作第五次市长联席会议在肇庆市召开。会议听取2014年肇梧战略合作工作计划执行情况和粤桂合作特别试验区工作情况报告，审议2015年工作计划，并就深化肇梧战略合作达成多项共识。肇庆市市长赖泽华和梧州市市长朱学庆等参加会议。

27日 △广东自贸区前海蛇口片区正式挂牌。

29日 △广东省考核组到肇庆市考核2014年度肇庆市实施《珠三角规划纲要》情况，并在肇庆高新区召开座谈会。

△2015年珠澳合作会议在澳门举行。会议签署《旅游合作框架协议》和《文化合作框架协议》。

△广东自贸区横琴颁发首批“商事主体电子证照卡”。

5月

4日 △共青团珠海市委、市青联在拱北口岸广场举办“凝聚青春正能量·携手同圆中国梦”——2015珠港澳三地五四成人礼活动，800余名三地青年参加活动。

8日 △中共广东省委副书记、深圳市委书记马兴瑞率队访问香港、澳门地区，分别拜会香港特别行政区行政长官梁振英和澳门特别行政区行政长官崔世安，就加强深港澳全方位合作、推动粤港澳大湾区建设进行座谈交流。

9日 △第二届港珠合作发展研讨会在香港举行。珠港穗三地政府官员、专家学者围绕港珠澳大桥时代下的服务贸易合作与旅游开发合作两个议题，进行探讨与交流。

12日 △中共广东省委副书记、省长朱小丹带队到东莞市检查推进珠三角“九年大跨越”工作情况。

△是日至13日，广东省政协主席王荣率队到广佛肇片区现场检查广州、佛山、肇庆三市实施《珠三角规划纲要》，推进“九年大跨越”工作情况。

△是日至13日，广东省人大常委会主任黄龙云率队检查珠海市实施《珠三角规划纲要》、推进“九年大跨越”的新进展、新成果。

△广东自贸区建设系列专题研讨培训班举办。中共广东省委副书记、省长朱小丹出席开班仪式并讲话，强调深化思想认识，提升创新能力，形成工作合力。

13日　△中共广东省委常委、广州市委书记任学锋会见霍震寰率领的香港广州社团总会代表团一行。双方就推动穗港在更深层次、更广领域的合作方面进行交流。香港广州社团总会永远名誉会长霍震霆，广州市领导陈国、骆蔚峰、陈明德参加。

△穗澳合作专责小组2015年会议在澳门召开。广州市副市长骆蔚峰、澳门特别行政区经济财政司司长梁维特率穗澳双方代表团出席。

14日　△中共广东省委常委、广州市委书记任学锋，广州市市长陈建华率广州市党政代表团到肇庆市考察交流。肇庆市委书记徐萍华，市长赖泽华陪同考察。广州市领导陈国、周亚伟，肇庆市领导梁育天及两市有关部门负责人参加。

17日　△佛山市顺德区文化艺术发展中心与广州市文化馆、佛山市文化馆、南沙区文化发展中心、番禺区文化馆、花都区文化馆、萝岗区文化馆、黄埔区文化馆共同签署《广佛区域文化交流合作协议》，搭建资源共享平台。

18日　△第11届穗台校长论坛——特殊教育专题论坛在台湾师范大学举行。广州市副市长王东与116名中小学校长和教育界代表出席，并与台方代表共同探讨特殊教育有关问题。

△广东省推进珠三角地区“九年大跨越”工作现场会召开。中共中央政治局委员、广东省委书记胡春华主持会议并讲话。会议强调，把稳增长摆在更加重要的位置，确保完成2015年经济增长各项目标任务。

19日　△“缤纷深莞惠·美丽乡村游”中国旅游日深莞惠3+2（河源、汕尾）“万人互游”系列活动在惠州龙门尚天然温泉小镇举行。此次活动以“缤纷深莞惠·美丽乡村游”为主题，旨在推进深圳、东莞、惠州、河源、汕尾五市旅游一体化进程，推广五市联游精品线路，实现深莞惠河汕五市旅游业合作共赢的发展目标。

△“中国旅游日”东莞快乐游暨深莞惠、莞韶城际互游活动启动仪式在东莞市麻涌华阳湖举行，主体活动包括启动仪式、旅游惠民、各镇街节庆、旅游展示和文化休闲五大部分。

21日　△佛山日报社与贵阳安顺日报社在贵阳市共同主办“高铁经济圈·合作新时代——粤桂黔高铁经济带与区域发展研讨会”。广东、贵州两地的经济专家、政府部门负责人、企业高管参加，共同探讨高铁经济时代的合作。

26日　△东莞、佛山、惠州三市银行间债券市场企业债务融资工具发行实务培训班在东莞举办，三市政府部门、银行机构和企业相关人员共300多人参会。

27日　△全国人大常委会办公厅组织澳门

特别行政区全国人大代表到珠海就横琴自贸试验区建设、扩大粤澳珠澳合作等开展专题调研。澳门特别行政区立法会主席贺一诚，中央政府驻澳门联络办公室副主任陈斯喜参加调研。

28日 △港珠澳大桥珠海连接线跨越重要工程节点——拱北隧道管幕施工告捷。

△以“姹紫嫣红，百花竞放”为主题的广州市女企业家协会成立三十周年暨穗港澳佛肇五地女企业家交流合作大会在广州南沙百万葵园举行。

30日 △肇庆四会市与香港离岛区在四会签署《广东省四会市与香港离岛区建立友好关系协议书》，并就两地合作交流和发展进行磋商。

6月

4日 △肇庆、贺州两市在肇庆怀集县签署《粤桂产业合作示范区建设备忘录》。肇庆市市长赖泽华、贺州市市长李宏庆出席会议。

△广东省环保厅发布2014年广东环境信息数据，珠三角2014年细颗粒物$PM_{2.5}$年平均浓度为42微克/立方米，比2013年下降10.6%。$PM_{2.5}$年均浓度最高的5个城市依次为广州、肇庆、韶关、揭阳和潮州。

5日 △第四届珠三角报业物流联盟交流会在东莞市报业大厦举行。该届交流会以“整合资源，合作共赢”为主题，珠三角各大报业集团相关负责人参加会议。

9日 △广东自贸区南沙片区开展汽车平行进口试点。

10日 △广东自贸试验区工作领导小组第一次会议召开。

11日 △广州市副市长王东与梧州市市长朱学庆代表两市政府在广州市政府礼堂签署《广州市—梧州市战略合作框架协议》。

12日 △“中国光彩事业黄冈（红安）老区行”珠三角地区招商推介会在深圳市举行，来自香港、广州、深圳、东莞、佛山等地的领导、客商及嘉宾代表300多人参加招商活动。签约项目46个，合同总额376.23亿元。

13日 △由广州、佛山、肇庆、清远四市联合主办的“爱我珠江亲水节”开幕式在清远市举行。清远市副市长陈建华主持开幕式。广州市人大常委会副主任吴树坚，佛山市市长鲁毅、肇庆市市长赖泽华、清远市代市长郭峰，以及广东韶关市、湖南永州市、湖南郴州市、广西贺州市，广东省渔政总队及相关部门负责人出席。

17日 △是日至18日，珠海市党政代表团在深圳市考察创新驱动发展战略实施情况。代表团分8个专题小组深入南山智园、中科院深圳先进技术研究院、大疆创新科技有限公司、腾讯计算机系统有限公司、柴火创客空间等38个科技创新孵化器、研发机构和高新技术企业考察。

18日 △广佛肇城际铁路无砟轨道肇庆段开始铺轨，7月底完成肇庆至佛山西162千米的钢轨铺设任务。

23日　△是日至24日，珠海市党政代表团访问香港，拜会香港特别行政区行政长官梁振英、中央人民政府驻香港特别行政区联络办公室副主任林武及工商企业、相关机构代表，共同谋划把握港珠澳大桥和横琴自贸试验区建设等历史性机遇，推动珠港合作再上新台阶。

24日　△广佛肇高速公路肇庆市德庆段的长达岭隧道实现双向贯通。该隧道2013年11月动工，全长2 400多米，是广佛肇高速德庆段最长隧道。

25日　△2015年粤澳合作联席会议在江门市举行。澳门中联办，广州、珠海、中山、江门市政府及粤澳两地相关部门负责人参加活动。

△首批入驻横琴·澳门青年创业谷的30个创业项目正式出炉，其中互联网类13个、文化创意类7个、高新技术类6个、跨境电商类3个、培训教育类1个。

26日　△广东省林业厅在肇庆市召开实施《珠三角规划纲要》暨创建国家森林城市群工作现场会。

27日　△广东最大跨径斜拉桥——江顺大桥试通车，向社会车辆开放。

△2015年广州国际龙舟邀请赛在中大北门广场至广州大桥之间的珠江河段开锣。广州市市长陈建华出席，并与市民、学生组成联队参加表演赛。澳大利亚、马来西亚、伊朗、美国、加拿大等5个国家和中国香港、中国澳门的龙舟队到穗，与广州市各区的龙舟队，以及来自珠海、佛山、肇庆、顺德、清远、东莞、揭阳7个城市的龙舟队同台竞技。

△以穗港青年交流为主题的第八次广州地情公众开放日活动举行，50多名参加粤港暑期内地实习计划的香港大学生齐聚广州市地方志馆，体验西关打铜、米机王咏春拳、广式红木宫灯等非物质文化遗产的现场演示及教学，了解广州老故事。

29日　△广佛肇三地党校到肇庆新区开展“高铁时代的广佛肇一体化发展”课题调研。

△广东自贸区横琴片区两大青年创业平台——横琴·澳门青年创业谷、北京大学创业训练营横琴基地分别启动运营和揭牌。

30日　△2015年在莞港企升级转型联席会议在香港召开，东莞市政府与香港特别行政区贸发局签署《利用粤港服贸自由化机遇全面加强合作备忘录》。

7月

2日　△广佛肇人才一体化大学生专场招聘会在广州南方人才市场举行，300个用人单位提供近7 000个职位。

△2015广佛跨界河涌沿线无证无照污染企业专项整治行动开始。第一阶段到佛山水道大沥镇盐步河西陆边工业区检查，有160家企业被查处，暂扣违法工具17批，强制停水停电101家。

3日　△佛山高新区、江门高新区第一次联席会议暨推进佛山高新区与江门高新区合作共建框架协议签约仪式在佛山高新区管委会举行。佛山、江门高新区的合作，首开广东省高新区之间的合作先例。

△港珠澳大桥桥梁工程跨度最大、主塔最高的通航孔桥——青州航道桥塔区钢箱梁大节段（0# 块）吊装成功。

5 日　△由广东省、广州市港澳办及广州市青联联合主办的广州 2015 粤港暑期内地实习计划恳谈会举行。省、市港澳办，市青联负责人及香港学生代表参加。

△由广州、深圳、惠州三市教育局联合主办的 2015 达能少年世界杯（足球）中国总决赛在广州市第五中学收官。深圳市福田区园岭小学夺冠，并于 10 月代表中国赴摩洛哥参加达能少年世界杯全球总决赛。

7 日　△广州首家粤港合伙联营律师事务所——国信信扬麦家荣（南沙）联营律师事务所获批设立。此律师事务所由广州国信信扬律师事务所与香港麦家荣律师事务所联合组成，为企业提供一站式的涉及内地、港澳法律服务。

8 日　△广东自贸区南沙新区片区在全国首创以政府采购形式支付查验服务费用。

9 日　△港珠澳旅游合作发展会议在珠海横琴举行。会议主题为“迎接大桥时代，搭建港珠澳旅游合作新平台”，三地旅游主管部门签署《港珠澳三地旅游合作框架协议》。

14 日　△佛山市党政代表团到广州南沙区和广州开发区学习考察。中共佛山市委书记刘悦伦强调，学习南沙区和广州开发区的成功经验，加快提升佛山经济发展的质量和效益。

15 日　△“广州番禺莲花山港往返香港机场航线剪彩仪式”在番禺莲花山港举行。该航线是目前广佛地区首条、也是唯一每日往返香港机场的航线，全程耗时 100 分钟，单程成人票价最低 300 元。

16 日　△珠中江阳区域紧密合作第十次党政联席会议暨横琴自贸区与珠中江阳区域经济发展交流会在珠海市召开。

△珠海、中山两地政府签署《中山珠海两市跨界区域防洪及河涌水污染综合整治合作协议（2015—2020 年）》，两地政府将致力改善水环境质量。

△2015 穗港澳青少年足球赛开幕式在广州市体育职业技术学院举行，三地共 16 支青少年足球队参加。广州市政协副主席、市委统战部部长陈明德出席。广州市政协港澳台侨外事委员会、市教育局、市外事办、广州地区政协香港委员联谊会、澳门穗协联谊会等主办单位负责人，市政协部分港澳委员，参赛队教练、运动员、裁判员共 300 人参加。

17 日　△2015 肇庆（佛山）经贸合作招商推介会在佛山市举行，宣传推介先进装备制造业和现代服务业，签约项目 33 个，总投资 140 多亿元，其中现场签约项目 25 个，投资总额 85.89 亿元。

△“舞韵风采肇港情——2015 肇港青少年文化艺术交流晚会”在肇庆市牌坊广场举行。

18 日　△中山市委统战部以中山海外联谊

会名义联合广州地区老游击队战士联谊会珠江纵队分会、澳门街坊总会、香港中山社团联合会、澳门中山同乡联谊会等团体举办“重走中山抗战足迹”活动。来自粤港澳的珠江纵队战士后代、港澳乡亲，以及青年代表、中山青年代表等共300多人参加。

△是日至25日，“莞香传情——第三届莞港澳青少年成长营”举行，旨在通过莞港澳三地青少年间的交流和沟通，加强东莞与香港、澳门文化、经济联系。

21日　△是日至23日，第11届“海峡两岸暨港澳地区大学校长联谊活动”在珠澳两地举行。

△广东省政府发布《中国（广东）自由贸易试验区建设实施方案》。

22日　△广佛肇高速公路贺江大桥合龙。该桥位于肇庆封开江口镇，2013年6月28日开工，总长454.3米。

23日　△是日至24日，佛珠中江四地台商创二代交流活动在中山市举办。来自佛山、珠海、中山、江门四地的30多名青年台商参加。

28日　△由肇庆市政府和广东省商务厅联合主办的“2015肇庆—广州经贸合作交流会”在广州市举行，共签约投资项目25个，总投资金额157.43亿元。

△是日至31日，2015年珠中江三市机动指挥集中训练在中山市举行，三市人防办指挥通信科和信息保障中心30多人参与训练。

30日　△广东自贸区前海蛇口片区自贸新城建设启动。

31日　△2015年广州横渡珠江活动在中大码头至二沙岛星海音乐厅对出的珠江河段举行。来自广州、佛山、河源、东莞、肇庆、清远六市及驻穗部队，共2 000名游泳健儿组成40个方队参加。广州市政府秘书长潘建国主持活动启动仪式。广州市市长陈建华，肇庆市市长赖泽华，佛山市副市长郭文海参加所在城市方队横渡珠江。广州市领导陈国、蔡朝林、余明永，河源市副市长朱蔚蔚，清远市副市长陈建华（女），以及东莞市、中山市、省直机关、驻穗部队有关领导参加。

8月

5日　△“西江经济带粤桂边检大通关服务合作区”启动仪式在肇庆市举行。广东肇庆，广西梧州、柳州，贵港四市的边检站签订《西江经济带粤桂边检大通关服务合作区》共建协议。

△广东自贸区各片区法院第一次联席会议在广州南沙召开。

10日　△中共广东省委副书记、省长朱小丹在佛山市南海区调研广佛肇城际建设情况。

11日　△中山市召开2015年推进落实粤港、粤澳合作框架协议工作联席会议。

△中共广东省委常委、常务副省长徐少华一行在珠海市调研港珠澳大桥和横琴自贸试验区建设。

13日　△福建、广东两省政府共同批复同

意实施《闽粤经济合作区发展规划》。

22日 △广东省肇庆、茂名、云浮三市和广西壮族自治区梧州、贺州、玉林、贵港四市党报共同组建的两广七市报业联盟在梧州市成立。

△中共中央政治局委员、广东省委书记胡春华，省委副书记、省长朱小丹在珠海市考察港珠澳大桥建设情况。

△是日至23日，首届珠江西岸先进装备制造业投资贸易洽谈会在珠海市国际会展中心举行。中共中央政治局委员、广东省委书记胡春华，省委副书记、省长朱小丹出席开幕式。装洽会由工业和信息化部与广东省人民政府指导，省经济和信息化委、珠海市人民政府主办，佛山、中山、江门、阳江、肇庆市人民政府和顺德区人民政府等“六市一区”联办，是全国首个对接“中国制造2025”行动纲要的装备制造专业展会。本届装洽会“六市一区”签约项目205个，总投资金额1 511.2亿元。

26日 △是日至29日，中共中央政治局委员、广东省委书记胡春华，省委副书记、省长朱小丹率领党政代表团到江西、福建学习考察，并分别与中共江西省委书记强卫、省长鹿心社，中共福建省委书记尤权、省长苏树林举行“广东·江西、广东·福建合作交流座谈会”。

28日 △广州市荔湾区政府与佛山市南海区政府《共建广佛同城化合作示范区框架协议》签订仪式在广州市举行。广州市市长陈建华、佛山市市长鲁毅出席。广州市政府秘书长潘建国，南海区委书记梁维东等参加。

9月

1日 △珠海、中山、江门三市人大常委会办公室第二次联席会议在中山市召开。会议加强立法工作交流，将联席会议拓展到阳江市，即“珠中江阳”四市联席会议，探索建立联席会议新机制。

4日 △是日至5日，中共海南省委书记罗保铭、省长刘赐贵率党政代表团到广东考察。4日，广东·海南合作交流座谈会召开。中共中央政治局委员、广东省委书记胡春华，海南省委书记罗保铭出席会议并讲话。广东省委副书记、省长朱小丹，海南省省长刘赐贵分别代表广东、海南两省签署《广东省人民政府、海南省人民政府深化合作协议》。

5日 △广东、海南两省联合举行纪念华南地区抗日游击战争座谈会。中共中央政治局委员、广东省委书记胡春华，省委副书记、省长朱小丹，海南省委书记罗保铭，海南省省长刘赐贵出席座谈会。广东省省长朱小丹主持会议，省人大常委会主任黄龙云、省政协主席王荣，海南省政协主席于迅出席会议。

6日 △港珠澳大桥CB03标墩台工序完成。至此，港珠澳大桥208座墩台全线完工。

9日 △中共广东省委、省政府在珠海市斗门区召开珠三角地区社会主义新农村建设现场会。

△粤港合作联席会议第十八次会议在香港举行。中共广东省委副书记、省长朱小丹

与香港特别行政区行政长官梁振英共同主持会议并作发言。

11 日　△广东省政府在东莞市召开珠三角地区水环境综合整治与绿色生态水网建设工作现场会，总结珠三角地区水环境综合整治工作进展情况，推广东莞绿色生态水网建设经验，研究部署珠三角地区水环境综合整治与绿色生态水网建设工作。中共广东省委副书记、省长朱小丹出席会议并讲话。

14 日　△粤桂黔高铁经济带座谈会在佛山市举行。三省区和高铁沿线城市政策研究室负责人，以及中山大学、广西大学、贵州大学专家学者参加。

15 日　△是日至 17 日，中共中央政治局委员、广东省委书记胡春华到肇庆市调研，并召开座谈会听取相关工作汇报，强调要统筹实施好创新驱动发展和粤东西北振兴发展两大战略，把建设珠三角连接大西南枢纽门户城市落到实处。广东省副省长林木声、许瑞生陪同调研。

17 日　△广东自贸区前海蛇口片区首个商业项目——嘉里建设前海综合发展项目开工。

19 日　△广东自贸区金融仲裁中心在深圳前海正式揭牌成立。

20 日　△中国港澳台和外国法律查明研究中心、最高人民法院港澳台和外国法律查明研究基地，以及最高人民法院港澳台和外国法律查明基地落户深圳前海。

21 日　△是日至 23 日，由广东省旅游局主办、广佛肇三市旅游局承办的“多彩广佛肇·岭南真味道”2015 广佛肇旅游推介会分别在甘肃省兰州市和青海省西宁市召开。

22 日　△《粤桂黔高铁经济带合作试验区（广东园）发展总体规划》印发实施。

△是日至 23 日，粤桂黔高铁经济带合作试验区（广东园）建设现场会在佛山市南海区举行，签署《贵广、南广高铁沿线城市战略合作框架协议》。中共中央政治局委员、广东省委书记胡春华出席会议，并与中共佛山市委书记刘悦伦、市长鲁毅以及来自贵广、南广高铁沿线 13 城市领导考察佛山西站工程建设。

23 日　△由深圳市政府、广东省人力资源和社会保障厅主办，深圳市人力资源和社会保障局承办的“2015 珠三角自主创业项目推介会”在深圳会展中心举行。

24 日　△由广州市青联、广州市穗港澳青少年交流中心与广州地区港澳学生较多的各大高校联合主办的“我在羊城遇见你”广州地区高校港澳新生中秋联欢晚会在广州塔举行，400 名港澳 2015 级新生与内地高校学生参加。

28 日　△是日至 29 日，中共四川省委书记、省人大常委会主任王东明率党政代表团到广东考察。28 日，中共中央政治局委员、广东省委书记胡春华，省委副书记、省长朱小丹陪同四川省党政代表团在广州考察，并出席“广东·四川深化合作交流座谈会”。胡春华、王东明分别讲话，朱小丹、四川省副省长甘霖分别代表广东、四川两省签署《广东省人民政府、四川省人民政府深化粤川合作框架协议》。广东省人大常委会主任黄龙云出席会议。

29 日 △广州、惠州两市召开座谈会，商洽广汕铁路规划建设事宜。

△国务院印发《关于同意珠三角国家高新区建设国家自主创新示范区的批复》，同意广东 8 个国家高新技术产业开发区建设国家自主创新示范区统称珠三角国家示范区。

△2015 年粤桂琼三省区公共文化示范区区域交流联动演出暨广东省第二届客家新民歌创作大赛颁奖晚会在东莞市清溪文化广场举行。

10 月

9 日 △深莞惠经济圈（3+2）党政主要领导第九次联席会议筹备会在惠州市召开。

△广州市市长陈建华与佛山市市长鲁毅，到荔湾区五眼桥地区、南海区三山新城调研，并出席广佛同城化合作示范区（荔湾—南海）建设工作座谈会。广州市常务副市长陈如桂、市政府秘书长潘建国，佛山市常务副市长黄志豪，两市有关区、部门负责人等参加。

△广州市花都区与佛山市三水区、广州市番禺区与佛山市顺德区分别签订《共建广佛同城化合作示范区框架协议》。广州市市长陈建华、常务副市长陈如桂、市政府秘书长潘建国，佛山市市长鲁毅、常务副市长黄志豪等出席。

12 日 △肇庆市海事局和广西壮族自治区梧州市海事局在肇庆市签订《肇梧两市共建西江（肇庆—梧州段）文明航线活动两地海事合作协议》。

16 日 △中共肇庆市委书记徐萍华、市长赖泽华率党政代表团到佛山市、江门市学习考察粤桂黔高铁经济带、先进装备制造业和科技创新驱动等方面的先进经验做法。

17 日 △由广州市海珠区文化馆、广州市吉他学会、佛山市南海区吉他协会联合主办的“2015 年美音之夜弦动我心吉他音乐会”在广州市星海音乐厅举行。来自广州、台湾、东莞、佛山等地的 80 名青少年吉他学员参加演出。

18 日 △粤桂两省区政府金融工作办公室联合在粤桂合作特别试验区为“两广金融改革创新综合试验区”挂牌，鼓励试验区探索社会资本多样化融资模式。

21 日 △2015 年深莞惠石油化工场所跨区域灭火救援演练在东莞市虎门港立沙岛石化基地举行，演练采用临时调集力量、临时设定灾情和临场组织指挥为主的“双盲”演练形式。

25 日 △广州海关“互联网 + 易通关”改革在广东自贸区南沙新区片区启动。

29 日 △2015 年深莞惠 + 汕尾、河源五市文化合作联席会议在东莞市召开，签署《2016 年深莞惠 + 汕尾、河源五市文化合作框架协议》，五市在公共文化服务等五个方面展开合作。

△是日至 30 日，粤港澳三地导游联谊

会暨东莞旅游推介活动举行，200名粤港澳导游考察东莞旅游资源。

30日　△广东省政府副秘书长、省规划纲要办副主任张爱军率深莞惠督查组到惠州市开展珠三角省级以上重大平台和“九年大跨越”重大项目建设专项督查。

11月

2日　△是日至6日，广州市人大常委会主任张桂芳率团赴香港、澳门地区考察历史文化遗产保护工作，并先后拜访香港广州社团总会、中华总商会、澳门中华总商会。广州市人大常委会秘书长周素勤，广州市人大常委会法制工委、华侨外事工委、研究室和广州市文广新局主要负责人参加。

3日　△中共十八届五中全会审议通过的《中共中央关于制定国民经济和社会发展第十三个五年规划的建议》明确提出“深化泛珠三角区域合作”。泛珠合作的内容首次写入党中央关于国民经济和社会发展五年规划的建议，为泛珠合作进一步纳入国家“十三五”规划纲要奠定基础。

4日　△深圳地铁集团与东莞实业集团签订《战略合作框架协议》，全面启动两市轨道交通线路对接方案、对接项目立项审批以及东莞新线投融资模式研究工作。

5日　△香港云顶有限公司与广州港集团于靠泊在南沙港的豪华邮轮“处女星号”签约合作。广州市副市长蔡朝林，省市口岸办和海事、检验检疫、海关、边检、港务等单位负责人参加。同日，邮轮举行公众开放日活动。该艘邮轮为7.5万吨级，有13层甲板、900多间客房。

7日　△“2015穗港澳台青少年文化节”在广州市二沙岛星海音乐厅广场开幕。穗港澳台学校共6个合唱代表队互动交流。广州市政协副主席陈明德出席。广州市政协港澳地区委员、穗港澳台学校的学生等近600人参加。

12日　△东莞市政府与深圳证券交易所合作共建的“东莞科技金融路演中心”落地东莞市松山湖，将东莞项目推向全国投资机构。“松山湖（生态园）科技金融综合服务平台”同时启动。

△是日至13日，澳门葡、英文媒体负责人在广州参访。其间，由中联办文化教育部带队参观无人机、3D打印、超级计算机等前沿科技。该次到访的媒体负责人共11人，涵盖澳门论坛日报（葡文）、澳门广播电视公司、今日澳门报（葡文）、澳门每日时报（英文）、澳门邮报（英文）等多家当地主流媒体。

△珠三角国家自主创新示范区建设启动会举行。珠三角国家自主创新示范区揭牌。

13日　△中共广东省委常委、广州市委书记任学锋分别会见香港铁路有限公司董事局非执行主席、恒生银行有限公司董事长钱果丰和恒基兆业地产集团副主席、恒基兆业发展公司副主席李家杰。广州市领导陈国参加。

16日　△中共广东省委常委、常务副省长

徐少华，广西壮族自治区政府副主席张秀隆考察粤桂合作特别试验区建设情况，出席“两广推进珠江—西江经济带建设现场对接会”，并参加粤桂合作特别试验区联合管委会揭牌仪式。

17 日　△中共广东省委常委、常务副省长徐少华率省有关部门负责人到惠州市调研莞惠城轨建设情况，并主持召开现场办公会，协调解决全省铁路和城际轨道交通项目建设存在的问题，研究部署加快推进项目建设各项工作。

19 日　△珠三角城市会展产业合作基地在深圳市龙岗区 DCC 展览展示文化创意园揭牌。

22 日　△“广东省急需紧缺人才暨珠三角九城市 2016 届高校毕业生联合招聘大会肇庆市供需见面会”在肇庆学院举行。210 个单位进场招聘，提供 5 200 个职位，超过 6 000 人次进场求职。

△港珠澳大桥九洲主航道桥主塔斜拉索全部挂设并张拉完成，标志着港珠澳大桥九洲航道桥段（即全桥第 CB05 标段）主体工程完工。

24 日　△是日至 25 日，2015 年深莞惠、河源、汕尾“3+2”旅游联盟第二次会议在惠州市召开，会议总结、落实 2015 年五市旅游区域合作各项工作，并部署 2016 年各项工作。

29 日　△是日至 12 月 1 日，国务院副总理、党组书记张高丽到广州、深圳等地视察调研“一带一路”建设、自由贸易试验区建设、创新驱动发展等工作，发表重要讲话。

12 月

1 日　△珠海市政府与广东海事局在珠海市签订《推进粤港澳游艇自由行合作框架协议》。

2 日　△是日至 4 日，珠中江三市人民防空办公室在江门市鹤山大雁山开展为期三天的人防机动指挥集训，参训人员 55 人，指挥通信车 8 辆。

3 日　△深莞茅洲河界河段综合整治工程开工仪式暨茅洲河全流域水环境综合治理工作领导小组第一次会议在深圳市举行，打响全面整治茅洲河全流域水环境攻坚战。

4 日　△以“珠西策源地·江港共发展”为主题的 2015 第十四届香港珠三角工商界合作交流会在江门市举行。

△香港特别行政区行政长官梁振英一行由省港澳办主任廖京山陪同访问中山，考察中山主要基建项目。

6 日　△由中山市教育和体育局、中山羽联、中山羽协主办，珠海羽协、江门羽协、澳门羽总协办的 2015 年珠海中山江门澳门四地羽毛球邀请赛在中山市中羽羽毛球馆开展。

7 日　△广东自贸区横琴新区片区建设珠澳合作机制第一次全体会议在珠海市召开。珠海市市长江凌和澳门特别行政区经济财政司司长梁维特主持会议，珠海市人民政府、澳门特别行政区各成员单位代表参加。

11日　△泛珠三角区域合作行政首长联席会议在福建省福州市召开。泛珠各方行政首长围绕“将泛珠合作纳入国家战略，深化新一轮泛珠合作”议题进行讨论，并就共同争取国家支持将泛珠合作上升为国家战略，共同推进高铁经济带、珠江—西江经济带建设和加强交通基础设施建设合作等方面达成系列共识。

14日　△是日至15日，穗港“姊妹学校”10周年成果展示分享暨“粤港姊妹学校缔结计划”2015年签约活动在广州市举行。来自香港80所学校的400多名师生，与广州、深圳等地的200多名师生参加。同时，穗港姊妹学校发展联盟宣布成立。

18日　△广东自由贸易试验区横琴片区发布全国首张集证照信息与金融功能于一体的“电子证照银行卡”。

23日　△2015年珠中江档案区域合作推进会在珠海市档案局（馆）召开。三地档案局（馆）主要领导、有关分管领导及相关业务科室负责人出席会议。

24日　△2015年度广佛肇经济圈环保专责小组联席会议在广州市召开，会议通报2015年度广佛肇经济圈环保合作工作情况，研究加强广佛肇区域水环境整治、大气污染联防联控等议题，商讨2016年度环保合作工作计划，商定下次专责小组联席会议在佛山市召开。

25日　△广佛肇清云韶经济圈市长联席会议在广州市召开，听取广佛肇清云韶经济圈建设、广佛同城化合作示范区建设等方面的情况，审议通过广佛肇清云韶经济圈联席会议及工作协调机制。“广佛肇+清云韶”将通过“3+3”合作模式打造成为珠三角带动粤东西北振兴发展的示范区。

28日　△广佛线西朗至燕岗段正式开通。广佛地铁将广州海珠区、荔湾区与佛山南海区、禅城区四区串联。

△广（州）佛（山）肇（庆）高速公路广州石井至肇庆大旺段动工，计划2019年建成通车。

29日　△中山、澳门消委会在中山市举办中山、澳门消费维权合作联席会议。会议围绕两地消费维权、消费教育和宣传、商品比较试验、诚信建设等内容展开交流与探讨，为下阶段加强两地消费维权合作的具体工作达成共识。

30日　△广州、佛山、肇庆、清远四市的社会保险基金管理机构负责人，在佛山市签订《社会保险经办服务合作协议》。

△广东自贸区南沙片区法院正式揭牌，成为全国首家自贸区法院。

31日　△惠深高速惠州段改扩建工程全线完工。

△是日至2016年1月1日，首届广佛肇“四模一电”青少年科技体育竞赛在广州市番禺区举行。

·责任编辑　周慧琴·

创新驱动

中国（广东）自由贸易试验区

【概况】 中国（广东）自由贸易试验区（简称“广东自贸区”）于2014年12月31日经国务院正式批准设立，实施范围116.2平方千米，涵盖三个片区：广州南沙新区片区、深圳前海蛇口片区和珠海横琴新区片区。广东自贸区的战略定位是依托港澳、服务内地、面向世界，将自贸区建设成为全国新一轮改革开放先行地、21世纪海上丝绸之路重要枢纽和粤港澳深度合作示范区。发展目标是经过3~5年的改革试验，营造国际化、市场化、法治化营商环境，构建开放型经济新体制，实现粤港澳经济深度合作，形成国际经济合作竞争新优势，力争建成符合国际高标准的法制环境规范、投资贸易便利、辐射带动功能突出、监管安全高效的自由贸易园区。自挂牌以来，广东自贸区总体成效主要体现在四个方面：一是各项建设任务全面铺开，制订从省层面到三个片区的“1+3”建设实施方案。二是制度创新框架基本形成。国家相关部委和省、市相关部门出台50多份配套文件，初步搭建以负面清单管理为重点的投资准入管理体制、以智能化通关体系为重点的贸易便利化监管模式、以促进跨境投资贸易便利化为重点的金融服务体系、以多元化商事纠纷解决机制为重点的国际法律服务机制、以建立市场主体信用信息系统为重点的事中事后监管体系，以转变政府职能为重点的政务服务体系。三是形成一批可复制推广经验。向全省复制推广首批改革创新经验27项，供各地借鉴推广制度创新案例17个；跨境电商监管新模式、政府智能化监管服务模式等两项制度创新案例入选全国最佳实践案例。四是改革红利加速释放。2015年广东自贸区新设企业5.6万家，注册资本10亿元以上项目220个；吸引合同外资1 566亿元人民币，合同外资额占全省当年合同外资总量的43%。

广州南沙新区片区　总面积60平方千米（含广州南沙保税港区7.06平方千米），共7个区块，分为中心板块、海港板块、庆盛板块。南沙片区重点发展航运物流、特色金融、国际商贸、高端制造等产业，建设以生产性服务业为主导的现代产业新高地和具有世界先进水平的综合性服务枢纽。南沙港区航道总长131.5千米，其中比邻出海主航道的深水岸线约36千米，已建成12个10万吨级深水集装箱码头泊位、22个5万吨级以上专业泊位，开通欧洲、北美、非洲等内外贸航线64条。南沙地处珠江出海口，是广州通向海洋的唯一通道，是大珠三角经济圈的地理几何中心，也是连接珠江口两岸城市群的枢纽性重要节点和中国南方重要的对外开放门户。

深圳前海蛇口片区　规划面积28.2平方千米，分为前海区块（15平方千米，含前海湾保税港区3.71平方千米）和蛇口区块（13.2平方千米）。片区位于深圳西部、珠江口东岸，毗邻港澳，地处珠三角区域发展主轴与沿海功能拓展带的十字交汇处，30千米半径范围内拥有两大国际机场（香港机场、深圳机场）和两大世界级集装箱枢纽港（香港港、深圳港），具有深港融合圈、空港辐射圈、海港服务圈“三圈叠加”效应，具备发展现代服务业的最佳区位优势。前海深港合作区是国家唯一深港现代服务业合作平台，是“一带一路”的重要战略支点，也是广东自贸区的重要板块，集深港合作、一带一路、自贸试验区三大国家战略于一身，具有独特的政策优势和改革开放战略优势。蛇口是中国改革开放的发源地、体制机制创新的试验场、产业转型升级的先行区。前海区块重点发展金融、现代物流、信息服务、科技服务及专业服务业；蛇口区块重点发展港口服务、航运服务和其他战略性新兴服务业。提供港口装卸服务、港口产业链衍伸的综合物流及相关支持性服务。拥有生产性泊位41个，其中万吨级以上泊位36个，集装箱专用泊位24个，码头岸线总长12 256米。通过旧工业区改造和产业置换等途径，形成广东最有影响力的战略新兴产业发展基地。入驻移动互联网、电子商务、物联网企业总数超过300家，总产值超过170亿元。

珠海横琴新区片区　位于广东省珠海市南部，距离香港34海里，与澳门一河相望，最近处相距187米。片区总面积28平方千米，于2009年12月16日正式成立，实行比经济特区更加特殊的政策。岛内设1个镇、3个社区居委会，下辖11个自然村，新区成立之初，岛内居住人口7 000多人，其中常住人口4 203人。产业发展目标：加快转变产业发展方式，优化产业结构，发展以高端服务业为主导的现代产业；深化落实CEPA，为澳门居民在横琴投资、就业创造条件，促进澳门经济适度多元发展。产业发展重点：发挥横琴的区位、环境和政策优势，吸引港澳和国际高端人才和服务资源，重点发展商务服务、休闲旅游、科教研发和高新技术等产业；禁止博彩业。横琴新区：颁布实施全国第一个趋同港澳的商事登记管理办法；成立全国首个整合惩防腐败职能的新机构——横琴新区廉政办公室；率先推行领导干部家庭财产申报公示制度；创建高效透明的政府服务体系，开通“民生一号通”；建立横琴与澳门政策对接、项目合作的直通车机制；设立港澳法律问题专家小组，横琴新区内涉港澳合同或者涉港澳财产权益纠纷的当事人，可以用书面协议选择香港或者澳门地区仲裁机构进行仲裁。横琴100千米半径范围内拥有5个国际国内机场（香港国际机场、澳门国际机场、广州白云国际机场、深圳国际机场、珠海机场），4个深水港（香港维多利亚港、珠海高栏港、广州南沙港、深圳盐田港）。

2015年4月21日，中国（广东）自由贸易试验区在广州南沙区举行挂牌仪式。图为位于广州南沙区的南沙港　　（广州市南沙区供稿）

【广东自贸区总体方案通过】 2015年3月24日，中共中央政治局召开会议，审议通过广东、天津、福建自由贸易试验区总体方案和深化上海自由贸易试验区改革开放方案。按照方案，广东自贸区将发挥广东市场经济发育程度完善、开放型经济发达的优势，立足于打造新型国际投资贸易规则试验区，在国际投资、贸易、知识产权等领域探索对接国际高标准规则体系。在投资体制改革方面，广东自贸区创新以负面清单管理为核心的内外资投资管理体制。同时，建立国际贸易“单一窗口”，探索与国际通行规则相一致的贸易监管制度。此外，广东自贸区将建立国际化商事纠纷仲裁和调解机制，以及重点产业知识产权快速维权机制。探索与21世纪海上丝绸之路沿线国家和地区在货物通关、商品检验检疫、质量标准、电子商务等领域建立合作机制，提高贸易便利化水平。发挥广东自贸区国际商品中转集散功能，建立21世纪海上丝绸之路沿线国家和地区商品展示、销售、采购中心。扩大人民币跨境业务创新，推动人民币作为与沿线国家和地区跨境大额贸易计价、结算的主要货币，加快人民币国际化进程。此外，广东将发挥自贸试验区与21世纪海上丝绸之路沿线国家海空港的联动作用，打造21世纪海上丝绸之路的物流枢纽。

【广东自贸区进口税收优惠政策获批】 2015年6月8日，财政部正式下发《关于中国（广东）自由贸易试验区有关进口税收政策的通知》（简称《通知》），对广东自贸区关于进口税收的政策作明确规定：一是明确上海自由贸易试验区已经试点的进口税收政策原则上可在广东自贸试验区进行试点；二是选择性征收关税政策在自贸试验区内的海关特殊监管区域进行试点，即对设在自贸试验区海关特殊监管区域内的企业生产、加工并经“二线”销往内地的货物照章征收进口环节增值税、消费税，根据企业申请，试行对该内销货物按其对应进口料件或按实际报验状态征收关税的政策；三是在严格执行货物进出口税收政策前提下，允许在自贸试验区海关特殊监管区域内设立保税展示交易平台；四是广东自贸区内的海关特殊监管区域实施范围和税收政策适用范围将维持不变，其中深圳前海深港现代服务业合作区、珠海横琴新区税收优惠政策不适用于自贸试验区内其他区域。

【关检“三互”通关落地南沙】 2015年4月8日，广州海关与广东出入境检验检疫局签订《“三互”大通关合作备忘录》，率先在广东自贸区南沙新区片区启动关检“三互”（即信息互换、监管互认、执法互助）通关模式。在新型模式下，关检双方通过整合优化管理资源，加强执法合作，避免重复监管，提升口岸通关效能。按照关检“三互”通关模式，企业进口货物时，可以自由选择申报海关查验和检验检疫地点，通过系统录入报关、报检数据实施申报，海关和检验检疫部门调取货物的申报信息，对进出口货物下达监管指令；需南沙的海关和检验检疫机构共同实施查验或检验检疫的，实施“一次查验”，进出口企业和南沙口岸经营单位凭海关和检验检疫机构对碰的放行信息办理提货或装运手续，实现“一次放行”。此外，关检双方还以建立“三互”清单为基础，以“四互换、四互认、五互助”为主要内容，在企业管理资信、进出口货物申报、查验、放行等四方面实现信息共享、互换；对木材、油气化工品等特定商品互认商品化验或检验结果，在监管过程中共用监管设施，对地磅称重、集装箱机检图像分析、辐射探测、视频监控等商品外观监管结果和商品的品名、规格型号、数（重）量等商品技术性监管结果，监管要求相同的，可共享、互认对方监管结果，互认关检跨区域监管结果等四项监管互认措施；在物流监控管理、商品鉴定和归类、原产地认定、固体废物属性鉴定及夹杂物超标认定、价格认定五方面开展执法互助。

【4省市自由贸易试验区新闻发布会】 2015年4月20日，商务部联合广东、上海、天津、福建4省市就自由贸易试验区在国务院新闻办举行新闻发布会，4个自贸试验区的方案也同时公布。会上，代表广东参加发布会的中共广东省委常委、常务副省长徐少华表示，广东自贸区将把握“依托港澳、服务内地、面向世界”的战略定位，建设成为粤港澳深度合作示范区、21世纪海上丝绸之路重要枢纽和全国新一轮改革开放先行地。广东立足推动内地与港澳经济深度合作，要成为改革开放排头兵、创新发展先行者，形成更多可复制、可推广的经验。

【中国（广东）自由贸易试验区挂牌】 2015年4月21日，中国（广东）自由贸易试验区挂牌仪式在广州南沙举行。中共中央政治局委员、广东省委书记胡春华为中国（广东）自由贸易试验区揭牌。省长朱小丹在挂牌仪式上致辞，为广东自贸试验区工作办公室和自贸试验区各片区管委会揭牌。朱小丹、马兴瑞、任学锋等领导共同为广东自贸区工作办公室，以及下辖的广州南沙、深圳前海蛇口、珠海横琴片区揭幕。挂牌仪式上，梁振英、朱小丹、陈海帆为粤港澳（国际）青年创新工场、前海香港优势产业发展基地、横琴澳门青年创业谷项目颁牌。省市领导与香港、澳门特邀嘉宾一起，为进驻自贸试验区的企业和机构代表颁发牌匾和证照。

【广交会展区对接广东自贸区交流会】 2015年5月1日，中国对外贸易中心联合省自贸办在中国进出口商品交易会举办进口展区对接广东自贸试验区交流会，为知名海外企业与自贸试验区进驻企业提供深层次的面对面交流与合作的机会。会上，广东省自贸办主任郑建荣对自贸试验区在帮助境外商品进入国内消费市场方面的区位优势和政策支持进行解读。

【广东自贸区领导小组成立】 2015年5月，广东省政府公布《关于成立中国（广东）自由贸易试验区工作领导小组的通知》（简称《通知》）。《通知》指出，为加强对中国（广东）自由贸易试验区工作的组织领导，省人民政府同意成立中国（广东）自由贸易试验区工作领导小组，省长朱小丹任组长，省委常委、常务副省长徐少华，副省长招玉芳，以及南沙、前海、横琴三片区所属市市长任副组长。成员单位包括省各相关厅局，海关、检验检疫部门和三大片区等。领导小组日常工作由广东自贸试验区工作办公室承担。

【推进广东自贸试验区建设座谈会】 2015年5月18—21日，广东省政协主席王荣赴港澳出席香港广东各级政协委员联谊会、省政协澳区委员分别召开的“进一步加强粤港澳交流，推进广东自贸试验区建设座谈会”。省自贸办主任郑建荣介绍广东自贸试验区建设总体情况，南沙、前海蛇口、横琴片区相关负责人介绍各片区相关情况。与会政协港澳委员围绕如何贯彻实施自贸试验区政策及推进自贸试验区建设提出意见建议。

【广东自贸区法院召开第一次联席会议】 2015年8月5日，中国（广东）自由贸易试验区各片区法院第一次联席会议在广州市南沙区召开，广东省高级人民法院党组副书记、副院长霍敏，广东高院民四庭、宣传处，广州、深圳、珠海三地中级人民法院，广东自贸区各片区法院参加会议。会议由省高院民四庭副庭长王建平主持。南沙法院、前海法院、横琴法院分别结合自身审判实际，就跨境电商案件审理、保理合同纠纷案件审理及域外法查明平台机制建设等相关问题进行主题发言。与会代表还围绕自贸区审判实践中的具体问题展开讨论。

【省检察院出台服务保障广东自贸区建设意见】 2015年9月28日，广东省检察院出台《关于服务保障中国（广东）自由贸易试验区建设的若干意见》（简称《意见》）。《意见》分为四个部分共二十二条，坚持以“是否符合法律政策要求、是否符合自贸试验区建设发展需要、是否有利于促进粤港澳深度融合”作为衡量检察工作成效的根本标准。《意见》专门提出要紧密结合片区发展实际和司法体制改革，建立健全服务保障的组织机构，坚持以服务保障自贸试验区为主题主线，促进建立健全服务保障的联动机制。同时，探索“互联网+检察工作”模式，建立健全服务保障的智慧检察模式。

【广东自贸区推介暨高端服务业和先进装备制造业招商会】 2015年11月6日，由广东省商务厅、自贸办主办，巴伐利亚中德经济文化协会及德国工商大会大中华区驻德国代表处承办的“广东自贸试验区推介暨高端服务业和先进装备制造业招商会”在德国慕尼黑举办。省自贸办主任郑建荣与前海蛇口和横琴片区以及广州、云浮、顺德等市（区）相关负责人、巴伐利亚州经济媒体能源及科技部对外经济局副局长Ulrich Rieger、中国驻慕尼黑总领事馆经商参赞陶百良等约150人出席会议。推介会后，还召开专场讨论会，陶百良、郑建荣及前海蛇口片区、横琴片区负责人就参会嘉宾提出关于自贸试验区产业定位、投资贸易便利化、财税金融及土地政策、发展趋势及展望等20多个问题进行交流和探讨。

【金融支持推进广东自贸区建设】 2015年12月9日，中国人民银行出台《关于金融支持中国（广东）自由贸易试验区建设的指导意见》。12月15日，人民银行广州分行联合广东省自贸办在广州举行“金融支持广东自贸试验区建设推进会”。副省长陈云贤出席会议并讲话。省直及中直驻粤有关部门，广州、深圳、珠海市政府有关部门，广东自贸区南沙、前海蛇口、横琴片区管委会，人民银行深圳市中心支行和人民银行省内各地市中心支行，省内各金融机构、相关企业负责人700余人参加活动。香港特别行政区政府驻粤经贸办代表、澳门特别行政区金融管理局代表出席。会议期间举行金融机构与企业的业务合作签约仪式，签约项目19个，合作项目涵盖跨境人民币双向融资、跨境人民币双向资金池、自贸试验区与港澳地区金融同业合作、跨境电子商务人民币结算、非银行金融机构跨境人民币业务、合格境内有限合伙人和合格境外有限合伙人业务、跨国企业外汇资金集中运营等业务。

【广东自贸区创建廉洁示范区推进会】 2015年12月20日，广东自贸区创建廉洁示范区推进会在珠海召开。会议强调，要坚持高起点、高标准建设廉洁示范区，在法制、体制、机制和制度等方面积极探索和创新。突出抓好“两个责任”，领导干部个人有关事项报告和规范领导干部配偶、子女及其配偶经商回避制度，领导干部“八小时以外”监督，构建多渠道全方位的群众监督平台，实行综合监督体制，对违纪违法行为“零容忍”，严格“三个区分”，推动权力公开透明运行，科技防腐，建立廉洁成效评价体系等十项措施的落实。要处理好创新与规范、严管与激励、发挥党委与纪委的两个积极性、纪检监察干部监督与被监督、区分为公与为私、自选动作与规定动作等六个关系，确保稳步有序推进廉洁示范区建设。广州、深圳、珠海、佛山，以及南沙、前海、横琴三个自贸片区有关负责人在会上发言。

【广东自贸区南沙片区法院挂牌】 2015年12月30日，广东自由贸易区南沙片区人民法院挂牌成立，中共广东省委常委、广州市委书记任学锋，最高人民法院党组成员、副院长李少平出席揭牌仪式并致辞。广东自由贸易区南沙片区人民法院是全国第一家自贸区法院，将为推动自贸试验区的改革探索与创新发展提供优质高效的司法保障。

【南沙新区与中山大学、暨南大学共建研究院】 2015年1月22日，南沙开发区管委会与中山大学共建自贸区综合研究院挂牌仪式和与暨南大学共建暨南大学中国（广东）自由贸易试验区研究院框架协议签约暨揭牌仪式分别在中山大学和南沙区委党校举行。南沙开发区管委会和中山大学、暨南大学共建自贸区研究院，将是“优势互补、合作共赢”的新平台，对发挥高校智库与地方经济发展的深度融合具有重要的意义。研究院将在实现智囊与决策、科技创新与产业发展、政策设计与实践探索的深度融合，为广东自贸区建设提供智力支撑。（广东省自贸办）

珠三角国家自主创新示范区

【概况】 2015年10月29日，国务院正式下发《关于同意珠三角国家高新区建设国家自主创新示范区的批复》，广州、珠海、佛山、惠州仲恺、东莞松山湖、中山火炬、江门、肇庆8个国家高新区获批建设国家自主创新示范区（统称珠三角国家示范区）。这是目前区域性自主创新示范区中涵盖城市最多的一个示范区。年内推动形成以深圳、广州为龙头，珠三角7个市的国家高新技术产业开发区为支撑，辐射带动粤东西北协同发展的创新格局。促进高新技术产业开发区创新发展，新增河源和清远2个国家高新技术产业开发区。至年底，全省国家高新技术产业开发区达11个，区内企业实现营业收入2.66万亿元，比2013年增长19.3%。

（广东省创新办）

【广州开发区】 广州经济技术开发区与广州高新技术产业开发区、广州出口加工区、广州保税区、中新广州知识城合署办公，实行“五区合一”的管理体制，统称“广州开发区”。2015年，广州开发区获批为国家自主创新示范区、国家知识产权投融资试点地区、中国（广州）中小企业先进制造业中外合作区，完成地区生产总值2 337亿元，比上年增长9.6%；规模以上工业企业完成工业总产值5 537亿元，增长8.4%；固定资产投资674亿元，增长16.5%；财政收入620亿元，增长3.1%；主要经济指标继续在全国开发区中位居前列。

是年，广州开发区围绕跨国企业总部、生物医药等开展招商，全年新批外资项目63个，合同利用外资9.9亿美元，实际使用外资10.9亿美元，新设内资企业1 935家。引进中国电信创新孵化南方基地项目、中国联通互联网应用创新基地项目、中兴能源华南云计算基地、国机智能总部项目、LG显示销售总部及扩产项目等，61家企业建成投产。中新广州知识城全年完成投资124亿元，九龙湖、知识大道等项目动工建设。累计注册企业201家，国家知识产权局审查协作广东中心等筹建项目进展顺利，京东商城等4个项目建成投试产。中新国际联合研究院签署合作协议，设立“新加坡中心”，打造新加坡企业在华投资的一站式服务平台。构建经济功能区与行政区“统一领导、各有侧重、优势叠加、融合发展”的管理体制。广州知识产权交易中心挂牌，汇桔网等金融平台投入运营。统筹开展“创新行政管理方式，加强事中事后监管”和相对集中行政许可权试点改革，改革顶层设计文件通过中共广州市委常委会审议，组建全省首个行政审批局，18个配套改革文件相继出台实施。深化投融资体制改革，九龙新城安置房获国家开发银行棚户区改造政策性贷款，完成省市5个PPP项目申报。建成创客空间7个，新认定孵化器8个，孵化器面积累计达360万平方米，全省科技企业孵化器建设工作现场会在区召开，全区孵化器建设经验获得全省推广。引进清华大学珠三角研究院等一批新型研发机构，促成中大生物工研院改制。全区高新技术企业总数519家，新认定“瞪羚企业”147家，新增上市企业4家、新三板挂牌企业24家，累计引进中央“千人计划”人才50名，聚集广东省创新科研团队16个。完成第17届留交会峰会论坛、展览展示和项目对接工作。“十二五”期间，全区财政科技支出81亿元。

11月，国家知识产权局公布国家知识产权投融资试点区域，广州开发区成为获批的7个园区之一。试点自2015年11月起，为期3年。推动知识产权金融工作，出台《关于加快科技金融发展的实施意见》《企业专利权质押贷款扶持办法》《企业专利权质押担保贷款管理办法》等政策文件，鼓励企业开展知识产权质押融资业务，帮助拥有知识产权的科技型中小企业解决融资难题，累计实现知识产权质押融资3.8亿元。先后引进设立广州股权交易中心、广州知识产权交易中心和全国首家互联网知识产权金融平台，推动知识产权金融的创新发展。至年底，区内集聚一批以广东中科招商创业投资管理有限公司、广州凯得科技创业投资有限公司为主力的57个金融机构，其中风险投资机构51个。 （田果）

【佛山高新区】 佛山国家高新技术产业开发区（简称“佛山高新区”）于1992年经国务院批准建设，是全国最早的53个国家高新区之一。至2015年底，园区有一汽－大众等世界500强及其投资企业61家、上市公司24家、高新技术企业275家、产值超亿元企业380余家。推进珠三角国家自主创新示范区、粤桂黔高铁经济带合作试验区、中欧科技合作产业园等区域合作建设。在第九届中国产学研合作创新大会上，佛山高新区获“中国产学研合作创新与促进奖”，同时被授予“中国产学研合作创新示范基地”称号。同年，佛山高新区获“影响中国”2015年度人物“政府创新奖”，广工大数控装备协同创新研究院成为广东省创新驱动示范单位。是年，佛山高新区“一区五园”实现工业总产值3 700亿元，固定资产投资285亿元，税收收入171亿元。

是年，佛山高新区“芯光源”孵化器人才增值计划引进中科院相关院所、香港科大创业工作坊、中国照明设计师协会和京东等国内电商龙头企业，逐渐形成全方位创新创业服务体系。与广东金融高新区、广东股权交易中心、广东粤科集团签订战略合作协议共建“科技金融创新服务基地”，并参股成立国科蓝海投资基金，以中国科学院的资源为重点引进对象，进一步巩固院地合作成果。与江门高新区签署两地高新区合作共建框架协议，在科技资源对接、促进载体合作运营等方面进一步加强两地合作建设。出台《佛山高新技术产业开发区人才团队创新创业项目配套及奖励办法（试行）》等一系列产业及人才扶持政策，针对人才团队创新创业项目配套扶持设立专项资金，每年给予资金总规模不少于1 000万元的扶持。全面加强与欧洲、德国的科技、产业的合作。至年底，上海联络处已成功对接包括德国OLIGO LICHTTECHNIK有限公司等共6个协会、机构、咨询类公司，其中2个成功落户。中科科技产业园确定落户项目企业共7家，出租率超60%，总投资额2.6亿元。欧洲工业园C园累计入园企业23家，预计年产值约10亿元。

是年，佛山高新区重点发展以智能数控、光机电、3D打印、机器人为主的高端装备制造产业。广东省财政厅安排50亿元成立产业发展基金，市财政安排24亿元扶持装备制造业发展。（张满满）

【江门高新区】 2015年，江门高新区获批建设国家自主创新示范区，以开放式创新为主线，采取“孵化链接”的发展模式，实施科技创新“五个一”专项行动，深化科技与金融结合，培育特色产业和新兴产业，打造侨乡创新创业生态圈。围绕科技新城的定位，构建“产业创新平台+研发机构+孵化器科技金融平台”五大科技创新体系，科技创新创业园（二期）、科技创新创业服务中心已建成孵化器、加速器10万平方米，在建30万平方米，计划5年内建成100万平方米。引入清华科技园启迪之星科技企业孵化器有限公司，推动江门高新区科技自主创新，构建利于创业创新的运营管理环境和孵化服务体系。

6月，江门市出台《江门市实施创新驱动发展战略加快创新型城市建设的意见》及八个配套政策（简称“科技创新1+8政策”），推进实施“八大工程”（创新企业培育工程、创新载体建设工程、创新平台构建工程、创新科技引领工程、创新人才聚集工程、创新成果转化工程、创新服务优化工程、创新环境优化工程），整合全市创新资源，加快创新型城市和珠三角国家自主创新示范区建设，打造珠西新的创新中心。

（江门市地方志办）

【东莞松山湖高新区】 2015年10月29日，国务院下发《关于同意珠三角国家高新区建设国家自主创新示范区的批复》，东莞松山湖（生态园）高新区成为国家自主创新示范区一员。广东省也发布《加快推进创新驱动发展重点工作方案（2015—2017年）》，明确珠三角国家自主创新示范区的创建方案：以深圳、广州为龙头，连同珠海、佛山、惠州、东莞、中山、江门、肇庆市等7个地级市共同创建，形成“1+1+7”珠三角国家自主创新示范区建设格局，建成国际一流的创新创业中心。开展机器换人、发展智能制造的创新发展之路，初显成效。2015年，松山湖（生态园）高新区实现生产总值259.26亿元，比上年增长10.8%，税收总额81.12亿元，增长80.79%。松山湖高新区在全国高新区的综合排名从2013年的53位升到第30位。园区有新型研发机构（与高校院所合作共建）20个、国家级国际科技合作基地2个、国家级技术转移示范机构3个、国家级国际创新1个、省级国际科技合作基地8个以及国家级企业技术中心（工程中心）3个。年内，获批为国家知识产权试点园区，全年专利申请总量3 662件，授权专利总量2 135件。（东莞市地方志办）

【中山火炬高新区】 2015年，中山市获国家知识产权局批复建设国家知识产权示范城市，中山火炬国家级高新区成功纳入珠三角国家自主创新示范区，火炬开发区和翠亨新区获评为省金融科技产业融合创新试验区。新增横栏、南区2个省级技术创新专业镇，全市专业镇数量有18个，建立新型专业镇评价指标体系，实施新型专业镇“1+7”创新工程。推动创新资源、金融资源和人才资源融合，打造“众创＋金融”模式。年内众创金融街进驻银行、保险、证券等金融机构60个，签约进驻众筹公司、互联网金融公司等新兴金融机构30个。推进国家及省级高层次创新平台建设。3月，中山达华智能科技股份有限公司申报的“RFID与物联网标签技术国家地方联合工程研究中心”项目获国家批复。全市获批组建国家级企业技术中心2个、国家级工业设计中心1个、国家地方联合工程实验室3个、省级工程实验室5个、省级企业重点实验室3个、省级工程技术研究中心121个、省级企业技术中心69个、省级以上其他创新平台（含分支机构）19个。12月21日，在广东省科学产业技术创新联盟科技成果对接会上，中山市副市长吴月霞与广东省科学院副院长李定强就共建“广东省科学院中山分院”签约。组织中山25家优质企业与电子科大中山学院相关院系进行校企合作对接，推动广东省工程实验室分实验室建设。康方生物在电子科大中山学院建设的广东省工程分支实验室正式投入运营。年内有6个机构被认定为省级新型研发机构，数量居全省第6位，获省科技厅500万元专项资金支持。全年组织认定市级新型研发机构24个、市级培育单位12个。（中山市地方志办）

【惠州仲恺高新区】 2015年11月12日，广东省委、省政府在广州召开珠三角国家自主创新示范区建设启动会议。中共中央政治局委员、广东省委书记胡春华，科技部党组书记、副部长王志刚共同为珠三角国家自主创新示范区揭牌。惠州仲恺高新区入列国家自主创新示范区。是年，惠州仲恺高新区开展“创新强化年”活动，以“恺炬创新行动”统揽创新工作全局，强化创新能力，引导TCL云创科技、德赛信息科技等近10家高企实施主辅分离。至年底，全区有高新科技企业114家，省级以上新型研发机构3

个，发明专利申请 2 336 件，发明专利授权 494 件。建成全省首个市场化运作的科技服务大厅，加快物联网研究院、先进装备协同创新研究院等一批公共技术服务平台建设，引进金融机构 18 个，政府主导科技风险投资基金 10 支。鼓励引导企业上市，有上市公司 9 家、新三板 6 家及天交所挂牌企业 9 家。完善孵化体系，新增国家级孵化器 1 个，I 创空间、盛思创客空间等一批民营众创空间投入使用，东江创客中心、惠南智慧谷等 5 家众创空间被认定为省试点单位；新增美国硅谷海外孵化器、台湾孵化育成中心。全区孵化器面积累计达 33.7 万平方米，在孵企业 315 家，毕业企业 111 家。出台《技术转移平台专项奖励办法》《“瞪羚企业”管理办法》等创新规划和扶持政策，举办创新创业大赛、“创客汇”等赛事活动，成立研发者联盟，累计引进创新团队 61 个、领军人物 50 人。全区人才总量接近 11 万人，高层次人才超过 1 万人。

是年，仲恺高新区坚持“招强引优”，主动谋划产业，推动转型升级。举办台湾、北京及日韩等推介对接会，引进旭硝子、大金空调、万泽美浦森、博实结北斗导航等优质项目。培育物联网、大数据等智慧产业和工业 4.0 项目，发布“互联网 + 仲恺智造”行动计划；组织企业申报各类技术改造项目 30 个，全年工业企业技改投资完成 49.6 亿元，比上年增速近 5 倍。推进信利一期、亿纬新能源汽车一期建设，全年引进和动竣工重点项目 123 个，总投资额 517 亿元；45 个省市重点建设项目累计完成投资 82.3 亿元，完成年度计划的 110%。潼湖生态智慧区“1+6+3”规划基本完成编制，签约项目 15 个，投资总额 225 亿元，启动建设签约项目 3 个。（惠州市地方志办）

【肇庆高新区】　2015 年 10 月 29 日，国务院印发《关于同意珠三角国家高新区建设国家自主创新示范区的批复》，同意支持包括肇庆高新区在内的广东 8 个国家高新技术产业开发区建设国家自主创新示范区（统称珠三角国家示范区）。这是全国第二个以城市群为单位的国家自主创新示范区。珠三角国家示范区以创新创业为主线，省委、省政府将示范区定位为国际一流的创新创业中心，打造中国参与全球创新竞争与合作的重要平台，引领珠三角链接全球创新资源，为实施国家自主创新战略探索新模式。示范区以 8 个国家高新区为核心，重点在创新驱动发展路径、产业转型升级方式、一体化协同创新、创新创业生态系统等方面进行示范，通过机制创新、网络构建、全球链接、资源整合，实现珠三角创新环境开放、创新主体开放、创新要素开放、创新应用开放，构建“大众创业、万众创新”发展氛围，提升区域自主创新能力、产业竞争能力、对外开放能力和辐射带动能力，打造国际一流的创新创业中心。11 月 12 日，广东省委、省政府在广州召开珠三角国家自主创新示范区建设启动会议。（张逊）

县域经济

【江门市县域经济】　2015 年 12 月 28 日，广东县域经济研究与发展促进会联合广东省委党校省情研究中心在广州发布《2015 广东县域经济综合发展力研究报告》，公布全省 58 个县域单元综合发展力的测评结果。四会、博罗、惠东、高要、普宁、鹤山、台山、开平、新兴、高州、龙门、信宜、海

2015年5月28日，位于江门市蓬江区的“珠西智谷”挂牌成立。图为“珠西智谷”未来规划 （卢锦权 摄）

丰、廉江和化州分别为2014年广东县域经济综合发展力的前十五名。江门市鹤山、台山、开平均跻身“十强”，分别居六、七、八名。

5月，珠西智谷挂牌，总规划面积76.87平方千米，核心启动区12.37平方千米，重点打造企业总部园区、现代金融服务区、科技企业孵化园区、产业园区、配套园区以及预留发展区六大板块。各类创新平台总建筑面积40万平方米，已有创新创意等各类企业550家。 （江门市地方志办）

【惠州市县域经济】 惠东县 2015年，实现规模以上工业增加值171.6亿元，比上年增长26%。广发惠东风电场建成试投产；太平岭核电项目完成环评1号、2号公示，厂平工程开工。鞋业品牌“卡莱莉尔”获国家驰名商标，通过“中国女鞋生产基地”复评初核。6家企业完成“机器换人”，2家入选省“两化”融合管理体系贯标试点企业。惠东产业转移园累计投入基础设施建设资金21.5亿元，被列入省信息化示范园区。

博罗县 2015年8月22日，社会智库中郡县域经济研究所发布第十五届全国县域经济与县域基本竞争力百强县（市）名单，惠州市博罗县成为全省唯一上榜县，连续8年入围全国县域经济与县域基本竞争力百强县。

（惠州市地方志办）

【肇庆市县域经济】 2015年，肇庆市重点和优化发展东南板块（含端州区、鼎湖区、高要区、四会市），加快发展山区板块（含广宁县、德庆县、封开县和怀集县），东南版块地区生产总值占全市比重为69.7%，山区板块地区生产总值占全市比重为30.3%。年内，启动中心城区（端州区、鼎湖区）“三规合一”工作，编制完成《城市总体规划纲要》，中心城区规划面积拓展至563平方千米。

广宁县 2015年，广宁县辖15个镇，土地面积2 455.46平方千米，年末户籍人口57.98万人，常住人口43.69万人。被确定为“国家循环经济示范县建设地区”。全县地区生产总值130.74亿元，比上年增长7.2%。其中，第一产业增加值30.46亿元，比上年增长 4.7%；第二产业增加值 44.18 亿元，增长 8.1%；其中工业增加值 41.01 亿元，增长 6.8%；第三产业增加值 56.1 亿元，增长 7.7%。人均地区生产总值 30 014 元，比上年增长 6.8%。规模以上工业总产值 192.97 亿元，比上年增长 8.3%。城镇常住居民人均可支配收入 19 502.6 元，比上年增长 8.9%；农村常住居民人均可支配收入 11 537.6 元，增长 14.6%。

德庆县　2015 年，德庆县辖 1 个街道 12 个镇。土地面积 2 002.8 平方千米。年末全县户籍人口 39.03 万人，常住人口 35.19 万人。全县地区生产总值 120.75 亿元，比上年增长 7.2%。其中，第一产业增加值 26.69 亿元，比上年增长 4.1%；第二产业增加值 45.01 亿元，增长 7.7%；工业增加值 43.84 亿元，增长 7.8%；第三产业增加值 49.05 亿元，增长 8.2%。人均地区生产总值 34 410 元，比上年增长 6.7%。规模以上工业总产值 246.87 亿元，比上年增长 8.4%。城镇常住居民人均可支配收入 19 287.3 元，比上年增长 9.3%；农村常住民居人均可支配收入 15 331.2 元，增长 10.1%。

封开县　2015 年，封开县辖 16 个镇。土地面积 2 723.29 平方千米。年末户籍人口 50.99 万人，常住人口 40.99 万人。全县地区生产总值 135.81 亿元，比上年增长 8.3%。其中：第一产业增加值 38.24 亿元，比上年增长 4.8%；第二产业增加值 46.03 亿元，增长 11.6%；工业增加值 36.46 亿元，增长 7.5%；第三产业增加值 51.54 亿元，增长 7.8%。人均地区生产总值 33 230 元，比上年增长 7.9%。城镇常住居民人均可支配收入 19 473.1 元，比上年增长 9.2%；农村常住居民人均可支配收入 11 532.4 元，增长9.6%。

怀集县　2015 年，怀集县辖 18 个镇和 1 个民族乡，土地面积 3 554.07 平方千米。年末户籍人口 110.10 万人，常住人口 84.06 万人。全县地区生产总值 218.56 亿元，比上年增长 6.8%。其中：第一产业增加值 65.81 亿元，比上年增长 5.5%；第二产业增加值 63.91 亿元，增长 6.5%；工业增加值 60.95 亿元，增长 9.0%；第三产业增加值 88.84 亿元，增长 8.0%。人均地区生产总值 26 077 元，比上年增长 6.4%。规模以上工业总产值 154.68 亿元，比上年增长 7.6%。城镇常住居民人均可支配收入 22 482.0 元，比上年增长 9.0%；农村常住居民人均可支配收入 12 569.4 元，增长 13.0%。

（肖泳湘　莫多文　徐小桃　黎建生　莫少品）

镇域经济

【东莞市镇域经济】　虎门镇　2015 年，虎门镇实现生产总值 447 亿元，推动科技、金融、产业、城市“四融合”，出台虎门镇《关于实施创新驱动发展战略走在前列的意见》《创新驱动专项资金管理办法》，从 2015 年起的 5 年内，镇财政每年安排 5 000 万元“虎门镇创新驱动工程专项资金”，用于奖励科技创新工作方面成绩突出的企业、个人和项目。是年，创新驱动工程专项资金奖励 1 402 万元，奖励 133 家企业和个人、275 个项目。全年申报“机器换人”项目的企业 46 家，全镇申报“机器换人”项目的企业 70 家，新增国家高新技术企业 10 家，虎彩、缔奇 2 家国家高新技术企业挂牌“新三板”。

长安镇　2015 年，长安镇实现地区生

产总值400.5亿元。出台创新驱动系列方案，加强对科技创新的扶持和奖励。规模以上高技术制造业产值859.4亿元，有高新技术企业49家，年内新增14家；有95个产品获“广东省高新技术产品”称号。规模以上企业自建研发机构57个，拥有省级企业工程技术研发中心12个。专利申请量7 037件，授权量2 570件，专利申请量和授权量均居东莞市第一位。牵头组织成立市一级机器人协会，吸引60多家会员企业。申报“机器换人”项目101个，有24家企业获得市“机器换人”补助1 544.63万元。

厚街镇　2015年，厚街镇实现地区生产总值321.94亿元，国家高新技术企业有25家。推动35家企业申报“机器换人”项目，东莞市核定厚街镇研发经费投入6.62亿元，占生产总值比重达2.14%。实施名牌带动战略，“金河田”等3个商标晋升为“中国驰名商标”。完成名家具研发院改制，成立名家具俱乐部设计专业委员会，开展“‘6·18’创客空间”项目，营造创新创业氛围。启动名家居世博园设计中心项目，推动东信高新科技园、益泓荣科技园、鼎昊科技园申报企业孵化器。

塘厦镇　2015年，塘厦镇实现地区生产总值302.93亿元，新增申报高新技术企业22家，有51家企业进入高新技术企业培育库；新增省级工程技术研究开发中心4个，市级工程技术研究开发中心1个。推动澳星公司成为广东省众创空间试点单位。促进科技与金融融合，成为东莞市首批4个科技金融工作站授牌镇街之一，促成20多家科技企业与银行对接。完成工业投资14.99亿元，技改投资10.45亿元。规模以上企业研发机构建有率超过26%，研发费用突破9亿元，占生产总值比例2.97%，高新技术产品产值突破220亿元。实施标准化战略，以优秀等级创建“广东省实施技术标准战略示范镇”，创建“标准化良好行为企业”14家，企业产品采用国际标准15项。实施名牌带动战略，推动企业申请认定广东省名牌产品6家，推动企业申请认定广东省著名商标4家，全镇有名牌名标32个。

2015年，东莞市长安镇实现地区生产总值400.5亿元。图为长安镇全貌　（东莞市地方志办供稿）

常平镇　2015年，常平镇实现生产总值280.2亿元，制定出台《推进科技企业孵化载体建设与发展操作规

程》《推动企业挂牌“新三板”工作方案》《科技创新券实施管理办法》等扶持创新发展政策。培育林氏生物技术和希锐自动化两家企业挂牌“新三板”，发放科技创新扶持奖励资金超过1 100万元。常平科技园成为全国青年创业示范园区，百润爱创社区成为东莞市首个由酒店物业升级改造的青年创新创业孵化基地，元创动力“互联网+”创新产业园引入国家级创客实训基地。推进常平科技加速园和常平科技园金美园区建设，引进深港产学研基地、深圳弈投孵化器等知名孵化服务机构。涌现创客联盟、清华i·Center、创客茶吧、青创荟等一批众创空间。与上海交通大学等高校共建东莞常平上海高校科技创新中心，与北京大学东莞光电研究院、东莞市知识产权保护协会共同开发运营“第三代半导体专利导航与创新服务平台”项目，与东华大学共建东莞市针织智能化协同创新平台，与欧洲商业创新联盟筹建东莞中欧创新中心。国内首个民营资本投资的工程塑料国家工程技术研究中心华南分中心投入运营。举办首届两岸四地智慧型机器人大赛暨学界研发成果展、“科技之春”音乐会和东莞科技创新创业大赛。新增国家高新技术企业16家、省高新技术企业培育库入库企业28家。

大朗镇　2015年，大朗镇实现地区生产总值220.15亿元，出台《大朗镇工业机器人智能装备产业发展规划（2015—2020)》，累计为53家企业申报“机器换人”专项资金3 161万元。全镇工业企业技术改造投资8.5亿元。注塑机节能改造、电机节能改造完成市定目标的264%和125%。松湖云谷创意产业园获批国家级科技企业孵化器培育单位。全镇高新技术企业新增16家，总数达36家，有国家认可实验室3个，省、市级工程中心8个，大中型企业建立不同层次的研发机构44个。新增中国驰名商标2个，有省级以上名牌名标30个。

凤岗镇　2015年，凤岗镇实现地区生产总值212.9亿元，通过提供贴息贷款、出台创新驱动扶持奖励办法、设立1 000万元专项资金等措施，推动创新驱动发展。新增国家高新技术企业9家，全镇有国家高新技术企业29家、国家认可实验室1个、省级和市级工程技术研究开发中心5个，72家企业设立研发机构。获各种专利授权776件，其中发明授权36件。推动28家企业投入1.7亿元实施29个“机器换人”项目，19家企业20个项目通过东莞市验收。推动米亚科技公司等10多家企业投入技术改造7.4亿元。推动天安数码城项目建设，发展2.5产业（介于第二和第三产业之间的中间产业）。设立500万元专项资金，加大对电子商务扶持力度，全镇注册登记电子商务市场主体42家，比上年增长83%，销售总额超15亿元。全镇30多家企业与10多所国内外高等院校、科研院所建立产学研长期友好合作关系，有省部产学研合作项目11个。与华中科大工研院合作建设科技企业孵化器。全镇有上市企业1家、后备上市企业3家，意向申请挂牌“新三板”企业30多家，签约挂牌辅导14家。其中雅路智能家居公司挂牌上市，成为凤岗镇首家在“新三板”挂牌的企业。

寮步镇　2015年，寮步镇实现地区生产总值210.48亿元，对接“东莞制造2025”战略和创新中轴线建设，出台《寮步镇实施创新驱动发展战略工作方案》，做好产业结构调整、内源型经济发展、高新技术企业和上市企业、新产业新业态培育。引导企业加大技术创新投入和“机器换人”，企业研发投入5.1亿元，占生产总值比重达2.4%，其中技术改造投资3.3亿元，比上年增长87%。企业发明专利申请量259件，获市级科技进步奖4项、专利奖3项，寮步医院、科隆威自动化设备有限公司获得市科技进步一等奖。引进聚慧e谷、鼎昊自动化孵化园等科技企业孵化项目。寮步镇生产力促进中心投入使用，入驻金融服务、电子商务、机电装备研发企业和科技中介机构17个。新增国家级高新技术企业14家，总数41家。扶持企业上市，高伟光学电子在香港主板上市，瑞必达、百味佳、长联科技、康达新能源等10家企业挂牌全国新三板。成立镇电子商务协会，形成一批“互联网+”企业梯队。（东莞市地方志办）

【中山市镇域经济】 中山市“专业镇经济”依托成熟的上下游长产业链分工，聚集大批传统产业集群。至2015年，中山市拥有35个国家级产业基地，67%的镇区成为省级专业镇，产值占全市比重的72%，贡献税收65%。持续拓展“二次创业”征程，促进传统专业镇转型为新型专业镇，传统产业集群转型为创新产业集群。推进沙溪、大涌协同转型升级试点。加快构建两镇交通同建、环境同治、旅游同线、品牌同享、市场同创、税收同则等六大协同机制，加速实现片区红木家具和纺织服装两大产业转型升级。

1月，制订《关于推进新型专业镇发展的若干意见》，确定广东省内首个系统化的新型专业镇创新驱动工程，包括科技创新工程、模式创新工程、组织创新工程、集群创新工程、要素资源集约创新工程、产城融合创新工程、生态环境创新工程和人才创新工程，形成产业化、市场化、城市化联动发展的新模式。12月30日，由沙溪、小榄、大涌三地发起成立的中山市服装产业联盟在沙溪镇召开会议，标志沙溪及中山服装产业链价值的整体提升。中山市着眼实际形成专业镇“舢板方阵”，打造“两区四带多集群”，组建统筹协调资源，构建具有中山特色的现代产业集群。其中，“四带”包括北部五金家电产业带、西部灯饰光源产业带、中部现代服务业产业带和东部先进装备制造产业带。

沙溪镇　2015年，沙溪镇推进“互联网+”行动计划，深化服装全产业链的电子商务应用。波信太阳能科技有限公司、华南再生资源（中山）有限公司、益和堂制药有限公司3家企业通过高新技术企业资格审核，全年全镇企业获市技术改造专项资金339.1万元。以“大众创业、万众创新”为理念，重点培育以电子商务为主的“互联网+”产业园区。以“孵化器”定位打造时尚创意城，以服装设计、时尚创意、人才孵化、工业旅游、电子商务为主要功能，完善电子商务运营中心、电子商务服务中心、设计师梦工厂、时尚发布中心、O2O体验馆等项目建设，发挥纺织服装学院、沙溪理工学校、休闲服装研发中心、纺织品检测中心的配套支撑作用，建设以创新驱动、生态链健康的综合服务平台。以“新型流通业态”模式打造富元国际服装城，融入“智慧园区”建设理念，结合电子商务应用，创新购销模式，实现线上线下互动体验。以“协同创新”理念打造嘉丰柔性供应链产业园，着力为沙溪服装加工企业服务，打造服装柔性加工产业链，以面辅料交易中心、打版打样中心、服装设计中心、快反加工中心、网上订单中心、电子商务服务中心等为基本配套，建立面料检测溯源、网上接单、个性定制、集中采购等信息化系统，提升服装加工企业的生产效率。搭建中国服装全产业链云商平台，基于信息化、3D 展示技术把服装设计、面辅料定制、品牌策划、快反加工、市场营销及服装产业链上下游相关产业互联互通，打造 B2B2C 模式的电子商务平台。11 月 6—20 日，举办以“创新时尚，融合共赢”为主题的 2015 中国（沙溪）服装电子商务交易会暨广货网上行 O2O 服装购物狂欢节，总面积 28 万平方米，设有展位 6 000 个，展示范围涵盖女装、男装、童装、内衣、皮革皮草、服饰及面辅料、机械等服装产业链上下游的相关产业，设计、创意、时尚文化领域，信息化、电子商务配套行业等，以“互联网 +”和协同创新思维，展示全产业链电子商务应用模式，是国内首个以服装产业与电子商务跨界融合的时尚展会。由省、市、镇电子商务协会共同参与组建中山市沙溪镇电子商务服务中心，逐步形成以电商服务中心、纺织服装学院、理工学校为阵地电商人才孵化基地，搭建电商人才平台；以时尚创意城、富元国际服装城、柔性供应链产业园等为载体的电商运营服务平台；以纺织品检测中心、休闲服装研发中心、仓储物流中心为支撑，建立电商产业公共服务体平台，完善电子商务公共服务体系，推动电子商务发展。

2015 年，中山市南朗镇积极发展休闲旅游产业。图为中山南朗镇冲口门风光
（中山地方志办供稿）

南朗镇　2015 年，南朗镇对接融入翠亨新区总体规划，推进华南现代中医药城经济协作区、翠亨温泉旅游度假区和朗城等发展平台建设。全面推广工业机器人、自动化车间及智能车间。成立孙中山故里旅游区管委会，加强故居片区规划建设和旅游市场秩序管理，建设翠亨温泉旅游度假区、雅居乐翠亨小区等重点项目，整合孙中山故居、翠亨文化艺术创造基地、南朗历史文化名村、“开心农场”等文化生态资源，发展文化休闲旅游产业。投入 1 500 万元，建设华南现代中医药城产业创新加速器，并与暨南大学、华南理工大学、广东药学院、澳大利亚莫纳什大学等国内外高校开展系列产学研合作。至年底，加速器有签约项目 50 个，入驻企业 23 家，其中生物医药行业集中度 73.9%，被认定为广东省第二批新型研发机构。

三角镇　2015 年，三角镇实行高新技术企业倍增计划，突出“助保贷”、人才落户、积分入学等政策，优化对企服务，主动服务拟申报企业，跟踪服务已认定企业，定向服务未认定企业。至年底，全镇认定高新技术企业累计 12 家，挖掘具备潜质的 18 家企业纳入高新技术企业培育库，培育打造高新技术产业集群。引进希贵光固化材料有限公司、宝宝好儿童用品有限公司等12个项目，总投资8.48亿元。以爱科基地为载体，探索建立市级孵化平台，构建集“创业苗圃+孵化器+加速器”于一体的综合孵化育成体系，申报中山市“众创空间”，吸引创新创业创意人才和新业态积聚。开展校企合作，合作高校从1所逐步扩大到12所，立项金额1 400万元。12月，全镇规模以上企业建立省市级工程中心9个，企业自设研究开发中心25个，拥有核心知识产权的企业35家，有省级以上名牌名标企业9家。

港口镇 2015年，港口镇有广东省高新技术企业12家、中国驰名商标企业1家、广东省名牌名标企业16家、中山市技术中心8个、国家级基地2个、产学研平台4个。扶持企业上市融资，有上市后备企业7家、上市后备企业资源库企业4家、新三板上市培育企业3家、上海股权交易中心挂牌企业1家。实施“互联网+”战略，港口镇中云通科技股份有限公司揭牌成立“中国电子商务孵化示范基地”。全年全镇游戏游艺产业总产值40亿元，占全国游戏游艺机产业份额的60%以上。广东游戏游艺产业城是全国首个集创意设计、研发制造、展示交易、体验消费、金融贸易、总部经济于一体的游戏游艺全产业链产城融合项目，于2015年被中山市认定为市镇（区）共建服务业集聚区，先后被中国文化娱乐行业协会和市文化广电新闻出版局分别授予“中国文化娱乐产业基地”和“中山市文化创意产业园区”称号。全镇从事文化创意产业的企业90多家，纳入“三圈”辐射范围的占82%。

神湾镇 2015年，神湾镇协助14家公司参加高新企业认定（复审）申报培训，其中3家企业通过国家高新技术企业认定。引导镇内26家重点企业申请省、市级工业及科技专项扶持资金总额超1 800万元。威高物流公司启动跨境电商模式，开发跨境电子商务物流仓储项目，依托自有的第三方供应链经营管理技术及客户群体，构建跨境电子商务线上线下综合服务平台，并拓展与本地生产企业的联动发展项目；广东恒成科技股份有限公司改制上市，通过引入新股东，成为“新三板”上市企业。神湾泉公司与小米公司合作开发生产新式空气净化器，新增月销售额2 000万元以上；心源科技公司创新O2O连锁业态商业模式，开发和整合中医药养生产品，创建“億心源”中医药养生国际连锁品牌。全年引进3个以船艇制造业及配套设备生产为主的先进装备制造业。江龙船艇科技股份有限公司计划增资3.28亿元，建设船艇研发设计中心，开发高性能节能型复合船艇生产扩建项目。中山（神湾）国际游艇产业园（一期）计划建设游艇科技孵化中心和科研大楼、园区商业配套、部分游艇制造园区和游艇维保码头，逐步形成集“设计研发+科技孵化+游艇制造+维保服务”于一体的产业格局。广州凯力集团实施向“高附加值中小型多功能船舶建造、海洋工程装备修造、豪华游船及游艇建造”的战略发展，利用原伟航船厂，将其升级建设成为凯力集团海工装备、游船、游艇、船舶的制造和修理基地。（中山地方志办）

·责任编辑 何文倩·

区域协调

重要会议

【广东省基层社会治理平台建设珠三角现场会】 2015年1月10日，广东省基层社会治理工作平台建设珠三角现场会在东莞召开。会议传达贯彻深化平安中国建设会议和广东省委常委会议精神，研究部署推进平安广东和基层社会治理工作平台建设工作。中共广东省委副书记、政法委书记马兴瑞出席会议并讲话。东莞市委书记、市人大常委会主任徐建华和东莞市委常委、政法委书记邓志广，珠三角各市分管政法工作的领导及省直有关单位负责人参加会议。广州、深圳及东莞市作经验介绍。 （东莞市地方志办）

【广东省实施《珠三角规划纲要》领导小组会议】 2015年3月31日在广州召开。会议研究2015年重点工作和2014年有关考核工作。广东省省长朱小丹出席会议并讲话。中共广东省委常委、常务副省长徐少华主持会议。副省长刘志庚、许瑞生，广州市市长陈建华、深圳市市长许勤出席会议。会议指出，2014年，珠三角各市和省有关部门贯彻落实省委、省政府关于实现“九年大跨越”的决策部署，推进产业转型升级，狠抓重点改革攻坚，推动珠三角优化发展取得新成效。但珠三角地区产业转型升级依然任重道远，科技创新支撑能力亟待提升，资源环境硬约束收紧，必须分门别类采取措施，加以解决。

会议强调，珠三角地区要适应新常态、引领新常态，完成好国家和省赋予的战略任务，实现优化发展，成为全省稳增长的基本力量、调结构的主力军、创新驱动发展的引领者。要把握广东自贸试验区建设和参与“一带一路”建设的重大契机，尽快推动自贸试验区各项政策措施落地和开发建设，构建对外开放新格局，推动全面深化改革和扩大开放取得新突破。要以信息化为先导，加快现代产业体系建设，加强信息基础设施建设，以智能制造为主攻方向提高“两化”融合水平，迅速启动“互联网+”行动，做大做强信息产业。要守住生态环保和民生保障两条底线，推动绿色低碳发展，确保完成国家下达的节能减排任务，实现 $PM_{2.5}$ 和 PM_{10}

2015年10月20日，中共广东省委副书记、深圳市委书记马兴瑞，深圳市委副书记、市长许勤出席在五洲宾馆举行的深圳—黑龙江·双鸭市合作项目签约仪式 （陈锡坤 摄）

持续下降，同时切实加快社会民生事业发展，不断增进民生福祉。

会议审议《实施珠三角规划纲要2015年重点工作任务》和《2014年度省实施珠三角规划纲要考核方案》。

2015年9月1日，珠中江三市人大常委会办公室第二次联席会议在中山召开
（中山地方志办供稿）

【推进珠三角地区“九年大跨越”工作现场会】 2015年5月18日在广州召开。会议检查上年珠三角九市实施《珠江三角洲地区改革发展规划纲要》（简称《规划纲要》）推进“九年大跨越”情况，部署和推进珠三角地区转型升级、优化发展。中共中央政治局委员、广东省委书记胡春华主持会议并讲话。省长朱小丹对做好下一阶段实施《规划纲要》工作作部署。

会议强调，珠三角经济结构调整和产业转型升级必须抓住五大重要举措。一要培育高新技术企业，推动创新驱动发展战略落到实处。立足通过3~5年的努力，实现广东省高新技术企业数量翻一番。二要高标准建设自由贸易试验区，打造广东新一轮对外开放的重大平台。三要瞄准先进装备制造业的方向，建设珠江西岸先进装备制造产业带。四要抓住“互联网+”带来的产业革命机遇，抢占产业发展新的制高点。五要加快加工贸易转型升级，推动形成广东自主的内源型经济发展格局。

会议认为，做好2015年及今后一段时期珠三角《规划纲要》实施工作，要瞄准“双中高”目标精准发力，更好发挥“双支撑”作用；要深入实施创新驱动发展战略，加快推动“九年大跨越”向纵深迈进；要发挥信息化先导作用，实施“互联网+”行动计划；要全力以赴完成节能减排任务，坚定不移走绿色化发展新路；要贯彻落实“四个全面”战略布局，为实现“九年大跨越”各项目标任务提供根本保证。

会上，中共广东省委常委、常务副省长徐少华通报2014年度省实施《规划纲要》工作情况、考核结果和2015年度工作任务安排；佛山、东莞、中山、惠州4个市和省发改委、省经信委、省商务厅的负责人先后作大会发言。省领导马兴瑞、林木声、任学锋、李嘉、招玉芳、刘志庚，珠三角各市及顺德区党委、政府主要负责人，政府分管实施珠三角《规划纲要》工作的负责人及纲要办主任，省实施珠三角《规划纲要》领导小组全体成员参加会议。（白芷）

【珠三角地区水环境综合整治与绿色生态水网建设现场会】 2015年9月11日，广东省政府在东莞召开珠三角地区水环境综合整治与绿色生态水网建设工作现场会。会议总结珠三角地区水环境综合整治工作进展情况，推广东莞市绿色生态水网建设经验，研究部署珠三角地区水环境综合整治与绿色生态水网建设工作。广东省省长朱小丹出席会议并讲话，广东省副省长许瑞生主持会议。

（东莞市地方志办）

【2015年广佛肇经济圈市长联席会议】 2015年2月8日在广州召开。会议由广州市市长陈建华主持，佛山市市长鲁毅、肇庆市市长郭锋以及应邀出席会议的云浮市市长卓志强，中共清远市委常委、常务副市长曾贤林与会并讲话。会议听取广佛肇经济圈建设2014年工作总结和2015年工作思路、广佛同城化2014年工作总结和2015年工作思路，审议《广佛肇经济圈建设2015年度重点工作计划》《广佛肇（怀集）经济合作区建设方案》。会上，陈建华、鲁毅分别代表广州市、佛山市政府签署《广佛两市轨道交通衔接工作备忘录》。根据备忘录，两市建立高层领导协商及部门的联系机制，尽快明确佛山地铁2号线进入广州南站的设计方案，探索广佛城市轨道交通一体化发展模式。（白芷）

【广佛同城化示范区建设座谈会】 2015年10月9日，广州、佛山两市在佛山召开广佛同城化示范区建设座谈会。两市市、区政府及有关部门负责人就示范区建设进展及存在的重点、难点问题进行交流和协商，并达成多项共识。会上，顺德区与番禺区、三水区与花都区分别签订《共建广佛同城化合作示范区框架协议》。中共广州市委副书记、市长陈建华，广州市委常委、常务副市长陈如桂，佛山市委副书记、市长鲁毅，佛山市委常委、常务副市长黄志豪等参加会议。

（梁志鸿）

【广佛肇清云韶经济圈市长联席会议】 2015年12月25日在广州召开。广州市市长陈建华主持会议并讲话，肇庆市市长赖泽华、清远市市长郭锋、云浮市市长卓志强、韶关市代市长骆蔚峰、佛山市副市长黄喜忠出席会议并分别讲话。是年，广佛肇经济圈纳入清远、云浮、韶关三市，组成广佛肇清云韶经济圈，通过建立市长联席会议及工作协调机制，共同推进经济圈建设。会议听取广佛肇清云韶经济圈建设2015年度工作、广佛同城化合作示范区建设、广佛肇（怀集）经济合作区建设、广清一体化合作、云浮市融入经济圈发展等情况汇报，审议通过《广佛肇清云韶经济圈市长联席会议及工作协调机制》。广州、肇庆、清远、云浮、韶关市领导陈怡霓、冯敏强、李新全、唐远强、江汝生、许志新，广州市政府秘书长潘建国，以及广佛肇清云韶6市相关政府部门、区（县）政府负责人参加会议。

（白芷）

【肇梧战略合作第五次市长联席会议】 2015年4月25日在肇庆市召开。会议听取2014年肇梧战略合作工作计划执行情况和粤桂合作特别试验区工作情况报告，研究组建粤桂合作特别试验区联合管委会等事项，审议并原则通过《2015年肇梧战略合作重点工作计划表（送审稿）》，确定试验区建设、前期项目、党建合作、社会管理等方面共31个合作事项，并就深化肇梧战略合作达成多项共识。肇庆市市长赖泽华和梧州市市长朱学庆等参加会议。（刘万良）

【珠中江阳区域紧密合作联席会议】 2015年7月16日，珠中江阳区域紧密合作第十次党政联席会议暨广东自贸试验区横琴新区片区与珠中江阳区域发展交流会在珠海举行。中共广东省委常委、珠海市委书记李嘉，中山市委书记薛晓峰，江门市委书记毛荣楷，阳江市委书记魏宏广，珠海市市长江凌，中山市市长陈良贤，江门市市长邓伟根，阳江市市长丘志勇出席会议。这是阳江加入珠中江经济圈后举行的第一次联席会议。四地年内将以横琴新区片区为共同商贸平台，重点推进和深化区域合作、完善基础设施平台打通交通内外衔接、加强产业协作共同打造先进装备制造产业带、共同推进海洋优势产业和海洋旅游产业发展、推进环保共行共创优质生态生活圈、提升民生服务深化基本公共服务一体化6大工作。会议指出，广佛江珠城际轨道争取年内完成项目立项，深茂铁路江门—中山—深圳段、中开高速等交通项目争取年内动工建设。珠海、中山引入市场管护机制，共同加快推进前山河等跨界河涌整治。 （江门市地方志办）

【广东·海南合作交流座谈会】 2015年9月4日，中共中央政治局委员、广东省委书记胡春华，省长朱小丹在广州与中共海南省委书记、省人大常委会主任罗保铭，省长刘赐贵率领的海南省党政代表团举行广东·海南合作交流座谈会。会议由胡春华主持，强调要立足泛珠区域合作的良好基础，推进互联互通、深化对接合作，共同把粤琼合作提高到一个新水平。广东省人大常委会主任黄龙云、省政协主席王荣，海南省政协主席于迅出席会议。会上，朱小丹、刘赐贵分别代表广东省和海南省签署《广东省人民政府、海南省人民政府深化合作协议》。 （白芷）

【粤桂黔高铁经济带合作试验区（广东园）建设工作现场会】 2015年9月22日，粤桂黔高铁经济带合作试验区（广东园）建设工作现场会暨首届粤桂黔高铁经济带合作联席会议在佛山举行。会议由粤桂黔三省（区）发改委指导，佛山市人民政府主办，贵广、南广高铁沿线12个市（州）协办。中共中央政治局委员、广东省委书记胡春华，中国工程院院长周济，贵州省委常委、常务副省长秦如培，广东省委常委、省委秘书长林木声，广西壮族自治区副主席张晓钦，广东省副省长招玉芳，以及国家发改委、工信部、中国社科院等部委有关负责人参加。南广、贵广高铁沿线13市（州）在会上共同审议并表决通过《共同建设粤桂黔高铁经济带合作宣言》《贵广、南广高铁沿线城市合作联席会议章程》《贵广、南广高铁沿线城市战略合作框架协议》。 （梁志鸿）

【第十一届泛珠三角区域省会城市市长联席会议】 2015年9月26日在福建省福州市举行。该次会议主题为“融入‘一带一路’发展战略，推动泛珠三角区域合作”。中共福建省委常委、福州市委书记杨岳宣布会议开幕并致辞。广州市市长陈建华在会上作主题发言，并提议下届联席会议开始增加企业界经贸对接环节，获与会代表一致通过。福州市市长杨益民、副市长高明，广州市副市长蔡朝林、市政府秘书长潘建国，南昌市常务副市长刘建洋，长沙市市长胡衡华，南宁市市长周红波，海口市副市长孙世文，成都市副市长谢瑞武，贵阳市副市长刘春成，昆明市副市长龚晓坤，中国市长协会副会长齐骥，香港特别行政区商务及经济发展局副秘书长张赵凯渝，澳门特别行政区贸易投资促进局主席张祖荣等参加活动。

【2015 年泛珠三角区域合作行政首长联席会议】 2015 年 12 月 11 日在福建省福州市召开。会议由福建省人民政府承办，泛珠合作各方行政首长和代表出席会议，国家发改委和国务院港澳办负责人，内地 9 省（区）副省长（副主席），政府秘书长，香港、澳门特别行政区政府有关官员，行政首长联席会议秘书处秘书长列席会议。会上，泛珠区域合作各方行政首长或行政首长代表对推进泛珠合作的有关重要事项进行审议，并围绕“将泛珠合作纳入国家战略，深化新一轮泛珠合作”议题，以及对下一步合作重点进行互动讨论，还对泛珠合作工作进行总结。

经各方讨论，泛珠合作各方共同签署《2015 年泛珠三角区域合作行政首长联席会议纪要》，审议通过泛珠三角区域合作机制的修订，并确定下阶段开展的 11 项年度工作重点，包括共同争取国家支持将泛珠合作上升为国家战略，共同推进高铁经济带、珠江—西江经济带建设，加强交通基础设施建设合作，加强能源水利等重大基础设施建设合作，加强产业合作，加强生态文明建设和环境保护合作，深化旅游合作，深化社会事业合作，扩大对内对外开放合作，推进区域“互联网 +”发展，办好第十一届泛珠三角区域合作与发展论坛暨经贸洽谈会，以及共同推进和督办的 49 个重点项目。此外，会议还确定 2016 年泛珠三角区域合作行政首长联席会议由江西省人民政府承办。

（白芷）

制度创新

【珠三角区域污染联防联治】 2015 年，广东省实施《珠江三角洲地区改革发展规划纲要（2008—2020 年）》，推动珠三角各市加强区域污染联防联控，同步加大污染治理力度，促进区域大气和水环境质量持续改善。是年珠三角灰霾日数是十年来最少的一年。推进珠三角空气监测预报预警，成立“珠三角区域空气质量预报预警中心”，实现珠三角未来三天空气质量预报预警。建成全省空气质量预报预警业务平台，9 月 28 日起发布全省分片区（珠三角和粤北、粤西、粤东）空气质量预报信息，发布内容包括未来三天空气质量等级和首要污染物。构建珠三角大气污染二次成分监测网络，初步完成珠三角大气污染

2015 年 11 月 12 日，广东国际合作区揭牌仪式 （佛山年鉴社供稿）

二次组分浓度特征分析。及时发布粤港澳珠三角区域空气质量实况，全年获得城市空气质量监测网有效小时值数据500多万个，粤港澳珠三角区域空气质量监测网有效小时值数据80多万个。推进粤港区域空气质量管理和技术交流，粤港澳三地执行与国际先进水平接轨的质量控制和质量保证措施，三方共同开展并推进联合研究项目“改善珠三角空气质素的$PM_{2.5}$研究”，共同主办召开“第十七届粤港澳空气质量监测技术交流年会”。推进珠江三角洲水污染防治工作，要求珠三角地区每个城镇整治一条河涌，纳入全年整治计划的河涌约190条；珠三角地区所有中心镇，深圳、珠海、佛山、东莞、中山市所有建制镇均建成生活污水集中处理设施。珠海、佛山、惠州、江门市和顺德区城镇污水处理厂污泥已基本实现无害化处理处置。

（何惠明）

【粤闽桂琼通关一体化】 2015年4月13日，海关总署网站发布2015年第11号公告，决定扩大广东地区海关区域通关一体化改革范围至福建、广西、海南三地的四个海关。根据公告，从2015年5月1日起，福建、广西、海南三个省（区）内的福州、厦门、南宁、海口四个海关启用区域通关一体化通关方式。海关总署2014年第66号公告适用于上述四个海关关区。

根据海关总署2014年第66号公告，广东地区海关区域通关一体化通关方式适用于广东地区企业在广东地区各口岸海关进出口的货物。上述地区的企业可自主选择向经营单位注册地、货物实际进出境地海关或其直属海关集中报关点办理申报、纳税和查验放行手续。企业可根据实际需要，自主选择口岸清关、转关、“属地申报、口岸验放”、“属地申报、属地放行”、区域通关一体化等任何一种通关方式。

广东省超过12万家外贸企业可自主选择通关方式，在省内任一口岸皆可进出，为企业省去转关车辆租赁和货场租金等支出，节省20%~30%的通关成本。

广东地区海关区域通关一体化改革自实施以来至2015年底，广东地区共申报一体化报关单480万票，14万票由四个区域审单中心审核。改革提高了专业审单效能，平均审单时间从2.73小时缩短到1.67小时；5小时内审结率由87.3%提升到94.3%。海关通关时间由原来的平均8.3小时降至6.54小时，24小时通关率由原来的91.44%上升至93.25%。

【泛珠检验检疫通关一体化运行】 2015年10月，覆盖广东、福建、广西、海南，包括广东、深圳、珠海、广西、海南、福建、厦门检验检疫局等7个直属检验检疫局的泛珠三角区检验检疫通关一体化全面运行。检验检疫通关一体化是国家质检总局为贯彻落实国务院“三互”要求的工作部署，主要内容是以通报、通检、通放为基础，对进出口货物实施出口直放、进口直通，通过优化内部业务流程、推进信息互通，加强检验检疫机构之间的协调把关，提升贸易便利化。在一体化通关模式下，每批出口货物通关时间可以缩短0.5~2天，每批进口货物通关时间可以缩短1~10天。

（白芷）

规划计划

【珠江三角洲全域空间规划】 2015年，广东省住建厅推进《珠江三角洲全域空间规划（2014—2020年）》编制。一是编制完成规划成果。规划坚持创新、协调、绿色、开放、共享发展理念，以提高质量为中心，把握“一带一路”的战略机遇，以“全域协同”为主题、“转型升级”为主线，制订省市共同推动珠三角优化发展的行动纲领。规划坚持目标导向和问题导向相统一、战略性与操作性相结合，以联合港澳建设世界级城市群为目标，以国际视野查找差距和短板，明确珠三角优化发展的总体战略布局和近期行动任务。以“服务发展”为导向，围绕提升国际地位、推进转型发展、践行生态文明、塑造优质空间、推动协同发展等重点，以建立城市群空间发展新秩序为基础，统筹全域功能培育、设施建设以及生产、生活、生态空间协同布局，谋划一批具有战略意义的空间载体和发展平台。针对生产空间转型、生活空间提质、生态空间优化等关键问题，提出深化体制改革、机制创新的建议；建立省直部门、各地级以上市“一张图”空间协同管控机制；提出面向实施、可操作的十大近期行动计划，引导重大项目建设和重点领域投资，支撑和推动经济增长。二是组织召开专家审查会。2015年4月30日，广东省住建厅在广州市组织召开全域规划专家审查会，来自城市规划、产业经济、生态环保、社会治理等领域的十余位国内知名专家组成专家组，提出审查意见，通过成果审查。三是将《珠江三角洲全域规划（2014—2020年）》充实完善为《珠江三角洲全域空间规划（2014—2020年）》。2015年9月，中共中央、国务院印发的《生态文明体制改革总体方案》提出要构建空间规划体系，开展空间规划工作。宁夏、海南等地率先启动省域空间规划编制工作。为贯彻落实中央关于生态文明体制改革的要求，发挥珠三角地区先行先试的作用，广东省住建厅将《珠江三角洲全域规划（2014—2020年）》充实完善为《珠江三角洲全域空间规划（2014—2020年）》，推进广东省在城市群转型升级和空间治理方面先行先试，为系统推进国家层面的创新改革探索新路径、提供新经验。四是落实党的十八届五中全会精神，完善提升规划。2015年10月，广东省住建厅在组织规划编制单位聚焦区域发展空间，围绕主动践行“创新、协调、绿色、开放、共享”五大发展理念、明晰空间开发格局、优化空间结构、提高空间利用效率、规范空间开发行为等方面，对全域规划进行修改、完善和提升，并于2015年11月23日将规划成果送省有关单位和各市征求意见。（陈艳）

【《广佛肇（怀集）经济合作区三年行动计划》】 2015年4月23日，怀集县人民政府办公室印发《广佛肇（怀集）经济合作区三年行动计划（2015—2017年）》。该计划由指导思想和发展原则，发展思路、目标和发展战略，主要行动，保障措施4个部分组成。另设“合作区基础设施项目建设投资三年行动计划表”“合作区开发建设征迁三年行动计划表”“合作区工业生产性投资三年行动计划表”。计划提出“打造一个区域品牌、明确三个重点、建设三大保障工程、搭建四大创新平台”行动方案，即打造“花园企业”品牌，明确发展“先进装备制造业、新材料产业、生物科技产业”三大重点产业，建设“综合交通项目、能源电力项目、信息设施项目”三大保障工程，搭建“行政管理体制、开发建设模式、投资贸易便利化改革、招商引资体制机制”四大创新平台。通过“宣传推广”年（2015年）、“项目推进”年

(2016年)、“品牌塑造”年（2017年），以起步区为核心，依托交流平台、融资平台、技术平台和商务平台等，增强合作区工业发展水平，加快产业化发展进程。

（莫少品）

2015年11月1日，交通运输部党组成员、运输服务司司长刘小明在第二届（2015）北上广深城市交通年会上致辞　（广州市交委供稿）

【东莞粤海银瓶合作创新区发展总体规划】 2015年9月6日，广东省省长朱小丹主持召开省政府常务会议，会议审议并原则通过《广东东莞粤海银瓶合作创新区发展总体规划（2015—2030年）》。该规划提出，要以加快建设“两型社会”（资源节约型社会、环境友好型社会）为主线，以集聚高端特色产业、推进新型城镇化为主题，以深化改革和全面创新为动力，坚持高端引领、产城融合、绿色发展、机制创新，把东莞粤海银瓶合作创新区打造成为国家智造产业发展的新高地、珠三角实施创新发展的新平台、广东国企投资拓展的新载体、东莞产业转型升级的新示范区、推进新型城镇化的生态智慧新城区。规划审议通过后，广东东莞粤海银瓶合作创新区的申报工作全面完成，该创新区建设列入省重大区域发展平台的战略部署。　（东莞市地方志办）

【珠中江阳经济圈建设】 2015年，“珠中江阳经济圈”建设部署开始落实。珠海、中山、江门、阳江四市做好2015年重点项目实施推进工作，深化珠中江阳的紧密合作。参与珠江三角洲全域规划相关工作，将翠亨新区规划定位为全域规划湾区新功能节点、环珠江口湾区转型升级功能集聚区。加快建设中山健康科技产业基地等国家创新型产业集群试点。推进交通及跨区域重大基础设施规划。参与国家、省部分重大交通项目的规划协调，推进深中通道、深茂铁路、广中珠澳、南沙疏港铁路等重大交通设施的前期规划，组织开展《中山市城市轨道交通线网规划》修编。加快珠三角城际轨道站场TOD综合开发规划，推进东升站、南头站、古镇站及南朗站等综合开发规划的审查上报以及协调工作。　（中山地方志办）

【“江佛一家”建设】 2015年2月5日召开的江门十四届人大五次会议上，政府工作报告中首次提到“江佛一家”概念。民盟江门市委会在市政协十二届四次会议上，提交“发挥江门大道作用，加强‘三区一市’融合和推动江佛同城发展”的提案，并被确定

签订合作共建框架协议，首创广东省高新区之间的实质性、紧密型合作先例。启动江门高新区与佛山高新区13项合作对接项目。

（江门市地方志办）

2015年9月17日，第三届广东（佛山）安全食用农产品博览会暨粤桂黔名优农产品推介会在顺德陈村花卉世界展览中心举办

（佛山年鉴社供稿）

为市政协2015年的“一号提案”，该提案旨在加快推进“三区一市”的融合，并借助江门大道，主动对接佛山等珠三角发达地区，以融合发展的理念，实现“江佛”优势互补，最终推动东部“三区一市”的发展。江门市发改局制定《推进“江佛一家”工作方案》，经市政府批转各部门执行。以“产业同兴”“文化同融”“环境同治”“办事同城”“民生同享”等“五同”发展思路统领推进“江佛一家”工作，制订三年阶段工作目标。江门市交通运输局组织研究江佛公交互通，鹤山龙口与佛山高明互通跨市公交线路。江门市商务局促成与佛山源海发展有限公司、广东蔚海移动发展有限公司、广东浪潮蔚海云计算有限公司等签订投资意向书或战略合作框架协议等。围绕“五同”的思想，江门高新区与佛山高新区制订21项对接工作任务、6项工作措施以及4项保障措施。江佛两市的高新区建立联席会议制度，

【粤桂黔高铁经济带合作试验区】

2015年9月22日，粤桂黔高铁经济带合作试验区（广东园）建设工作现场会暨首届粤桂黔高铁经济带合作联席会议在佛山市南海区召开。会议宣告广东园启动建设。在现场会上，13个城市签署《贵广、南广高铁沿线城市战略合作框架协议》。会上签约项目17个，总投资额600亿元，包括总投资超过138亿元的粤桂黔高铁经济带合作试验区广东会展中心等。

按照规划，整个试验区以佛山国家高新区南海园为主体区，面积92平方千米；核心区即佛山西站枢纽新城，面积8.58平方千米；融合珠江水系元素塑造“珠江金谷”城市景观；拓展区包括佛山国家高新区禅城、顺德、高明、三水等四个分园。同时，推动试验区云浮分园建设。云浮分园以云浮新区西江新城为主体区，其中核心区为云浮东高铁站区、中央商务区；拓展区包括郁南高铁站区、南江口高铁站区。 （白芷）

·责任编辑 何文倩·

合作交流

联席共商

【珠三角人才工作联盟第三次会议】 2015年3月28日在中山市举行。会议由广东省人才工作领导小组办公室主办，中山市委、市政府承办，主要包括“创新驱动、人才引领”主题论坛、珠三角高层次人才创业项目路演、签署珠三角各市人才工作合作事项备忘录、交流珠三角各市人才政策等内容。会议旨在深化珠三角人才合作，铆接区域人才链、技术链、产业链、资金链、政策链，为广东省创新驱动和珠三角国家自主创新示范区提供人才保证。会上，珠三角9市就深化人才合作达成8项共识，珠三角40多个高层次人才创业项目首次开展跨区域融资活动。 （白芷）

【珠三角五大机场主席会议】 2015年9月11日在澳门召开。会议以“创新互联，提升区域性竞合力”为主题。会议决定设立“科技应用共享专业委员会”并签订备忘录。会议由澳门国际机场专营股份有限公司(CAM)轮值主办，五大机场主要负责人出席会议。轮值机场代表、CAM企业传讯暨政策研究室主任毛燕丽在会上作工作报告，广州白云机场、香港国际机场、深圳机场、珠海机场和澳门国际机场代表分别就该届主题作演讲。会上，五大机场主要负责人及代表就继续促进更紧密合作及大珠三角地区航空产业发展、如何在持续推进落实《粤港合作框架协议》和《粤澳合作框架协议》行动纲领下开展更广泛有效合作达成共识，推出包括设立“科技应用共享专业委员会”等深入务实合作项目。 （刘丹）

【广佛肇经济圈环保专责小组联席会议】 2015年2月12日，广州、佛山、肇庆三市环保局联合在肇庆召开2014年度广佛肇经济圈环保专责小组联席会议。三市分别通报2014年广佛肇经济圈环保合作工作情况，研究广佛肇交界饮用水水源保护和水环境整治、大气污染联防联控和环境监测交流合作等议题，商讨2015年环保合作工作计划和下次联席会议事宜。会议决定，三市年内联合开展西江、北江水质风险调查评估相关研究；制订广佛肇环境应急监测联动机制和广佛跨界河涌整治沟通合作机制；推进区域内电厂“超洁净排放”治理；联合执法，加强广佛肇空气质量预警预报技术交流和值班沟通。会议商定下次专责小组联席会议在广州市召开。肇庆市环保局总工程师陆志宁主持会议，肇庆市政府副秘书长林永红、环保局副局长李达标，广州市环保局副局长谢明，佛山市环保局局长彭聪恩、副局长余永昌，三市环保局负责饮用水源保护、环境监察、规划、大气、污染防治等科室负责人，三市环境监测站主要负责人，三水区、高明区、高要市、四会市、鼎湖区环保部门负责人参加会议。

12月24日，广佛肇三市环保局在广州召开2015年度广佛肇经济圈环保专责小组联席会议。会议通报广佛肇三市2015年环保合作项目进展情况，就加强广佛肇区域水环境整治、大气污染联防联控、固体废物监督管理、环境联合执法和环境监测交流合作等工作进行交流探讨，并对2016年专责小组重点工作计划进行讨论。会议由广州市环保局副巡视员蒋书华主持，广州市环保局局长杨柳、副局长谢明，佛山市环保局副局长余永昌，肇庆市环保局局长陈金銮、总工程师陆志宁出席会议。 （王春娟　梁志鸿）

【广佛肇人才一体化大学生专场招聘会】 于2015年7月2日在广州南方人才市场举行。由广州、佛山、肇庆三市人力资源和社会保障局联合举办，广州176个用人单位、佛山86个用人单位，肇庆38个用人单位共提供7 000多个职位。吸引各类专业技术人才、管理人才和高级技能型人才和2015届高校毕业生进场应聘。

【南海荔湾推进广佛同城化工作会】 2015年8月12日在佛山南海召开。会上，南海区与荔湾区商定研究开展深度区域合作，探索共建“广佛同城合作示范区”。在规划编制时，佛山市南海区将与广州荔湾等区密切沟通，把广佛同城化融入“十三五”规划编制工作，在交通设施互联、产业发展、生态环保等方面体现同城对接。（白芷）

【佛山与江门高新区第一次联席会议】 2015年7月3日在佛山举行，佛山、江门高新区的合作是广东省高新区之间合作的首例。佛山市市长鲁毅，市委常委、南海区委书记、佛山高新区党工委书记梁维东，江门市市长邓伟根，江门市副市长钟军等两市领导及高新区领导出席会议。会议旨在落实广东省委、省政府“珠西行动”，探索佛山高新区与江门高新区合作新模式，促进两地科技资源和产业共享共建。会议决定成立由两地高新区管委会主任担任组长的领导小组、建立联席会议制度、成立专责小组；打破行政体制障碍，创新合作机制，重点在联手创建示范区、科技资源对接、产业协同发展、载体共同运营、共建特别合作区、加强合作交流六个方面开展合作，促进区域一体化发展。

（江门市地方志办）

【佛肇交通基础设施规划建设对接会】 2015年10月9日在佛山召开。会议通报两市交通现状和规划情况，就建设中的广佛肇高速石井至大旺段、西江肇庆—虎跳门航道5 000吨级扩能改造等4个项目，以及启动中远期规划对接的肇顺南轻轨肇庆至高明段工程、大旺至三水公路一级公路（对接三花公路）等6个项目进行沟通和讨论，并达成共识。两市交通局主要领导和相关部门负责人参加会议。（何秋琼）

【肇庆、梧州、云浮区域金融稳定协调机制联席会议】 2015年9月18日，肇庆、梧州、云浮3市2015年区域金融稳定协调机制联席会议在广西壮族自治区梧州召开。会议回顾3市2014年签订《金融稳定合作备忘录》以来的工作情况，分析研究各地金融稳定形势及需要关注的问题，研讨如何擦亮“区域金融稳定合作”品牌，还就“粤桂合作特别试验区金改政策”“金融改革对地方法人银行的影响”“金融支持经济发展效率评估”等专题进行汇报交流。该会是3地人民银行召开的第二次年度会议。3市人民银行中心支行的正副行长，办公室、金融稳定、调查统计、支付结算、国库、货币金银、征信管理、反洗钱等部门主要负责人参加会议。（林林惠子）

【深莞惠及汕尾、河源信用合作联席会议】 2015年1月4日，深莞惠及汕尾、河源“3+2”区域信用合作第一次联席会议在惠州召开。会议发布“3+2”区域信用合作宣言，签署“3+2”区域信用合作备忘录，五市计划在2016年建立“3+2”区域网络信息共享平台，实现信用工作信息相互交流和企业信息相互查询。

【深莞惠经济圈（3+2）环保合作会议】 2015年2月11日在惠州召开。深圳、东莞、惠州、汕尾、河源五市环保部门、业务部门负责人以及相关县（区）、镇（街）环保部门负责人出席会议。会议通报深莞惠第四次环保合作会议以来三市推进环保合作事项的进展情况，审议通过《深莞惠经济圈环保部门建立危险废物及严控废物监管处置协调机制工作方案》等8个议题。深莞两市环保部门共同签署《深莞两市加大茅洲河流域污染源环保执法力度框架协议》。

【深莞惠旅游联盟"3+2"联席会议】 2015年3月19—20日，深莞惠旅游联盟"3+2"（河源、汕尾）第一次联席会议在惠州召开，五市（文体）旅游局有关负责人及惠州各县（区）旅游主管部门负责人参加会议，并针对如何更好地开展旅游联动推广等事宜提出建议和想法。11月24—25日，2015年深莞惠、河源、汕尾"3+2"旅游联盟第二次会议在惠州召开，会议总结、落实是年五市旅游区域合作各项工作，并部署下年各项工作。

【深莞惠道路运输一体化项目对接座谈会】 2015年4月21日，深莞惠经济圈（3+2）五市道路运输一体化项目对接工作座谈会在惠州召开，深圳、东莞、惠州、河源、汕尾五市交通部门有关负责人参加会议。会议初步达成一批道路运输一体化对接项目意向。

（惠州市地方志办）

【深莞惠交通运输一体化联席会议】 2015年7月6日在深圳召开，由深圳市交通运输委员会、东莞市交通运输局、惠州市交通运输局共同举办。会议商议加快推进边界地区轨道、道路、公交等交通基础设施对接，促进三市交通一体化进程。三市表示，对于边界道路、轨道、公交衔接问题要坚持问题导向，对于需要进行衔接的项目，尤其是边界"断头路"等民生项目特事特办，加快项目推进速度。会上，三市就恒心路对接凤平路，罗田公路对接大岭山，公明北环快速路对接黄江，桂花路对接沙湖大道，英山路对接谢岗大黎路，桥头至沥林公路，深惠城际轨道、深惠高速改扩建，惠深、惠莞新增跨界公交等事宜进行沟通协调，对于成熟的项目排除困难、加快推进。

（白芷）

【深莞惠+汕尾、河源五市文化合作联席会议】 2015年10月29日，2015年深莞惠+汕尾、河源五市文化合作联席会议在东莞召开。会议通报一年来深莞惠+汕尾、河源五市文化交流合作情况，研究继续开展五市文化交流合作，共同签署《2016年深莞惠+汕尾、河源五市文化合作框架协议》。会上，来自五市文化系统的代表们围绕文化执法、网络版权保护、文化人才交流、地方文献整理等方面进行讨论，并建议将文化执法、网络版权保护等列入合作框架内。

（惠州市地方志办）

【2015年度珠中江警务合作联席会议】 2015年4月27日在江门市举行。珠海市副市长、公安局长张强，中山市副市长、公安局长谭培安，江门市副市长、公安局长蓝华就下一阶段深化珠中江警务合作进行交流探讨。广东省公安厅副厅长郑东肯定三市公安机关警务合作取得的成效，要求三市公安机关要围绕区域经济发展的大局，以"区域联动、合作共赢"为目标，同步推进区域警务

合作，主动服务和保障区域经济社会发展。会上，珠中江三市刑侦、反恐、缉毒、经侦、情报部门负责人签署警务合作协议。

（谢宗明）

【珠中江三市消委会2015年联席工作会议】 2015年6月9日由江门市消委会主持召开，珠海、中山、江门三市消委会秘书长及相关工作人员10多人参加。会议回顾总结2014年三市消委会消费维权合作工作开展情况，并研讨2015年如何加强联合开展业务培训、开展消费体验、消费调查和商品比较试验活动等方面的合作。

（许世庞）

【2015年珠中江档案区域合作推进会】 2015年12月23日在珠海召开。三地档案局（馆）主要领导、有关分管领导及相关业务科室负责人出席会议。会议围绕档案信息化建设主题进行研讨。与会人员观看珠海市数字档案馆系统实时演示，分别介绍近年来各地档案信息化工作进展情况，并就如何深化三地档案部门交流合作达成共识。

（江门市地方志办）

【首届泛珠三角金融合作论坛】 2015年6月27日在广州举行。论坛上，来自政府、金融机构、大专院校的嘉宾就泛珠三角区域金融合作发表各自观点。论坛认为，泛珠地区金融合作的主要目标和路径，就是优势互补，推动金融资源优化配置、协调发展。市场联通、信息联通、金融机构合作是泛珠各省区金融合作的主要路径。

【泛珠三角质量合作会议】 2015年9月17日，2015广东质量年会暨泛珠三角区域质量合作会议在广州召开。国家质检总局党组成员、副局长陈钢，广东省副省长刘志庚出席会议并讲话。省质监局局长、泛珠三角区域质监合作局长联席会议秘书长任小铁作泛珠区域质量合作及广东质量强省工作回顾报告。会议发布广东省高端装备制造产业标准体系规划与路线图，签署《深化泛珠三角区域质量合作共同宣言》。会议以“中国制造2025与泛珠质量发展”为主题，邀请香港城市大学校长、国际质量科学院院士郭位等专家教授作主旨演讲，旨在通过推动泛珠三角区域质量合作，为泛珠制造业提质增效，打造“泛珠制造”升级版。

【粤澳应急管理联动机制专责小组第六次会议】 2015年6月18—19日在澳门召开。广东省政府副秘书长、专责小组粤方组长纪家琪带领专责小组成员，珠海、中山市政府有关负责人参加会议。会议总结2014年粤澳应急管理合作情况，并就开展澳门大学横琴校区应急演练、港珠澳大桥应急救援通行政策、粤澳应急平台互联互通及进一步深化粤澳海上搜救合作等区域合作中亟待解决的重点、难点问题进行探讨和交流，共商下一阶段合作重点。

【港珠澳旅游合作发展会议】 2015年7月9日在珠海举行。约200位港珠澳地区旅游部门官员、行业企业代表与会。会上发布“一程多站”旅游推介路线，签署《港珠澳三地旅游合作框架协议》，抢占“大桥时代”下的旅游发展新机遇。中共广东省委常委、珠海市委书记李嘉，珠海市市长江凌会见与会代表。在当天举行的论坛上，来自三地的专家也对港珠澳旅游合作建言献策。

（白芷）

合作协议

【广东与清华大学签署共建清华珠三角研究院协议】 2015年10月18日，广东省政府与清华大学在广州签署共建清华珠三角研究院协议。中共广东省委书记胡春华、省长朱小丹、清华大学校长邱勇、清华大学党委书记陈旭出席签约仪式，朱小丹、邱勇分别代表广东省政府和清华大学签署《广东省人民政府、清华大学共建清华珠三角研究院协议》。根据协议，清华大学将继续发挥科技创新与人才优势，为广东推进产业结构优化升级、加快创新驱动发展步伐提供支持。

【《共建广佛同城化合作示范区框架协议》签订】 2015年8月28日，广州市荔湾区政府与佛山市南海区政府《共建广佛同城化合作示范区框架协议》签订仪式在广州举行。广州市市长陈建华、佛山市市长鲁毅出席。广州市政府秘书长潘建国，南海区委书记梁维东等参加。荔湾、南海两区近年来建立健全沟通协调机制，合作由交通项目、河涌治理、行政服务等领域逐步向经济、科技、教育、旅游、文化、医疗等全方位、宽领域、深层次发展。至年底，两地率先在警务、维稳、打假、禁毒、水务、法律援助等方面实现政务通办。根据此次签订的框架协议，荔湾、南海区将在广佛同城化大框架下，发挥两区的广佛同城化核心区位优势，建立领导定期互访制度，设立工作联络办公室和重大项目专责组，在区域规划共融、产业协作、环境共治、交通互联、民生领域互通、文化旅游合作、人才共用、共建示范片区等领域加强合作。

2015年10月9日，广州市花都区与佛山市三水区、广州市番禺区与佛山市顺德区分别签署共建广佛同城化合作示范区框架协议。广州市市长陈建华、常务副市长陈如桂、市政府秘书长潘建国，佛山市市长鲁毅、常务副市长黄志豪等见证协议签署。根据广州市花都区、佛山市三水区共建广佛同城化合作示范区框架协议，双方将在区域规划融合、基础设施互通、发展平台共建、区域产业协作等方面进行合作，包括共同推动佛清从高速的建设，加快推进山前大道、三花公路等接驳道路的互联互通；促进两区供水、排水、供电等市政基础设施网络的衔接和联网；加强花都主城区CBD、三水新城公共服务资源的共建共享；推行“一河一策”，加快推进芦苞涌和九曲河综合整治工程，改善跨界河涌水质；推进花都区的炭步镇、赤坭镇分别与三水区的乐平镇、大塘镇“一对一”结对共建等。根据广州市番禺区与佛山市顺德区共建广佛同城化合作示范区框架协议，双方将在区域环境共治、文化旅游合作、公共服务互通等方面开展合作，包括加快推进海华大桥、三善大桥、陈村接广州南站道路等路桥建设，串联顺德北部片区；深化“番顺”旅游联盟内涵，联合打造精品旅游路线；推进番禺区沙湾镇、沙头街道、石壁街道分别与顺德北滘镇、陈村镇、伦教街道“一对一”共建，实现城市规划、基础设施、产业经济、公共服务一体化，打造同城化合作典范。（白芷）

【广佛肇清《社会保险经办服务合作协议》签订】 2015年12月30日，广州、佛山、肇庆、清远4市社会保险基金管理机构负责人共同签订《社会保险经办服务合作协议》。根据协议，建立4市社保协办服务合作圈、社保待遇风险联合防控机制、社保经办人员发展模式，组建定期交流机制、信息共享机制和培训合作机制。此后，4市实现流动就业参保人的社保关系无障碍转移，可在转入地或转出地任何一方直接申请办理转移。

（韦相伍）

【广州梧州签订合作框架协议】 2015年6月11日，广州市副市长王东与梧州市市长朱学庆代表两市政府签署《广州市—梧州市战略合作框架协议》。广州、梧州两市以国家实施“一带一路”开放战略、珠江—西江经济带发展规划为契机，坚持区域协调发展和可持续发展，发挥两市的优势和特色，深化交通枢纽、产业发展等领域的合作，完善合作机制，共同推进珠江—西江经济带和南广高铁经济带建设。（白芷）

【佛山中山签订区域协调战略合作框架协议】 2015年11月4日，佛山与中山签订《佛山市与中山市共同推进区域协调发展战略合作框架协议》，佛山市人民政府与中山市人民政府一致同意建立长期、稳定、紧密、全面的战略合作关系。双方的战略合作坚持“市场主导、政府推动、资源共享、互利共赢”原则，打破行政体制障碍，创新合作机制，重点加强区域发展规划、产业经济、区域创新、交通设施、环境治理、文化旅游和社会公共事务管理等方面的合作，全面提高区域发展水平和整体竞争力。两地将设立区域合作联络办公室，协同制订年度合作共建要点，协调落实两地合作事项，定期通报合作进展情况；同时，建立定期互访制度，中山市与佛山市顺德区两地党政主要领导保持每年不少于1次互访，共商合作重大事项，作出重要决策。双方提出，将加强中山、顺德两地之间发展战略、国民经济和社会发展中长期规划以及城市规划、交通基础设施、产业发展、生态环保等专项规划对接，重点推进中山北部片区与佛山市顺德东部片区规划一体化，实现协同联动发展。在产业经济方面，两地将打破行政体制障碍，立足各自产业特色和优势，深化装备制造、智能家居、电子商务、工业设计、现代物流等领域合作，推动中山、顺德产业园区和项目合理布局，重点深化中山北部与佛山市顺德东部片区的产业对接，形成跨区域全产业链条。根据协议，今后两地将以跨界河涌综合整治为切入点，建立健全生态环境联合监测预警机制、信息沟通共享机制、重大建设项目环评联审机制、联合执法机制。

【《共建发展战略研究院合作协议》签订】 2015年2月6日，肇庆学院与粤桂合作特别试验区管委会签署《共建发展战略研究院合作协议》。共建的发展战略研究院定位为跨学科、专业化、开放型、非营利性智库机构，探索政产学研深度合作、创新驱动、共同发展、合作多赢的校地合作发展新模式。研究院合作注重成果转化，围绕试验区实施创新驱动发展战略，以试验区内的经济社会发展重大现实问题为主攻方向，加强全局性、战略性、前瞻性问题研究和咨询，努力构建开放式协作创新平台、专业化决策咨询平台、信息化成果转化平台。中共肇庆市委常委、市政府党组成员陈定坤，副市长冯敏强以及肇庆学院、封开县主要负责人出席签约仪式。

（刘万良）

【肇庆贺州签署《粤桂产业合作示范区建设备忘录》】 2015年6月4日，肇庆、贺州两市在怀集县签署《粤桂产业合作示范区建设备忘录》。备忘录以贺州市八步区、肇庆市怀集县交界为轴心，各划区域共建粤桂产业合作示范区，在科技、教育、产业、旅游、环保、劳动力转移等方面开展合作，推进粤桂产业合作示范区规划建设。肇庆市市长赖泽华和贺州市市长李宏庆，两市政府秘书长及市直相关单位、八步区主要负责人等参加考察活动。肇庆市副市长陈宣群、贺州市副市长夏振林代表双方签署备忘录。

（莫少品）

【肇庆梧州签署促进通关贸易合作备忘录】 2015年7月24日，肇庆、梧州两地出入境检验检疫局合作推进粤桂合作特别试验区协作、促进通关贸易便利化合作备忘录签字仪式在肇庆举行。根据备忘录，双方将遵循政府推动、市场主导、互利共赢、一体发展的原则，通过建立联席会议制度、日常联络协调机制，重点在联合推行和实施跨检区直通放行制度；共同推动检验检疫信息互换、监管互认、执法互助机制建设；共同推动创新检验检疫监管模式，服务珠江—西江经济带产业发展；共同开展管理、技术等多领域合作；共同推进两局产地证签证一体化等方面展开合作。

（白芷）

【《2016年深莞惠＋汕尾、河源五市文化合作框架协议》签署】 2015年10月29日，深圳、东莞、惠州、汕尾、河源五市代表在东莞签署《2016年深莞惠＋汕尾、河源五市文化合作框架协议》。根据协议内容，五市加强公共文化服务合作，开展五市文化志愿流动大舞台巡回展演，建立五市文献资源共享平台。加强五市图书馆文献资源交流共享，推动联合建立五市公共图书馆地方文献数据库共享工程，推进文献资源的馆际互借。组织五市艺术名家交流、采风和创作。由五市组织艺术名家代表，相互开展创作采风、艺术交流活动。开展五市岭南题材美术作品联展。推动五市美术机构联合办展，举办“五市岭南题材美术作品联展”。推动五市新闻媒体互动，召开相关媒体协调会，加强珠三角经济圈特别是五市经济圈的媒体联动。组织文化干部相互跟班学习，加强文化专业干部的交流。组织各市优秀文化企业代表互访、实地考察，增进文化产业交流，寻求项目合作。

（东莞市地方志办）

【深圳市与中山大学签署战略合作协议】 2015年11月3日，深圳市政府与中山大学在广州签署“共建世界一流大学战略合作协议”。双方表示，将按照世界一流大学的标准在深圳新建校区，共同推动中山大学建设世界一流大学、深圳市建设现代化国际化创新型城市战略目标的实现。中共中央政治局委员、广东省委书记胡春华，省长朱小丹，省委副书记、深圳市委书记马兴瑞，省委常委、秘书长林木声，中山大学党委书记陈春声出席活动并见证签约。教育部副部长杜玉波、广东省副省长陈云贤出席活动并致辞。深圳市市长许勤、中山大学校长罗俊代表合作双方签署协议。根据协议，深圳市政府与中山大学将在广东省委、省政府和教育部的领导下，在深圳合作新建中山大学·深圳，重点建设医学类学科、新兴工科交叉学科、海洋科学、经济学（金融）等学科，使其成为具有中国特色、传承中山大学办学传统、若干学科水平居于国内国际前列、具有世界一流水平的大学校区。中山大学深圳校区选址在深圳市光明新区，校园占地面积333.33公顷，是中山大学的主体校园之一，预计2018年9月投入使用。该校区将拥有文、

2015年11月3日，深圳市人民政府与中山大学共建世界一流大学战略合作协议签约仪式　（区坚强　摄）

理、医、工相对齐全的学科体系，以及从本科到博士完整的人才培养体系，招生录取分数线和学位授予标准与中山大学广州校区一致。

【中山顺德共建区域联合打假长效机制】2015年9月9日，中山、顺德两地打假质量工作领导小组办公室签署打假合作备忘录，建立联合打假长效机制，在打假行动、信息交流、政策研讨、监测技术等领域全方位开展合作。两地合作建立联席会议制度，整合打假资源，确保区域打假规划、政策和行动的衔接；建立案件信息通报制度，加强信息对接，共享案件线索，探索建立以信息网络为支撑的信息交流平台；强化联合执法，开展同步行动，从统一部署方案制订、组织实施、现场督导到情况通报等，做到在整治时间上同步、整治空间上全覆盖、整治力度上一致，减少打假执法的薄弱环节、真空地带和时间差，发挥鉴定机构优势，提供技术支撑。联合备忘录签署后，两地建立一个资源整合、结论互认、快速有效的技术支撑机制，快速出具鉴定结果，为区域打假一体化提供服务。9月28—30日，中山市质监局稽查分局联合顺德区市场监管局开展家用燃气灶具专项整治行动。12月11日，中山市质监局与顺德市质监局签署打假工作备忘录，探讨推进打假合作备忘录与加大两地接壤区域打假力度和合作等事宜。

（中山地方志办）

【泛珠检验检疫通关一体化合作备忘录】2015年10月28日，在国家质检总局副局长孙大伟和广东省副省长招玉芳的见证下，分属广东、广西、福建、海南四省区的广东、深圳、珠海、广西、海南、福建、厦门7个检验检疫局在广州签署《深入推进泛珠三角检验检疫通关一体化合作备忘录》。此举旨在全面贯彻中共十八大关于深入实施区域发展总体战略的部署，在全面启动粤桂闽琼检验检疫通关一体化的基础上，进一步完善四地七局检验检疫通关一体化工作体系，营造全国检验检疫最佳通关环境，提升泛珠三角国际贸易整体竞争力。

【粤闽赣与中国电信及广东新岸线公司签署框架协议】　2015年12月18日，广东省人民政府、福建省人民政府、江西省人民政府和中国电信集团公司、广东新岸线计算机系统芯片有限公司在北京签署《关于合作推进赣闽粤原中央苏区农村超高速无线局域网应用试点工作的框架协议》。广东省省长朱小丹、福建省代省长于伟国、江西省省长鹿心社、中国电信集团公司董事长常小兵、广东新岸线计算机系统芯片有限公司董事长鲍东山共同签署协议。财政部副部长刘昆见证协议签署。签署协议后，赣闽粤三省及中国电信、新岸线公司将在赣闽粤三省原中央苏区条件合适的行政村统筹部署开展超高速无线局域网应用试点行动，以新岸线公司拥有完全自主知识产权的新一代高速宽带无线移动通信系统作为技术支撑，利用中国电信等电信运营企业光纤到村的优势，为赣闽粤原中央苏区提供低成本、高性能无线互联网覆盖，解决偏远农村地区无线宽带上网难问题，让广大农村用户共享优质上网服务。

（白芷）

项目实施

【清华大学珠三角研究院揭牌成立】 2015年12月22日，清华大学珠三角研究院揭牌仪式在广州开发区举行，标志着清华珠三角研究院正式运作，广东省副省长陈云贤出席揭牌仪式并讲话。揭牌仪式后召开第一届清华珠三角研究院理事会。清华珠三角研究院将在更高层次上参与国际竞争与合作，建成高层次、综合性、开放式、国际化的产学研用深度融合的实体，成为应用技术开发、科技成果转化、高新企业孵化和创新创业投资、具有国际影响力的新型研发机构。

【珠三角城际轨道交通新塘至广州北站工程开工】 2015年12月26日，新建珠三角城际轨道交通新塘经白云机场至广州北站工程全线开工。珠三角城际轨道交通是广东省正在实施的综合运输体系，以广州为中心，并衔接包括香港和澳门在内的珠江三角洲地区。根据相关规划，到2020年，广东省将在珠三角地区建设16条、线路总长1 430千米的城际轨道线路，16条线路建成后，将形成以广州为中心，连同区域内所有地级市和主要城镇的呈“三环八射”状分布的轨道交通网络，成为区域内的快速公交走廊。该工程正线全长77.573千米，划分为两个标段，其中中国铁建和广东华隧建设股份有限公司联合担负的第一标段全长57.442千米，工程包括机场区域地下线和其他区域地面高架线两部分，划分6个工区组织施工，工程总工期安排46个月。

【广佛跨界河涌整治】 2015年7月2日，2015广佛跨界河涌沿线无证无照污染企业专项整治行动开始，第一阶段到佛山水道大沥镇盐步河西陆边工业区检查，共有160家企业被查处，暂扣违法工具17批，强制停水停电101家。（白芷）

【广佛肇城际轻轨牵引站供电工程建成】 2015年10月28日，110千伏广利（鼎湖）牵引站供电工程实现投产运营。至此，广佛肇城际轻轨省内3座牵引站供电工程全部建成，为广佛肇城际轻轨调试、通车提供电力保障。广佛肇城际轻轨配套的牵引站供电工程在肇庆市境内有云东海、鼎湖2个牵引站，电缆线路全长8.78千米，塔基9个，工程总投资5 241.62万元。是年，肇庆市供电局加快牵引站供电工程建设进度，获取广东电网公司将牵引站供电工程招标权限下放，进度比原计划提前一个半月。配合做好广佛肇城际轻轨建设电力设施迁改，完成迁改56处，迁改线路39条、杆塔221基。针对广佛肇城际轻轨项目开辟“绿色通道”，业扩报装项目实行“即报即受理”和大客户经理“五个一”机制，完成广佛肇城际轻轨全部11个施工用电点的报装送电，涉及总容量4 250千伏安，保障工程建设用电需求。（易蓉）

【广佛线西朗至燕岗站通车】 2015年12月28日，广佛线二期西朗至燕岗站正式通车。自此，广佛线可从魁奇路直接通到燕岗。广佛线二期正式开通后，由佛山魁奇路到广州海珠区沙园由原先的78分钟缩短为39分钟，行程时间缩短一半，全线时长42分钟。

【广深珠首开城际直升机航线】 2015年12月30日，广州、深圳、珠海首开城际直升机航线。从广州珠江新城CBD飞往深圳福田CBD或珠海横琴自贸区，两地间往返仅需约一小时。未来广东城际间的直升机航线还有望拓展至中山、佛山、东莞、惠州等地，可能覆盖全省。广深珠的直升机新航线正式的商业载客运营从12月31日开始，单程票价2 999元。航线由深圳的通航公司星雅航空和广州的越秀地产等公司合作开通。三个起降点分别位于广州珠江新城CBD越秀金融大厦、深圳福田CBD卓越世纪中心1号楼、珠海横琴自贸区长隆度假区起降点。

【佛清从高速公路清远段开工】 2015年12月28日，佛清从高速公路清远段在清远举行动工仪式。佛清从高速公路北段起于广州花都赤坭镇的官坑，途经清远清城区、广州从化区，终于从化西南面的井岗。项目全长86.2千米，其中清远境内43千米，总投资额111亿元，清远段53亿元，计划2019年建成通车。项目与京珠高速和扩建的广清、广乐、二广等高速将形成双向高速38个车道对接大广州。

【莞惠城轨试验段】 2015年3月20日，莞惠城轨试验段谢岗至常平东段往返双线完成轨道铺设，莞惠城轨试验段（惠环站至常平东）3月底贯通。莞惠城轨试验段为常平东站至惠环站区间，全长37.8千米，占全线长的37.87%。有6个车站，分别为常平东、樟木头、谢岗、沥林、陈江、惠环。试验段中长度为27.99千米的惠环至谢岗段完成铺轨，具备试车条件。（白芷）

【东莞科技金融路演中心揭牌】 2015年11月12日，由东莞市金融工作局、东莞市科学技术局、松山湖（生态园）管委会、深圳证券信息有限公司主办的、首期“东莞科技企业投融资常态化路演”在松山湖（生态园）高新区举办。活动期间，东莞科技金融路演中心揭牌。东莞科技金融路演中心由东莞市政府与深圳证券交易所，在松山湖高新区合作共建，以为科技型中小企业提供全方位的融资和综合服务，通过免费公益的“现场路演＋网上直播”方式，将优秀科技企业推向全国投资机构。同期配套启用的“松山湖（生态园）科技金融综合服务平台”将与深圳证券交易所“中国高新区科技金融服务平台”实现互相嵌入。该平台分为科技创新大数据系统、科技金融在线服务信息系统、科技金融信息管理系统三大板块，整合银行、担保、保险、创投等资源，集政策、资源、信息服务等综合性金融服务于一体，为松山湖（生态园）科技型企业提供一站式个性化的线上投融资服务。

【深莞茅洲河界河段综合整治工程开工】2015年12月3日，深莞茅洲河污染综合整治工程开工，茅洲河全流域水环境综合整治工作领导小组成立，深圳、东莞两市联手全面整治茅洲河全流域水环境。中共广东省委副书记、深圳市委书记马兴瑞，广东省人大常委会副主任陈小川，广东省政协副主席温兰子，深圳市委副书记、市长许勤，东莞市委书记、市人大常委会主任徐建华，东莞市委副书记、市长袁宝成等共同见证深莞两市茅洲河综合整治工程开工仪式。深莞两市领导共同推杆启动人民涌综合整治工程。

（东莞市地方志办）

【汕湛高速公路惠清段开工】 2015年12月28日，汕湛高速公路惠（州）清（远）段在清远举行动工仪式。汕（头）湛（江）高速公路惠州至清远段路线起于惠州市龙门县龙华镇，接广河高速公路，分别与大广、京珠、广乐、清连等高速公路交叉，终于清远市清新区太和镇。项目全长126.25千米。惠州至清远段路线计划2019年通车。

（白芷）

【惠深高速惠州段改扩建工程完工】 2015年12月31日，惠深高速惠州段改扩建工程全线完工。改扩建工程包含新建佛祖坳单洞隧道1座，新建、重建、扩建大桥4座、中桥17座（含主线跨线桥）、小桥33座（含通道）、涵洞113道，改建平南互通和镇隆互通与惠深相连接的匝道，改扩建伯公坳互通立交，迁移重建新圩互通立交，新增长龙互通（含长龙服务区）等。

（惠州市地方志办）

【深港产学研基地】 2015年，深港产学研基地积极推进产学研合作工作，在三方合作基础上，扩大国际合作与交流，探索“3+X”的合作新模式。是年，深港产学研基地获第一批广东省新型研发机构认定；语音媒体实验室研发的“互联网高端商情挖掘及服务平台”项目获广东省科学技术奖三等奖；SoC实验室研发的“适应纳米尺度CMOS集成电路DFM的ULTA模型完善和偏差模拟技术研究”项目获深圳市科技奖自然科学奖二等奖。此外，基地还参与组建深圳市先进石墨烯应用技术研究院。（邓小昆）

【江顺大桥试通车】 2015年6月27日，连接江门蓬江区和佛山顺德区的江顺大桥试通车。江顺大桥总投资额21.02亿元，西起江门市蓬江区棠下镇，与江门大道、滨江大道相接通往江门主城区，跨越西江后东联佛山市顺德区杏坛镇与佛山市快速路网。索塔采用高186米的H形桥塔，按双向六车道一级公路标准建设，线路全长3.86千米，其中桥长2 287米，主跨700米，是目前广东最大跨径的斜拉桥。大桥通车后，从江门市蓬江区到顺德主城区的行车时间将从1个多小时缩短至20多分钟，到广州主城区的行车时间将缩至40分钟左右。

【港珠澳大桥墩台安装完工】 2015年9月6日，港珠澳大桥CB03标非通航孔桥完成最后一件上节墩身安装，港珠澳大桥208座墩台全线完工，大桥桥梁工程全面转入到钢箱梁吊装施工工序。港珠澳大桥CB03标全长8.67千米，其中非通航孔桥长7.52千米，

处于伶仃洋海域深海区，是桥梁主体工程施工难度最高的一段。（白芷）

交流活动

【珠三角地区机场运行交流研讨会】 2015年5月14日，国务院港澳事务办公室、国务院台湾事务办公室和民航局空管局在广州组织召开珠三角地区机场运行交流研讨会，民航局国际司副司长丁明、民航局空管局局长车进军到会指导，民航局空管局、中南局、深圳监管局，香港运输与房管局、民航处，澳门民航局，深圳、珠海机场以及中南空管局相关单位和部门共计40余人参加会议。会上，香港民航处代表介绍香港机场的运行现状，提出发展需求，深圳机场代表介绍为深圳机场发展所需空域环境而做的计算机模拟机仿真评估报告，与会各单位就珠三角地区机场的协同发展进行交流。会议达成三点共识：一是建立机制，共同促进珠三角地区机场的协同发展；二是借鉴国内外其他类似机场的成功经验，解决珠三角地区空域问题；三是加强对如GBAS等先进技术的研究，通过新技术的应用寻求空域资源受限的解决方案。（刘丹）

【珠江三角洲房博会】 2015年5月22—24日，广东省房地产行业协会在广州保利世贸博览馆举办第十届珠江三角洲房地产博览会。房博会以“价值提升生活，品牌引领未来”为主题，吸引粤黔滇三省近200个楼盘参展，设置品牌房企专区、黔滇专区、城市（中山、佛山）专区、海外置业专区、养老产业专区、上下游产业专区等六大专区，举办房博会开幕式、置业分享会、四新技术交流会、午餐会暨宜居中山推介会、高铁改变生活——轨道交通与房地产发展高端论坛、颁奖晚宴暨云贵推介会、首届珠三角不老节、中山大学现代商业综合体开发及运营高级总裁班、广东养老地产高端论坛、健康养老地产跨界重构突破营以及参观考察等系列活动，到场观众3万多人次。（陈艳）

【第四届珠三角报业物流联盟交流会】 2015年6月5日在东莞举行。该届交流会以“整合资源，合作共赢”为主题，珠三角各大报业集团物流部门共谋创新之路。东莞报业传媒集团、广州日报报业经营有限公司、深圳报业集团发行物流有限公司、中山报业发行配送有限公司、阳江日报社与湛江日报社等单位负责人参加会议。交流会上，阳江日报社、中山报业发行配送有限公司、广州万之象物流有限公司、深圳市敏思达技术有限公司及蜘蛛网等单位负责人就同城配送、电商快递、O2O新媒体等话题作主题发言。（东莞市地方志办）

【广深珠佛中惠参加武汉第十届国际园林博览会】 由住建部、湖北省人民政府共同主办的第十届中国（武汉）国际园林博览会于2015年9月—2016年4月在武汉市举办，广东省广州、深圳、珠海、佛山、中山、惠州六市参展。2015年9月25日，由广东省副省长许瑞生带队，广东省住建厅副厅长杜挺以及六个参展城市主要负责人共37人参加开幕式。该届园博会，惠州园、深圳园、广州园、佛山园、珠海园获“室外展园综合奖金奖”，广东省住建厅获“特别组织奖”。

广州园　占地面积1 700平方米，以书

画飘香岭南缘为主题思想，由岭南春色、两谊清辉、拾香芳庭、画坡云林和渚坐藤花5个特色景点组成，表现岭南“诗·书·画”文化的内涵和“书画飘香岭南缘”的造园意境，体现岭南地域特色和岭南园林“求实兼蓄，精巧秀丽”的艺术风格。

深圳园　占地面积1 792平方米，以“融合——来了就是深圳人”为主题，采用节能环保材料与现代工业材料交错搭配，通过现代大地景观设计手法，结合地形布置“一环三节点”（即竹木景观环园道、入口标识墙、光影廊架、中新融合主题空间）景观，表达深圳开放与包容的“融合”城市精神。

珠海园　占地面积2 055平方米，以“山海岛园，浪漫珠海”为主题，园区划分为“一带一湖三溪四岛”格局，结合花溪、礁石、岛屿、小品等营造紫荆广场、珠海渔女、海礁石、明珠湖、百岛地雕等16个特色景点，映射珠海美丽之城、山海之城、百岛之城、浪漫之城、幸福之城的城市印象。

佛山园　立足于岭南文化根本，重塑佛山武术时代片段，以武会友，以瀚传神，以“武瀚”会武汉。武之街市、翰之殿堂、武术小品等特色景观反映佛山传统的民俗风情，以及武术与生活息息相关的文化情景，展现佛山武术名家辈出、武术精神历代传承的风采。

中山园　以“二秀”为主题。一秀菊花，菊花是中山市市花，将“广式”大立菊的种植于扎作技艺融入园中；二秀“二维码”，在景观设计中巧用二维码图形，使游人可以进一步了解造园理念、中山历史文化及特色产业等。全园布局划分为“三区、一环”，采用传统与现代科技相结合的方式，通过步移景异的设计手法营造入口区、菊花台、石景区不同空间感受的特色景观。

惠州园　以“印象惠州”为主题思想，布局以动态水域和百花洲为中心，以“一湖两江，一海两江”为地形肌理，以生态绿道作为纽带，把惠州著名景点环贯起来，并利用园林小品辅助表现惠州的历史文化、民俗风情、风景名胜等，展现“半城山色半城湖”的景观特色。　（叶自慧）

【2015年广佛肇图书馆学会联合年会】 2015年11月5日在肇庆召开。由广州、佛山、肇庆3市图书馆学会主办，肇庆市图书馆承办。年会以“合作·创新·发展”为主题，促进三地图书馆合作创新、共建共享，推动公共文化事业共同发展，活动包括朗诵表演、小朋友情景剧故事表演、开展廉政文化教育活动（参观肇庆市包公文化园）等。广州、佛山、肇庆3市图书馆学会理事长分别就各市图书馆事业发展作主题报告，广东省立中山图书馆馆长、广东图书馆学会理事长刘洪辉作总结发言。肇庆市文广新局副局长郑琼、蓝伟，广州市文广新局副调研员张艾，佛山市文广新局副局长平玉娜，肇庆市社会科学联合会副主席周春辉，广州市图书馆学会理事长、广州市图书馆馆长方家忠，佛山市图书馆学会理事长、佛山市图书馆馆长屈义华，肇庆市民间组织管理局局长林淑华等以及广佛肇3市图书馆学会理事会成员代表170多人参加年会。　（万福）

【首届广佛肇“四模一电”青少年科技体育竞赛】 2015年12月31日—2016年1月1日在广州举行。该竞赛由广州、佛山和肇庆3市教育局联合举办。广州、佛山、肇庆、东莞4市共55所中小学403人报名参赛，参赛人数651人次。　（钟兆茂）

【肇庆（佛山）经贸合作招商推介会】 2015年7月17日，肇庆市政府主办的2015肇庆（佛山）经贸合作招商推介会在佛山举行，佛山、肇庆两市企业家、商会、协会代表500人参加。推介会签约项目33个，总投资金额140亿元，其中，现场签约仪式的项目25个，投资总额85.89亿元。该推介会签约项目大部分涉及先进装备制造业和现代服务业，助力肇庆打造为珠江西岸先进装备制造产业带和建设珠三角连接大西南枢纽门户城市。（胡德林）

【肇庆—广州经贸合作交流会】 2015年7月28日，肇庆市政府和广东省商务厅在广州联合举办“2015肇庆—广州经贸合作交流会”，签约投资项目25个，总投资金额157.43亿元，项目以先进装备制造业和现代服务业项目为主。肇庆市市长赖泽华、广州市政府党组成员蔡朝林、广东省商务厅副厅长蔡勇，德国、越南、柬埔寨驻广州领事馆的代表，广东省行业协会联合会、广东省商业联合会、广东省机器人协会等先进装备制造业、现代服务业的行业商（协）会和企业代表出席大会。

【肇庆—深圳经贸合作交流会】 2015年8月8日，肇庆市政府在深圳举办“2015肇庆—深圳经贸合作交流会”，签约投资项目15个，全部为高新技术产业和现代服务业项目，投资总额71.7亿元。其中高新技术产业项目7个，签约额36.7亿元；现代服务项目8个，签约额35亿元。（钟晓明）

【肇港青少年文化艺术交流晚会】 2015年7月16—20日，香港特别行政区的荃湾青年会、荃湾乡事委员会和云海艺术团组织120多人的文化交流团，到肇庆市开展“青出于蓝——肇港舞蹈交流计划2015”文化交流活动。香港荃湾青少年游览七星岩、鼎湖山风景名胜，参观阅江楼（叶挺独立团旧址）、端砚博物馆、包公文化园等，与肇庆市歌舞团、肇庆市工贸学校、迪星艺术培训学校的青少年进行互动交流。19日晚，肇、港两地文化团体联合在肇庆牌坊广场举行“2015肇港青少年文化艺术交流晚会”，展示各自的特色文化与风情，肇港联合演出舞蹈“扇鼓汇聚肇港情”，香港云海艺术团表演傣族舞蹈“美丽的地方”、壮族舞蹈“摆嘎摆结”、印度舞“曼伊之迷”等，肇庆市歌舞团和肇庆市工贸学校表演的有舞蹈“竹韵”“走在山水间”“五马巡城”等节目。（万福）

【深莞惠3+2“万人互游”系列活动】 2015年5月19日，“缤纷深莞惠、美丽乡村游”中国旅游日深莞惠3+2（河源、汕尾）“万人互游”系列活动在惠州举行。此次活动以“缤纷深莞惠、美丽乡村游”为主题，旨在推进深圳、东莞、惠州、河源、汕尾五市旅游一体化进程，推广五市联游精品线路，实现深莞惠河汕五市旅游业合作共赢的发展目标。通过系列活动提高广大市民热爱旅游、文明出行的意识，打造旅游新热点，促进旅游消费。在启动仪式上，深圳、东莞、惠州联合发布深莞惠自驾游微信智慧导览图，游客可实时查询三地旅游信息、为最美惠州·最美导游颁奖、最美惠州网上游客集散中心上线、2015五市万人互游活动启动等内容。（惠州市地方志办）

【2015年深莞惠战区石油化工场所跨区域灭火救援演练】 于2015年10月21日在东

2015 年 5 月 19 日，“中国旅游日”东莞快乐游暨深莞惠莞韶城际互游活动启动仪式在麻涌华阳湖举行　（东莞市地方志办供稿）

莞虎门港举行。演练采用临时调集力量、临时设定灾情和临场组织指挥为主的“双盲”演练形式。东莞、深圳、惠州三市公安消防局和东莞应急、公安、安监、水务、气象、卫生、海事、供电等部门参加演练。

【“漫生活·心健康”——东莞、河源、惠州三市首届大学生心理漫画展】 2015 年 4 月 20 日—5 月 5 日，由东莞、河源、惠州三市联合在东莞举办，来自三地的 9 所高校近 300 幅漫画作品参与展出，为广东省高校大学生心理健康教育与咨询区域中心（东莞片区）暨东莞理工学院“5·25”心理健康活动月系列活动拉开帷幕。此次心理漫画展主要是将大学生的各种心理活动、大学生的爱情故事和人之间的冲突，以及有关学习、社会活动、网络现象等校园生活，用漫画形式将看不见的内心世界用图画表达出来。

（东莞市地方志办）

【第六届珠中江进出口商品展销会】 2015 年 1 月 22—26 日在江门市五邑华侨广场会展中心举行，展场面积 1.6 万平方米，设有标准展位 566 个，其中境外企业展位 180 个。有 383 家企业参展，参展商包括江门五邑各市及珠海、中山等城市的优质外向型企业，马来西亚、韩国、越南等国家以及中国香港、中国澳门、中国台湾地区的名优企业，展出家庭用品、家用电器、箱包服饰、鞋、食品、礼品、工艺品以及玩具等多类名优产品。展销会为期 5 天，吸引约 55 万人次到会。

（江门市地方志办）

【2015 年珠中江澳四地长跑联赛（珠海站）】 2015 年 3 月 8 日在珠海开跑，有 300 余名运动员参赛，来自珠海的郭涛、来自中国澳门地区的杨美娜分获甲组男女冠军。赛事由珠海市田径运动协会等单位联合主办，分为春、夏、秋、冬 4 个分站比赛，分别在珠海、中山、江门、澳门四地比赛，根据每场比赛的名次换算积分，主办单位年终以总分数来决定参赛者的年度名次，以颁发终极大奖。

（许世庞）

【首届珠江西岸装洽会】 2015 年 8 月 22 日，首届珠江西岸先进装备制造业投资贸易洽谈会在珠海举行，中共广东省委书记胡春华、省长朱小丹出席开幕式。装洽会期间，胡春华、朱小丹会见与会嘉宾，视察装洽会展馆，并现场见证重点项目签约。工业和信息化部副部长怀进鹏，中共广东省委常委徐少华、林木声、李嘉出席开幕式，副省长刘志庚主持开幕式。首届装洽会由工信部、广东省政府指导，广东省经信委、珠海市政府主办，佛山、中山、江门、阳江、肇庆市政府和顺德区政府联办，广东省商务厅和机械工业信息研究院协办。展览面积 2.5 万平方米，设综合展和专业展，共有参展企业 203 家，重点先进装备制造业签约项目 205 个，总投资额 1 511.2 亿元。（白芷）

【2015 年第四季度珠中江人防机动指挥所训练】 2015 年 12 月 2—4 日，由江门市人防办与珠海、中山市人防办联合在鹤山大雁山开展。集训共 55 人，参训指挥通信车辆 8 辆。该次集训以遭敌空袭后，江门鹤山九江大桥等重要经济目标周边群众需进行疏散转移，请求珠海、中山派出人防力量进行协助为背景，重点演练人防机动指挥所在紧急情况下进行远距离机动，确保在短时间内珠海和中山机动指挥所与江门机动指挥所建立视频通信，采集灾害现场相关音视频数据，并与后方指挥部互联互通，为疏散转移指挥决策提供第一手资料。

【2015 年“珠中江澳”羽毛球邀请赛】 2015 年 12 月 6 日在中山举行，由中山市教育和体育局、中山羽联、中山羽协主办，珠海羽协、江门羽协、澳门羽总协办，已举办六届。此次邀请赛，中山一队、江门一队、澳门一队分别夺得混合团体赛的前三名。

（江门市地方志办）

【粤港澳大湾区物流枢纽建设研讨会】 2015 年 7 月 17 日在深圳举行。会议由广东省交通运输厅主办，深圳市交委协办，综合开发研究院和华南交通物流发展研究中心承办。来自京粤港澳、政企学研、海陆空铁的数十名交通物流专家和企业家共同探讨建设“一带一路”重要物流枢纽的对策和发展路径。与会专家呼吁，建设粤港澳物流枢纽是粤港澳大湾区建设的基础和重要内容，粤港澳地区已成为国际航运中心，但从“一带一路”的战略高度来看，与国际一流水平相比，还有发展的空间，应该将粤港澳大湾区物流枢纽建设纳入大湾区的建设。

【粤港经贸合作交流会】 2015 年 7 月 28 日，广东省人民政府和香港特别行政区政府在香港联合举办“2015 粤港经济技术贸易合作交流会”。广东省副省长招玉芳、香港特别行政区政府财政司司长曾俊华出席开幕式并作主题演讲，中央政府驻港联络办公室副主任仇鸿，香港各大商会和行业协会代表、粤港知名企业和机构代表以及新闻媒体记者等逾 300 人出席交流会。（白芷）

【粤港金融合作交流会】 2015 年 9 月 10 日，由中山市人民政府、广东省人民政府金融工作办公室、香港特区政府驻粤经济贸易办事处、香港交易及结算所有限公司联合主办的“粤港金融合作：‘跨境联通下企业融资与发展新机遇’交流会”在中山市召开。粤港两地政府经济金融工作部门，中山、珠海、江门三市的优秀企业及中国香港地区上市服务的金融专业机构共派出代表 100 多人参加会议。会上，珠中江三地企业代表介绍在粤港跨境联通下内地企业的上市融资新机遇，包括香港的营商机遇及内地企业如何善用香港“走出去”、香港资本市场互联互通为内地企业带来的融资机遇、跨境联通为内地企业对外投资提供的新机遇、外向型企业如何有效管理人民币汇率风险等专题讲座，解答有关内地企业赴港上市融资方面的问题，推动符合条件的广东优质企业赴港上市融资，帮助中国内地企业借助中国香港地区资本市场实现企业做大做强。

（中山地方志办）

【粤桂黔高铁经济带投资洽谈会】 于2015年9月22—23日在佛山市南海区举办。会议由佛山市总商会主办、高铁沿线12个市（州）总商会协办、南海区总商会承办。洽谈会上，共达成合作项目71个，投资总额超千亿元，拉动销售贸易额1.8亿元。佛山市与桂林市共同签署《佛山—桂林战略合作框架协议》，两市将在产业发展、文化旅游、经贸合作、金融、科技教育等方面开展合作。

（梁志鸿）

【粤港女企业家新经济交流会】 2015年11月29日，由广东省女企业家协会与香港金紫荆女企业家协会主办的2015粤港女企业家新经济交流会在广州举行。广东省政协副主席温兰子出席会议。会上，广东省女企业家协会与香港金紫荆女企业家协会共同签署友好协会合作协议书。

（白芷）

开放合作

【海峡两岸交流基地（翠亨新区）战略研讨会】 2015年1月11日，海峡两岸交流基地（翠亨新区）战略研讨会在中山举行。会议邀请中国国民党智库国政研究基金会召集人、台湾大学政治研究所教授赵永茂，清华大学台湾研究院副院长、经济学教授殷存毅，澳门基金会研究所副所长、经济学博士杨道匡，厦门大学台湾研究院院长、海西经济区及平潭综合试验区顾问刘国深，海协会驻澳门办事处主任、北京大学法学博士贺之军等高校和研究机构的专家学者参加。与会者实地考察翠亨新区规划建设和孙中山故居等，为建设翠亨新区海峡两岸交流基地建言献策。

（中山地方志办）

【粤港合作第二十次工作会议】 于2015年3月11日在广州举行。会议由广东省副省长招玉芳和香港特别行政区政务司司长林郑月娥共同主持，主要回顾2014年粤港合作进展，并共同研究年内重点工作安排。国务院港澳办、中央政府驻港联络办相关负责人，粤港两地政府有关部门负责人参加会议。会议强调，粤港双方要抓住国家实施“一带一路”战略、推动自由贸易试验区建设等重大机遇，更加务实地推动粤港合作上新水平。会上，招玉芳与林郑月娥共同签署《实施粤港合作框架协议2015年重点工作》，确定90项年度重点工作任务。

【粤港持续发展与环保合作小组会议】 2015年3月19日在广州举行。会议提出年内将开展粤港澳区域性$PM_{2.5}$联合研究，为改善区域空气质素的策略提供确切的科学基础；同时完成珠江河口区域水质管理合作规划前期研究，评估珠江河口一带水域在不同水质目标下的纳污能力。

（白芷）

【香港广州社团总会成立】 2015年3月23日，汇聚香港近100个穗籍社团的“香港广州社团总会”在香港举行成立仪式暨首届会董就职典礼，逾1 300名穗籍乡贤、政商代表参加，共同见证社团总会的成立。香港特别行政区行政长官梁振英，香港中联办副主任林武，中共广东省委常委、统战部部长林雄，广州市委副书记、市长陈建华，广州市政协主席苏志佳，中央统战部三局局长郑钢淼，广州市委常委、秘书长陈国，广州市人大常委会副主任张嘉极，广州市副市长骆蔚峰，广州市政协副主席、市委统战部部长陈明德，广州市政协副主席陈怡霓以及香港广州社团总会首任会长霍震寰、首任主席黄俊康等出席活动。

【粤澳服务贸易自由化宣讲会】 2015年3月25日，商务部、广东省政府与澳门特别行政区政府联合在澳门举办2015年CEPA服务贸易自由化政策宣讲会，广东省副省长招玉芳、澳门特别行政区政府经济财政司司长梁维特、商务部港澳台司副司长孙彤出席并致辞，商务部及广东省有关部门负责人出席并介绍相关政策内容，澳门商协会、业界代表等200多人出席。会议表示，广东将加强重点区域和重点行业领域的攻坚示范，着力抓好深化改革、简化手续、对接标准，加快推动粤澳服务机构跨境互设和要素流动便利化；同时，以多种形式帮助澳门业界吃透用好相关优惠政策和投资信息。

【粤港澳医药产业协同创新联盟揭牌】 2015年6月18日，由广东药学院牵头成立的粤港澳医药产业协同创新联盟揭牌仪式在广东药学院大学城校区举行。国家卫生和计划生育委员会副主任、国家中医药管理局局长王国强，中国工程院副院长樊代明，中国工程院院士张伯礼，中国科学院院士陈凯先，中国工程院院士姚新生，广州市常务副市长陈如桂，广东省药学会理事长、广东省人大原副主任王宁生等出席仪式。粤港澳医药产业协同创新联盟是以高校、企业和研究机构合作为主，地方政府参与，自愿组成的非营利性、开放式协同创新组织，已有包括番禺区政府和广东、香港、澳门三个地区的高校、科研机构和行业组织、医药企业近200个单位加入。

【2015年粤澳合作联席会议】 2015年6月25日在江门举行。广东省省长朱小丹与澳门特别行政区行政长官崔世安共同主持会议并作主题发言。粤澳两地相关部门签署《关于推动澳门财政资金参与粤澳合作项目建设的框架协议》等8份协议。会议回顾过去一年粤澳双方落实《粤澳合作框架协议》，取得的一系列成果，表示年内重点推进五个方面合作：一是共同推进“一带一路”和广东自贸试验区建设，创新合作模式，最大限度地推动两地之间要素顺畅流动；二是深入推进粤澳服务贸易自由化，深化落实负面清单管理模式，为年底内地与澳门实现服务贸易自由化提供示范和借鉴；三是加快推进珠海横琴、广州南沙、中山翠亨和江门大广海湾经济区等重点合作平台建设；四是加快推进广珠城轨延长线、澳门至横琴轻轨及游艇自由行等跨境基础设施和重点项目建设；五是务实推进社会保障、科技教育、医疗卫生、食品安全、环保等社会公共服务合作。双方当天签署的协议还有《澳门特别行政区政府与江门市人民政府推进双方合作意向书》《澳门特别行政区政府与中山市人民政府关于合作建设中山翠亨新区的补充协议》《粤澳游艇自由行试点海事工作安排》等。

【粤港合作联席会议第十八次会议】 2015年9月9日在香港举行。广东省省长朱小丹与香港特别行政区行政长官梁振英共同主持会议并作主题发言。国务院港澳办副主任周波、中央政府驻港联络办副主任杨建平到会指导。广东省副省长招玉芳、香港特别行政区政府政务司司长林郑月娥在会上回顾过去一年合作情况。会上，粤港两地相关部门签署《粤港食品安全工作交流与合作协议》《加强跨境贸易电子商务合作协议》《粤港知识产权合作协议（2015—2016）》《粤港姊妹学校合作协议》《客船搜救中心合作计划》等5份合作协议。（白芷）

【佛山市南海区获批省粤港澳服务贸易自由化示范基地】 2015年10月，佛山市南海区“粤港澳合作高端服务示范区”获批成为全省首批13个粤港澳服务贸易自由化示范基地之一。粤港澳服务贸易自由化省级示范基地将主动适应“准入前国民待遇加负面清单”管理模式要求，打造国际化、法治化的营商环境，建设制度高地、创新高地、智力高地和人才高地。（梁志鸿）

【粤港澳珠江口水域首次大规模海上立体联合搜救演习】 2015年10月27日，粤港澳首次大规模海上立体联合搜救演习在珠江口举行，来自三地的海事、救援、海警等20多个单位的30多艘船艇和4架飞机参加演习。这是近年来珠江口水域规模最大的“海陆空三位一体”搜救演习。（白芷）

【第十四届香港珠三角工商界合作交流会】 2015年12月4日在江门市举办，会议由香港工业总会、香港生产力促进局、珠三角工业协会主办，主题为“珠西策源地·江港共发展”。活动吸引来自香港及珠三角地区近800名港商前来参加，香港特别行政区行政长官梁振英及夫人、广东省副省长招玉芳、广东省原常务副省长汤炳权、广东省港澳事务办主任廖京山，江门市四套班子领导参加活动。该届合作交流会增加现场投资环境图片展示和小微双创成果展。（刘曦）

【粤港澳会计专业委员会成立】 2015年12月9日，广东省粤港澳合作促进会会计专业委员会在广州成立。全国人大常委、华侨委员会副主任委员、广东省原省长黄华华，广东省副省长招玉芳，省政协副主席唐豪，香港特别行政区政府驻粤经贸办事处主任邓家禧，澳门特别行政区财政局局长容光亮，广东省财政厅、审计厅、港澳办等部门负责人以及粤港澳三地会计界专业人士代表200多人出席成立大会。粤港澳会计专业委员会主要由粤港澳三地会计行业代表、相关政府部门代表和会计审计等相关领域的专家学者组成。第一届委员会由蒋洪峰、叶冠荣、容永恩分别担任广东、香港地区、澳门地区方面的主任委员。（白芷）

·责任编辑 何文倩·

广州市

基本情况

【概况】 广州市位于广东省中南部。1949年中华人民共和国成立后，广州市曾为中央直辖市，1950年改为中南军政委员会领导，1954年划归广东省领导，为省辖市。1994年升格为副省级市。2015年辖越秀区、海珠区、荔湾区、天河区、白云区、黄埔区、花都区、番禺区、南沙区、从化市、增城市。土地面积7 434.4平方千米。年末户籍人口854.19万人；常住人口1 350.11万人，其中城镇人口1 154.75万人。人口自然增长率11.93‰。

耕地面积9.54万公顷，粮食播种面积8.96万公顷，粮食产量44.09万吨。林地面积29.22万公顷，森林覆盖率42.03%，活立木蓄积量0.15亿立方米。城市人均公园绿地面积16.5平方米。重要矿产资源有建筑用花岗岩、水泥用灰岩、陶瓷土、钾、钠长石、盐矿、芒硝、霞石正长岩、萤石、大理石、矿泉水和热矿水等。重要海洋资源有经济鱼类、高质海砂、油气等。土特产有增城丝苗米、挂绿荔枝、萝岗甜橙等，是全国先进制造业和现代服务业基地、水果之乡。主要旅游景点有白云山、珠江夜景、陈家祠、黄花岗、广东奥林匹克中心、莲花山、中山纪念堂、黄埔军校、南越王博物馆、广州艺术博物院、广州花卉博览园、华南植物园、从化温泉、宝墨园、广东美术馆、上下九路商业步行街、北京路商业步行街、广州塔等。

广州是国务院颁布的全国第一批历史文化名城之一。传说古代有5位仙人，骑五色羊，羊衔谷穗，降临广州，把谷穗赠与百姓，祝愿这里“永无饥荒”。因此广州又称为羊城、穗城。越秀公园的五羊雕像已成为广州的象征。

广州自秦汉至明清2 000多年间，一直是中国对外贸易的重要港口城市。汉武帝时期，中国船队从广州出发，远航至东南亚和南亚诸国通商贸易，东汉时期航线更远达波斯湾。唐代，广州已发展成为世界著名的东方大港，也是当时世界最长的海路航线“广州通海夷道”的起点，中央王朝委派专门管理对外贸易的官员市舶使到广州。宋代，在广州设全国第一个管理外贸机构市舶司。明清时期，广州更是特殊开放的口岸，一段较长时间曾是全国唯一的对外贸易港口城市。

广州是具有光荣革命传统的英雄城市。在近代史上有三元里人民反抗帝国主义侵略的抗英斗争、孙中山领导的反对封建统治的“三二九”起义（又称黄花岗起义）、中国共产党领导的广州起义。广州既是中国资产阶级民主革命的策源地，又是无产阶级政党领导人民群众进行革命斗争的英雄城市。

广州历代名人辈出，代代相传。有秦朝任嚣，汉朝赵佗，清朝学者屈大均，农民起义领袖洪秀全，思想政治家康有为、梁启超，领导中国民主革命、推翻几千年封建统治的孙中山等。

2015年，广州市创建全国首批生活垃圾分类示范城市，第7次获全国“双拥模范城”称号，入选全国贸易流通体制改革发展综合试点城市、全国第一批综合运输示范城市。

2015年全市地区生产总值18 100.41亿元。万元生产总值能源消耗下降率为4.52%。本地电话年末用户467.64万户，移动电话用户3 218.58万户。社会用电量779.32亿千瓦·时。城镇居民人均住房建筑面积24.00

平方米，农村居民人均居住面积49.58平方米。全社会从业人员810.99万人，城镇登记失业率2.20%。参加城镇职工基本养老保险1 008.24万人；参加城镇职工基本医疗保险607.62万人；参加城乡居民基本医疗保险444.99万人；参加农转居养老保险21.89万人。城镇生活垃圾无害化处理率95.24%。（贺坤）

【经济建设】 2015年，广州市积极应对新常态下增速换档、结构优化、动力转换的阶段性变化，采取措施推动经济稳定增长、提质增效。全年地区生产总值比上年增长8.4%，突破1.8万亿元，实现“十二五”规划总量目标。一般公共预算收入1 349.47亿元，比上年增长8.6%。城市居民消费价格指数（CPI）比上年上涨1.7%，城镇登记失业率2.2%。

消费加快升级 是年，广州市出台商品销售总额稳增长工作方案，巩固提升批发市场、百货商场等传统业态，培育信息、旅游等新兴消费，开展国内贸易流通体制改革发展综合试点，引进培育10个重点展览，组织广州国际购物节等展销活动，中心城市消费集聚力增强，连续三次获福布斯中国大陆最佳商业城市第一名。全年社会消费品零售总额7 987.96亿元，比上年增长11%。限额以上网上商店零售额比上年增长62.1%，通信器材类商品零售额增长43.5%。培育形成8家国家电子商务示范企业，花地河电子商务集聚区被认定为第二批国家电子商务示范基地。全年旅游业总收入2 872.18亿元，比上年增长13.9%，新增国家AAA级以上旅游景区4个。

投资平稳增长 是年，广州市全面落实重点项目建设计划，组织召开重大项目建设会议、国际投资年会，加大项目建设和引进力度，贯彻落实省关于企业投资项目实行清单管理的意见，推进首批39个政府和社会资本合作（PPP）试点项目，扩大有效投资。全年固定资产投资5 405.95亿元，比上年增长10.6%。民间投资2 397.76亿元，比上年增长35.8%。工业投资754.78亿元，比上年增长10.2%，其中技改投资增长51.7%。基础设施投资1 339.87亿元，比上年增长7.4%。156个市重点建设项目全年完成投资1 209亿元，完成年度计划的102%，轨道交通七号线一期（广州南站—大学城南）等117个项目完成投资超亿元。

外贸创新发展 是年，广州市出台促进外贸稳定增长工作方案、加快服务贸易发展实施意见，开展汽车平行进口等业务创新，推动外贸转型升级。全年进出口总值1 338.7亿美元，比上年增长2.5%，高于全国、全省水平，其中出口811.7亿美元，增长11.6%。从结构看，一般贸易出口1 947.6亿元，比上年增长3.6%，比加工贸易出口增速高4.3个百分点；高新技术产品出口854.4亿元，比上年增长9.9%；旅游购物出口1 074.8亿元，比上年增长99.3%。从区域看，对“一带一路”相关国家进出口2 142.7亿元，比上年增长12.7%，占进出口比重25.8%，增加2.1个百分点。（张章）

【政治文明建设】 2015年，广州市学习贯彻习近平总书记系列重要讲话及中共十八届五中全会等重要会议精神，落实中央和省委相关重大决策部署，加强政治文明建设，深化重点领域改革，创新体制机制，提升公共服务水平，全面从严治党，谋划未来五年政治经济社会发展战略布局。在广州国家中心城市建设和率先全面建成小康社会进程中推动政治文明建设上水平。

全面从严治党成果巩固拓展 2015年，广州市落实党风廉政建设责任制，深化说法广州建设，开展微信举报的探索，“廉洁广州”官方微信平台开设网上举报栏目。4月24日，广州市召开2015年落实“两个责任”推进公共服务廉洁化工作会议，健全“两广责任”工作机制，完善工作制度。9月11日，广州召开市属国有企业党风建设暨国企巡察情况通报会，成立追收国有资产专责小组，加强国有资产损失责任追交和做好风险防控，推进廉洁国企建设。

“三严三实”教育营造良好政治生态 2015年5月18日，中共广州市委召开“三严三实”专题教育工作会议，学习贯彻中央和省委“三严三实”专题教育工作有关会议精神，对全市专题教育工作进行部署。7月1日，市委理论学习中心组召开“三严三实”专题教育“严以修身”专题学习研讨会。11月3日，中共广州市委书记任学锋主持召开各区“三严三实”专题教育情况汇报会，听取各区委主要负责人的情况汇报。12月29日，广州市委领导班子召开“三严三实”专题民主生活会，逐一查摆自身存在的“不严不实”问题，剖析原因，提出切实整改措施。

法治政府建设稳步推进 2015年3月31日，广州市政府与中国政法大学签署战略合作暨法治政府协同创新框架协议。5月4日，广州召开2015年市依法治市领导小组会议。6月24日，华南理工大学政府绩效评价中心发布《2014年度广东省法治政府绩效满意度报告》，全省21个地级以上城市法治政府绩效满意度排名前五位的依次为佛山、珠海、广州、中山、深圳。12月14日，中国政法大学法治政府研究院组织编写的《中国法治政府评估报告（2015）》在北京发布，深圳、广州、北京分别位列法治政府建设前三名。11月25日，广州市政府办公厅印发《广州市法治政府建设规划（2015—2020年）》，推进法治政府建设步伐，推动形成良好的法治环境。

司法体制改革彰显公平正义 2015年，广州市推进司法体制改革，规范司法行为，促进司法实践贴近公正、高效、权威等目标。引导司法主体规范行为，提升履职能力，强化公民及社会各界的法治思维。1月7日，市中级人民法院开审一件涉外商事纠纷案件，6位专家以陪审员身份参与庭审，这是全国首创在涉外案件审判中正式启用专家陪审和专家委员咨询制度。3月3日，市中级人民法院举行新闻发布会，公布广州审务通APP和广州法院微信服务号正式上线开通。4月22日，配有“技术调查官”的侵权纠纷案件在广州知识产权法院第十法庭开审，此为“技术调查官”在国内知识产权法院首次亮相。同日，市中级人民法院发布《广州知识产权司法保护状况白皮书》，公布2014年度十大案例。5月21日，市中级人民法院再行发布《2010—2014年广州医疗纠纷诉讼情况白皮书》及十大典型案例。6月4日，国内首个通过法院官方微信、微博全程视频直播庭审的案件在市中级人民法院开审。 （陈伟）

【精神文明建设】 2015年，广州市精神文明创建工作以建设干净整洁平安有序城市环境为抓手，围绕培育和践行社会主义核心价值观，加强公民思想道德建设，选树道德典型，推进文明城市创建，通过中央、省文明办的复查，完成恢复全国文明城市资格任务，市民文明素质和城市文明程度得到提升。广州市委两次召开市委常委会专题听取全市精神文明创建工作情况。市文明委召开全会部署推进全市精神文明建设和文明城市创建各项任务，印发《广州市深化文明城市创建提升计划（2015—2017年）》，启动研制《广州市精神文明建设“十三五”规划纲要》。是年，召开7次市创建工作协调小组会议，统筹推进精神文明创建工作。建立市文明旅游工作联席会议制度和文明旅游督查考核制度。开展文明旅游示范景区（点）创建活动。加强旅游市场执法检查。举办第五届志愿服务广州交流会。开展全市中小学经典美文诵读活动。出版《让你自由高飞的心理密码》等5种关爱未成年人健康成长读本。新增5所中央专项彩票公益金支持的乡村学校少年宫，举办“道德的力量——第六届广州市道德模范授奖仪式暨道德模范现场交流活动”。组织开展道德模范故事汇基层巡演12场。深化科教、文体、法律、卫生“四进社区”活动。组织召开全市农村精神文明建设经验交流会。召开全市文明单位工作培训会议。组织开展公益广告整治提升活动。坚持抓好日常巡查和专项督查工作。完成广州文明网和中国文明网广州站合并和改版工作。扩大特约网评员队伍、网络文明传播骨干队伍和“好人微博”团队。

（区肇君）

【文化建设】 2015年，广州市深化文化体制机制改革创新，加快构建现代公共文化服务体系，繁荣文艺精品创作生产，强化优秀传统文化保护，健全现代文化市场和文化产业体系，提升文化对外开放水平，加强文化队伍建设，提升文化自觉和文化自信。举办第27届中国戏剧梅花奖、第十届中国音乐金钟奖、广州艺术节、中国广州国际演艺交易会、第五届广东音乐创作大赛和中国图书馆年会等大型文化活动和文艺惠民下基层演出系列活动。全市各项文化工作实现再上新台阶的奋斗目标。

公共文化服务体系建设 5月1日，《广州市公共图书条例》正式实施，市文广新局为配合该条例实施，起草《广州市“图书馆之城（2015—2020）”建设规划》；广州市少儿馆新馆于2015年6月1日起实行全面开放；广州市辖区的12个街（镇）综合性文化服务中心试点工作完成。对白云区太和镇文化站、荔湾区岭南街文化站、海珠区江南中街文化站舍进行改造；对黄埔区黄埔街文化站、从化区良口镇文化站的资源进行整合；对番禺区南村镇文化站、原萝岗区联和街文化站、越秀区北京街文化站服务进行提升，并申报省特级站。花都区、海珠区推荐申报创建首批省级公共文化服务体系示范区（项目）；番禺区沙湾镇、海珠区、南沙区黄阁镇、天河区珠吉街道4个项目入选文化部组织评选的“2014—2016年度中国民间文化艺术之乡”；完成《广州市建立公共文化服务群众评价和反馈机制工作方案（征求意见稿）》《广州市加快构建现代公共文化服务体系实施方案（2016—2020）（征求意见稿）》的草拟工作。

文化基础设施建设 是年，广州市政府将27个文化基础设施建设项目纳入《2015—2016年社会民生基础设施建设项目实施计划》，文化基础设施建设项目占社会民生建设项目总数的1/3，形成“项目业主负责—牵头单位协调—分管副市长统筹”的管理体系，强化党委部门抓文化设施建设的责任。以“三大馆”和南汉二陵博物馆项目等为重点，推进一批重大文化基础设施项目的规划建设。广州博物馆确认中标设计方案为“丝路方舟”方案；广州粤剧院项目完成设计招标工作；东山电影院、广州纪录片研究展示中心项目深化方案设计；孙中山文化中心及广州大元帅府旧址复原工程属于纪念性设施建设，上报中央批准；新一军印缅抗日阵亡将士纪念园项目明确对公墓进行原址保护，正协商土地置换事项。6月，广州画院、广州雕塑院、广州文学艺术创作研究院、广州话剧艺术中心进驻大学城；广州少年儿童图书馆新馆于“六一”儿童节全面开放。坚持立足岭南文化的历史和特色，彰显文化新内涵，推进药洲遗址修缮项目和粤剧红船码头项目。

文化产业　是年，广州市修改完善动漫游戏产业发展扶持政策，全年有2批17个动漫游戏类项目获得政府扶持，扶持资金999万元。9月29日至10月5日，由国家新闻出版广电总局、广东省人民政府主办，广州市人民政府、广东省新闻出版广电局承办，广州市文广新局执行，广州漫友文化科技发展有限公司运营的第八届中国国际漫画节在广州开幕。该届漫画节设置推介交易、竞赛评奖、娱乐消费、研讨交流、群众活动5大单元，组织漫画节开幕式暨金龙奖颁奖典礼、版权交易会、动漫游戏展、漫画家大会、抗战漫画主题展、cosplay大赛、动漫高端讲座等展示展演和专业活动；推动“原动力—中国原创动漫出版扶持计划”落户中国国际漫画节，首次增设动漫广州奖（行业奖），专设动漫版权交易会，搭建版权交易平台。该届动漫游戏展展览场地超过2.5万平方米，200多个国内外展商参展，展出精品动漫图书及衍生品7 000余种，交易流水金额接近2.5亿元，入场人数超过20万人次，并以近5万人次的单日入场人数创下华南地区展会入场人数单日最高纪录。在节前与节中，还举办“纪念世界反法西斯战争暨中国抗日胜利70周年全国漫画巡展”“世界动漫的中国学派—中外动漫艺术大展”等13个漫画节系列活动，利用中国国际漫画节的影响力，推动广州动漫走出去，分别在“法国昂古莱姆漫画节”“俄罗斯国际漫画节”“阿尔及利亚国际漫画节”中设置“中国馆”，交流展出中国原创动漫作品，引起世界各地漫画家和群众的普遍关注。

（李君）

【社会建设】　2015年，广州市实施积极的民生财政政策。市本级一般公共预算用于民生和各项公共事业的支出522.5亿元，占公共财政支出总额的76.6%，比上年增长19.89%，高于地区生产总值的8.4%增长率。实际投入55.5亿元推进市十件民生实事，加强食品安全监管、促进和稳定就业、完善社区居家养老服务设施网络、提高特殊人群救助水平等民生实事全部兑现，基层慢性病防治、城中村整治、公共交通体系、住房保障等任务超额完成。加大福彩公益金对社会建设的支持力度，支出1 753万元资助社会组织公益创投活动，资助养老、托老、敬老机构建设、运营及设备购置经费13 365万元，资助民办社会福利机构新增床位经费1 470万元。建立以财政资金为主、社会力量广泛支持的多渠道、多层次社会工作经费投入机制，全年财政资金投入3.3亿元购买社工服务，投入240万元一次性资助19个民办社工机构。

社会体制改革深化　2015年，广州市统筹推进社会体制改革。起草《关于进一步落实统筹推进社会体制改革工作的意见》，梳理形成《市社会体制改革主要任务及分工表》以及《2015年市社会体制改革工作要点督办台账》，明确全市社会体制改革的任务范畴和时间表，同时制订市社会体制改革工作规则、联络员、督查以及信息报送工作制度等专项制度，完善社会体制改革工作网络及有关日常工作机制。全年完成要点任务27项，出台重大政策文件39份，社会政策的集约性大幅度提高。“国际化社区治理”等项目被确定为全省社会体制改革“省市共建”项目。完善社会建设评价制度。建立社会建设地方统计工作制度，以社会概况、人居环境、居民生活、社会保障、医疗卫生、教育、文化体育、社会安全、社会管理、社会服务、社会公平、社会参与12个方面89个统计项目，全面评估、监测广州市社会建设的现状和水平。制订市社会建设评价办法和指标体系，组织开展2014年度全市社会建设试评价工作，梳理出率先全面建成小康社会中社会建设领域存在的15个主要短板指标，为党委、政府调整社会建设的长期性、阶段性目标与公共政策提供决策依据，为提高社会建设和社会治理的能力水平提供主攻方向。健全社会创新项目体系。完善社会创新项目管理办法，建立社会创新项目导师制，加强对社会创新项目的扶持力度和分类指导。通过立项评审，确定2015—2016年社会创新项目40个，涵盖社会治理、社会公益、社会融合、社会动员等领域，推进广东省第二个社会创新试点项目“社区教育”等项目的组织实施，通过搭建项目平台、创新试点等方式，鼓励和支持各部门和基层单位开展社会治理创新，发挥民间智库作用，加大对城乡社区治理、社区服务、社会诚信体系建设等重点领域的实践探索，形成各层级互动、多部门联动、体制内外共同参与的社会创新项目群，增强社会治理创新的内生动力。

基层社会治理创新 2015年，广州市推进社区网格化服务管理。起草《广州市城市社区网格化服务管理入格事项梳理的实施方案》，形成《广州市城市社区网格化服务管理入格事项管理办法》等系列配套文件，在划分21 912个网格的基础上，按照“专兼过渡、平稳衔接”的原则，指导各区通过整合街（镇）各类聘用人员，组建专兼职网格员队伍，开展第一批社区网格化服务管理入格事项的梳理审核，确定20个部门176项工作事项纳入社区网格化服务管理，初步构建形成城市基础性治理架构和信息化平台，完善广州市城市社区网格化治理体系。出台《中央、省驻穗单位和市属单位融入社区试点工作方案》，将重点企业、市属单位及部分区作为工作重点，推动党（团）建融入、社区治理融入、社区资源融入、社区志愿者融入和社区文化融入，开展中央、省驻穗单位和市属单位融入社区试点。全市组织发动6 100多个单位召开联席会议1 630场次，形成合议、决议1 858条，制订行动方案696个，累计参与社区服务3 270件，参与人员7 900多人次，激活全市分散的3 000多个游泳场馆、科学馆、图书馆、健身房、中小学体育场馆，整合社区内2 600多个农家书屋、文化站点、旅游景点和各类教育基地、科教资源，形成区域共驻、社区共建、资源共享的局面。防范城市社会风险。开展社会风险评估指标体系研究，形成经济社会发展中可能引发的社会风险分析评估结论。开展广州市社会心态预警疏导机制研究，探索构建以社会心态为表征的新型风险预警机制。

社会协同创新推进 2015年，广州市注重坚持基层治理协同创新。结合城乡基层实际，采取市、区、镇（街）、村（居）四级合作共建模式，启动广州市基层治理协同创新项目试点创建，以传统文化传承、治理主体培育、治理实践创新为重点，搭建基层治理特色平台，激活传统优秀文化等治理元素和社会公德、社会诚信等特色治理资源，凝聚村民、乡贤、社会人士等多方力量参与基层治理创新，探索基层社会协同治理路径。“三元里社区大学”等创新城中村社区治理新路径的经验做法在《人民日报》上报道。全市建成30个社会组织培育基地，267个民办社工机构，数目位居全国前列。深化政社合作，强化“三社”联动，发挥工青妇等人民团体、行业协会商会和枢纽型社会组织的引领带动作用，激发社会组织参与社会治理的活力，搭建政社协同治理的网络枢纽平台。全市依托各种载体成立服务组织70个。制订《广州市异地务工人员服务组织示范点创建评估标准》，探索异地务工人员服务管理组织化路径，通过组建流动党组织、培育异地务工人员服务组织，为来穗务工人员提供法律咨询、心理辅导、生活帮扶、培训就业、文体康乐等专业化的社工服务，引导来穗人员参与社区治安、矛盾调处、文体娱乐活动，促进来穗人员的社区融入，改善社区治理结构。

社会事业持续进步 2015年，广州市新增就业人数27.47万人，完成全年计划的137.35%；失业人员实现再就业18.04万人，完成全年计划的112.75%；城镇登记失业率2.20%，控制在3.5%目标以内；新增农村劳动力转移就业6.22万人，完成全年计划的124.4%；举办零距离招聘会335场，完成年度任务的111.67%；2015届广州生源高校毕业生就业率93.37%，超过目标任务3.37个百分点。推进教育事业发展，加大教育保障力度，2015年市公共财政预算教育经费251.3亿元。3周岁及以上儿童入园率116.93%（含非户籍人员），小学适龄儿童入学率102.37%（含非户籍人员），初中毕业生升学率95.51%，高中毕业生升大率94.55%。提升教育质量，7个区成功创建省推进教育现代化先进区，11个区成功创建“全国义务教育发展基本均衡县”。落实惠民举措，提高义务教育公用经费标准，小学生均提高740元、比上年增长1.8倍，初中生均提高1 350元、增长2.25倍。完善医疗卫生计生体系，提升基层医疗服务能力，加强全科医生规范化培养，全市88%的社区卫生服务中心和81%的镇卫生院开展家庭医生签约服务，建立基层首诊、双向转诊制度，为63.4万名高血压患者和20.85万名糖尿病患者免费提供建立健康档案、随访干预等健康管理服务。促进人口均衡发展，2014年10月至2015年9月，全市户籍总人口855.42万人，出生人数105 552人，出生率12.45‰，自然增长率6.83‰，出生人口性别比111.73。推进“单独两孩”政策，同意办理登记18 615例。新增公交专用道375千米，推进11条地铁建设，全市公共交通日均客运量超过1 554万人次，公共交通占机动化出行比例约60%。推进公共体育场馆免费或低收费进场，人均体育场地面积增至2.38平方米。推进生活垃圾分类投放，创建全国首批生活垃圾分类示范城市，全市实行“定时定点”分类投放社区781个。建立市政府与市总工会联席会议制度，以行业性集体协商为突破口，全市签订集体合同2.41万份，覆盖企业10.78万家，覆盖职工295万人。举办首届福彩公益慈善项目大赛。市妇联获“2015年度全国妇女宣传舆论阵地建设先进单位”“广东省妇联工作创新案例第一名”等称号。

社会保障体系健全　2015年，广州市出台《社会医疗保险办法》《退休人员社会化服务管理规定》等政策，社保制度体系更趋完善。统一全市养老保险单位缴费比例为14%，扩大社保覆盖面，社保待遇提升，五险参保人数3 554万人次，企业离退休人员人均养老金调增至3 200元，城乡居民养老金调增至608元/月，职工和居民医保住院政策范围内医疗费用总体报销比例分别达85.36%和75%，工伤残疾退休人员退休金4 084元/月；生育保险人均待遇2.3万元，居全省全国前列。退休人员社会化管理率95.02%，居全省前列。连续9年提高城乡低保标准，建成覆盖全体居民的医疗救助体系。全年新建50个日间托老机构，实现每个街（镇）拥有1个日间托老机构；新增养老床位1万张，至年底，全市有床位5.3万张，每千名老人拥有床位数38张。提高残疾人生活津贴、重残护理补贴标准。残疾人生活津贴标准为每年1 200元，重残护理补贴1 800元，高于省标准，8万余名残疾人享受此项专项救助。新开工建设、筹建保障性住房1.51万套，新增发放租赁补贴1 880户，改造农村泥砖房和危房9 197户。

（张康）

【生态文明建设】　2015年，广州市加强生态工程建设和水环境、大气环境治理，完成年度和“十二五”节能减排目标。是年，完成19台燃煤机组超洁净排放改造，完成282台高污染燃料锅炉整治，淘汰黄标车10.1万辆。建成生态景观林带124.6千米、绿道300千米、森林公园14个、湿地公园7个。实施南粤水更清行动计划，水环境质量保持稳定。城镇污水处理率达92.5%。全年环境空气质量达标天数312天，占比85.5%，比上年提高8个百分点，$PM_{2.5}$平均浓度比上年下降20.4%。创建全国首批生活垃圾分类示范城市，实行“定时定点”分类投放模式社区781个，第三、第四、第五、第六、第七资源热力电厂开工建设，兴丰填埋场七区工程投入运营。

环境保护与治理　2015年，广州市按照“减煤、控车、降尘、少油烟”的工作方针，应用$PM_{2.5}$源解析成果，制订实施《广州市2015年度大气污染综合防治工作计划》，逐步削减污染物排放，促进环境空气质量持续向好。全年空气质量达标312天，比上年增加30天，环境空气质量在5个国家中心城市中保持最优。实施南粤水更清行动计划，加强流溪河水源地保护，水环境质量保持稳定。全市10个城市集中式生活饮用水水源地水质达标率保持100%。江河水质总体保持稳定。城市水域功能区水质达标率82.1%。实施3个方面17条具体减排措施，263个工程项目全部完成，增城永和污水处理厂等16个国家责任书项目全部建成。做好源头防控，通过制定环境保护规划、完善审批服务等措施，优化经济结构调整，促进经济提质增效。开展未批先建、无证排污、偷排偷放等整治行动。强化行政、司法手段，打击环境违法行为。推进土壤、重金属等其他污染防治，改善城乡环境面貌。

环境保护目标责任考核　2015年9月，广州市在全省环境保护责任考核中被评为优秀档次，这是自2012年《广东省环境保护责任考核办法》实施以来，广州市首次获得考核优秀。10月，市政府结合各区工作特点和地域差异，通过自查总结、资料审核、集中汇报、现场检查等方式，对各区政府环境保护目标任务完成情况进行考核。南沙区、越秀区、天河区政府在考核中被评为优秀。

生态水城建设全面推进 2015年，广州市生态水城建设任务包括饮用水工程、城乡水安全工程、水污染治理工程和水生态修复工程四大类，年计划投资126.62亿元。截至年底，全市工程完成工作量86.77亿元，工程进度69%。（1）饮用水工程。北部水厂一期工程调整水厂土地规划；市重点项目牛路水库备用水源工程规划选址手续办结，基本农田调整方案上报省国土资源厅；北江引水工程开展可研报告、相关专题报批以及征租地工作。完成全市168.6万人农村改水工程任务，农村自来水全面普及。推进中心城区10个缺水缺压区域自来水改造，完成7个。（2）城乡水安全工程。开工建设千里海堤工程6项，建成堤防约30千米；达标加固1座中型水库；建设3座中型水闸（其中建成2座，在建1座）；重建完成4座中型泵站。深层隧道东濠涌试验段工程中山三路竖井基坑完成盾构机组装调试，开始掘进。推进中心城区35项排水改造工程，其中完工31项，2项正在施工，2项开展前期工作。实施16项以小水库、小水闸安全达标为重点的"五小"水利工程整治，推进2项灌区续建配套与节水改造工程前期工作，完成年度水库运行管理督查。（3）水污染治理工程。包括城镇污水处理工程、农村污水治理工程和河涌治理工程，工程项目共计608项。年计划投资91.78亿元，完成工作量67.76亿元，工程进度73.8%。城镇污水处理工程168项，年计划投资81.08亿元，完成58.14亿元，工程进度71.7%。完成中新污水处理厂二期工程、前锋污水处理厂三期建设，永和三期投入运行，共新增污水处理能力23万吨/日，推进石井净水厂、狮岭污水厂二期、新华污水厂三期等14座新（扩）污水处理厂建设。新增污水管网170千米（其中广佛跨界88千米），全市城镇污水处理率92.5%。2015年市级财政下达补助资金2.38亿元用于农村污水治理新建和续建249个项目。114个行政村新建农村生活污水治理设施，完工6个项目，在建10个项目，35个项目在施工招标阶段，其余63个项目尚在前期阶段；在135个行政村推进农村生活污水治理设施续建工作，完工38个项目，在建63个项目，19个项目在施工招标阶段，其余15个项目尚在前期阶段。农村生活污水处理率48.63%。河涌治理工程共计127项，主要是清淤、水闸、堤岸修复等内容。2015年计划投资3.33亿元，完成工作量3.36亿元，工程进度100.9%。广佛跨界16条河涌整治工程共计111个子项，总投资132.08亿元。截至年底，28项完工，81项正开工建设，2项开展前期工作；累计完成工作量47.4%。其余35条河涌整治64项，其中36项完工，27项正开工建设，1项开展前期工作；完成总体进度的64.3%。（4）水生态修复工程。推进一批人工湖、湿地等水生态修复工作建设。完成天河智慧东湖、增城挂绿湖、天河智慧城核心区东部湿地、花都湿地、番禺草河湿地等工程建设；琶洲湾公共泳场、西郊沙滩泳场二期、水文化博物馆完工并对外开放。

"南粤水更清"行动实施 2015年，广州市制订印发《广州市2015年度实施南粤水更清工作计划》，从9个方面提出47项任务，以广佛跨界河流污染整治为重点，以加强流溪河水源地保护为核心，推进水污染防治。完成全市饮用水源保护区200块标志牌设置，沙湾水厂、从化第三水厂、刘屋洲吸水点饮用水水源一级保护区的物理隔离设施建成。停止审批广佛跨界区域入园项目外的涉水重污染项目。落实市政府《关于全面开

展流溪河流域水环境整治的通告》《流溪河流域水环境综合整治工作方案》的6个方面23项任务。推进51条河涌整治，建成污水处理厂5座，在建14座，新增污水处理能力34万吨/日，城乡生活污水处理率分别达92.5%、48.63%；完成城乡自来水厂达标改造，加强流溪河饮用水水源保护。

花城绿城建设稳步推进　2015年，广州市走生态优先、绿色发展之路，优化城乡绿化布局，加强生态保护和修复，初步构建点、线、面相结合的城乡绿化体系，基本形成“森林围城、绿道穿城、绿意满城、四季花城”城市景观。至年底，全市森林覆盖率42.1%、城区绿地率36%、绿化覆盖率41.5%、人均公园绿地面积16.5平方米。(1) 实施花城建设。建成陈田花园、海珠花园等10个展现岭南园林精髓的主题花景公园。建设30个各具特色的主题“花景”，打造具有鲜明季节性的旅游景点。建成绿道3 000千米，串联起300多个景点、160多个驿站服务点，形成24条精品绿道线路，是广东省线路最长、覆盖面最广、服务人口最多的绿道。建成开放13个儿童公园，总建设面积173公顷，在数量和规模上全国领先。建成城市公园245个。建成900多千米21条主干道景观林带和15个城市出入口景观点，形成贯通城乡、全年常绿、四季有花的生态景观长廊。绿化桥梁310座，形成300多千米城市空中花廊。推进“出门500米见绿”工程，新建和改造33个绿化广场、70个城市公园及开放式绿地，提升城市绿色休闲空间。举办第21届广州园林博览会、2015年广州国际盆景展等市区公园系列节庆活动及参加香港花展。制作赏花地图，宣传推介全市56个主要赏花点，形成流溪香雪，石门红叶，麓湖、华南农业大学宫粉紫荆等受市民游客欢迎的赏花品牌。(2) 实施绿城建设。建成广河、广惠高速等507千米生态景观林带，形成贯通城乡、全年常绿、四季有花的生态景观长廊。提升建设流溪河、石门等10个重点森林公园，新建14个镇街森林公园，全市森林公园73个，形成国家、省、市、镇街四级森林公园体系。开展湿地公园建设，建成12个湿地公园，其中海珠湖湿地公园是广州市首个国家级湿地公园，南沙湿地公园入选“广东十大最美湿地公园”。发展森林碳汇，全市实施碳汇造林3 666.67公顷，提升森林质量和效益。在全国率先启动森林碳汇计量监测，建立森林碳汇数据管理系统。推进乡村绿化美化。开展“一园一林一路”（每个村建一个小公园、一片风水林、一条林荫路）建设，完成乡村绿化美化395个，其中示范点155个。

（张章　邹松佐　黄玉玲　何蔼玲）

【党的建设】　2015年，中共广州市委组织部完成2015年度区委书记、镇（街）党（工）委书记抓基层党建述职评议考核，并将述职评议考核向全市机关、市管企业、市属高校延伸。实施基层党建“书记项目”，建立2015年市级“书记项目”库，重点跟踪11个省级项目和50个市级项目。其中，“金雁工程”“两新”服务型党组织建设项目和整顿登峰问题突出村（社区）“六个一”工程项目，获上级通报表扬。制订《软弱涣散村（社区）持续整顿三年行动计划（2015—2017年）》，按照村（社区）10%的比例倒排，共排查整顿273个，年度整顿转化率达98.53%。选派273名优秀机关干部到软弱涣散村（社区）担任党组织第一书记，实现全覆盖。全年各级财政投入9 181万元，引入经济社会发展项目158个，新建扩建活动场所263个，解决历史遗留问题214个，解决群众行路难、饮水难、看病难等问题1 180个。落实领导干部直接联系服务群众11项制度，建立市、区领导班子成员基层联系点598个。落实镇（街）领导干部驻点普遍直接联系群众制度，全市1 748名镇（街）领导班子成员组建2 608个驻点团队到村（社区）驻点联系服务群众。推进社区“网格化”服务管理，全市划分基础网格21 912个，每个网格建立党小组（支部）、配备专职网格员，将176项服务管理事项全部纳入网格化系统。各区、市直有关单位结合实际探索服务型党组织建设新举措，南华西街被评为“全国社区服务型党组织建设示范街道”。全市新单独组建“两新”组织党组织350个，非公企业和社会组织党组织覆盖率分别提高到92.88%和94.17%。通过帮扶和结对子实施“两新”组织党组织“培强扶弱”行动。制定实施《关于进一步提升基层治理水平加强农村基层党建的意见》。农村基层全面推行“四议两公开”工作法（“四议”：党支部会提议、“两委”会商议、党员大会审议、村民代表会议或村民会议决议；“两公开”：决议公开、实施结果公开）和“四民主工作法”（民主提事、民主议事、民主理事、民主监事），推进农村土地承包经营权确权，加强农村“三资”管理，协调解决拖欠农民征地补偿款，落实历史留用地，做好农村土地“三乱”专项整治。城市社区结合开展幸福社区创建，探索建立社区“民情议事会”制度，全市幸福社区达标数量累计574个，居民满意度达

2015年广州市国民经济发展情况

指　标	单　位	实　绩	比上年增长(%)
地区生产总值	亿元	18 100.41	8.4
第一产业增加值	亿元	226.84	2.2
第二产业增加值	亿元	5 726.08	6.8
工业增加值	亿元	5 185.63	6.9
第三产业增加值	亿元	12 147.49	9.4
人均地区生产总值	元	136 188	6.0
规模以上工业总产值	亿元	18 684.22	6.1
农林牧渔业总产值	亿元	413.46	2.2
固定资产投资	亿元	5 405.95	10.6
社会消费品零售总额	亿元	7 987.96	11.0
外贸进口总额	亿美元	3 271.71	−8.0
外贸出口总额	亿美元	5 034.57	12.7
外商直接投资实际使用金额	亿美元	54.16	6.1
一般公共预算收入	亿元	1 349.47	8.6
一般公共预算支出	亿元	1 727.72	20.3
城镇居民人均可支配收入	元	46 735	14.1
农村居民人均纯收入	元	19 323	13.5

2014—2015 年广州市社会事业情况

指　标	单　位	2014 年	2015 年
普通高校	所	80	81
普通高校在校学生	万人	101.93	104.32
中等职业学校和技工学校	所	154	144
中职和技校在校学生	万人	48.49	47.35
普通中学	所	500	510
普通中学在校学生	万人	53.29	51.52
小学	所	938	941
小学在校学生	万人	90.01	93.79
各类医疗卫生机构合计	个	3 749	3 724
各类医疗卫生机构床位	张	77 011	82 022
群众艺术馆、文化馆	个	14	13
公共图书馆	个	15	14
博物馆、纪念馆、美术馆	个	33	33

（贺坤）

87.44%。在全省率先开展《中国共产党发展党员工作细则》大轮训，全年全市举办培训班 903 期，培训 4.6 万人次。加强在青年工人、农民、知识分子中和“两新”组织、农村等薄弱领域发展党员。开展民主评议党员和处置不合格党员，全年处置不合格党员 239 名。现代远程教育平台登载 700 多部视频，全市近 3 000 个远程教育终端站点保持 100%的开机率。全年组织拍摄制作 60 多部电视片宣传优秀党员、党务工作者和党员志愿者的先进事迹。举办全市第六届党员干部现代远程教育教学课件观摩交流会。

开展全市村（社区）“两委”班子成员全员系统培训。组织实施“羊城村官上大学”工程，至年底，全市选派 4 230 名村“两委”干部、村后备干部和村优秀党员参加大专以上学历教育，共 1 434 人毕业。继续实施大学生村官“金穗创业计划”。建立后备干部名册，全市 344 个“四类村”储备后备干部 688 名。推动党代表工作室建设重心向社区、农村延伸，2015 年各级党代表依托工作室开展活动 3 147 次，接待党员群众 7 090 人次，收集意见建议 4 486 条，解决问题 3 521 个。全年举办 5 期党代表履职培训班、5 期“广州党代表学校”专题讲座，组织开展“推进依法治市、建设法治广州”专题视察调研，提高党代表履职能力。制订《广州市试行镇党代会年会制工作方案》，指导黄埔区开展党代会常任制试点，初步构建党代会常任制“1234”运作模式。

（广州市委组织部）

年度大事

【全力推进“三中心一体系”“三大战略枢纽”建设】 2015年1月30—31日，中共广州市委十届六次全会首次提出广州要对接“一带一路”“自贸区”等国家发展战略，以建设国际航运中心、物流中心、贸易中心和现代金融服务体系为目标，巩固和提升国家中心城市地位。2月5日，广州白云国际机场第三跑道正式启用。7月8日，在全国首创“智检口岸”模式。7月15日，广佛地区唯一每日往返的番禺莲花山港至香港机场航线首航。7月29日，广州成为全国贸易流通体制改革发展综合试点城市。8月1日，广州中小微企业金融服务区开园。8月6日，广州入选全国第一批综合运输示范城市。8—12月，相继印发《关于进一步加快民航业发展的实施意见》《关于调整完善广州空港经济区管理体制的方案》《广州国家创新型城市建设总体规划（2011—2015年）》《关于加快服务贸易发展的实施意见》。9月23日，广州首个互联网金融产业园区挂牌成立。全年，广州港新增国际外贸航线15条，新建内陆“无水港”或办事处10个，成为华南地区中非航线枢纽港；全市建成及在建的投资额5 000万元以上的跨境电商园区11个，跨境电商进出口总额67.5亿元，居全国第一位。12月2—3日，中共广州市委十届七次全会审议通过《中共广州市委关于制定国民经济和社会发展第十三个五年规划的建议》，提出建设国际航运中心、物流中心、贸易中心、现代金融服务体系和国家创新中心城市，重点建设国际航运枢纽、国际航空枢纽、国际科技创新枢纽，优化提升珠江两岸经济带、创新带和景观带，构建大综合交通枢纽，形成多点支撑和网格城市格局，推动广州国家中心城市建设全面上水平，在率先全面建成小康社会、率先基本实现社会主义现代化的实践中走在前列。

2015年4月21日，广州南沙自贸区挂牌，各国嘉宾参观政务服务中心 （广州市南沙区供稿）

【南沙自由贸易试验区功能区块建设全面启动】 2015年4月21日，中国（广东）自由贸易试验区广州南沙新区片区挂牌，全面启动自贸试验区功能区块建设。年内，

2015年，广州市企业代表领取全国首张加载海关备案标识的“一照一码”营业执照 （广州市工商局供稿）

南沙着力推进制度创新，推行负面清单管理、企业注册“一口受理、多证联办”、政府购买查验服务、国际贸易“单一窗口”、口岸管理“三互”等改革措施，大力发展融资租赁等现代服务业。8月6日，市政府公布《中国（广东）自由贸易试验区广州南沙新区片区建设实施方案》，提出自贸区建设5大核心任务共95项创新工作；同日，设立海上丝绸之路港口开发建设基金，建立沿线国家城市港口联盟。7日，南沙片区顺利开展首票保税展示业务，标志着自贸区保税展示交易政策在广东自贸试验区南沙片区落地。10日，全国首张加载海关注册标识的“一照一码”营业执照在南沙片区核发，从窗口受理至发证全程只需1个工作日。

【智能装备制造业、创新核心区及琶洲互联网集聚区快速成长】 2015年，广州智能装备制造业企业快速成长，有的已进入全球同行前10位，数控产销量连续12年位列国内第一、世界第三。5月16日，由中船黄埔文冲船舶有限公司承建的全球首制R-550D型自升式钻井平台出坞。8月11日，中船澄西船舶（广州）有限公司成功改装有“海上石油工厂”之称的海上浮式生产储油船“萨卡里玛”轮，并交付使用，该项目是当今世界上最先进的第三代FPSO。9月15日，全球第一艘极地甲板运输船“AUDAX”（奥达克斯）在广船造船基地成功出坞，是目前唯一可以在北冰洋冬春冰冻季节连续运输LNG大型设备模块至Ya-malLNG项目基地塞贝塔港的船舶。

7月，2015（第十届）城市发展与规划大会在广州召开，广州提出打造国家高铁枢纽中心（陆港）、国际航运中心枢纽港（海港）和世界级航空枢纽（空港），构建“一江三带”——珠江经济带、创新带、景观带，重点把琶洲发展为“互联网集聚区”，与珠江新城、国际金融城共同组成30平方千米集世界级商务办公、金融服务和会展商贸于一体的广州创新核心区。至年底，琶洲互联网创新集聚区通过土地公开出让17个地块，引入阿里巴巴、腾讯、华多网络、环球公司、唯品会、小米通讯、复星集团、国美集团、粤传媒、粤科金融、康美药业等企业进驻，全力打造千亿级互联网集聚区。

【全国率先上线商事登记管理平台、首创二维码营业执照】 2015年9月1日，广州市实施注册资本认缴、先照后证、“三证合一、一照一码”等一系列改革措施，实行企业、农民专业合作社登记“三证合一、一照一码”登记制度。通过“一个窗口受理、互联互通、信息共享”，将过去由工商行政管理、质量技术监督、税务三个部门分别核发不同证照，改为由工商行政管理部门核发加载统一社会信用代码的营业执照。在全国率先上线商事登记管理平台和公示平台，首创二维码营业执照。是年，广州市工商登记前置审批事项从127项精简至12项，登记业务办结时限由15个工作日压减至3个工作日；全市新登记商事主体20.4万户，注册资本金为5 836.33亿元，分别比上年增长14.94%和62.28%。

【建设“中国融资租赁第三极”】 2015年4月，中共广州市委书记任学锋提出力争将广州建设成为继天津、上海之后的“中国融资租赁第三极”。9月22日，广州城投集团下属融资租赁公司联合渤海租赁以SPV方式（简单支付验证）引进的飞机交付仪式在广州空港经济区举行，实现飞机租赁业务零的突破。至年底，全市新增融资租赁企业52家，总数达166家，注册资金合计683亿元。

【综合交通枢纽建设有新进展】 2015年1月18日，广州洲头咀隧道工程、金沙洲大桥扩宽工程、花城大道东延线一期工程（含潭村隧道和华快潭村立交）、北环高速沙贝出口综合改造工程竣工通车。7月7日，广州地铁首条“环线”11号线工程获省发改委批复可动工建设，设32座车站。11月3日，《广州市轨道交通线网规划优化方案》（含23条城市轨道线路）经十届第35次市委常委会审议通过。12月28日，广佛线西朗至燕岗段开通试运营。全市全年完成地铁新线建设投资177.69亿元，完成85千米单线盾构隧道掘进任务，7.1千米单线暗挖，2.8千米明挖（双线），新一轮线网有49座车站封顶，30个区间双线贯通，129台次盾构始发，累计完成掘进148千米。12月31日，大广高速粤境段（G45）全线通车；同日，广明高速公路广州段主线建成通车；同日，机场第二高速公路先行工程高增枢纽互通立交开工建设。

【法治广州建设形成新局面】 2015年1月7日，广州市中级人民法院在国内首创涉外商事纠纷案件专家陪审和专家委员咨询制度。1月19日，市政府常务会议审议通过《广州市司法社会工作项目体系建设实施方案》，确定将以政府购买服务的方式建立专门司法社工队伍。6月1日，《广州市人大常委会基层立法联系点工作规定》施行，11个区人大常委会及其法制工作机构是首批基层立法联系点。6月4日，国内首宗通过法院官方微信、微博全程视频直播庭审的案件在广州市中级人民法院开审。7月16日，市委常委会议通过《广州市建设市场化法治化国际化营商环境三年行动方案》。7月27日，市政府常务会议审议通过《关于加强法治政府建设的若干意见》。9月18日，国家知识产权局批准设立中国广州花都（皮革皮具）知识产权快速维权中心。11月28日，最高人民法院批复设立广东自由贸易区南沙片区人民法院，这是全国首家以自贸区冠名的法院。

【创建六位一体立体化巡逻社会治安防控体系】 2015年，广州公安主动适应国家创新社会治安防控体系建设新要求，在2014年全国率先推行“五位一体”立体化巡逻防控机制的基础上，以网络和空中巡防为突破点，深入构建“情报、指挥、巡逻、视频、卡口、网络”六位一体立体化巡逻防控机制，精心打造专职化防控队伍、精细化防控格局、智能化防控网络、机动化巡逻体系和全时空防控局面。全市案件类警情比上年下降5.9%，抢劫、抢夺、盗窃等街面警情分别下降25.7%、15.0%、5.2%，刑事案件数下降16%。广州社情民意调查研究中心调查显示，市民群众对2015年治安状况的满意度比上年增加6个百分点，安全感达93%。

【《广州大典》完成编纂出版】 2015年4月30日，历经十年编纂，《广州大典》全部完成出版，正式首发。《广州大典》汇集历史文献4 064种，分经、史、子、集、丛五部，编成520册，是广州历史上继学海堂和广雅书局刻书之后的第三次大型古籍整理，也是迄今为止最全面的广州历史文化史料著作集成。同日，广州大典研究中心成立揭牌，广州大典网络服务平台开通。

【实现城乡居民医保和大病医保全覆盖】 2015年1月1日，广州在全省率先出台《广州市城乡居民社会医疗保险试行办法》和《广州市城乡居民大病医疗保险试行办法》。广州市城乡居民医疗保险制度和大病保险制度覆盖城乡全体居民，构筑起以城乡居民社会医疗保险为基础、城乡居民大病保险为补充、民政医疗救助为托底的多层次城乡居民医疗保障体系。至12月底，参加广州市城乡居民医疗保险人数达444.99万人。1月1日起，广州、清远两市互认城镇职工基本养老保险、失业保险参保凭证及生育保险缴费年限证明，两地之间流动就业的参保人实现社会保险关系无障碍转移。

（广州市地方志办）

国家中心城市建设

【概况】 2015年，广州市全面推进国家中心城市建设，完成“十二五”规划主要目标和任务。全年地区生产总值1.81万亿元，分别占全国和全省的2.7%和24.8%，连续27年位居国内城市第三位。人均生产总值突破2万美元，实现新的跨越。

中心城市功能不断强化。白云国际机场旅客吞吐量5 521万人次；广州港港口货物和集装箱吞吐量分别达5.21亿吨和1 762万标箱，分别居世界第五位和第八位。贵广和南广（广州段）、广珠铁路、广深港客运专线广深段开通，综合交通枢纽功能增强。地铁通车9条266千米。信息枢纽地位增强，国家超级计算广州中心天河二号运算速度连续6次世界第一。服务业增加值占地区生产总值比重66.77%，现代服务业增加值占服务业增加值比重63.5%。多家互联网龙头企业集聚琶洲互联网创新集聚区，总部经济实力稳步提升。工业稳中提质，轨道交通装备、工业机器人、重大装备等先进制造业壮大，高新技术产品产值占工业比重45%。以广州高新区为核心的珠三角国家自主创新示范区获批，战略性新兴产业和新业态加速布局发展。城市空气、水、绿化环境持续改善，空气质量优良天数占比85.5%，城市集中式饮用水源地水质达标率100%，人均公园绿地面积16.5平方米，建成绿道3 000千米。城市环境更加干净整洁有序。城市常住居民人均可支配收入和农村常住居民人均可支配收入增速分别达8.8%和9.4%，农村居民收入增速连续7年快于城市居民，城乡收入差距逐步缩小。广州大学、广州医科大学纳入一本招生。广州新图书馆等一批文化设施建成。社会保障体系不断完善。创新人口管理服务政策，实施积分制入户。推进医疗卫生体制改革。安全生产形势总体平稳有序，社会保持和谐稳定。中国（广东）自由贸易试验区南沙新区片区建设开局良好。国际友好城市和友好合作交流城市增至63个，驻穗使领馆数量达到53个，国际合作和城市国际化水平提高。　（李文妍）

【三中心一体系建设】 2015年，广州市聚焦国际航运中心、物流中心、贸易中心和现代金融服务体系建设，提升商都功能和增创新的竞争优势。

建设国际航运中心。实施国际航运中心建设行动计划，建设全要素型航运中心。发展航运交易、航运经纪等现代航运服务业，建设国际大宗商品交易中心和国际中转中心，建设国际航运服务业集聚区，扩大国际航运中心航运服务辐射面，加快无水港建设。实施航空产业发展行动计划，发展航空制造、航空物流等临空产业和航空产业，完善集疏运体系，推动海港、空港、铁路港联动发展。

建设国际物流中心。强化国家物流标准化示范城市、国家综合运输服务示范城市地位，加强与周边国家和地区的跨境物流体系建设。优化布局物流园区和专业物流基地，完善综合运输通道和交通枢纽节点布局，建设一批现代化物流配送中心。发展国际物流、空港物流、保税物流、城乡物流、智慧物流、绿色物流、冷链物流，培育和壮大一批骨干物流企业。

建设国际贸易中心。适应和对接国际投资贸易新规则，运用新的商业模式促进国际贸易发展。推进国内贸易流通体制改革发展综合试点，大型商贸集聚区转型升级，开展市场采购贸易试点，发展电子商务，建设亚太电子商务中心。支持广交会做大做强，创建国家服务贸易创新发展试点城市，发展新兴服务贸易和国际服务外包，建设大宗商品交易基地和综合能源交易中心。

构建现代金融服务体系。以服务实体经济为宗旨，实施构建现代金融服务体系行动计划，鼓励金融改革创新，建设区域金融中心。重点建设国际金融城等特色金融集聚区，做大做强传统金融机构，引进新型金融机构。建设金融交易中心、资产交易中心、电力交易中心、融资租赁交易平台，发展天使投资基金、创业投资基金、产业投资基金和股权投资基金，培育融资租赁等新业态，壮大总部金融、国际金融、民间金融和农村金融。

【国家创新中心城市建设】 2015年，广州市推动科技创新、产业创新、企业创新、市场创新、产品创新、业态创新、管理创新等，提升城市创新能力。坚持市场导向，打破路径依赖，强化企业创新主体地位和主导作用，支持开展原始创新、集成创新和引进消化吸收再创新，重视颠覆性技术创新，推动创新驱动发展走在前列。建立市场和应用导向的创新驱动体制机制，探索发布广州创新指数，支持国家知识产权局专利审查协作（广东）中心、广州知识产权交易中心、国家版权贸易基地、广州知识产权法院和仲裁院的建设。加强国际创新合作，参与全球科技项目研发攻关，融入全球创新网络。推动政府职能从研发管理向创新服务转变，激发创新创业活力，形成大众创业、万众创新的良好氛围。

【三大战略枢纽建设】 2015年，中共广州市委通过的《关于制定国民经济和社会发展第十三个五年规划的建议》，提出要建设国际航运枢纽、国际航空枢纽、国际科技创新枢纽。

建设国际航运枢纽。加强广州港深水航道拓宽工程、南沙港区四期、江海联运码头等工程建设，优化港口布局，建设提升黄埔临港经济区，推动散货逐步从中心城区向外围转移。完善现代集疏运体系，推进江海直达，发展多式联运，完善现代航运服务体系，吸引航运总部企业和机构落户广州。推进邮轮母港建设，与欧盟及海丝沿线国家共建港口城市联盟，出台海关和检验检疫便利化通关措施，推动国际航运枢纽硬件和软件建设实现新的突破。

建设国际航空枢纽。推进白云机场扩建、空铁联运综合交通网络等基础设施建设。申报国家级航空经济示范区，推进广州航空产业基地、飞机维修基地、民航管理局广州终端中心等项目建设，吸引航空总部、飞机租赁等高端项目落户。做好空港经济区企业投资项目清单管理省级试点，出台扶持航空产业发展政策。开展白云机场综合整治，提高管理服务水平。

建设国际科技创新枢纽。实施创新驱动发展战略，建立自贸试验区和国家自主创新示范区"双自联动"机制，出台建设国家自主创新示范区方案，实施全面创新改革试验三年行动计划。整合优化创新空间，建设广州科技创新走廊，促进广州高新区、中新广州知识城等创新板块紧密联系。实施科技创新小巨人企业和高新技术企业培育三年行动计划，形成初创型企业、高成长型企业、领军型企业共生发展的金字塔型创新企业结构，推动科技与金融深度融合。做强一批龙头专业孵化器，推进中新国际联合研究院等新型研发机构建设，争取重大科技设施、平台落户广州。加大在财政资金等方面支持力度，构建并落实有利于创新创业的政策环境和制度环境，营造"要创业到广州、要创新来广州"的氛围。

【一江两岸三带优化提升】 2015年，中共广州市委通过的《关于制定国民经济和社会发展第十三个五年规划的建议》，提出要利用广州的自然地理禀赋，以珠江为纽带，坚持产业升级、城市更新、水系治理、景观绿化和人文环境建设相结合，优化提升珠江两岸经济带、创新带和生态景观带，将珠江打造成为展示广州历史文化风貌和现代都市形象的更亮丽的城市名片。建立珠江沿岸全流域、全要素、全流程的管理机制，高水平推进堤岸、桥梁、岛屿等要素优化，提升珠江的整体风貌格局。推进堤岸绿化美化亮化，打造具有岭南特色的水陆双线景观。突出一桥一风景、一桥一特色，优化提升桥梁景观。实施江心岛整体保护规划，建设生态型岛链。

【黄金三角区建设】 2015年，中共广州市委通过的《关于制定国民经济和社会发展第十三个五年规划的建议》，提出要推进琶洲互联网创新集聚区、国际金融城和珠江新城建设。琶洲互联网创新集聚区重点推进琶洲大道、地下空间、电力电信等基础设施建设，推动一批入驻企业重点项目动工，推动一批意向投资企业落户，培育一批本土互联网经济领军企业。国际金融城重点推进起步区基础设施和安置房建设，精心策划项目招商工作，集聚引进更多金融机构、总部企业。珠江新城按照国际一流中央商务区的目标，提高管理服务品质，发展总部经济，带动天河中央商务区整体优化提升。

【多点支撑加快形成】 2015年，中共广州市委通过的《关于制定国民经济和社会发展第十三个五年规划的建议》，提出各区突出重点、错位发展、联动发展，中心城区注重优化升级，重点发展现代服务业；外围城区注重特色发展，推动先进制造业和现代服务业相结合，形成多点支撑格局。按照产城融合、能级提升要求，建设广州、南沙、增城三大国家级开发区，推进天河智慧城、广州南站商务区、广州北站商务区、万博商务区、白鹅潭经济圈、白云新城、北京路文化旅游核心区、新中轴线南段商务区、从化经济开发区等功能区建设。坚持大项目好项目带动，推进各功能区发展实现突破。（林欢）

【珠三角国家自主创新示范区获批】 2015年9月，国务院下发《关于同意珠三角国家高新区建设国家自主创新示范区的批复》，同意广州、珠海、佛山、惠州仲恺、东莞松山湖、中山火炬、江门、肇庆8个国家高新技术产业开发区建设国家自主创新示范区。在广东省政府建设方案中，明确以广州高新区为核心开展建设工作。11月12日，中共广东省委、省政府在广州召开珠三角国家自主创新示范区建设启动会议，启动珠三角国家自主创新示范区建设。12月，中共广州市委十届七次全会对广州的科技创新提出明确定位，要求以建设国家创新中心城市为导向，重点建设国际科技创新枢纽，打造以广州高新技术产业开发区、中新知识城、科学城、琶洲互联网创新集聚区、生物岛、大学城、民营科技园、国际创新城、南沙明珠科技城等为核心的广州城市科技创新走廊，发挥广州在珠三角国家自主创新示范区的创新引领作用。

【全面创新改革试验核心区定位确立】 2015年11月，中共广东省委通过的《关于制定国民经济和社会发展第十三个五年规划的建议》，明确广州全面创新改革试验核心区的定位。2015年12月，中共广州市委通过《关于制定国民经济和社会发展第十三个五年规划的建议》，要求以建设国家创新中心城市为导向，重点建设国际科技创新枢纽，发挥全面创新改革试验核心区的创新引领作用。根据部署，广州主要在四个方面进行创新探索：探索发挥市场和政府作用的有效机制；探索促进科技与经济深度融合的有效途径；探索激发创新者动力和活力的有效举措；探索深化开放创新的有效模式。

（李文妍）

区域合作

【概况】 2015年，广州市围绕巩固和提升国家中心城市地位的中心任务，实施大开放、大协作、大帮扶战略，推进区域经济合作工作，加强与珠三角地区、泛珠三角各省会城市以及国内各地的经贸合作与交流；致力民生帮扶，推进对口帮扶和对口支援工作。结合“2015年中国广州国际投资年会”组织举办产业转移分论坛。完成《广州与泛珠高铁经济带合作战略研究》课题研究。筹备成立广州异地商（协）会联合会，组织召开广州市异地商（协）会工作会议。先后组织8家广州商会、协会和80多家广州企业负责人到广西梧州、贺州市，云南楚雄州，贵州黔南州，湖南衡阳市进行经贸合作和产业对接，达成30项重点产业合作意向，加深泛珠高铁经济带城市合作。组团到梅州、河源、东莞、深圳市开展产业优化升级合作，“一对一”上门拜访重点民营企业，推进珠三角区域合作发展。组织10余个政府代表团和经贸代表团到国内各地开展经贸合作、展览展示等，协助国内各地到广州举办经贸合作交流活动，推进广州与各地宽领域多层次合作。从国内重点民营企业、混合所有制企业中，筛选一批投资项目资源与9个区上门对接，取得进展。

【对口支援和对口帮扶成效明显】 2015年，广州市安排对口支援对口帮扶地区财政专项资金15 566万元，其中西藏波密县10 516万元上交省统筹，广西百色市1 050万元、贵州黔南州3 400万元、重庆巫山县600万元，主要用于整村推进示范村建设、农田水利、村道建设及公益项目等。全市各区各部门筹集帮扶资金，用于支持当地民生、教育、交通、水利等项目建设。市协作办为使帮扶资金效益最大化，把好帮扶项目遴选关，确保“十二五”时期的帮扶规划和三年计划实施。广州市教育、民政、旅游、农业、科技等部门发挥自身优势开展部门结对，进行对口帮扶。全市各区与对口支援对口帮扶地区开展结对帮扶，在干部培训、跟班学习、挂职锻炼、教育帮扶、经贸合作、基础建设等方面落实帮扶工作。是年，广州市坚持“名师名校”的培训模式，完成对口支持西部地区人才培训12期共600人。组织开展“送教上门”2批，帮助贵州黔南州培训干部和专业技术人才600余人。

（林玮捷）

中国进出口商品交易会

【概况】 第117届和第118届中国进出口商品交易会分别于2015年4月15日至5月5日和10月15日至11月4日在广州举行。两届广交会出口成交额550.66亿美元，其中第117届成交额280.56亿美元，第118届成交额270.1亿美元。两届广交会境外采购商总人数36.23万人，在世界零售250强企业中，分别有69家和116家参加广交会。继续保持每届分3期的办展格局，每届展览总面积118万平方米。第117届广交会展位总数60 228个，境内外参展企业24 713家。第118届广交会展位总数60 228个，境内外参展企业24 700家。第118届首次面向品牌企业开辟“亮点展品”申报渠道，全新推出“品牌橱窗”专栏。提出绿色广交会、智慧广交会等办展新理念。

【中国进出口商品交易会受理知识产权案件数上升】 2015年，第117届广交会受理知识产权投诉531件，663家参展企业被投诉，认定366家被投诉企业构成涉嫌侵权。受理案件总数比上届增长0.95%，被投诉企业总数增长5.91%，被认定涉嫌侵权企业总数增长10.91%；受理贸易纠纷投诉37件，下降24.49%。第118届广交会受理知识产权投诉603件，860家参展企业被投诉，认定368家被投诉企业涉嫌侵权。受理案件总数比上届增长13.56%，被投诉企业总数增长29.71%，被认定涉嫌侵权企业总数增长0.55%；受理贸易纠纷投诉29宗，下降21.62%。是年，广交会实行知识产权投诉中介代理证制度，第117届和118届广交会分别有28个和34个代理机构办理中介代理机构证件。（中国对外贸易中心）

网络经济建设

【概况】 2015年，广州市贯彻落实《关于加快电子商务发展的实施方案》《关于全市电子商务与移动互联网集聚区总体规划布局的意见》，发展互联网经济，建设全市“1+1+9”电子商务与移动互联网集聚区，推动互联网新理念、新技术、新产品、新模式与经济社会各领域融合发展。全年全市电子商务交易额超1.5万亿元，全年限额以上批发和零售业网上零售额576.9亿元，跨境电子商务进出口额67.5亿元，跨境电商进出口总额在全国跨境贸易电子商务试点城市中位列前列。移动互联网产业高速增长，年产值超亿元的移动互联网企业超过50家。

2015年12月，中共广州市委通过《关于制定国民经济和社会发展第十三个五年规划的建议》，明确网络经济发展政策：发展高效安全的网络经济，建设枢纽型国际化信息港，推进互联网在经济社会各领域广泛应用，提高智慧城市建设质量和水平，抢占未来竞争制高点。（李建党）

【网络经济发展持续向好】 2015年，广州市电子商务、软件和信息服务业形成创新活跃、生机勃勃的产业集群，成长为全市基础性、战略性主导产业，全市软件业务收入2 248亿元，比上年增长15.5%，跻身全国副省级城市前五名，网易、唯品会、欢聚时代、百田、多益、摩拉、久帮、云游控股8家企业入围全国互联网百强。“双十一”居民网络购物消费量全国第一位。移动互联网产业高速增长，年产值超亿元的移动互联网企业超过50家，在系统软件、整机制造、应用平台等细分领域均有龙头企业布局。广州云宏公司是除深圳华为以外，国内唯一掌握服务器虚拟化技术并能够交付商用产品的企业。

【信息基础设施建设稳步推进】 2015年，广州推进“宽带中国”示范城市建设，加快信息基础设施建设和光纤到楼入户，促进宽带无线城市升级，城市信息化水平提升。广州是全国电信网三大通信枢纽、因特网三大核心节点、互联网三大交换中心、因特网三大国际出口城市之一，广州国际出口带宽超2 000G，占全国的58%，国际局电路可直达70多个国家和地区，在互联网产业环节中优势明显。建成4G基站6.7万座，规模居全国前列，其中TD-LTE建设规模名列全国第一。累积建成无线接入点17.02万个，纯光纤接入用户164.6万户。广州超算中心“天河二号”超级计算机计算能力全球领先，运算速度连续6次世界第一，应用于生物医药、新材料、工程设计与仿真分析、天气预报、云计算与大数据等多个领域。推进亚太信息引擎、中国电信沙溪云计算中心、广州云谷南沙数据中心、中国联通国家数据中心广州科学城IDC、中国移动（广州）数据中心等一批云大数据中心建设。

【“智慧城市”应用拓展深化】 2015年，广州市打造便捷高效人性化的“智慧城市”新生活，广州跻身全国80个信息惠民试点城市之一。完善城市管理相关数据库体系，建立城市管理网格数据库、三维实景影像库、城市管理部件数据库、部件实景影像关联数据库。智能交通建设应用水平提升，推进智能电网示范区、智能水务和智慧口岸工程建设。视频监控系统覆盖市区数百条主干道，实现城市监控信息资源的整合共享与综合利用，协助破获各类刑事案件2.8万件，利用视频破案率58.95%。建成全国第一个与网办大厅相结合的具有管理与公示功能的信息平台，构建跨部门跨层级（市区347个部门）业务审批与服务的协同机制，推进流动人员管理、限价房申购、商事登记等36个事项共享共用，实现99.5%的行政审批事项和91.2%的社会服务事项网上办理。搭建网上办事大厅与街（镇）政务服务中心和社区工作站相结合的政务服务体系，便民服务下沉到社区基层一线。打造“广州通”APP智慧城市公众服务平台，为市民提供包括政府办事、医、食、住、行、娱范围的多项便民服务，获“广东智慧城市十大项目范本”称号。“数字教育城”公共服务平台实现初步市、区两级数字资源的整合共享，为家长提供全市公办中小学报名等多项功能。互动网络教学平台YY教育聚集近800个国内外知名教学机构和2万名讲师，举行超过10万场网络公开课，月活跃用户量超过600万户。“智慧医疗”率先建立特大型城市级区域卫生信息平台，覆盖全部市属医院，100多个社区服务机构，建立850多万份电子健康档案。市民卡实现参保人员全覆盖，全市常住人口发行覆盖率90%，整合医疗保险卡、市属公费医疗证、医院诊疗卡等多种卡（证）功能。

【琶洲互联网创新集聚区加快建设】 2015年，广州市加快琶洲互联网创新集聚区建设，推进阿里巴巴、复星、国美、环球、腾讯、唯品会、小米、欢聚大厦、科大讯飞等企业进驻。全年腾讯、阿里巴巴、唯品会等14家企业设立23家地区总部或职能型项目公司，总注册资本109亿元，预算总投资470亿元。是年，腾讯科技纳税超1.39亿元，唯品会税收贡献近1亿元。 （赵星亮）

先进制造业

【概况】 2015年，广州市65%以上的大中型企业建有技术研发机构，共有企业技术中心468个。全市实现技改投资210.6亿元，比上年增长51.7%。智能装备和机器人产值400亿元。组建中国（广州）智能装备研究院，引进中以机器人研究院、国家机器人检测与评定中心（广州）等智能制造创新平台。广州数控、广州启帆产销量居国内前列。

出台新能源车购置和充电设施建设补贴等政策。全年全市生产新能源汽车2 613辆。累计推广应用新能源汽车15 000辆，建设充电桩5 000多个。形成3大先进制造业产业集聚带和95个产业区块（园区）为载体的现代工业发展格局，以及广州开发区等3个国家级园区、广州花都经济开发区等4个省级园区。印发《广州市关于推进工业园区（产业集聚区）循环化改造的实施方案》，全市22个工业园区编制循环化改造方案，广州开发区成为国家园区循环化改造示

2015 年 10 月 8 日，广州市市长陈建华（左四）在广汽集团调研

（广州市政务信息中心供稿）

范试点。全年认定 103 家清洁生产企业，完成 169 家企业清洁生产复审，新认定的 103 家清洁生产企业实施清洁生产改善方案 3 260 个，带动投入 74 857 万元，年产生经济效益 37 425 万元，年节能量 15 153 万吨标煤、节水 59 万立方米，削减化学需氧量 53.05 吨、二氧化硫 7.77 吨、氮氧化物 91.11 吨、氨氮 6.25 吨、挥发性有机化合物 2 吨、粉尘 235.03 吨、固体废物 2 万吨、危险废物 300 多吨。

【汽车制造业】 2015 年，广州市汽车制造业实现产值 3 776.79 亿元，比上年增长 6.0%，对全市工业增长贡献率达 19.0%，全年累计销售量 220.99 万辆，增长 11.9%，增速高于全国平均水平 7.2 个百分点，产销率达 101.5%，增加 3.2 个百分点。

【电子产品制造业】 2015 年，广州市电子产品制造业实现产值 2 789.30 亿元，比上年增长 20.6%，增加 13.2 个百分点。智能电视、智能手机、可穿戴设备等产品销售畅旺，创维电视、乐金显示等企业产值比上年增长 20%以上。

【石油化工制造业】 2015 年，广州市石油化工制造业实现产值 2 553.16 亿元，比上年增长 2.2%，原油加工量 1 210 万吨，下降 4.2%；原油加工业产值 515.10 亿元，下降 9.3%。化学原料及化学制品制造业产值 2 085.59 亿元、化学纤维制造业产值 5.89 亿元，分别比上年增长 6.9%和 4.4%。（赵星亮）

批发零售业

【概况】 2015 年，广州市实现社会消费品零售总额 7 987.96 亿元，完成批发零售业商品销售总额 50 902.38 亿元，分别比上年增长 11%和 10.2%，社会消费品零售总额增速高于全国（10.7%）0.3 个百分点、全省（10.1%）0.9 个百分点，在京津沪渝穗深苏 7 个城市中居第二位。

批发零售业增加值累计增速逐季稳步上升，住宿餐饮业增加值累计增速呈倒 V 型运行态势。是年，广州市批发零售业实现增加值2 669.41亿元，累计增速从一季度的6.8%逐季回升至上半年6.9%、三季度7.0%、四季度7.3%，全年增速比上年低2.3个百分点。全年住宿餐饮业实现增加值476.57亿元，从一季度的2.2%升至上半年2.7%后逐季回落，三季度2.5%、四季度1.4%，全年增速比上年低2.6个百分点。全年批发零售业增加值、住宿餐饮业增加值合计占GDP的17.35%，拉动GDP增长1.04个百分点，占GDP比重比上年低0.55个百分点，对GDP贡献率降低4.65个百分点，对GDP拉动作用减弱0.43个百分点，显示传统商品消费向更多服务消费转化，内贸经济增长动力在转换。

批发零售业商品销售总额增速逐季稳步提升。应对国际原油等大宗商品下跌和国内需求不足等不利因素影响，全年广州市批发零售业实现商品销售总额50 902.38亿元，累计增速从一季度8.4%、二季度9.0%、三季度9.2%，稳步提升至四季度10.2%，最终实现两位数增长，比上年同期（18.0%）低7.8个百分点。主要增长因素：一是互联网销售高速增长。在晶东、唯品会等龙头电商企业快速增长带动下，全年互联网实现商品销售额1 256.63亿元，比上年增长95%，远高于全市商品销售额平均增速。二是汽车类商品销售快速增长。广州市推进广汽丰田、广汽传祺等汽车生产企业产销分离，带动汽车销售总额增长，全年占限额以上商品销售额近13%的汽车类商品实现销售额3 328.06亿元，比上年增长34.7%，对批发零售业商品销售总额增长贡献率达18.2%，直接拉动商品销售额增加1.9个百分点。三是石油类、化工类和金属类等大宗商品增速降幅收窄。全年石油、化工和金属材料等三大类大宗商品销售总额8 236.16亿元，比上年下降8.38%，降幅逐季收窄，一季度下降14.83%、二季度下降10.86%、三季度下降10.22%，占限额以上商品销售额的比重比上半年高0.7个百分点。

社会消费品零售总额增速平稳。全年实现社会消费品零售总额7 987.96亿元，比上年增长11%，累计增速比一季度（11.6%）低0.6个百分点，比二季度（11.2%）低0.2个百分点，比三季度（11.5%）低0.5个百分点，比上年同期（12.5%）低1.5个百分点，表明社会消费品零售总额增长下行压力较大。主要特点：一是批发零售业增长快于住宿餐饮业。批发零售业和住宿餐饮业分别实现零售总额6 984.57亿元、1 003.39亿元，分别比上年增长11.2%、9.8%，批发零售业增速比住宿餐饮业高1.4个百分点。二是网上商店零售增速快于实体商店。全年限额以上有店铺零售额2 611.09亿元，比上年增长3.2%，比上半年（5.8%）低2.6个百分点，比全市平均水平（9.7%）低6.5个百分点；限额以上无店铺零售额522.89亿元，增长60.8%，比上半年（56.0%）高4.8个百分点，比全市平均水平（9.7%）高51.1个百分点，其中网上商店零售额516.21亿元，增长62.1%，对限额以上零售业贡献率达71.4%，拉动限额以上零售业增速6.9个百分点。三是乡村消费增长快于城镇消费。全年农村社会消费品零售总额225.54亿元，比上年增长11%。

【区域商贸发展各具特色】 2015年，广州市南沙、花都、番禺区推进广汽集团、东风日产等企业产销分离，全年实现商品销售总额累计增速分别比上年增长72.1%、29%和14.8%，高于全市平均水平61.9个百分点、18.8个百分点和4.6个百分点；海珠区引入腾讯、阿里巴巴等8家电商巨头联合打造千亿级电商总部基地，推动海珠电商大道四大电商园区吸引一批新入驻企业，带动商品销售总额、社会消费品零售总额分别比上年增长18.6%、14.6%，分别高于全市平均水平8.4个百分点、3.6个百分点；原黄埔、原萝岗区依托状元谷国家电子商务示范基地及晶东、中经汇通、国美电商龙头企业走线上线下融合，拉动社会消费品零售总额增长13.2%、18.9%，分别高于全市平均水平2.2个百分点、7.9个百分点，其中原萝岗区增速位居全市第一；受电子商务、网络等新兴消费及其基数较大的影响，越秀、天河传统重点商贸区域消费放缓，全年社会消费品零售总额分别比上年增长9.3%、9.6%，比全市平均水平低1.7个百分点、1.4个百分点；受国际石油等大宗商品价格下跌的影响，天河区占辖区内商品销售额近7成的石油销售企业经营压力较大，全年天河区商品销售总额增长6.4%，比全市平均水平低3.8个百分点，但天河区商品销售总额、社会消费品零售总额仍居各区第一位。　（李建党）

电子商务

【概况】　2015年，广州市电子商务交易额超1.5万亿元，约占广东省电子商务交易额的一半。全年业务量19.5亿件，日处理530万件，继续位居全国第一。全年限额以上批发和零售业网上零售额576.9亿元，比上年增长61.6%。据阿里研究院发布的《新生态·新网商·新价值——2015年网商发展研究报告》称，广州市位列“2015年网商创业活跃度地区排行榜”第一名。全市网络购物的订单量和销售量居全国大城市前列。有唯品会、环球市场、欢聚时代、久邦数码等13家电子商务上市企业（包括新三板）。

电子商务集聚效应显现。推进实施《关于全市电子商务和移动互联网集聚区总体规划布局的意见》，市区联动，推动“1+1+9”电子商务与移动互联网集聚区建设。加大电子商务集聚区基础设施建设和公共服务平台建设力度，加大重点企业招商引资力度，为入驻企业提供信息服务、宣传推介、培训交流等综合服务，提升集聚区影响力。荔湾区花地河电子商务集聚区获商务部认定为第二批国家电子商务示范基地，广州市有黄埔状元谷、荔湾花地河2个国家级电子商务示范基地。推进电子商务和互联网总部项目落户琶洲互联网创新集聚区，腾讯、阿里巴巴、上海复星集团、国美、唯品会、环球市场等14家企业在琶洲设立23家地区总部或职能型的项目公司，注册资本109亿元，注册资本超1亿元的15家，超10亿元的6家。结合各区产业特色和比较优势，建设各具特色产业基地，发展综合性或行业电子商务平台、电子商务产业物流基地和特色产业平台等，逐步形成电子商务和移动互联网分层次、分梯度的发展格局。全市电子商务重点建设园区31个，投资额5 000万元以上的建成或在建跨境电商园区（不含电子商务园区）11个。

电子商务示范品牌崛起。鼓励电子商务企业创新商业模式、创新服务、创新技术，扶持电子商务行业领军企业、龙头企业和特色企业发展壮大。唯品会、汇美服装、中经汇通等8家龙头企业获评2015—2016年度国家级电子商务示范企业。全市有58家广东省电子商务示范企业（占全省的36.71%）、12个广东省电子商务示范基地

（占全省的 23.53%），数量均居全省第一。认定广州市电子商务示范企业 31 家。

【跨境贸易电子商务】 2015 年，广州跨境电商进出口总额 67.5 亿元，比上年增长 3.7 倍，占外贸总值比重上升至 0.8%，其中出口额 34.3 亿元，增长 1.7 倍，进口额 33.2 亿元，增长 18.8 倍，继续位居全国试点城市前列。11 月 24 日，广州跨境电子商务服务试点工作通过海关总署验收。

【跨境电商企业发展迅猛】 2015 年，广州市在试点城市中率先试行跨境电商备案制管理，放宽市场准入条件，激发市场活力。至年底，在广州备案的跨境电商业务的企业 879 家，其中电商企业 735 家、物流企业 107 家、支付企业 37 家。其中，唯品会成为全国第三大自营 B2C 平台；环球市场成为三大全国跨境电商平台之一；卓志供应链、广新贸易、轻出易链通 3 家跨境电商企业被认定为广东省外贸综合服务试点企业；广东邮政跨境电商零售出口额在全国同类型企业中排名第一；易联支付 2014 年跨境电子支付与结算额突破 5 亿元，易票联支付为 200 家跨境电商企业提供跨境人民币结算服务，其中异地企业占比超 80%，广州“支付宝”初见雏形。

跨境电商企业运用省市支持政策，加快开拓国际市场，拓宽商品进出口渠道，布局海外仓储和物流市场。其中，卓志供应链“贸通天下”、威时沛运“海外通”等跨境电商服务平台吸引近 400 家电商企业入驻，“出口易”为全国制造业企业对接境外电商卖家及消费者提供综合服务，带动境内生产企业、中小企业拓展国际市场。贝法易集团在 8 个国家和地区完成海外仓布局，成为 ebay 的全球物流合作伙伴。同时，广州市推动“跨境电商 +”传统外贸、物流、金融等产业，促进产业融合和内外贸一体化发展，助力转型升级。专业批发市场与跨境电商企业加快联合，花都狮岭皮革皮具城与卓志供应链、希塔电商开展战略合作、一德路批发市场和站西鞋城分别与广贸天下网合作。专业市场众多中小商户开始通过跨境电商实现内外贸一体化发展和对外贸易。广百、友谊、广新、轻出等传统大型零售企业和对外贸易企业尝试跨境电商业务，创新商业模式，拓展业务渠道。全市跨境电商体验店或展示店从无到有，迅速涌现出超过 20 家。2015 年“双 11”期间（11 月 9—15 日），广州海关验放进境电子清单 134.8 万票，比上年同期增长 9.6 倍，验放进境商品总值近 3 亿元，增长 8.7 倍。（李建党）

会展业

【概况】 2015 年，广州市 20 个重点场馆举办展览 482 场次，比上年增长 23.0%，展览面积 861.7 万平方米，比上年略有上涨；重点场馆举办会议 7 523 场次，下降 10.3%，其中 100 人以上跨市会议 1 530 场次，增长 19.3%。接待会展活动人员 1 338.92 万人次，比上年增长 2.4%。根据商务部公布的城市展览业发展综合指数排名，广州位列全国第二（189.21），领先于北京（184.40）、深圳（69.87）等城市，仅次于上海（335.65）。在专业展馆数量、专业展馆室内面积、TOP100 展览项目数量（按展览面积排列）等单项指标继续位居全国第二。是年，广州重点场馆面积超 2 万平方米的品牌展览 50

多场，10 万平方米以上的特大型品牌展览 16 场，展览规模世界第一或亚洲第一的展会 5 个。2015 年中国对外贸易中心（集团）营业收入列全球会展企业前三位。至年底，中国对外贸易广州展览总公司、广州光亚法兰克福展览有限公司等 8 家广州会展企业成为 UFI（国际展览业协会）会员，广州厨卫设备、建材及五金、家用电器展览会、中国（广州）国际家具博览会等 8 个展会成为 UFI 中国认证展会。广州会展业品牌化、国际化、专业化趋势日益明显。

【白云国际会议中心办展情况】 岭南集团旗下广州白云国际会议中心有限公司（简称白云国际会议中心）占地面积 27 万平方米，主体建筑包括 2、3、4 号楼三栋会议展览演出中心和 1、5 号楼两座岭南东方酒店，拥有 66 间大小各异的会议厅、3 万平方米多功能展览场地、3 间顶级剧院、1 079 间山景客房、能接纳 200 桌宴席的宴会厅、1 500 个配套停车位，康体中心、商务中心、商店等配套设施。

2015 年 3 月 1—4 日，2015 广州国际智能广告标识及 LED 展览会举行
（广交会展场部供稿）

2015 年，白云国际会议中心承接会议展览 954 个，其中政务会议 114 个，商务会议 840 个；大型会议（500 人以上）151 个，中型会议（100~500 人）297 个，小型会议（100 人以下）506 个，获得由中国饭店协会颁发的“2015 年中国十佳会议接待饭店”最高奖项，以及中国会议酒店联盟颁发的“2015 年度优秀会议酒店”称号。岭南集团旗下广州岭南国际会展有限公司在岭南会展业与酒店业融合的宏观规划下，培育和发展新的潜力会展项目，探索形成会展业务的商业模式，承办“广府文化旅游嘉年华”及组织岭南酒店业参展广州国际旅游展览会、中国婚博会、广州国际食品食材展览会、广州博览会、中华老字号博览会、广东旅游产业博览会等展会，全年实现会展营业收入 830 万元。
（广州岭南集团）

【2015 广州国际智能广告标识及 LED 展览会】 2015 年 3 月 1—4 日在中国进出口商品交易会展馆举办。展出面积 6.25 万平方米，965 家国内外展商及来自全球 80 个国家和地区的超过 35 000 名专业买家参加。展出产品题材包括广告制作设备、智能标识及标牌、展览展示器材、新媒体技术设备、广告物料耗材、软件礼品书籍、LED 屏幕及导视、广告及工程照明、商业照明、灯饰及零配件、特种照明、LED 设备、LED 新

技术等。

【华南国际印刷工业展览会、中国国际标签印刷技术展览会】 2015年3月9—11日在中国进出口商品交易会展馆举行。展出面积46 701.5平方米，有来自12个国家及地区的869家企业参展。展会设置印前、数码印刷、胶印柔印设备、丝网印刷、印后及纸制品加工、纸盒包装、耗材及配件、标签印刷、配套及服务九大主题，有来自130个国家和地区的54 396名观众到场参观。

【SIAF广州工业自动化技术及装备展览会】 2015年3月9—11日在中国进出口商品交易会展馆举行。展出面积32 652平方米，共有15个国家及地区的483家企业参展。展会设置过程自动化/电气系统、工业机器人/机器视觉、传感技术/工业测量/机械系统、连接系统四大主题，业内专业观众39 055人次进场参观。

【第35届中国（广州）国际家具博览会】 2015年3月18—22日和3月28日至4月1日分两期在中国进出口商品交易会展馆举行。展览规模68万平方米，32个国家和地区的3 791家品牌企业参展。展品涵盖民用家具、办公家具、酒店家具、公共家具、户外家居、饰品家纺、家具生产设备和配料等全系列题材。在展览品质提升的同时，有来自全球198个国家和地区的154 963位具有商业价值的专业观众（不含购票观众在内）到会参观、采购。其中包含来自德国、比利时、美国、南非、土耳其、韩国、日本、印度、新加坡、马来西亚等地的多个海外采购团及国内多家大型家居卖场以及行业专业采购团。展会同期还举办多场现场活动，包括第七届家居设计展、第六届办公环境主题馆、家具设计评奖活动、全球办公家具行业分析及展望论坛等。

【第四届广州国际食品食材展览会】 2015年6月11—14日在广州琶洲保利世贸展览馆举行，展览面积3.3万平方米，比往届展览会增长30%，来自世界各地20个国家和地区和国内16个省市组团共1 200家企业的近28 000款食品食材参展。其中境外企业390家，占参展企业总数的32.5%，省外企业360个，占30%。共接待专业买家及观众8万人次，组织配套活动22场，现场成交及签订代理合同9 000万元，洽谈意向交易金额2.2亿元。展览会首次联合淘宝、唯品会和品唛网实现线上线下互动，打造“互联网+展览会”概念。 （余斌华）

【第17届中国（广州）国际建筑装饰博览会】 2015年7月8—11日在中国进出口商品交易会展馆举行。该届展会展出面积33.1万平方米，共有2 215家企业参展，吸引135 058名专业观众到会参观，入场650 756人次。展会以涵盖“全产业链”的“跨界的定制家居”的独特风格“为建筑装饰行业提供完整解决方案”，众多知名品牌纷纷在此发布企业新产品、新战略，展示新设计和新技术，举办大型企业活动等。推进“定制化”“跨界风”的展会特色，设立六大专业题材，包括定制家居（衣柜、厨房、天花吊顶、木制品、地面铺装材料等）、门窗（木门、门窗系统、铝合金门窗等）、建筑装饰五金、室内装饰（玻璃制品、化学建材、新型建材、涂料、石材/园艺、墙体装饰/墙纸、布艺/软包/窗帘等）、卫浴、机械（木工机械、建筑·技术、机械、设备、工具/配件和材料等）。该届展会汇集众多行业知名品牌，欧派、索菲亚、顶固、TATA木门、梦天木门、大自然·柯拉尼、圣象、贝克洛、九牧等企业将该展会作为年度“首秀”的重要平台。展会期间举办一系列高端论坛活动，包括首届中国互联网家装及智能家居高峰论坛、筑迹与建筑4.0-CSP全装配技术实施体系展示及论坛、第二届中国家居电商与诚信建设大会、房地产与酒店采购配对交流会等。

【第23届广州博览会】 2015年8月28—31日在中国进出口商品交易会展馆举办。该届广博会共有来自国内35个省市、境外23个国家以及港澳台地区的代表团参展参会，展览面积12万平方米，展位约6 000个，设有3个综合展馆、8个专业展馆。该届广博会展览面积、参展企业数量、专业展规模均创历史最高水平。通过该平台，展示广州与国内友好城市的新产品、新技术、新成果，以及各地经济社会发展的成果，促进广州和国内外的合作与友谊。该届广博会期间召开各类合作项目推介会5场，进馆开展贸易与经济合作、参观的中外来宾23万多人，现场签约的经贸合作项目24个，总金额122.61亿元。（林玮婕）

【第六届中国广州国际低碳环保产品和技术展览会】 2015年10月10—13日在广州琶洲保利世贸展览中心举办。来自世界各地的200家企业参展，展示总面积1.2万平方米，展位近450个，共接待观众2万人次，专业买家6 000人次。展会配套10个交流研讨会，探讨“科学治水”“节能处理城市垃圾”“实现低碳经济的现状与未来”等一系列前沿环保课题。

【第13届中国（广州）国际汽车展览会】 2015年11月21—29日在中国进出口商品交易会展馆举办。该届车展以“新科技，新生活”为主题，展会规模18.7万平方米，展出内容包括乘用车、房车、改装车、顶级豪华车、电动汽车、汽车零部件及用品（商用车题材逢双年展出）。603家企业参展，展出车辆1 000辆，全球首发车36辆，其中跨国公司首发车7辆。电动汽车展区比上届扩大1倍，达2万平方米，22家国内外主流电动汽车领导企业均携最新电动汽车产品参展，共展出车辆60多辆，囊括市面上主流电动汽车产品。零部件及用品展区题材涵盖材料加工、汽车制造、配件改装、IT产品、维修保养、新能源技术、汽车电子、汽车服务类APP软件等各相关行业，是目前南中国唯一全产业链行业展会。吸引来自广州、中国香港、中国台湾、日本、韩国、新加坡、欧美等国内外地区的参展商组团参展，并开设汽车智造、汽车影音改装、汽车生活、汽车灯光等特色专区，带给与会者更加全面的汽车文化体验。展会期间举办20余场重要行业论坛和交流活动，吸引来自国内外1 730家媒体的8 491名记者参与报道。该届展会接待观众635 541人次。（薛聪）

餐饮业

【概况】 2015年，广州开展优化环境促进餐饮业转型发展试点，构建支持餐饮业转型发展的政策体系和长效机制。促进美食资源的整合创新，挖掘和发扬广州饮食文化。举办2015年广州国际美食节，提升“食在广州”的品牌影响力。是年，广州市餐饮业呈现企稳回升态势，全市住宿餐饮业实现零售额 1 003.39 亿元，比上年增长 9.8%，占全市社会消费品零售总额的 12.56%，增速比上年增加 2 个百分点，增速高于北京、上海等国内主要城市。全市餐饮业市场波动较大，4—10 月份餐饮业呈平稳较快增长态势，9 月份增速开始逐月回落，到 11 月份餐饮市场开始显露出增长乏力的疲态，增速大幅回落，最终跌落至 12 月份增长 5.2%的全年最低点。与前几年相比，餐饮业增速继续回升，与社会消费品零售增幅的差距缩小到 1.2 个百分点。

【餐饮业向大众化转型】 2015 年，广州市人均消费 100 元左右的大众化消费占餐饮业整体消费接近 8 成。大众化餐饮由于刚性需求而稳定增长，更因其经济实惠、方便快捷的特点越来越得到市场的认可和欢迎，成为推动整个行业企稳回暖的主力。全年全市餐饮登记商户（含住宿）83 152 家，比上年增加 16 277 家，增长 24.3%，因为大众化餐饮市场需求旺盛，大批商户投资进入餐饮市场。

【“互联网 +”餐饮趋势明显】 2015 年，广州市“互联网 + 餐饮”的潮流持续深入发展，餐饮业与电子商务融合发展程度不断提升，餐饮企业通过电商平台推广网络预订和在线购买，开展餐饮 O2O（线上对线下）营销，实现网络快捷支付等新模式日趋普遍。广州酒家集团实施“互联网 +”战略，在集团搭建电子商务平台的同时，与淘宝天猫、京东商城、1 号商城等电商平台签订战略联盟协议，实现订座、点菜、结账全程电子化服务，全年电商销售业绩突破 1 亿元，比上年翻倍增长。

【餐饮企业拓展食品加工业市场】 2015 年，广州市多家餐饮企业细挖新市场，将业务延伸至食品加工业，业务增长迅速，提升企业的抗市场风险能力。广州酒家集团股份有限公司实现速冻食品、广式腊味、广式饼食和月饼的工业化生产，年内投资建设 4 400 平方米的利口福盒饭生产车间，推出快餐配送业务。是年，集团食品工业实现营业收入 12.92 亿元，比上年增长 13.7%，占集团总销售额的 74.4%。广州半岛餐饮管理有限公司延伸产业链，投资兴建食品加工厂和中央厨房的同时，向国内 10 多家餐饮企业输出企业管理或顾问，并开设设计公司、文化出版公司、农业生产基地等，非餐饮营业收入快速增长，成为以餐饮投资与营运管理为核心的餐饮管理型企业。

【酒店餐饮】 2015 年，岭南集团旗下花园酒店、中国大酒店、东方宾馆等酒店的中餐厅经营良好，总营业额比上年增长 5%，接待人次增长 14%，其中外来游客占比 70%，富有岭南特色的中餐菜肴普遍受到好评；西餐厅及酒吧总接待人次比上年增长 10%，其中以住店客人消费居多，综合人均消费处于较高水平。

花园酒店定位特色餐饮，举办马来西亚美食节、越南美食节、菲律宾美食节、泰国美食节等活动，推出不同主题的“住房 + 饮食”套餐，包括“剧院魅影”套餐、“冰河世纪”套餐、“舞起狂澜”套餐、“海盗历险记”套餐等。

中国大酒店深化与广州电视台以及本地知名媒体人的合作，加大酒店产品推广力度，增加曝光率。分别在酒店食街、丽廊餐厅和扒房拍摄广州电视台“全城预热—劲爱大胃王”三期节目；在广州电视台“直播广

2015年11月27日，广州国际美食节开幕　（广州市商务委供稿）

州—年夜饭采访”节目中推广酒店的年夜饭菜式和盆菜；邀请20多位媒体人参加月饼品尝会；酒店出品端午粽通过《大嘴叹世界》、广州汽车音乐电台、《羊城地铁报》推介报道。

东方宾馆中餐厅在供应早茶及正宗粤菜基础上，兼营川、鲁、淮、扬等地方风味菜，并承接中小型的宴会、婚筵，创新菜式107款、点心26款；西式自助餐厅全年按季节分别推出“新春美食”“避风塘美食”“甜蜜蜜海鲜之旅”“珍宝海鲜自助餐”四项主题美食，推出节庆优惠促销项目18个。

【2015年广州国际美食节】　2015年11月27日至12月6日在番禺区美食文化广场主会场和其他区分会场举行。由广州市人民政府和中国烹饪协会共同主办。该次美食节突出“品千年商都饮食文化、展广州美食之都风采”主题，中心会场总面积超过3万平方米，吸引广州酒家、北京庆丰包子铺等超过200家餐饮企业参展。各区分会场、美食街区、餐饮零售企业同期举行“欢乐美食·全城参与”名店、名厨、名师、名宴大联动活动，形成一区一特色和市区联动效应。该届美食节中心会场入场总人数88.78万人次，消费总额1.02亿元。广州餐饮名店特装、庆丰包子铺、“舌尖驿站”等特色美食区销售火爆。组委会还与中国银联广东分公司以及百度糯米网、大众点评网、美团网等机构合作，推出系列线上惠民活动，线上线下联动开展特色营销，全球宣传推广“食在广州”。　（李建党）

·责任编辑　周慧琴·

深圳市

基本情况

【概况】 深圳市位于广东省南部。1979年设立地级市，1981年升格为副省级市。2015年辖福田区、罗湖区、南山区、盐田区、宝安区、龙岗区6个行政区，另设光明新区、坪山新区、龙华新区、大鹏新区4个功能区。土地面积1 991平方千米。年末户籍人口354.99万人，常住人口1 137.89万人。

深圳市土地形态以低山、平缓台地和阶地丘陵为主，平原占陆地面积22.1%，森林覆盖率44.6%。重要矿产资源有花岗岩、大理石等建筑材料。海洋水域总面积800平方千米，海岸线长229.96千米，海岸资源丰富。可建深水港的主要有盐田、妈湾、赤湾、大铲湾、大梅沙、土围、西涌等处。水产资源丰富，有鲟鱼、蛇遛、蓝圆鲹、金色小沙丁、金钱鱼、大眼鲷、带鱼、三刺鲷、盲曹和鲈鱼等40余种名贵鱼种，还有虾、蟹、贝类和藻类。土特产有沙井鲜蚝、南山荔枝、西丽芒果、大鹏云雾茶、公明烧鹅、西乡基围虾、石岩沙梨、南澳鲍鱼、南澳海胆、坪山金龟桔、福永乌头鱼、松岗腊鸭、龙岗三黄鸡、光明乳鸽、南山甜桃等。主要旅游景点有欢乐谷（深圳华侨城）、世界之窗（深圳华侨城）、锦绣中华·民俗文化村（深圳华侨城）、明思克航母世界（盐田沙头角）、仙湖植物园（罗湖莲塘）、深圳野生动物园（南山西丽湖）、西部海上田园（宝安沙井）、客家围龙屋（龙岗坪山大万世居、龙岗鹤湖新居）、大小梅沙（盐田大小梅沙海滨）和大鹏所城（龙岗大鹏）、深南溢彩（深南大道）、莲山春早（福田莲花山）、梧桐烟雨（罗湖梧桐山）、一街两制（沙头角中英街）、羊台叠翠（宝安羊台山）等。

深圳原住民民风淳朴，保留较多的民间习俗。渔民娶亲是南澳颇具特色的风俗；女子哭嫁是龙岗客家人传统习俗；客家围龙屋是典型客家民居建筑；大盆菜是福田下沙和南头一带的习俗；妈祖诞庆是每年农历三月深圳沿海渔民和农民在天后庙举行的庆祝庙会，祭祀天后，求航海平安、渔业兴旺、五谷丰登；坪山打醮是坪山客家人独特的传统习俗；凉帽遮羞是大鹏妇女的习俗。

2015年5月6日，中共广东省委书记胡春华（前左二）到深圳调研广东自贸区建设以及创新驱动发展战略推进情况 （区坚强 摄）

2015年，全市

地区生产总值 17 502.86 亿元，比上年增长 8.9%。固定电话用户 754.12 万户，移动电话用户 2 621.47 万户。社会用电量 815.54 亿千瓦·时。城镇登记失业率 2.34%。年末参加基本养老保险 954.34 万人，参加失业保险 974.69 万人。（叶博珂）

【经济建设】 2015 年，深圳市以“四个全面”战略布局为统领，坚持解放思想，真抓实干，着力抓改革、促转型、稳增长、惠民生，突出质量引领、创新驱动，主动适应引领经济发展新常态，保持经济稳中有进、逐步向好的发展态势，实现有质量的稳定增长和可持续的全面发展。全年本地生产总值 17 502.86 亿元，比上年增长 8.9%。其中，第一产业增加值 6.65 亿元，比上年增长 4.8%；第二产业增加值 7 207.94 亿元，增长 7.3%；第三产业增加值 10 288.28 亿元，增长 10.1%。人均生产总值 157 985 元，比上年增长 5.2%，按 2015 年平均汇率折算为 25 365 美元。在现代产业中，现代服务业增加值 7 134.47 亿元，比上年增长 11.6%；先进制造业增加值 5 165.57 亿元，增长 11.5%；高技术制造业增加值 4 491.36 亿元，增长 9.7%。在第三产业中，交通运输、仓储和邮政业增加值 526.51 亿元，比上年增长 7.6%；批发和零售业增加值 2 006.90 亿元，增长 2.6%；住宿和餐饮业增加值 340.72 亿元，增长 4.0%；房地产业增加值 1 627.77 亿元，增长 16.8%。四大支柱产业中，金融业增加值 2 542.82 亿元，比上年增长 15.9%；物流业增加值 1 782.70 亿元，增长 9.4%;文化产业增加值 1 021.16 亿元，增长 7.4%；高新技术产业增加值 5 847.91 亿元，增长 13.0%。七大战略性新兴产业中，生物产业增加值 254.68 亿元，比上年增长 12.4%；互联网产业增加值 756.06 亿元，增长 19.3%；新能源产业增加值 405.87 亿元，增长 10.1%；新一代信息技术产业增加值 3 173.07 亿元，增长 19.1%；新材料产业增加值 329.24 亿元，增长 11.3%；文化创意产业增加值 1 757.14 亿元，增长 13.1%；节能环保产业增加值 327.42 亿元，增长 12.0%。全年居民消费价格比上年上涨 2.2%。工业生产者购进价格下降 3.5%；工业生产者出厂价格下降 2.4%。全年地方一般公共预算收入 2 726.85 亿元，比上年增长 30.9%。其中，税收收入 2 272.23 亿元，比上年增长 29.5%。地方一般公共预算支出 3 521.67 亿元，比上年增长 62.5%。（深圳市统计局）

【政治文明建设】 2015 年，深圳市政协委员把为科学编制深圳市“十三五”规划建言献策作为工作开局的重中之重，组织政协委员深入调研，提出意见建议；围绕创新型城市建设和行政审批制度改革，推动全市重点领域改革发展；针对水污染治理、交通规划建设与管理、依法严查严控违法建设工作，组织全国、省、市、区四级政协委员开展大型视察活动，营造强力推进工作的氛围；延续政协工作好的传统和做法，做好专题协商会、“委员议事厅”“委员社区讲堂”《深圳口述史》《政协论坛》等工作。围绕加强区域合作拓展发展空间、前海蛇口片区建设发展、民营医院健康发展、现代文化大都会建设等影响全市经济社会发展的重大问题及民生热点问题，开展专题调研、专题视察、专题座谈，共形成调研和视察报告 30 份，为推动各项工作改进提供智力支持。落实中央关于加强政协协商民主建设的新部署新要求，拓展协商平台和协商渠道，推进政协协商民主实践。先后与提案承办单位召开 20

多场提案交办会、60多场提案办理协商会，对落实承办责任、提升办理质量等开展协商。召开重点提案交办会和市长领办提案办理情况通报会，加强对重点提案的办理协商。健全协商前通报工作情况、协商中增进委员与党政部门交流互动、协商后加强跟踪督办的工作机制，结合重点提案、重大视察召开4场专题协商会。完善专门委员会对口联系市直部门的机制，组织委员不定期走访对口部门，听取工作进展，就专项工作开展协商。顺应"互联网+"发展趋势，建立多层次多主题微信群。完善"委员议事厅"和"委员社区讲堂"等工作品牌，使政协协商民主直接走进基层，使普通群众更现实更经常走进协商民主。用好市政协门户网站、"政协论坛""政协热线"等宣传阵地，办好《深圳特区报》"协商民主在深圳"专版。

2015年，深圳市第六届人民代表大会第一次会议选举产生新一届市人大常委会领导班子。新一届常委会成立以来，抓紧抓实立法、监督、重大事项决定、人民代表等各项工作，依法开展执法检查1项，开展工作视察4次；召开主任会议15次，常委会会议5次；审议法规9项，表决通过5项；听取和审议"一府两院"专项工作报告8项，作出决议决定8项，作出立法解释1项；任免国家机关工作人员63人次。常委会发挥立法引领作用，提升立法质量，推进深圳现代化国际化创新型城市建设，围绕全市中心工作，加大监督力度，推动市委重大决策部署和法律法规贯彻实施，完善代表工作机制，强化保障措施，抓好人大代表工作和人事任免工作，加强人大自身建设，强化队伍管理，提升保障能力和服务水平。常委会还加强与外国地方议会友好交流，做好对口帮扶汕尾市捷胜镇石岗村的工作，发挥人大干部培训中心作用，全年为全国30个省市、自治区举办164期培训班，14 700多名人大代表和人大干部参加学习培训。科学编制立法规划和立法计划，明确新时期立法重点。修改《深圳经济特区失业保险若干规定》中缴费比例的相关规定，为减轻企业和个人缴费负担提供法律依据。落实党的十八届五中全会关于实施普遍二孩的政策精神，对《深圳经济特区人口和计划生育条例》进行修改，取消办理新生儿户口登记必须提交计划生育证明的规定。废止《深圳经济特区房屋租赁条例》，取消房屋租赁合同强制登记备案制度。制定《深圳经济特区全民阅读促进条例》，保障市民拥有和享受更好的阅读资源与服务。推进医疗、质量促进、绿化等条例的审议工作，开展前海深港现代服务业合作区、社会治安综合治理、文化市场、城市规划、物业管理等法规的修订工作以及国家自主创新示范区、人才建设、预防腐败、深圳大学、教育督导、前海廉政监督等条例的起草调研工作。加强对全市147个立法联系点的制度建设和日常管理，探索开展利用立法联系点征求人大代表和人民群众对有关立法项目的意见建议。加强对常委会组成人员、各专委、工委委员和新当选代表的履职培训，举办4期专题学习培训班。为增强常委会组成人员的审议水平和能力，聘请法律助理，并对法律助理进行系统培训。加强全市重大改革发展事项监督。组织人大代表专题听取全市科技创新发展的工作汇报，视察前海蛇口自贸区，听取和审议市政府关于人才建设工作的报告、关于中小企业发展情况的专项工作报告、关于商事登记制度改革实施情况的专项工作报告等，加强对全市改革发展工作的监督。常委会开展《深圳经济特区控制吸烟条例》执法检查，采取明察暗访等形式摸清基本情况，并对宣传教育、重点场所、重点人群等内容进行重点检查。组织市、区两级人大联动开展居住证条例专项检查，督促市政府规范非深户籍人口管理。修订规范性文件备案审查工作办法，加强规范性文件备案审查工作，共审查规范性文件19件。人大代表在六届人大一次会议上提出的730件建议涉及的964项工作，334项已经解决，475项正在办理。人大代表提出的10件立法议案，其中8件纳入或者正准备纳入市人大常委会立法计划。开通“市民找代表”专栏、市人大公众微信号以及人大代表社区联络站网络平台，召开全市人大代表社区联络站工作会议，分批培训联络站工作人员，出台《关于进一步加强联络站工作的指导意见》，推广龙岗、盐田两区人大联络站代表议事会、罗湖区人大部门预算进联络站、南山区月亮湾和宝安区新安街道联络站专业化、正规化建设、福田区联络站代表与选民见面等代表履职新模式。常委会制订市人民代表大会及其常委会选举或决定任命的国家工作人员向宪法宣誓方案，换届以来共任免常委会工作机构负责人9名，任命工委委员108名，任命市政府组成人员18名，任免审判委员会委员3名，检察委员会委员11名，审判员9名。（杜祥浩　廖一雯）

【精神文明建设】　2015年，深圳市第四次获“全国文明城市”称号。全市共有17个单位获得“全国文明单位”荣誉称号，13个原有全国文明单位继续保留“全国文明单位”称号，65个单位获或保留“广东省文明单位”称号，文明单位的示范带动作用进一步凸显，引领社会文明风尚。以市文明委名义印发《垃圾不落地深圳更美丽　城市文明提升行动方案》，持续开展“垃圾不落地”行动，改善城市公共环境；组织开展“争当文明守法好市民十大行动”，通过开展执法体验等主题实践活动，进一步强化宣传引导，营造“以法治促文明”的良好氛围；持续深化“礼让斑马线”“拉链式通行”等有效工作载体，协调市交警局、团市委等部门开展集中执法宣传、文明出行劝导志愿服务等活动，改善交通秩序。持续优化志愿服务，中央文明办《精神文明建设》简报专门刊发《向上向善互帮互助——关于深圳推进志愿服务制度化情况的调研报告》，供各地参考借鉴；推荐深圳市8位个人、10项活动、10个公益社会组织、10个社区获评省级志愿服务领域先进，居全省地级以上城市第一位。定期开展公共文明指数测评、窗口行业公众满意度调查和交通文明指数调查，发挥“以测促建”的作用，推动各区、各有关部门有针对性地加强公共文明建设，促进城市公共文明水平持续提升，交通文明指数达81.40、公共文明指数达84.83、窗口行业公众满意度达83.55，各创近年新高。

先进典型宣传　是年，深圳市开展“道德模范在身边”学习宣传活动。通过策划“德耀中华”专题专栏、开设“道德模范在身边”网上大看台、举办道德模范事迹专题展、发布道德模范主题公益广告、组织开展道德模范“故事会”以及基层宣讲等多种方式，在全市掀起“为美德点赞，向模范学习”的热潮，营造见贤思齐、择善而从的浓厚氛围。以“我们的兄弟我们的家”为主题，联合市公安局、深圳广电集团等部门，在全市举办4场“英雄巡警陈文亮家庭”事迹报告会，弘扬社会主义核心价值观，引起社会各界的反响。注重挖掘和宣传身边的典型和榜样，协调各区、各有关部门，完善和拓宽市民群众参与渠道，充实“深圳好人库”，依托深圳文明网等平台宣传、展示力度，推动形成身边好人层出不穷的良好局面；推荐深圳市先进典型参评“中国好人”“广东好人”，持续弘扬时代正能量，张莉、童定国等5人获评“广东好人”。作为重大典型培育宣传效果的重要体现，陈如豪、吴清琴夫妇当选第五届“全国道德模范”，黄勤立、姚贝娜获第五届全国道德模范提名奖，获表彰人数居全省地级以上市首位；陈如豪、吴清琴夫妇以及黄勤立、姚贝娜同时获评第五届“广东省道德模范”。

第十二届深圳关爱行动　是年，第十二届深圳关爱行动发挥党委政府部门、媒体、企业、社会组织、市民群众五个层面的力量，动员社会各界开展1 900多项内容丰富、形式多样的关爱活动，弘扬“关爱·感恩·回报”“助人者最乐，行善者最美”等关爱理念。市文明办、市关爱办联合市城管局等部门，在全市开展“关爱环卫工人”系列活动，“爱心行动月”“走进城管·体验环卫”等活动得到社会各界的积极响应和踊跃参与。继续深化募师支教、燃料行动、关爱空间、公益映像节、爱心与共幸福促进中心等活动项目，提升关爱行动的品牌价值。

未成年人思想道德建设　是年，开展“七彩年华·深圳市未成年人道德教育活动季”，动员各级各部门和社会各界组织开展优秀传统文化教育实践、青少年科技创新竞赛等50多项重点德育实践活动，深化未成年人思想道德建设。对社会组织承办的优秀德育活动项目进行激励性配比资助，共资助“儿童水上安全教育”“少儿国学亲子启蒙班”等15个优秀项目。提升30个社区“四点半学校”示范点和20个“学校少年宫”试点的建设水平，推动其规范发展，不断拓宽未成年人校外活动阵地。

2015年8月26日，来自深圳市各区（新区）、东莞、惠州等地的东纵、边纵老战士及其家属300多人齐聚龙城街道办，纪念中国人民抗日战争暨世界反法西斯战争胜利七十周年，并观看深圳东纵边纵艺术团表演的舞蹈《游击队之歌》等节目　（钟致棠　摄）

【文化建设】　2015年，深圳市推进“文化强市”建设，完善公共文化服务体系，满足广大群众的精神文化需求，扩大城市影响力，完成“十二五”时期的文化发展目标。

重大文艺活动组织　以纪念抗日战争胜利70周年为主题，策划举办大型交响合唱音乐会《黄河大合唱》、音乐舞蹈原创晚会《琴舞之魂》、现代粤剧《驼哥的旗》等演出以及“仇情借笔作镆铘——关山月抗战主题作品展”、“为了和平——抗战胜利70周年”、反法西斯胜利90周年主题海报邀请展等15个主题活动。以庆祝深圳建市35周年为主题，策划举办交响合唱音乐会《希望》。举办第十二届鹏城金秋社区文化艺术节，开展舞台表演类比赛、优秀美术书法作品展、优秀摄影作品展、老龄文艺汇演和广场舞大赛等多项赛事和活动，参赛人员近6 000人次，比赛、巡演吸引观众约3万人次。举办“第十一届中国（深圳）文博会艺术节”，展演20台40场中外舞台艺术精品。指导举办2015深圳儿童戏剧节，活动组织19场专场演出，吸引近2万人观看。

美术展览　关山月美术馆举办关山月主题陈列展、“深圳本土优秀美术家推广工程”系列展览，拓展和深化“20世纪中后期中国美术”品牌展览及研究。深圳画院举办品牌展览“版画100——年度收藏作品展”等展览，收藏美术作品115件。深圳美术馆举办“首届深圳国际摄影展”“深圳美术馆馆藏华君武漫画展”“2015深圳当代中国画展”“深圳本土优秀美术家推广工程（第三阶段）作品展”“鹏海扬帆—深圳水彩画展”等多个展览，收藏美术作品76件。

文艺精品创作　大型儒家主题交响乐《人文颂》在国家大剧院演出。深圳市粤剧团完善提升《风雪夜归人》《雷雨》，组织参加白玉兰戏剧艺术奖评选，该团演员吴晓毅获戏剧主角提名奖，吴思明获戏剧配角奖，填补深圳市白玉兰戏剧艺术奖的空白。创排粤语音乐剧《大鹏的梦》，复排现代粤剧《驼哥的旗》，安排在文博会艺术节首演。深圳市粤剧团《雁翎公主》入选广东省文化厅举办的《粤戏越精彩——粤剧与省内其他地方戏曲剧种交流演出》。组队参加文化部“群星奖”决赛、中国老年合唱节等活动，均取得优异成绩。罗湖歌曲《庄严的国徽最美的花》获中央电视台2015新春原创音乐会一等奖。南山区粤曲《红梅记之鬼怨》获全球微粤曲大赛铜奖。深圳世纪戏曲研究院大型评剧《风起同仁堂》经过改版，完成同名电影的拍摄。结合纪念中国人民抗日战争及世界反法西斯胜利70周年，罗湖紫荆戏曲艺术团等戏曲团体创排《罗湖桥》等戏曲作品。深圳艺校学生100余人次在国内外艺术比赛获奖，邓伊然参加第二十三届捷克赫仁国际少年大提琴比赛荣获第二组第一名，钢琴专业、双排键、手风琴等专业学生也屡次在国际、国内重大赛事中获奖，毕业生参加高考重点录取率达60%。

“图书馆之城”建设　发布《深圳市公共图书馆统一服务业务规范》，新增自助图书馆20台，优化自助图书馆布局。将读者借书数量由5册增加至10册，更好满足市民借阅需求。深圳图书馆获2015年度“市长质量奖”鼓励奖。推动“常青藤计划”，全市83个学校图书馆加入该计划，与市少儿馆实现资源共享。完善公共图书馆总分馆制建设，限期整改基层图书馆32个，取消51个基层图书馆的定级达标资格。2015年全市公共图书馆馆藏总量3 282.19万册，全年进馆2 614.80万人次，外借图书总量1 112.05万册次。

“钢琴之城”建设　举办第五届深圳钢琴公开赛，划分专业组、合奏组、业余组和考级组四个组别，组织10场初赛、8场决赛，来自国内外的538名选手参赛。举办第三届深圳钢琴音乐节，组织开闭幕音乐会、大师专场音乐会、进社区专场音乐会、钢琴大师班等 11 项 65 场钢琴艺术活动。中国深圳国际钢琴协奏曲比赛被正式列为“国际音乐比赛世界联合会（WFIMC）”成员，跻身国际常设性艺术赛事。

群众性文化活动　举办以“深入生活扎根人民”为主题的新春艺术关爱系列活动 39 项，开展公益文化进社区活动，把 313 场高雅艺术送到市民家门口。实施外来工文化服务工程，举办第十一届外来青工文体节，组织全市性文化活动和赛事 26 项，共评出金银铜奖 259 个，直接参与活动的市民和外来青工达 5 万人次，受益群众超过 100 万人次。组织第三届深圳市戏曲名剧名家展演，邀请上海昆剧团、浙江京剧团等多个国内优秀戏曲院团的名家，演出 7 台 10 场兼具艺术性和观赏性的戏曲艺术。组织第十一届深圳市少儿艺术花会，舞台表演类参赛作品 300 多件、美术书法摄影类参赛作品 1 503 件，参赛作品和参赛团队数量均为历届最多。举办第二届宝安戏曲娃系列活动，推动戏曲艺术普及与传承。组织开展南粤幸福周活动 73 项，丰富基层群众的业余文化生活。举办周末剧场、美丽星期天、戏聚星期六等周末系列活动 178 场，丰富市民周末文化生活。举办第三届民办专业艺术表演团体优秀剧目展演，评选出 7 台民办专业艺术表演团体的优秀作品在深圳各演出场馆进行展演。开展公益艺术培训，开设美术、音乐、舞蹈、书法等 60 个培训班，授课上万课时。

文化设施建设　深圳艺术学校新址、深圳书城宝安城建成使用，当代艺术与规划展览馆主体工程如期完工，美术馆新馆、图书馆调剂书库设计招标进展顺利，博物馆老馆维修改造等项目加快推进，文化馆新馆、自然博物馆等项目前期工作稳步推进。南山区博物馆进入收尾阶段，坪山新区文化综合体、龙岗“三馆”（科技馆、青少年宫、公共艺术馆）、宝安区青少年宫、南山文化馆等一批区级文化设施主体工程建设进展顺利，基层文化设施网络进一步完善。

公共文化服务　编印《深圳市公共文化服务指引 2016》中英文对照本，方便市民参与获取公共文化服务相关信息。加大免费开放服务经费保障，落实“三馆一站”免费开放奖励经费 219 万元。围绕“现代公共文化服务体系建设”和“公共数字文化建设”主题，举办 2015 年度全市基层文化干部培训班，加强基层文化干部培训。发展文化志愿服务，组织文化志愿服务展示月，开展志愿者风采摄影大赛、文化志愿者优秀作品巡展、文化志愿者文艺演出、文化志愿者培训专题讲座、总结表彰大会等活动；启用“深圳文化志愿服务”微信公众号，宣传全市文化志愿工作。（史学正）

【社会建设】　2015 年，深圳市社工委坚持改革创新，坚持改善民生，以《2015 年全市社会建设工作要点》为抓手，以深化社会体制改革和加强社会组织综合管理为重点，协调推进全市社会建设工作，努力建设更高质量的民生幸福城市，取得较好成效。

社会体制改革　制订《2015 年全市社会建设工作要点》。明确 2015 年的改革事项和 25 项工作任务，突出社会体制改革和社会组织综合管理，着力推进法治社会、包容社会、多元共治社会、平安社会、智慧社会、诚信社会“六个社会”建设，并开展督查落实。协调推进社会体制改革工作任务。围绕市 2015 年改革计划，结合市第六次党代会决策部署责任分工事项，发挥社会体制改革专责小组牵头单位职能，抓协调，抓督

办，促落实。在重点抓好基层治理体制和社会组织综合监管体制改革的同时，还协调相关单位推进社会事业改革。

社会组织综合监管体制　是年，深圳市社工委牵头建立政府行政监管、社会公众监督、社会组织自律“三位一体”的综合监管体系，促进社会组织健康、有序、可持续发展。出台《关于构建社会组织综合监管体制的实施方案》，明确各部门职责分工，梳理形成监管责任清单。制订《深圳市社会组织综合管理年专项工作方案》，通过在全市开展社会组织综合管理年专项工作，初步建成统一登记、依法监管、各司其职、分级负责、协调联动的社会组织管理体制。在社会建设“织网工程”框架下，以全市公共信息资源库为基础，通过加强信息资源整合与共享，借助大数据分析手段，建立可供决策者、监管者、社会组织、社会公众四种不同角色使用的社会组织综合管理服务平台，实现“五个支撑”。完成平台建设，计划在盐田区开展综合试点。由市社工委和市民政局召集，各监管部门作为成员单位，各区（新区）社工委、民政局、社会建设局以及各主要业务主管部门和业务指导部门根据工作需要和议题内容参加会议。及时通报社会组织监督管理工作的整体情况，研究改进监管手段的办法，协调解决社会组织监管工作中出现的问题。协调市委政法委、市民政局、市公安局、市外事办等部门开展境外非政府组织清理工作，对其在深圳活动实行重点环节监管，规范社会组织的涉外活动。

·链接·　**五个支撑**

为实现社会组织全员、全过程和全方位管理提供支撑，为实行社会组织网上全流程登记提供支撑，为政府各部门开展工作协同提供支撑，为进一步规范社会组织管理提供支撑，为社会公众参与监督提供支撑。

社会治理创新　推进基层管理体制改革。1月，市委市政府出台《深圳市基层管理体制改革指导意见》。4月，龙华新区率先完成街道分设试点工作，新设立的三个街道正式开展运作，其他各区（新区）均按计划正式上报区级基层管理体制改革方案，涉及街道调整分设的宝安、龙岗、光明、坪山等区（新区）向市政府报送行政区划调整方案；市纪检、编制、民政、人力资源等部门分别开展面向社区的考核检查清理、加强社区工作站和居委会建设、完善社区工作人员岗位管理等工作。推进社会建设创新项目建设。社区服务中心项目按计划基本实现社区“全覆盖”，第一批五个项目均完成建设任务。继续开展社会建设创新项目培育计划，组织召开2015年社会建设创新项目培育计划遴选答辩会，从各级各部门申报的51个项目中遴选出文化春雨行动、平安联合会等25个培育项目，通过实地调研入选项目的开展情况，给予资金扶持和专门指导，丰富深圳市社会领域改革创新项目库。加强企业社会责任工作。构建深圳市企业社会责任评价体系，以市委市政府名义出台《关于进一步促进企业社会责任建设的意见》，以及深圳市《企业社会责任要求》《企业社会责任评价指南》标准文件，组成国内首个企业社会责任地方标准体系。探索建立鼓励企业履行社会责任的体制机制，召开新闻发布会，遴选出深圳市企业社会责任评价机构，创建深圳市企业社会责任信息发布平台，指导开展8场次企业社会责任标准宣讲会培训1 500人次，编辑出版《深圳市企业社会责任蓝皮书》，督促企业严守法定职责、履行社会责任。

公共服务体系　开展公共政策与项目公众评议。按照省社工委的部署安排，该委7月在全市启动公共政策与项目公众评议试点工作，通过微信微博、网络问卷等形式，遴选《深圳市预防与控制乙肝母婴传播项目》《深圳市幼儿园保教人员长期从教津贴实施办法（试行）》两项政策作为评议内容。组织市民代表、专家学者代表、社会组织与行业代表、媒体代表等开展公众评议，就政策改进与完善提出意见建议，并将评议结果专报市委市政府，供领导决策参考。研究完善社区公共服务体系。对全市各类社区公共服务现状进行摸底调查，全面梳理社区服务与管理事项和标准，研究起草《深圳市社区服务标准体系建设项目调研报告》，探索建立《深圳市社区公共服务标准体系》。开展“市民卡”项目研究。会同公安、人力资源保障、卫生、教育等相关部门进行研究。比较宁波、上海、南京、武汉、杭州、广州等兄弟省市“市民卡”工作推进情况，梳理各部门卡证整合存在的困难，初步研究提出推广和使用“市民卡”的技术路径，草拟写《深圳市“市民卡”项目研究报告》。

“织网工程”并网运行　1月，市、区“织网工程”平台正式并网运行。4月，召开全市“织网工程”并网运行现场推进会。打破部门之间的“信息壁垒”。截至年底，推动公安、劳动社保、卫生计生、教育、住建、市场监管等23个市直部门和10个区的业务数据入库，市基础信息资源库导入数据22亿多条，比上年增长70%。通过清洗、比对，关联社保、劳动、卫生、教育等信息的人口1 925万人、法人201万人、房屋1 243万间（套）。围绕“一库一队伍，两网两系统”的建设内容，重点在数据元标准、数据采集与清洗、数据共享与安全，以及信息系统运行维护、网格员队伍管理等方面加强标准建设和规范管理，出台《公共信息资源库数据元规范》，完善“织网工程”运行管理办法。基于“织网工程”决策分析应用支撑平台，市教育、卫生、民政、住建等部门在积分入学、幼儿园成长补贴、老年证办理、保障房轮候等方面进行二次开发应用。市发改、规划国土、公安、卫生、市场监管、民政等部门利用大数据库的人口、法人等统计信息用于业务分析和辅助决策。结合基层治理体制改革的要求，以统一基层信息采集、统一服务事项受理、统一事件信息分拨“三统一”为核心，推进基层智慧政务协同工作平台建设。在统一采集方面，建立以网格员上门采集、自主申报和业务部门采集为主，以政府网站、12345热线电话等渠道采集为辅的多元信息采集机制，实现基层信息的统一采集。在统一受理方面，在宝安区西乡街道试点建设统一受理平台，初步实现“一窗式”受理，构建“线上线下互动”“窗口受理与后台处理互动”的政务服务新模式。在此基础上，与市财政委牵头推进全市基层公共服务综合平台建设，以市政府名义出台《深圳市基层公共服务平台的实施方案》，计划于2016年底在全市完成实施部署工作，全面提升深圳市电子政务信息惠民水平。在统一分拨方面，在罗湖、宝安、龙华、坪山4个区试点成立独立的非应急类事件统一分拨机构，初步建立统一分拨平台并试运行。

【生态文明建设】　2015年，深圳市人居环境委员会以“四个全面”为引导，推进人居环境建设和保护各项工作，完成“十二五”

各项目标任务。通过环保部和省环保厅2014年度污染减排考核，在全省名列第一。推进大气环境质量提升行动，“蓝天工程”超额完成年度目标，细颗粒物年均浓度在全国副省级以上城市中处于最好水平；新一轮治水提质行动全面启动，重要跨界河流水质有不同程度改善；召开全市第四次环境形势分析会，启动环境基础设施提升改造计划。环境治理法治化水平显著提升，通过市依法行政检查和“六五”普法总结验收。生态文明建设考核获环境保护“绿坐标”制度创新奖，被新华社誉为生态文明“第一考”。

生态文明体制改革 是年，制订《深圳市人居环境委员会全面深化生态环境保护改革行动计划（2015—2017年）》和2015年度改革任务计划表，推进全市25项生态文明体制改革任务。生态文明建设考核获环境保护“绿坐标”制度创新奖。大鹏新区、宝安区开展自然资源资产负债表编制、资源环境承载力监测预警研究，盐田区开展GEP、GDP双核算、双运行、双提升机制研究。

生态创建 是年，深圳市启动国家生态文明建设示范市创建，组织编制国家生态文明建设示范市创建工作方案、规划，研究构建全市生态文明建设示范市指标体系。参加中国生态文明论坛会议（福州年会）；开展湾区城市生态文明大鹏策会（2016）筹备工作。推动生态文明“细胞工程”建设，开展生态街道复查和深圳市生态工业园区创建工作。

环保考核 是年，深圳市对各区、新区、市直有关部门和重点企业共39个单位

2015年深圳市国民经济发展情况

指　标	单　位	实　绩	比上年增长(%)
地区生产总值	亿元	17 502.86	8.9
第一产业增加值	亿元	6.65	4.8
第二产业增加值	亿元	7 207.94	7.3
工业增加值	亿元	6 785.01	7.7
第三产业增加值	亿元	10 288.28	10.1
人均地区生产总值	元	157 985	5.2
规模以上工业总产值	亿元	25 542.44	3.1
农林牧渔业总产值	亿元	15.95	8.6
固定资产投资	亿元	3 298.31	21.4
社会消费品零售总额	亿元	5 017.84	2.0
外贸进口总额	亿美元	11 101.19	-11.1
外贸出口总额	亿美元	16 415.39	-6.0
实际利用外资	亿美元	64.97	11.9
地方一般公共预算收入	亿元	2 726.85	30.9
地方一般公共预算支出	亿元	3 521.67	62.5
城镇居民人均可支配收入	元	44 633.30	9.0

（叶博珂）

开展2014年度生态文明建设考核，盐田区、罗湖区、市发展改革委、市建筑工务署、深圳能源集团和市机场集团6个单位被评为2015年度考核优秀单位。2015年度全市化学需氧量、氨氮、二氧化硫和氮氧化物四项主要污染物排放量均在广东省下达全市的年度控制目标范围内，并按期完成省政府下达的“十二五”污染减排目标。

宜居城市建设　是年，深圳市人居环境委员会推进宜居城市创建工作，组织实施深圳市创建宜居城市行动。开展宜居城市建设评估和宜居指数综合评价研究；建立宜居社区孵化培育、创建指导及巩固回访的系列模式。全市有69个社区获评2015年“四星级广东省宜居社区”。（邬彬）

【党的建设】　2015年，深圳市党的建设和组织工作不断加强，取得新成效。一是推进“三严三实”专题教育，践行习近平总书记在福州工作期间倡导的“马上就办、真抓实干、办就办成、滴水穿石”，提出“以严为先、以实为要、以干为本”的工作要求，全面查摆整改“不严不实”问题，推进干部思想作风进一步转变；二是完成市级领导班子换届选举工作，实现换届期间“零投诉、零上访、零违纪”，同时深化干部选拔任用制度改革，调整充实各级领导班子，推进干部市区双向交流和跨区域交流；三是基层党建和基层治理取得新进展，制定出台《关于推进社区党建标准化建设的意见》；四是人才工作迈出新步伐，研究制订人才优先发展的若干思路举措。截至年底，全市有基层党组织25 766个，其中国有集体企业党组织4 788个，机关事业党组织7 819个，非公企业党组织8 925个，社会组织党组织893个，其他类型党组织3 341个。党员477 099名，其中机关事业单位在岗职工党员104 138名，国有集体企业在岗职工党员

2014—2015年深圳市社会事业情况

指　标	单　位	2014年	2015年
普通高校	所	10	12
普通高校在校学生	万人	8.77	9.01
中等职业学校和技工学校	所	16	26
中职和技校在校学生	万人	3.69	3.81
普通中学	所	325	335
普通中学在校学生	万人	37.87	38.52
小学	所	331	334
小学在校学生	万人	79.32	86.48
医院、卫生院	所	2 532	2 946
医院、卫生院床位	张	31 042	33 771
群众艺术馆、文化馆	个	69	65
公共图书馆	个	621	620
博物馆、纪念馆	个	37	41

（叶博珂）

85 335 名，非公有制企业在岗职工党员 179 050 名，社会组织党员 8 178 名，离退休党员 54 705 名，学生党员 4 316 名，其他类型党员 41 377 名。

党的基层组织建设　组织各单位党组书记和班子成员讲专题党课 4 077 场次，组织开展“三严三实”三个专题的学习研讨，召开典型事迹报告会 274 场。组织党员领导干部以普通党员身份参加所在党支部组织生活会 6 894 人次，开展“民生体验日”活动 1.9 万人次。部署全市专题民主生活会和组织生活会。深入查摆不严不实问题，全市处级以上领导班子查摆出问题 5 095 个，查摆出个人问题 18 234 个。严肃整改基层干部不作为、乱作为、贪腐谋私等问题，建立问题清单 326 条，整改完成 264 条，问责处理基层干部 196 名。组成 4 个调研检查组开展督促检查，成立督察暗访组对 33 个市直机关和基层单位进行暗访，发现并反馈 12 个方面、58 个突出问题，对有关单位开展 7 次回访督办。

基层党建工作　推进社区党建标准化建设，组织召开区委（新区党工委）、街道、社区三个层次党（工）委书记座谈会，面对面听取全部区（新区）、街道和 480 多名社区党委书记的意见建议，研究制定《关于推进社区党建标准化建设的意见》，强化社区党委领导核心作用，解决社区党建人、财、物、阵地“短板”问题。排查出软弱涣散社区党组织 66 个，抽调 66 名年轻干部驻点整顿，转化率在 90%以上。组织召开市委基层治理专项会议，制定和落实《2015 年全市基层工作任务清单》。提升“两新”组织党建水平，落实工委书记项目领办责任，研究起草园区党建工作指导意见。组织实施市、区、街道三级党建专项述职评议，指导全市申报实施并建库“书记项目”276 个。开展社区党委书记全员轮训和“两新”组织党组织书记集中培训，累计培训 1 516 人次。推进市党代表任期制和各区党代会常任制工作，组织开展 5 次“党代表接待周”活动，指导各区召开党代会年会，全面实行新区党代表会议代表任期制。

干部队伍建设　加强市管班子和市管干部管理，开展市管领导班子和市管干部 2014 年年度考核，增加党建绩效考核，把法治建设成效作为政绩考核的重要，把学习贯彻习近平总书记系列重要讲话精神的情况等 7 项内容列为考核重点。建立健全干部管理工作体制，研究出台建设高素质干部队伍《若干意见》等“1+9”文件。深化法官、检察官职业化改革，组织开展全市检察官、司法警察薪级套转工作，全市有 862 名检察官实行单独职务序列管理，市、区检察院和法院有 114 名司法警察参与套转。推动法检财物市级统管等工作，探索建立审判管辖与行政区划适当分离制度。推进专项清理，整改消化超职数配备领导职数 332 个，排查出协会兼职干部 582 人。

干部教育培训　开展“三严三实”专题教育和学习贯彻市第六次党代会精神集中轮训，举办专题培训 6 期，培训局处级干部 15 800 人次。举办各类主体班 37 个，培训学员 1 959 人，其中局级干部 40 人、处级干部 478 人。举办出国（境）培训班 4 期，培训干部 79 名。举办“宁夏固原—市委党校—西柏坡”三段联程培训“中青班”，培训中青年干部 33 人。加强自选培训管理，全年开设 372 个班次，培训 25 391 人次。加强在线学习平台课程建设，上挂课件 1 368 门，全年新增 112 门，在线学员 51 845 人，访问量累计 750 万多次。举办自主创新大讲堂干部专场5期，培训干部1 200余人次。抓好干部挂职，考察援疆前线指挥部同志35名，选派9名干部到前海、大鹏、深汕合作区挂职，安排40名局级干部信访挂职，完成国家部委干部和市外干部25名来深挂职。健全培训制度，研究起草《深圳市干部培训项目质量评估办法（试行）》。

干部监督工作　开展档案专项审核，完成908名在职市管干部档案的审核登记，完成干部档案专项审核5万卷。开展“带病提拔”责任倒查，对4名局级干部进行自查，对3名处级干部进行倒查。开展“裸官”整治，对有关线索开展核实，3人被调整岗位，1人被免职，1人辞去公职。加大查核力度，受理各类群众信访116件，直接调查13件，转办104件，对2人进行提醒谈话，1人被取消党代表人选资格。抓好选任过程监督，选任前征求纪检监察等部门意见57批478人，开展领导干部任前公示10批108人，对其中3人的有关情况进行查核。抓好“五责联审巡查”，对23个市管单位24名党政正职领导干部开展巡查。做好个人有关事项报告工作，完成894名市管干部的信息录入和10 160名副处级以上干部的信息汇总，重点抽查核实领导干部1 561人次。

（常饮冰　何全朝）

·链接·　**五责联审巡查**

深圳研究制定的市管领导班子及党政正职“五责联审巡查”工作制度，联合有关部门开展党政领导干部选人用人责任、机构编制责任、议事决策责任、领导分工责任审查和任期经济责任审计，形成干部监督检查“组合拳”。

年度大事

【前海蛇口自贸片区挂牌】　2015年4月27日，中国（广东）自由贸易试验区深圳前海蛇口片区挂牌。该片区规划面积28.2平方千米。其中，前海区块15平方千米，范围东至月亮湾大道，南至妈湾大道，西至海滨岸线，北至双界河、宝安大道；蛇口区块13.2平方千米，范围东至后海大道—金海路—爱榕路—招商路—水湾路，南至深圳湾西至珠江口，北至东滨路、大南山山脚、赤湾六路及赤湾二路。产业形态上，前海蛇口片区分为3大功能区：以前海湾保税港区为核心，包含妈湾港区、蛇口港区在内的西部港区部分，重点发展港口物流、国际贸易、供应链管理与航运服务，承接货物贸易功能，建设国际性枢纽港；前海区块中除保税港区外的非物理围网部分为“前海金融商务区”，重点发展金融、信息服务、科技服务和专业服务及其他战略性新兴产业，承接服务贸易功能，打造中国金融业对外开放试验示范窗口与亚太地区重要的生产性服务业中心；蛇口区块中除蛇口与赤湾港区的蛇口商务区部分，重点发展网络信息、科技服务、文化创意产业，适当发展服务外包、高端旅游、物流总部经济、创新金融、专业知识服务经济等产业，与前海金融商务区错位发展。

（逯胜军）

【第11届“文博会”】　2015年5月14—18日，第11届中国（深圳）国际文化产业博览交易会在深圳会展中心举行，由文化部、商务部、国家新闻出版广电总局、中国贸促会、广东省人民政府、深圳市政府联合主办。该届深圳文博会以“博览与交易”为主题，设博览与交易、论坛、评奖、节庆活动及网上文博会五大板块。主会场设文化产业综合馆、创意设计生活馆等九大展馆。设立61个分会场和76个专项活动点。吸引来自俄罗斯、捷克等40个国家84个机构参展，比上届增加18个。来自97个国家和地区的1.8万名采购商报名参加，其中欧美采购商比例超过30%。总参观人数523.79万人次，比上届增加15.81万人次，增长3.11%。文化项目和产品总成交额2 648.18亿元，比上届增长13.9%。合同成交额1 535.36亿元，占总成交额57.98%，比上届增长28.06%。拍卖金额3.50亿元，占总成交额的0.13%。出口成交额164.85亿元，比上届增长2.15%；分会场成交额1 262.70亿元，占总成交额的47.68%，增长18.63%；文化产业项目投融资金额905.74亿元，占总成交额的34.20%。

该届文博会响应“一带一路”国家战略，首次设立5号展馆“丝绸之路专馆”，来自“一带一路”经济长廊的俄罗斯、印度、泰国、马来西亚等15个国家，以及西安、乌鲁木齐、泉州、广州、深圳等15个国内城市联手参展，展示和交易沿线国家、城市的传统工艺美术、非物质文化遗产、文化旅游产品等。“一带一路”沿线海外国家的文化产品和项目交易成交额达101.84亿元，占总出口额的61.78%，比上届增长11.12%。

文化部文化产业司等111个单位获得该届文博会的优秀组织奖，国家新闻出版广电总局科技司等213个单位获优秀展示奖。第五届“文博杯”设计精品奖也同时颁布，深圳市易尚展示股份有限公司获TOP至尊金奖，深圳市洛可可工业设计有限公司等2家设计企业获TOP至尊银奖，深圳市中世纵横工业设计有限公司等3家企业作品获TOP至尊铜奖；深圳市源创尚品工业设计有限公司获Idea创新奖金奖，魔吻首饰研发（深圳）有限公司等2家企业获Idea创新奖银奖；韩耀钟设计工作室等3家企业获Idea创新奖铜奖。“中国工艺美术文化创意奖”共评出奖项683项，孙丽娟的刺绣《转轮王坐莲花受观音菩萨》等9件作品获特别金奖。评出金奖179项、银奖238项和铜奖257项。（叶博珂）

【清华－伯克利深圳学院成立】 2015年10月20日，由深圳市人民政府、清华大学、伯克利加州大学（美国）联合创办的“清华－伯克利深圳学院”（简称“TBSI”）揭牌仪式在深圳市南山智园举行。中共广东省委副书记、市委书记马兴瑞，深圳市市长许勤与清华大学、伯克利加州大学等校领导及“TBSI”中方首任院长康飞宇出席揭牌仪式。2014年9月7日，市政府、清华大学和伯克利加州大学签署合作协议，决定成立“TBSI”。“TBSI”以“面向工程技术、贯通文理工商、跨越中西文化、解决中国的世界级问题，培养全球产业领军人才”为办学理念，建有环境科学与新能源技术、数据科学和信息技术、精准医学与公共健康等研究中心，下设16个高端实验室。学院实行清华大学和伯克利加州大学双导师制。师资团队，三分之一来自清华大学，三分之一来自伯克利加州大学，三分之一在全球范围选聘。同时，“TBSI”围绕战略性新兴产业，开展科学研究和产学研合作，邀请工业界导师加入，创立包括腾讯公司、大疆公司、比亚迪公司、中兴通讯公司、思科公司等高新技术企业的产业顾问委员会。“TBSI”面向

激发经济发展新动能；突出跨界融合，催生融合发展新业态；注重开放创新，拓展开放合作新空间；优化展会服务，探索创新办展新方向五个方面的特点。

（叶博珂）

2015年10月20日，中共广东省委副书记、深圳市委书记马兴瑞（右三），市长许勤出席在南山区智园举行的清华－伯克利深圳学院揭牌仪式

（周莹蓉　摄）

全球遴选优秀生源，9月1日，首批30多名博士生正式入学。（逯胜军）

【第17届“高交会”】 2015年11月16—21日，第17届中国国际高新技术成果交易会在深圳举办。该届高交会以“创新创业，跨界融合”为主题，设有主题展区、会议论坛、专题活动、分会场、不落幕的交易会等内容，总展览面积15万平方米，有28个国家和地区的128个代表团、3 686家参展商、16 825个项目参加展示、交易和洽谈，来自90个国家和地区的58.3万人次参观主会场和分会场，214家海内外媒体的1 496名记者参与报道。全国34个省、自治区、直辖市、计划单列市，以及香港地区、澳门地区、台湾地区、新疆生产建设兵团均组团参展，其中新疆生产建设兵团为首次组团参展；27所知名高校组织众多科研成果进行展示。该届高交会共主要呈现出紧扣创新发展，展示创新驱动新成果；力促创新创业，

【重特大疾病补充医疗保险落地实施】 2015年12月1日，由深圳市人力资源保障局牵头的2015年度市政府十大民生实事之一的“深圳市重特大疾病补充医疗保险”（简称重疾补充医疗保险）落地实施，赢得市民良好口碑。此项民生实事落地实施，一是标志深圳市成功构建基本医疗保险、地方补充医疗保险、重疾补充医疗保险的三层次医疗保障体系，有效缓解因病致贫、返贫社会问题；二是首次通过政府采购方式实现商业保险公司承办深圳市政策性医保业务，引入市场商业保险资源和市场竞争机制，大幅降低参保成本，有效提高服务和保障效率，促进三方共赢；三是突破大病保险筹资模式，在国内首创多渠道筹资，扩大政策覆盖面，同时活化医保个人账户，放大其保障功能；四是良好践行精准扶贫理念，对低保、孤儿、优抚对象及重度残疾居民等弱势群体给予特殊参保保障。（喻金鑫）

【深港城市建筑双城双年展】 2015年12月4日，第六届深港城市建筑双城双年展（简称双城双年展）开幕，展览持续至2016

年2月28日。这是全球唯一以城市、城市化为固定主题的国际双年展，展览关注城市规划与城市设计、建筑、公共空间与公共艺术等领域，成为国际知名的展览品牌。该届双城双年展以“城市原点”为主题，以重塑城市与家园、打造美好未来世界为主旨，倡导对建筑、城市的现状再利用、再思考和再想象，通过设计重塑人们的日常生活。分为社交城市、3D拼贴城市、珠三角2.0、激进城市化四大主展区，倡导对建筑、城市设计现状的重新思考、重新想象、重新利用、重新建构。该届双城双年展以深圳市蛇口区大成面粉厂改造工程为平台，来自国内外的设计师对城市旧厂区更新改造、城市空间利用优化的思考和想象融入到面粉厂改造设计工程中。在国家及地区馆里，观众可通过不同建筑表现形式感受到来自遥远国度的城市建筑魅力。 （袁媛）

【“12·20”深圳山体滑坡】 2015年12月20日11时40分许，广东省深圳市光明新区凤凰社区恒泰裕工业园发生滑坡事故。此次滑坡覆盖面积约38万平方米，造成33栋建筑物被掩埋或不同程度受损。截至翌年1月28日，滑坡事故现场发现73名遇难者，另有失联人员4名。2015年12月25日，国务院深圳光明新区“12·20”滑坡灾害调查组经调查认定，此次滑坡灾害是一起受纳场渣土堆填体的滑动，不是山体滑坡，不属于自然地质灾害，是一起生产安全事故。灾害发生后，党中央、国务院高度重视。中共中央总书记、国家主席、中央军委主席习近平作出重要指示，要求广东省、深圳市迅速组织力量开展抢险救援，第一时间抢救被困人员，尽最大努力减少人员伤亡，做好伤员救治、伤亡人员家属安抚等善后工作。注意科学施救，防止发生次生灾害。中央有关部门指导地方加强各类灾害和安全生产隐患排查，制订预案，加强预警及应急处置等工作，确保人民群众生命财产安全。中共中央政治局常委、国务院总理李克强作出批示，要求抓紧核实情况，全力组织搜救，全力救治受伤人员，尽最大努力减少伤亡。全面排查周边安全隐患，防止发生二次灾害。查清灾害原因，做好善后处置。2016年1月18日，检察机关对深圳光明新区“12·20”特别重大滑坡事故所涉12名渎职犯罪嫌疑人立案侦查。深圳光明新区红坳余泥渣土受纳场“12·20”特别重大滑坡事

2015年12月22日，国务委员王勇赴“12·20”特别重大滑坡事故现场察看救援处置工作 （陈锡坤　摄）

故发生后，最高检及时派员介入事故调查，成立由最高检、广东省检察院和深圳市区两级检察院60余名干警组成的检察调查专案组，制订周密调查方案，全面收集证据材料，依法开展调查工作。查明光明新区城市管理局、光明新区查违办、深圳市水土保持监督监测总站等部门的部分工作人员对工作不负责任，违法行使职权或不作为，对事故的发生负有重要的责任。深圳市宝安区人民检察院、福田区人民检察院和龙岗区人民检察院分别对光明新区城市管理局副局长邓志雄、市政服务中心副主任曾科挺、原光明新区光明办事处查违办副主任朱武跃、深圳市水土保持监督检测总站工程师郑存辉等12名犯罪嫌疑人以滥用职权罪、玩忽职守罪立案侦查，并采取刑事拘留的强制措施。深圳市公安局2016年1月19日发布通告，公安部通缉的深圳光明“12·20”特大滑坡事故3名在逃犯罪嫌疑人全部到案。该次事故受影响的企业员工4 630名，于2015年12月30日前全部安置完毕。根据《生产安全事故报告和调查处理条例》（国务院令第493号）有关规定，经国务院同意，成立由安全监管总局牵头的国务院深圳光明新区渣土受纳场“12·20”事故调查组，由安全监管总局局长杨焕宁担任组长，立即开展事故调查工作，依法依规严肃追责。（叶博珂）

【深圳读书月】 2015年，第十六届“深圳读书月”紧扣“互联网+读书”主题，开展“书香中国万里行·深圳站”、经典诗文朗诵会、读书月总结分享暨温馨阅读夜等主题活动943项，1 200万人次参与，境内外各媒体对读书月活动的报道近1 800条，读书月成为深圳重要的文化节庆和城市名片。该届读书月期间，“赠书献爱心”活动共向37个学校、工厂和社区捐赠263万元码洋的图书。深圳市第六届人民代表大会常务委员会第四次会议于是年12月24日通过《深圳经济特区全民阅读促进条例》。

【“深圳学派”建设】 2015年，深圳市启动“改革开放历史经验”“现代化国际化创新型城市”等重大课题研究，出版《深圳学派建设丛书》与《深圳改革创新丛书》第2辑共12部著作，完成第3辑书稿征集和评审。完成第七届深圳市哲学社会科学优秀成果评奖工作，共评选出优秀成果73项。第七届“深圳学术年会”开展三类“1+10”共11项活动，包括1场主题学术研讨会，4场学科学术研讨会，6场高端学术沙龙。“市民文化大讲堂”创新开展“三人行”、进企业等形式，邀请周国平、罗援、阎崇年等98位中外专家学者举办讲座89场。第十三届“社科普及周”以“抗日战争暨世界反法西斯战争胜利70周年”为主题，创新举办“社科专家带你看深圳”等7项活动。第七届“社科知识大闯关”电视知识竞赛活动发动全市70多所学校，参与人数过万，社会反响热烈。《人民日报海外版·文化深圳周刊》全年编辑出版50余期，“文化深圳”在基层落地。（史学正）

【2015年深圳楼市同比涨幅居全国首位】 2015年北上广深的房价持续上涨，上海、北京、广州以18.2%、10.4%、9.2%的同比涨幅排在前几位，深圳以47.5%的同比涨幅排在首位。深圳全年住房贷款突破6 000亿元，以全国百分之一的人口，占据约5%的住房贷款额度。（叶博珂）

创业创新

【概况】 2015年，深圳市全面深化科技体制改革，实施创新驱动发展战略，践行“三个转变”，强化创新驱动发展主引擎作用，全面激发大众创业、万众创新活力，以创新引领转型升级、促进提质增效，努力探索中国特色的自主创新之路，抢抓改革发展先机，实施创新驱动发展战略，加快建设更高水平的国家自主创新示范区，构建综合创新生态体系，更好地服务创新型国家、创新型省份建设，为新常态下实现有质量的稳定增长、可持续的全面发展提供强大的动力支撑。促进就业创业，全市新增就业人数9.69万人。登记失业率2.34%，“零就业家庭”动态归零。围绕高校毕业生等重点群体，出台新一轮创业带动就业政策。创业担保贷款个人最高额度提高到20万元，初创企业最高可补贴5万元，创业带动就业最高可补贴3万元。制订失业保险支持企业稳岗政策，失业保险缴费费率由3%下调至1.5%。完善就业困难人员就业援助政策。出台青年见习政策，提高离校未就业高校毕业生实践能力。启动基层公共就业服务平台二期建设，推行全市公共就业服务标准化，提升基层公共就业服务能力。举办“珠三角自主创业项目推介会”。开展“就业援助月”、户籍居民专场招聘等服务，为就业困难人员提供就业岗位。提供优质快捷的“四免”服务，全方位促进异地务工人员融入城市。

【创新型经济体建设】 2015年，深圳市高新技术产业实现产值17 296.9亿元，比上年增长11.2%，实现增加值5 847.9亿元，增长13.0%。实施国家高新技术企业培育计划，引导和支持企业加强技术研发能力，培养扩大科技型企业规模，全市有国家高新技术企业5 524家。围绕国民经济社会发展需要，大规模布局创新载体，累计建成国家、省、市级重点实验室、工程实验室、工程（技术）研究中心和企业技术中心等创新载体1 283个，其中60%以上载体布局在企业，覆盖国民经济社会发展的主要领域。是年，深圳获14项国家科技奖，涵盖三大奖种，包括国家自然科学奖1项、技术发明奖4项、国家科技进步奖9项。

【科技管理体制机制创新】 2015年，深圳市优化财政科技资金投入结构，50%以上投入前沿技术、共性技术和核心技术项目攻关，集中力量突破技术瓶颈，抢占科技发展制高点。开展财政科技资金投入方式改革，建立无偿与有偿并行、事前与事后相结合的财政科技多元化投入机制，通过银政企合作、科技保险、天使投资引导、股权投资等支持方式，撬动银行、保险、证券、创投等资本市场各种要素资源投向科技创新。实施科技创新券制度，以普惠性政策提高全社会的创新积极性，满足中小微企业和创客个人购买科技服务的资金和技术需求，确保财政资金的高效、合理使用，完善产学研资介紧密合作的创新机制，共同推动科技创新和成果转化。举办“中国（深圳）创新创业大赛”，对创业大赛优胜者给予创业资助，打造创新创业的投融资平台，聚集创新资源、推动创新创业。

【大众创业、万众创新全面推进】 2015年，深圳市顺应互联网时代“草根创新”“全民创新”的新趋势，举办中国（深圳）

创新创业大赛、中美青年创客大赛、创客市集等系列活动。6月，举办深圳国际创客周，近27万人次参加各项活动，为全球创客搭建交流合作平台。10月21—23日，承办2015年全国大众创业万众创新活动周，在北京主会场和深圳分会场展示深圳推动大众创业万众创新的最新成果，展示“大众创业、万众创新”的生机和风采。设立2亿元创客专项资金和3亿元创客基金，从创客空间、创客人才、创客服务等方面全方位支持创客发展。

【综合创新生态体系优化】 2015年，深圳市探索新型科研机构建设模式，依托孔雀团队，围绕科学前沿方向和战略需求，组建深圳市智能机器人研究院、深圳市基因免疫治疗研究院、深圳市神经科学研究院和深圳市大数据研究院，打造集基础研究、应用研究和产业化于一体的国际化、专业化、开放性、公益性的企业化运作的新型科研机构。推动科技与金融相结合。银政企合作贴息项目累计为133家中小微企业提供贷款23亿元，其中70余家中小微企业首次获得银行贷款，降低企业创新成本，缓解企业融资难和融资贵压力。股权投资项目完成34个项目投资，投资金额2.11亿元。实施海外高层次人才孔雀团队引进工作。创新引进方式，新引进“珠江人才计划”创新团队9个和“孔雀计划”创新团队20个，累计引进“珠江人才计划”创新团队33个、“孔雀计划”创新团队63个。提升国际科技合作广度。发挥国家技术转移南方中心集聚作用，累计引进英国Isis、澳大利亚Csiro、美国Honeywell等国内外技术转移机构，打造国际化、市场化、开放式的技术转移集聚区。加快推进“深港创新圈”建设。深港两地累计投入4亿元联合资助科技合作项目，6所香港高校在深圳建立产学研基地。落实中央惠港政策，深港共建深港青年创新创业基地，促进深港两地青年创新创业。

（徐秋林）

【人才工作】 2015年，深圳市修订人才认定标准。首创“举荐制”方式发掘青年创新创业人才。完善市外在职人才引进评价指标体系。接收应届毕业生7.1万人，创历史新高。试点行业组织承接水平评价类职业资格具体认定工作，推进技能人才多元化评价。开展职业资格清理工作，落实放管结合。高层次专业人才、“孔雀计划”人才增长快速，高端人才总量持续壮大。出站留深博士后科研资助标准上调至30万元，在站博士后突破千名。举办第十三届中国国际人才交流大会。加快技工院校发展，推进技能振兴计划。取消流动人员人事档案收费，实现公益化服务。向近4万名新引进人才发放1.33亿元租房补贴，保障各行业人才扎根深圳、安居乐业。

（喻金鑫）

【第一届中国深圳海外创新人才大赛】 2015年11月17日，第一届中国深圳海外创新人才大赛启动仪式暨第七届中国（深圳）创新创业大赛颁奖仪式在深圳五洲宾馆举行。国家外国专家局副局长刘延国、深圳市副市长艾学峰出席启动仪式。中国深圳海外创新人才大赛是由国家科学技术部和国家外国专家局指导，由深圳市人民政府主办，深圳市龙岗区人民政府、深圳市人力资源和社会保障局、深圳市科技创新委员会共同承办。首届大赛于是日开始接受报名，于2016年3月底前在澳大利亚悉尼、德国慕尼黑、以色列特拉维夫、日本东京以及美国硅谷举办5场分站赛，海外分站赛的优胜选手将于2016年4月份第十四届中国国际人才交流大会期间到深圳龙岗参加总决赛。该届大赛有五大特点：一是大赛面向所有的海外高层次人才开放，无论是在海外留学人员，还是外籍人士都可以报名参赛；二是大赛着重考察人才的创新性，从创新经历、创新素质、创新能力、创新资源、创新价值5个维度进行评价；三是大赛行业领域紧扣深圳市重点发展的产业，分为六大类，即互联网、电子科技、生物与生命科技、先进制造、材料与能源（含节能环保）以及文化创意；四是大赛支持政策完善，大赛除设立奖金外，还提供人才政策、创业大赛资助计划、创投基金融资计划、科技金融政策、银行授信优惠、大赛投资服务、融资担保、创业空间、创业服务等多项支持政策，大赛备案的创投机构将组合形成总额1亿美元的创投资金池，对大赛优秀项目进行组合投资；五是鼓励和支持社会力量、市场资源参与，使赛事更加走向社会化、市场化。该次大赛与全球最大的职业社交网站领英公司合作做好大赛的报名和推广工作。（叶博珂）

【自主创新大讲堂】 2015年，深圳市举办“自主创新大讲堂”活动148期，其中，“自主创新大讲堂—干部学习专场”5期，新增科学馆专场32期，创新型城市类论坛8期，科学技术类论坛28期，系列科普讲座75期；共邀请演讲嘉宾122人次，其中国外专家学者2人次，港澳台及外籍华人专家学者3人次，参与听众22 000人次以上。活动还深入全市6个区及4个新区的学校和街道社区，共进入全市30所中小学校和15个社区开展系列讲座，受到学校及社区普遍欢迎和一致好评。（杨晓东）

创客之城

【李克强参观柴火创客空间】 2015年1月4日，国务院总理李克强在中共广东省委书记胡春华的陪同下，考察深圳柴火创客空间，体验各位年轻“创客”的创意产品。称赞创客“你们的奇思妙想和丰富成果，充分展示大众创业、万众创新的活力。这种活力和创造，将会成为中国经济未来增长的不熄引擎。”

【深圳创客联盟成立】 2015年6月10日，由腾讯云、创客基地、互联行、智客空间以及近百名创客共同发起的深圳创客联盟正式成立。该联盟由创客们自发组成，提倡创客支持创客，同时为创客与孵化器之间搭建沟通桥梁。深圳创客联盟是聚集创意、技能、资金、政策的平台，让创客更专注于创造，让投资人在这里找到更多靠谱的项目，也让企业在这里能够拓宽创新边界，助力大众创业、万众创新。深圳大学教授、香港理工大学创业导师何敏，途马CEO肖滔，中兴通讯项目负责人何庆文，腾讯云高级运营经理马治坤，中创国投创始人喻涛5人被聘请为深圳创客联盟导师，为联盟创客提供辅导。新成立的深圳创客联盟将吸引创客们聚集在此共同学习、交流、分享创客经验、创新技术等，助力深圳创客基地的项目进行成果转化。

【创客政策扶持】 2015年6月17日，深圳市政府正式出台《关于促进创客发展的若干措施（试行）》《促进创客发展三年行动计划（2015—2017年）》，对创客创业给予支持。文件提出，政府将设立创客专项资金，对创客空间、创客项目、创客服务、成果转化、创客活动予以支持，并全面撬动银行、保险、证券、股权基金等资本市场各种要素资源投向创客发展。将设立创客母基金，支持社会资本发起设立创客投资基金，通过阶段参股、受益让利、风险补偿和投资保障等方式，引导创投机构投资创客项目和创客初创企业。《若干措施》从建立完善创客空间、培育创客人才队伍、强化创客公共服务、营造创客文化环境、拓宽创客融资渠道、加强财政资金引导6个方面拿出共25项促进创客发展的“政策红包”。其中，提及资金资助、支持、奖励的措施就有10项，创客们最关注的政策措施包括提供用地用房、开放科研基础设施和仪器使用、软硬件供应商开放接口、平台和开发工具、更好与创投资金对接等。

【2015深圳国际创客周】 2015年6月18—22日举办，主会场设在深圳高新区软件产业基地深圳湾创业广场，7个分会场包括福田区、南山区、前海深港现代服务业合作区等。创客周主会场深圳湾创业广场全场布置展位300多个，来自30多个国家的创客团队和创新企业集中展示全球范围涵盖开源硬件、可穿戴设备、机器人、3D打印等领域的最新创客作品，人流量19.97万人次。开幕式上，深圳市政府向6个创客及创客空间代表发放创新券，每张券价值5万元。创新券可用于创客需要的开源软硬件和服务器租赁等使用，有助于创客产品落地。Maker Faire是美国Maker杂志举办的全世界最大的创客盛会，深圳是全球第七个举办城市，至2015年举办4届。Maker Faire（制汇节）属于2015深圳国际创客周期间的重要活动，由南山区政府、市投资控股公司、柴火创客空间和深圳市投资推广署联合主办，“深圳湾创业广场”多家国内外知名创业服务机构协办，其间，举办首届全球智能硬件深圳国际创客营大型系列活动。深圳湾创业广场借深圳国际创客周的举办正式亮相，力求打造深圳创新创业文化的新地标，成为东方“硅谷”。

2015年6月18日，海峡两岸青年创业基地举行揭牌仪式

（周莹蓉　摄）

【深圳·旧金山开放创新交流峰会】 2015年，美国当地时间1月5日，深圳·旧金山开放创新交流峰会在美国旧金山市举行。这是深圳首次以官方身份向全球推介“创客之城”。美国旧金山市市长李孟贤、中国驻旧金山总领事馆副总领事宋如

安、深圳市人民政府相关负责人及300余位国际创客到现场。该次交流会由深圳市人民政府主办，深圳市经济贸易和信息化委员会承办，深圳市工业设计行业协会协办。交流会上，多位国际创客巨头和中美双方的创客行业核心推手们共同探讨2015年全球创客发展趋势。美国硬件创业团队SPARK创始人扎卡利·克洛基博士以“从产品样机到批量生产”为话题，分享自己在深圳创客之城的创业心得；中国高新科技领域最知名的创投基金——金沙江创业投资基金联合创始人林仁俊从“下一代硬件产业机遇”这一话题切入，分享深圳作为全球创客创业乐园的产业机遇；全球第三大硬件加速器供应商深圳市矽递科技有限公司联合创始人廖巍以“从山寨之城到创客天堂”为立足点，分享深圳作为全球唯一也是最大创客生态产业链城市的创新巨变。会上，深圳市工业设计行业协会与美国未来研究所协定共建深圳市开放创新实验室。此合作将进一步促进深圳与美国在城市及设计领域的发展合作，为创客界创造一个实力强厚的发展舞台。（叶博珂）

深汕特别合作区

【概况】 2011年2月18日，中共广东省委、省政府批复《深汕（尾）特别合作区基本框架方案》，正式设立深汕特别合作区（简称“合作区”），合作区党工委、管委会为省委、省政府派出机构，享有地级市一级管理权限，委托深圳、汕尾两市管理，深圳市主导经济管理和建设，汕尾市负责征地拆迁和社会事务。合作区位于广东省汕尾市西部，与惠州市惠东县接壤，南临红海湾，地处珠三角经济圈和海峡西岸经济圈结合部，是粤东通往珠三角地区的桥头堡。合作区规划范围包括汕尾市海丰县鹅埠、小漠、鲘门、赤石4个镇和圆墩林场，总面积468.3平方千米，可建设用地145平方千米，海岸线长42.5千米，区内常住人口7.1万人。

【特别合作区建设】 2015年，深汕特别合作区优化各项发展规划，扩大招商引资成效，促进产业集聚发展，加大基础设施建设，创新资源整合机制，完成谋篇布局并顺利转入大建设、大发展阶段。全年合作区实现生产总值35亿元，比上年增长12%；工业产值84亿元，增长9%；全社会固定资产投资55亿元，增长10%。

【特别合作区招商选资】 2015年，深汕特别合作区商会成立，建立招商合伙人制度，与国内外和港澳台各类商会、行业协会、投资机构深入对接，构建招商资源共享平台。注重精准招商，重点招揽“大商”，着力引进中交建、中建五局、中城建、深圳特建发、深业集团、振业集团、天健集团、太平洋建设集团、铁汉生态等大型企业和上市公司。全年举办四次投资环境推介会，累计签约项目95个，计划投资总额1 193.3亿元，涵盖电子信息、医药器械、生态旅游、科学教育、市政配套等行业。

【特别合作区项目落地】 2015年，深汕特别合作区组建海港新城、鲘门新城、信息技术城、生物产业城和教育科技城等建设办公室，负责推进项目前期对接、服务项目落地和组织市政基础设施建设等工作，强化项目落地建设的工作抓手。推进省、市重点项目建设，华润新一代数据中心、水底山温泉庄园等项目被列为省重点建设项目，台塑泉恩、城市矿产等9个项目被列为省重点建设预备项目。全年实现易能电气、韩建河山、中建绿色建筑科技园、应达利电子、深圳森钢、天威内容数据中心等53个项目集中动工，计划投资额达329.9亿元。

【特别合作区投融资平台建设】 2015年，深汕特别合作区探索PPP（Public-Private Partnership公私合作关系）模式推进市政基础设施建设，引进企业建设小漠国际物流港（一期）陆域形成及配套路网PPP项目、信息技术城开发建设和运营PPP项目、汕美生态文化谷PPP项目、鲘门风情渔港开发建设和运营PPP项目等一批市政基础设施及配套设施工程，总投资额近100亿元。开展银行融资，累计从浦发银行、中国农业发展银行贷款17.4亿元，从浦发银行、平安银行、建设银行、省农业发展银行、省建设银行获得综合授信430亿元。筹建产业发展基金，通过深圳出资和浦发银行、平安银行、建设银行等参与的方式，推动设立规模超过30亿元的产业发展基金。增加合作区投控公司资本金规模，通过深圳市14亿元新增投资和省3.48亿元竞争性扶持资金投入，资本金规模增至20.48亿元。

【特别合作区土地收储】 2015年，深汕特别合作区组建土地储备中心（不动产登记中心），设立国土基金专户，制订合作区土地收储办法和国有建设用地开竣工保证金管理暂行办法及实施细则。全年完成组件报批一个批次约60公顷建设用地，出让土地近20宗，出让土地面积60万平方米。与海丰县政府签订征地拆迁包干协议，全年委托海丰县政府启动80个地块，总计28.75平方千米的征地工作，预拨资金10.62亿元。截至年底，签订征地协议土地12.9平方千米，其中初步移交土地3.7平方千米。省国土资源厅单列下达合作区年度土地利用计划指标333.33公顷（为历史新高），深圳市将年度结余指标调剂用于合作区，汕尾市开展土地利用规划修编支持合作区增加建设用地规模。加大违法建筑查处力度，海丰县会同四镇开展查处违法建筑整治行动，出动1 000多人次，拆除违法建筑约14 000平方米。

【特别合作区人才建设】 2015年，深汕特别合作区启动公务员体系建设调研，先行建立合作区政务职员工资薪酬体系和管理机制，面向社会公开招聘行政辅助和专业技术工作人员70多人。争取深圳市人力资源和社会保障局批准成立合作区博士后创新实践基地，面向社会公开招聘博士后研究人员12人，招收在站博士后研究人员3人。引进深圳人才服务机构，成立合作区人力资源服务有限公司，为驻区企业提供人才引进和劳务派遣等服务；通过深圳三和集团总部代理方式，为符合深圳入户条件的合作区工作人员购买深圳社保、申办深圳户籍。推进“互联网+N”创业行动，建立合作区电商培训孵化基地，培训本地电商人才、孵化本地特色产品，全年培训学员300人，有29个团队留在基地孵化创业，参与全国大学生跨境电商大赛并取得A类一等奖和三等奖，培训孵化基地成为全省“众创空间”试点单位。

【特别合作区规划编制】 2015年，深圳、汕尾两市合作编制《深汕特别合作区创新发展行动计划（2016—2017年）》，明确合作区创新发展的发展思路、工作目标、创新举措及重点任务。规划体系不断完善，启动土地利用总体规划修编；委托技术单位开展鹅埠信息技术城、鲘门新城、小漠海港新城、赤石生物科技城等6个片区控制性详细规划和基础设施建设详细规划、生态文化旅游规划、防洪排涝等专项规划，以及云计算、线路板、通用航空等产业专业园区规划编制；编制鲘门—小漠滨海片区概念性规划，为高水平开发合作区滨海岸线、打造高端旅游目的地和生命健康城做好超前谋划；会同深圳特建发、水务、燃气等部门开展小漠组团总体规划、小漠港区规划，以及供水、污水处理、供气等专项规划的编制。编制合作区产业发展规划、基础设施建设规划、低碳生态建设规划等专项规划。引智推进国家自主创新示范区等建设，争取致公党中央、科技部支持与合作区合作共建国家自主创新示范区完成调研工作。

【特别合作区体制机制优化】 2015年7月23日，广东省政府常务会审议通过《深汕特别合作区管理服务规定》，正式确立深汕特别合作区的法律地位，标志着合作区履职从行政授权转化为法律授权，为合作区建设发展提供坚强的法制保障。根据合作区财政实施“省直管”的体制，是年合作区金库启动，完成合作区国税局、地税局组建，与海丰县协商划定合作区的税收征收范围，并于2016年1月1日起正式运行。实施“筑巢引凤”计划，推进行政服务大厅“一站式”业务办理，开展“三证合一、一照一码”的企业注册制度改革，核发合作区首张“三证合一”营业执照，全年核发151家内资企业营业执照。 （张艳娜）

公平贸易促进

【概况】 2015年，深圳市公平贸易促进署围绕深圳市委、市政府“五位一体”总体布局和“四个全面”战略布局，围绕建设现代化国际化创新型城市目标，开拓创新，加强服务能力建设，贴近产业、服务企业，有序推进各项业务工作。2月，市委、市政府在保留深圳市世贸组织事务中心名称的基础上，将该单位变更为深圳市公平贸易促进署，并赋予“建立我市国际贸易质量评价体系和产业及贸易安全防范体系、建设我市走出去公共服务平台、开展337调查研究及反垄断调查”等新职能。

【深圳“三化一平台”建设】 2015年，深圳市公平贸易促进署立足深圳实际，研究国际经贸新形势，落实深圳市“三化一平台”战略目标。一是落实国务院、广东省、深圳市关于促进外贸稳定增长的若干措施，按照市政府全力以赴促进外贸稳增长的部署以及市经贸信息委的工作安排，深入外贸企业了解生产和进出口情况，反映企业遇到的困难，协同市财委、海关、检验检疫局等单位，帮助企业扩大出口，应对2015年的外贸严峻形势；二是落实《中国（广东）自由贸易试验区深圳前海蛇口片区建设实施方案》第七条关于“探索构建高标准的国际贸易规则体系和制度框架”。深圳市公平贸易促进署制订分阶段工作方案，从研究智库和国际交流合作平台等方面整合优势资源，探索形成高标准的国际贸易投资规则体系。三是加强对国际贸易新问题、新热点的跟踪研究，2015年开展《“一带一路”沿线五国市

2015 年 1 月 8 日，深圳市国际交流合作基金会成立大会在深圳五洲宾馆举行（杜娟　摄）

场准入机制与深圳对策研究》等课题，通过对这些国家地区市场准入规则研究，以及这些国家与深圳产业匹配度分析，力图为深圳企业与这五国开展经贸往来、投资合作提供法律服务和信息支撑，并探索从政策层面加强与这些国家贸易投资合作机制建设，落实深圳市“三化一平台”（市场化、法治化、国际化和前海战略平台）建设目标。

【贸易政策审议和通报】　2015 年，深圳市公平贸易促进署对广东省商务厅、市法制办、市科创委及市经贸信委等有关部门提交的规范性文件草案 11 件，提拟 WTO 合规性意见，对法规、规章等规范性文件中存在的与 WTO 规则不一致的条款，分别指出其存在的问题和风险，并提出相应的修改意见。5 月，配合商务部世贸司开展地方贸易政策通报有关工作；6 月，配合商务部世贸司开展世贸组织第六次对华贸易政策审议工作，就世贸组织秘书处问题单等有关内容提供答复意见。

【WTO 事务培训】　2015 年，深圳市公平贸易促进署开展 WTO 前沿动态和热点问题培训，与 9 个培训机构在“一带一路”、技术性贸易壁垒、能效、知识产权和企业社会责任等方面开展 30 场培训。开展博士后创新实践基地相关工作，新进两名博士后，并完成开题考核评定工作。在培训和课题调研中，坚持现场为企业提供 WTO 专业咨询服务，及时了解收集企业在国际贸易中面临的问题，提出有针对性的解决建议。通过对企业实际问题的研讨解决，密切深圳市 WTO 联席会议工作机制。全市各部门之间，市区之间联合开展关于 WTO 事务的培训宣传和调研。

【“WTO 与深圳”高级论坛和顾问委员会年会】　2015 年是 WTO 成立二十周年，深圳市公平贸易促进署于 7 月 6—7 日举办“第十四届‘WTO 与深圳’高级论坛及深圳市世贸组织事务中心顾问委员会 2015 第一次年会”。论坛的主题是“多边贸易体制的前景与中国的发展——深圳进一步践行国际规则的实践与创新”。论坛邀请 WTO 争端解决机构的法官、原驻 WTO 的三国大使，国际贸易法领域的资深学者，搭建起与深圳企业深度交流的平台。11 月 5 日，深圳市公平贸易促进署召开深圳市世贸组织事务工作联席会议暨世贸组织事务中心顾问委员会2015第二次年会，议题围绕当今国际贸易及深圳市贸易相关的热点问题，包括“TPP与WTO的关系”“自贸试验区构建与国际高标准对接的投资贸易规则体系探索”“当前国际经贸局势下深圳市公平贸易工作重心和发展方向”，同时就“国际贸易形势与贸易政策合规工作”进行研讨，并对2015年深圳市的世贸组织事务工作报告进行审议。

（蒋永灵）

深圳证券交易所

【概况】 2015年，深圳证券交易所履行一线监管职能，推进多层次资本市场发展。截至年末，深市上市公司1 746家，总股本12 779.28亿股，市值23.61万亿元。上市基金476只，挂牌债券1 448只，资产证券化产品53只。上市证券2 171只，投资者深市A股开户总数16 877.44万户。全年新增上市公司130家，IPO融资额491亿元。再融资与并购现金融资419家，金额4 647亿元，比上年增长47%、32%。243家公司完成重大资产重组，交易金额4 071亿元，比上年增长1.12倍。303家公司推出员工持股计划，162家公司推出股权激励，224家上市公司完成股权激励授予。实现温氏股份吸并大华农并创业板上市、分众传媒中概回归第一股、宁波银行深市首单优先股、招商蛇口整体上市。截至年末，深证成指收报12 664.89点，股票累计成交金额1 224 950.01亿元。平均市盈率52.75倍，其中主板30.73倍，中小企业板68.06倍，创业板109.01倍。

【主板】 至2015年底，深圳证券交易所主板上市公司有478家，上市股票516只，其中A股467只，B股49只，上市公司总股本6 084.89亿股，总市值76 243.27亿元，交易总金额442 041.03亿元，股票再融资1 891.51亿元。主板以推进和落实国企改革、退市改革、B股改革“三大改革”为抓手，继续搞活和壮大。招商局通过换股吸并招商地产实现整体上市，解决招商地产的B股遗留问题，实现深市首家B转A，同时通过定向增发引入战略投资和员工持股，成为国有企业混合所有制改革的案例。

【中小企业板】 至2015年底，深圳证券交易所中小板上市公司有776家，上市股票776只，上市公司总股本4 853.94亿股，总市值103 950.47亿元，交易总金额497 556.18亿元，股票筹资额3 228.36亿元。全年新增44家上市公司，IPO融资额182亿元。中小企业板有614家高新技术企业和244家战略新兴产业企业。

2015年，中小板公司平均实现营业收入30.64亿元，比上年增长11.47%；平均实现净利润2.04亿元，增长15.60%；平均净资产收益率达8.30%，盈利能力较好。全年160家公司推出重大资产重组方案，涉及金额4 053亿元，公司家数和交易金额分别比上年增长70%、2.13倍。全年中小板公司共推出股权激励75家次，29家完成期权授予，87家完成限制性股票授予；165家公司披露员工持股计划草案，64家完成计划实施。

【创业板】 至2015年底，深圳证券交易所创业板上市公司有492家，上市股票492只，上市公司总股本1 840.45亿股，总市值

55 916.25亿元，交易总金额285 352.81亿元，股票筹资额1 569.15亿元。全年新增86家上市公司，IPO融资额309亿元。高新技术企业457家，占92.89%。2015年度创业板上市公司平均实现营业收入11.19亿元，比上年增长29.4%；平均实现净利润1.25亿元，增长27.8%。370家公司收入比上年增长，占75%；125家下降，占25%。从净利润增速来看，322家公司比上年增长，占65%，173家下降，占35%，增长公司所占比例与2014年度基本持平。从收入规模来看，创业板培育出一批具有较大影响力的行业龙头企业。温氏股份、上海钢联、蓝思科技和乐视网等4家公司营业收入100多亿元，碧水源、华谊兄弟、红日药业等25家公司营业收入30多亿元，网宿科技、汤臣倍健、乐普医疗等145家公司营业收入10多亿元。

【固定收益】　2015年，深圳证券交易所推出私募固定收益产品质押式协议回购，制订深市公司债券业务规则制度体系，启用全电子化审核平台，提升审核时效，确保公开、透明。截至年底，挂牌债券1 448只，托管总面值5 373.62亿元，比上年底增长85.7%。全年受理570个公司债券和资产证券化项目，申报募集资金过万亿元。发行产品324只，增加直接融资规模4 618亿元，有效支持实体经济发展需求。2015年深市公司债券加权平均年化融资成本5.78%，比金融机构一般贷款加权平均利率6.01%降低23基点，有效降低企业融资成本，优化企业财务结构。年内受理小公募债券项目153个，取得中国证监会核准文件73个；受理非公开发行公司债券项目297个，发出无异议函246个。截至年末，挂牌资产证券化产品53只，发行面值709.43亿元，比上年底增长1.64倍；取得深交所无异议函的资产证券化产品96只，规模为1 148.93亿元；其中完成发行69只，募集资金686亿元，发行数量和募集金额增长305.9%和174.3%。对盘活存量资产、服务实体经济起到重要作用。

【基金指数】　2015年，深圳证券交易所上市基金产品476只，发行份额1 686.06亿份，市价总值1 963.68亿元，成交金额48 884.71亿元。继续建设“基金超市”。推出商品期货基金（白银LOF）、跨时区ETF（纳指100）、类REITs（鹏华前海）产品。推动跨境产品日内回转交易，推出ETF实时逐笔全额非担保交收（RTGS）。实现跨市场ETF开通场内申购赎回。完成深成指扩容改造。研发基于新深成指的行业指数和风格指数系列，强化基准指数功能定位。务实推进与MSCI、富时等国际指数公司合作。制订深证指数及产品发展规划。

【稳定市场】　2015年6月，股市发生异常波动，深圳证券交易所全力应对市场异常波动和处置风险。落实市场交易维稳监管措施，重点监控异常交易行为，对“司度（上海）”等异常交易账户采取自律监管措施，电话问询警示289次，书面警示函60份，要求合规承诺函35份，限制交易措施27次。配合司法稽查，提供协助调查资料438次，提供数据报表1 600多份。完成大量数据统计、复杂计算、动态分析、舆情监测工作，上报专题报告60多份。深化跨市场联合监管，强化所内监管协作，针对基金集中持股、异常交易采取自律监管措施。协调推进相关调解、复议事项，主动应对涉诉风险。落实上市公司维稳监管措施。督促上市公司主动维护市场稳定。严格依规处理公司停复牌申请，制定实施《上市公司停复牌业务备忘录》，加强停牌公司监管，年末深市停牌公司数量相比年中高峰降低 83%。对涉及上市公司违规买卖股份行为即时采取监管警示措施。要求涉及筹划重组并购上市公司披露交易具体信息，加强上市公司减持、市值管理、大股东股权质押信息披露监管。强化市场风险提示与警示，妥善处置分级基金业务风险。强化分级基金实时交易监控，优化折算流程，完善相关交易制度。“会员之家”增加上市基金投资风险管理培训，多渠道刊发分级基金下折等风险提示警示。稳妥应对分级基金投资者群访。研究提出并推进实施 6 个方面 22 条具体措施，及时完善两融制度，修订股票质押业务指南，起草《程序化交易管理实施细则》并征求市场意见。

【监管转型】 2015 年，深圳证券交易所提升监管透明度，促进市场主体归位尽责。6 月 1 日起实现全范围、多时段及除特殊公告外全类别上市公司直通披露。优化承诺管理系统，充分披露承诺及其履行。公开重点公司年报问询函、重大资产重组审核问询函及回函，督促召开重组预案媒体说明会。推进信息披露简明化。提升监管针对性，完善落实退市工作制度。制订修订 10 项分行业信息披露指引，完善针对性行业监管。修订《退市公司重新上市实施办法》《退市整理期业务特别规定》，完善退市工作机制，全面排查退市风险公司，稳妥做好 *ST 国恒、*ST 武锅 B 退市工作。加强债市信用监管，防范和化解信用风险。完善公开发行公司债券风险评价模型和风险四级分类，建立动态债券风险监测信息数据库，向 16 只高风险、次高风险债券受托管理人发问询函并持续跟踪。强化非公开发行公司债券、资产证券化产品风险防控。稳妥处理中富债、湘鄂债违约风险。加强市场交易监管，及时上报异动线索。完善依法监管标准和流程。优化新型报警指标，精确锁定市场操纵行为，实行报警分级管理，配套递进式监管措施。主动筛查核查、及时发现异常交易线索，上报异动线索 190 起。强化自律监管执行，落实重点风险防控。修订《纪律处分与自律监管措施实施细则》《限制交易实施细则》。作出公开谴责 22 例，通报批评 41 例，发出监管函 352 份。关注 PE+ 上市公司、险资举牌等新情况，制止恶性事件，及时上报情况建议。

【技术系统】 2015 年，深圳证券交易所制订信息技术五年战略规划，确立核心系统全面转向开放式平台，推进实施重点项目。完成第五版交易系统项目现有业务、四版同步需求、新增需求开发测试和上线准备。新一代互联网应用平台项目（二期）按期交付上线。完成南方中心一期建设。实施新版监察系统规划项目。完成期权技术系统建设。深股通系统基本就绪，港股通完成四方联调。拓展 BPM 应用，完成注册制审核电子化平台、再融资业务需求，上线 ETF 现金申赎 RTGS、债券质押式协议回购、可交换公司债、优先股业务系统。跟进中央监管信息平台建设，配合完成相关技术协调和需求开发。应对市场极端情况，全力保障交易安全运行。组织各种压力、容量测试，完成交易系统委托笔数、成交笔数、成交号码、公告数目和委托流水号扩容，实现系统可支持单日成交金额 3 万亿元、成交笔数 2.4 亿笔。

【国际合作】 2015 年，深圳证券交易所开展国际交流与服务，配合“深港通”“基金互认”业务启动，围绕“1+3”核心指数，开展国际市场宣传与推介，完善国际投资者关系服务。推动与国际组织合作交流，提升在 WFE、IOSCO 等平台话语权。推进跨境产品与业务，以人民币国际化、“一带一路”为契机，研究推动前海点心债产品创新。针对优质特殊股权结构类企业境内上市需求，探究推动中国存托凭证业务试点。完善跨境基础设施，完善基金互认基础设施，扩展 FDEP 平台与境外基础设施连通。支持 QDII2 业务开展，探索通过订单路由形式实现境外市场投资。推动建设跨境金融产品交易平台。

【培育服务】 2015 年，深圳证券交易所完善市场服务平台体系，延伸培育服务链条。完善“中小企业之家”。新建中关村培育基地，筹备杭州培育基地。新增固定收益、并购重组、再融资、国企改革内容，深化地方政府、区域股权交易中心走访合作，开展多元化培训，完善专业化、系统化、全方位培育。实施“科技型中小企业成长路线图计划 2.0”，举办 14 场巡回路演、24 场常态路演。完善“会员之家”。举办 11 期大讲堂培训，覆盖 890 家营业部。建设“金融办之家”，共 7 批 37 名地方金融干部挂职交流。建设“创业者之家”，举办 3 期燧石星火创业训练营、8 期“创业家思享汇”公益活动。第一财经、央视财经入驻“媒体之家”。综合研究支持业务创新发展，完成多项重大研究课题。完善“中小投资者之家”。制定《投资者适当性管理指引》《会员客户高风险证券交易风险警示业务指引》。启动“呼叫易”微信服务，推出“互动易”新版应用，优化“投票易”功能，开发“分析易”互联网版本，完善“投知易”学习平台，开展“征集易”在线调查。深化三大投教主题活动。发布市场首部投教微电影。（徐洪涛）

“设计之都”建设

【概况】 2015 年，深圳市启动第二届联合国教科文组织创意城市网络“深圳创意设计新锐奖”评选活动，在北京、上海、成都、苏州等国内城市，以及柏林、赫尔辛基、圣艾蒂安等国外城市举办 10 场推介会，吸引 23 个创意城市的数千名设计师参赛，由 7 名国际一流设计师组成的评审团在深圳评出 16 个奖项获奖者。举行深圳国际时装周，引起业内和社会的广泛关注。第十一届“创意十二月”突出“双创”特色和国际化元素，设定“创意十二月”总主题“创意·创新·创造”，年度主题为“创意引领生活，创新开拓未来”，举办第二届“中国设计大展及公共艺术专题展”、第八届“中国（深圳）国际工业设计节”、第九届 GDC“平面设计在中国”展等近 300 项创意活动，并首次开展“十佳活动”“十大创客”“十佳组织单位”评选。推进深圳城市英文门户网站建设，成立民间机构“深圳市设计之都推广促进会”，筹备加入世界城市文化论坛，“设计之都”的国际影响力进一步提升。

（史学正）

【第 11 届“创意十二月”】 2015 年 12 月 4 日至 2016 年 2 月 25 日，第 11 届“创意十二月”在深圳举行，由深圳市委宣传部、深圳市文体旅游局、深圳市文学艺术界联合会、深圳市设计之都推广办公室联合主办，深圳报业集团、深圳广电集团、深圳出版发行集团、深圳市创意文化中心联合承办，深圳晚报社为执行单位。该届“创意十二月”总主题——“创意·创新·创造”，以“创意引领生活，创新开拓未来”为年度主题。300多项创意活动在12月开启，活动涵盖创意设计、工艺美术、文艺表演、广播影视、动漫游戏等20多个创意领域，重点项目增至36个。开放式启幕礼，以一场机器人热舞开场，机器人“13月”化身主持人、创意使者划着赛艇为市领导送上发令枪，创意市集展现最新创意成果。该届“创意十二月”启幕当天，深圳市四套班子领导以“创意”之名，与市民共享创意狂欢。首次设立“十佳活动”“十佳组织奖”“深圳十大创客”三大评选。该届“创意十二月”中，2015全球创意设计学院“创意大芬”设计竞赛、深圳国际友城文化艺术周、德国IF设计大奖获奖精品深圳展、全球游戏品牌峰会等拥有国际特色的活动项目有20多项，吸引全球创意人士参与深圳创意文化产业发展。整合新媒体、传统主流媒体、公交站台、地铁屏幕、LED大屏等多种媒体手段以全新的创意启动全方位宣传本次活动。

【“深圳市设计之都推广促进会”首届一次会员大会】 2015年5月17日，由深圳市市委宣传部门牵头组建的“深圳市设计之都推广促进会”首届一次会员大会在前海管理局召开。近50家创意设计企业（及设计类协会）代表参加。全体与会代表表决通过《深圳市设计之都推广促进会章程》，并投票选举深圳市都市实践设计有限公司合伙人刘晓都为首届“促进会”会长（任期三年），联合国教科文组织创意城市网络深圳负责人徐挺为“促进会”秘书长。“促进会”不设副会长、常务理事等职，不收取任何会费，促进本市创意设计界积极开展国际交流、深港协作和同城互动等工作，扩大深圳城市影响，擦亮“深圳设计”品牌。

【第八届中国（深圳）国际工业设计节】 于2015年12月2—6日在深圳举办。该次设计节以“设计·变革·未来 DESIGN REFORMS THE FUTURE”为主题，联合全球设计先锋城市——美国波士顿，将工业设计、科技创新与工业制造融合，吸引2万多人参与，40多位国内外知名设计大师、100多家国内国际知名品牌、500名（个）本土制造商和设计机构、1 000多名（个）制造商和院校研究机构以及3 000余名专业设计师和业内人士参会，为本土制造业及设计机构带来跨行业跨区域商机。该次设计节由八大系列活动组成，分别是2015中国国际工业设计高峰论坛、第一届“创宝杯”少年创客马拉松、机器人竞技演示、深港台创意设计廊——创意设计高阶训练营之创客项目路演、深港台创意设计廊——创意设计高阶训练营之设计教育与创新创业高峰论坛、全国工业设计产业创新联盟理事会暨学术年会、宝安工业设计创新展以及2015香港设计营商周，其中机器人竞技演示及宝安工业设计创新展吸引大批市民及设计师驻足体验新科技产品、智能制造展品的功能及独特的设计风格。

【第三届深圳国际工业设计大展】 于2015年11月6—8日在深圳举办，该届大展由深圳市人民政府主办，深圳市工业设计行业协会承办，国际工业设计联合会、中国工业设计协会、中国机械工程学会工业设计分会联合协办。展会以“智造未来 DESIGNING THE FUTURE”为主题，聚焦国际前沿设计，设置10大展区：设计未来展区、设计电商O2O展区、国际设计大师展区、智慧生活展区、设计前沿展区、四创联动展区、智造未来展区、设计品牌策略展区、国际设计展团展区、深圳工业设计中心展区。展会参观人数15万多人次，专业观众10万人次，吸引500多家专业媒体聚焦报道。11月6日，在会展中心5楼勒杜鹃厅举行智造未来全球高峰论坛及2015中国国际时尚科技高峰论坛；11月7日，在桂花厅举行2015中国国际时尚科技高峰论坛。来自全国各地的设计师和企业家，以及多位慕名而来的国外智能硬件、制造业等领域的参展商和观展商参加展会。该届大展促启动“1+5：设计×制造业”的全新配对形式，为每位海外参展商配对5家国内企业进行产业洽谈，吸引国内来自北京、上海、苏州、南京、杭州等30个团体前来寻求合作商机。展会三天，共实现中外企业对接950次，其中初步达成意向635次，落实项目前期合作370个。智造未来国际工业设计高峰论坛、2015中国国际时尚科技高峰论坛、2015全球智能硬件创新设计大会、全球设计新品发布会、全球创新创业直通车签约仪式、新加坡对话：设计与智造未来等高端活动吸引全球业界关注。

【第二届联合国教科文组织创意城市网络深圳创意设计新锐奖】 2015年11月22日，第二届联合国教科文组织创意城市网络深圳创意设计新锐奖揭晓，来自奥地利格拉茨的Breath团队赢得3万美元的头奖。中共深圳市委常委、宣传部长李小甘等出席发布会、参观获奖作品展并致辞。新锐奖面向来自全球69个创意城市的35周岁（含）以下年轻设计师（建筑师40周岁）。由戈登·布鲁斯等7位世界一流设计师组成的专业国际评审团经过两天评审，选出16个获奖选手或团队。除头等奖外，Jarre等来自加拿大蒙特利、法国圣艾蒂安、芬兰赫尔辛基、韩国首尔、中国香港及上海等城市的10位个人或团队获得优秀奖；Giulia Pignataro等来自意大利都灵等城市的5个学生组的参评个人或团队获得新星奖。优秀奖与新星奖每个获奖单元奖金均为5 000美元。2011年，联合国教科文组织在韩国首尔年会上确定，创意设计新锐奖永久落户深圳，每两年评选一次，2013年举办首届活动，是激励全球年轻设计师、提振经济发展信心、加强创意城市交流、助力全球文化创意产业发展的重要平台。新锐奖特别邀请尚未加入创意城市网络的香港年轻设计师参加，并计划于2016年5月在巴黎联合国教科文总部举办第二届新锐奖的颁奖典礼及优秀作品展览。

（叶博珂）

·责任编辑 周慧琴·

珠海市

基本情况

【概况】 珠海市位于广东省南部。1979年设立地级市。2015年辖香洲区、金湾区、斗门区，另设珠海市横琴新区、珠海高新技术产业开发区、珠海万山海洋开发试验区、珠海高栏港经济区、珠海保税区5个管理区或功能区。土地面积1 732.33平方千米。年末户籍人口112.45万人；常住人口163.41万人，其中城镇人口143.92万人。人口自然增长率9.4‰。祖籍珠海的海外华人、华侨和港澳台同胞约36万人。

珠海市有耕地面积3.36万公顷，粮食播种面积0.70万公顷，粮食产量4.21万吨。林业用地面积4.85万公顷，生态公益林面积3.58万公顷；森林覆盖率35.9%，活立木蓄积量321.77万立方米。城市人均公园绿地面积19.50平方米。珠海市发现矿种25种，主要矿种有铁、钨、铋、钼、钾长石、石英砂矿、建筑用花岗岩、砖瓦用黏土、泥炭、矿泉水和地下热水，其中地下热水总允许开采量1.04万立方米/日，已开发平沙地下热水（海泉湾度假城）和斗门下洲地下热水（御温泉度假村）是珠三角城市中海洋面积和海岛面积最大、岛屿最多、海岸线最长的城市，素有“百岛之市”之称。全市大陆海岸线224.5千米，面积大于500平方米的岛屿有147个。珠海有国家一类口岸8个（拱北口岸、横琴口岸、九洲港口岸、高栏港口岸、湾仔轮渡客运口岸、万山港口岸、斗门港口岸、珠澳跨境工业区专用口岸），国家二类口岸6个，其中高栏港是中国沿海主枢纽港。全市口岸开设旅客出入境通道269条，车辆通道36条，涉外码头泊位55个。

主要旅游景点有石景山、野狸岛、九洲岛、淇澳岛、东澳岛、桂山岛、外伶仃岛、万山岛、荷包岛、香炉湾（情侣路、珠海渔女）、海滨泳场、十里莲江、御温泉、农科奇观、长隆国际海洋度假区、珠海市博物馆（九洲城）、北山村、梅溪牌坊、澳门环岛游、海泉湾度假区、圆明新园、梦幻水城、华发商都、共乐园、金台寺、罗西尼钟表博物馆。主要特产有横琴蚝、白蕉禾虫、南屏脆肉鲩、黄金风鳝、将军帽、狗爪螺、白藤藕粉、横山粉葛、斗门重壳蟹、珠海对虾、南水蟹、上横沙蚬、白蕉海鲈、白藤水鸭、黄杨荔枝、叠石蚝油、

2015年5月18日，珠海市博物馆新馆建筑主体完工。图为珠海市博物馆新馆外貌 （珠海城建集团供稿）

2015 年珠海市国民经济发展情况

市（区）	户籍人口（万人）	地区生产总值		人均地区生产总值		工业总产值		农林牧渔业总产值		全社会固定资产投资额	
		实绩（亿元）	比上年增长（%）	实绩（元）	比上年增长（%）	实绩（亿元）	比上年增长（%）	实绩（亿元）	比上年增长（%）	实绩（亿元）	比上年增长（%）
全市	112.45	2 025.41	10.0	124 706	8.6	4 125.07	10.7	85.62	–0.2	1 305.14	15.0
香洲区	63.15	1 319.62	9.5	140 406	7.7	1 977.78	10.8	5.84	–6.6	746.03	14.2
金湾区	13.96	418.40	9.9	161 945	9.0	1 308.14	9.2	13.12	–5.6	340.96	11.5
斗门区	35.34	287.39	13.3	67 472	12.0	839.15	4.5	66.66	2.2	211.41	20.1

市（区）	外贸出口总额		实际吸收外商直接投资		一般公共预算收入		社会消费品零售总额		城镇常住居民人均可支配收入		农村常住居民人均可支配收入	
	实绩（亿美元）	比上年增长（%）	实绩（亿美元）	比上年增长（%）	实绩（亿元）	比上年增长（%）	实绩（亿元）	比上年增长（%）	实绩（元）	比上年增长（%）	实绩（元）	比上年增长（%）
全市	288.36	−0.6	21.78	12.8	269.96	17.2	913.20	12.0	38 322	8.6	20 510	11.5
香洲区	154.34	5.5	13.41	19.9	34.60	15.2	762.99	12.1	–	–	–	–
金湾区	59.62	−14.0	6.13	4.2	19.21	21.6	44.11	7.7	–	–	–	–
斗门区	74.40	−0.2	2.24	0.0	23.92	11.2	106.10	12.7	–	–	–	–

注：分区一般公共预算收入为区级收入数

官塘茶果、乾务软骨鲮等。

珠海人杰地灵，涌现出众多历史名人，有中华民国第一任内阁总理唐绍仪，兴中会第一批会员郑仲；有华南地区最早传播马克思主义的杨匏安，中华全国总工会第一任委员长林伟民，第六届中共中央政治局常委苏兆征；有清华学校（清华大学前身）第一任校长唐国安，中国第一位在美国取得学士学位的留学生、担任过中国第一任驻美副公使的容闳，中国第一批赴日留学生、创办中国第一家水泥厂（唐山士敏土厂）的唐廷枢，以及中国近代著名实业家徐润、蔡昌等人；有中国第一位世界冠军——第二十五届世界乒乓球锦标赛男子单打冠军容国团；有中国近代集画家、诗人、和尚、文学家、革命家于一身的苏曼殊。

2015 年，珠海获全国文明城市、全国最宜居城市、中国城市“氧吧”、中国文化城市、景观休闲型城市、中国养老城市、最具幸福感城市等称号。

是年，全市地区生产总值 2 025.41 亿元。固定电话用户 65.88 万户，移动电话用户 381 万户。社会用电量 145.37 亿千瓦·时。城镇常住居民人均现有住房建筑面积 30.11 平方米，农村常住居民人均现有住房建筑面积 42.05 平方米。年末城镇登记失业率 2.26%。参加职工基本养老保险 111.97 万人（含离退休）；参加城镇职工基本医疗保险 110.50 万人；参加城乡居民基本医疗保险 47.76 万人。城镇生活污水集中处理率 95.7%，城镇生活垃圾无害化处理率 100%。

（珠海年鉴编辑中心）

【经济建设】 2015 年，珠海市地区生产总值 2 025.41 亿元，比上年增长 10%。全年经济逐季加速，全市第一、二、三产业分别实现增加值 45.11 亿元、1 007.30 亿元和 973.00 亿元，增长 0.0%、10.3%和 10.2%，三次产业比重达 2.2∶49.8∶48，增长贡献率分别为 0.0%、54.7%和 45.3%。与经济增长相关联的全社会用电量、货物运输总周转量、金融机构贷款等指标匹配性较强，分别比上年增长 8%、8.4%和 21%。全市完成一般公共预算收入 269.92 亿元，比上年增长 17.2%。国地税分别组织收入 68.23 亿元和 158.07 亿元，比上年增长 14.2%和 15.9%。

固定资产投资　是年，珠海市完成固定资产投资 1 305 亿元，比上年增长 15%。其中，外源性经济投资成为拉动投资增长的重要力量。全市外源性经济完成固定资产投资额 173 亿元，比上年增长 50%以上。制造业投资比上年增长 1 倍多。房地产投资比上年增长 30%以上。基础设施投资比上年增长 13.5%。其中，交通运输、仓储和邮政业完成投资 183.75 亿元，比上年增长 30%以上。全市重点建设项目完成投资 423.4 亿元，完

2015 年珠海市社会事业情况

教育				医疗　文化　体育			
项目	单位	实绩	比上年增长（%）	项目	单位	实绩	比上年增长（%）
普通高校校数	所	10	0	医院、卫生院数	所	54	8.0
普通高校在校学生数	万人	13.20	0.8	医院、卫生院床位数	张	7 978	6.9
中职和技校学校数	所	10	11.1	医院、卫生院每千人床位数	张	5.24	5.9
中职和技校在校学生数	万人	2.87	−1.5				
普通中学学校数	所	71	6.0	群众艺术、文化馆数	个	4	0
普通中学在校学生数	万人	8.76	−3.3	公共图书馆数	个	3	0
小学学校数	所	116	0.9	博物馆数	个	2	0
小学在校学生数	万人	14.88	5.8				
学龄儿童入学率	%	99.87	−0.11 个百分点				
幼儿园数	所	281	8.5				
在园幼儿数	万人	6.67	14.3				

成计划的117.6%。其中33个省重点项目完成投资222.9亿元，完成计划的130.4%。基础设施工程项目、现代产业体系工程项目、新型城镇化项目、绿色发展工程项目、社会事业建设工程项目分别完成投资181.4亿元、175.1亿元、34.4亿元、10.8亿元、21.7亿元。中海油精细化工一期项目、三一海洋重工产业园一期项目、瓦锡兰中速机项目、碧辟化工PTA三期项目等项目完工投产。

（骆一俊）

【政治文明建设】 2015年，珠海市把“三严三实”专题教育贯穿全年，强化党建主体责任，开展从严治党专项考核，按照20%的权重纳入各区实绩考核。开展区、镇（街）党委书记抓基层党建述职评议，打造一批基层党建“书记项目”和示范点，扩大“两新”基层党组织的有效覆盖。整顿提升43个村（居）软弱涣散党组织，全面落实驻点普遍直接联系群众制度和工作地居住制度。全市驻点联系工作完成走访任务95.8%，收集群众反映问题1.96万件，办结1.84万件。开展基层治理，制定28项基层治理任务清单，清理核实农村集体经济组织“三资”，解决历史留用地等涉及群众切身利益的难点问题。

领导班子和干部队伍建设 是年，珠海市贯彻落实中央八项规定精神，巩固深化“转作风提效能”活动，开展岗位职责“明责晒单”、机关作风“清障”行动，解决机关干部“在岗不尽责、在编不干事”问题。从严选拔管理干部，开展“凡提必核”工作，干部超职数配备问题全部整改完成。制定市管干部选拔任用规程，解决干部“不作为、慢作为、不能为”问题，探索建立“能上能下”的干部工作机制。

党风廉政建设 是年，珠海市查处违纪案件312件，给予党纪政纪处分302人，出台预防腐败条例实施细则及30多项配套制度，优化升级廉情预警评估系统，实现市、区两级政府投资工程全覆盖。推进横琴“廉洁岛”建设，在广东省率先出台规范领导干部配偶、子女及其配偶经商办企业行为的规定，创建廉洁示范区。

行政管理体制改革 是年，珠海市推进行政体制改革，继续实施简政放权，完成市、区权力清单编制，将182项市级行政管理事权下放至区。推行“三证合一”“一照一码”，全国首发“商事主体电子证照卡”。

2015年9月9日，珠海市召开“三严三实”专题教育工作推进会

（珠海市委组织部供稿）

实行投资立项审批“一个窗口受理，一个窗口审批”，建设工程可行性研究审批时限压缩至12个工作日。开展口岸查验机制创新，率先在横琴口岸启动“一机一台”通关改革，效率提升30%。启动市、区两级财政“零基预算”改革，深化国资国企改革。深化农村综合体制改革，推进农村土地承包经营权确权登记，分批建成42个农村金融服务站。横琴自贸试验区对标国际高标准投资贸易规则，制订横琴自贸试验区改革创新发展总体方案，出台40多项改革举措，其中6项面向全市复制推广，6项入选广东省自贸试验区首批制度创新案例，“政府智能化监管服务新模式”获全国自贸试验区最佳案例。出台促进自贸试验区建设的政府规章，推行“三个零”政府服务，实施“三单”管理，对港澳负面短清单比国家标准缩短30%。推进司法体制机制改革探索，推行立案登记制，建立商事案件专业化审理机制。

2015年6月29日，珠海横琴新建的综合服务中心揭牌启用，并为9个企业颁发首批“一照一码”营业执照　　（珠海市横琴新区供稿）

·链接·

“一机一台”通关

指在横琴口岸，海关和检验检疫部门通过整合优化、信息共享、协同执法，减少重复监管，出入境旅客只需接受海关、检验检疫一次联合检查即可通关。

零基预算

指在编制预算时以零为基点，不考虑过去预算项目和收支水平，重新核定每个项目实际情况及资金需求，依据事情的轻重缓急，统筹安排年度资金预算。

“五个专项”整治

指整治违规修建楼堂馆所，整治公款出国旅游，整治节庆、论坛、展会活动过多过滥，整治“小金库”、违规使用专项资金，清退会员卡。

社会治理模式创新　是年，珠海市开展“五个专项”整治和“社会矛盾化解年”活动。推进涉农、劳资、环保等重点领域的专项治理，排查重点矛盾纠纷127件，化解率93.2%。健全依法维权和化解纠纷机制，建立全国首个社会评议委员会。解决代耕农等一批历史遗留问题。推进平安珠海建设，开展涉毒、涉黑、涉盗抢“3+2”整治刑事犯罪专项行动。推进社会治安防控体系建设，建立“平安指数”发布应用机制，全市未发生重大刑事案件和群体性事件。审理具有全

·链接·

涉盗抢“3+2”整治刑事犯罪专项行动

指省公安厅统一部署涉毒、涉黑和“两抢一盗”打击行动，在此基础上结合本地实际，在涉赌、涉食假药、涉非法集资、涉诈骗、涉枪5类犯罪中选取两项本地突出犯罪集中打击。

“10+1”改革惠民项目

“10”指出入境管理智能化再提升、推进村居警官工程、深化平安指数应用、深化案件办理信息公开平台应用、简化交通违法处罚程序、建设智能交通系统、推动技防管理立法、构建三级消防监管模式、探索志愿警察机制、推进户籍制度改革。“1”指服务自贸区建设，探索横琴特色警务模式。

国影响力的“华藏宗门”案。部署全国公安改革综合试点工作，推出“10+1”改革惠民项目，开展公安民警分类管理改革。加快创建国家安全发展示范市，持续开展“打非治违”（指打击非法违法生产经营活动行为）专项行动，加大对危险化学品等重点领域隐患排查和执法检查力度，各类生产安全事故比上年下降，全市安全生产形势保持稳定。

人大、政协依法履行职能　是年，珠海市人大常委会审议法规草案10件，通过7件。围绕全市中心工作、法律法规有效实施和群众关心的热点难点问题开展监督，听取和审议专项工作报告9项，开展执法检查2项，组织专题询问2次，开展专题调研18次。组织代表参加各项活动1 097人次，其中参加专题调研、视察、执法检查308人次。制定《中共珠海市委关于加强和改进政协工作的意见》。围绕全市“三高一特”产业发展、自贸区建设等重大决策部署，选择发展先进装备制造业、横琴自贸区金融创新等8个协商议题。探索完善协商体系，灵活开展专题协商、界别协商、对口协商、提案办理协商，创新推进常委会议协商、立法协商、走访协商，构建多层面协商民主运行机制。全年收到提案444件，立案397件，推动一批行业发展、社会民生等问题妥善解决。继续完善委员参加民主评议、行风评议、考察视察等活动方式，全年有70多名政协委员参与市各相关部门监督活动。

法治珠海建设　是年，珠海市重点推动与创新驱动、民营经济、国际宜居城市相关的立法项目，制定地方性法规7件、政府规章6件，制定地下综合管廊管理条例。加快建设法治政府，发挥政府法律顾问作用，实施重大行政决策听证制度，全市12个单位发布重大行政决策听证目录。加快珠海新型智库建设，健全科学民主决策机制。落实新修订的行政诉讼法，24个行政机关单位负责人出庭应诉。深化司法体制改革，实行领导干部干预司法活动、插手具体案件处理的记录、通报和责任追究制度，维护司法权威。实施行政执法与刑事司法衔接工作条例。推进社会治理法治化，区、镇（街）、村（居）三级公共法律服务中心（站）实现全覆盖。推进律师、警官和规划师“三支队伍”进村居。完成“六五”普法工作。

（珠海市委办）

【文化建设】　2015年，珠海市文化主管部门实施文化强市战略，完善文化产业扶持政策，引进特色优势项目，推进产业聚集发展。至年底，文化产业总值98亿元，占全市GDP比重4.92%。珠海市形成现代传媒出版业、数字内容业、影视娱乐业、文化产品制造业、原创艺术生产销售业、创意设计业6大优势产业。是年，文化产业发展专项资金扶持重点项目37个，并对2个产业园区的25家入园文化企业予以扶助，资金总额2 110万元。按照“建设方投资为主，专项资金扶持为辅”的原则，重点扶持数字内容和动漫网游业、产业园区和公共服务平台建设、大型文化会展和活动等项目。珠海文化主管部门与中国建设银行珠海分行合作，建立面向中小企业的“文产贷”融资平台，帮助企业解决融资难问题。深圳第十一届中国国际文化产业博览会期间，组织30个参展单位近100个文化产品（项目）参展，以“创意发声·珠海有礼”为主题，重点展示27家手信企业的工艺品、食品和科技产品，珠海“粤港澳文化产业园”“金地·动力港文化产业园”“V12文化创意产业园”“金嘉文化创业产业园”“乐士文化区”5大文化产业园同时推介投资项目和招商。其中金地·动力港文化产业园的3D打印基地、汽车影院、融资城网络平台、西岸影视等项目成为该届文博会展示焦点。珠海市连续第11次获文博会组委会颁发的优秀组织奖和优秀展示奖。国家级非物质文化遗产项目“装泥鱼”首次登上文博会珠海展台，展示珠海本土文化特色。珠海选送的工艺美术作品有16个获中国工艺美术文化创意奖。是年，新建、续建项目32个，总投资23亿元。总投资2亿元占地面积1.5万平方米的改造项目金嘉创意谷正式挂牌“珠海文化创意产业园区示范单位”。这是珠海市继V12文化创意产业园和珠海金地·动力港文化产业园之后，第3个市级文化创意产业园，实现由工业型向创意型产业转型。在建推进的产业园有集主题娱乐、电子竞技、国际艺术品交易展览、商演、影视剧拍摄和版权贸易于一体新兴文化产业项目——横琴·粤港澳文化创意园；以时尚艺术和互联网+产业为主要业态的佳能文化创意园；总投资20.8亿元，总建筑面积18.6万平方米，完成面积1万平方米亚洲最大室内摄影棚的珠海平沙文化产业园；还有南方影视产业基地、乐士文化区、北山中西文化创意产业基地等32个项目。至年底，珠海文化产业拥有国家文化出口重点企业6家、国家认证动漫企业5家、广东省版权实业示范基地6家、广东省文化出口重点企业1家。广东省最具价值版权产品1项。

是年，珠海大剧院、市博物馆新馆、市城市规划展览馆等城市标志性文化设施建设工程进展顺利。市文化馆公共空间设施场地和基本公共文化服务项目免费向公众提供；完成古元美术馆理事会制度改革；完成全市24个镇级文化站和市图书馆文化信息资源共享平台建设，按照省特级文化站标准完成狮山街道文化站、莲洲镇文化站建设；完成100个村（居）文化中心建设。

公共文化服务　是年，珠海市举办莫扎特国际青少年音乐比赛、2015南国书香节珠海分会场、珠海读书月、滨海之声音乐节、第三届文联文艺展示月等大型文化活动；结合中国人民抗日战争暨世界反法西斯战争胜利70周年、珠海经济特区建立35周年等主题，组织开展多种形式群众性文化活动；启动首届珠海市全民文化艺术普及活动，以“点菜”形式组织开展文艺名家讲座下基层、优秀舞台艺术作品巡演、画家面对面、粤剧艺术进校园下基层等活动；开展珠港澳中国民族器乐大赛、珠海粤韵濠江情文艺演唱会、珠澳新闻摄影展、粤港澳画家美术作品交流展等活动。完善优秀文艺作品奖

2015 年 9 月 26 日，第一届珠海莫扎特国际青少年音乐比赛闭幕式暨获奖者音乐会在珠海华发中演大剧院举行　　（赵梓　摄）

励机制、文艺精品宣传推介机制和文艺人才培育机制，组织文艺工作者深入基层开展采风创作活动；在市文艺精品专项资金中设立文艺精品宣传推广经费，首次启动全市文艺精品、文艺名家宣传计划；启动纪录片《中国航展》《跨越——港珠澳大桥建设记事》等重点题材创作；本土原创电影《青涩日记》入围“金鸡奖”提名奖，微电影《鱼缸碎了、鱼儿活了》获中国（杭州）国际微电影展“金桂花奖”十佳公益微电影，本土原创歌曲《中国梦》在中央电视台音乐频道播出，粤剧《疍家女》、纪录片《浴火三灶》被列入 2015 年广东省扶持文艺精品项目。推进全国文物保护单位“陈芳家宅”“宝镜湾遗址”，省级文物保护单位“唐家三庙”，珠海市文物保护单位“砲台山海关遗址”，以及珠海港澳流动渔民陈列馆保护利用项目修缮工程；编制全国文物保护单位“三灶岛侵华日军罪行遗迹”规划；开展珠海市第一次全国可移动文物普查工作，完成 9 000 多件馆藏品数据采集、录入和上传工作；修改完善《珠海市非物质文化遗产专项经费管理办法》，三灶民歌、三灶竹草编制技艺、淇澳端午祈祷巡游、斗门赵氏家族祭礼 4 个非物质文化遗产项目入选省级保护名录；举办第十次“全国文化遗产日珠海系列活动”，举办珠海非物质文化遗产图片展进校园、社区等活动。　　（梁旭　王彩锋）

【社会建设】　教育事业发展　2015 年，珠海市新一轮 10 所镇中心幼儿园全面建成并开园，新增公办学位 4 500 个。印发《珠海市学前教育第二期三年行动计划（2015—2018 年）》，出台《珠海市普惠性幼儿园认定办法》，截至年底，全市认定 160 所普惠性民办幼儿园。加大中小学校新建、改建、扩建力度，缓解“大校额”“大班额”现象。严格执行义务教育免试就近入学、阳光分班政策，促进义务教育高位均衡发展。保障外来务工人员随迁子女在珠海市平等受教育权利，全年全市义务教育中小学校招生 41 637 人，其中随迁子女 15 188 人。出台《珠海市人民政府关于深入推进职业教育校企合作的意见》《珠海市人民政府关于加快发展现代职业教育的实施意见》。创新中职教育办学模式，推进职业教育集团化办学，开展珠海市首届职业教育活动周活动。推动独立学院从教学型向应用型本科转变，提升人才培养层次，扩大研究培养规模，提升高校办学水平。引导高校成为珠海市创新驱动发展的技术支撑和人才培养基地，首轮评出 30 名

2015年6月1日，珠海团市委联合市教育局、市少工委在珠海明珠中英文学校举行“红领巾相约中国梦”主题教育实践活动　　（钟凡　摄）

特聘学者、20个市优势学科、20个市重点实验室（重点研究基地）和8个协同创新中心。是年，珠海市政府出台《珠海市关于进一步促进民办教育规范特色发展的实施办法》。加大民办教育财政投入力度，全市财政性民办教育经费1.48亿元。出台《珠海市特殊教育提升计划（2015—2016年）》《珠海市医教结合特殊教育儿童健康评估实施方案》，成立市自闭症教育支持与指导中心和市特殊教育协会。开展融合教育培训。

就业创业　是年，珠海市城镇新增就业47 585人，城镇失业人员再就业12 809人，农村劳动力转移就业2 184人，就业困难人员实现就业2 576人，促进创业2 893人（带动就业7 766人），分别完成年度目标任务的105.7%、106.7%、109.2%、128.8%、103.3%，城镇登记失业率为2.26%，比目标任务低0.94个百分点。新增认定3个市级创业孵化基地。出台新的《珠海市就业补贴实施办法》，落实就业扶持政策，全年全市筹集就业资金8 548.27万元（含中央、省级就业专项资金），比上年增长40.9%；就业资金支出8 047.83万元，增长44.7%；享受就业补贴71 365人次，下降2.4%。开展“春风行动”“南粤春暖”“就业援助月”“就业直通车”等公共就业和人才服务专项活动，推行就业困难人员实名制就业服务，落实高校毕业生和就业困难人员“双百场”40.40万人次，推荐3.47万名城乡劳动者就业。是年6月，在广东省率先出台《珠海市人民政府关于进一步促进创业工作的意见》，打破户籍限制，打造最优创业环境。解决创业融资难题，将创业者可享受贴息的贷款额度提高到200万元，鼓励各类担保机构为创业者提供担保，全市新增发放符合贴息条件的创业小额贷款357笔6 337万元，创业小额贷款带动发放贷款3.20亿元。截至年底，全市建设有省级创业孵化基地1个，市级基地7个，区级基地7个，在孵企业（项目）994个，创业带动就业8 911人。举办“2015·第二届珠海市大学生创业大赛”，163支团队参与，决出18支优秀创业企业（项目）团队，给予57.5万元奖励资助。

社会保障　截至2015年底，珠海市535.08万人次参保，比上年增长0.8%。其中：养老保险106.08万人，比上年增长0.2%；医疗保险158.26万人，增长1.8%；失业保险89.59万人，增长0.4%；工伤保险

90.87万人，增长0.5%；生育保险90.28万人，增长0.6%。全市社会保险基金收入142.15亿元，比上年增长29.2%；支出76.70亿元，增长21.3%；历年累计结余399.12亿元。社会保障卡累计持卡人数159.56万人，完成全年计划102.3%。年内，珠海市4.7万名被征地农民可通过补缴参加待遇水平较高的职工基本养老保险。截至12月22日，申请一次性缴费10 736人，逾万人领到首月养老金，人均700多元，待遇实现翻倍。调整2015年度离退休人员基本养老金，全市近10万名离退休人员月人均养老金增加238元。是年，提高居民养老保险基础养老金到每人每月350元，惠及全市4.7万名城乡居民。7月1日起，珠海市城乡居民基本医疗保险和未成年人医疗保险的财政补贴提高到每人每年400元，个人缴费标准平均提高37元，居民及未成年人住院平均报销比例达85%。出台《珠海市深化医药卫生体制改革医疗保险实施方案》，支持公立医院实施药品和医用耗材零差率改革，减少参保人的就医费用负担，医疗保险基金每年增加支出6 000多万元。落实行政审批制度改革精神，取消定点医药机构非行政许可事项资格审查，建立定点医药机构协议管理制度。扩大职工医保个人账户支付范围，职工医保个人账户可用于购买计生用品、商业健康保险、大病救助保险等，增强个人账户的使用效率，保障参保人用药安全。工伤认定（含视同工伤）6 777件，比上年下降3.1%，享受工伤保险待遇6 827人，增长2.6%。依法推进建筑单位参加工伤保险，开展职业健康体检活动。印发《关于做好失业保险支持企业稳定岗位工作的通知》，对少裁员、不裁员的企业给予稳定就业补贴，执行至2020年底，预计可减轻企业负担近10亿元。

住房保障　是年，珠海市新开工保障性住房4 439套（户），其中，公共租赁住房开工1 215套，城市棚户区改造安置房2 112套，华侨农场危旧房改造开工1 112户；基本建成保障性住房、棚户区改造住房3 986套；新增发放租赁住房补贴688户。在香洲、高新区开展5批公租房配租活动，公租房配租507户。全年向城镇低收入住房困难家庭按时足额发放廉租住房租赁补贴238.66万元。珠海市高新区按照《珠海市高新区产业人才住房管理暂行办法（试行）》规定，推进在高新区探索产业人才共有产权住房保障模式试点工作。

卫生事业　是年，珠海市有卫生机构692个，比上年增加19个；实有床位8 558张，增长7.07%；医疗机构诊疗人次1 680.44万人次，下降4.23%。健全公共卫生服务体系，居民健康状况保持良好，人均期望寿命82.50岁，婴儿死亡率1.86‰，孕产妇死亡率10.66/10万。全市无甲类传染病报告，乙类传染病报告发病率为372.08/10万。全市人口出生率、人口自然增长率分别控制在10.87‰和8.28‰以内。艾滋病、梅毒和乙肝母婴阻断等重大公共卫生服务项目顺利实施，阳性产妇所生新生儿干预率为100%。全面开展新生儿疾病筛查工作，送检率97.4%，疾病检出率3.3%。是年，实施《珠海市人民政府关于创建健康城市的意见》，推进全市10个类别159个单位开展健康单元创建工作。全市12类国家基本公共卫生服务项目和6类重大公共卫生服务项目全部落实，全市人均基本公共卫生服务经费45元。推进卫生应急保障工作，加强疫情监测预警，建立健全联防联控工作机制。开展人感染H7N9禽流感、埃博拉出血热、中东呼吸综合征等疫情的防控和应急工作，做好防汛等极端天气的卫生应急工作，协助有关单位做好食物中毒等突发事件的处置工作。修订《珠海市救护车管理规定（试行）》，在全市“一卡通”项目中开发卫生应急模块，推进全市紧急医疗救援信息化更新，提高卫生应急能力。全年市紧急医疗救援中心派出救护车34 316次，与上年基本持平，救治27 381人，比上年增长0.7%；处理大型事故264起，下降13.4%，救治779人，下降9%。全年完成各种会议、活动等其他工作医疗保障任务40次，参加医疗保障人员747人次。加快全市城镇医疗卫生机构基础设施建设，市人民医院北区建设完成并投入使用。市人民医院传染病楼增加完善设备配套投入交付使用。省中医院珠海医院住院楼加快建设。续建珠海市第二中医院（斗门侨立中医院）、金湾区人民医院、斗门镇卫生院建设项目推进。启动市慢性病防治中心建设项目、市妇幼保健院项目异地新建项目《项目建议》审批立项，分别进入设计招标、编制项目可研报告阶段。筹备建设新建设斗门区妇幼保健院、改扩建井岸镇卫生院、高栏港区平沙医院（第五人民医院）项目批复立项，进入前期建设项目阶段。继续推动美国哈佛大学附属麻省总医院中国医院落户横琴。

社会管理创新　是年，珠海市推进省市共建社会建设法制化示范市工作，起草《关于社会领域制度建设规划的意见》，明确珠海社会领域制度建设方向和路径，被评为“首批全国社会治理创新优秀城市”。开展社会体制改革相关制度调研，形成《珠海市完善政府向社会组织购买服务相关制度调研报告》《珠海幸福村居建设之社会治理创新的实践与启示》《珠海市民盼热点调研报告》等调研成果，推动一批规范性文件出台。开展《珠海经济特区社会建设条例》执法检查。全市基本实现教育现代化，公共文化场馆全部实现免费开放。是年，珠海市建成镇（街）社区政务服务中心24个、村（居）公共服务站317个，初步实现“政务服务到家门”目标。推进公共法律服务实体平台建设，实现全市区、镇（街）、村（社区）三级公共法律中心（站）全覆盖。公布《社区行政事务禁入目录（第二批）》，减轻社区行政负担，构建政府依法治理和居民依法自治有效衔接的社区治理机制。完善以村居党组织为核心，村居委会、社会组织、居民共同参与多元共治社区治理格局。是年，珠海市登记在册社会组织1 916个，每万人（户籍人口）拥有社会组织17.38个。年内，举办第二届社会组织公益伙伴日，80多个社会组织参展。建成省内首个政府购买社会组织项目信息统一公示平台，公示政府购买社会组织项目297个，项目预算金额5 789.05万元。构建社会组织发布承接政府职能转移购买服务能力信息平台，使政府购买社会组织服务更加公开透明。开展社会组织等级评估，推进社会组织年检网络化，探索建立社会组织联合监管机制，形成《关于进一步加强社会组织联合监管工作的意见（征求意见稿）》。是年，珠海市登记社会工作者1 426人，城乡社区工作者职业化率77%，其中城市社区达98%以上，1 323人通过国家社会工作者职业水平考试，万人持证率8.33。年内，建成农村社会工作实践项目点15个。6月26日，市委社管部、市教育局、市民政局和团市委联合印发《关于推进学校社会工作的指导意见》，推广社会工作进学校试点工作经验，推动学校社会工作规范化建设。开展社区矫正、社会救助等专业化社会工作服务，香洲区安排专项经费购买社工服务，为吸毒青少年、社区矫正人员提供帮扶、教育和陪护。开展流浪乞讨人员救助项目，提供心理辅导、行为矫治等专业社会工作服务。开展“志愿服务专列进社区”活动，在主城区 122 个社区建立志愿服务站。香洲区以“每月一大型、每周一小型”形式，组织公职人员开展志愿服务活动。是年，珠海市委社管部联合《南方日报》开展“2015 珠海市社会治理创新优秀案例培育”活动，聚焦政府治理、社会组织、基层治理三大领域，打造本土社会治理创新品牌，培育出 15 个最佳案例、15 个优秀案例、10 位创新人物。实施幸福村居“社会治理工程”，横琴新区横琴镇等 15 个单位申报法律服务中心（站）项目，高新区唐家湾镇等 10 个单位申报网络化管理项目，金湾区三灶镇等 8 个单位申报社会服务中心（站）项目。国庆期间举办第四届“南粤幸福活动周”，围绕幸福大礼包、幸福手拉手、幸福我来秀、幸福我健身、幸福大家谈五个主题，推动公众共建共享幸福成果，增强社区群众获得感和幸福感。在《珠海特区报》开设“民情微察”专栏，推动政府部门重视群众关注问题。启动第三季“金点子·亮珠海”征集活动，收到涵盖经济发展、公共服务、法治建设、城市治理等稿件 242 篇，评选出一等奖 5 篇、二等奖 10 篇、三等奖 15 篇。

（吴嘉雯　陈文辉　张惠青　陈海宁）

【生态文明建设】　2015 年，珠海市开展与民生相关的生态示范创建工作，完成一批生态建设工程：投入 14.93 亿元的富山、白藤等西部污水处理厂配套管网相继建设完成，西部城镇污水处理率得到明显提升；全市行政村基本实现农村生活污水处理设施全覆盖，河涌整治工作纳入生态文明示范市创建实施方案，实施东大排洪渠、南北排河等十几条河涌的综合整治工作；金湾区、斗门区基本实现每镇建成一个垃圾压缩中转站目标，全市行政村基本实现农村生活垃圾处理设施全覆盖，累计建成投入垃圾压缩中转站 83 座，村、镇、区城镇生活垃圾转运体系初步建成。划定市域生态控制线总面积为 1 051.08 平方千米，占全市陆域总面积 58.44%，实行分级管制，推动珠海实现生态—生产—生活空间合理布局和有效管制。10 月 27 日，中央电视台《新闻联播》播发《划定生态红线，留住生态底色》报道，并配发评论《绿水青山来自生态定力》。2 月，珠海市完成国家生态市考核验收整改工作，通过环保部审核；5 月，通过创建国家生态市命名公示。是年，珠海市第三中学、珠海市平沙第一中学跻身 2015 年“广东省绿色学校”之列，南水镇南水社区命名为 2015 年“广东省绿色社区”，珠海市环境保护监测站成为 2015 年“广东省环境教育基地”。

生态文明建设战略合作　是年，珠海市以生态文明珠海研究院为平台，与北京大学、中国生态文明研究与促进会开展生态文明建设课题研究，形成《2014 年珠海市环境宜居年度报告》《珠海市生态文明实绩考核制度研究》《创新驱动——珠海市生态文明建设路径与机制研究课题》等成果；开展与北京大学、厦门大学、香港城市大学国家重点实验室科研合作。12 月 3 日，珠海市举办第二届珠海生态文明建设学术年会。年会以“生态文明、改革创新”为主题，与会专家学者围绕生态文明体制改革、制度创新等作专题报告，就珠海生态文明建设和北京大学生态文明珠海研究院发展进行探讨。

环境质量管理　继续实施《珠海市大气

污染防治行动方案（2014—2017）》和珠海市大气污染防治联席会议制度，出台实施《珠海市大气污染防治 2015 年度实施方案》及配套文件；通过实施奖励机制、燃料清洁化、热电联供和集中供热建设等措施，推进高污染燃料锅炉综合治理。2014—2015 年，全市淘汰完成燃煤小锅炉 20 台；完成工业挥发性有机物治理企业 43 家，占省政府下达治理任务 77%。2015 年 4 月 1 日起，在全市范围推广使用国 V 车用柴油，提前实施国家第五阶段排放标准；推进机动车环保标志管理和黄标车淘汰工作，淘汰黄标车 1.5 万辆。印发实施《珠海市 2015 年南粤水更清行动实施方案》，市环境保护局对饮用水水源保护区内新建建设项目和线性工程进行环评审批，开展饮用水水源保护区监管，每月公布全市 9 个集中式饮用水源地水质监测结果。制订全市 11 条河涌（排洪渠）整治计划，由所在辖区政府（管委会）推进实施。根据《珠海市土壤环境保护和综合治理工作方案》开展土壤环境保护和综合治理，开展工业企业场地重新再利用土壤调查，办理工业企业场地土壤调查备案 5 件。全年产生工业危险废物 12.44 万吨，类别为废矿物油、表面处理废物、含铜废物等，主要运往深圳、惠州市有危险废物处理资质单位进行处置，处置利用率达 100%。全年医疗垃圾产生量 1 734.7 吨，医疗垃圾由珠海市珠城市容环卫综合服务有限公司每天收运，市医疗废物焚烧厂集中进行焚烧处理。印发实施《珠海市重金属污染综合防治 2015 年度实施方案》，无重金属新增排放量和削减排放量，珠海市未发生涉重金属突发环境事件和突发公共卫生事件。

污染减排　是年，珠海市完成省政府下达主要污染物总量减排任务。南区水质净化厂二期项目投入试运行，珠海发电厂、金湾发电厂完成全负荷脱硝改造，完成省政府下达重点减排工程项目 34 个。全市城镇污水集中处理厂总设计处理能力 73.73 万吨 / 日，比“十一五”提高 19.43 万吨 / 日，城镇生活污水集中处理率 95.7%；完成 12 个规模化畜禽养殖场减排工程建设和养猪场关闭工作，并通过环保部认定；化学需氧量排放量 3.08 万吨，比上年下降 0.5%；氨氮排放量 416 吨，下降 3.5%；二氧化硫排放量 2.31 万吨，下降 6.5%；氮氧化物排放总量 4.29 万吨，下降 14.2%。

自然生态保护区　是年，珠海市自然保护区 9 个，包括珠江口中华白海豚自然保护区（国家级）和淇澳—担杆岛省级自然保护区等，为中华白海豚、猕猴、红树林、原生森林、水松等物种提供栖息保护。自然保护区面积 5.8 万公顷，其中海洋类保护区 2 个，面积 4.84 万公顷，陆地类 7 个，面积 9 526 公顷，与上年持平。

广东省首个中级法院环境资源合议庭　2015 年 4 月 2 日，珠海市成立广东省首个中级人民法院环境资源合议庭，主要审理涉环境资源的公益诉讼案和一、二审涉及环境资源的民事案件，同时负责对全市法院环境资源民事案件审判工作进行调研指导，构建覆盖全市环境资源保护司法网络。（余乐富）

【党的建设】　2015 年，珠海市制订出台《珠海市深化党的建设制度改革实施方案》，部署 25 项改革举措 55 项改革成果，形成 31 项改革成果。制定《市管干部选拔任用工作规程》，完善干部选拔任用制度。加强干部管理监督，严格执行提醒通知书、函询通知书、诫勉通知书“三书”预警告诫制度。完成《各区领导班子年度考核实施意见》修订，科学设置考核指标。推进国有企事业单位人事制度改革，规范市属企业负责人薪酬管理。出台《关于严格履行党建工作责任制，全面加强基层党组织建设的意见》《珠海市基层党建工作考核方案》，按照20%权重纳入各区党政领导班子和领导干部实绩考核。制订加强镇村战略后备人才管理工作实施意见、市管党建指导员管理办法，加强基层干部队伍建设。推进人才发展体制机制改革，实施企业家素质提升计划。（张韵）

年度大事

【全国最大干散货保税仓在高栏港投入运营】 2015年3月1日，全国最大干散货保税仓——珠海鑫丰仓储有限公司公用保税仓正式投入运营。该保税仓单次堆存能力在200万吨以上，全年吞吐能力在1 000万吨以上。3月10日，来自澳大利亚的“安德”号货轮，承载7.89万吨煤炭停泊在珠海港高栏港区鑫和码头，通过皮带传送机和货车转运，全部堆放鑫丰保税仓内。这是鑫丰保税仓做的第一单保税业务。鑫丰保税仓由珠海鑫丰仓储有限公司投资5.5亿元兴建，整体面积41.3万平方米，分6个区域，主要承接来自国外的煤炭、矿石和稀有金属的保税仓储。

【珠海发布全国首个生态环境指数】 2015年3月26日，珠海市环境宜居委员会召开新闻发布会向媒体宣布，从3月30日开始，每周向社会公布一次各行政区和经济功能区“生态环境指数”，市民可通过该指数及时了解各区生态环境的实际情况。珠海成为全国首个将生态环境状况量化为指数形式并向社会公布的城市。“生态环境指数”是由市环境宜居委员会委托环境保护部华南环境科学研究所研究测评并制定的评价指标及计算方法等，由环境空气、水环境、公众投诉等6项内容，以及“绿、蓝、橙、红”四色预警等指标构成。该指数每周一在《珠海特区报》和《珠江晚报》发布，反映香洲区、斗门区、金湾区3个行政区，横琴新区、高栏港经济区、高新区、万山区、保税区5个功能区最近一周生态环境的实际情况。测评结果的发布，有助于珠海市及下辖各区政府及时发现本辖区内生态环境保护的薄弱环节，及时预警影响公众健康和人居环境的突出问题，并依据法规，完善相关管理制度。

【珠海港与瓜达尔港缔结友好关系】 2015年4月20日，在国家主席习近平和巴基斯坦总理纳瓦兹·谢里夫的见证下，珠海市副市长王庆利与巴基斯坦瓜达尔地区政府主席（市长）巴卜·古拉卜在巴基斯坦伊斯兰堡共同签署缔结友好城市关系协议书。珠海拥有自贸试验区、港口、港珠澳大桥等优势，与瓜达尔地区结为友好城市，是贯彻实施国家“一带一路”战略，有利于珠海市参与“中巴经济走廊”建设，加强与南亚地区的合作。珠海坐拥珠江和西江出海口优势，水路交通便利，且有天然深水良港，从水路可直通瓜达尔港。瓜达尔港是巴基斯坦第三大深水港、也是两个重要军事港口之一，距离全球石油供应主要通道霍尔木兹海峡400千米，紧扼从非洲、欧洲经红海、霍尔木兹海峡、波斯湾通往东亚、太平洋地区数条海上重要航线的咽喉，地理位置极其重要。

【全国首个内置金融村社联合社在珠海斗门挂牌】 2015年6月12日，珠海华厦农业专业合作社联合社在斗门揭牌成立，成为国内首个内置金融村社联合社，标志着珠海市探索解决制约三农现代化问题取得突破。斗门作为国家农村综合改革试验区，自2014年起在完成顶层设计基础上，由中国乡建院协作创建面向未来的新型三农组织模式——内置金融村社。是年初，由新济、石龙、东滘等6个内置金融村社共同发起，珠海供销社、农控金融集团、海源水产公司、农产品流通协会、中国乡建院等涉农服务企业和机构联手创建华厦内置金融村社联合社。联合社原始股金5 000万元，其中珠海供销社占1 000万元。珠海内置金融合作社是在政府资助和专业机构协作下，由村两委和乡贤代表主导，在村社内部创建以资金互助为核心的、兼顾敬老养老功能的综合性合作社，是村社一体化的村民利益共同体的重要组成部分。至2015年末，珠海有内置金融村社10个。

【国家二类口岸珠海洪湾港正式试运行】 2015年10月22日11时，首艘从国家二类口岸珠海洪湾港赴香港的船舶“飞鸿802”起航，标志着该港进入正式试运行阶段。该港口是整合香洲港、九洲港、前山港等多家港口业务资源，归并承接大香洲片区所有进出境口岸货物的一个大港口。获准临时对外开放的是珠海港口岸洪湾港区二期1、2、3、4号码头泊位。作为连接国内外货运商贸、物流仓储以及信息服务等的重要载体，珠海洪湾港成为“一带一路”战略重要节点、横琴自贸区配套的重要港口。

【《广东珠海西部生态新区发展总体规划》获批实施】 2015年11月25日，广东省政府批准《广东珠海西部生态新区发展总体规划（2015—2030）》正式实施。这是广东省第一个以“生态”命名的新区。根据《规划》，磨刀门以西1 173平方千米全部纳入西部生态新区范围。《规划》从全球视角、国家战略、广东实际、珠海机遇出发，给珠海西部新的战略定位——珠江流域与21世纪海上丝绸之路沿线国家合作发展战略支点、粤港澳大湾区合作重大平台、珠江西岸先进装备制造产业带核心基地、国际宜居城市示范新区。

【珠海直达北京桂林高铁开通】 2015年11月28日，广铁集团开通珠海至北京西D924/3次、珠海至桂林北D2368/7次高铁各1对，此是珠海首次开行跨省列车。23日15时起，旅客可通过12306网站、火车站窗口、代售点和电话订票等多种渠道购票。珠海始发的两对跨省列车中，珠海至北京西D924/3次为高铁动卧列车，16节编组，定员630人，每周五、周六、周日、周一在珠海至北京西间对开，每周二至周四停运，珠海到北京西的D924次列车19：09发车，次日6：51到达，全程上铺票价999元，下铺票价1 190元，二等座票价779元；珠海至桂林北的D2368/7次动车组列车，16节编组，定员860人，每日在珠海至桂林北间对开，珠海到桂林北的D2368次列车8：50分发车，12：52分到达，全程二等座票价207.5元。

【横琴新区博士后工作站揭牌成立】 2015年12月30日，珠海横琴新区博士后工作站、科技服务中心及4个博士后工作站企业分站正式揭牌成立。是年，横琴申请设立博士后科研工作站，至10月9日，该项申请获得人力资源和社会保障部、全国博士后管理委员会批准通过，成为首个在国家级自贸区中设立的博士后工作站。横琴新区作为区域性工作站获批的同时，还有4家企业分站获批，分别为珠海大横琴科技发展有限公司、广东兆邦智能科技有限公司、珠海泰坦电力电子集团有限公司、粤澳中医药科技产业园开发有限公司。横琴依托博士后工作站设立科技服务中心，利用博士后智力资源，为横琴科技企业提供综合性服务的平台，促进科技与经济深度融合，实现科技创新引领产业升级促进科技成果转移转化，提升企业创新能力和竞争力。横琴设定专门的博士后科研基金及相应管理办法，为在站博士后提供经费保障，保证科研成果输出。在博士后引进方面，横琴新区根据中长期人才规划，重点面向高校及科研院所，尤其关注国内知名院所或海外高校毕业生，并为社会优秀博士后量身制订引入机制。 （珠海年鉴编辑中心）

战略性新兴产业

【交通装备产业】 2015年，珠海市交通运输设备制造业实现规模以上工业增加值21.53亿元。其中，汽车制造业实现工业增加值16.88亿元，比上年增长9.5%；铁路、船舶、航空航天和其他运输设备制造业实现工业增加值4.65亿元，增长7.3%。珠海有轨电车一号线正线轨道、车站工程、车辆段等土建、装修及设备安装完成，进入联调联试和试运行阶段。珠海大道首期BRT起点设在前山枢纽站，终点为湖心路口枢纽站，全程20.9千米。7月2日，中航通用飞机有限责任公司与法国飞鲸控股公司在法国图卢兹签署战略合作协议，拟共同投资成立合资公司，面向全球交通运输市场，开展重载飞艇的研发、生产、销售及服务等工作。12月18日，中国（珠海）现代有轨电车交通系统发展研讨会在珠海召开。北车（珠海）装备工程有限公司珠海基地一期工程项目投产，实现“珠海制造”。中航通飞西锐公司研发的单发涡扇喷气飞机SF50 C0架机，正式获美国联邦航空航天管理局（FAA）颁发的TIA（型号检验核准书）。这是SF50飞机取证工作中一个重大里程碑，标志着该款新飞机进入TC（型号设计许可）试飞验证阶段。该款飞机最高巡航时速达555千米，经济巡航速度390千米，满油条件下最大航程可达2 200千米。愿景SF50飞机取得超过550架订单。2月14日，玉柴船舶动力股份有限公司（玉柴船动）与温特图尔发动机有限公司（Win GD）签约，成为全球首家二冲程双燃料发动机生产商。6月，世界首台投入商业运营5RT-flex50DF船用双燃料低速发动机在玉柴船动成功交验。珠海银隆新能源研发出第四代钛酸锂快充电池，比第三代电池成本低，能量密度增加三成。10月，银隆电器研发中心开发出基于整车CAN总线具有自学习、自诊断功能远程监控平台。该平台能够实时监控电动巴士内部所有电池、电机、气泵、空调系统等部件信息，并通过云盒子将大数据发送至后台服务器。11月，来自国内各大院校及北京公交集团上百名专家进行为期27天评审，珠海银隆新能源击败全国15个竞争对手，获得北京480台纯电动双层巴士订单。

【石油化工产业】 2015年，珠海市石化产业实现规模以上工业总产值417.11亿元、增加值62.45亿元，分别比上年增长3.6%和2.8%。其中，化学原料及化学制品制造业完成增加值26.9亿元，比上年下降2.8%；橡胶和塑料制品业实现增加值11.94亿元，下降2.8%；化学纤维制造业实现增加值10.21亿元，增长3.1%。7月2日，珠海碧辟公司化工三期项目投产，该项目设计年生产能力125万吨，进一步扩大在中国PTA市场份额。珠海碧辟三期装置在全球首次使用BP集团最先进PTA技术，节约能耗40%，同时降低65%温室气体排放、减少95%的固体废物和75%的废水排放，所产生余热能满足3 500户家庭用电需求。中海油精细化工园一期项目投产，总投资150亿元，其中首期建设投资13.85亿元，主要包括新建60万吨/年凝析油分离装置和22万吨/年芳烃抽提装置及配套的储运、公用工程和辅助设施。11月4日，珠海精润石化有限公司在高栏港区生产基地举行投产仪式，该公司投资1.75亿元，基础油及润滑油年产量2万吨。该项目在国内率先利用加氢技术，联合使用溶剂萃取精制、减压蒸馏等先进组合技术（ORT）加工处理废矿物油，比传统炼油工艺降低30%以上能耗。公司将生产高质量基础油及应用于汽车及工业领域的优质润滑油，主要产品基础油的质量达到API Ⅱ类基础油标准，产品面向珠三角和长三角地区各大城市。路博润添加剂（珠海）有限公司一期、二期润滑油添加剂项目工程获国家级优质工程鲁班奖。

石油销售 是年，珠海市石油经营企业182家，其中，成品油零售经营企业149家、成品油批发经营企业23家、成品油仓储经营企业7家、原油销售企业1家、原油仓储企业2家。全年油品经营量1 566.51万吨（含仓储经营量），其中，汽油229.68万吨、柴油169.31万吨、煤油64.19万吨、原油1 103.33万吨；总经营额123.13亿元。

（曹振飞 王元芳）

2015年5月，珠海巨涛海洋石油服务有限公司承接国际石油巨头雪佛龙的惠斯顿水下设备建造项目顺利竣工，并将所有设备顺利交付到前来接货的PALABORA号船上 （张洲 摄）

【电力能源产业】 2015年，珠海市全社会用电量145.37亿千瓦·时，比上年增长8.23%。其中，工业用电量88.28亿千瓦·时，比上年增长4.87%，全市最高用电负荷252万千瓦，增长7.83%。第一产业用电量6.88亿千瓦·时，比上年增长7.48%；第二产业用电量91.92亿千瓦·时，增长5.9%；第三产业用电量26.35亿千瓦·时，增长23.28%；居民生活用电量20.25亿千瓦·时，增长2.38%。是年，向澳门输送电量40.54亿千瓦·时，比上年下降1.08%。

网电、地方电供购　是年，珠海市供购电量145.37亿千瓦·时，其中，省网电供电量140.49亿千瓦·时，比上年增长5.89%；购地方电量4.88亿千瓦·时，增长196.36%。珠海发电厂、珠海金湾发电厂、珠海深能洪湾电厂、珠海横琴风电厂、珠海高栏风电厂、西坑尾沼气发电厂、珠海垃圾发电厂、中电投望洋电厂、中海油依海电厂9家电厂发电量195.9亿千瓦·时，比上年增长36.6%，发电设备年平均利用8 097.01小时，增长5.83%。

电网建设　全年全市电网工程完成投资10.8亿元，完成年初计划投资125.54%，完成年中调整计划投资101.5%。建成投产500千伏加林输变电工程、220千伏临港新增电源线路工程、220千伏琴韵—澳门CT220（莲花）站第三回电缆线路工程等项目，投运110千伏及以上线路116.91千米，投产110千伏及以上变电容量210万千伏安，超额完成年度投资任务。（王元芳）

【电子信息产业】　2015年，珠海市电子信息产业产值998.58亿元，比上年增长30%，占全市工业总产值的25%，增加值184亿元，增长20.5%。其中软件企业主营业务收入519.4亿元，连续多年保持17%以上增速。集成电路设计收入24.08亿元，集成电路设计产业服务收入位列广东省第二位。其中规模较大的企业有伟创力集团、魅族科技、东信和平、全志科技、金山软件、远光软件等企业。（崔玉霞）

【生物医药产业】　2015年，珠海市生物医药产业规模以上工业企业总产值161.82亿元，比上年增长21.4%；规模以上工业增加值50.52亿元，增长15.7%。生物医药工业增加值占全市工业增加值的5.2%。生物医药产业拥有国家高新技术企业48家，占全市企业总数的12.1%；丽珠、联邦、亿胜生物、天年生物、汤臣倍健、宝莱特、和佳医疗、溢多利8家上市企业，占全市上市企业25.8%，是珠海上市企业最多行业之一，另有8家生物医药企业挂牌新三板。

政策规划　是年，珠海市实施《珠海市进一步扶持生物医药产业发展的若干政策》，建设金湾生物医药产业园；打造唐家湾医疗器械研发生产基地；建设粤澳合作横琴中医药科技产业园；新引进修正药业，建设斗门区富山生物医药产业园。落实《关于珠海市生物医药新产品研发补助资金申报有关事项的通知》，开展生物医药新产品研发补助项目工作，全年受理5家企业6个生物医药产品补助申请，下达补助资金300万元。对丽珠、联邦、健帆、和佳、宝莱特、金鸿药业、汤臣倍健等生物医药、医疗器械重点企业进行跟踪服务，对实施市级战略性新兴产业项目委托事务所进行专项检查，督促承担市级战略性新兴产业项目实施并开展验收工作；推荐重点企业的科技项目申报国家、省重大科技项目。

行业动态　是年，珠海市生物医药领域建设各级工程中心、企业技术中心65个，其中国家级工程中心、企业技术中心3个。拥有市重点实验室、市公共实验室、公共技术服务平台和新型研发机构等5个。润都制药、联邦制药、溢多利生物、丽珠集团、联邦制药、健帆生物、和佳医疗、宝莱特等生物医药、医疗器械重点企业重视创新和研发持续投入，不断培育新产品、延伸产品链。3月，国家发展和改革委员会批复同意丽珠医药集团股份有限公司建设“长效微球技术国家地方联合工程研究中心”；丽珠医药集团股份有限公司“原创新药艾普拉唑的研发与产业化”项目获2015年度国家科技进步二等奖；广东宝莱特医用科技股份有限公司血透产品销售实现大幅增长；珠海金鸿药业股份有限公司获4个软胶囊生产批件，3个品种4个规格头孢类产品进入妇儿专科用药目录；珠海市银科医学工程股份有限公司获4个体外诊断试剂产品准产注册证，开发4个医疗器械产品，成功在新三板上市。

（罗玉宏）

区域合作

【概况】 2015年7月，珠海、中山、江门、阳江四市在珠海市召开第十次党政联席会议暨横琴自贸区与珠中江阳区域经济发展交流会，阳江首次参加珠中江联席会议，扩展为珠中江阳区域合作。开展交通共建、产业协作、环保共行和民生社会事务对接，把区域一体化向纵深推进。是年，珠中江三市新签订《中山珠海两市跨界区域防洪及河涌水污染综合整治合作协议（2015—2020年）》和《“珠中江+阳江”四地社会工作行业发展框架合作协议》。

是年，珠海市加快宝翠桥、珠海人民西路接中山坦洲环洲东南路建设；完成广中江高速投资17.7亿元，中开高速前期工作基本完成，项目先行工程动工，香海大桥完成初步设计。加快广珠城际轨道拱北至横琴段建设，开展深茂铁路江门至深圳段前期工作，广佛江珠城际轨道交通工程完成立项，进入工程可行性研究报告编制阶段。进一步深化西江联盟战略，在贵州黔南州主办“对接一路一带，振兴贵广经济”西江港口联盟年会，新开通珠海高栏—阳江集装箱驳船航线，开通19条航线，初步形成江海联运体系。珠海、江门共同推进黄茅海与崖门出海航道连接工程，启动5万吨级黄茅海航道前期工作。“六市一区”（珠海、佛山、中山、江门、阳江、肇庆市和顺德区）在首届珠江西岸先进装备制造业投资贸易洽谈会上签约项目205个，总投资1 511.2亿元。举办第六届珠中江进出口商品展销会，参展企业383家。新增第三批珠中江阳共性技术和服务平台3个。制订珠江西岸先进装备制造业发展布局和项目规划，出台一系列政策和措施。珠海、中山建立16个$PM_{2.5}$监测点，并在网络平台发布实时信息。淘汰黄标车5.4万辆。“超洁净排放”改造完成年度目标。实现珠海、中山省立绿道1号线和4号线对接。珠海、江门开展森林防火联防联动工作交流。珠中江阳四地环保部门共同举办中学生环保微视频作品展示会等活动。珠中江阳实现联网即时结算定点医院7所，二级以上44个医疗机构正式互认医学检验检查结果。举办医疗卫生联防联控应急演练，开展珠中江阳临床学术交流和联合教研活动。召开珠中江阳公共法律服务合作第四次联席会议，探索协作办案机制建设。举办珠中江警务合作联席会议和珠中江阳四地技术串并案件联席会议，加强110警情交流，协同侦破制恐、盗窃、毒品、逃犯等多起案件。珠海阳江率先开展教育卫生系统专业技术人才双向交流培养工程，两地400多名医务人员到对方机构交流学习，50名骨干教师到阳江支教，20多名优秀教师到阳江开

展巡讲。 （张焕聪）

【港澳投资推介活动】 2015年5月8日，珠海市商务局在澳门举办“深化珠澳合作，共建横琴自贸区”座谈会。5月9日，协助港澳事务局在香港举办第二届港珠合作发展研讨会。举办广东自由贸易试验区珠海横琴新区片区推介会，听取100多位港资企业家代表对珠海市经济发展的建议。10月，参加在澳门举行的第二十届国际贸易展览会（MIF），并举办“高端商贸物流及跨境电商”专题对接会，邀请澳门及葡语国家重要商会成员和企业参加，向澳门企业推介建设珠港澳物流合作园，在横琴新区建立区域总部和运营、结算中心，建设珠海机场航空物流基地、珠海港口物流以及跨境贸易电子商务试点等项目。11月，参加在香港举行的亚洲物流及航运会议，举办“港珠澳大桥时代的珠海——商贸物流及跨境电商”专题论坛，推动香港及全球物流企业参与“大桥经济”。12月，在珠海举办“第二届世界广府人恳亲大会”，开展投资促进活动，其间，举行重点项目签约仪式，签约项目投资总额1 060亿元。 （张羽凌）

【珠港澳台贸易】 2015年，珠海与香港贸易总额53.02亿美元，占全市贸易比重11.12%。其中，对香港贸易51.79亿美元，比上年下降13.02%；自香港贸易1.23亿美元，下降31.97%。珠海与澳门贸易总额7.09亿美元，占全市贸易比重1.49%。其中，对澳门贸易6.98亿美元，比上年下降27.47%；自澳门贸易1 065万美元，下降29.09%。珠海与台湾贸易总额16.97亿美元，占全市贸易比重3.56%。其中，对台湾贸易2.04亿美元，比上年下降18.75%；自台湾贸易14.93亿美元，增长6.82%。

（张永幸）

【珠港澳投资】 2015年，珠海市新设港澳投资企业567家，合同外资金额25.72亿美元，占全市合同外资总额71.2%；实际吸收港澳资本16.13亿美元，占全市实际吸收外资总额74.1%。全市实有港澳投资企业2 717家，注册资本140.83亿美元。其中，港资企业1 303家，注册资本113.16亿美元；澳资企业1 414家，注册资本27.67亿美元。港澳企业实际吸收外资79.35亿美元，占全市实际吸收外资总额65.8%。

（刘少仰）

【珠台经贸合作】 2015年，珠海市新增台资企业27家，增资扩产8家，投资总额1.33亿美元，比上年增长59.76%。珠台进出口贸易额16.97亿美元，比上年增长3%。珠海历年批准台商投资企业1 039家，投资总额35.38亿美元，2015年有台商投资企业551家。台商在珠海投资领域涉及电子、机械制造、医疗设备、化工、软件、制衣、制鞋、五金加工、工艺饰品、食品加工、农业、旅游、酒店、餐饮、娱乐、房地产、生物科技、仓储物流、咨询服务等20多个行业。

【珠台农业合作】 2015年，珠海市邀请台湾岛内农业专家组团考察台创园，发动台商参与台创园建设。全年签约台资农业项目5个，在谈项目3个，投资总额1.27亿美元，实际投入1 000万美元，其中台湾芊卉国际园艺股份有限公司兰花项目动工建设，香水莲花观光基地完成项目建设并投产。

（珠海市委统战部）

会展业

【概况】 2015年，珠海市举办展览32场，比上年增长1.67倍。展览总面积32万平方米，比上年增长1.79倍；参展企业4 223家，观众62.57万人次；举办专业展览14场，其中2万平方米以上展览4场。展览业直接经济效益18.09亿元，间接经济效益26.27亿元，展览产生总体经济效益44.36亿元，占珠海市GDP的2.17%。开展会展专业人员培训、讲座、人才交流会和会展策划专业资格培训等40场，培训人员1 150多人次，其中通过会展策划师资格证考试884人。是年，珠海市被会展业界授予“中国会展名城”和“中国最具办展幸福感城市”等称号。

【会展展馆设施建设】 2015年，珠海市拥有珠海国际会展中心和中国国际航空航天博览中心两大专业会展场馆，有10.6万平方

2015年珠海国际会展中心举办重点专业展会情况

展会名称	时间	规模（平方米）	展商数量（家）	观众人数（人）
首届中国（珠海）国际游艇展	2014年12月31日—2015年1月2日	5 500	60	30 000
2015首届珠江西岸先进装备制造业投资贸易洽谈会	8月22—23日	25 000	205	15 000
2015第二届珠海先进制造业机械装备展览会	9月9—11日	7 500	160	8 000
第二届珠海国际汽车展览会	9月17—20日	25 000	29	30 000
2015中国（珠海）国际游艇展览会	9月29日—10月1日	10 000	100	32 000
首届珠海国际动漫节	10月1—4日	5 000	40	4 000
第九届中国（珠海）国际打印耗材展览会	10月15—17日	25 000	463	13 938
2015年中国（珠海）国际3D打印展览会	10月15—17日	5 000	153	6 832
2015广东（珠海）健康产业及老龄产业博览会展览会	10月30日—11月1日	4 500	80	1 000
第十届中国城镇水务发展国际研讨会与新技术设备博览会	11月4—5日	10 000	110	2 000
珠海智能电网大会暨中国（珠海）国际智能电网展览会	11月12—14日	10 000	36	5 000
第六届中国妇幼保健发展论坛暨妇幼保健产业展览会	11月26—27日	10 000	117	2 000
珠海ASI国际汽车运动文化与产业博览会	12月11—13日	25 000	87	10 000
2015最新警用装备展	12月28—30日	10 000	80	500

米室内展览面积和1.06万平方米会议空间，可提供5 800个国际标准展位及47间设施先进会议室。珠海国际会展中心是集展览、会议、酒店、剧院、音乐厅、甲级写字楼及配套商业于一体大型会展综合体。展览中心拥有3万平方米室内展览空间，可提供1 600个国际标准展位。会议中心有35个设施先进分会议室，可提供8 500平方米会议空间，会展中心可同时供6 000人餐饮。中国国际航空航天博览中心是国内最大室外展览面积现代化大型国际会展中心，室外展坪面积41万平方米，设有61 078个停车位，提供大小会议室12间。

【会展招商】 2015年，珠海市会展局利用首届装洽会、打印耗材展、游艇展、智能电网展、广府人恳亲大会等会展平台，与市商务局、市科工信局及各区各部门协作，策划举办珠海投资环境推介会9场、项目签约仪式7场，展会现场签约及意向合作金额1 550亿元。首届装洽会珠海签约项目28个，投资额354.6亿元；游艇展落实各类合作项目现场签约及意向合作金额4.2亿元，推动法拉帝、海星等游艇企业落户珠海或与本地龙头企业开展合作；打印耗材展、3D打印展、智能电网展期间主办珠海产业推介会和重点项目路演等活动；横琴国际医疗健康产业高峰论坛暨投资大会上横琴新区、金湾区、斗门区、高新区招商部门与52个项目进行对接。

【会展宣传推广】 2015年，珠海市组织重点企业赴昆明、香港、北京、泰安、海口等地参加第十一届中国会展经济国际合作论坛、UFI2015亚洲研讨会、2015国际会展业（泰安）大会、第十一届中国国际会展文化节、2015会展产业展洽会等业界重要活动，宣传推广珠海市城市魅力、会展产业优势。在《南方日报》《南方都市报》《羊城晚报》《珠海特区报》，珠海电视台、电台等省市媒体对珠海会展业及重点会展项目进行宣传报道。

【珠港澳会展合作交流】 2015年，珠海国际会展中心和香港亚洲国际博览馆在合作宣传推广及探索市场营销等方面开展合作，以"一会两地"等合作模式推动两地合作办会办展。4月1日，珠海国际会展中心与亚洲博览馆正式签署合作协议，推行"一会两

2015年10月1—4日，首届珠海国际动漫节在珠海国际会展中心举行
（珠海市会展局供稿）

地”合作模式。与澳门贸易投资促进局、澳门展贸协会、澳门会议展览业协会等政府、业界社团和会展人士开展互访活动，形成《关于推动珠澳会展业融合发展的工作意见》。10月1—4日，由澳门动漫文化产业协会主办首届珠海国际动漫节成功移植珠海举办以及珠海国际会展中心与澳门旅游塔会展娱乐中心共同承接“东鹏控股”年会活动。（柯达）

特色产业

【软件业】 2015年，珠海市软件行业主营业务收入519.4亿元，比上年增长19.28%，实现软件业务收入336.89亿元，占全市电子信息产业比重33.74%。软件产业出口额11.25亿美元，比上年增长3.5%，占全市出口额比重3.8%。软件业从业人员5.8万人，比上年增长8.03%。全年实现利税合计51.41亿元。全市认定软件企业201家，登记软件产品2 443件。软件新产品著作权登记509件，累计登记3 796件。参与国家标准制定23个。通过CMM认证企业59家，新增4家。系统集成企业37家，新增3家。通过ISO认证企业129家，高新技术企业100家。全市上市软件企业24家，创业板新增1家，新三板新增5家。金山软件、东信和平列入“2015年中国软件业务收入百强企业”。艾派克微电子、全志科技、建荣集成夺得工信部软件与集成电路促进中心主办的“2015中国芯”评选活动“最佳市场表现奖”，杰理科技荣获“最具创新应用奖”。

科技研发　全行业年研发经费支出35.69亿元，比上年增长7.73%，研发投入占全行业主营业务收入比重的6.87%。软件研发人员28 735人，比上年增长4.28%，研发人员占从业人员比重49.39%。全市软件和信息服务业企业有市级以上工程中心13个，技术中心40个，国家重点实验室珠海机构1个，博士后工作站及分站8个。

产业园区　高新区唐家主园区实现主营业务收入357.39亿元，比上年增长27.26%，增速高于全市平均水平8个百分点。主营业务收入占全市行业比重68.81%，比上年增加4.32个百分点，香洲区（不含南屏科技园）和南屏科技园分别实现主营业务收入79.82亿元和59.45亿元，分别增长12.33%和下降5.24%。横琴新区对软件企业吸引力增强，全年实现主营业务收入3.76亿元，是上年的5倍。

政策扶持　出台《关于印发进一步促进我市软件和集成电路设计产业发展意见的通知》，对获得公共技术服务平台国家认定实验室资质，国家规划布局内重点软件企业，集成电路设计企业，CMM认证资质认证、系统集成资质三级以上资质的企业进行奖励；对企业首次流片费用、租用集成电路产业化基地EDA工具、购买EDA工具进行补贴；在物联网、云计算、集成电路设计等新兴领域，汇金科技、金山网游、赞同科技、东信和平、全志科技等11家公司获广东省财政资金重点支持。（崔玉霞）

【现代农业】 2015年，珠海市完成农林牧渔业总产值87.98亿元，比上年增长2.2%。其中，农业产值14.14亿元，比上年增长11.2%；林业产值0.2亿元，增长3.1%；牧业产值11.69亿元，下降13.4%；渔业产值53.83亿元，增长3.6%；农林牧渔服务业产值8.12亿元，增长4%。第一产业增加值

46.63亿元，比上年增长3%，对GDP增长的贡献率为0.6%；第一、二、三次产业比例为2.3∶49.7∶48.0。全年农村常住居民人均可支配收入20 510.2元，比上年增长11.5%；扣除价格因素，实际增长9.6%。

国家农业科技园建设　是年，概念性总体规划获市政府批复。土地平整回收、基础设施建设等工作进展顺利。园区成为国家食品安全（横琴）创新工程重要原材料生产供应基地。新注册、引进一批园区企业和项目，总投资近100亿元。农业电商高起点发展，斗门区与阿里巴巴签署农村淘宝项目合作协议，首批25个淘宝村级服务站于12月1日开业运营。十亿人电商全年网络平台销售营业额突破1 000万元，成为珠海市农业电商标杆性企业。

台湾农民创业园建设　是年，珠海台湾农民创业园建设实现新突破，获省部级资金总额5 200万元，广东（珠海）现代种业发展中心落户园区；核心区一期主入口景观提升工程全部完工，热带兰花（国际）研发中心首期项目全面完工投入使用；落实核心区二期“北纬22°绿珍珠”项目开发建设主体，该商标获国家工商总局商标局受理注册，并完成“珠海台湾农民创业园视觉识别系统”；举办广东·以色列农业企业对接活动、粤台农业合作园区建设现场会和珠海市第三届台湾新优蔬菜良种展示会，被授予“2015年全国青少年农业科普示范基地”称号，入选为2015年全国休闲农业与乡村旅游示范点。

菜篮子基地　是年，珠海市海洋农业和水务局开展菜篮子基地认定和建设工作，指导炽达猪场等6个省级菜篮子基地复审，推荐珠海市之山水产发展有限公司申报省级菜篮子基地，扶持绿手指农业科技有限公司平沙基地和十亿人新马墩村火龙果基地等菜篮子基地建设。（黎彩丽）

【现代工业】　2015年，珠海市拥有规模以上工业企业1 023家，实现规模以上工业总产值3 966.02亿元，比上年增长10.9%；工业增加值916.94亿元，增长9.6%；规模以上工业企业实现利润总额272.84亿元，下降1.1%；工业增加值占GDP比重48.43%。是年，首届珠江西岸先进装备制造业投资贸易洽谈会在珠海召开，参展单位205个，1.33万人观展，客商和专业观众3 000多人；“六市一区”（珠海、佛山、中山、江门、阳江、肇庆和顺德区）签约项目205个，总投资1 511.2亿元；组织推介会8场，参会客商1 190人；举办两个专业交流会，参会人数270多人；金融人才洽谈区发出招聘信息1 500多条，洽谈咨询300多人，签约国家“千人计划”总部基地项目落户横琴。（黄元阔）

【游艇产业】　2015年，珠海市游艇产业工业总产值40亿元。有太阳鸟、杰腾、显利、佳航等游艇生产企业25家，有玉柴船舶、南国集团等配套企业及商贸公司32家，其中铎洋、杰腾、玉柴等增长较快，实现产值基本与上年持平。游艇服务产业雏形初现，万洋、法拉帝、格力海岸等在建或规划建设游艇会7个，游艇租赁、旅游、会展等配套服务业呈现加速增长。9月29日—10月1日，“2015中国（珠海）国际游艇展”在珠海举办，展览总面积1万平方米，有60艘游艇参展，有法拉帝、亚卡迪亚、公主、阿兹慕、巴伐利亚、赛莎、卡帝尔等10多个国家国际知名品牌，以及太阳鸟、江龙、海星、杰腾、绅斯威、琛龙等国内知名品

2015年9月29日，中国（珠海）国际游艇展在珠海国际会展中心及码头开幕　　（钟凡　摄）

将成熟电力推进技术，全回转舵桨装置船舶控制技术，集成应用于高端游船，是国内城市景观水系最大尺度电力推进游船，具有节能减排、减振降噪效果。太阳鸟游艇先后收购宝达、先歌等游艇企业。博胜游艇制造项目投产，太阳鸟游艇连湾项目中普兰帝

牌。3天展期成交船艇22艘，成交额超1.2亿元，珠海本土游艇企业绅斯威开幕当天成交2艘游艇，成交额1 200万元。展会期间，召开粤港澳游艇产业合作交流研讨会，国内外游艇厂商、银行、风险投资机构、专业买家汇聚。国家船舶及海洋工程装备材料质量监督检验中心落户珠海市平沙镇，填补船舶及海洋工程装备材料国家质检中心空白，覆盖船舶及海洋工程装备用金属和非金属材料及其制品常规力学、物理和化学性能检测，拟建实验室面积2万平方米，总投资1亿元，占地1.33公顷。12月初，珠海市政府与广东海事局签订《推进粤港澳游艇自由行合作框架协议》，双方将共同争取粤港澳游艇在横琴自贸试验区先行先试自由行，法拉帝游艇（亚太）中心项目12月16日在横琴新区开工奠基。江龙船艇科技股份有限公司9月29日发布其最新产品——“珠江水晶”号，该游船上建造结构采用钢管桁架形式，首次实现

游艇制造项目进入试产阶段。　（曹振飞）

【现代物流业】　2015年，珠海市交通运输、仓储和邮政业实现增加值39.05亿元，比上年增长6.4%。全年规模以上港口完成货物吞吐量1.12亿吨，比上年增长4.7%，港口集装箱吞吐量133.77万标准箱，增长13.7%。全市货物运输总量1.19亿吨，比上年增长7.1%。其中，铁路298万吨，比上年下降2.5%；公路9 917.8万吨，增长7.5%；水路1 708.5万吨，增长6.5%；航空1.2万吨，增长3.8%。货物运输周转量172.81亿吨千米，比上年增长8.4%。其中，铁路5.6亿吨千米，比上年下降2.2%；公路55.9亿吨千米，增长11.1%；水路111.11亿吨千米，增长7.6%；航空0.2亿吨千米，增长0.1%。　（袁沅）

·责任编辑　周慧琴·

佛山市

基本情况

【概况】 佛山市位于广东省中南部。1983年设立地级市。2015年辖禅城区、南海区、顺德区、三水区、高明区。行政区域面积3 797.72平方千米。年末户籍人口388.97万人；常住人口743.06万人，其中城镇人口360.78万人。人口自然增长率6.69‰。祖籍佛山的华侨和港澳台胞148万多人，其中港澳同胞80多万人。

佛山自然资源丰富。2015年，佛山耕地面积3.73万公顷，粮食播种面积2.06万公顷，粮食产量9.82万吨。林地面积6.76万公顷，森林覆盖率34.81%，活立木蓄积量527.09万立方米。城市人均公园绿地面积14.36平方米。矿产资源以非金属和燃料等为主，主要有石膏、岩盐、膨润土等；主要名优土特产有石湾公仔、顺德香云纱、高明合水粉葛、三水黑皮冬瓜、乐平雪梨瓜等国家地理标志产品，以及盲公饼、酝扎猪蹄、九江双蒸酒、大良双皮奶、高明濑粉等。佛山是中国先进制造业基地，2015年有各级工程中心1 310家，高新技术企业716家，有国家级、省级特色产业基地36个，中国产业名都、名镇41个。旅游景点有祖庙、南风古灶、西樵山、南国桃园、清晖园、陈村花卉世界、高明皂幕山、三水荷花世界等“佛山新八景”，还有岭南天地（东华里）、康有为故居、长鹿农庄、大旗头古村、蓬简水乡等景点。西樵山和长鹿农庄是国家AAAAA级旅游景区。

佛山历史悠久，岭南文化浓厚。素有陶艺之乡、粤剧之乡、武术之乡、广纱中心、岭南成药之乡、南方铸造中心、民间艺术之乡等美誉，形成了秋色、行通济、生菜会等独具特色的民俗。佛山是珠江三角洲民间艺术的摇篮，孕育并保留大量体现岭南文化精髓的民间艺术和民俗事象。狮舞、粤剧、龙舟说唱、佛山木版年画、广东剪纸、石湾陶塑技艺、佛山狮头、香云纱染整技艺、祖庙庙会、佛山秋色、十番、人龙舞、佛山彩灯和八音锣鼓14个项目入选国家非物质文化遗产名录，11人入选国家级非物质文化遗产代表性传承人。佛山人文荟萃，人才辈出。唐宋以来广东出过9个状元，佛山有5个。明清时为“气标两广的人文之邦”。近代以来，孕育维新运动领袖康有为，政治活动家张荫桓、戴鸿慈、谭平山、何香凝、罗登贤、邓培，民族实业家陈启沅、简照南、简玉阶，科学家詹天佑、邹伯奇，文学家吴趼人，粤剧名伶薛觉先、马师曾，武术名家梁赞、黄飞鸿、叶问、

佛山市三水荷花世界 （佛山年鉴社供稿）

李小龙，名医李广海，能工巧匠黄炳、陈渭岩、刘传，第一位华人牧师梁发等杰出人物。

2015 年 1 月，佛山市正式成为第二批国家信息消费试点城市，创建期为一年。2 月 28 日，佛山市被中央文明委员会授予“全国文明城市”和“全国未成年人思想道德建设工作先进城市”称号。7 月 24 日，佛山市政府召开全市高标准建设国家知识产权示范城市推进大会，国家知识产权局副局长贺化为佛山市颁发“国家知识产权示范城市”牌匾。7 月 28 日，佛山市被商务部确定为国家物流标准化试点城市。12 月 8 日，国家发展改革委复函同意佛山市列为国家制造业转型升级综合配套改革试点城市。

是年，佛山市生产总值 8 003.92 亿元。单位 GDP 能耗比上年下降 5.64%。固定电话用户 258.47 万户，移动电话用户 1 349.14 万户。社会用电量 587.84 亿千瓦·时。城镇居民住房建筑面积 22 611.20 万平方米，农村居民居住面积 6 424.85 万平方米。年末从业人员 438.41 万人，城镇登记失业率 2.36%。参加职工基本养老保险 433 万人；参加城乡居民养老保险 54.64 万人；参加城镇职工基本医疗保险 277.74 万人；参加城镇居民基本医疗保险 207 万人。城镇生活污水集中处理率 96.49%，城镇生活垃圾无害化处理率 100%。

【经济建设】 2015 年，佛山市坚持稳中求进工作总基调，全面落实稳增长、促改革、调结构、惠民生、防风险各项措施，经济社会发展在新常态下保持总体平稳，计划预期目标和主要任务较好完成。

经济实力继续增强 将稳增长作为经济工作的首要任务，出台 31 条保持经济稳定增长的具体措施，促进经济平稳运行。全市完成地区生产总值 8 003.92 亿元，比上年增长 8.5%。其中，第二产业增加值 4 838.89 亿元，比上年增长 7.6%；第三产业增加值 3 028.61 亿元，增长 10.3%；三次产业比重为 1.7：60.5：37.8，第三产业占比创近年新高。财政税收稳健增长。全市地方一般公共预算收入完成 557.43 亿元，比上年增长 11.3%，其中税收收入 398.75 亿元，增长 8.2%。

固定资产投资增长较快 发挥投资对稳增长的关键作用，狠抓重点项目建设，固定资产投资实现高位增长。全市固定资产投资完成 3 035.52 亿元，比上年增长 16.2%，成为拉动经济增长的关键因素。第二产业投资比上年增长 26.5%，其中工业技改投资增长 38.6%。第三产业投资比上年增长 10.5%，其中房地产开发投资增长 13.5%。省、市重点项目建设稳步推进。省重点建设项目完成投资 459.52 亿元，为年度投资计划的 120.9%；市重点建设项目完成投资 222.71 亿元，为年度投资计划的 104.3%。

消费市场平稳增长 抢抓消费升级机遇，大力开拓国内市场，培育发展消费新业态，消费市场保持平稳畅顺。全市实现社会消费品零售总额 2 687.22 亿元，比上年增长 11.9%。批发零售业稳中有升，实现零售额 2 394.38 亿元，比上年增长 12.4%。主要大类商品增长保持平稳。居民消费价格指数比上年增长 1.6%，减少 0.7 个百分点。

进出口跌幅持续收窄 突出稳定进出口对经济增长的支撑作用，拓市场优服务促转型，推动进出口企稳回升。全市进出口总额 657.2 亿美元，比上年下降 4.5%。其中，出口额 482.1 亿美元，比上年增长 3.2%；进口额 175.1 亿美元，下降 20.7%。全市合同利用外资金额 28.99 亿美元，比上年下降 22.3%；实际利用外资金额 23.77 亿美元，下降 10.5%。

制造业转型升级　领衔打造珠江西岸先进装备制造产业带，出台《〈中国制造 2025〉佛山行动方案》和《佛山市工业转型升级攻坚战三年行动实施方案》，获批国家制造业转型升级综合改革试点。全市规模以上先进制造业完成工业总产值 7 543.51 亿元，比上年增长 15.2%，其中装备制造业 5 933.34 亿元，增长 15.9%。本田汽车零部件制造有限公司 CVT 变速箱项目投产，南车项目、佳明重工项目试产，福田汽车项目总装车间封顶，一汽－大众二期项目建设顺利。新引进千山药机医疗器械装备大健康产业基地等一批先进装备制造项目。开展智能制造发展专项行动，实施“百企智能制造提升工程”，全省首个机器人产业发展示范区在顺德区启动，华南智能机器人创新研究院挂牌成立。加快新能源汽车推广应用，累计推广新能源汽车 2 613 辆，超额完成省分解推广任务，建成充电桩（机）689 个。招商引资有新成效，全市合计签约投资额超千万美元的外资项目 71 个，投资总额 53.85 亿美元，签约投资额超 1 亿元的内资项目 321 个，投资总额 2 173.81 亿元。

第三产业提质增效　深入实施提升服务业发展水平三年行动计划，推动第三产业加快发展。重点项目推进顺利，145 个服务业重大项目完成投资 331.44 亿元，占年度计划投资的 108.84%，智慧新城（启动区）、义乌小商品城、广东有色金属交易平台等 28 个项目完工。盈科（佛山）律师事务所、中兴通讯大数据产业园等一批服务业项目签约落户。服务业集聚区建设提速，中德工业服务区中欧中心正式启用，北京外国语大学南方研究院和德国研究中心正式揭牌，启动建设广东智能制造示范中心。广东金融高新区核心区累计引进知名金融机构和服务外包企业 252 家，投资及募集资金总额 525 亿元，华南知识产权运营中心、广东－诺丁汉高级金融研究院正式揭牌。现代服务业发展势头良好，获批国家物流标准化试点城市，国通物流保税中心（B 型）通过联合验收，创建国家级服务外包示范城市，文化、旅游、工业设计等产业，跨境电商、大数据等新兴业态加快发展。

现代农业加快发展　与广东省农科院签订农业科技合作协议。全市市级农业龙头企业 95 个；有农民专业合作社 160 个，市级示范社 46 个，省级示范社 16 个，三水芦江水产专业合作社被评为国家级加工型示范社。高明区成功申报农业部新型职业农民培育项目县。

创新驱动深入开展　全面实施“互联网+”行动计划，举办首届中国（广东）国际“互联网+”博览会，百度、汉诺威、IBM 等 21 个战略合作项目现场签约。佛山国家高新区获批建设国家自主创新示范区。出台加快培育高新技术企业专项行动方案，培育国家级高新技术企业 716 家。实施科技企业孵化器倍增计划，全市有国家级科技企业孵化器 4 个、国家级孵化器培育单位 13 个。加快建设新型研发机构，全市各类新型研发机构 25 个，建有省级工程中心 288 个、市级工程中心 463 个。金融创新步伐加快。在全省率先出台全面性债券融资扶持政策，全市非金融类企业债券融资 56 亿元。企业融资专项资金规模扩大至 15 亿元。科技型中小企业信贷风险补偿基金运作顺利，累计授信企业 107 家、授信金额 8.4 亿元。新增新三板挂牌公司 30 家，南华仪器、伊之密在深交

2015 年 3 月 20 日，中国工程院院长周济到万和公司考察调研“互联网 +”行动计划，视察万和电气与中国工程院、中国航天二院合作的建设云制造项目（佛山市高明区经济和科技促进局供稿）

所上市，星徽精密登陆创业板，中国顺客隆控股有限公司、中盈盛达融资担保登陆港交所。新增股权投资机构 50 个，总数 276 个，注册资本超 398 亿元。

基础设施日益完善　佛山西站、广佛地铁二期项目进展顺利，地铁二号线一期站点陆续开工，地铁三号线工可报告与初步设计方案获批。江罗高速佛山段、广明高速西延线完工，广中江高速公路顺德段征地拆迁任务、广明高速陈村至西樵段一期工程顺利完成。魁奇路西延线、华阳大桥、东西大道、同济东路、三水桃园路西延线等 19 条市域“断头路”建成通车。佛山新港、澜石两港补偿关闭工作有序推进，顺德了哥山港区建设进展顺利。

城市升级不断延伸　启动城市升级两年延伸行动，128 个升级项目建设次第开展，“一老三新”及组团城市建设不断提速，千灯湖公园获美国城市土地学会颁发的城市开放空间大奖，成为中国首个获得该奖项的项目，城市升级逐步向城市升值迈进。南海区和狮山镇成为第二批国家新型城镇化综合试点。“三旧”改造深入推进，获全省 2014 年度“三旧”改造考核一等奖，截至 2015 年底，全市实施“三旧”改造项目 1 155 个，总用地面积 0.7 万公顷，项目改造预算投入资金 2 185.15 亿元。百村升级行动加快推进，首批 13 个古村落完成活化项目 203 个、30 个城中村（旧居民社区）完成改造项目 241 个、48 个新农村完成建设项目 508个。（陈永婷）

【政治文明建设】　依法治市　2015 年，佛山市以《法治广东建设五年规划（2011—2015）》和珠三角法治创建示范区要求为抓手，推进全面依法治市，建设法治佛山。印发实施《佛山市按法治框架解决基层矛盾工作推进方案》；推进“法治区”和“法治镇街”创建；深化行政审批制度改革，取消审批事项 420 项、向社会转移职能 188 项，市向区下放事权 212 项；地方立法权落地，第一批地方性法规立法项目推进；通过构建公共法律服务体系推进基层社会治理法治化，“一对一”市长法律顾问、一镇（街）一律师顾问团、“三官一师”（法官、检察官、警官、律师）直联村居等机制实施；全市公安机关侦破案件 19 142 件、检察机关审查起诉9 373件13 468人、法院系统共执结案件35 475件；全市“两法”衔接工作成员单位115个；法治文化建设有序推进；通过省对佛山市落实《法治广东建设五年规划》情况的考核验收。

依法行政　是年，佛山市出台《佛山市重大行政决策专家咨询论证办法（试行）》和《佛山市重大行政决策征求公众意见办法（试行）》；全面推进“一门式”政务服务改革，打造政府服务“佛山模式”；健全行政审批标准化、行政服务标准化，编制完成《政府服务体系审批服务事项通用指导目录》，审核确定1 373项审批服务事项的办事指南；积极应对新《中华人民共和国行政诉讼法》实施；依法行政考评工作首次引入第三方评估，对全市4个区、22个镇（街道）、29个市直部门2015年度依法行政情况进行评估。根据广东省法治政府绩效满意度报告，佛山法治政府绩效满意度位居广东地级市之首。

基层政权建设　是年，佛山市有村委会328个，其中禅城区54个、南海区67个、顺德区108个、高明区51个、三水区48个；有居委会411个，其中禅城区90个、南海区182个、顺德区96个、高明区21个、三水区22个。全年全市探索创新基层社会治理，推动社区公共服务综合信息平台建设，全国社区治理和服务能力建设示范培训班暨社区公共服务综合信息平台建设经验交流会在佛山禅城召开；启动开展“社区减负”工作，研究和推进“建立社区行政事务事项准入制度”“制定社区行政事务事项三个清单”和“建立社区工作综合考核评比指标体系”等社区减负专项行动；完善社区民主协商机制，至是年，全市建立690个“社区参理事会”“社区决策咨询委员会”“家乡建设委员会”“村（居）议事监事会”等民主议事和决策机构；完善基层民主监督制度，村（居）务公开进一步加强，出台《佛山市关于加强村务监督委员会建设的指导意见》。（梁倩婷　黄焯怡　吕龙锋）

【文化建设】　2015年，佛山市以建设“文化导向型城市”发展理念，探索形成“一个理念，两个抓手，五个路径，五个保障”的文化发展新模式，制订并实施《佛山市文化升级两年行动计划（2015—2016年）》，塑造城市文化形象，提高市民文化福祉，城市文化软实力不断提高。

公共文化服务体系　取得第三批国家公共文化服务体系示范区创建资格。印发《佛山市构建现代公共文化服务体系实施意见》，制订“城乡十分钟文化圈”建设示范镇街、示范村居和社区文化品牌活动的创建、评选标准，评选出第一批示范镇街5个、示范村居15个及十佳社区文化活动品牌。开展行政村（社区）综合性文化服务中心建设试点工作，共确定试点124个。文化志愿服务常态化，全市在册文化志愿者6 939人，开展文化志愿服务3 300多次。推动政府购买文化服务，市级政府采购项目金额超1 000万元。文化惠民得到强化，市联合图书馆成员馆增至78家，累计办证57.2万个，汽车图书馆、智能图书馆等特色服务深入企业、社区、医院、学校。全市643个农家书屋85%完成数字化改造工程。各级公共文化机构全年开展文化活动过万场，惠及群众近700万人次。公益电影放映近8 000场，观众近250万人次。

文化活动和艺术创作　全年全市工艺美术作品入选国际性展览5个，国家级展览7个，省级展览2个。长篇小说《闯广东》被

《十月》杂志头条刊发，大型历史话剧《康有为与梁启超》入选国家艺术基金资助剧目，话剧剧本《铁路之梦》被列入广东省戏剧创作生产重点剧目、省文化厅2016舞台艺术重点剧目，粤剧《凤凰天妃》在香港首演获好评。“佛山韵律·和风鸣畅”系列文化艺术活动共开展版块项目70多个，常规性项目50多个。至是年，有广东省小说奖、诗歌奖、散文奖及报告文学奖等省级文学奖均落户南海，华语音乐传媒大奖落户顺德。

文化产业发展　全年文化产业增加值占GDP比重的5.25%；制定《佛山市人民政府关于扶持旅游文化创意产业发展的意见》和《佛山市加快旅游文化创意产业发展实施方案（2015—2020年）》等政策文件；落实规定为35个单位提供竞争性分配扶持资金415万元。全年有超1 000家企业在家电、家俱、陶瓷等传统产业中开始文化创意增值产品的市场探索；陶艺、藤编、剪纸、版画、彩扎等43个省级以上“非遗”项目，半数以上实现产业化；全年文化服务类企业数量比上年增长10%以上；69家院线影院票房收入5.14亿元，增长52.5%。全年受理版权登记代理1 717件，其中资助版权登记作品518件，资助金额5.4万元。（张紫琳）

【社会建设】　民生保障持续改善　2015年，佛山市以大众创业带动就业，促进创业5 425人，带动就业26 750人。举办“春风行动”“南粤春暖行动”等专项活动，全市新增转移就业劳动力1.45万人，新增就业8.27万人。提高养老保险待遇水平，企业退休职工月人均基本养老金由2 438元增至2 693元，城乡居民基本养老保险基础养老金调升至155元/月。新增收养性养老床位16 128张，全市养老床位29 429张。提高底线保障民生，在全省率先实现统一城乡低保补差水平，城乡低保标准调整为每人每月590元。保障房建设提前完成省下达5 000套的全年任务，基本建成7 485套。启动12次低收入群体临时价格补贴与物价上涨联动机制，发放补贴1 646万元。

社会事业不断进步　教育事业全面发展，现代职教体系建设改革试点项目获得“2015中国可持续发展城市范例奖”。全市义务教育民办学校均通过省义务教育标准化学校评估。申报国家学前教育改革试验区，构建起以公益普惠性幼儿园为主体的学前教育公共服务体系。省市共建研究生联合培养基地，推动佛山科学技术学院建设广东省高水平理工科大学。通过国家卫生城市复审。改善医疗服务，启动疾病应急救助制度，全年支付疾病应急救助资金829.7万元。文化体育事业精彩纷呈，市文化馆新馆土建基本完成，佛山大剧院主体建筑封顶。获批国家体育产业联系点城市，举办亚洲俱乐部杯龙舟赛、高尔夫欧巡挑战赛、国际拳联职业拳击赛暨里约奥运会资格赛49公斤级比赛等精彩赛事，成功申办2016年全国游泳冠军赛和2019年男篮世界杯赛。

社会管理改革稳步推进　创新基层社会治理模式，深化社区协同共治，发挥全市559个民主议事和决策机构作用。开展社区网格化治理示范点工作。推进社会组织建设，投入专项扶持资金590万元，全市有社会组织5 567个，比上年增长19.6%。加快专业社工发展，全市持证社会工作者4 465人。探索推进社区志愿服务标准化，推广“社工+志愿者”社区志愿服务模式，全市登记在册的志愿者68.53万人。推进医药卫生体制改革，巩固基本药物制度，各级医疗机构均达到规定使用比例。新注册非公立执业医疗机构65个。新增14个家庭医生式服务市级示范点，累计与38万多名居民签订服务协议，提供上门诊疗服务22万人次。

社会秩序稳定和谐　创建省食品安全城市试点，实施食品安全网格化监管试点，建成无公害农产品产地85个、市级“菜篮子”基地45个、“阳光厨房”2 285间。实施安全生产“三大行动计划”，全面排查生产安全事故隐患。推进“平安佛山”创建工作，治安立体化防控体系逐步完善，专项打击整治行动成效明显，社会秩序保持和谐有序。

（陈永婷）

【生态文明建设】　环境治理力度加大　2015年，佛山市推进节能降耗，推动电机能效提升，开展电厂“超洁净排放”改造和电力需求侧管理城市综合试点，完成40个项目合计427万平方米绿色建筑。淘汰整治高污染燃料小锅炉495台、淘汰黄标车5.53万辆、整治VOCs排放重点企业95家，全市PM_{10}和$PM_{2.5}$浓度分别比上年下降12.1%和13.3%。推进水环境整治，基本完成42条“一河一策”河涌整治，22条河涌基本指标达到V类水标准。推进汾江河、西南涌、水口水道、芦苞涌等广佛交界河流整治，广佛交界区域水环境整治问题挂牌督办摘牌。完成全市省级集中式饮用水水源地标准化建设，全市饮用水水源水质达标率100%。

生态建设加快推进　2015年，佛山市筹备国家环保模范城市复核工作，通过省专家组预评估。推进低碳试点和排污权有偿使用和交易试点工作。推进“绿城飞花”主题绿化景观建设，62个亮点工程项目完工11个，基本建成西二环高速南海段生态景观林带和佛山一环南延线顺德区高赞立交和番村立交绿化景观提升。

“国家森林城市”创建　2015年，佛山市通过修订《广东省佛山市国家森林城市建设总体规划（2012—2022年）》(2015年修订），结合新一轮绿化佛山大行动，克服林地资源先天不足的现状，利用岭南水乡河网交错的特点，向河涌、道路、乡村拓展城乡绿化空间，在“增绿量”上取得突破。建成一批绿化建设重点项目，包括新建禅城王借岗、南海三山、高明南蓬山、三水九道山等7个森林公园和绿岛湖、南海丹灶、三水云东海等6个湿地公园；推动绿化向村居延伸，完成乡村绿化美化示范村建设100个。至年底，全市新建各类森林绿地面积4 983.47公顷，人均公园绿地面积14.36平方米。全市市域森林覆盖率34.81%，与国家森林城市35%的指标要求较为接近。

“绿城飞花”主题绿化景观建设　2015年，佛山市政府印发《佛山市“绿城飞花”主题绿化景观建设实施方案》，并召开工作现场会部署“绿城飞花”62个主题绿化景观项目建设工作，以“增绿、增花、增彩”为方向、“绿化与文化融合”为理念，两年内在佛山增加12个缤纷绚丽的“主题花海”，并对13条“禅桂新”道路、河涌进行亮化提升，打造37个区镇级花色亮点工程，形成“四季花城、时时有花、处处是景”的绿化环境。“绿城飞花”主题绿化景观建设纳入到城市升级两年延伸计划。为加快推进项目的建设，市绿委办成立技术专家组，科学指导全市“绿城飞花”主题绿化景观规划、建设、管理工作，还建立工作信息月报制度，及时掌握各区的建设进度，督促指导各区解决技术难题。截至年底，完工11项，进入工程施工阶段36项，正在开展规划设计（立项、招投标）等15项，其中王借岗森林公园、半月岛、绿岛湖、桂畔海湿地公

2015 年 11 月 14 日，佛山市半月岛湿地公园建成开放

（佛山年鉴社供稿）

园等项目向市民开放。

（陈永婷　许锦华）

【党的建设】　2015 年，佛山市组织开展“三严三实”专题教育，并与推动全市各项中心工作、全面深化改革、稳增长调结构等实际工作紧密结合。以“堡垒型 + 服务型”为主线，坚持强化基层党组织政治功能和服务功能相结合，基层党建与基层治理相结合，创新“1+N+X”区域化大党建模式（“1”指区域龙头党组织，“N”指区域内“N”个党组织，“X”指区域外党建资源），实施精准整顿软弱涣散党组织，增强基层党组织领导核心地位。落实省委“三个区分”（在纪检工作中把因缺乏经验先行先试出现的失误与明知故犯行为区分开来，把国家尚无明确规定时的探索性试验与国家明令禁止后的有规不依行为区分开来，把为推动改革的无意过失与为谋取私利的故意行为区分开来），整治“为官不为”，倡导“为官有为”。

以整治“为官不为”为抓手从严管理干部，约谈、函询领导干部 63 名，发出《函询通知书》12 份、《提醒通知书》2 份；加强领导班子、领导干部日常了解和专题分析研判，与五区 144 名干部、市直单位 245 名领导干部进行个别谈话；严格干部选拔程序、强化审查核实，持续开展专项整治；强化干部培养培训，举办培训班 103 期，培训 38 799 人次。

落实全面从严治党要求，加强党风廉政建设和反腐败工作，推动落实党风廉政建设责任制，制订落实党风廉政建设主体责任和监督责任实施意见、推行党委（党组）定期向上级党委和纪委报告党风廉政建设责任制落实情况的制度、落实“一案双报告”和“一案双查”制度等；坚持以“零容忍”的态度惩治腐败，全年受理信访举报 2 223 件次、处置线索 897 条、立案 630 件、结案 465 件；加大对农村基层党员干部违纪违法线索集中排查力度，全市共排查线索 1 364 条，立案 453 件，结案 273 件；加大对违反中央八项规定精神问题的查办和问责力度，全年查处违反中央八项规定精神问题 10 个 27 人；加强风险防控微观制度创建，构建“互联网 +”防腐模式，从源头上预防和治理腐败；创新反腐倡廉宣传教育方式，营造崇廉尚洁的社会氛围；强化行政投诉电子监察，至 2015 年 11 月底，市本级行政投诉中心受理各类投诉 1 156 起，办结 1 154 起。

（陈东明　董彦兵　陈宝筠）

2015 年佛山市国民经济发展情况

市（区）	年末户籍人口（万人）	地区生产总值		人均地区生产总值		第一产业增加值		第二产业增加值		工业增加值	
		实绩（亿元）	比上年增长（%）	实绩（元）	比上年增长（%）	实绩（亿元）	比上年增长（%）	实绩（亿元）	比上年增长（%）	实绩（亿元）	比上年增长（%）
佛山市	388.97	8 003.92	8.5	108 299	7.5	136.45	1.5	4 839.47	7.5	4 675.14	7.6
禅城区	61.76	1 468.67	8.2	131 808	7.6	0.50	−17.2	674.32	6.6	639.60	6.8
南海区	128.00	2 228.99	8.5	82 961	7.2	45.85	0.8	1 328.25	5.9	1 275.49	6.0
顺德区	128.49	2 586.69	8.5	102 538	7.6	41.47	1.9	1 510.12	7.5	1 458.99	7.7
高明区	30.12	710.54	8.6	165 434	8.0	17.59	2.4	561.13	7.7	548.82	7.8
三水区	40.60	1 009.09	9.0	158 314	8.4	31.10	3.6	765.66	8.1	752.25	8.2

市（区）	第三产业增加值		规模以上工业总产值		农林牧渔服务业总产值		固定资产投资		外贸进口额	
	实绩（亿元）	比上年增长（%）	实绩（亿元）	比上年增长（%）	实绩（亿元）	比上年增长（%）	实绩（亿元）	比上年增长（%）	实绩（亿美元）	比上年增长（%）
佛山市	3 028.00	10.7	19 544.95	7.9	275.69	1.4	3 035.52	16.2	1 088.20	−19.8
禅城区	793.86	9.8	2 514.50	6.4	1.09	−17.9	534.96	15.2	203.80	−36.0
南海区	854.89	13.6	5 356.32	7.5	85.20	0.7	923.15	16.6	488.10	−18.3
顺德区	1 035.10	10.6	6 027.16	8.0	86.02	1.2	643.09	16.8	315.20	−12.5
高明区	131.81	15.1	2 673.04	8.4	36.48	2.4	352.18	15.2	31.60	40.9
三水区	212.33	14.3	2 973.93	8.7	66.95	4.0	582.14	16.4	49.50	−14.7

市（区）	外贸出口额		实际使用外资金额		地方一般公共预算收入		地方一般公共预算支出	
	实绩（亿美元）	比上年增长（%）	实绩（亿美元）	比上年增长（%）	实绩（亿元）	比上年增长（%）	实绩（亿元）	比上年增长（%）
佛山市	2 999.00	4.5	23.77	-10.5	557.55	11.24	799.93	52.4
禅城区	693.30	10.4	4.80	3.0	60.67	12.45	97.82	48.7
南海区	768.60	2.9	8.63	6.9	185.50	11.35	223.97	47.1
顺德区	1 286.50	1.5	9.30	14.6	187.47	7.62	203.87	30.4
高明区	139.40	5.2	0.07	-95.7	30.84	15.29	35.33	38.8
三水区	111.20	17.7	0.98	-76.5	45.49	15.49	58.39	57.9

续表

市（区）	社会消费品零售总额		城镇常住居民人均可支配收入		农村常住居民人均可支配收入		境内住户存款余额	
	实绩（亿元）	比上年增长（%）	实绩（元）	比上年增长（%）	实绩（元）	比上年增长（%）	实绩（亿元）	比年初增长（%）
佛山市	2 705.22	11.9	39 757	8.8	22 063	9.8	6 232.20	5.2
禅城区	659.35	13.5	38 501	8.6	—	—	1 381.39	5.2
南海区	874.47	11.1	40 148	8.8	25 909.4	9.5	2 225.68	5.2
顺德区	876.82	12.3	42 259	9.0	26 860.0	9.5	2 091.64	5.3
高明区	106.06	10.1	27 664	9.1	18 376.0	10.2	183.89	2.1
三水区	188.51	10.0	28 593	9.4	20 867.0	10.4	342.90	7.1

2014—2015 年佛山市社会事业情况

教育				医疗 文化 体育			
项目	单位	2014 年	2015 年	项目	单位	2014 年	2015 年
普通高校数	所	3	3	医院、卫生院数	所	110	116
普通高校在校学生数	万人	4.67	4.94	医院、卫生院床位数	张	2 7764	31 266
中职和技校学校数	所	48	48	平均每千人口医院、卫生院床位数（常住）	张	3.78	4.21
中职和技校在校学生数	万人	9.46	9.07				
普通中学学校数	所	193	199				
普通中学在校学生数	万人	30.78	30.60	文化馆数	个	7	7
普通高中毛入学率	%	112.81	113.90	公共图书馆数	个	6	6
小学学校数	所	406	407	博物馆数	个	16	16
小学在校学生数	万人	47.44	49.01	体育场馆（标准）	个	208	210
学前教育入园率	%	99.81	100	人均体育运动面积	平方米/人	2.18	2.18
幼儿园数	所	837	839				
在园幼儿数	万人	25.14	26.87				

【改革开放】 行政体制改革 2015 年，佛山市落实行政职权清单，推广行政审批标准化，推动行政审批和社会服务事项动态调整。全面推进“一门式、一网式”政府服务模式改革，打造“一口受理、内部流转、四级联动、同城通办、O2O 融合”的政府服务佛山模式。加快网上办事大厅建设，省、市、区、镇街网上办事大厅实现联网同步，审批事项进驻率达 100%。铺设 826 台“市民之窗”自助服务终端，累计办理业务超过 101 万笔。

经济体制改革 2015 年，佛山市复制

推广自贸区试点经验，建设“不是自贸区的自贸区”。深化商事制度改革，企业登记实现“三证合一、两证一章同发”，试行企业注册登记同城通办。清理非行政许可审批类别，深化实施企业投资负面清单、审批清单、监管清单“三单”管理制度，实现企业投资建设审批“一窗受理、内部流转、联合审批、限时办结”。创新公共服务供给机制和投入方式，加快推广 PPP 模式，地铁二号线一期工程被纳入国家发改委 PPP 项目库，11 个项目纳入省 PPP 项目库，建立市级 PPP 项目库，储备 45 个项目。

农村综合改革　2015 年，佛山市土地承包经营权确权登记颁证试点进展顺利，三水区完成 99%以上。推进农村集体“三资”管理服务平台建设，升级完善农村集体资产管理交易平台和农村财务网上监控平台运行机制，农村股权管理信息化平台建设扩面工作有序推进。全市进入平台交易的农村集体资产有 10.5 万宗，涉及合同标的总额 568 亿元，平均增值率达 13.1%；全市农村集体财务均纳入农村财务监控平台监管。

（陈永婷）

年度大事

【获全国文明城市称号】　2015 年 2 月 28 日，中央文明委表彰第四批全国文明城市，佛山市获“全国文明城市”称号。佛山市 2006 年启动创文工作以来，以文明城市创建为引领，不断提升市民素质和城市文明程度，2011 年获得提名资格后，佛山将新一轮全国文明城市创建工作和城市升级三年行动计划一同部署、一同推进，力促城市软硬环境同步提升，以文明的力量引领城市升值，通过紧扣“两个测评体系”（《全国文明城市测评体系》《全国未成年人思想道德建设工作测评体系》），前后历经三次“国检”，佛山市一次性创成全国文明城市。

【“中国在线制造”在佛山上线】　2015 年 3 月 31 日，“中国在线制造”正式上线。这是佛山首个“互联网 + 云制造”公共服务平台，进行企业内部以及企业与企业之间的生产、设计、销售、物流全产业链的经营管理。平台采用先进的云计算、大数据技术，打通行业之间的产业链条，实现线上、线下资源的深度整合与配置。早在 2012 年，“中国在线制造”就开始致力于建设佛山云制造公共服务平台。由国家航天科工集团、华为公司、北京恩维公司、佛山卓维公司，共同组建佛山云制造产业联盟，推动更多的企业加入到“中国在线制造”平台，打造佛山互联网 + 云制造产业新业态，助推佛山产业转型升级。至 2015 年 12 月底，“中国在线制造”云制造公共服务平台累计有 500 家龙头企业正式上线，带动全国 22 328 家中小企业上线，开展协同设计、协同采购、协同服务等业务。行业范围覆盖汽车、电子、机械装备、纺织服装、陶瓷、卫浴、建材、铝加工、铸造、有色金属等多个领域，区域范围覆盖佛山、深圳、广州、云浮等省内，以及湖北、福建、山东等省份。

“中国在线制造”下一步将沿着“平台、集成、大数据”三步走的路径，全力接入、整合社会化、全球化先进制造业资源，科技、金融、物流等服务业资源，打造一个中国云制造的产业应用环境和中国制造业的大数据平台，提升佛山云技术和设施的服务能力，吸引更多的战略性新兴产业进入佛山，推动佛山产业向高端发展。

【佛山首获地方立法权】 2015 年 5 月 28 日，广东省第十二届人大常委会第十七次会议作出决定，正式确定佛山市等 9 个市为全省首批可以开始制定地方性法规的城市。获得设区的市地方立法权后，佛山市人大常委会开展立法项目调研，通过“互联网 + 立法”等形式，听取社会各界对立法项目的建议。经研究论证后，确定首批制定 3 部地方性法规。经过 3 次审议后，佛山市第十四届人大常委会第三十二次会议于 2015 年 12 月 18 日，审议通过《佛山市历史文化街区和历史建筑保护条例》。

【佛山顺德成为广东首个机器人产业示范区】 2015 年 5 月，中国（广东）“互联网 +”国际博览会新闻发布会暨广东省机器人产业发展示范区在佛山市顺德区启动，“华南智能机器人创新研究院”揭牌。顺德有良好的机器人产业基础，中德工业服务区是主要发展工业服务业的省级平台，在服务区中欧中心打造以机器人·大世界为主题的广东智能制造示范中心，能较好地为企业提供机器人展示、应用、培训、销售和创新平台。8 月，广东省首个机器人产业发展示范区在佛山市顺德区启动。计划用 4 年时间，从机器代人、搭建公共创新平台、引进智能装备项目、举办世界机器人博览会等方面着手，打造以智能装备和工业机器人为核心的装备制造业全产业链，助推全省制造业转型升级和新兴产业的培育发展。

【全球最高精度 3D 打印机制造厂在佛山三水建成投产】 2015 年 6 月 5 日，康硕集团签约落户佛山市三水新城。康硕集团作为国家级高新技术企业，形成以能源动力、3D 打印、空气处理及清洁能源等产业为核心的多元化发展经营体系，建立起分区域、分行业的全国营销网络，与世界顶级 3D 打印机制造商美国 Solidscape 公司签订《Solidscape 中国合约制造组装工厂协议》。康硕集团佛山市三水区 3D 打印产业基地，包含由美国 Solidscape 公司授权康硕集团在国内建立全球最高精度的 3D 打印机制造工厂、3D 打印云服务创客中心，未来将形成集 3D 技术研发、制造、设计、服务、销售上下游一体的产业链条，打造全球最大、最先进的 3D 打印产业基地。7 月 23 日，康硕集团佛山市 3D 打印机制造基地、3D 打印云服务基地在三水新城投产。

【全国首张国标“一照一码”营业执照在佛山禅城发出】 2015 年，佛山市禅城区获批全省“一照一码”改革试点区。8 月 19 日，禅城区在全省率先开启商事登记制度改革“一照一码”模式，全国首张加载 18 位国家标准“统一社会信用代码”营业执照在禅城区行政服务中心智慧新城大厅发出。实施改革后，新设企业办证不需要再跑工商、质监、国地税等多个部门，不需要提交大量重复的申请材料，只跑一次、提交一次材

·链接· **一照一码**

“一照一码”是将原来的税务登记号与工商营业执照注册号、组织机构代码合并为编码位数为 18 位的统一社会信用代码。“一照一码”采用统一的编码规则，充分考虑唯一性、兼容性、稳定性和全覆盖需要，一份营业执照仅加载一个统一代码。

料、一个证，即可办完所有手续。申请步骤简化，按照“一表申请、一门登记，一窗受理、一次审核，信息互认，档案共享”的模式操作即可。企业登记办事时间由过去短则1周、长则半个月缩短为1个工作日。至12月31日，全区共核发“三证合一、一照一码”的营业执照7 142张。

【国内首个“互联网”博览会在佛山召开】 2015年9月10—12日，首届“中国（广东）国际‘互联网+’博览会”（简称“博览会”）在佛山市中德工业服务区中欧中心举办。博览会由中国国际贸易促进委员会广东省委员会主办，以“智汇佛山、互联未来”为主题，设有“互联网+”前沿技术、智能制造、智慧城市、机器人等9大展区，1 200多人参加，汇聚国内外456家“互联网+”企业。博览会期间，举办第二届世界机器人展暨智能装备产业大会、中国制造2025对话德国工业4.0大会、中德工业城市联盟发起大会和国通商品保税展示分会场，为“互联网+”产业界、学术界搭建一个展示、交流、研讨与合作的平台，对传统制造产业与互联网跨界融合提供有益探索。

【佛山禅城公安在全国率先实现全预约服务】 2015年9月29日，禅城公安“一门式”综合服务大厅启用，有43个综合服务窗口和96台自助服务终端。市民办理身份证申领、出入境办证和交通违章罚款等9种业务均可全天候办理。11月1日，禅城公安推出187项全部公安业务24小时“全预约”服务。措施推出后，预约办事群众平均等候时间少于15分钟，比原来节省70%以上的等候时间，甚至实现即来即办。办事群众可通过禅城公安微信公众号、门户网站及热线电话等方式提前预约办理。禅城公安推出的业务全预约服务，在县区级公安机关中属全国首例。

【佛山禅城“一门式”服务入选全国创新社会治理典型案例】 2015年10月9日，2015全国创新社会治理典型案例颁奖典礼在北京举行，禅城区“一门式”政务服务改革入选全国创新社会治理典型案例。作为一项新探索，禅城“一门式”政务服务改革实现三大创新，一是“一个界面、一窗服务”，整合24个部门专业系统形成一门式系统，合并专业窗口形成综合服务窗口，实现一个界面对外服务、一窗能够办多件事。二是“一套标准、无差别审批”，将300余项事项像“洗菜叶”一样做成标准化流程，制订前后台业务标准，压缩自由裁量空间，实现无差别审批。三是“一个数据库、精准治理”，通过群众办事沉淀政府治理对象的数据形成数据库，精准掌握其服务需求，提升政府决策精准度，实现社会治理现代化。改革后，禅城区行政服务中心一个窗口能接受282项的行政审批，从2014年9月1日至2015年9月底，累计为群众审批事项50万件，实现零差错和零投诉。

【获批国家发展改革委制造业转型升级综合改革试点城市】 2015年12月8日，国家发展改革委批复同意佛山市列为国家发展改革委制造业转型升级综合改革试点。全年全市工业总产值约20 000亿元，工业经济总量位居全国各大中城市第五位，广东省第二位。基本建立起以实体经济、传统制造业、民营经济“三为主”的现代工业体系，在机械装备、有色金属、家用电器、纺织服装、陶瓷建材、塑料制品等产业领域培育一批名企、名牌、名品，诸多特色鲜明、配套完善的产业集群、在国内外具有较高知名度、影响力和竞争力。

10月28日，佛山市人民政府向广东省发改委发函申请成为国家制造业转型升级综合配套改革试点。10月29日，广东省发改委向国家发改委申请将佛山列为国家制造业转型升级综合配套改革试点。12月8日，国家发展改革委批复同意佛山市列为国家发展改革委制造业转型升级综合改革试点。在佛山开展制造业转型升级综合配套改革试点，是贯彻中央全面深化改革重大战略的现实路径，将更好地发挥佛山市在广东省乃至全国制造业转型升级中的先锋示范作用，为广东省发挥实现国家生产总值和经济结构战略性调整“两个支撑”作用贡献佛山力量，为地方服务国家经济发展创造基层改革探索经验，进一步巩固中国作为制造业大国强国的重要地位。

【成为国家信息消费示范城市】 2015年12月，佛山市入围工业和信息化部发布的25个信息消费示范城市名单，成为国内首批信息消费示范城市。2015年1月，根据工业和信息化部发布的《第二批国家信息消费试点市（县、区）名单公告》，佛山市成为第二批国家信息消费试点城市，创建期为一年。为做好试点建设工作，加快信息基础设施建设，推动信息资源整合利用，完善信息消费产业链和服务体系，提升民生领域信息服务水平，佛山市制订《佛山市推进国家信息消费试点城市工作实施方案》，遴选出全市25个信息消费重点项目。通过加快信息基础设施建设、提升信息产品供给能力、拓展信息服务新兴业态、提升公共服务信息化水平和创新政府智能化管理模式五大措施，发挥信息消费在稳增长、促改革、调结构、惠民生中的作用。自试点建设工作开展以来，佛山市信息基础设施建设水平稳步提升，云计算、大数据等新兴产业发展迅速，电子商务发展水平全省领先，公共服务领域智能化程度加深，取得示范效应。

【佛山博士后工作站数量跃居全国地级市第一】 2015年，佛山市新增博士后科研工作站10个。至年底，佛山共有博士后科研工作站59个，设站数量居全国地级市第一。

至2015年，在美的、海天、国星光电等大型企业设立59个博士后科研工作站、23个博士后工作站分站、14个博士后创新实践基地，设站数量居全国地级市前列。博士后科研工作覆盖陶瓷、家电、纺织、电子、化工、铝型材、装备、卫生和管理等多个重点行业和领域。全市59个博士后科研工作站产生直接经济效益30多亿元。其中美的集团建站16年来，先后招收培养博士后33人，承担相关科研项目33个，为企业带来经济效益超过10亿元。全市企业博士后共承担国家级科研课题23项、省部级课题64项、市级课题78项，取得发明专利82件、实用新型专利200多件，获市级以上科技成果奖37项。

佛山每年组织各区和设站单位到高校物色博士后人才，发展与各高校博管办的合作关系，先后与全国50多所高校、科研院所建立联系，聘请200多名专家教授为合作导师，保证博士后工作站科研工作的顺利开展。

【佛山新城成为中欧城镇化合作示范区】 2015年，由国家发改委和佛山市顺德区政

2015年9月10日，佛山市新城中欧中心开幕。在佛山馆，“一门式”政务改革，吸引不少参观者　（佛山年鉴社供稿）

府共建的全国首批中欧城镇化合作示范区，获中欧绿色和智慧城市卓越奖。9月，示范区正式落户北部片区，将借助欧洲城镇化建设的经验，运用欧洲元素，结合顺德特色，打造有地域特色、和谐宜居、环保智慧的示范区。12月18日，中欧城市可持续发展论坛在佛山新城举行，主题是“合作与示范”，欧洲城市联盟与城市中心及中欧结对城市合作项目等签约。该届论坛旨在探讨中欧城市发展理念，交流中欧城市发展经验，分享中欧城市最佳实践案例，提升中欧城市国际合作水平。

【佛山2015年空气质量优良天数首次突破300天】 2015年，佛山市大气环境质量稳中有升，二氧化硫（SO_2）、二氧化氮（NO_2）、可吸入颗粒物（PM_{10}）、细颗粒物（$PM_{2.5}$）平均浓度分别为17、41、58、39微克/立方米，分别比上年下降32.0%、14.6%、12.1%、13.3%。空气质量综合指数4.48，优于上年（5.29），全市优良天数307天，占比84.8%，首次突破300天。

是年，佛山市以空气质量改善为导向，构建全方位的科学治污体系，出台《佛山市2015—2016年大气污染防治行动方案》等大气综合整治方案，开展重点行业、多污染物协同治理，推进大气污染防治。加强重大行业整治，完成电厂“超洁净排放”改造，淘汰整治锅炉495台，整治95家VOCs排放重点企业，加大对电厂、陶瓷行业、玻璃行业等重点行业的现场检查力度，开展全市建成区内排放油烟的餐饮企业和单位食堂油烟整治。加大黄标车淘汰力度，淘汰黄标车5.53万辆，2015年1月1日起，实施第六、七阶段黄标车限行。加大黑烟车查处力度，开展黑烟车路检，在全市推广使用黑烟车电子抓拍系统。强化扬尘源控制，佛山市环境保护局与市公安局、住建管理局、交通局和水务局组成重点扬尘源督查组，不定期对各区人口密集区域内的重点扬尘源、道路洒水保洁等进行督查督办，全年督查扬尘源2 120个，跟进整改515个。强化重污染天气应对，开展春季大气环境专项整治行动，加强夏季大气污染综合防治督查，重点开展9月份大气不良气象条件专项行动，开展精准打击，全年未出现重污染天气。　（佛山年鉴社）

区域合作

【广佛同城化深入对接】 政府间多层次协调沟通 2015年1月21日，广佛交通项目对接会召开，协调两市交通对接问题。2月8日，2015年度广佛肇经济圈市长联席会议在广州举行，对2015年经济圈及广佛同城化建设工作进行部署，按照省关于建设“广佛肇+清远、云浮新型都市区”的要求，会议同时邀请清远市、云浮市政府主要领导参加，决定启动广佛肇清云经济圈建设。4月17日，佛山市副市长郭文海一行到广州拜会广州市副市长周亚伟，对广佛同城交通、水务、环保有关具体项目进行商讨和对接。8月28日，佛山市南海区政府与广州市荔湾区政府签署共建广佛同城化合作示范区框架协议。10月9日，佛山市顺德区、三水区与广州市番禺区、花都区结对签署共建广佛同城化合作示范区框架协议，广佛交界区先行同城再次提速。在市级层面加强交流互访的同时，两市市长联席会议办公室，各政府部门之间也开展工作层面的对接，推动各合作项目落实。12月25日，广佛肇清云韶经济圈市长联席会议在广州召开，对2016年经济圈及广佛同城化建设工作进行部署，审议通过广佛肇清云韶经济圈联席会议和工作协调机制，广佛肇清云韶经济圈建设正式启动。

规划计划的指引和衔接 2015年，广佛两市在编制各自“十三五”规划时，注重加强彼此间的衔接，并将广佛同城化建设作为规划的重要内容，单列章节。同时，广佛两市还按照省委常委、广州市委书记任学锋的要求，专门编制广佛同城化“十三五”规划。开展广佛城市轨道交通线网对接，2月8日，广佛两市主要领导签署《广佛两市轨道交通衔接工作备忘录》，两市规划部门联合制订《广佛两市轨道交通衔接规划工作方案》，就两市地铁线网对接等问题进行协调。制订印发《广佛肇经济圈建设2015年度重点工作计划》，涵盖规划、交通、产业、环保、民生等领域47个合作项目或事项，其中，80%以上涉及广佛同城化。

交通基础设施网络不断完善 轨道交通方面，2015年，广佛肇城际轨道建设进入收官阶段。广佛环线佛山西站至广州南站段加快建设。广佛江珠城际预可研获批。南沙港铁路可研获批。广佛地铁西朗至沥滘段土建工程完成80%以上，西朗至燕岗段于

佛山市三水南站高铁驶出站台 （佛山年鉴社供稿）

2015年底开通。佛山地铁二号线各站点陆续开工建设，引入广州南站方案已经确定。国家发改委正式批复广州地铁七号线西延至顺德北滘，继南海、禅城后，顺德也被纳入广佛地铁网络系统。公路交通方面，广明高速广州段钟村定向立交至吴家围互通主线路段于2015年2月通车，全线预计2016年通车。黄榄干线顺德至省道S111段于2015年2月正式通车。龙溪大道（广州西环—五丫口大桥段）快速化改造于是年底完成，缩短经南海海八路进入广州中心城区的时间。连接顺德陈村和广州南站的海华大桥动工建设。广佛两市还就沉香沙大桥、大坦沙大桥、容桂东出口道路、三山长江路接南浦大道、魁奇路东延线接南大路、碧江大桥工程、大沥北环东路接芳村沿江路等规划项目进行协调并取得进展。

产业互补联动发展 广佛两市会同肇庆市共建广佛肇（怀集）经济合作区选址肇庆市怀集县，截至2015年底，合作区开发建设693.33公顷，落实建设用地指标326.67公顷。累计投入基础设施建设资金11亿元，110千伏闸岗输变电工程、污水处理厂两项重点配套设施工程全面启动，天然气管道铺设工程基本完成，移动通信覆盖园区，水、电接至项目施工现场，基本完成“七通一平”，可满足入园项目要求。截至年底，累计引进项目75个，总投资107亿元。推进金融同城化，推动互设金融机构，引导渤海银行、广东华兴银行在佛山新设分行，民生银行将原佛山支行升格为佛山分行，广州银行新设大沥支行，使其在佛山的分支机构达到4个。利用广州金融市场要素平台促进三地企业融资发展，佛山新增8家企业到广州股权交易中心挂牌，累计57家佛山企业挂牌融资，融资交易额5亿元。广州农村产权交易所通过订单农业模式组织佛山市高明区“丽堂菜心”项目的挂牌交易，将农产品供求关系以合同形式在一定期限内稳定下来，增强农民的抗风险能力，推进当地农林产业集约化经营。推动旅游业合作，利用广州“72小时过境免签”政策，在广州白云机场设置“72小时过境免签”政策中转旅游服务柜台，推介广佛肇旅游产品。

生态环境协同保护 截至2015年底，广佛交界区域河涌整治“一河一策”项目258个，已完成236个，实施中22个，开工率100%，完工率90.7%。广州市与西南涌交界的西河道纳入保洁，并建立长效保洁与管理机制。佛山完成西南涌水面常态化保洁2015年度验收。通过严格营运车辆年审、落实营运黄标车“只出不进”、站场监管、提前报废奖励、异地黄标车电子警察抓拍执法等措施推动黄标车整治。

公共服务一体化 深化政务合作，2015年，佛山市南海区与广州市荔湾区以“市民之窗”自助终端为平台，实现跨区域的行政审批事项办理，至年底，两区市民可在“市民之窗”办理行政审批服务事项1 670项。促进卫生计生合作，佛山市卫计局和广州市卫计委就建立区域医疗联合体、推进分级诊疗等工作进行探讨。6月，广东省医改办组织召开广佛肇三市医改工作座谈会，就省“十三五”期间深化医改实施方案编制、城乡居民大病保险等工作进行交流。合力推动计生工作，广佛实现计生信息的互联互通及计生服务管理工作信息的协同。开展人事人才服务对接。7月2日，第六次“广佛肇人才一体化大学生专场招聘会”在中国南方人才市场举行，三市组织300个用人单位提供近7 000个职位。推进人才信息共享平台建设，广佛肇人事人才信息化综合服务平

台建设项目（一期）完成。推进社保联动，广佛间实现养老保险、失业保险的无障碍转移。医疗保险异地就医可即时结算，方便两地市民跨市就医。开展体育交流活动，两市相继组队互邀参加2015年广佛肇网球邀请赛、佛山市第三届南狮锦标赛、2015年佛山市龙舟公开赛、2015年广州国际龙舟邀请赛等体育活动。7月31日举办的2015年广州横渡珠江活动中，广州市市长陈建华，佛山市副市长郭文海参加所在城市方队横渡珠江。联动管理“三非”（非法入境、非法居留、非法就业）外国人。按照《广州与佛山市公安出入境管理部涉外警务协作工作协议》，广佛统一签证政策和外国人住宿登记管理等制度。广佛两市公安局出入境管理支队多次对口交流，研究强化涉外警务合作机制。3月7日，广佛公安部门联合在交界的滘口地区查获50名“三非”嫌疑人，依法拘留审查44人。

同城化示范区建设　2015年，佛山市南海区、顺德区、三水区与广州市荔湾区、番禺区、花都区分别结对签署框架协议，共建广佛同城化合作示范区，两市区级层面也建立同城化工作推进和协调机制。其中，南海区与荔湾区重点建设一个“综合开发治理示范片区”和一个“高端服务产业合作区”，实现统一协调、统一规划、统一开发、共治共享，为广东乃至全国经济发达地区交界区域综合治理探路。滘口—五眼桥广佛同城化综合开发治理试验片区位于两区交界的滘口片区，探索采用TOD模式，实现联合开发、共治共享。三山—东沙粤港澳高端服务产业合作区立足两区资源特色，发挥比较优势，加快产业对接，在金融、物流、商贸、汽车及其零部件、机械装备制造等领域推进一体化发展，形成产业互补、各具特色的产业发展新格局。同时，花都—三水、番禺—顺德也全面启动区际同城化合作。

【广佛肇经济圈建设加速】　2015年底，广佛肇清云韶经济圈市长联席会议正式决定启动广佛肇清云韶经济圈建设，经济圈合作扩展至周边清远、云浮、韶关等市，影响力进一步加大。一是交通网络更加完善。广佛肇城际轨道即将全线建成通车。广佛肇高速公路肇庆段加快建设。港口航运方面，以广州港驳船运输为重点，分别在佛山、肇庆开通4条穿梭巴士支线，拓展广佛肇间江海联运。二是产业互补联动发展。广佛肇三市共建广佛肇（怀集）经济合作区，合作区总体规划经广东省发改委同意正式印发，合作区建设方案报省政府，省政府批复由广佛肇三市修改后共同印发实施。合作区首期53平方千米总体规划和起步区10平方千米控制性详细规划正在编制，合作区起步区规划面积1 000公顷，已开发693.33公顷，其中A区286.67公顷、B区406.67公顷，已落实建设用地指标326.67多公顷。起步区累计入园项目75个，总投资107.16亿元（其中A区引进项目33个，合同投资额44.92亿元；B区引进项目42个，合同投资额62.24亿元）；建成投产项目18个，动工建设项目15个。三是公共服务一体化发展迅速。广佛肇教育新城项目建设启动。广东省电子商务技师学院、广东省财经职业技术学校、广东省旅游商务职业技术学院3所学校合作框架协议签署，开展总体规划设计招标工作。卫生计生合作方面，召开广佛肇三市医改工作座谈会，就广东省“十三五”期间深化医改实施方案编制、城乡居民大病保险等工作进行交流。三市实现计生信息的互联互通及计生服务管理工作信息的协同。社会保障方面，城乡居民养老保险在广佛肇三地实现无障碍衔接，基本医疗保险异地就医即时结算进入就医地的系统用户功能测试阶段。

【粤桂黔高铁经济带建设全面启动】 2015年初，佛山市委、市政府向广东省委、省政府请示提出建设粤桂黔高铁经济带合作试验区（广东园）（下称“试验区”），得到省主要领导的重视和肯定，批示同意佛山具体承担建设工作。

至年底，试验区总体规划经广东省人民政府通过并印发。试验区以佛山国家高新区南海园为主体区，面积92平方千米；核心区即佛山西站枢纽新城，面积8.58平方千米；拓展区包括佛山国家高新区禅城、顺德、高明、三水4个分园。同时，广东省人民政府同意试验区云浮分园建设。云浮分园以云浮新区西江新城为主体区，其中核心区为云浮东高铁站区、中央商务区；拓展区包括郁南高铁站区、南江口高铁站区。

2015年初，佛山市、南海区成立试验区建设领导小组和专责工作组，分别由市长和区委书记担任组长。试验区纳入2015年、2016年广东省重点项目。同时，纳入省“十三五”规划。8月25日，试验区发展总体规划获广东省人民政府批准实施；产业、城市等专项规划编制启动。此外，经评估，试验区社会稳定风险等级为低风险。强化粤桂黔多层次资本市场互联互通战略合作，在粤桂黔地区开展企业孵化培育、资源共享、联合路演、业务产品对接等；争取成立高铁经济带发展民营银行；拟联合广西、贵州以“一区三园”的形式申报国家级跨区域合作试验区。设立高铁经济带产业发展投资基金，首期100亿元；建设粤桂黔高铁经济带合作试验区广东会展中心，投资额138亿元，为三省（区）产品交流和展示提供平台；中山大学、广西大学、贵州大学与南海区合作共建粤桂黔高铁经济带研究院，作为研究交流、成果转化、培训等平台。4月，佛山市党政代表考察团赴南广、贵广高铁沿线城市交流对接，得到沿线各城市的响应，达成多方面共识。9月22日，举办首届粤桂黔高铁经济带合作联席会议，审议通过《共同建设粤桂黔高铁经济带合作宣言》《贵广、南广高铁沿线城市合作联席会议章程》《贵广、南广高铁沿线城市战略合作框架协议》等多份合作文件，初步建立起高铁经济带合作的常态联系机制，

2015年9月22日，中共中央政治局委员、广东省委书记胡春华（前右三）等领导参观首届粤桂黔高铁经济带投洽会主展馆

（佛山市南海区供稿）

开创跨区域合作新模式；9 月 22—23 日，粤桂黔高铁经济带投资洽谈会召开，贵广、南广高铁沿线 13 个城市达成合作项目 71 个，投资总额超 1 000 亿元；拉动销售贸易额 1.8 亿元，创建高铁经济带合作新机制。

【佛山五区融合发展】 2015 年，佛山市以贯彻实施珠三角规划纲要为抓手，统筹推进五区（禅城区、顺德区、高明区、南海区、三水区）纲要实施工作，推动五区协同发展，取得较好成效。理顺市区规划体制，合理分配市、区、镇（街）的规划管理权限，开展全市规划统筹研究工作，强化市级对城乡规划的集中统一管理。继续推进城市升级两年延伸行动计划，促进城市组团协调发展，推动顺德北部片区一体化规划建设，加快禅城老城区改造以及听音湖片区、顺德新城、西江新城、北江新区等片区建设。以交通互联互通为突破口，加强各区之间的统筹，有计划、有步骤地分两年打通 42 条“断头路”。4 月 2 日，全市路网建设推进工作会议召开，中共佛山市委书记、市长鲁毅与五区分管领导签订《佛山市交通运输重点工作责任书》，着力打通区与区之间断头路，同时以广佛同城为核心，强化与周边城市路网的衔接。其中，广明高速西延线连接江罗高速、江顺大桥及连接线工程、魁奇路西延线、华阳大桥、东西大道、庆云大道改造等 9 个项目完工；广明高速陈村至西樵段与广珠西线连接工程、龙溪大道快速化改造、黄榄干线接番顺公路等 5 个项目完成 90%以上；同济东路、桃园路及西延线等 4 个项目完成 80%以上。统筹中心城区公交一体化发展，新增公交车 735 辆，中心城区公交分担率达 35.5%，全市统一的公交实时查询 APP“车来了”上线。推进公共服务市域一体化，在全省率先实现城乡统一低保补差水平，失业保险城乡无差异化，成为广东省首个所有区（县）通过国家“义务教育发展基本均衡区”认定的城市。 （陈永婷）

战略性新兴产业

【高端电子信息】 2015 年，佛山市计算机、通信和其他电子设备制造业规模以上工业总产值 1 151.62 亿元，占全市工业总产值的 5.82%，比上年增长 12.7%，比全市规模以上工业总产值增长率高出 4.8 个百分点，发展态势较为迅速。

至 2015 年，佛山市形成以集成电路、新型传感器、新型显示、高端软件、高端服务器等一批高端电子主导产品的研制能力，具备物联网、云计算、大数据、移动互联网等新一代信息技术的研发能力，打造国家电子信息产业基地等 5 个国家级和广东省战略性产业基地（OLED）等 5 个省级的高端电子信息产业基地，培育佛山群志光电有限公司、广东盛路通信科技股份有限公司等一批新型的高端电子信息产业骨干企业。佛山群志光电有限公司是国内供应全球尖端信息与消费电子的主要客户，是世界 TFT-LCD（薄膜晶体管液晶显示器）领导厂商，成为全球前三大液晶电视面板供货商。该公司的产品横跨各式 TFT-LCD 液晶面板模块与终端液晶显示器，开发出 56 英寸液晶电视面板，成为包括苹果、飞利浦、戴尔、三星、TCL、长虹、海尔等国内外知名企业的重要合作伙伴。广东盛路通信科技股份有限公司是国内规模最大、技术最先进的（民用通信）天线和微波（通信天线）设备制造商之一。该公司全年主营业收入9亿元，比上年增长71.22%。其生产的通信基站天线的市场占有率在国内同行业中名列前茅，盛路通信成为国内通信天线行业中高端产品领域的领先者。

【新材料产业】 至2015年，佛山市形成以铝合金、不锈钢等金属结构材料为龙头，以电子信息材料、化工新材料、先进高分子材料等为代表，特色明显、优势突出的材料产业体系。佛山市是全国最大的铝型材和建筑陶瓷材料生产、研发和营销中心，拥有全国最大的不锈钢制品生产、加工和营销中心，拥有全国最大的以包装膜、偏光膜和功能膜为代表的先进高分子材料研发和生产基地。拥有中国不锈钢名镇（澜石镇）、中国陶瓷第一镇（石湾镇）、中国铝材第一镇（大沥镇）、中国模具重镇（容桂镇）、中国纺织产业基地（西樵镇）、中国五金加工基地（勒流镇）、中国平板（液晶）显示基地（狮山镇）等14个材料产业名镇。建立一批为新材料产业服务的协会，包括不锈钢、铝型材、电子信息、医疗器械、机械装备、模具、纺织服装、五金及船舶等新材料行业协会。

至2015年，佛山市重点发展新材料领域。一是新能源材料。围绕完善动力电池等新能源材料及其产业链，发展燃料电池双极板材料，磷酸铁锂、锰酸锂、储氢合金等电池材料，重点发展CIGS多晶薄膜等光伏电池材料，培育染料敏化薄膜太阳能电池材料产业。引进日本丰田、松下（松下电动汽车能源公司）、日本三洋公司（Sanyo）、法国固定与牵引蓄电池公司（Saft）等锂离子电池材料国际领先厂商，开展与中科院金属所、大连化学物理研究所、南开大学等新能源材料技术研发机构合作，促进光伏电池、储能电池材料等产业发展。二是电子信息材料。围绕新型平板显示材料及其产业链，重点发展高世代TFT-LCD（薄膜晶体管液晶显示器）用玻璃基板、偏光片、滤光片材料。发展OLED荧光材料、介质材料、电极材料、载流子传输功能材料。加强与中科院长春应用化学研究所等研发机构技术研发合作。延伸上游产业链，促进产业配套发展。围绕节能照明材料及其产业链，重点发展氮化镓衬底晶片、量子点-LED及相关产品。加强与中国科学院微电子研究所、苏州纳米所的技术合作，争取技术突破和产业化。三是先进金属材料。围绕铝型材等金属加工产业升级，培育发展新型建筑材料、超硬金属材料、特种金属功能材料。重点发展高性能铝合金、轨道交通用大规格工业铝型材、高精度铝化成箔、亲水箔、电子铝箔等，钨基合金材料、高性能金属粉体材料等，兼具高强、高韧、耐热和优异成形性能的高性能镁合金，以及快速凝固金属与合金（非晶态、准晶、微晶材料）、颗粒或纤维增强金属基复合材料等高性能特殊功能金属材料。培育生物相容镁合金材料、特种用途轻质金属基复合材料等。发展满足汽车、航空航天、生物医药等领域的特殊轻质材料产业链。

【生物医药】 2015年，佛山市医药制造业总产值92.91亿元，比上年增长5.9%。佛山生物医药产业初步形成以顺德园、三水园为主要集聚区，以南海园为新兴增长的发展态势。顺德园以广东省顺德生物医药科技产业基地为载体，覆盖中药、化药、生物药、保健品等领域，集聚大冢制药、环球生物制药、康富来保健等骨干企业。三水园依托中国医疗器械（三水）产业基地和华南基因谷，集聚中国医疗器械行业协会医疗器械企业孵化中心、广州医疗器械质量监督检测中心与诺贝尔生命科学研究中心等机构，集中发展医疗器械、基因技术药物。南海园将“无中生有”与“优势强化”相结合，与中科院广州生物医药与健康研究院合作共建中国科学院南海生物医药科技产业研究中心及产业基地，孵化育成、平台建设、招商引资等工作初显成效，其中佛山市南海区生物医药产业基地为广东省战略性新兴产业基地之一；“珠三角德国医疗谷”华南总部落户佛山，该项目涉及医疗器械、生物医药技术研发与制造、养老健康、医学教育培训等多个领域，致力于打造首个“医、教、研、康、养、药、械”七位一体的全健康产业链，加快推进国际化发展；华南（国际）口腔医疗器材产业城在口腔器械领域形成一定品牌影响力，南海园逐步成为高新区生物医药产业核心带动力量。

主要企业　依托各类基地等载体，佛山生物医药产业涌现一批具有强劲竞争力的生物医药企业。广东百合医疗科技股份有限公司，位于佛山市高新区南海园，是广东省战略性新兴产业骨干培育企业之一，是国内高端医用耗材领域能够与国外产品形成强有力竞争的为数不多的企业之一。广东环球制药有限公司，位于佛山市高新区顺德园，是广东省重点制药企业，获国家高新技术企业称号，旗下品牌“圣通平”为广东省著名品牌，“西鸣堂”为全国知名品牌，“德众”为中国驰名商标。康富来保健品有限公司，位于佛山市高新区顺德园，是佛山生物医药产业重点扶持企业，首家实施国际通行的HACCP的高水平生产管理标准的保健品企业，拥有全国保健食品行业第一家通过GMP认证的国际标准厂房。

【节能环保产业】　至2015年，佛山市节能环保产业主要集中在资源综合利用、环保装备和环境服务三大领域，分布于南海区、顺德区和禅城区。大沥“中国再生金属物流加工基地”和丹灶“华南环保科技产业园”坐落于佛山高新区，与中科院联合组建环保技术与装备研发专业中心、环境功能材料专业中心。国家环境服务业华南集聚区布局在南海区，区域产业综合实力不断增强。全年全市有规模以上节能环保装备企业90家，实现规模以上工业总产值700亿元以上。

主要企业　广东科达洁能股份有限公司从传统陶瓷机械装备制造企业向大型节能环保装备制造和服务商转变，提供清洁煤气化、陶瓷、墙材、铝业和石材整厂整线装备及EPC工程总包管理服务，综合实力在陶瓷机械行业位居亚洲第一、世界第二，是国内最大的商用清洁煤气供应商。安德里茨（中国）有限公司拥有深厚的固液分离领域经验，制浆造纸设备领域处于国际领先地位，市政污水处理技术行业第一，同时还是水力发电行业装备的领先者。佛山水泵厂有限公司是国内大型水环真空泵的始创者，主导产品为离心泵和液环泵，广泛应用于电力、石油、煤炭、冶金、化工、轻工、造纸、消防、城市给排水等行业。佛山市南华仪器股份有限公司是专业从事环保和安全检测用分析仪器及系统研发、生产和销售的高新技术企业，是国内最大的机动车检测仪器和系统供应商之一。

【新能源汽车】　“十二五”期间，佛山市新能源汽车行业快速发展，佛山是国家新能源汽车推广应用示范城市（群）之一。2015年，佛山市超额完成推广2 000辆新能源汽车的任务，未来佛山各大车企将继续加大在新能源汽车领域的投入。

产业布局 佛山市新能源汽车产业主要分布于南海区、高明区等，主要涵盖新能源整车生产、电池电机电控关键零部件研发和生产、检测平台建设及电池报废循环再利用等产业链。经多年发展，南海区形成整车及零部件生产、研发完整链条的汽车产业结构，拥有一汽－大众、北汽福田南海汽车厂、广东福迪汽车厂、广东粤海汽车厂 4 家整车企业和以广顺集团为龙头的一批新能源汽车零配件企业。南海区丹灶镇成功申报“广东新能源汽车部件产业基地”。

主要企业 一汽－大众佛山分公司二期项目总投资 153 亿元，主要生产大众和奥迪品牌最新产品和新能源汽车。预计达产后实现年产值 200 亿元。广东新能源汽车核心部件产业基地总投资 20 亿元，开展燃料电池电堆、空气系统、氢气系统、水系统、电控系统等新能源汽车核心部件产业的研发。广东陆地方舟新能源电动车辆有限公司是中国最早专门从事纯电动汽车核心技术研发及生产的国家高新技术企业，是中国纯电动汽车领域真正的领跑者，推出中国最长续航里程的纯电动公交大巴，其电动车项目（一期）总投资 10.38 亿元，设计生产 5 万辆电动汽车的规模，预计达产后实现年产值 15 亿元。广顺新能源动力科技有限公司与中国科学院大连化学物理研究所、燃料电池及氢源技术国家工程研究中心合作的“新能源燃料电池汽车专用关键部件的研究和产业化”项目被列入广东省现代产业 500 强项目。（谭耀安）

智能制造

【概况】 2015 年，佛山市依托智能制造加快产业转型升级，发展以数控装备、3D 打印和工业机器人为重点的智能装备制造业成效明显，获“2015 年国务院大督查情况通报”点名表扬，并获得 5 项激励措施的奖励。是年，佛山市先进装备制造业完成工业总产值 5 933.34 亿元，比上年增长 15.9%，占珠江西岸“六市一区”总量的一半以上。完成装备制造业投资 475.2 亿元，占广东省全省的六分之一，比上年增长 58.7%。

2015 年 7 月 10 日，北汽福田南海汽车项目首期生产线试运行

（佛山年鉴社供稿）

【智能制造龙头企业】 2015 年，佛山市有规模以上机器人和智能装备制造企业 300 多家，

工业总产值约600亿元。涌现出南方风机、科达机电、广东锻压、伊之密、东方精工、丰凯机械、利迅达、隆深、嘉腾、鼎峰、捷嘉等一批龙头知名企业。其中，广东嘉腾机器人自动化有限公司专攻工业4.0范畴智能物流环节的制造与研发，提供从运输到分拣再到仓储的智能物流解决方案，从而使产品实现基于市场需求的智能化，提高产品市场竞争力。通过工业设计坚持创新和中国造，自主掌握磁条导航、激光导航、惯性导航等核心技术，并将之运用到自己的搬运机器人（AGV）系列产品之中，自主研发产品处于国内尖端水平，企业成为国内智能物流行业龙头。佛山市利迅达机器人系统有限公司生产经营全自动抛光机器人、全自动焊接机器人、全自动包装机器人、全自动搬运机器人及全自动金属加工设备。是年，利迅达销售机器人约100台，产值约6 000万元。利迅达机器人成为华南地区乃至国内规模最大，实力最强的机器人系统集成商，是中国打磨抛光第一品牌。海尔在三水海尔滚筒洗衣机公司应用“智能互联人人创客”理念，打造用户参与的互联工厂，实现智能个性化定制。维尚家具建成信息化和工业化深度融合的智能制造和智慧配送运作体系，实现全屋家具数码定制和个性化定制。

【机器人应用成果】 2015年，佛山市开展“机器代人”的规模以上工业企业超120家，应用机器人超4 000台。机器人主要应用在汽车制造、陶瓷、家电、机械装备以及金属材料加工等行业领域。在汽车制造业领域，机器人应用率达50%以上，部分搬运机器人产品进入日系汽车生产体系。如一汽－大众佛山分厂工业机器人覆盖率达80%，到2017年项目全部达产后1万名产业工人可支撑60万台的产能，平均1名工人年产6辆汽车。在陶瓷行业领域，机器人主要应用在喷釉和翻模、坯胎出模等工序中。全行业应用各型号工业机器人1 000多台（套）。其中，法恩洁具有限公司是国家工业机器人应用项目的示范单位，推动利用工业机器人喷釉系统取代传统生产线，安装使用5套工业机器人系统。在家电行业领域，搬运、码垛、装配等类型机器人是主流。行业工业机器人保有量约1 800台（套）。其中，美的集团实施智能制造提升工程，美的机器人产业基地、美的全球创新中心和美的机器人研究院等项目陆续落地，使用工业机器人超过800台，总体效率提高15%以上，预计到2016年投入机器人费用将超过3亿元。在金属材料加工行业领域，典型代表是广东锻压机床厂，该公司致力于冲压机器人的研发，联合利迅达、嘉腾和鼎峰3家机器人企业，共同推出首条冲压无人生产线，由3台冲压机和10台机器人组成，实现物料搬运、模具冲压、焊接、抛光、成品入库等工序的自动化生产。

【智能制造资金支持】 2015年，佛山市采取股权基金、贷款贴息、事后奖补、无偿补助等形式，针对机器换人、淘汰老旧设备、扶持智能制造等重点领域投入资金近2亿元。制订实施《佛山市扶持企业推进机器人及智能装备应用实施方案（2015—2017）》，每年安排5 300万元，推动工业机器人及智能装备广泛应用。根据项目申报情况，全年全市有64家规模以上企业开展机器人及智能装备改造项目，项目总投资超过19亿元，其中，购置机器人或者智能装备金额超过5亿元。同时，扩充佛山市优质技改创新项目贷款风险补偿基金规模至3 500万元，以放大10倍以上的融资规模，重点向机器人及智能装备应用优质技改创新项目提供金融资金支持。是年，前期征集到5 000万元以上技术改造项目63个，其中向工业和信息化部推荐项目36个，向广东省经信委推荐项目27个；储备投资1亿元以上技改项目43个，智能制造重大项目66个。佛山市全年组织申报省级企业技术改造专项资金第一批、第二批项目及淘汰老旧设备项目132个，申报资金25 498万元。全年市级技术改造专项资金共支持机器人及智能装备应用专项项目70个，安排扶持资金4 042.9万元；支持骨干企业重大技术改造示范项目37个，安排扶持资金2 500万元；更新淘汰老旧设备专题项目38个，安排扶持资金1 559.45万元。

【智能制造创新支撑体系】 2015年，佛山市重点依托科研院校加快建设产业创新平台，推动本土企业与国际先进技术对接，建设广工大数控装备协调创新研究院、华南智能机器人创新研究院、佛山中国科学院产业技术研究院等重大创新平台14个；打造佛山市机器人应用创新中心，成立广东智能装备产业技术创新联盟和佛山市机器人产业创新联盟；引导建设一批企业研发机构。截至2015年底，全市有215个企业拥有企业技术中心，其中拥有国家级企业技术中心的企业13家，拥有省级企业技术中心企业150家；引进一批国内外高端创新人才队伍，包括各类智能制造领域创新人才300多人，科技创新团队50多个；组织实施各类智能制造科技计划项目200多个，在传感和过程控制、智能信息网络技术、数字制造技术、新能源装备、节能环保装备、通信信息传输装备等领域，共获得授权发明专利370件、国家和省级专利奖7件。

【智能制造示范基地建设】 2015年，佛山市加快建设以佛山国家高新技术产业开发区为核心的省智能制造示范基地，发挥集群效应，凝聚创新优势。其中，基地南区位于佛山国家高新技术产业开发区核心区狮山镇。是年，基地南区规模以上企业智能制造总产值1 170亿元，规模以上企业智能制造增加值总额225亿元，规模以上企业智能制造税收总额40亿元。基地南区形成高端装备制造（机械、汽车及零部件产业）、平板显示器件、智能家电和有色金属深加工四大核心产业集群，企业数量556家，从业人员5万多人。基地南区先后引进丰田株式会社、本土株式会社、鸿海集团、大众集团等10家世界500强企业投资建设的16个工业制造项目。东方精工、华中数控、维尚家具、南方风机和坚美集团等知名智能制造民营企业，扎根基地不断做大做强。基地南区还建设广工大数控装备协同创新研究院、广东工业设计培训学院、佛山质量计量检测中心、赛宝实验室、汽车行业技术创新服务平台等一批产业公共服务平台。基地北区自获批广东省智能制造示范基地以来，明确产业发展方向，推动以通用/专用设备制造产业、汽车及零部件产业、电子电器产业为代表的具有园区特色的智能制造产业发展。是年，基地北区装备制造业产值389.63亿元，占全区45.5%，工业增加值93.1亿元，占全区45.64%。基地北区在工业机器人及工业自动化方面，引进杰特盟、诺尔贝、嘉荣、禾润、泰意爱斯、时纬、精瑞合力、斯鼎菱8家机器人集成应用企业；此外，合肥工业大学广东研究院正式落户，并计划在五年内打造先进制造与智能装备、新能源技术与应用、汽车及其零部件产业技术研发、信息化与智能网络四大平台；德国 KUKA 携手佛山职业技术学院成立机器人应用技术与培训中心，这是全球范围内首个工业机器人与高校合作进行应用技术培训的项目；诺尔贝机器人技术有限公司与南昌航空航天大学合作成立佛山市三水区诺尔贝机器人研究院，加快推动园区机器人制造及应用技术领域的发展。

【佛山市机器人应用创新中心及产业联盟】 2015 年 3 月 23 日，广工大数控装备协同创新研究院举办“转型升级，智造佛山”佛山市机器人应用推广启动大会。会上，省级前孵化器试点单位、佛山市机器人应用创新中心揭牌，佛山市机器人产业创新联盟正式成立。是年，佛山市机器人应用创新中心以市场应用为导向，以广工大机械装备制造及控制技术教育部重点实验室等 3 个国家 / 省级重点实验室、佛山市机器人产业创新联盟为依托，以“百人计划特聘教授”博士团队等 7 个技术团队，广东工业大学、广工大研究院专家技术委员会以及佛山机器人学院为智囊，以机器人控制系统核心技术、机器人多领域建模仿真与优化技术等 6 个核心技术为支撑，建成约 1 500 平方米的机器人应用推广基地、1 000 平方米的机器人实验室，承担分析行业运行态势、搭建机器人应用推广平台、为企业提供切实可行的解决方案、制订行业标准和规范以及人才培养等职能。

机器人产业创新联盟是由投身于机器人和智能装备事业的科研院所、企业、高校、行业协会、媒体代表以及有关专家学者等自愿组成的地方性、非盈利性社会团体。联盟以促进佛山市机器人产业抱团发展、创新驱动佛山产业转型升级为宗旨，重点推动佛山机器人应用创新中心、机器人产业案例库、珠江西岸智能制造大讲堂等建设，以此助力佛山工业转型升级，提升佛山经济发展长远竞争力。

【广东智能制造示范中心】 2015 年 9 月 10 日，中国（广东）国际“互联网 +”博览会和第二届世界机器人及智能装备产业大会在佛山新城开幕，而作为服务本地乃至广东省机器人产业的重磅项目，以“机器人·大世界”为主题的广东智能制造示范中心同步启动。该项目计划筹建全球首个机器人 O2O 平台，提供机器人展示、交易、培训、教育等服务。广东智能制造示范中心坐落于佛山新城中欧中心，该中心以“机器人·大世界”为展馆主题，主要包括智能制造与智慧工厂工业机器人、“互联网 + 机器人”，自动化与你、家用机器人体验馆、机器人大课堂等六大主题，从线上到线下、从工业到家用、从入门教育到无人工厂自动控制，从机器人展示到智能制造全方位解决方案一应俱全。进驻示范中心的企业和品牌涵盖全球机器人“四大家族”的 ABB、库卡、安川和发那科，机器人知名企业埃夫特、川崎、柯马、嘉腾、利迅达，服务机器人博斯特，运用“互联网 + 技术”的企业机器人在线，专注机器人培训的连硕，以及消防机器人等。

（谭耀安）

“三旧”改造

【概况】 至 2015 年末，佛山市“三旧”改造工作开展 7 年时间，随着工作的深入，项目改造的难度越来越大。是年，为配合推进全市开展的城市升级工作，佛山市从多方面入手，继续抓好“三旧”改造工作。截至年底，佛山市实施“三旧”改造项目 1 155 个，总用地面积 6 946.67 公顷，项目改造预算投入资金 2 185.15 亿元。其中，完成前期筹备改造项目 69 个，占地面积 473.53 公顷；正在改造项目 558 个，占地面积 5 015 公顷；完成改造项目 528 个，占地面积 1 459.67 公顷。全市“三旧”改造地块“标图建库”数据库动态调整，“三旧”改造专项规划第三次修编，改造范围内历史风貌区、历史建筑和文物建筑普查，“三旧”改造管理信息系统建设等工作有效推进。

【“三旧”改造项目建设】 2015 年，广东省政府下达佛山市完成“三旧”改造的任务指标为 416.67 公顷。年初，佛山市对具备条件在 2015 年底前完工的改造项目进行摸排和筛选，将能在 2015 年底前完工的 16 个改造项目，以及 15 个 20 公顷以上的连片改造项目列入 2015 年重点改造范围，结合全市开展的落实佛山市保持经济稳定增长工作重点推进。加大督促力度。将部分“三旧”改造项目和近两年具备可操作性的高速公路沿线整治改造项目纳入城市升级两年延伸考核，通过城市升级巡查、考核等方式来加大督促力度。与此同时，对改造项目范围尚未编制相关规划影响项目整体推进的，督促各区加快控规和单元规划的编制进度，指导重点项目的建设。佛山市将“三旧”改造项目和部分城市升级项目进行整合，将符合“三旧”改造成效统计口径的城市升级项目纳入到统计范围。针对“三旧”改造用地普遍涉及完善历史建设用地手续的实际情况，佛山市利用广东省政府下达佛山市的“三旧”改造奖励指标为各区解决实际问题。加强沟通和协调，将用地指标安排在重点、急需改造的“三旧”项目。

【“三旧”改造综合试点】 佛山市是广东省“三旧”改造试点示范市，南海区是全省新一轮深入推进“三旧”改造的综合试点地区。2015 年，佛山市编制完成《佛山市南海区新一轮深“三旧”改造综合试点工作方案》，并完成在广东省国土资源厅的备案工作。编制完成《佛山市南海区新一轮深化“三旧”改造综合试点实施意见及分工方案》，将试点涉及的 26 项工作按部门职能和工作的轻重缓急情况落实责任单位和实施时间；对《佛山市南海区关于进一步推进城市更新（“三旧”改造）工作的实施意见》进行完善，正式迈开旧村居改造推向市场的关键步伐。

【“三旧”改造配套政策】 2015 年，佛山市草拟《佛山市“三旧”改造实施办法（试行）》，主要从三个层面缓解推进“三旧”改造中面临的矛盾和问题：一是对规划的编制进行创新，在规划层面最大限度的保障改造项目的经济可行性；二是鉴于政府收储土地难度越来越大的实际情况，在满足一定条件的前提下，将旧村居改造推向市场；三是对现行的土地出让金计收方式最大限度地进行优化，并要求各区逐步建立改造项目的成本核算机构，从源头上平衡好各方利益。

（许伟）

文化名城建设

【文化升级行动计划推进】 2015 年，佛山市文化升级行动计划形成项目化推进机制，重点落实工作内容、进度安排、经费额度、经费来源、责任单位和责任人。全年行动计划46个大项139个子项目全部启动，80个子项目完工，完成投资额42.8亿元，占“至2015年年底项目计划完成目标”的111.06%。督查巡检常态化，采取现场检查和座谈交流形式，多次组织开展对五区文化升级项目的实地检查督促。建立评估考核制度，46个项目纳入城市升级评估考核，其中23个考核类项目作为单项考核，23个推进类项目作为加分项目进行考核。与住建、旅游等部门联合开展全市特色古村落宜居示范与活化升级专项考核。

【历史文化名城保护体系完善】 2015年，佛山市人大常委会审议通过《佛山市历史文化街区和历史建筑保护条例》，该条例为佛山市首部地方立法。顺德区拟订《历史建筑活化共享计划》，按照“政府引领、社会运作、点面结合、连点成线”的思路，促进历史建筑的可持续保护和活化。全市第一次全国可移动文物普查取得阶段性成果，完成34 780件/套国有收藏单位可移动文物的信息录入。完善文物保护体系，松塘东山祖祠等32处不可移动文物公布为佛山市第五批文物保护单位，文会里嫁娶屋等6处文物公布为第八批广东省文物保护单位。夯实非物质文化遗产保护体系，公布第五批市级非物质文化遗产项目和第四批市级非物质文化遗产代表性传承人名单，九江煎堆制作技艺等5个项目被公布为省级非物质文化遗产项目。实施非物质文化遗产专项资金补助，全年为57位市级传承人、17个市级非物质文化遗产项目、3个传承基地（传习所）提供补助资金80万元。

【城市文化特色建设强化】 2015年，佛山市有序推进重点文化片区建设。其中，祖庙功能与景观提升、石湾陶醉文化街区、李广海医馆纪念馆、南国酒镇、香云纱保护示范基地、逢简水乡景区、本焕寺等工程进展顺利。实施30个古村落文化活化升级行动，与市住建、旅游等部门联合印发实施方案、指导意见，并按照“一村一品，差异发展”的思路，完成首批13个古村落活化升级工作，全年完成项目203个，完工率95.8%；完成投资3.76亿元，投资完成率96.7%。设计推广古村落统一标识和导视系统、建立村史馆和名人馆、恢复传统民俗活动、培育本土讲解员和文化志愿者队伍等举措，成为活化升级工作亮点。

【民办文化场馆集聚发展】 2015年，佛山市出台扶持资金申报指南，对新开办和免费开放的民办文化场馆予以补助，经评选全年共向10个民办文化场馆提供资金补助。至年底，全市有登记注册并免费开放的民办博物馆、艺术馆、美术馆40个。加强民办文化场馆业务培训，并启动国办文化场馆与民办文化场馆帮扶合作，全年建立结对单位5对，提升民办博物馆办馆水平。

【文化交流活动】 2015年，佛山市推出《康有为与梁启超》全国巡演活动，跨越9省12市，历时60天，共演出24场，到场观众26 000多人次，成为宣传佛山文化形象的“名片”。举办“2015广东国际旅游文化节——佛山秋色欢乐节”，并加入“四大名镇”、粤桂黔文化交流活动，被《人民日报》《南方日报》等中央、省近60家重点媒体报道，传播城市文化形象。各区形式多样推动地区文化交流，禅城区举办陶瓷艺术

2015年11月29日，佛山市全民健身活动在禅城区文华公园上演千人齐打太极拳（佛山年鉴社供稿）

节、粤剧华光诞等大型区域文化交流活动，南海区组织舞狮、龙狮技艺走出国门，强化地区文化发展的“国际范”；顺德区推进广佛文化交流活动，和广州南沙、番禺等区建立合作机制。（张紫琳）

特色产业

【概况】 2015年，佛山市优势传统产业完成工业总产值7 942.57亿元，比上年增长8.1%。佛山市建立特色鲜明、日趋完善的现代工业体系，在家用电器、有色金属、陶瓷建材、纺织服装、食品饮料、家具制造等优势传统产业领域培育一大批在国内外市场综合竞争力强的名企、名牌、名品，为经济社会发展打下良好的基础。

是年，全市六大优势传统工业行业增速均保持正增长，其中金属制品业和食品饮料业增速排名前两位，分别比上年增长18.3%和10.6%，均高于全市工业平均水平。六大优势传统工业行业中，总产值占全市优势传统工业总产值比重位居前三的分别为家用电器业、陶瓷建材业、金属制品业，分别占全市工业总产值的32.26%、21.4%、19.53%，占比最小的为家具制造业，占5.85%。

【家用电器业】 2015年，佛山市家用电力器具制造业保持良好的增长势头，工业总产值达2 562亿元，比上年增长6.9%，总产值位居佛山市六大优势传统产业第一位，占比达32.3%。佛山市家用电器制造业主要产品包括微波炉、热水器、洗衣机、电冰箱和空调等，其中佛山市微波炉产量居全国和广东省第一位，占全国微波炉产量的70%，占广东全省微波炉产量85%；热水器产量约占全国、广东热水器产量的23%和47%；洗衣机产量占全国、广东热水器产量比重分别为5%和47%；电冰箱产量占全国、广东电冰箱产量比重分别为10%和43%；空调产量占全国、广东热水器产量比重分别为15%和40%。

佛山市家用电器制造业主要分布于顺德区和南海区，其中顺德区获“中国家电之都”称号，其家电产业以规模庞大、品类齐全、名牌云集而蜚声中外。佛山市家用电器制造业中有3家为广东省大型骨干企业，分别为美的集团、海信科龙、格兰仕，其中美的集团2015年营业收入1 428亿元。在“2015《财富》中国500强榜单”中，美的排名第32位，位居家电行业第一位，2015福布斯全球企业2 000强榜，美的集团进入世界500强，排名436位；海信科龙公司2015年实现营业收入136.11亿元，是全省大型骨干企业之一，其变频空调市场销量及占有率均居全国第一位，在2015《财富》中国500强中排名第200位。格兰仕集团是全球第一大微波炉制造商，2015年中国企业500强榜单中，格兰仕集团位居第428位，同年格兰仕集团以转型先锋的形象登上广东2015年度经济风云榜。此外，还有万宝、志高空调等一批主营业务收入均超100亿元的知名企业。

【金属材料加工与制品业】 2015年，佛山市金属制品业规模以上工业总产值达1 550.94亿元，比上年增长18.3%。佛山市铝材产量约占广东省产量的70%；不锈钢日用制品产量约占广东省产量的18%。

佛山市被誉为中国不锈钢加工商贸之都，金属材料加工与制品产业主要分布在南海区、禅城区和顺德区。位于南海区大沥镇的中国再生金属物流加工基地为国家级特色产业基地，南海区丹灶镇被誉为中国日用五金之都；顺德区北滘镇作为广东省火炬计划顺德金属材料产业基地，拥有“中国铝材第一镇”和“中国有色金属名镇”的称号。佛山金属材料加工与制品主要产品包括铜材、铝材、不锈钢日用制品等。佛山市拥有坚美铝业、兴发铝业、凤铝铝业、宇航不锈、金兰集团、广东电缆、承安铜业等一批金属材料加工与制品龙头企业。其中，广东凤铝铝业有限公司是集铝合金研发、生产与销售于一体的综合性大型民营铝型材企业，其技术中心被认定为国家级企业技术中心。广东坚美铝型材厂（集团）有限公司集铝合金建筑型材、工业铝型材和铝合金门窗幕墙研究、设计、生产及销售于一体，是中国铝型材行业排头兵企业，公司产品畅销全国30多个省市区，出口70多个国家和地区。

【建筑材料业】 2015年，佛山市建筑材料行业完成总产值1 699.88亿元，比上年增长5.2%。佛山陶瓷以建筑和卫生陶瓷为主，兼有工艺美术陶瓷、特种陶瓷、园林陶瓷、日用陶瓷、耐火材料等，拥有鹰牌、东鹏、新中源、新明珠、欧神诺、蒙娜丽莎等一批品牌企业；佛山是全国最大的陶瓷装备制造业基地，拥有各类陶瓷装备制造企业200多家，产值占全国产值的80%以上；佛山先后被授予“中国建筑卫生陶瓷特色产业基地”“中国建筑卫生陶瓷出口基地”“中国陶瓷名都”等称号。陶瓷专业市场也非常发达，形成全球最大的陶瓷专业市场群落，培育“中国佛山（国际）陶瓷博览交易会”“中国佛山（国际）陶瓷工业展览会”“中国（石湾）陶艺文化节”等展会。广东佛陶集团股份有限公司、广东蒙娜丽莎新型材料集团有限公司以及广东科达洁能股份有限公司均拥有国家级企业技术中心。佛山市乐华陶瓷有限公司、佛山市法恩洁具有限公司、广东恒洁卫浴有限公司、佛山市高明安华陶瓷洁具有限公司、广东蒙娜丽莎新型材料集团有限公司、广东东鹏陶瓷股份有限公司、佛山市浪鲸洁具有限公司等陶瓷企业进入2015中国家居产业百强榜。

【纺织服装业】 2015年，佛山市纺织服装工业规模以上工业总产值达1 162.78亿元，比上年增长3.4%。其中，纺织业达734.67

亿元，纺织服装、鞋、帽制造业达402.53亿元，化学纤维制造业达25.59亿元，分别比上年增长0.9%、7.3%和18.8%。

佛山市纺织服装行业涌现出溢达、安东尼、佳利达、列度、波顿、金纺等资本密集、人才密集、信息密集和知识密集的龙头企业，产品质量、技术开发等方面走在国内同行前列，在纺织产业发展中起到引领潮流的作用。亚洲规模最大的集棉纺、梭织、针织、染纱、后整理及制衣、辅料“一条龙”生产的大型纺织企业广东溢达纺织有限公司，投资规模超过4亿美元，员工3万名，其产品和技术处于全世界同行业的领先地位；安东尼针织有限公司在韩国设立研发中心，在广东惠州、深圳、江苏、浙江、上海等地建立10多家控股针织服装企业，员工近1万人，是中国最具规模的大型丝光棉针织企业；广东高明列度时装有限公司和广东高明波顿时装有限公司是中国生产系列牛仔服的佼佼者，其休闲服、羽绒服在国内同行业中也具有很高的知名度。

【食品饮料业】 2015年，佛山市食品饮料行业实现工业总产值836.04亿元，比上年增长10.6%；农副食品加工业实现产值324.70亿元，增长15.3%；食品制造业实现产值289.72亿元，增长9.4%；饮料制造业实现产值221.61亿元，增长5.4%。

佛山市食品制造业主要分布在高明区、禅城区和顺德区。其中高明海天调味品生产基地是全国最大的酱油、调味品生产基地，顺德水产品加工基地是国内主要的鱼类罐头生产基地；饮料制造业主要分布在三水区、南海区和顺德区，佛山市是“中国豉香型白酒产业基地”，三水区获“中国饮料之都”称号，三水区西南街道获“中国饮料名镇”称号，也是“广东省产业集群升级示范区”。佛山市海天调味品股份有限公司，是上海主板上市企业，2015年实现主营业务收入105亿元，酱油、蚝油、调味酱产品产销量规模居于全国第一位；佛山拥有三大著名酒厂——九江酒厂、石湾酒厂和顺德酒厂，其中九江酒厂双蒸酒的酿造技艺入选广东省非物质文化遗产名录，并获“中华老字号”称号。

【家具制造业】 2015年，佛山市家具制造业实现产值464.48亿元，比上年增长9.4%。佛山市家具制造业主要分布在顺德区、南海区、三水区和高明区，顺德区乐从镇获“中国家具商贸之都”称号，顺德龙江家具产业集群升级示范区是广东省产业集群升级示范区，顺德区龙江镇获“中国家具材料之都”和“中国家具制造重镇”称号。主要产品有板式家具、实木家具、软体家具、玻璃金属家具、现代竹藤家具、绿色环保家具以及新型高分子塑料家具等。广东联邦家私集团有限公司是2015年中国家居产业百强企业，国家级企业技术中心及广东省工业设计示范企业；佛山市南海金富雅家具有限公司、佛山联邦高登家私有限公司、佛山中至信家具有限公司等是2015年中国家居产业百强企业；佛山市维尚家具制造有限公司是广东省工业设计示范企业；佛山市顺德家具研究开发院有限公司是国家中小企业公共服务示范平台。

（谭耀安）

·责任编辑　周慧琴·

江门市

基本情况

【概况】 江门市位于广东省中南部，珠江三角洲西部，北自鹤山市古劳镇丽水，南至台山市下川镇围夹岛，东自新会区大鳌尾，西至恩平市那吉镇蛤坑尾。东部与佛山市顺德区、中山市、珠海市斗门区相邻；西部与阳江市阳东县、阳春市接壤；北部与云浮市新兴县、佛山市高明区、南海区相连；南部濒临南海。土地总面积 95.05 万公顷。江门地表水资源、地下水资源和水资源总量均高于全省、全国平均值。年均河川径流量 119 亿立方米，占全省年均河川径流量的6.62%、全国的 0.44%。至 2015 年末，全市有蓄水工程 2 349 项，总库容 24.62 亿立方米，灌溉库容 15.92 亿立方米。全市水力资源理论蕴藏量 42.37 万千瓦，可开发量 15.56 万千瓦。多年平均发电量约 3 亿千瓦·时。大中型水库 33 个，装机容量 3.74 千瓦。

江门市岸线延绵曲折，港湾多，海岛多，港口资源丰富，拥有奇石山林、渔港风情、文史古迹等多种类型亚热带风光滨海旅游资源。江门海洋生物资源丰富，是多种经济鱼、虾、贝、藻类的繁育场，也是广东省内从事捕捞和养殖渔业生产的理想区域。

野生动植物资源丰富。国家重点保护植物有紫荆木、白桂木、华南杉、吊皮锥、绣球茜草、藤槐等。属国家重点保护的动物共有 24 种，国家一级保护动物有蟒，国家二级保护动物有穿山甲、小灵猫、鸳鸯、苍鹰、黑翅鸢、红隼、三线闭壳龟（金钱龟）、虎纹蛙等 23 种。

江门市濒临南海，是广东省海洋大市。全市领海基线以内海域面积 2 886 平方千米；大陆海岸线长 414.8 千米；海岛岸线长约 400 千米，约占全省的 1/6；共有大小海岛 561 个，数量位居全省第二，海岛总面积 249.97 平方千米。

至 2015 年末，江门市辖 3 个区，代管 4 个县级市。江门市及所辖的新会、台山、开平、鹤山、恩平五地，俗称“五邑”。五邑有独特的节日、婚嫁、丧葬、饮食、娱乐等习俗，主要有龙舟比赛、舞狮舞龙、广东曲艺、民间舞蹈、民歌演唱，如台山跳禾楼、飘色、新会鱼灯、大鳌咸水歌、开平泮村舞灯会、八音演奏、鹤山狮艺、恩平木鱼等。

江门是“中国优秀旅游城市”、全国首个“中国温泉之乡”，拥有广东省第一个世界文化遗产“开平碉楼与村落”和世界记忆遗产“侨批档案”。至 2015 年末，全市有国家 AAAA 级旅游景区 9 个（圭峰山、立园、金山温泉、古兜温泉、锦江温泉、川岛旅游区、富都温泉、康桥温泉、山泉湾温泉），国家森林公园 2 个（圭峰山森林公园、北峰山森林公园），国家重点文物保护单位 2 个（梁启超故居、开平碉楼），国家非物质文化遗产 7 项（市直白沙茅龙笔制作技艺、蓬江荷塘纱龙、新会蔡李佛拳术、新会葵艺、台山广东音乐、台山浮石飘色、开平泮村灯会），中国历史文化名镇 1 个（开平赤坎古镇），中国历史文化名村 4 个；有广东省旅游特色镇村 11 个、省级重点文物保护单位 28 个、省级非物质文化遗产 23 项、省级森林公园 3 个。

（江门市水务局　钟树年　陈岳祯　谈嘉辉
江门市志办　江门市旅游局）

【经济建设】 2015 年，江门市实现地区生产总值 2 240.02 亿元，比上年增长 8.4%；

鹤山市龙口镇红旗渠 （欧蕊荣 摄）

人均地区生产总值49 608元，增长8.1%；规模以上工业增加值926亿元，增长8%；固定资产投资1 307.87亿元，增长17.7%；社会消费品零售总额1 032.31亿元，增长11.8%；全年地方公共财政预算收入198.98亿元，增长9.1%；全市278项重点项目完成投资548.5亿元，为年度投资计划的111.4%。

是年，江门市国资委牵头会同市财政局、市水务局、市建设集团有限公司就江门市市属水务资源情况开展专题调研，形成关于加快水资源整合、促进供水管网互联互通的调研报告。推进融浩水业股份有限公司上市前期培育工作。拟订市属国有林场改革方案初稿并上报市政府预审。推进市教育印刷厂、市水利水电工程质量检测站、市建筑设计院以及市洗衣机厂回购金羚电机有限公司45%股权、市民康门诊事改企等改制工作。8月31日，江门市政府与广东省国资委签订战略合作协议，双方同意将在多领域全方位地开展合作。制订出台“1+5”珠西行动计划（即一个总体纲要配套龙头企业培育、企业改造升级、产业平台扩能增效、重大项目突破、产城融合振兴等五个行动方案），印发《江门市人民政府办公室关于印发〈江门市加快建设旅游强市工作纲要（2015—2020）〉的通知》，编制《江门市创建台开恩中国国际旅游特色目的地行动方案》《江门市创建环圭峰山国家旅游产业集聚（实验）区行动方案》，以构建台开恩世遗文化旅游度假区和环圭峰山旅游产业集聚区两大核心园区为格局，创建广东省旅游综合改革示范市。

培育民企，推荐8家大型民营企业为广东省大型骨干后备企业。建立健全中小企业社会化服务体系，成立由法律维权、财务税务、金融贷款、管理咨询、人力资源等多家中介机构的服务联盟，为非公经济发展提供全方位服务支持。 （江门市发展改革局）

【政治文明建设】 2015年，江门市编制新型城镇化“十三五”规划，申报江门市新型城镇化“2511”试点。印发《江门市公共交通一体化发展行动方案（2015—2020年）》。修订《市区户籍管理制度改革的实施意见》，编制《东部“三区一市”空间发展战略规划》，制定《关于江门市区工业类用地升级改造开发项目的工作指导意见》《江门市推进基本公共服务均等化综合改革2015年工作要点》和《中共江门市委江门市人民政府关于促进新型城镇化发展的实施意见》。编制《江门市“1+3”清单目录（2015年本）》，统一向社会公布实施。市、县两级“1+3”清单共梳理事项97 571项。创新行政审批管理方式，推行“邑门式”改革，打造服务型政府。

出台《江门市工商行政管理系统工商登记注册审核办法》，规范登记行为，简化登记程序。完善投资和建设项目并联审批。在全省地级市中首推“多证合一、一照一码”登记制度改革。推进事业单位法人治理结构建设试点工作，图书馆、文化馆等8个试点单位均完成理事会组建、章程制定等法人治理结构搭建工作。首创企业投资经营管理“1+3+N”开放型清单体系，率先对外公布实施《江门市投资准入负面清单（市本级）》《涉企行政事业性收费目录清单》《涉企经营服务性收费目录清单》。出台《江门市社会信用体系建设规划（2014—2020年）》。制订实施《江门市失信黑名单制度建设工作方案》。工商、食品药品、农业、卫生计生、环保、人社、质监、旅游、法院、国税、文广新、商务等部门出台黑名单制度并开展黑名单的发布工作。全市各重点部门、重点领域均出台实施“黑名单”制度，成为全省实施“黑名单”制度覆盖面最广的地市之一。

建立现代预算管理制度，制订《江门市深化财政体制改革建立现代财政制度实施方案》，印发《江门市市级财政专项资金管理办法》。规范专项资金管理，针对每个专项资金制定和完善管理办法，明确专项资金的绩效目标、使用范围、管理职责、执行期限、分配办法、分配方式、审批程序和监督

2015年江门市国民经济发展情况

指　标	单　位	实　绩	比上年增长(%)
地区生产总值	亿元	2 240.02	8.4
第一产业增加值	亿元	174.72	3.6
第二产业增加值	亿元	1 078.51	8.6
规模以上工业增加值	亿元	965.74	8.0
第三产业增加值	亿元	986.80	8.8
人均地区生产总值	元	49 608	8.1
农林牧渔业总产值	亿元	319.88	3.2
固定资产投资	亿元	1 307.87	17.7
社会消费品零售总额	亿元	1 034.31	11.8
外贸进口总额	亿美元	277.1	-14.7
外贸出口总额	亿美元	954.7	3.0
实际利用外资	亿美元	8.79	3.0
地方公共财政预算收入	亿元	198.98	12.4
地方公共财政预算支出	亿元	291.42	24.8
城镇常住居民人均可支配收入	元	27 117	8.6
农村常住居民人均纯收入	元	13 817	8.4

2014—2015 年江门市社会事业情况

指　标	单　位	2014 年	2015 年
普通高校	所	3	3
普通高校在校学生	万人	3.9	3.9
中等职业学校和技工学校	所	24	24
中职和技校在校学生	万人	6.2	5.9
普通中学	所	185	184
普通中学在校学生	万人	22.3	24.1
小学	所	313	313
小学在校学生	万人	29.9	30.6
医院、卫生院	所	1 715	1 681
医院、卫生院床位	张	1.8	1.9
群众艺术馆、文化馆	个	8	8
公共图书馆	个	7	8
博物馆、纪念馆、美术馆	个	6	6

评价、责任追究等，提高专项资金的分配使用的透明度；深化绩效预算改革，首次运用第三方中介机构对江门市基本公共服务均等化工作和江门市本级财政支出专项资金开展绩效跟踪考评；推进预决算及“三公”经费信息公开。市本级预决算及“三公”经费公开工作均在上级要求的公开时限内公开。

（陈友发）

【文化建设】　2015 年，江门市统筹推进各项文化惠民工程，形成市、区（县）、乡镇、村居四级公共文化服务体系，建成公共文化馆 8 个，公共图书馆 8 个，公共博物馆 6 个，公共美术馆 3 个；乡（镇）街道文化站 73 个，华侨农场文化站 1 个，其中特级文化站 16 个，一级文化站 53 个。开平市率先完成 15 个镇（街）综合文化站申报省一级站标准工作，达标率 100%。蓬江、江海区图书馆投入使用，结束两区没有图书馆历史。有乡村社区文化室 1 316 个，建成“五有”文化室 1 152 个，农家书屋 1 154 个。完成五邑华侨华人博物馆布展工程，推进“四馆整合”提升项目等一批重点文化项目。蓬江区创意产业园、广东色色婚纱摄影·影视文化产业园、江门演艺中心、开平碉楼文化展示区等文化设施初现规模。新会林缉光艺术博物馆、新会景堂图书馆扩建、开平谭逢敬艺术院、恩平文化馆等项目建成投入使用。

（江门市文广新局）

【社会建设】　2015 年，江门市从轨道交通建设出发，建设交通枢纽型城市。深茂铁路江门段总投资额约 120 亿元，年内全线动工建设，至 12 月底征地完成 98.28%。广佛江珠城际轨道加快前期工作进度，7 月 27 日项目建议书获广东省发展改革委批复。规划优化完善珠西综合交通枢纽江门站站场布局，初步确定站场建设规模，完善枢纽站场与高铁、城市轨道等对接方案。江门综合交通枢纽列入广东省“十三五”专项规划及国家专项规划。

是年，江门市纳入《广东省村村通自来水工程建设规划（2011—2020年）》的有台山、鹤山、恩平3个市，完成总体规划编制，批复总投资额5.06亿元（水源地到行政村）。年内，鹤山市和台山市启动村村通自来水工程建设，恩平市正在开展前期工作。

是年，全市共投入19.2亿元推进光纤铺设、4G网络建设以及Wi-Fi热点建设。"江门邑网通"项目于2015年6月29日正式上线运行，该项目利用云计算、云存储、LBS（基于位置服务）等先进技术打造开放性数据汇聚运营平台，涵盖文化资讯、政务服务、民生金融、应急发布和电子商务等领域，设置包括资讯、交通、公交、医疗等14个类别共20种功能，为市民提供搜索、查询、引导、提醒、互动、分享、交易、支付等服务。是年，江门市网上办事大厅的事项实现省、市、县三级同步一致，并实现省、市、县（市、区）、镇四级网上办事大厅互联互通。全市已进驻网上办事大厅的行政审批事项4 777项，社会服务事项232项。其中，市本级已进驻网上办事大厅的行政审批事项670项，除国家、省垂直系统事项114个外，网上全流程事项数471项，网上全流程办理率达85%，网上办结率达80%。各市、区应进驻网上办事大厅的行政审批事项4 107项，除垂直系统事项700个外，网上全流程事项数2 218项，网上全流程办理率达65%，网上办结率达50%。

江门市区天福路绿化景观　（周华东　摄）

在爱国卫生月活动期间，全市出动8.5万人次，清理卫生死角1.5万处，处理"四害"孳生地1.81万处，清理淤泥垃圾杂草杂物1.1万吨，清理"牛皮癣"3.2万张，开展公众健康教育宣传咨询活动50多场次，参加人数超过5万人（次）。台山市和开平市省卫生城市巩固工作通过省爱卫会的复审检查。蓬江区荷塘镇通过国家卫生镇复审，另有5个省卫生镇通过省复审并再次被确认为广东省卫生镇称号。

（陈家昌　江门市卫计局　江门市发展改革局）

【生态文明建设】　2015年，江门市配合认证机构对全市控排企业进行碳排放信息核查，督促控排企业做好年度碳排放配额清缴履约工作。6月15日，江门市发展改革局联合市经济和信息化局、市环保局、市住建局等部门，以"低碳城市　宜居可持续"为主题，开展"6·15"全国低碳日宣传咨询活动。发展绿色半导体光源（LED）产业，形成从外延—芯片—封装—应用的完备产业链。落实节能目标责任制，完成对全市145

个重点用能单位2014年度节能目标考核。建成使用“江门市重点用能单位能源信息管理系统”，并与14家企业的能源管理中心进行对接，实现企业能耗数据实时在线监测。将全市78家重点企业纳入《广东省大气污染防治重点行业清洁生产推行方案》并全部完成清洁生产审核工作。鹤山市雅图仕印刷有限公司建立的能耗实时监控管理平台被广东省经信委定为信息化和工业化融合节能减排的两化融合示范项目，该项目通过回收空调余热、建立冰蓄冷空调系统等，每年减少能源成本约300万元。推广应用新能源汽车，全年采购纯电动公交车162辆，并建设纯电动公交车充电站共5个。

2015年，全市新建城市绿道约30千米，至年底，全市共建成省立绿道295千米，建成城市绿道440千米。完成造林面积1.37万公顷，中幼林抚育面积2.78万公顷，封山育林面积666.67公顷，造林主要树种为杂交松、相思、樟树、火力楠、荷木、宫粉紫荆等。推进生态景观林带、森林碳汇、森林进城围城、乡村绿化美化等四大林业重点生态工程建设。2015年完成新增森林公园22个、湿地公园4个；完成建设乡村绿化美化示范村186个。4月，市政府印发《江门市饮用水源水库第一重山商品林调整为生态公益林规划方案》，规划到2020年逐步将全市77座饮用水源水库第一重山的1.20万公顷商品林调整为生态公益林。推进生态公益林示范区建设，上川猕猴、古兜山、七星坑、君子山等4个自然保护已列入示范区建设范畴。新会区银湖湾管委会围绕发展生态旅游的总体目标，营造“绿色生态廊道”；台山、恩平两地完善红树林自然保护区各项基础设施，做好规划保护建设。

推进公园城市建设。4月，市政府印发《江门市公园城市建设工作纲要（2015—2020年）》；7月，建立江门市公园城市建设工作联席会议制度；9月，市长邓伟根主持召开公园城市建设工作推进会。是年，全市共投入建设资金5.8亿元，建成各类公园550个，其中新建改建村居公园330个、新增森林公园22个（1个市级森林公园，21个镇级森林公园）；新建湿地公园4个；《江门市生态景观保护规划》通过市规划委员会初审。

全市各区实施绿化“转型升级、增花添彩”工程，大量种植开花乔、灌木品种，营造四季有花的地方特色园林景观。是年，江门市中心城区建成区绿化覆盖总面积达6 556.50公顷，绿化覆盖率43.71%；绿地总面积6 262.50公顷，绿地率41.75%；公园绿地总面积2 041.43公顷，人均公园绿地面积17.75平方米。

（江门市发展改革局　江门市住建局
赵晓辉　谈嘉辉　杨晓氚　方晓华）

年度大事

【江门中微子实验启动建设】　2015年1月10日，江门中微子实验站在开平市金鸡镇启动建设。该实验站建在地下700米深处，计划于2020年投入运行并开始物理取数，运行至少20年。实验建造的中微子探测器将是目前世界上能量精度最高、规模最大的液体闪烁体探测器。江门中微子实验项目是继大亚湾反应堆中微子实验之后，由中国主持的第二个大型中微子实验项目。

【江门市首创“1+3+n”开放型清单体系】 2015年4月13日，江门市率先在全省发布独立的市级清单——《江门市涉企行政事业性收费目录清单（2015版）》和《江门市投资准入负面清单（第一批）》。6月份又率先公布三个经营服务性收费项目清单，一年可为15万家企业及个体户减负1.7亿元；出台第一批投资准入负面清单。7月31日，江门市“1+3”清单（权责清单，负面清单、审批清单、监管清单）正式对外公布实施，并在全省乃至全国首创“1+3+n”的开放型清单体系。

【江门市获评全国小微企业创业创新基地示范城市】 2015年5月31日，江门在全国小微企业创业创新基地城市示范评审中以第一名的成绩入列全国15个示范城市之一，获国家支持资金6亿元。8月7日，《江门市国家小微企业创业创新基地城市示范工作方案（2015—2017年）》审议通过，9月29日出台《江门市“1+15+2”小微企业系列扶持政策》，一批小微双创平台先后建设或落户江门市。

【“邑门式”行政服务改革】 2015年9月15日，江门市蓬江区首个“邑门式”服务中心——环市街“邑门式”服务中心揭牌，随后在其他镇（街）的6个服务中心全面上线。江门市蓬江区“邑门式”行政服务平台将区公安、社保、民政、残联、卫计、城管、食药监、农林水务等15个部门385项事务，统一归集到“邑门式”服务中心办理。“邑门式”行政服务改革在江门市全面铺开。

【首列江门造城际动车组交付】 2015年12月17日，由广东南车轨道交通车辆有限公司首列交付使用的CRH6A型城际动车组开向莞惠城际轨道，标志着广东南车从建设、生产，到整个产品运营的闭环已经形成，江门造城际动车组完全获得国家铁路局认可，并正式投入营运。

2015年5月31日，由江门市市长邓伟根领衔的团队，在全国小微企业创业创新基地城市示范评审中以总分第一成为全国15个示范城市之一

（尹光宗　摄）

【国家级平台“侨梦苑”落户】 2015年12月22日，“侨梦苑”华侨华人创新产业聚集区在江门国家高新区正式揭牌，江门拥有一个侨务工作改革创新、华侨华人创新创业的国家级平台。10月，《江门市侨

务强市建设工作纲要（2015—2020年）》正式出台，除了“侨梦苑”，《纲要》还提出建设中欧（江门）中小企业国际合作区，创建国家级华侨文化生态保护实验区等。

（江门市地方志办）

特色产业

【高新技术产业】 2015年，江门市开展高新技术企业培育认定，组织申报国家级高新技术企业认定68家、申报复审27家。根据广东省科技厅有关文件，江门市2015年高新技术企业通过认定、复审共90家，实现全市有效国家级高新技术企业存量196家，比上年净增24家，市级高新技术企业认定20家、通过复审2家，累计市级高新技术企业83家。组织开展高新技术企业培育后备库建设，省预安排培育基金6 767万元。江门市通过三批次的培育，认定116家高新技术企业培育入库，拟下达高新技术企业培育库入库企业奖补资金2 291.28万元。

【先进制造业】 2015年，江门市先进制造业实现规模以上工业增加值349.86亿元，比上年增长18.1%。江门市响应广东省委、省政府提出打造珠江西岸先进装备制造产业带的战略部署，全力发展装备制造业。是年，装备制造业实现规模以上工业增加值258.68亿元，比上年增长15.3%；完成装备制造业投资218.1亿元，增长63.8%。

【电子信息产业】 2015年，江门市有电子信息企业2 000多家，其中规模以上企业300多家。江门市电子信息产业的主要优势领域为家用电器、电子信息机电产品、电子元件、半导体光电器件（LED）、电子信息材料和计算机外部设备制造等领域。2015年，江门市电子信息制造业实现规模以上工业总产值609.65亿元，比上年增长3.8%；实现规模以上工业增加值137.91亿元，增长5.01%。电子信息产业中以半导体照明（LED）为代表的绿色（半导体）光源产业已经形成从外延—芯片—封装—应用的一条龙半导体照明产业链。江门市在LED产业上中游外延芯片产量和技术水平在国内处于领先水平，下游封装和应用企业已经形成一定的集聚效应。是年，全市仪器仪表制造业完成工业总产值0.46亿元，比上年下降1.85%；完成规模以上工业增加值0.14亿元，下降1.58%。

（李淑贞 翁俊聪）

【旅游业】 2015年，江门市接待旅游总人数4 315.9万人次，比上年增长13.87%，其中过夜游客1 738.30万人次，增长8.6%；旅游总收入339.62亿元，增长21.73%，连续两年排全省第五位。蓬江区、江海区、新会区分别推进“33墟街”“南岸印迹”“学宫文心”建设；新会区推进“美丽湖湾项目”银湖湾A区和C区的招商；台山市以川岛为核心，以广海镇、海宴镇、北陡镇滨海旅游资源为呼应，以都斛镇、斗山镇、端芬镇、古兜山林场、北峰山国家森林公园为腹地进行整体策划；开平市推进赤坎古镇项目建设；鹤山市加强“岭南鹤武”项目招商建设；恩平市抓好航空小镇项目，利用冯如品牌和国家推进低空开放的契机，加快招商和选址。

（江门市旅游局）

【电力能源产业】 2015年，江门市累计完成供电量227.59亿千瓦·时，比上年增长0.68%；

完成售电量 219.66 亿千瓦·时，增长 1.53%；最高负荷 392.35 万千瓦，增长 2.77%。累计报装总容量 172.85 万千伏安，比上年增长 17.39%。是年，全市完成电网建设投资 11.6 亿元，固定资产投资计划完成率 101.63%，综合线损率 3.48%，前期计划按时完成率 109.31%，储备物资周转率 509.64%。进度计划完成率、结算计划完成率、需求计划准确率、签约及时率、准时供货率均为 100%，工程建设完成“双百”目标。全年共建成投产 110 千伏及以上电网工程项目 7 个，其中提前投产 1 个，新增主变容量 31.6 万千伏安，110 千伏及以上输电线路 128.9 千米。配网工程实现全年均衡投产，建成投产 420 个，其中提前投产 28 个，投产完成率 107.3%。（江门市供电局）

2015 年 11 月 15 日，广东省第二届中老年舞蹈大赛在江门秀出“夕阳”风采（江门市文联供稿）

【文化动漫影视演艺业】 2015 年，第十一届中国（深圳）国际文化产业博览交易会在深圳会展中心举行。“江门馆”坐落 8 号展馆中央，展位面积 210 平方米，以“文化与旅游”“博览与交易”为设计主题，外形设计为“开平碉楼”，打造江门特色展馆。江门市 16 家企业组成江门代表团参展，重点展示文化旅游业、文化创意、古典（传统）家具业等支柱产业，包括世界文化遗产开平碉楼与村落、海菱家居饰品、艺光科技等企业与文化产品，5 天的成交额和意向成交额 460 多万元。江门市文广新局获文博会优秀组织奖，江门市展团获优秀展示奖。同时，江门市参展企业获该届文博会“中国工艺美术创意奖”5 个，其中台山市伍氏兴隆明式家具艺术有限公司伍炳亮的作品获得特别金奖，新会区建宇古典家具有限公司作品获银奖，恩州奇石作品获一银两铜。是年，第五届江门侨乡动漫节在江门会展中心举行，展出面积超过 12 000 平方米，展位 180 多个，参展企业 120 多家，参展产品包括动漫原创、动漫衍生品、网游及软件、IE 数码产品等。辐射广东省 21 个地级市，吸引超过 4 万人次的动漫爱好者前来参加。

是年，江门市电影总票房 1.64 亿元，放映总场次 23.85 万场，观影人数 515.13 万人次。有营业性影院 31 间，银幕 152 张（其中 IMAX 厅 2 个），共有座位总数 2.33 万个。实现县级多厅数字影院 100%全覆盖。

（江门市文广新局）

产业调整

【概况】 2015年，江门市全面推动产业结构调整，先进制造业实现规模以上工业增加值349.86亿元，比上年增长18.1%。其中，装备制造业实现规模以上工业增加值258.68亿元，比上年增长15.3%。年内，江门市推动优势传统产业转型升级，组织实施一批优势产业重点技术改造专题项目，从机器人应用、淘汰老旧设备、智能化改造等方面全面提升优势产业生产效率、信息技术应用水平。（陈振华）

【滨江新区】 2015年，位于江门市滨江新区的瑞通机械、康师傅（顶益）、金莱特二期、蓝翔泵业、金源电器等项目建成投产，天地壹号（百果壹号）、美心食品、康师傅（秉信、顶正、和昇）、海信（冰箱、手机）等重点项目进展顺利。园区新增落户企业6家。三产稳步发展，银葵医院加快建设，房地产业完成投资28亿元，新开工面积19.6万平方米。天地壹号在“新三板”挂牌上市，辖区内银行机构存贷比保持在50%以上。示范园区申报为广东省产业集聚发展地，享受广东省产业转移政策，并获“健康食品园区·国家新型工业化产业示范基地”“广东省智能制造示范基地”称号。按照《滨江新区全面深化改革工作实施方案》，抓好“三融合”机构整合。完成首批41项市级行政管理权限事项移交对接。完成区直单位派驻棠下工商、人社、城管、国土等4个部门移交管理。滨江新区、棠下镇“邑门式”公共服务中心上线。抓好启动区规划二路、规划五路、篁庄考场环湖路、丰乐路北延线、堡莲路一期等一批道路建设。示范园区海信大道、莲塘二路、金桐六路、南园区排洪渠等基础设施建设加快推进，完成南园区供电线路工程和堡棠路供电线路工程。启动龙舟山景区建设规划。

【产业园区建设】 2015年，江门高新区成为珠三角国家自主创新示范区，大广海湾被提升为国家重大合作平台，中欧（江门）中小企业国际合作区建设获工信部中小企业发展促进中心支持。是年，推进园区扩能增效“七个一”专项行动，“1+6”园区实现规模以上工业总产值2 092.85亿元，完成工业固定资产投资额201.97亿元。台山、开平、恩平、蓬江、鹤山五个产业集聚地被纳入广东省产业转移园区管理。（卢家亮）

【专业镇转型升级】 2015年，江门市推进省级专业镇认定培育工作，促进重点产业集群发展。台山市台城的汽车零部件产业和开平市三埠的健康食品产业通过省级技术创新专业镇的认定。全市共建22个省级（合并后）、11个市级专业镇。争取省级科技资源，加强专业镇公共创新服务平台建设，由五邑大学申报“江门市沙坪镇街道办事处制鞋业品牌咨询策划服务中心”和由高新区经促局申报“江门市江海区绿色光源电子材料中小企业技术创新平台”获2014年度广东省科技厅立项支持，分别给予80万元和40万元的专项资金支持。发动市内省级专业镇参加由省专业镇促进会组织的专业镇培训交流活动。实地学习考察山东济南6市、浙江温州5市等经济发展情况，学习产业政策制定、科技合作、园区规划及平台建设等经验，就镇域产业、科技发展等共性问题与当地开展探讨和交流。（江门市科技局）

【农业结构调整优化】 2015年，江门市实施优质粮工程，水稻良种覆盖率达98%以上。发展特色优势产业，新会陈皮、牛江马铃薯等特色农产品规模化、区域化发展格局初步形成。加快发展冬季农业，全市冬种生产面积达4万公顷，其中马铃薯0.47万公顷，江门市成为广东省第二大冬种马铃薯产业基地。推进畜禽禁养区、限养区和适养区划分和畜禽规模化、标准化、产业化养殖，引导发展白鸽、鹧鸪、山鸡等特色珍禽养殖和黑山羊等草食畜牧业。引导发展农产品流通加工、电子商务和休闲观光农业等农业服务业，新会陈皮村、开平健之源等农业综合体成为一、二、三产业融合发展的示范标杆。省内首个航天育种院士专家工作站和国家农产品加工工程中心（台山）分中心等研发平台落户江门市，五邑大学与市农业局开办全省首个地方与大学联办的农产品检测专业；举办2015第十一届中国鲜食玉米、速冻果蔬大会暨中国侨都（江门）鲜食玉米节和“国家水稻产业技术体系华南稻区2015年晚季新品种展示观摩会暨学术研讨工作会议”；全市培育农业新型研发机构10个，新增非强制免疫兽用生物制品兽药经营企业10家，核发原种猪场、祖代种禽场等畜牧种业场5个，原种及祖代种畜禽、父母代种禽场、生猪扩繁场分别达到8个、21个、4个。省、市、市（区）、镇三级联合举办绿色证书、实用技术、动物卫生、农机技术、基层干部等各类培训班近500期、超5万人次，推广农业新品种115个（次）、新技术76项（次）。

（许伟强）

【产学研结合】 2015年，江门市建立产学研结合长效机制。借助广东省教育部产学研结合协调领导小组的组织协调机制，与高校、科研院所全面合作，促进高校、科研院所的科技成果、人才与地方企业进行交流对接。与北京中关村管委会签订战略合作框架协议，与中国技术交易所签署意向合作协议书，共建江门市技术交易中心（中国技术交易所江门工作站），推动其创新资源落地江门市。与中科院金属研究所、广东博士科技有限公司、深圳中小企业创新服务平台、北京理工大学珠海学院、东莞华中科技大学工研院等研究及服务机构建立合作关系。培育产学研产业集群发展，共培育创建22个省级（合并后）、11个市级专业镇。

（江门市科技局）

·责任编辑　何文倩·

东莞市

基本情况

【概况】　东莞市位于广东省中南部，珠江口东岸，东江下游的珠江三角洲，与广州市黄埔区和增城区、惠州市博罗县隔江为邻；最西是沙田镇西大坦西北的狮子洋中心航线，与广州市番禺区、南沙区隔海交界；最南是凤岗镇雁田水库，与深圳市宝安区相连。东莞市有海岸线115.94千米（含内航道），主航道岸线53千米，拥有深水良港虎门港。主要河流有东江、石马河、寒溪水。有野生植物1 630种，野生珍稀植物115种，生物多样性位居全省前列。野生动物各类繁多，主要分布于山区和丘陵地带，主要野生动物有：哺乳类、鸟类、鱼类（134种）、甲壳类和多种贝类、两栖类、爬行类、昆虫类等。2015年，东莞市人口密度为每平方千米3 355人，在广东省各地级市中居第一位。

东莞市是广东省历史文化名城、中国近代史开篇地、东江人民抗日根据地、改革开放的先行地。至2015年，东莞市境内有鸦片战争博物馆（威远炮台、沙角炮台、海战博物馆）、广东观音山国家森林公园、松山湖景区、华南MALL·欢笑天地、东莞市科学技术博物馆、龙凤山庄影视旅游区、粤晖园、香市动物园等11个国家AAAA级旅游景区，有林则徐销烟池与虎门炮台旧址、东莞可园等全国重点文物保护单位，有鸦片战争博物馆、可园博物馆等爱国主义教育基地，有村头村遗址、金鳌洲塔等广东省文物保护单位。有丰富的民俗文化遗产资源，比

2015年东莞市国民经济发展情况

指　标	单　位	实　绩	比上年增长(%)
地区生产总值	亿元	6 275.06	8.0
第一产业增加值	亿元	20.50	-0.4
第二产业增加值	亿元	2 902.98	6.2
规模以上工业增加值	亿元	2 711.09	5.3
第三产业增加值	亿元	3 351.59	10.0
人均地区生产总值	元	75 616	8.4
规模以上先进制造业增加值	亿元	1 299.13	8.5
农林牧渔业总产值	亿元	34.35	-0.2
固定资产投资	亿元	1 446.52	3.3
社会消费品零售总额	亿元	2 154.70	10.9
外贸进口总额	亿美元	639.55	-2.4
外贸出口总额	亿美元	1 037.19	6.9
实际利用外资	亿美元	53.20	17.5
地方公共财政预算收入	亿元	517.97	10.2
地方公共财政预算支出	亿元	581.24	27.0
城镇居民人均可支配收入	元	39 793	8.2
农村居民人均可支配收入	元	24 225	8.5

2014—2015 年东莞市社会事业情况

指　标	单　位	2014 年	2015 年
普通高校	所	6	8
普通高校在校学生	万人	6.99	11.46
中等职业学校和技工学校	所	25	25
中职和技校在校学生	万人	6.44	6.97
普通中学	所	212	218
普通中学在校学生	万人	28.46	28.76
小学	所	320	327
小学在校学生	万人	68.73	71.93
医院、卫生院	所	2 194	2 237
医院、卫生院床位	万张	2.67	2.75
群众艺术馆、文化馆	个	1	1
公共图书馆	个	641	641
博物馆、纪念馆、美术馆	个	33	48

较有代表性的民俗有赛龙舟、粤曲粤剧、咸水歌、客家山歌、舞狮（龙、麒麟、凤）等。各镇街还有一些特色的民俗风情，如东坑的“二月二”卖身节、石排康王宝诞、望牛墩乞巧节、横沥牛墟和常平端午游木龙和厚街端午舞木龙等。

【经济建设】　2015 年，东莞市实现地区生产总值 6 275.06 亿元，比上年增长 8.0%，第一产业增加值 20.50 亿元，下降 0.4%；第二产业增加值 2 902.98 亿元，增长 6.2%；第三产业增加值 3 351.59 亿元，增长 10.0%。市公共预算收入 517.97 亿元，比上年增长 10.2%；全市进出口总额 1 676.73 亿美元，增长 3.1%，其中出口总额为 1 037.19 亿美元，增长 6.9%。

是年，东莞市实施高新技术企业“育苗造林”行动和科技企业孵化器“筑巢引凤”计划，出台以《中共东莞市委、东莞市人民政府关于实施创新驱动发展战略走在前列的意见》为纲领，新型研发机构、孵化器扶持、孵化器分割转让、高企培育、企业研发准备金、科技金融、科技服务业等相关实施办法为配套的“1+N”科技创新政策体系，松山湖高新区入围珠三角国家自主创新示范区，开展国际科技合作。是年，全市高新技术企业新增 303 家，总数 986 家，获广东省高新技术企业扶持资金 4.2 亿元，均居全省地级市首位；新增新型研发机构 3 个，总数 27 个；新增省级创新科研团队 4 个，总数 26 个。拓展与“一带一路”（“丝绸之路经济带”和“21 世纪海上丝绸之路”简称）沿线国家的合作，组团赴埃塞俄比亚、南非、俄罗斯、澳大利亚、新西兰、斐济等 18 个国家，组织开展 100 多场经贸交流和专业推介活动。广东（石龙）铁路国际物流中心对外开放，“粤满俄”专列开始试运营，“粤新欧”国际铁路联运专列提升到每周 2~3 趟。虎门港开通越南海防的直航航线，与西班牙巴塞罗那港签订合作协议，与石龙货运站成功试行水铁联运，年吞吐量突破 330 万标箱。是年，东莞对“一带一路”

沿线国家的出口总额167.3亿美元，比上年增长25.2%。出台《关于东莞对接国家自由贸易试验区发展的意见》，形成“多证联办”改革、“三互”大通关改革、企业登记注册“一网通”改革、项目投资建设“直接落地”改革等改革品牌。推行住所信息申报制，企业集群注册改革全面铺开，“多证联办”改革拓展到全市所有企业，并启动登记注册“一网通”改革，至2015年，全市的市场主体累计71.33万个，总量居全省地级市第一位。以寮步车检场和虎门港为突破口，通过以信息互换突破“信息孤岛”、以监管互认实现“一站式作业”、以执法互助推动“联查联放”的方式，构建水、陆“三互”大通关模式，企业通关时间及成本大幅降低，在全国率先实现水陆网“三位一体”的“三互”大通关。建成东莞跨境电商公共服务平台，完成与关检部门监管系统的对接联调，初步实现与电商企业、物流企业、供应链服务商系统衔接；推动建立针对跨境电商企业的“单一窗口”，实现出口货物一次报关，海关、检验检疫部门联合查验、一次放行。推动实现网上办事大厅村居服务点全覆盖，根据全省的考核排名，东莞市的“三率一数”、镇街办事站、与主厅联通等多项指标评价结果在全省各地市中名列第一。打造水乡特色发展经济区、松山湖大学创新城、东莞粤海银瓶合作创新区等东、中、西“三大增长极”。

【政治文明建设】 2015年3月，东莞市政府办印发《东莞市“单一窗口”建设试点工作方案》。7月，市政府印发《东莞市企业集群注册登记管理试行办法》《东莞市市场主体住所（经营场所）登记管理试行办法》，市府办印发《关于加强基层市场协管队伍建设管理的意见》，深化商事制度改革。10月，市政府印发《东莞市2015年推进简政放权放管结合转变政府职能工作方案》，市府办印发《东莞市规划行政审批改革方案》。11月，市府办印发《关于推广实施项目投资建设直接落地改革经验的意见》。12月，市政府《东莞市全程电子化工商登记试行办法》。项目直接落地试点增至40个，动工项目审批普遍缩短3~6个月。是年，东莞市政府职

2015年4月10日，东莞寮步进出境货运车辆检查现场，东莞陆运口岸“三互”大通关模式启动，邹志斌、刘兆彬、徐建华等领导现场参观查验区，并与通关企业代表交谈　　（郑家雄　摄）

能转变决策咨询委员会对市政府部门非行政许可审批事项进行清理，促使市政府于8月印发《东莞市人民政府关于取消非行政许可审批事项的通知》，不再保留“非行政许可审批”类别；出台《东莞市2015年行政审批事项目录》，明确东莞市保留的226项行政许可事项和188项下放事项。出台《东莞市无党派人士认定工作办法（试行）》，规范“无党派人士”政治面貌使用、发挥无党派人士作用、加强党外代表人士队伍建设。全年市委统战部根据该《办法》开展3批无党派人士认定工作，认定36名无党派人士。支持党派的自身建设，加大对党派后备干部的培养力度，开展部分党派领导班子的届中调整，帮助民主党派的基层组织换届等。推动知联会建立社会服务品牌，从组织架构、会员结构、管理制度等方面推动知联会“转型升级”，提高其参政议政能力。

【精神文明建设】 “好人之城”建设 2015年，东莞市横沥“牛经纪”——张扬锦获全国、全省道德模范提名奖，东莞机电工程学校校长曹永浩获“南粤楷模”称号并实现东莞市零的突破。全年有8人入选“中国好人榜”、5人入选“广东好人榜”。创新“月度好人榜”发布机制，坚持每月评选并在各镇街轮流发布“东莞好人”。各镇街打造推广一批道德建设的特色品牌：横沥镇的“小城大爱”、长安镇的“骄子计划”、石龙镇的“敬老文化”、麻涌镇的“香飘四季”、寮步镇的“香市文化”、高埗镇的“杰出人物”、虎门镇的“爱在天地间”等。举办第五届道德模范授奖活动，组建道德模范宣讲团，开展基层巡讲、风采图文巡展等学习宣传活动100多场次。开展道德讲堂活动110多期。出版《东莞好人（2014年）》丛书。实现公共场所、机关、社区（村）、学校、大中型企业、军营等“善行义举榜”发布全覆盖，实现全市32个镇街（园区）“好人文化墙”建设全覆盖。

核心价值观建设 2015年，东莞市出台《东莞市2015年社会主义核心价值观建设工作方案》，实施莞版“十大行动”计划。突出打造“同在莞邑”核心价值观进企业、进军营特色创新品牌。全年组织开展“同在莞邑”核心价值观进企业进军营活动320多场，连续召开7场市级示范点现场会，各镇街（园区）召开120多场重点领域、重点行业示范点现场会，打造133个核心价值观建设示范点、100多个核心价值观主题公园（广场、街路）。完成黄旗山城市公园文化景观建设首期工程。市直机关工委、各镇街等组织开展践行核心价值观志愿服务、主题宣传等活动1 500多场次。

“志愿之城”建设 2015年，东莞市召开东莞市志愿者联合会第二次代表大会，通报最美志愿者、最佳志愿服务项目等100个（项）。举办65期志愿者周末学堂，培训基层志愿者骨干超过万人次。开展“学雷锋全民志愿服务行动月”“志愿风尚公益节”等专题系列活动。开展“青网行动”，建立千人网宣员骨干队伍、3万多名青年网络文明志愿者。全市注册志愿者达83.4万人，志愿服务组织达4 565个，累计开展志愿服务项目5.22万个，提供志愿服务超过2 600万小时。

【社会建设】 2015年，东莞市在基层社会治理综合改革、创新社会组织综合管理机制、枢纽型社会组织构建、推进社会融合等方面取得成效，完善“东莞治理”与“东莞制造”齐飞的格局，获“全国社会治理创新优秀城市”称号。研究制订《关于进一步深化司法体制和社会体制改革实施方案》《东莞市2015年社会体制改革行动计划》和《东莞市村（社区）综合服务管理中心建设指导意见》等系列政策文件，加强社会体制改革的顶层设计和整体谋划。推进基层社会治理综合改革，开展涉农专项整治。市财政在社会民生领域投入285.7亿元，超过70万名外来务工人员子女在莞接受义务教育，职工最低工资标准上调至1 510元/月，落实非莞籍老人免费乘公交政策，取消公立医院药品加成，减轻群众负担5 300万元。

3月25日，东莞市召开全市创新基层社会治理综合改革动员部署会议，对全市基层社会治理综合改革进行动员部署。厚街镇"大综管"网格化治理、莞城罗沙社区"一事一议"奖补制度、大朗镇"社区志愿服务'互联网+'工程"、万江街道社会服务实践基地、寮步上屯村文明行为积分制、沙田鲶沙花园拆迁安置小区等社会治理创新项目出台。组织专家对200多个试点项目进行总结梳理，初步形成全市社会建设优秀项目示范集群。

9月29日，2015年"南粤幸福活动周"系列活动在沙田镇虎门举行，活动现场开展由"感悟、引导、共建、励志"等四大主题展区组成的"同舟共济幸福续航"主题活动。

完善"统一登记、各司其职、协调配合、分级负责、依法监管"的社会组织综合管理体制，创新扶持培育方式，修订出台社会组织发展扶持专项资金管理办法，探索实行异地商会积分制管理，推行异地务工人员服务组织"以奖代补"制度。以常住人口社区化、城市化、文明化为重点，指导寮步、东城等镇街创建全市社会融合示范区，寮步镇打造"上屯尚善365"品牌，试点开展文明行为积分制，开创全市社会融合示范区和文明社区新标本；东城街道打造共建共享社区共同体，在岗贝、花园新村、东泰花园、星城社区等4个试点开展"E融体验站"工作，为户籍居民、新入户居民和新莞人参与社区治理、相互交流搭建平台。

【生态文明建设】 截至2015年，东莞市有25个镇创建为省级以上生态镇；新增市级生态村（社区）12个，市级生态村覆盖率82.6%；新增"环境教育基地"1个、"绿色学校"4所、"绿色社区"2个。完成国家环保模范城市复核省级预评估。东莞市城建局参与水乡特色经济发展区建设，加快运河综合整治示范B段、水乡横向南北通道、银龙路（银龙桥）、挂影洲围中心涌水环境综合整治示范等4项工程建设。至年底，全市林业用地面积5.99万公顷，森林覆盖率37.40%，活立木蓄积量351.69万立方米，森林植被固碳199.97万吨，全市森林生态效益总值为79.69亿元。推进生态景观林带建设，基本完成53.7千米潮莞高速生态景观林带苗木种植。开展水源涵养林改造和水乡生态林网营造，完成水源涵养林造林任务447.07公顷，完成幼林抚育任务2 066.67公顷，完成望牛墩与麻涌39.27公顷水乡生态林网建设。试点麻涌红树林种植项目，在麻涌镇麻涌河麻四、新基段种植红树林3.87公顷。开展湿地资源普查，完成湿地规划编制工作，华阳湖湿地公园获批为国家湿地公园试点。完善森林公园配套，大岭山森林公园完成石洞核心景区升级，启动大佛广场项目建设，大屏嶂森林公园建成芳园景点，银瓶山森林公园建成湖影平台景点，获评"广东最美森林"称号。优化森林公园旅游接待服务，大屏嶂森林公园傣家长廊景点周边、

2015 年 12 月 3 日，深莞茅洲河界河段综合整治工程开工仪式暨茅洲河全流域水环境综合治理工作领导小组第一次会议举行（郑琳东　摄）

银瓶山森林公园清溪片区主登山道覆盖无线 Wi-Fi。加强野生动植物保护管理，查获野生动物 2 196 只（条），其中珍贵、濒危野生动物 2 073 只（条）、国家保护野生动物 123 只。按照《东莞市林业生态红线划定工作方案》，开展 4 条生态红线（森林、林地、湿地、物种）划定工作。开展有害生物防治，完成防治尺蠖 915.87 公顷、竹蝗 66.67 公顷、锈同心舟蛾 26 公顷，砍伐松材线虫病疫木 1.8 万株，开展薇甘菊防治 4 000 公顷。加强古树名木保护管理，完成全市第一批 1 393 株的古树名木普查，对 265 株古树名木开展古树名木挽救复壮工程。

是年，东莞市有公园广场 1 223 个、面积 144.93 平方千米，全市建成区绿化覆盖率 44.71%，绿地率 41.63%，人均公园绿地面积 23.22 平方米；城市绿化覆盖率 50.51%，绿地率 48.27%，城市人均公园绿地面积 22.85 平方米。

【党的建设】　截至 2015 年，东莞市有党的基层组织 8 701 个（含“两新”组织党组织 3 395 个），党员 167 849 名，其中“两新”组织党员 41 014 人（含流动党员 20 797 人）。是年，全市各级举办专题党课 2 200 多场次，完成三个专题研讨，举办研讨会 380 多场。开展“听基层声音、当严实先锋”主题活动，开展专题体验活动 136 批次，服务群众 1 500 多人次。开设“严实莞家”微信公众号，扩大专题教育影响力。推进驻村（社区）“两新”组织党组织设置改革，在条件成熟的村（社区）成立“两新”组织党委（党总支）212 个，对辖区内的“两新”组织党组织实行属地化管理，探索实施“两新”党组织书记与党工委班子成员之间的“双向进入”。组建 400 多支党员志愿服务队伍，服务党员群众超过 15 万人次。强化典型示范引领作用，遴选企业党建示范项目 30 个，汇编成案例；建设一批社会组织党建示范点，其中永胜会计师事务所党支部的“四抓工作法”被国家行业党委评为全国 34 个典型之一。实施“莞组建言”行动，收集关于组织工作的意见建议 1 021 条次，转化成 119 项加强自身建设的具体举措。开展“知党史·感党恩”主题党日活动，邀请 5 000 多名党员干部群众到部史展参观交流，展示和传承东莞组织战线的优良文化传统。

（东莞市地方志办）

年度大事

【东莞市第三次获得“全国文明城市”称号】 2015年2月28日，全国精神文明建设工作表彰暨学雷锋志愿服务大会在北京举行。东莞市再次蝉联“全国文明城市”。这是东莞继2008年获评“全国文明城市”、2011年蝉联“全国文明城市”之后，第三次获此称号。大会还授予东莞市麻涌镇、寮步镇、桥头镇、大岭山镇“全国文明村镇”称号，授予南城街道、东城街道、东莞海关、大朗工商分局“全国文明单位”称号。

【第14届苏迪曼杯世界羽毛球混合团体锦标赛】 2015年5月10—17日在东莞举办，该项赛事首次落户中国地级城市。35个国家和地区的代表团参加赛事，入场观赛人数5.7万人次，半决赛和决赛平均上座率90%，上演63场各个代表队之间的较量、近300场高水平比赛。赛事期间，东莞篮球中心接待近4 000名外宾，另有2亿多电视观众以及10多万现场观众观看比赛。招募志愿者1 100名，设置城市志愿服务站190个，为群众及各方来客提供语言翻译、信息查询、交通指引等志愿服务，在赛场内外服务累计超过6万小时。分别组织安排900人和200人负责场馆和定点接待酒店安保工作，开展两次针对道路交通秩序、娱乐服务场所管理和危爆物品管控的专项整治行动，开展20次场馆现场的模拟演练，每天出动6 050余名安保力量，累计安检各类人员10万人、物品7万余件，未发生一起赛事人员人身、财产遭受侵害案（事）件。

【2015中国加工贸易产品博览会】 2015年6月17—20日在东莞举办。该博览会由商务部、国家知识产权局和广东省人民政府共同主办，省商务厅和东莞市承办。展会按照“1+6”模式进行运作，“1”大主题展邀请全国加工贸易梯度转移重点承接地及粤东西北地区到会设展，推介交流各地承接加工贸易梯度转移商机；“6”大专业展包括国际智能手机及移动终端产业展、国际潮流服装服饰展、国际时尚箱包名鞋展、国际餐厨用品展、国际礼品玩具家居饰品展、电商和国际物流展等。展会吸引来自全国22个省市及港澳地区795家企业报名参展，展位数2 500个。到会采购企业6 000多家，到会专业买手1.6万余名，到会的境外采购商超过100家，分别来自印尼、马来西亚、泰国等国家。入场参观、采购的人员近4万人次，达成各类商贸合作项目（含合同、协议和意向）7 326个，比上届增长3%；意向成交金额达928亿元，增长3.6%。

【2015广东21世纪海上丝绸之路国际博览会】 2015年10月29—31日，由广东省贸促会主办的2015广东21世纪海上丝绸之路国际博览会（简称海博会）在东莞举行。该届海博会由专业展览会和主题论坛两个部分组成。博览会在东莞广东现代国际展览中心举行，主题论坛在广州白云国际会议中心举行。汤加副首相肖西·索瓦莱尼、老挝贸工部部长开玛尼·奔舍那、非洲外交使节团成员等1 000多位国内外重要嘉宾出席开馆仪式，并在随后全程参观展览。海外展商共有38个国家和地区企业组团设立国家（地区）馆。海博会根据“一带一路”经贸特点和产业实际，设1个专题展、6个专业展。境内外参展企业1 394家，其中，来自50个境

外国家和地区的参展企业978家。吸引来自71个沿线及延伸国家（地区）的政要及商务嘉宾参展参会。展览规模7万平方米，设展位2 800个，来自境内外10.82万名观众到博览会参观采购，其中专业买家2.13万人。展会同期还举办2015东莞跨境电子商务O2O外贸交易会（简称网贸会）。 阿里巴巴、京东、唯品会、广百荟、山姆冷链等近十家电商企业参与此次活动。

2015年10月29日，为期三日的2015广东21世纪海上丝绸之路国际博览会在东莞开幕
（郑琳东 郑志波 摄）

海博会共达成签约项目680个，涉及签约资金2 018亿元，比上届增长15.5%。其中，投资项目177个，金额530亿元，比上年增长11.6%；“走出去”项目58个，金额308亿元，增长19.4%；贸易项目445个，金额1 180亿元，增长16.4%。

【首届广东国际机器人及智能装备博览会】 2015年11月18—21日在东莞举办。展览面积达10万平方米，展位数5 000个，其中机器人及装备类企业展览面积达6万平方米，规模居全国同类展会首位。展会围绕机器人及自动化专区、工程塑料区、3D打印、韩国工具馆、香港五金商业总汇展区等9个主题布置展区，并开展高峰论坛、“中国智能制造院士东莞行”等12项主题活动。来自美国、德国、日本、韩国、意大利、瑞士等10多个国家和地区超过1 000家企业参展。

【东莞市获评“国家森林城市”】 2015年11月24日，2015年中国城市森林建设座谈会在安徽省宣城市举行。会上宣布21个城市成功创建国家森林城市，东莞市成为2015年广东唯一获“国家森林城市”称号的创建城市，也是继广州、惠州后，广东第三个获该称号的城市。

【东莞市蝉联地方政府效率第一名】 2015年12月20日，由北京师范大学政府管理学院、政府管理研究院，江西师范大学管理决策评价研究中心联合发布《2015中国地方政府效率研究报告》，东莞继2014年后在全国重点城市蝉联地方政府效率第一名。研究报告将政府效率研究样本从上年54个重点地级市拓展至除中国香港、澳门和台湾地区之外的31个省、自治区、直辖市的省级政府，还评估包括省会、自治区首府、计划单列市或经济特区，以及全国二、三线地级市代表在内的104个中国重点城市的政府效率。该报告的政府效率通过一套指标体系进行测算，其中包括：政府提供公共服务、公共物品、政府规模、居民经济福利和电子政务5个一级指标，9个二级指标和28个三级指标。（东莞市地方志办）

区域合作

【莞台合作】 2015年，台商在东莞全年新签台资项目111个，增资169个，合同利用台资3.82亿美元，实际利用台资10.02亿美元。台资企业主要投资通信设备、计算机及其他电子设备制造业、仪器仪表，以及文化、办公用机械制造业、塑料制品业等行业。截至2015年，东莞市有台资企业3 437家，占全市外资企业总量的31.02%，累计合同利用台资203.58亿美元、实际利用台资190.55亿美元，分别占全市外资总额的23.93%和26.97%。投资总额超千万美元企业328家，投资总额超亿美元企业18家。

是年，东莞市推动松山湖（生态园）台湾高科技园发展，争取东莞两岸生物技术产业合作基地升格为国家级“海峡两岸生物科技与产业合作示范区”。至年底，松山湖（生态园）台湾高科技园累计吸引投资35亿元，完成工程30余项，建筑总面积55万平方米；引进项目119个，协议引资额77.23亿元，其中引进生物技术产业项目77家，协议引资额62.94亿元；引进电子信息类企业42家，引资额14.29亿元。推动实施“台湾青年人才创新创业计划”。10月15日，国台办授予松山湖（生态园）台湾高科技园“海峡两岸青年创业基地”称号；11月26日，基地揭牌。创业基地实施“引进台湾百名青年人才计划”，筹设“台湾百名青年人才创新创业计划”专项资金，服务台湾青年孵化“创客”计划、提供创业辅导及就业资讯。推动大麦客成立联合跨境电商产业园，搭建联合台商制造业和跨境电商公司的综合平台，305家东莞制造商、超过100家电商及50家电商服务商参加对接会。

是年，东莞全年赴台交流团组82批741人次，比上年增长50%，企业赴台培训、商务交流团265批549人次，下降8.5%；台湾来莞交流团13批215人次，增长1.5倍。东莞理工学院联合台商育苗基金会设立首个粤台联合培养项目，双方合作建立粤台产业科技学院。东莞市组织有关中职学校与东莞台商育苗教育基金会合作开办台湾课程班。

6月30日，东莞市慈善会与台企明门（中国）幼童用品有限公司签署“东莞市慈善会明门慈善基金”冠名专项基金协议。明门公司拟分两年捐赠1 200万元作为专项基金，用于儿童助学、疾病及纾困补助、残疾救助、医疗设施设备捐赠等。

【莞港经贸】 2015年，东莞市有港资企业6 100多家，合同吸收港资506.9亿美元，占全市外商投资企业的59.6%；实际利用港资385.6亿美元，占全市实际利用外资总额的54.5%。其中，投资总额超1 000万美元的港资企业有573家，总投资金额260多亿美元，占总数48.4%。港资企业中如玖龙集团、理文造纸集团、米亚精密金属科技（东莞）有限公司、东莞德永佳纺织制衣有限公司等在东莞投资超亿美元。是年，东莞市与香港贸易总额263.9亿美元，比上年下降

2.2%。其中，对香港贸易261.0亿美元，比上年下降1.9%；自香港贸易2.9亿美元，下降21.8%。

莞港经贸合作领域不断扩展，至2015年，东莞市引进港资服务业企业106家，累计合同外资23.3亿美元，行业涵盖批发和零售、租赁业、商务服务业、科学研究等领域。东莞市设立20个港资CEPA项目，累计投资总额2 109.4万美元，注册资本1 565.1万美元，主要涉及物流、管理咨询、广告、印刷等行业。

6月30日和12月15日，第一次和第二次在莞港资企业升级转型联席会议在香港召开。东莞市商务局、市人力资源局、市经信局、市外事侨务局等相关部门和香港驻粤办、香港贸发局、香港生产力促进局、香港四大商会、东莞市外商协会、香港专业联盟等主要负责人参加会议，东莞市政府副市长杨晓棠和副秘书长卢汉彪出席。第一次会议以“深化莞港合作，推动莞港服务贸易自由化”为主题，出席会议的香港工商界代表，就加强莞港服务贸易等方面提出意见和建议。卢汉彪代表东莞市政府与香港贸发局签署《利用粤港服务贸易自由化机遇加强合作备忘录》，双方将在会展业、服务贸易、电子商务、人才培训以及企业“走出去”等方面加强合作。第二次会议以“依托科技创新加快外贸优进优出”为主题。东莞市商务局与香港生产力促进局签署《深化莞港合作共同推动中小外贸企业转型升级合作协议》，计划在延续“企业转型升级辅导计划”的基础上，在人才培训、产学研合作、电子商务等多个领域加强合作。

【莞港澳交流】 2015年，东莞市先后举办中国加工贸易产品博览会、中国国际影视动漫版权保护和贸易博览会、广东21世纪海上丝绸之路国际博览会、中国（东莞）国际科技合作周4场国家级展会，邀请香港商务及经济发展局副局长梁敬国、澳门贸易投资促进局主席张祖荣、香港驻粤办主任邓家禧、香港生产力促进局主席刘展灏等来莞出席活动，加强莞港澳业界的沟通交往。邀请中山大学岭南学院财政税务系主任林江、中山大学港澳珠三角研究中心副主任张光南、中山大学港澳珠江三角洲研究中心李小瑛作专题演讲，对深化莞港澳科技合作、实施粤港澳服务贸易自由化、合作参与“一带一路”建设等方面提出专业意见，提高全市港澳工作干部的业务水平。

落实粤港暑期实习计划，开发实习岗位647个，开发岗位数位居广东省第二，提供346个岗位供香港大学生实习。8月，吸引7批共75名香港大学生来莞实习。举办“莞香传情——第三届莞港澳青少年夏令营”活动，106名青少年齐聚东莞开展8天的交流活动。举办“情系东莞·共筑友谊——莞港澳青少年合唱交流晚会系列活动”，邀请50名港澳青少年来莞参与演出。

【莞港澳工作平台】 2015年，松山湖（生态园）粤港澳文化创意产业实验园区成为广东省首批13个“粤港澳服务贸易自由化省级示范基地”之一，并赴香港参加“粤港澳服务贸易自由化省级示范基地推介会”。5月，东莞市外贸转型升级支援服务中心，按照“政企共建”的模式，集聚工业设计、生产力提升辅导、服务外包等公共资源和机构，为中小企业、特别是在莞港资企业提供产品研发、工业设计、品牌创建、生产力提升辅导、融资创投及人才培训等“一站式”服务。截至年底，企业进驻外贸转型升级支援服务中心17家，其中，香港生产力促进局作为首家香港专业辅导机构进驻中心。

【莞港澳现代服务业对外合作】 2015广东海博会吸引48家香港企业参展，展位达98个；澳门38家企业参展，展位达34个，在加工贸易、文化创意产业、专业服务等领域加强与港澳地区的紧密交流与合作。举办第三届“东莞——葡语国家商机对接交流会”“中葡商贸合作‘三个中心’及‘中国—葡语国家经贸合作及人才资讯网’推介会”。组织企业代表团参观“澳门国际品牌连锁加盟展2015”“第26届香港美食博览和香港国际茶展”“第二十届澳门国际贸易投资展览会（MIF）”。2015第七届漫博会吸引84家港澳动漫企业参展，邀请香港动漫画联会及部分漫画家参加开幕式，与东莞市动漫行业协会、东莞市版权协会进行对接交流。香港科技大学李泽湘教授团队组建松山湖国际机器人产业基地，筹建松山湖国际机器人协同创新研究院，获得东莞市2.3亿元的资金扶持。李泽湘团队成立总计300万美元的清水湾资本，用于基地孵化项目的投资。

（东莞市地方志办）

电子商务

【概况】 2015年，东莞市中小企业电子商务应用率超过50%；电子商务网络经营主体超过5.5万户，电子商务交易额达3 390亿元，比上年增长16.9%。是年，东莞市虎门镇申报成为“第二批国家电子商务示范基地”，虎门港启盈国际快件中心基地等8个基地被认定为“广东省电子商务示范基地”，尚睿电子公司等10家企业被认定为“2015—2016年度广东省电子商务示范企业”。全年指导成立东莞市电子商务联合会以及松山湖、虎门、厚街、大朗、常平、长安、麻涌等12个镇街（园区）电子商务协会，依托协会整合产业平台资源，研究电子商务发展趋势，为电子商务企业提供行业资讯、渠道整合、实操培训、融资等专业服务。

【电子商务资金政策扶持】 东莞市于2014年出台《东莞市电子商务专项资金管理暂行办法》《东莞市进一步加快电子商务发展实施意见》等文件，设立连续三年、每年不少于1.5亿元的电子商务发展专项资金。2015年，安排拨付电子商务专项资金3 066万元（两批），涉及12个电子商务园区、8家电子商务企业、9个电子商务协会，共31个项目。

【电子商务特色产业发展】 2015年，东莞市对接阿里巴巴、淘宝、京东、苏宁等大型平台，推动东莞产业带、东莞馆等项目建设，参与淘宝网“中国质造”频道建设，打造东莞“一镇一品”品牌。“中国质造”频道开通虎门女装、大朗毛衫、东莞玩具、东莞鞋业、东莞家具、东莞箱包、虎门男装等7个产业带企业的入驻入口（占总入口数的6%），全市入驻“中国质造”的企业361家，占“中国质造”总入驻企业数的10%。

【电子商务在传统制造企业应用】 2015年，东莞市通过沙龙、培训、宣讲等方式向园区传统企业宣传和普及电子商务业务知识。联合苏宁集团、盛世商潮公司、河马电子商务学院等分片区举办近10场对接推广活动。在加博会、台博会、海博会、网贸会等大型专业展会期间，举办各类高峰论坛，推动电子商务行业交流，推广电子商务实操经验，推动传统企业应用电子商务转型发展。至年底，规模以上制造企业基本开通官网，部分企业通过自建网络商城和利用第三方电子商平台拓展业务、销售产品。

【跨境贸易电子商务发展】 2015年，东莞市在率先启用全国统一版的“跨境贸易电子商务服务平台”后，制订出台《东莞市跨境贸易电子商务服务试点工作方案》，主要探索B2C零售出口、B2B一般出口、B2B2B/C保税进出口、M2B加工贸易内销进口4种业务模式。其中，“M2B加工贸易内销进口”模式是东莞市独有的业务模式，指加工贸易企业制成品通过电子商务平台内销进口，海关采取“订单审核+集中申报”方式进行监管，在办理内销手续、进入国内销售渠道前，内销产品处于进口保税状态。探索“园区仓储+公共平台+智能核放”的跨境电子商务“东莞模式”，实现跨境电子商务阳光化、规模化和常态化通关，并带动大型跨境电子商务企业及其相关国际物流、互联网金融、信息化制造等要素在东莞市集聚发展。其中，东莞市跨境电子商务公共服务平台于10月上线试运行并对接海关总署监管平台；规划建设占地5.8公顷、投资约2亿元的东莞市跨境电子商务中心园区一期建设工程完成并投入运营。

构建跨境电子商务发展生态圈，发挥东莞制造3C、服装、鞋帽、玩具等企业在莞发展跨境电子商务，敦煌网、浩方、启盈、递四方、银盈通、阿里菜鸟等企业落户，配套优势与跨境电子商务生态系统正在形成。至年底，全市有跨境电子商务企业3 500家，2.7万家制造企业以不同形式参与跨境电子商务。是年，东莞邮政国际小包完成3 441万件，日均发货9.43万件，均比上年增长1.8倍。

【电子商务人才培育】 2015年，东莞市鼓励高校及科研平台加强电子商务学科专业和师资队伍建设，支持高校与境内外知名高校合作办学，共建电子商务学科和专业、开展电子商务科研合作和学术交流。依托广东科技学院、东莞市电子商贸学校、东莞市电子商务职教集团、东莞市电子商务人才孵化基地等院校和机构，为企业输送超过500名电

2015年12月28日，智慧城市空间信息平台云端号全球商用首飞仪式，光启科学的“云端号” （郑家雄　摄）

子商务专业人才，为企业培训近2 000人次。东莞理工学院电子商务人才实训基地、东莞职业技术学院电子商务培训学院、河马电子商务学院、虎门电子商务培训中心、新航线跨境电子商务人才培训中心、小而美电子商务学院、大麦电子商务学院等电子商务人才培训机构长期举办各项培训辅导活动，为企业培养和输送大量电子商务专业人才。12月，出台《东莞市技能人才培养五年行动计划》，计划用5年时间培养10万名电子商务创业人才。

【东莞邮政跨境电商产业园】 2015年，中国邮政集团公司东莞市分公司整合东莞市制造货源、智能仓储、代运营等资源，打造跨境电商产业园，建成下桥、虎门、凤岗、长安、东城等5个综合园区、17个微型产业园和1个跨境电商智能仓储的发展格局，东莞市产业园和仓储合计引进客户183家，日均走件量7 000件。虎门产业园获评广东省电子商务示范基地。

是年，东莞邮政跨境电商产业园整合跨境电商产业链，开通40多种物流渠道，为园区及全市企业提供全方位和个性化的物流服务；成为阿里巴巴“速卖通”东莞首个官方代运营服务商；引入第三方培训机构，开办“速卖通”“亚马逊”等培训班；配合跨境电商协会，结合各镇特色产业，举办好产品对接会，为园区企业提供生态链一站式服务。年内，中国邮政集团公司电子商务运营中心落户东莞市，成为中国邮政探索“互联网+邮政”的新起点，加快推动中国邮政转型升级。

是年，国际小包实现量质同步提升。通过邮政渠道流通的实物邮件量1.42亿件，其中信函1.35亿件(含国际小包)，包裹快递业务742.76万件。依托跨境电商发展带动和东莞制造货源地的优势，通过个人行邮方式发往国外的包裹全年收寄3 441.05万件，日均最高达20多万件，比上年增长1.82倍。 （东莞市地方志办）

特色产业

【概况】 2011年12月6日，东莞市政府下发《关于确定我市工业支柱产业及特色产业的通知》，把东莞市由2005年首次界定的八大支柱产业，重新调整界定为“五大支柱产业和四大特色产业”。特色产业是指以“特”制胜的产业，是具有本地特色、区位优势、比较优势和市场竞争力的产业或产业集群，但就其规模而言，还不足以作为支撑经济发展的支柱产业。东莞市四个特色产业包括玩具及文体用品制造业、家具制造业、化工制品制造业（包括化学原料及化学制品制造业，石油加工、炼焦业及核燃业）、包装印刷业。2015年，东莞市四个特色产业完成增加值270.09亿元，比上年增长6.9%。

【玩具及文体用品制造业】 2015年，东莞市玩具及文体用品制造业通过与香港展开地域上的合作，产业配套逐步完善，而且始终保持较高的专业化程度，成为世界重要的玩具生产基地。以塘厦镇高尔夫产品为代表的各类体育用品及健身器材发展迅速，成为该产业的重要组成部分。东莞玩具企业参加香港国际玩具博览会、德国纽伦堡国际玩具博览会、广州国际玩具和儿童用品展览会以及上海玩具、模型及礼品展等各类国内外知名玩具产品展销会，提高东莞玩具品牌的知名度。依托动漫产业，中国首个国家级动漫博览会落户东莞，包括功夫龙、开心超人等一批国内原创动漫企业，以及“武林外传”等一批动漫品牌进驻东莞。

是年，东莞市玩具及文体用品制造业有规模以上企业253家，占全市规模以上制造业企业总量的4.7%；完成主营业务收入377.15亿元，占规模以上工业的3.1%。实现规模以上工业增加值103.98亿元，比上年增长19.5%。玩具及文体用品制造业企业主要集中在清溪、石排、茶山、凤岗、长安、塘厦、虎门等镇。

【家具制造业】 东莞市的家具制造业有全国最具规模的板厂，拥有全球最好的贴面料加工厂，拥有大量的五金厂，拥有属于全球500强企业的油漆涂料制造企业，拥有华南地区最大的木材供应市场，拥有亚洲最大的家具展览中心，产业的加工制造配套完善。家具产业企业数量众多，主要集中在大岭山镇、清溪镇、东城街道以及厚街镇。其中大岭山镇、厚街镇形成较为成熟的产业集群，大岭山镇成为“亚太地区最大家具生产基地”“中国家具出口第一镇”和“广东省产业集群升级示范区”。与之相关的配件、涂料、材料等行业，以及木板、皮料等八大专业市场获得快速发展，作为全国十佳展会之一的“国际名家具（东莞）展览会”已举办34届。

2015年，东莞市拥有规模以上家具企业259家，完成主营业务收入238.41亿元，占规模以上工业的1.9%。家具制造业实现规模以上工业增加值71.75亿元，比上年增长2.5%。

【化工制品制造业】 东莞市化工制品制造业产业占全市工业1%的从业人员，产生占全市工业2.2%的主营业务收入和2.4%的利税，是《东莞市先进制造业发展“十二五”规划》中规划发展的6大重点产业之一。大岭山、沙田、东城、虎门、麻涌等镇形成较大规模化工制品制造业，拥有银禧科技、新长桥、罗门哈斯、大宝化工、阿克苏诺贝尔等一批规模较大的企业。虎门港立沙岛精细化工高端产业集聚区与周边城市的大型化工错位发展，延伸下游产业链，重点培育和发展电子化学品、化工助剂、改性材料、聚氨酯深加工、塑料合金、工程塑料等产品，为下游的电子、服装、制鞋、家具等厂商提供化工原料。

2015年，东莞市化工制品制造业实现规模以上工业增加值51.38亿元，比上年下降2.5%，该产业拥有规模以上企业177家，主营业务收入达270.21亿元，占规模以上工业主营业务收入的2.2%。

【包装印刷业】 东莞包装印刷业建成印前、印刷、印后及印刷耗材设备供应服务等相对完善的产业体系，印刷技术和设备的应用水平处于全国领先地位，发展成为中国南方重要的印刷基地之一。东莞市包装印刷业的上游产业，即造纸产业发达，在全省乃至全国有着明显的规模优势，为包装印刷业的发展提供充足的原材料，其运输成本也体现明显的优势。2015年，东莞市包装印刷业实现规模以上工业增加值42.97亿元，拥有规模以上企业117家，完成主营业务收入139.74亿元，占规模以上工业主营业务收入的1.1%。利税率达到10.47%，高于全市平均水平。 （东莞市地方志办）

非物质文化遗产

【概况】　截至2015年，东莞市初步形成国家级、省级、市级、镇街级的非物质文化遗产名录体系，有市级以上名录86项，其中省级名录39项，国家级名录8项。

【非物质文化遗产名录和项目申报】　2015年，东莞市加强非物质文化遗产保护项目体系建设，围绕市民艺术中心的非物质文化遗产展示厅完成千角灯主灯体及各零部件制作、大龙舟制作，并做好展厅实物征集工作，完成图文、视频资料整理。加强项目巡查和申报，指导项目保护单位完善申报广东省第六批非物质文化遗产代表性项目资料，有6个项目成功入选，数量居全省前列；组织第一批市级非物质文化遗产传承基地、第三批市级非物质文化遗产项目代表性传承人申报工作；指导东莞理工学院城市文化研究中心申报广东省第二批非物质文化遗产研究基地。

【非物质遗产展示】　2015年，东莞市加强活态展示，巩固传承成效。年内在市人民公园的东莞非物质文化遗产展示馆开展6场“古风今韵之东莞市非物质文化遗产保护片区非遗专题展”。特别策划“周末镇街日”活动，在片区展期的每个周末，由片区镇街自行组织特色非物质文化遗产项目展演或展示。开展6场“莞脉传承之非物质文化遗产进校园”专题活动。结合埔田片区于文化遗产日开展的图片与实物展示、非物质文化遗产项目展演、非物质文化遗产美食免费品尝等系列活动，开展“非物质文化遗产进校园·走进东城第一小学”。联动镇街，结合镇街特色节庆活动举办特色非物质文化遗产活动5场。

【非物质遗产交流活动】　2015年，东莞市组织非物质文化遗产代表性项目莞香制作技艺、麒麟制作、龙舟制作技艺、莞草编织、矮仔肠制作技艺5个项目参展第五届中国成都国际非物质文化遗产节，通过国际性平台的活态展示，扩大东莞市非物质文化遗产项目的影响力。开展城际非物质文化遗产交流活动。联合清远市在东莞举办“2015年莞清两地非物质文化遗产交流展演”，促进莞清两地非物质文化遗产保护经验交流与项目交流，实现两地非物质文化遗产资源共享与互相促进。组织东莞市优秀的非物质文化遗产项目“清溪麒麟舞”“客家山歌”“木偶戏”等赴清远参加莞清交流展相关活动。联合凤岗镇举办全市客家山歌创演比赛，挖掘传统文化资源的魅力，促进其现代转变，使其继续服务市民生活。（东莞市地方志办）

·责任编辑　何文倩·

中山市

基本情况

【概况】 中山市位于广东省中南部，珠江三角洲中部偏南的西、北江下游出海处，北接广州市南沙区和佛山市顺德区，西邻江门市区、新会区和珠海市斗门区，东南连珠海市，东隔珠江口伶仃洋与深圳市和香港特别行政区相望。至2015年底，全市设1个国家级开发区、5个街道、18个镇，共辖127个社区（居民委员会）和150个行政村（村民委员会）。中山市属丰水地区，年平均降水量1 886.1毫米，西江和北江流经中山市的磨刀门、横门、洪奇沥，多年平均径流总量2 241亿立方米，占珠江平均径流总量3 290亿立方米的68.1%。全市森林覆盖率为19.49%。市内主要旅游景点有：孙中山故居纪念馆、孙文纪念公园、中央电视台中山拍摄基地——中山影视城、孙文西路文化旅游步行街、中山温泉、长江水库旅游区、詹园、泉林山庄、紫马岭公园、五桂山逍遥谷、翠竹园漂流乐园、逸仙湖公园、大涌卓旗山公园及烟墩山古塔、西山禅寺、南山古香林、宋帝遗迹、罗三妹山、桥头小琅环等。土特产主要有三月红荔枝、神湾菠萝、小榄菊花肉、中山杏仁饼、石岐乳鸽、东升脆肉鲩、荼薇花制品、三乡濑粉、黄圃腊味等。

2015年末，中山市常住人口320.96万人，户籍人口158.68万人。中山民间艺术丰富，其中有中山民歌、舞龙狮鹤凤、崖口飘色等。中山是民歌之乡，民间流行的民歌有咸水歌、高棠歌、大缯歌、客家山歌、鹤歌、姑妹歌、渔鼓、龙舟、小调儿歌等，其中以咸水歌和高棠歌最具特色。中山舞龙分为木龙、火龙、金龙、沙龙、草龙、游龙、板龙、云龙8个种类。中山咸水歌、小榄菊花会、凉茶、醉龙舞、崖口飘色、六坊云龙舞被纳入国家级非物质文化遗产名录，白口莲山歌、鹤舞、黄圃麒麟舞、黄圃飘色、沙溪四月八、咀香园杏仁饼传统制作工艺、黄圃腊味传统制作工艺、三角麒麟舞、石岐赛龙舟、小榄赛龙艇、东凤五人飞艇赛、南头五人飞艇赛、大涌红木家具雕刻艺术共15项民间艺术形式被纳入广东省省级非物质文化遗产代表性项目名录。

【经济建设】 2015年，中山市地区生产总值（GDP）3 010.03亿元，比上年增长8.4%。其中，第一产业总产值66.48亿元，比上年下降0.4%；第二产业总产值1 632.70亿元，增长7.6%；第三产业总产值1 310.85亿元，增长10.2%。三次产业结构调整为2.3∶54.2∶43.5。社会消费品零售总额1 086.73亿元，比上年增长10%；实际利用外资4.57亿美元，下降32.9%；海关进出口总值356.03亿美元，下降3.7%，其中进口75.93亿美元，下降16.4%，出口280.1亿美元，增长0.5%。全市规模以上工业完成增加值1 305.7亿元，比上年增长7.5%；高技术制造业增加值占规模以上工业增加值的17.4%，规模以上工业能源消费量下降3.2%。全社会固定资产投资1 055.41亿元，比上年增长17%。是年，中山市安排市重点项目204个，年度计划投资376.9亿元；至年底，全市重点项目完成投资391.2亿元，占年度计划103.8%。实现社会消费品零售总额1 086.73亿元，比上年增长10%，其中，限额以上单位消费品零售额457.10亿元，增长4.9%。开展银行、电信等行业专项整治行动，查处不正当竞争，改善消费环境，稳定物价水平。构建完善“1+4+N”创新驱动发展政策体系（“1”是市委、市政府出台的《关于实施创新驱动发展战略推动新一轮发展的意见》，“4”是高新技术企业、新型研发机构、科技企业孵化器和知识产权，“N”是创新驱动发展的系列政策，包括高新技术企业培育、科技创新券补助、新型研发机构发展、孵化器补助及项目用地等科技创新政策），新增高新技术企业208家，全市共427家；新增省级新型研发机构6个、市级新型研发机构24个；新增省级科技企业孵化器3个、市级23个。全年全市专利申请量27 864件，比上年增长13.19%，专利授权量22 198件，增长47.51%；发明专利申请量4 867件，增长45.28%，发明专利授权量992件，增长96.44%；有效发明专利拥有量2 931件，增长44.68%。商贸流通取得新成绩，成功获商务部批建成全国物流标准化试点城市。电子商务发展提速，位列阿里研究院发布的“电商百佳城市”第5位。口岸建设与国际化接轨，基本完成中山港口岸扩大对外开放和“游艇自由行”建设。通关监管信息平台上线运行。推进制定中山对接自贸区政策，筹建综合保税区。

【政治文明建设】 2015年，中山市依法治市办公室（简称“市依法治市办”）修订完善中山市镇区法治建设工作考核指标，推进“按法治框架化解基层矛盾试点市”，每季度跟踪落实39项依法化解矛盾具体工作。4月28日，全省按法治框架解决基层矛盾试点工作现场会在中山市召开。举办镇区法治办主任培训班，发放法律程序指引，指导镇区通过法律途径解决基层纠纷，引导涉诉涉法信访案件通过法律途径解决，对拆迁安置、农村股权纠纷、外嫁女纠纷等多发矛盾进行调查摸底、重点督办，化解一批矛盾突出案件。3月，记录中山法治建设经验的《法治中山建设调研报告》首次被收入由社会科学文献出版社出版的《中国地方法治蓝皮书》。中山法治建设经验从发挥人大主导作用、力推依法行政、依法社会管理、推进公开司法、加强法治文化建设5个方面，总结中山法治建设的实践、探索和经验，为其他城市的法治社会建设提供借鉴和参考。10月，中山市通过由广东省组织开展的《法治广东建设五年规划》的评估验收。

是年，中山市各级组织部门坚持全面从严治党，树立以温武坑为代表的践行“三严三实”的先进典型。成立市委基层治理领导小组，由市委书记、市人大常委会主任薛晓峰担任组长，8名市领导担任副组长，25个成员单位共同推进基层治理。制订《全市基层治理工作方案》，化解基层社会矛盾，推进农村土地突出问题“三项治理”（指拖欠被征地农民征地补偿费，征地留用地历史遗留问题，农村土地乱占、乱卖、乱租的“三乱”问题），解决被征地农民养老保障落实问题，做好农村土地承包经营权确权工作，抓好农村“三资”（指资产、资源、资金）管理，加强村务监督委员会建设，统筹打造农村公共服务平台，抓好农村基层党组织建设，推进秀美村庄建设。创新行政复议委员会管理机制，探索增强行政复议的依法行政指导功能，建立行政复议典型案例指导制度。探索清一色非常任委员审查模式以及探索书面征求案件审查意见模式，增加非常任委员的参与度，保证案件审查的中立性。

【文化建设】 2015年，中山市举办高雅艺术演出44场、“艺术之门”活动19场，组织音乐、舞蹈、戏剧等艺术互动交流活动

32期，举办“扶持青少年艺术素质提升发展计划”系列艺术扶持活动6场，开展“星期二艺术沙龙”20场，观演群众超过20万人次。举办公益文化创投大赛，选出60个优秀项目支持行政村（社区）综合性文化服务中心试点建设。6月24日，市公共文化促进会在火炬开发区影剧院成立，完成2015年业余文艺团体资助评审。完成中山市文化志愿服务总队组织架构调整，制定《中山市文化志愿者管理办法（试行）》和文化志愿服务嘉许回馈制度，“书香中山”2015中山市文化志愿者在行动系列活动被评为省优秀文化志愿服务项目。创办“市民大舞台”群众文化活动品牌，从2015年7月起实行每月1场、每月1个主题的“市民大舞台”广场展演活动，年内举办6期“市民大舞台”和“新年步步高”2016年中山市民新年联欢晚会等大型群众化展演活动，参与活动群众人数超10万人次；举办“绿色暑假·缤纷文化”系列文体活动400多项；举办“香山讲坛”68场、“全民修身”广场舞会280场，受惠群众超50万人次。

是年，组织举办孙中山逝世90周年和诞辰149周年纪念活动。落实《孙文全集》《孙中山与中山文献丛刊》两项重大历史文献出版工作，筹建孙中山研究院。杨仙逸祖居等3个文物保护单位修缮工程通过竣工验收，年内完成中山市60%省级以上文物保护单位保护规划的编制。举办“5·18”国际博物馆日系列活动和中国人民抗日战争暨世界反法西斯战争胜利70周年文物展40场。制定《中山市非物质文化遗产场馆管理制度》。黄圃、大涌和沙溪镇被广东省文化厅命名为“广东省民间文化艺术之乡”；“沙溪三月

2015年中山市国民经济发展情况

指　标	单　位	实　绩	比上年增长（%）
地区生产总值	亿元	3 010.03	8.4
第一产业	亿元	66.48	-0.4
第二产业	亿元	1 632.70	7.6
工业增加值	亿元	1 566.89	7.5
第三产业	亿元	1 310.85	10.2
人均地区生产总值	万元	9.40	7.8
规模以上工业总产值	亿元	1 281.05	7.4
农林牧渔业总产值	亿元	112.85	-0.3
全社会固定资产投资总额	亿元	1 055.40	17
社会消费品零售总额	亿元	1 086.74	10.0
海关进口总额	亿美元	75.93	-16.4
海关出口总额	亿美元	280.1	0.5
实际利用外资	亿美元	4.57	-0.33
地方公共财政预算收入	亿元	287.47	11.5
地方公共财政预算支出	亿元	354.17	33.4
城镇常住居民人均可支配收入	万元/年	3.73	8.6
农村常住居民人均纯收入	万元/年	2.44	10.1

2014—2015年中山市社会事业情况

指 标	单 位	2014年	2015年
普通高校	所	6	6
普通全日制高校在校学生	万人	4.78	4.99
中等专业学校、技工学校和职业中学	所	12	12
中专、中职和技校在校学生	万人	3.74	3.78
普通中学	所	102	102
普通中学在校学生	万人	14.75	14.58
小学	所	206	205
小学在校学生	万人	26.79	27.67
医院、卫生院	所	652	688
医院、卫生院床位	张	13 246	13 259
群众艺术馆、文化馆	个	1	1
公共图书馆	个	25	25
博物馆、纪念馆、美术馆	个	6	6

三”民俗入选广东省第六批省级非物质文化遗产代表性项目名录推荐项目，红古轩家具有限公司入选广东省第二批非物质文化遗产生产性保护示范基地。举办“6·13”文化遗产日主题活动、2015年中山市民歌民谣大赛等非物质文化遗产展演活动28场。

是年，中国红木文化博览城和广东（中山）游戏游艺文化产业城两个项目共完成年度投资约20亿元，全年引进文化企业398家，成为文化创意产业集聚中心。组团参加第十一届中国（深圳）国际文化产业博览交易会，举办2015广东传统文化传承与产业发展峰会、第十一届中国（中山）国际游戏游艺博览交易会、第八届广东（中山）文化创意博览交易会和第二届艺术未来·国际青年艺术博览会，参观人数超12万人次，直接和间接拉动文化贸易额超35亿元。设立广东南方文化产权交易所中山服务中心，推进中国红木文化博览城红木产权交易项目。年内文化产业增加值150亿元，占全市GDP比重5%。

【社会建设】 2015年，中山市通过全国义务教育发展基本均衡市督导评估认定，成为全省第三个推进教育现代化先进市和全国义务教育发展基本均衡市。全市高考本科上线人数突破1万人。3月28日，广东省市共建研究生联合培养基地在电子科技大学中山学院揭牌。推进体育惠民工程，新建全民健身驿站60个，全市100所公办学校体育场馆对外开放。完善医疗保障体系，推进便民就医工程，建成社区15分钟就医圈；家庭医生签约人数13万人；居民电子健康档案建档率80%。市博爱医院和小榄镇人民医院两所医院获国家卫生计生委员会评为“全国百家优秀爱婴医院”。推出“群众点菜·政府配菜”系列惠民文艺演出，开展各类公益文艺活动167场、流动图书服务300次、送影下乡2 000场。加快建设中山纪念图书馆等重点文化设施，打造公共文化数字化服务平台，启动全省首批公共文化服务体系示范区、示范项目建设。

是年，中山市实施创业带动就业工程，认定创业基地6个、创业导师121名，建成创业孵化基地（园区）18个，促进创业1.1万人；新增就业6.5万人；城镇登记失业率2.26%；高校毕业生就业率99.9%；帮助1 485名困难人员再就业；实现零就业家庭动态归零。扩大社会保险覆盖面，城镇社会保险参保916.5万人次；将城乡居民基本养老保险基础养老金、失业保险金、伤残津贴分别提高至每人每月100元、1 208元、307元；医疗、补充医疗保险年度最高限额分别提高至17.6万元、29.4万元。扩大慢性肾功能衰竭、骨髓移植术后、肾移植术后等7种特定病种医保支付范围，实现养老保险“双轨制”（指不同用工性质的人员采取不同的退休养老金制度）并轨。完善社会救助体系，发放低保金4 678万元，低保标准提高至每人每月579元。实行医疗救助“一站式”结算，发放重特大疾病医疗救助金990万元，人均医疗救助水平达2 000元。改造“双低”家庭（指低保家庭和低收入家庭）危房150户。完善流动人口积分管理制度，全年有7.2万名务工人员及其子女获积分入户入学入住公租房资格。

完善基层社会治理体制，推动全民参与社会治理。打造“民生牌、文明牌、平安牌”全民参与社会治理品牌，构建全民参与社会治理“1+5+N”体系，推动全民“齐”参与、“愿”参与、“能”参与、“真”参与和“常”参与。12月2日，“中国社会治理创新”峰会暨中国社会创新（中山）基地开园仪式在中山召开，成为全省首个中国社会创新基地，确定共建项目10个和自行开展项目20个，并建立专家点对点优化扶持机制。推进枢纽型组织体系建设，全市枢纽型社会组织增加至13个，带动各类社会组织600个。推进立体化社会治安防控体系建设，推进全民治安工程，巩固“无医闹”“无三害”（指黄、赌、毒）“无三非”（指非法入境、非法居留、非法就业）成果。平安商圈、平安医院创建率100%，刑事案件立案数比上年下降12.6%，破案数上升1.9%。推进全民共享发展成果。将流动人员积分入户、入学指标分别增至4 400个、1.97万个；开展“同是中山建设者”百佳异地务工人员推选活动，铺开“博爱100”公益创投活动。启动全省“智慧食药监”试点城市建设，健全食品药品安全监管体系。建立覆盖全市277个社区、1 500人的食品药品安全进社区巡查员队伍。开展家禽“集中屠宰、冷链配送、生鲜上市”试点工作。

【生态文明建设】 2015年，中山市实施生态补偿机制，完成公益林、耕地保护市级补贴等生态补偿专项资金的下拨。全市有56个村（社区）被命名为市生态示范村，累计市级生态示范村共244个，创建比例90%，实现全市80%的行政村（社区）创建成为市生态示范村的目标。东凤镇和小榄镇完成国家生态文明建设示范镇规划。6月29日，市政府印发《中山市生态文明建设工作方案》，提出市生态文明建设的阶段工作目标、任务分解以及各项保障措施，在全市各镇区、各部门推进翠亨新区建设、雨污分流、生态补偿等生态文明建设重点项目。9月25日，《中山市五桂山自然资源资产核算与领导干部自然资源资产离任审计研究报告》通过专家评审会，11月30日，市政府印发《关于开展五桂山领导干部自然资源核算与资产离任审计试点工作的实施意见》。中山市是广东省首个开展领导干部自然资源资产核算和离任审计试点的城市，也是全国首个开展基于自然资源资产核算的领导干部离任审计试点的地区。

实行节能减排低碳发展，在工业、建筑、交通运输、公共机构4个领域实行节能降碳。加强重点企业温室气体排放管控，推动中山火力发电有限公司、中山市永安电力有限公司、深南电（中山）电力有限公司、中山市嘉明电力有限公司4家控排企业参与省碳排放权交易，10家重点企业完成清洁能源审核。强化大气污染防治，$PM_{2.5}$年均浓度比上年下降8.3%，空气质量居全国前列。建成森林公园5个、湿地公园3个，绿化美化乡村55个，改造山地森林景观175.33公顷，森林覆盖率19.49%。中山市成为广东省首批碳普惠试点城市，连续8年获省环保责任考核优秀等级。

落实耕地保护目标责任制，明确行政一把手作为耕地保护第一责任人，把耕地保护纳入镇区政府领导实绩考核和离任审计内容，市、镇（区）、村三级签订《耕地保护目标责任书》。通过广东省政府对中山市耕地保护目标责任制度考核，连续两年获省政府颁发耕地保护二等奖。落实耕地保护经济补偿机制，制订《中山市耕地保护补贴实施办法》，全年向镇区下发农田保护资金补贴5 900万元。

【党的建设】 2015年，中山市各级组织部门通过抓好党课、开展专题学习研讨、开好专题民主生活会等形式，抓好整改落实和立规执纪。加强干部教育培训，科学编制全市各类培训计划，培训各级领导干部4 500人次，完成中组部、省委组织部调训40人次。贯彻《党政领导干部选拔任用工作条例》，规范市管干部选拔任用工作，从严开展选人用人核查整治。开展个人有关事项和干部档案信息“两核查”，取消部分干部考察对象资格。制订调整不胜任现职和不适宜担任现职领导干部的意见，对部分领导干部进行组织调整。加强干部日常管理监督。坚持开展日常监督预警告诫，对41名处级及以下干部发出函询、诫勉通知。组织领导干部报告个人有关事项，按规定开展随机核查。开展干部档案专项审核，完成市管干部档案初审、复审和复核工作。执行离任检查制度，对8名离任的党组织书记进行离任检查。修订完善考核评价体系，首次将法治建设作为独立指标组进行考核，加大创新驱动发展考核权重，发挥考核指挥棒作用。

（中山地方志办）

年度大事

【“有机康复园”残疾人康复基地建成】 2015年1月，中山市“有机康复园”残疾人康复基地营业。基地由社会管理与创新专项资金资助，以“自强人生、展现才能、互助互爱、促进共融”为主题，通过有机农作物耕种的“政府＋社会组织＋企业”服务方式，成为中山市首个残疾人“农场康复”项目。基地有专职管理人员2名，分为水产养殖区、蔬菜种植区、树木区、办公展示区，为残疾人提供有机农作物耕种和水产养殖平台；采用农场康复的形式，通过发动、组织有需求的残疾人到基地开展农作物种植、水产养殖、菜地管理等工作，由政府适当给予工作补贴，增强残疾人自立自强的意识，鼓励其参加劳动和投入社会。至年底，共有

700人次参与“农场康复”项目。

【中介超市建设启动】 2015年3月19日，中山市政务办公室印发《中山市“中介超市”建设工作方案》，启动“中介超市”筹建。编制公布全省第一张项目投资行政审批中介服务事项目录，梳理出中山市涉及项目投资行政审批的14个部门共55个中介服务事项。实施“无障碍、零门槛”入驻机制，确定引进项目投资审批21类资质中介机构；制定中介超市随机选取、网上竞价、直接选取3项产生规则，开启对项目投资行政审批中介服务事项清单化管理新工作机制。借鉴“淘宝网”创意，建成中介超市信息化系统，实现对中介服务的动态监管，保障项目单位在公开、公平、公正的环境下选取中介服务，促进行政审批中介服务市场的健康有序发展。10月28日，中山市“中介超市”在市行政服务中心开业运营，成为全省门类最齐（涵盖可研、环评、造价等55个中介服务事项）、资质最全（项目投资审批相关21类资质）、入驻门槛最开放、入驻中介机构最多（共746个）的市级“中介超市”。至年底，共为市代建办、市政工程中心等20个部门的49亿元投资项目选取77宗中介服务，每宗平均耗时1.5个工作日，选取耗时压缩90%以上，中介服务收费比以前平均降低20%以上，中介机构提交成果时限压缩50%以上。

【2015年首届中国灯都（古镇）灯光文化节】 2015年10月21—27日在中山古镇镇举行。灯光节主题为“古镇梦·中山梦·中国梦”，吸引180万人次参观。灯光夜景演示景点以中兴大道的人民广场和主干道路两旁为主，配合东兴路、同兴路、古神路古镇段、十水线古镇段、沙古公路古镇段、新兴大道等中心区域的灯光元素和古镇4个主要出入口的灯光造型标识，设置景点28个，包括广场喷泉、光精灵、童话世界、光之门等经典灯光造型。其间，有彩车巡游，国家非物质文化遗产六坊云龙舞表演，以及荷花龙、夜狮表演，展示出古镇30多年灯饰产业发展的历程以及当前最新的古镇灯饰设计。

2015年10月27日，首届古镇灯光文化节在中山市古镇镇灯饰广场闭幕 （中山地方志办供稿）

【中山市成为全省首批具有地方立法权的地级市】 2015年，中山成为全省首批被赋予地方立法权的地级市，可制定城乡建设与管理、环境保护、历史文化保护等方面的地方性法规。年内，确定中山第一批立法项目共7个，其中涉及城乡建设与管理项目2个，环境保护项目3个，历史文化保护项目2个。制定《中山市人民政府起草地方性法规草案和制定政府规章程序规定》《中山市地方性法规立项办法（暂定）》《中山市人民代表大会常务委员会立法论证工作规定》《中山市人民代表大会常务委员会立法评估工作规定》《中山市地方立法咨询专家库管理办法》等制度，建立立法咨询专家库，提出2015年规章制定建议项目和2016年法规、规章制定建议项目。年底，中山首部地方性法规《中山市水环境保护条例》报请省人大常委会审批。

【中山成为广东省首批碳普惠制试点城市】 2015年，中山市获批准成为广东省首批碳普惠制试点城市。中山市发展改革局以节能低碳、绿色发展等为主题，推进全市低碳发展工作，牵头编制《中山市碳普惠制试点实施方案》《中山市2015年节能减排低碳发展行动方案》；指导小榄北区社区创建全省低碳社区试点，协助小榄北区社区成为全省5个低碳社区试点之一，并获省专项扶持资金200万元；开展国家低碳城镇试点申报筹备工作，争取省低碳资金45万元支持重点企事业单位温室气体排放报告工作；印发《中山市低碳发展专项资金管理暂行办法（修订）》，组织开展2015年中山市低碳发展专项资金申报工作，指导28家企业申报低碳发展专项资金；与英国碳信托公司建立合作机制，探索建立“中英（中山）低碳服务产业园”，提高全市绿色发展能力。推进嘉明电厂三期等新建项目企业参加全省碳排放交易，对14家控排企业开展碳排放数据核查。开展低碳发展规划编制，制定温室气体排放清单。推广新能源汽车应用，争取省补助资金6 698万元，制定市级新能源汽车购置补助政策，244辆新能源汽车获省、市专项补贴资金2 488.35万元。2015年累计建成天然气加气站8座。（中山地方志办）

区域合作

【概况】 2015年，中山市发展改革局以深中通道立项为契机，推动深圳、中山协同发展，加强两市在发展规划、交通设施、产业经济、科技创新、环境保护、人文交流、公共事务、体制机制等方面的互利合作，共建深中“半小时经济生活圈”。翠亨新区列入首批粤港澳服务贸易自由化省级示范基地；与佛山等市签署共同推进区域协调发展战略合作框架协议，协调各部门、镇区推动跨区域交通对接项目规划建设，研究推动顺德区T1线与中山城市轨道交通2号线规划对接。与澳门、珠海、江门赴各地推介“中珠澳”“珠中江”区域旅游连线品牌。3月，举办中山招商引资·招才引智洽谈会暨第二届中山人才节，签约项目174个，投资总额近60亿美元。与拉美新兴市场国家举行投资贸易推介会3场，现场成交金额1 718万美元。设立南非中山产品展销中心，签署供货合同，涉及6 000万美元。赴美加开展香港—中山投资环境暨健康医药产业推介活动，举办首届中山—以色列科技创新及人才交流会。推进口岸建设，扩大开放中山港口岸，完成口岸整改项目85个，完善中山港、神湾港口岸软硬件。澳门—中山游艇自由行项目建设基本完成，达到试运行条件。

【中山—澳门“点对点”游艇自由行试点项目】 2015年1月20日，澳门与中山游艇自由行专责小组第四次会议在中山市神湾镇召开，专题研究澳门与中山游艇自由行试运营准备工作推进情况和需要解决的相关问题。2月28日，推进中山与澳门合作专责小组会议在中山市召开，游艇自由行项目小组（即原中山与澳门游艇自由行项目专责小组）澳方组长、澳门海事及水务局局长黄穗文作专题发言，中山方面组长、副市长杨文龙，副组长、商务局调研员马振强以及海关、海事局、检验检疫局、边检站等联检单位负责人均出席会议，就该项目的推进情况作交流，并向专责小组汇报工作进度。11月2日，协助商务部研究院对外贸易所所长、研究员李建率商务部调研组一行到中山市调研澳门—中山游艇自由行项目，听取项目基本情况及推进工作中的瓶颈问题和困难汇报，希望推进该项目早日实现试运营。

【海峡两岸交流基地授牌】 2015年3月28日，在2015年中山“招商引资·招才引智”洽谈会暨第二届中山人才节开幕式上，举行翠亨新区海峡两岸交流基地授牌仪式。中共中央台湾工作办公室、国务院台湾事务办公室交流局局长程金中宣读中央台办、国务院台办《关于同意在广东中山设立海峡两岸交流基地的批复》，并代表中央台办、国务院台办为翠亨新区海峡两岸交流基地授牌。

【香港中山社团总会成立】 2015年9月26日，香港中山社团总会成立暨庆祝中华人民共和国成立66周年国庆联欢晚会在香港会议展览中心举行。来自港澳台及海外的中山乡亲社团代表和青年代表共800多人参加庆典。中山市政协主席丘树宏，中共中山市委常委、统战部部长梁丽娴，香港中联办社团部、港岛工作部、九龙工作部、新界工作部，省市统侨部门负责人、中山市24个镇区分管统侨工作的领导以及统侨办主任到会祝贺。香港中山社团总会是由香港中山社团联合会转型而成的社团组织。香港中山社团联合会于1996年在香港回归祖国前成立，19年来在统筹协调各旅港中山乡亲社团，为乡亲福祉和家乡建设、为香港的繁荣稳定作出贡献。

【中珠江消费者权益保护“一体化”】 2015年，中山市协同推出江门市四市三区消费维权“同城通办”服务模式，形成异地消费纠纷处理的“绿色通道”，推动中山、珠海、江门三市消费维权“一体化”建设，保护珠中江三地消费者合法权益。12月29—30日，中山、澳门消费者权益保护委员会（简称“消委会”）在中山市开展两地消费维权合作交流活动，就两地消费维权、消费教育和宣传、商品比较试验、诚信建设等内容召开两地消委会消费维权合作联席会议、消费教育业务与行业企业消费维权工作交流会。中山、澳门消委会联合中山电台，围绕“澳门旅游购物消费”主题，制作《维权在线》节目1期。

（中山地方志办）

会展业

【概况】 2015年，中山市加强对展览从业人员的培训和指导，7月29日，组织24个镇区经济和信息化局会展工作人员、商协会和中小企业营销人员等近300人，举办中山市中小企业参加国内会展专题培训系列讲座，传授参展获取最大效益与跨界融合参展等专业知识。加强对全市国内会展的指导扶持，介入黄圃小家电展、第二届中国西南品牌家电博览会、2015 中国（中山）淋浴房展览会等镇区和商协会自主举办的展会，给予指导与建议，扶持企业走出去抱团参展，扩大中山货在广东省和全国的品牌效应。发动组织企业参加由国家部委主办的中博会、西洽会、南博会等国内经贸活动，支持企业借助省际间商务交流合作渠道，拓展中山货的内销市场，其中在第六届珠中江进出口商品展销会，共组织 22 家外向型企业抱团参展。2015 中国加工贸易产品博览会升级为国家级展会，规模效应和影响力均比上届有提升，共组织 19 家企业设 48 个展位参展，主要有电器、箱包、服装等行业，大部分为新参展企业。此外还组织 2 家企业设展位 2 个参加在广州举行的 2015 日系汽车零部件展览会 at 广州汽车展（JAPPE）。

【2015 广东（中山）文化创意博览交易会】 2015 年 8 月 28—30 日，中山市文化广电新闻出版局在中山博览中心举办 2015 广东（中山）文化创意博览交易会。展会场地 1.1 万平方米，邀请中山名优企业、广东省内特色文化创意组织、台湾文创等共 150 家企业和社会组织参展，包括美国华纳原装正版动漫“猫和老鼠”、中国台湾皿亮公主等品牌企业设置展位 65 个。展会策划设置台湾文创馆、中山文化馆、蜡像艺术馆、猫和老鼠儿童乐园、邮政鉴赏馆、游戏游艺馆、少儿创意作品展、体验消费区、文化创意区以及缤纷节目 show 等多个展区和文化创意区、文化生活区、文化养生区、食尚文化区，共 300 个展位。文创会首次引入 O2O 的办展模式，以“资源展示、项目推介、产品交易、产业发展”为宗旨，吸引 6 万人次参观，交易额 800 万元。

【2015 中国（中山）国际游戏游艺博览交易会】 于 2015 年 10 月 22 日在中山开幕。交易会由中国文化娱乐行业协会、广东省文化厅与中山市政府联合主办，中共中山市委书记、市人大常委会主任薛晓峰，文化部文化市场司副司长周书生，广东省文化厅厅长方健宏等与会嘉宾共同参加开幕仪式。该届游博会以“阳光娱乐”为主题，并以广东游戏游艺产业城作为分会场共同展出。总展览面积达 75 000 平方米，超过 350 家境内外企业参展，共展出包括 813 淞沪战役、铁道游击队等在内的 500 多种游戏游艺新产品，设有主题公园服务及游艺机展区、儿童游乐展区、电子游戏机展区等。同时，还举办游戏游艺产品优秀文化创意奖颁奖、游戏游艺企业评级与规范座谈会、游乐设施产业联盟成立大会及游乐设施安全技术工作研讨会、广东游戏游艺文化产业城巡礼暨开园仪式等行业、专业活动。开幕仪式上中山市被中国文化娱乐行业协会授予“中国文化娱乐产业基地”称号，并举行游戏游艺产学研三方合作签约仪式、《大型游乐设备安全丛书》新书揭幕仪式。金马、金龙等 10 家游戏游艺企业获“2015 年度游戏游艺产业优秀文化创意奖”。

【首届中山（西区）中医健康养生文化节暨健康养生产业博览会】 2015 年 12 月 31 日在中山举行。博览会由广东省中山市西区办事处、中山市中医院、北京固生堂中医养生健康科技股份有限公司、中山市中智药业集团有限公司主办，以“善养、健康、快乐”为主题，会期 4 天。会场总占地面积约

6 000 平方米，包括广东中旅（中山）旅行社、中山潮人国旅、中山古镇云顶星河、泉林山庄、逍遥谷、仙踪龙园、金斗湾怡乐园等逾 100 家企业参展，有展位 120 个，参展商涵盖七大健康产业。文化节以“体验式服务、优质产品展示、中医义诊服务”为主题，举行中医养生学术论坛、医养生体验、养生美食药膳展、中医义馆等 5 类共 13 项活动，展示健康产业最新的科研成果和优质产品。

【2015 中国（中山）红木家具文化博览会】 于 2015 年 3 月 15 日在中山开幕，会期 9 天。交易会占地面积 5 000 平方米，吸引 60 多名国家级和省级大师参与，展示潮绣、陶瓷、木雕、沉香等艺术精品。其间，举行广东省工艺美术珍品认定签约仪式、广作家具传承与发展联合会轮值交接仪式、2015“轩红坊杯”中式红木家具文化创意设计大赛启动暨广东省南方红木家具研究院揭牌仪式。

【2015（中山）第二届国际青年艺术博览会】 2015 年 12 月 18 日在中山举行，由中山市文化广电新闻出版局、中山市文学艺术界联合会等联合举办。艺博会以培育未来青年艺术人才为目的，搭建与画廊、艺术品机构、收藏家、艺术品爱好者的交流平台，延伸广东的文化艺术产业链，带动周边产业及相关产业发展。该届艺博会有 30 多所艺术院校、著名画廊等艺术机构和 300 名来自世界各地的艺术家参展，展出近 2 000 件艺术品。展会期间还举行艺术品鉴等系列讲座活动。

【第 15 届中国·古镇国际灯饰博览会】 分春秋两季。春季展会于 2015 年 3 月 18—21 日，在中山古镇举行。该届灯博会深化“展店联动”模式，主会场设在灯都古镇会议展览中心，分会场设在星光联盟灯饰·LED 照明博览中心、佰盛灯饰广场、灯都时代广场、太古灯饰广场和光立方·LED 城；以内销为主，内外销结合。展览面积达 70 万平方米，参展企业近 1 000 家，吸引 93 个国家和地区超 25 万人次入场参观采购，比上年增长 25.1%。秋季展会于 10 月 22 日开幕，会期 5 天。展会主会场占地面积 3 万平方米，设标准展位 1 413 个，有 607 家参展商进驻，吸引国内外近 24 万人次入场。展会期间，举办第十二届中国灯都产业高峰论坛、首届中国灯饰之都（古镇）全国直销基地论坛等，并举行“古镇—南非共建灯饰体验馆”签约仪式、“中国灯饰之都·国际创客中心”创新创业孵化平台

2015 年 3 月 15—19 日，2015 中国（中山）红木家具文化博览会暨第 15 届中国红木古典家具展览会开幕 （中山地方志办供稿）

授牌仪式、颁授全国直销基地培育单位牌匾等活动。 （中山地方志办）

特色产业·战略性新兴产业

【游戏游艺业】 2015年，中山市港口镇游戏游艺产业总产值达40亿元，占全国游戏游艺产业超60%份额。8月8日，广东游戏游艺文化产业城首期项目发布仪式在中山市港口镇举行，成为全国首个集创意设计、研发制造、展示交易、体验消费、金融贸易、总部经济于一体的游戏游艺全产业链产城融合项目，获中山市认定为市镇（区）共建服务业集聚区，先后被中国文化娱乐行业协会与市文化广电新闻出版局授予“中国文化娱乐产业基地”“中山市文化创意产业园区”称号。2011—2015年，举办5届游戏游艺博览会，共吸引国内外专业采购商11.6万人次参会，累计成交金额161.08亿元。中山以游戏游艺产业圈、日先文化创意产业园、大南文化生态产业圈等三大产业圈作为主平台发展文化创意产业。至年底，港口镇从事文化创意产业的企业有90多家，纳入上述“三圈”辐射范围的企业约占82%，占全镇文化创意产业产值的90%。6月16日，广东游戏游艺文化产业城全球采购基地巡礼活动在港口镇举行，“全球采购中心”落户广东游戏游艺文化产业城，并与亚洲区、欧洲区、美洲区代表签署战略合作协议书。10月22日，广东游戏游艺文化产业城一期A区开园B区奠基。12月，广东游戏游艺产业城成为第三批市镇（区）共建服务业集聚区，中国（中山）国际游戏游艺博览会被中国会展经济研究会评为“2015年中国会展业十佳优秀特色展会”。

【健康医药产业】 2015年，中山市食品药品监管局继续优化健康医药产业发展环境。支持帮扶中药企业新版GMP（指优良制造标准）改造升级，扶持中山市就这家制药有限公司、中山健禾中药饮片有限公司、中山合威药业科技有限公司3家中药企业，广东洁新生物科技有限公司、中山卡丝生物科技有限公司等8家化妆品生产企业落户中山。推动药品注册审评审批机制改革，帮促企业注册品种批件落地，协助广东星昊药业完成9个品种转移及新药注册品种申报、联邦制药完成2个新药注册品种申报。推动中山市中智药业的新型破壁饮片升级扩产，扶持中智药业集团于7月13日在香港上市。推进增设为药品进口口岸城市申报工作。3月，在大信商务酒店北京厅举办中山沉香食品药品产业发展研讨会，协助筹备第十届健康与发展中山论坛。

【装备制造业】 2015年，中山市规模以上先进制造业实现增加值500.6亿元，比上年增长9.9%，占规模以上工业增加值比重38.3%；其中装备制造业实现增加值412.97亿元，增长14.3%，占规模以上工业增加值比重31.6%，拉动全市规模以上工业经济实现92.7%的增长。装备制造业完成投资110.1亿元，比上年增长42.2%。全市共下拨市级装备制造业专项资金1亿多元，扶持项目130个，获省级以上装备制造业扶持资金5.6亿元。制订促进工作母机类制造业发展的若干意见，建立工作母机企业库，至年底，全市有225家企业入库。广东省经济和信息化委员会开展“工作母机”企业专题调研，中山市经省认定的工作母机企业120

家，其中省骨干母机企业 85 家，实现产值 269.69 亿元，骨干企业数量和产值分别占全省的 22.13%、25.06%。全市有 82 个工作母机项目获得市级专项资金 2 591 万元。

是年，在首届珠江西岸先进装备制造业投资贸易洽谈会上，中山市共签约项目 42 个，投资总额 330 亿元，其中上台签约项目 6 个，投资总额 201 亿元。协助举办中韩日欧美五国造船企业高峰会议，为全市招商引资、企业开拓市场、项目对接合作搭建平台。成立由市政府分管领导任组长的中山招商领导小组，组建专业招商团队，先后到深圳市、北京市、武汉市、杭州市等地开展专项招商，与 150 多家装备制造企业成功对接，50 多家企业先后到中山市考察。

【旅游业】 2015 年，中山市旅游总收入 227.44 亿元，比上年增长 8.19%。旅游接待人数 1 559.62 万人次，比上年增长 32.5%。共有国家 A 级旅游景区 9 个，其中，国家 AAAA 级旅游景区 2 个，分别是孙中山故居纪念馆和詹园；国家 AAA 级旅游景区 5 个，国家 AA 级旅游景区 2 个。年内新增国家 AAA 级景区 2 个（仙踪龙园、石博宇宙城）；工业旅游点 3 个（厨邦酱油文化博物馆、小榄菊城酒厂、多美化工有限公司）；大涌红木文化博览城项目入选“2015 全国优选旅游项目名录”，五桂山风景区获评为“全国十佳生态文明景区”，民众镇名彩水果园、裕安人家，南朗镇开心农场被评为广东省休闲农业与旅游示范点；民众镇获广东省旅游局授予“广东旅游名镇”称号，翠亨村（南朗镇）、雍陌村（三乡镇）获广东省旅游局授予“广东旅游名村”称号；中山市吉宝盛世湾游艇会获批准成为首批“广东省游艇旅游发展示范基地”。

推进区域旅游合作，联合湖南省湘潭、四川省广安两地，在中山召开二十世纪三大伟人故里旅游联盟工作会议。前往上海、南京、杭州等长三角区域城市举办联盟推介会，参加 2015 中国（广东）国际旅游产业博览会。协助广西桂林市旅游局在中山举办旅游宣传推介会，签署两地旅游发展战略合作协议，推动两地旅游共同繁荣。巩固拓展国际区域合作，协助斯里兰卡、美国犹他州等国家（地区）旅游局代表团到中山市举办旅游推介会。

推动旅游业与其他产业结合，牵头推进中山与澳门地区旅游合作工作小组工作，对接澳门旅游局，在线路设计、线路对接、海事安全和宣传推广等方面探索不同体制下的游艇旅游合作，开创跨境游艇旅游合作发展新模式。推动大涌红博城入选国家优选旅游项目，促进旅游与古镇灯饰、小榄菊花会等特色产业融合发展，推动步行街孙中山史迹径及三乡雍陌古鹤、大涌安堂、南朗翠亨左步、南区沙涌等一批古村落文化旅游资源项目的开发利用。推广培育乡村旅游业态，加快推动火炬区、民众、坦洲、阜沙以及开心农场、旭景乡村旅游片区建设。唱响中山美食，推广石岐乳鸽、隆都美食、三乡美食、黄圃腊味等美食资源，推出“十大美食”“十大名点”美食之旅。

【新兴服务业】 2015 年，中山市发展改革局通过完善政策、重点培育、集聚发展、招商推介等措施，促进服务业发展。制订促进服务业新兴业态发展“1+N”体系（“1”指《中山市人民政府关于加快培育发展服务业新兴业态的实施意见》，“N”指《中山市服务业新兴业态企业认定管理办法》《中山市服务业新兴业态创业孵化园认定管理办法》

《中山市亿元楼宇重点培育项目认定管理办法》《中山市服务业发展专项资金管理暂行办法》），组建服务业新兴业态发展研究院，12 月 18 日，举办首届服务业新兴业态高峰论坛，认定服务业新兴业态企业 201 家，亿元楼宇重点培育项目 13 个。安排专项资金 1 500 万元推进市镇共建服务业集聚区建设，全年 7 个集聚区获市政府认定为第三批市镇区共建服务业集聚区，合计投资 121 亿元。规范服务业统计工作，举办“3·28”现代服务业招商展览会等系列服务业招商活动，谷歌体验中心落户中山。深化与深圳市、香港地区的合作交流，对接三地现代服务业项目，8 月，联合香港贸易发展局举办“创意营商 + 市场商机”研讨会。

【古镇灯饰产业】 2015 年，中山市古镇镇有工商部门登记各类企业、个体户 2.87 万户，其中登记注册灯饰销售企业 8 960 家、灯饰制造企业 1.66 万家。全镇有中国驰名商标 2 个、广东省名牌产品 7 个、广东省著名商标 16 个。全年古镇镇灯饰产业产值 176.6 亿元。年内通过灯都复评验收。投入专项资金，联合企业宣传推广“古镇灯饰”区域品牌，山东临沂灯具城等 10 个单位获评为“中国灯饰之都”（古镇）第二批全国直销基地。制订《中国灯饰之都（古镇）直销基地管理暂行办法》及《古镇灯饰 VI 使用管理办法》，扩大和提升古镇灯饰的品牌影响力。在灯饰大厦 B 座 14~16 层建设镇电子商务产业园，占地面积约 3 000 平方米，6 月竣工并投入使用，引入广东灯灯网科技有限公司、广州市人文网络科技有限公司等 5 个电商平台和电商服务企业。启动中国灯都国际创客中心，研究制定扶持政策和划拨专项资金，有“灯配天下·众创空间”等创客项目。加快商贸综合体和集约式配件市场建设，以利和广场、星光联盟 LED 灯饰照明中心、光立方 LED 城、华艺灯饰国际广场、古镇大信·新都汇、为民灯饰广场、银泉灯饰商贸城、东方佰盛灯饰广场、瑞丰国际灯配城、曹三灯都五金装饰城、环球 LED 灯配城为代表等一批灯饰商贸综合体和灯配市场建成或投入使用。

【大涌镇红木家具产业】 2015 年 10 月 28 日，中国（大涌）红木文化博览城（简称红博城）正式对外开放。红博城项目集商业、文化和旅游于一体，于 2013 年 10 月正式动工。用地面积 20 公顷，总建筑面积 80 万平方米，分两期开发建设，总投资额 48 亿元。设有红木家具展销中心、五星级红木主题酒店、双塔红木产业总部大厦和会议展览中心等设施。划分为红木博物馆、红木展厅、大师园、珍宝馆、琴棋书画馆、艺术广场、民国年代骑楼街等布局。在传统木材市场的基础上，推行“现代物流业 + 电子交易平台 + 配套服务”、金融服务、人才培养的创新模式，打造完整产业链，通过引入与产业相关联的龙头企业推动红木家具产业发展。

广东省文化厅于 2015 年下半年组织开展“2015—2017 年度广东省民间文化艺术之乡”评选工作。12 月，大涌镇申报的大涌红木家具传统雕刻工艺成功入选。12 月 14 日，广东省文化厅公示第二批省级非物质文化遗产生产性保护示范基地和研究基地入选名单，大涌镇红古轩家具有限公司入选。2014 年，大涌红木家具传统雕刻技艺市级传承基地落户红古轩家具有限公司，通过建立传承基地数据资料库、加强红木技术工匠的人才梯队培养和建设，建立工艺美术大师工作室、开展文化交流活动等，推动中国传统红木文化发展。

【信息化教育产业】 2015年，中山东区与广东全通教育股份有限公司（简称全通教育）推出全国首个智慧教育集聚区——“中山紫马·智慧教育集聚区”，3月25日，该聚集区与中山首个众创空间——“中山创客·众创空间”孵化器同时挂牌。中共中山市委副书记、市长陈良贤，市委常委、常务副市长谢中凡，副市长吴月霞，市政府秘书长李俊出席揭牌启动仪式。“中山紫马·智慧教育集聚区”项目一期启动区落户东区，占地2.2万平方米，以云概念为基础，以物联网、移动互联和大数据的应用为支撑，立足智能环境、智慧教育，通过强化基础环境体系和应用体系建设，加快信息技术的物化提升和各云平台之间的融通整合。中山东区聚集能龙教育、诚进网络、今科信息科技等新三板挂牌企业及一批信息产业后备上市企业，3月，拥有全国最大的O2O教育产品发行渠道的全通教育与东区签订战略框架协议，达成合作。“中山创客·众创空间”孵化器运营方为全通教育，是东区创业人才的“苗圃+孵化器+加速器”，可为创业者提供资金和免费场地，与创业者、政府、企业打造适宜于大众创业的优质创业生态环境。至年底，孵化器聚集来自北京等地的近10个团队入驻，百亿产业创投基金已进入实质性运作阶段。 （中山地方志办）

翠亨新区建设

【概况】 2015年，中山翠亨新区（简称“新区”）新增规模以上企业2家，新开工亿元以上非房地产项目8个，实现规模以上企业工业总产值174.2亿元，比上年增长25.87%；固定资产投资42.42亿元；完成财政收入9亿元，增长97%，其中公共预算收入2.14亿元，增长1.93倍。

新区在总体定位上，聚焦建设“一区三中心”（即高新技术集聚区和创新中心、产业中心、高新技术企业集聚中心）。在空间布局上，发展“一湾、两轴、两带、多组团”的空间格局。“一湾”指逸仙湾，“两带”指滨海公园景观带和五桂山生态景观带，“多组团”包括先进智造区、中央商务区、文化交流区、英才培育区、转型示范区、国际旅游区六大功能分区。在产业规划上，专注发展先进装备制造业和健康医疗产业两大主导产业，调整产业用地规模比例，与临近地区实现错位发展，打造产业结构高级化、产业发展集聚化、产业竞争力高端化的重大合作平台。

【平台建设】 2015年，中山翠亨新区建设“一区三中心”，加快中瑞（欧）工业园建设。强化中瑞工业园领导小组组织架构，成立中瑞（欧）工业园招商办公室，编制园区规划，调研学习中外合作园区建设先进经验。深化对香港地区交流合作，配合省港澳办公室等部门多次赴港进行专题推介。年内，新区纳入粤港澳服务贸易自由化重点示范基地建设金融服务业重点区域。推进粤澳项目合作，与澳门在2015年粤澳合作联席会议上签订合作建设新区的补充协议，促进两地青年创新创业。邀请澳门特别行政区政府官员联合举办“全面深化粤澳合作暨支持澳门经济适度多元发展”专题研讨会。与澳门科技大学合作编制完成《中山翠亨新区粤澳创新创业合作区发展总体规划》和《中山翠亨新区粤澳创新创业合作区产业发展专项规划》。推进对台交流合作，举办海峡两岸交流基地（翠亨新区）战略研讨会；随孙中山文化交流团赴台进行经贸文化交流；3月28日，在2015年中山翠亨新区“招商引资·招才引智”洽谈会暨第二届中山人才节开幕上，“海峡两岸交流基地”正式挂牌。

2015年12月30日，贯穿中山市东南部、连接城区东部、火炬开发区、南朗镇和翠亨新区的无红绿灯城市快速通道——翠亨快线主线开通

（中山地方志办供稿）

【基础设施建设】

2015年，中山翠亨新区开展四类基础设施建设。一类为起步区基础设施填土工程、路网改造工程、翠亨快线到新区规划馆的道路桥梁工程等；二类为配合建设单位做好中山港新客运码头联检大楼供地工作，协助督促码头项目加快动工；三类为建设幼儿园、小学、医院、临海科技新城等；四类为建设中心河公园、金水湖公园、金山公园等。12月，翠亨快线建成通车，实现新区10分钟驶入国家高速路网，20分钟抵达中山主城区。12月21日，深圳至中山跨江通道项目获国家发展改革委员会批复立项，项目直接连通深圳市和中山市，东接广深沿江高速深圳宝安机场互通立交，西与翠亨新区起步区内的中开高速对接，采用东隧西桥方案，全长约24千米，全线采用双向8车道高速公路标准建设，设计速度100千米/小时。成立新区PPP（政府和社会资本合作）项目工作领导小组，推动采取PPP建设模式建设环岛路、综合管廊、滨河整治水利工程等重大基础设施工程，并纳入省PPP项目库。起步区在建的基础设施项目有9个，正在招标14个，推进前期工作18个。全年起步区建成道路26千米，填土工程量约120万立方米，投入资金7.95亿元。

【招商引资】 2015年，中山翠亨新区完善产业政策体系，实施定向精准招商，与火炬开发区协同招商。新区管委会领导定期赴深圳定向招商，引入大批优质企业；向中关村管委会派驻干部专门联络、跟进优质项目，举办2015中山（中关村）“互联网+健康科技”产业对接暨翠亨新区火炬高新区发展环境推介会。先后3次组团或随团前往瑞士、德国等欧洲国家进行招商展示推介。建设中瑞（欧）工业园、临海科技新城、深圳医疗器械产业园、先进智能装备产业园4个专业园区。建设中瑞（欧）工业园精密制造区和中瑞技术中心，中瑞（欧）工业园实体园区累计引进18个项目；临海科技新城占地46.67公顷，启动整体规划，初步确定建设方案；深圳医疗器械产业园首期规划面积16.4公顷，引进慧康精密仪器、广东瀚维斯、广东康大制药、中山利普生、广东瑞光泰等7个项目，投资额12.47亿元；先进智能装备产业园重点招引无人机、无人车、无人船项目。年内，新区起步区新增立信染整、一力农业、中环实业等亿元以上动工项目8个。起步区入园项目73个，总投资额合计约680亿元，其中已投产项目25个，在建项目25个，签约待建项目23个。新区、火炬区净增高新技术企业69家。在中山“3·28中山招商引资·招才引智洽谈会暨第二届中山人才节”上，新区共签约项目7个，投资额67.3亿元。

【新区制度创新】 2015年，中山翠亨新区创新管理体制改革，成立体制机制创新、重大项目招引、基础设施建设、投融资开发4个专项工作组，整合全市资源，推动新区开发建设。成立新区基础设施建设工作指挥部，统筹确定基建重点项目进度，编制基建项目共5类35个，项目投资金额超200亿元。组建全市第一家参照法定机构管理的新区行政（人才）服务中心，行政（人才）服务中心在全市首创以购买服务方式配置人员，承接16个市属部门合计113项市级管理权限。累计受理各项审批事项110项，办结97项，涉及金额60亿元。累计完成15个产业项目共52.64公顷用地挂牌出让，办理15项合计303.93公顷道路基础设施项目用地预审、3条干线公路等用地农转用资料报批等工作。通过网上受理、“一对一”跟踪服务、两小时收发件、安排专人跟进等精细化管理措施，实现约70%的事项审批时限提速50%。土地办证平均时效比以往提高30%。

【中山市首个国家级湿地公园】 2015年12月27日，广东中山翠亨国家湿地公园（试点）通过专家实地考察论证和初步审查，获国家林业局批准成为中山市首个国家级湿地公园（试点）。中山翠亨国家湿地公园（试点）位于珠江口横门水道的咸淡水交汇处，以保护红树林湿地资源为重点，构建沼泽、河流和水上森林的入海口湿地景观，包括横门西水道水域、红树林、水道两侧沼泽、农业种植区和滩涂湿地，规划总面积625.6公顷，长5.4千米，其中陆地面积243.9公顷，湿地面积395.44公顷，湿地率达63.21%，划分为湿地保育区、恢复重建区、宣教展示区、合理利用区和管理服务区等5大功能区。试点期间，各个功能区将实施生态保护建设系统工程。园内有植物65科187种，野生动物200种，国家二级保护动物有虎纹蛙、黑鸢、凤头鹰、松雀鹰、褐翅鸦鹃和小鸦鹃。

（中山地方志办）

·责任编辑　何文倩·

惠州市

基本情况

【概况】 惠州市位于广东省东南部，2015年辖惠城区、惠阳区、惠东县、博罗县、龙门县，设有国家级大亚湾经济技术开发区、仲恺高新技术产业开发区和广东省政府批准设立的惠州环大亚湾新区。全市行政区域面积1.13万平方千米（其中市区面积2 694平方千米），年末户籍人口357.07万人；常住人口475.55万人，其中城镇人口324.09万人。人口自然增长率6.08‰。市境内居民分属于54个民族（56个民族中，保安族和珞巴族暂无），其中汉族人口占总人口的97.59%，少数民族人口占2.41%，主要有壮族、苗族、土家族、瑶族等。市境推广普通话，主要方言有客家话、福佬话（闽语）和白话（粤语），也有少数人讲瑶语或畲语，客家话为惠州市第一大方言。

全市耕地面积14.13万公顷，粮食播种面积11.66万公顷，粮食产量59.72万吨。林地面积67.70万公顷，森林覆盖率62.34%，活立木蓄积量0.35亿立方米。人均公园绿地面积16.1平方米。境内有集雨面积100平方千米以上的河流34条，总长约1 500千米。广东三大水系之一的东江及其支流西枝江横贯其中。浅层地下水量33亿立方米。水力资源理论蕴藏量60.32万千瓦。有浅海面积560.4平方千米，可供养殖面积137.33平方千米。海域内有鱼类400多种，贝类200多种，甲类100多种，棘皮类60多种，藻类30多种，具有较大经济和捕捞价值。适宜建设海港码头的海岸线长28.4千米，可建泊位126个，其中万吨以上深水泊位76个。惠州港为华南地区天然优良深水港。探明储量的矿产有40多种，主要有无烟煤、铁矿石、锡矿、钨矿、钾长石、高岭土、铅锌、萤石、石灰石等。铌钽、石灰石、水晶、汞等矿产储量居广东省前列。

惠州是全国首批国家电子信息产业制造基地之一，国家火炬计划“数码视听产业基地”，世界最大的电话机、彩电、激光头生产基地，亚洲最大的组合音响生产基地，中国最大的汽车音响、DVD、手机生产基地，中国石油化学工业重点园区。主要旅游景区（点）有：惠州西湖、罗浮山、南昆山、巽寮湾、双月湾、龙门铁泉、尚天然国际温泉小镇、惠东港口海龟国家级自然保护区、象头山国家级自然保护区、白盆湖国家级水利生态风景区、惠东古田自然保护区、平海古城、邓演达纪念园、叶挺纪念园等。土特产有梅菜、东江糯米酒、博罗酥糖、罗浮山百草油、酥醪菜、龙门竹笋、惠东仙人菜、高潭明姜等。惠州地处在客家文化、广府文化和潮汕文化的交汇地带，各种文化相互交融、兼收并蓄，广东汉剧、渔歌、山歌、舞龙、舞狮、舞春牛、瑶族的舞火狗等各种民间文化多姿多彩。惠州“李家拳”是中国武术南拳的五大拳种之一，惠东“平海渔歌”名扬海内，龙门“农民画”是中国三大民间画之一，被誉为“中国现代民间绘画的一朵奇葩”。历代许多名人对惠州情有独钟，东晋道教理论家、化学家、药物学家和医学家葛洪在惠州罗浮山修道炼丹、采药济世，罗浮山因此成为岭南道教发祥地；北宋文学家苏轼寓居惠州3年，留下“不辞长作岭南人”的佳话；明代有叶梦熊、杨起元、韩日缵3位尚书；清末、民国时期，孙中山、周恩来等在惠州开展过革命活动，涌现出廖仲恺、邓演达、叶挺等一批民主志士和革命家。

2015年，惠州市获国家历史文化名城、全国创建幸福家庭活动示范市、国家级海洋生态文明示范区、国家知识产权示范市、2014中国最安全城市、2015中国最美丽城市、中国最具幸福感城市、中国十佳宜居城市、2015首批全国社会治理创新优秀城市、2014“美丽中国”十佳智慧旅游城市等称号。

【经济建设】 2015年，惠州市地区生产总值3 140亿元，比上年增长9%；人均地区生产总值6.62万元，增长8.1%；第一、第二、第三产业增加值分别增长4.2%、9.6%和8.6%。地方一般公共预算收入339.99亿元，比上年增长13.1%，居民人均可支配收入25 219.6元，增长10.1%。完成固定资产投资1 863.9亿元，比上年增长16%。全市全年社会消费品零售总额完成1 070.7亿元，比上年增长10.5%。外贸进出口总额543.6亿美元，其中出口347.8亿美元，进口195.8亿美元。

区域一体化进程加快　2015年，惠州市召开深莞惠经济圈（3+2）党政主要领导第九次联席会议，确定重点合作事项40项，签订合作协议3个，印发实施《深莞惠交通运输一体化规划》。与深圳、东莞、汕尾和河源各市在体制机制、规划衔接、生态共建、交通对接、产业协作、社会治理六大方面实现融合发展、合作共赢。

两大平台建设加快推进　2015年，惠州市环大亚湾新区完善“1+9+3+3”系列规划。三个起步区建成投产项目10个，推进在建项目16个，筹建项目19个；“1桥9路”对接推进，4条连接路建成通车；教育、医疗等优质资源区域共享，产业与招商合作发展。新区全年实现地区生产总值1 036.1亿元，占全市地区生产总值的33%。推进潼湖生态智慧区规划建设，总体规划基本编制完成。推进科融新城起步区基础设施建设、征地拆迁，在建项目3个，签约项目15个。

县（区）经济特色发展　2015年，惠州市惠城区和惠阳区分别入选2014年度全国综合实力百强市辖区第81位和86位。惠东县山海统筹示范发展，经济增速居全市前列。博罗县连续8年跻身全国县域经济基本竞争力百强县。龙门县人均地区生产总值首次超过全国平均水平。大亚湾开发区被列入国家重点发展七大石化产业基地。仲恺高新区入选珠三角国家自主创新示范区。

城乡基础设施完善　2015年，惠州市完成改造市区连接路8条，完成县道改造30千米、改造新农村公路503千米、改造危桥27座。开通惠州机场客运专线6条，优化公交线路23条，新增公交车413辆，升级改造公交站点40座。完成病险水库除险加固工程15项、重点地区中小河流治理9宗、农村水电增效扩容改造工程26项、中型机电排灌工程2项。

【精神文明建设】 2015年，惠州市精神文明建设工作围绕“四个全面”战略布局，培育和践行社会主义核心价值观，深化群众性精神文明创建活动。惠东县获评“广东省文明县城”，惠阳区矮光村、大亚湾区塘尾村被授予“广东省文明村镇”称号；赵喜昌再次获得全国道德模范提名奖。建设“好人之城”，全市“中国好人”与“广东好人”分别新增6人和8人。全省率先创设“8个1”志愿服务平台，注册志愿者突破40万人，注册志愿服务组织逾3 300支。拓展新媒体学习新阵地，推送“理论快递”手机彩信、“惠州微学习”微信90多期，首次推出动漫作品《“四个全面”战略布局》，并在网络媒体发布，惠阳区打造“互联网+”学习品牌、博罗推出“博罗微学习”平台。开展“政策面对面”“基层百场巡讲”“社科普及周”“惠州社科讲堂”等理论宣传宣讲活动。在全市组织开展“中国梦·劳动美”（青春美、党员美、双拥美、祖国美）等系列中国梦宣传教育实践活动。

【文化建设】 2015年，惠州市有文化馆6个，乡镇（街道）综合文化站73个，县级以上公共图书馆6个，博物馆（纪念馆）6个。全年全市文化、文物事业费总支出61 070万元，比上年增加32 650.4万元。

是年，惠州市完成11个基本公共文体服务均等化综合改革年度项目。市文广新局推进公共文化服务建设，完善惠州慈云图书馆、市文化馆、市博物馆等市级文化设施后续配套工作，提升各级公共文化场馆免费开放水平；推进惠州市美术馆筹建；市数字图书馆主体工程完工并试运行，推进衔接县（区）分馆；建成1 249个数字农家（社区）书屋；推进惠城区“一场三馆”（文体广场、文化馆、图书馆、青少年宫）、惠东县博物馆新馆、龙门县“三馆”新馆、仲恺高新区“星恺大剧院”等县（区）级文化设施建设，大亚湾18个村庄文化公园建成，全市筹建27个村（社区）综合文化服务中心。

【社会建设】 2015年，惠州市督查《加强社会建设，创新社会治理“十大行动计划”(2014—2017年)》完成情况，汇总分析实施成效，制定33个衡量“十大行动计划”实施情况的社会建设核心指标，完善“十大行动计划”综合考核核心指标体系，作为检验“十大行动计划”落实情况的基本依据。开展“基层社会治理年”活动。制订印发《惠州市“基层社会治理年”活动工作方案》，推进基层社会治理机制创新、基层民主法治水平提升、基层社会服务能力提升、基层社会治理模式规范、加强社会治理工作保障等“五项重点”工作。开展“社会组织

2015年惠州市国民经济发展情况

指标名称	单位	实绩	比上年增长(%)
地区生产总值	亿元	3 140.03	9
第一产业增加值	亿元	150.88	4.2
第二产业增加值	亿元	1 726.68	9.6
第三产业增加值	亿元	1 262.47	8.6
人均地区生产总值	元	66 231	4.0
规模以上工业总产值	亿元	1 587.97	10
固定资产投资	亿元	1 863.93	16
社会消费品零售总额	亿元	1 070.72	10.5
外贸进口总额	亿美元	195.79	−15.2
外贸出口总额	亿美元	347.76	−4.3

综合服务管理年”活动。成立市社会组织总会，加强社会组织间沟通与合作，协助政府参与公共管理，全面启动社会组织等级评估。至年底，全市有社会组织 3 288 个。举办第四届“南粤幸福周”活动。年内，惠州市推进“惠州教育云”建设，实现全市学校（含教学点）宽带上网；8 月 10 日，广东省教育厅授予惠州市“广东省推进教育现代化先进市”称号。

是年，惠东县、博罗县、龙门县 10 所试点医院取消药品加成，同步调整医疗服务价格，增加政府补助与医院节约成本三方共担的补偿机制，市、县两级财政加大对试点医院的补助力度，试点医院基本药物平均使用比例为 55.70%。完成 33 个社区体育公园，120 个自然村农民体育健身工程建设，全市所有大型体育场馆全部实现免费低收费对外开放，每周安排不少于 14 小时免费开放时段。

是年，惠州市新增城镇就业 7.51 万人、完成年度计划的 107%，失业人员再就业 1.87 万人、完成年度计划的 107%，就业困难人员实现再就业 3 632 人、完成年度计划的 121%，“零就业家庭”实现动态为零。保障性安居工程完成投资 5.9 亿元，新开工建设公租房 1 160 套，新增低收入住房保障家庭租赁补贴 930 户，完成棚户区改造 950 户，华侨农场危房改造 887 户。修订《惠州市公共租赁住房建设管理办法》《惠州市区公共租赁住房租金补助实施办法》，草拟

2014—2015 年惠州市社会事业情况

指　标	单　位	2014 年	2015 年
普通高校	所	4	4
普通高校在校学生	万人		3.46
中等职业学校和技工学校	所	33	35
中职和技校在校学生	万人	8.29	8.38
普通中学	所	234	241
普通中学在校学生	万人	27.63	27.07
小学	所	453	454
小学在校学生	万人	47.21	50.40
幼儿园	所	513	578
在园人数	万人	17.58	19.36
医院、卫生院	所	1 203	1 199
医院、卫生院床位	张	20 143	21 879
体育馆	个	26	26
群众艺术馆、文化馆	个	79	79
公共图书馆	个	5	5
博物馆	个	6	6

《惠州市惠城中心区公共租赁住房建设和管理实施细则》。率先在广东省内地级市出台《惠州市临时救助实施办法（试行）》和修订完善《惠州市最低生活保障对象优待办法》。

【生态文明建设】　2015 年，惠州市连续十年实现耕地占补动态平衡，通过省政府对惠州市耕地保护责任目标考核并蝉联一等奖。新建建筑实行施工图建筑节能设计审查和备案项目 139 个，节能建筑面积 539 万平方米。惠州市建筑节能和绿色建筑工作连续 7 年在广东省节能减排考核中获得满分。全市新增完成 53 台工业锅炉淘汰整治任务，其中 28 台锅炉注销或停用，25 台实施清洁能源改造。淡水河、潼湖流域新建污水收集管网 60 千米；在马蹄沥实施筑坝截流，张河沥东侧实施沿线截污，龙岗河惠深下陂断面至西湖村断面插花地全部排污口基本完成清理接驳；惠阳城区一厂、仲恺一二期、陈江一期、沥林等污水处理厂编制提标升级改造方案。制订《惠州市区整治在建项目和楼盘小区违法违规建设行为专项工作方案》《惠州市区在建项目和楼盘小区违法建设执法管理工作实施方案》。全年全市各县（区）拆除违法建设 2 015 宗，面积 67.5 万平方米。实施电机能效提升工程，推进重点行业企业实施清洁生产，清退 28 家重污染企业。推进畜禽养殖业污染减排，清拆非法养殖场 2 060 个。开展扬尘治理、工业废气污染整治、重金属污染防治等多个专项整治行动。推进新开河、望江沥、洛塘渠、大湖溪沥等河涌水环境综合整治。连续 8 年在全省环保责任考核中获评优秀等次。

是年，出台实施《惠州市低碳生态规划（2014—2030 年）》。惠州市龙门县创建省级生态县，惠城区通过省级生态区现场核查，新创建省级生态乡镇 7 个。推进新一轮绿化惠州大行动，实施“美丽乡村、绿满家园”行动，新建生态景观林带 123 千米，实施森林碳汇工程 0.78 万公顷，新建镇级以上森林公园 24 个、森林村庄 165 个，全市森林覆盖率 62.34%，城市人均公园绿地面积 17.5 平方米。第四次入选“中国十佳宜居城市”、第三次入选“中国最美丽城市”，创建国家级海洋生态文明示范区。印发《惠州市 2015 年国家生态市建设工作方案》，召开惠州市国家生态文明建设示范市创建工作会议，推动创建国家生态市向创建生态文明建设示范市提升。制订印发《“美丽乡村·清水治污”活动实施方案》，开展农村生活污水治理、农村饮用水源保护、农村河道整治、农村工业废水治理、农村养殖废水治理和农村水生态文化培育等“六大行动”。配套制定农村生活污水处理设施建设和运营资金补助方案；全年全市新建成 231 座农村污水处理设施，总建成数 477 座。

【党的建设】　2015 年，惠州市加强党的基层组织建设，完成村、社区“两委”换届选举。举办中青年干部专题研讨班，加大基层一线和民主党派干部培养选拔力度。实施人才双高计划，引进一批高层次人才，评选一批科技创新团队、领军人才、东江学者等高技术人才。推进反腐倡廉制度创新，优化信访维稳中心、镇级公共资源交易中心、便民服务中心三个平台建设；探索开展拟提任科级领导干部有关事项报告公开试点，完善县（区）党政领导干部职权行使流程图；加大违法违纪案件查处力度，上半年各级纪检监察机关立案 354 件，通过办案挽回经济损失 2 688 万元。　　（惠州市地方志办）

年度大事

【惠州机场复航】 2015年2月5日，珠三角第五个机场——惠州机场复航，开通上海、杭州、重庆、昆明4条航线。惠州机场为军民两用机场，距惠州市城区20千米，始建于1956年，占地300余公顷。2014年4月8日，改扩建工程可行性报告获国家发改委和解放军总参谋部批准。按照满足2018年旅客吞吐量45万人次、货邮吞吐量1.2万吨的目标设计，飞行区等级指标为4C，项目总投资额3.51亿元。

【国内首例输入性中东呼吸综合征】 2015年5月28日，韩国1例中东呼吸综合征病例的密切接触者经香港到惠州，惠州市卫生计生部门27日凌晨2时将该名韩国男子转送至惠州市中心人民医院隔离治疗，并对其密切接触者35人就地隔离观察。之后该名韩国男子被确诊为国内首例输入性中东呼吸征（MERS）患者。经治疗于6月26日康复出院。

【罗阳镇获评珠三角最美乡村】 2015年7月5日，伊利杯首届“珠三角最美乡村”评选活动在惠州市博罗县启动。活动由惠州市旅游协会、惠州报业传媒集团及珠三角九市主流网络媒体联合主办。博罗县罗阳镇获“珠三角最美乡村”称号。

【惠州入选国家知识产权示范市】 2015年11月6日，国家知识产权局公示第四批国家知识产权示范市，惠州入选。自2009年惠州开展国家知识产权示范市创建工作以来，全市发明专利申请由2009年的359件增至2014年的3 347件，专利授权量由2009年的985件增至2014年的7 396件。2014年，全市有效发明专利达1 608件，万人有效发明专利3.42件；PCT（专利合作协定）专利申请273件，比上年增长77.27%；专利电子申请率97.69%。

【第四届惠州现代农业博览会】 2015年11月13—16日在惠州举行。展会面积2.6万平方米，参展企业590多家，展销农产品过万种、农机具12大类1 300多台（套），参观34.2万人次，现场销售1 561万元，达成合作意向1 715宗1.98亿元。展会期间举行“智慧农业　品质生活”主题论坛和“我最喜爱的惠州品牌农产品”评选、“惠州品牌农产品包装设计大赛”“现代农业摄影大赛”“惠州斗茶大赛暨茶王挑战赛”和美食长廊等系列活动。

2015年2月5日，惠州至上海首航起飞　（惠州日报社供稿）

【惠州市农村生活垃圾收运处理显成效】2015年，惠州市开展“美丽乡村、清洁乡村”行动，全市城乡生活垃圾无害化处理率95%以上。11月23日，广东省人大常委会召开新闻发布会，公布2015年广东省农村生活垃圾收运处理工作第三方评估结果，惠州居珠江三角洲地区第二位。

【惠州市巽寮湾入选广东十大美丽海岸】2015年11月26日，广东十大美丽海岸评选活动公布结果，惠州巽寮湾入选。评选活动由广东省海洋与渔业局指导，广东海洋文化协会主办。巽寮湾位于惠州市惠东县稔平半岛西南角、大亚湾东部。海岸线长27千米，沙滩长11千米，总面积105平方千米。以“石奇美、水奇清、沙奇白”著称，是国家AAAA级旅游景区和“中国旅游名镇”之一。

【广东省农民田径特色项目赛在惠州举行】2015年12月12—14日，广东省农民体育乡镇田径特色项目比赛在惠州市举行。比赛由广东省农业厅、省体育局和省农民体协主办，来自全省各地市（区）的15支代表队200多人参赛。比赛设80米担运粮食赛、3人4足跑、60米抢收抢种赛、50米收谷赛和拔河等5个项目。该届比赛不设团体奖牌及总分排名，仅决出各单项前八名。惠州代表队获1银1铜及1个第七名。

【惠州被授予“全国创建幸福家庭活动示范市”称号】 2015年12月18日，惠州市被国家卫计委授予首批“全国创建幸福家庭活动示范市”称号。自2011年起，惠州市出台28项医疗卫生及家庭项目政策规定，市本级财政相应投入近20亿元。全市21个部门出台31项措施制度，创建活动覆盖90%以上家庭。至年底，8 500个家庭共3万人脱贫。全市建立85个养老机构，其中城市13个，乡镇72个，对1 200多名入住老人开展医养契约服务。

【惠州入选国家级海洋生态文明示范区】2015年12月28日，国家海洋局公布第二批国家级海洋生态文明示范区，惠州入列。自2013年开展创建工作以来，全市海洋交通运输业、临海工业、高端滨海旅游业和现代海洋渔业四大海洋产业稳步发展，2015年全市海洋产业增加值超千亿元。海水水质连续多年广东省最优；国家级、省级海洋保护区面积857平方千米，占惠州海域19%，占比居全省第一位；率先完成生态公益型和准生态公益型人工鱼礁区建设，成为全省样板；“休渔放生节”成为建设海洋生态文明的惠州特色文化品牌。（惠州市地方志办）

战略性新兴产业

【概况】 2015年，惠州市实施“产业培育计划”，推动产业向高端集聚发展。三次产业结构由5.9∶58.6∶35.5调整为4.8∶55∶40.2。规模以上先进制造业和高技术制造业增加值占规模以上工业比重分别为59.2%和43.6%。石油化工、电子信息产业集群发展。中海油乐金ABS、TCL移动互联网智能终端等项目建成投产，推进中海油惠炼二期、信利AMOLED一期等重大项目，2015年石油化工、电子信息两大支柱产业增加值占规模以上工业比重达52.1%。汽车和新能源产业加快发展。东风本田汽车一体化项目（一期）、比亚迪锂电池项目建成投产，汽车零部件产业园列入省重点支持对象。广东太平岭核电项目启动，推进风力、太阳能光伏发电等新能源产业。现代旅游业优质发展，罗浮山成功创建国家AAAAA级旅游景区，南昆山入选国家生态旅游示范区，新增国家AAAA级旅游景区2个。全年接待旅游总人数4 076.83万人次，旅游总收入330.23亿元。

【高端新型电子信息产业】 2015年，惠州市着力打造新一代移动通信产业链和国家级通信产业集聚区；推进“三网”融合，加强物联网、云计算、下一代互联网核心技术和关键产品的研发与产业化，强化在通信产业的领先优势，支持发展面向互联网、物联网、通信、电力、交通、文化和教育等领域的应用软件开发生产和芯片设计，提升软件服务、网络增值服务等信息服务能力，打造国家级电子信息产业基地。TCL集团成为全球第五大移动通信终端厂商，龙旗电子成为全国最大的手机方案设计商，伯恩光学是苹果、三星全球最大的手机屏幕供货商。全年全市规模以上电子信息工业总产值3 369.9亿元，比上年增长4.3%；电子信息工业增加值634.6亿元，增长6.8%。

【新能源汽车行业】 2015年，惠州市鼓励发展纯电动汽车、插电式混合动力汽车、中混以上混合动力汽车等整车研发及产业化。全年全市规模以上汽车行业实现工业总产值428.2亿元，比上年增长13.7%。年内，惠州市推进新能源汽车推广应用示范城市建设，根据《惠州市新能源汽车推广应用实施方案》，惠州新能源汽车推广总量达到1 500辆，建成充电桩357个。

【现代旅游业】 2015年，惠州市编制《惠州旅游发展战略研究》。惠州西湖通过全国AAAAA级旅游资源专家评审。完善巽寮湾滨海旅游设施，开拓丝绸之路沿线国家和地区客源市场，加快发展现代旅游业。龙门县南昆山成功创建国家生态旅游示范区，惠东巽寮湾创建国家旅游度假区工作通过省级初评。全年全市接待游客4 076.83万人次，比上年增长8.9%，其中过夜游客1 866.78万人次，一日游2 210.02万人次，分别增长12.76%和8.6%，旅游总收入330.23亿元，增长20.87%。

至年底，全市建成景区80余个，国家和省级风景名胜区19个。其中，国家AAAAA级旅游景区1个（罗浮山风景名胜区），国家AAAA级旅游景区10个，国家AAA级旅游景区8个。国家级重点风景名胜区2个，国家森林公园2个，国家生态风

2015年，惠州编制《惠州旅游发展战略研究》，推进旅游业发展。图为国家AAAAA级旅游景区罗浮山风景名胜区一景（惠州博罗县政府供稿）

景区1个，国家生态农业示范点1个，省级森林生态旅游示范基地1个，省级自然保护区4个，省历史文化名城2个。

（惠州市地方志办）

特色产业

【惠东制鞋业】 2015年，惠州市惠东县协助制鞋企业拓展国内国际市场。5月，组织10家制鞋企业参加2015年广州国际鞋类、皮革制成品展销会；组织5家企业参加第十二届中博会智能制造与装备展惠州招展推介会；8月，组织7家采购商参加2015年惠州台湾精品博览会活动；10月，组织88家企业参加第十二届中博会、中国中小企业高峰论坛；11月，组织14家企业参加第四届中国（惠州）物联网云计算技术应用博览会。至年底，有鞋业单位6 265个。其中，鞋业企业855家，鞋业个体户5 410户，规模以上制鞋企业109家。全年产鞋9.5亿双，与上年持平；产值310亿元。12月通过“中国女鞋生产基地”复评。

【惠城区服装制造业】 2015年，惠州市惠城区有纺织工业企业近2 000家，受经济下滑影响，年内过半服装企业产值下降，工业产值163亿元，比上年下降近10%；其中年产值超7亿元的晶惠工业（惠州）有限公司全部转移至越南。惠州南旋集团作为“广东省十大毛衫优势企业”和“广东服装百强企业”，集团总产值比上年增长近3成。7月，惠州市惠城区举办“男装名城杯”服装设计大赛，收到来自全市作品200份，选出入围决赛作品22个，决出金、银、铜奖及最佳工艺、最佳创意、最佳市场奖等。

【特色农业稳步发展】 2015年，惠州市基本农田保有量13.06万公顷，建成标准农田6.67万公顷、现代农业示范园6个，“十二大”特色农产品种植面积达14.3万公顷。培育农业龙头企业260家、专业合作社1 856家，农业科技贡献率达62.5%。

（惠州市地方志办）

环大亚湾新区建设

【概况】 惠州环大亚湾新区是经广东省政府批准设立的省级重大区域发展平台，也是惠州市“以更好质量更高水平进入珠三角第二梯队”的重大战略平台。新区位于惠州南部沿海，西邻深圳、东莞，东接汕尾、河源，范围包括惠阳区和大亚湾经济技术开发区全境以及惠东县境内324国道以南的6个镇、2个旅游管理区，陆地面积2 168平方千米，海域面积4 520平方千米，大陆海岸线长281.4千米。有常住人口124万人，2015年实现地区生产总值1 036.1亿元，比上年增长7.2%；固定资产投资、地税收入分别增长26.3%、18.8%，分别高于全市平均增幅10.3和11.3个百分点。

是年，环大亚湾新区石化、电子、新能源、汽车零部件、滨海旅游等产业发展良好。其中石化产业有1 200万吨炼油、100万吨乙烯生产能力，中海油惠炼二期、东风本田一体化等产业项目加紧建设。区域内海陆空综合交通体系完善，惠州机场开通至北京、上海、重庆、杭州、昆明、成都等6条航线；厦深铁路在新区设有惠州南站和惠东站；潮莞、沈海、惠深沿海、沙清、仁深、长深、惠大、广惠“四横十纵”高速公路网基本建成；惠州港年吞吐能力超过1亿吨，开通至台湾、唐山港、盐田港、虎门港等航线。新区内有巽寮滨海旅游度假区、万科双月湾、范和古村落等旅游景区（点）30多个，涉及滨海休闲、海岛旅游、非物质文化、名村古镇等多种类型。

根据广东省政府批准的《惠州环大亚湾新区发展总体规划（2013—2030年）》，环大亚湾新区发展的战略定位是：建设世界级石化产业基地、广东陆海统筹综合发展试验区、珠三角辐射带动粤东粤北发展增长极、港城融合生态湾区和城乡一体化发展示范区。新区将实行“三步走”策略，即：到2017年，新区建设初见成效，地区生产总值达2 000亿元，经济总量再造一个新惠州；到2020年，现代化生态湾区框架基本形成，成为新兴增长极；到2030年，核心区建设成熟完善，港城融合的现代化生态湾区基本建成。

【新区规划】　2015年，环大亚湾新区推进空间发展等9个专项规划、3个起步区控制性详细规划编制，新开展惠州大亚湾石化产业基地总体发展规划、新区绿地生态网络规划等2个专项规划和大亚湾红树林城市湿地公园总体规划等3个重点公园规划的编制，形成“1+11+3+3”规划体系。11个专项规划中，6个已经省发改委或市政府审批印发实施。3个起步区中，石化产业起步区和稔山滨海新城起步区控规经市政府审批并印发实施。大亚湾红树林湿地公园总规印发实施，大亚湾森林公园总规报市规委会审议。

【新区起步区建设】　2015年，环大亚湾新区推进起步区建设项目3个。全年完成投资165.3亿元，完成年度计划129.6%。加快起步区土地现状调查和用地盘整。南站新城完成11.5平方千米控制范围的土地现状调查，启动棚户区37.8公顷范围的土地及建筑物、附着物登记；稔山滨海新城推进核心区5条道路工程土地征收；石化产业起步区盘整约5平方千米用地，纳入政府储备。实施起步区项目清单管理，推进市政基础设施和产业等项目建设35个。其中，惠州南站至惠大高速连接路等6个项目建成投入使用，惠炼二期等10个项目正在建设。石化起步区投产的10个项目2015年实现产值35.1亿元。

【新区项目建设】　2015年，环大亚湾新区推动三大类项目建设。推进36个优质产业项目建设，全年完成投资215.6亿元，完成年度计划117%。其中，惠炼二期累计完成投资236亿元，完成总投资46.5%；伯恩光学永湖基地和东风本田新改扩建一期项目试生产；巽寮滨海旅游度假区创建国家级旅游度假区通过广东省初评。重点推进28个重点交通、能源、水利项目建设，全年完成投资75.6亿元，完成年度计划126.6%。其中，惠州机场复航；惠州港国际集装箱码头建成，开通航线4条，惠大高速通车，拉通连接港区的进港路。完善港口功能，全年集装箱吞吐量与港口吞吐量分别比上年增长37.3%和6.4%。海湾大桥通车，广州发展惠东风电项目并网发电，稔平半岛供水工程动工建设。加快项目引进，制定重点产业招商图谱，完善引进项目评估体系，实施精准招商，实行“挂图作战”，抓好引进项目的落地建设。全年环大亚湾新区范围内招商选资签约项目341个，合同资金812.7亿元。

【新区生态保护】 2015年，环大亚湾新区以水环境治理和绿地生态网络建设为核心，加强污染防治，推进生态修复。推进重点河涌治理，落实淡水河综合整治任务，完成淡澳河大亚湾段综合整治，联手实施坪山河大亚湾—惠阳段整治，开展3个县（区）境内的镇隆河、白花河、苏埔河等多条河涌整治。推进考洲洋生态修复，完成吊蚝养殖设施清理整治任务，累计恢复自然海域13.7平方千米，占整个海域的48%，海水质量得到改善。推进污水处理设施及配套管网建设，建成一批农村生活污水处理设施；完成大亚湾第二水质净化厂提标改造；实施考洲洋污水处理厂（二期）建设、惠阳淡水污水处理厂扩建；推进惠阳淡水污水处理厂一期筹建。加强联防联控，建立坪山河、淡澳河交接断面水质共同监测和信息发布机制；跟踪监测入海排污口、入海河口及邻近海域，实现入海排污监测全覆盖。建设区域性绿地生态网络，推进林业重点工程建设。共同推进大亚湾森林公园、亚公顶森林公园建设，其中惠东和大亚湾投入980万元完成大亚湾森林公园一期林相改造0.08万公顷；市编委批准设立森林公园管理服务中心；亚公顶森林公园完成造林面积46.67公顷。各县（区）建设一批公园绿地，在新区重点跟进的36个公园绿地项目中，有惠阳景岭公园，大亚湾草堆岭休闲公园、河滩公园、澳头公园、石化区绿化隔离带及22个村庄公园等27个项目建成启用，惠东南山公园完成首期工程。

【新区跨区县协同发展】 2015年，环大亚湾新区健全跨县（区）重点项目协调推进机制，在新区4个合作专责工作小组的基础上，建立新区建设联席会议制度，在跨界河涌综合治理、重点生态项目建设等方面，谋划和推进一批共同推进的重点工作项目，推动新区的协同发展。推进3个县（区）跨界连接“1桥10路”建设。其中，深汕高速惠阳西互通立交桥获广东省交通厅批复同意启动建设；环大亚湾公路惠东段一期、龙海二路、省道356线惠阳至东莞清溪段改扩建工程等3条道路建成或完工，省道358线惠阳新圩至东莞清溪段旧路改造、大亚湾龙山五路、龙海一路、疏港大道与龙海一路连接段等4条道路正在施工；东华大道、内环西路、大亚湾淡澳河东侧滨河路升级改造等3条道路在开展前期工作。推进区域性公共服务共建共享，惠高初中部结对帮扶大亚湾二中；位于惠阳与大亚湾边界的华师附属惠阳学校优质教育资源辐射淡澳地区；惠阳与大亚湾城乡生活垃圾实现一体化处理；大亚湾为惠东重病患者开通惠亚医院绿色通道，对惠东盐洲卫生院开展技术帮扶。新开通跨界公交班线4条，优化调整大亚湾—惠阳的2条跨界公交，大亚湾大部分公交线路与惠阳中心城区实现对接。推进产业和招商合作，组织开展“新区惠阳—大亚湾石化产业发展对接交流活动”，共建大亚湾—巽寮湾海上观光通道，共同设立驻深圳投资促进中心，建立招商信息共享机制和项目相互推荐机制，3个县（区）相互推荐总投资688亿元的32个优质项目，其中，华电电力LNG接收站、稔山国际家居文化小镇项目签订框架合作协议。 （惠州市地方志办）

·责任编辑　何文倩·

肇庆市

基本情况

【概况】 肇庆市位于广东省中西部、西江下游，珠江三角洲西部，东部和东南部与佛山市、江门市接壤，西南与云浮市相连，西和西北与广西壮族自治区的梧州、贺州等市交界，北部和东北部与清远市毗邻。土地总面积148.91万公顷，有省级以上自然保护区5个，其中鼎湖山是国家级自然保护区，广宁竹海是国家级森林公园，星湖湿地公园是国家级湿地公园。肇庆城区（端州区、鼎湖区、高要区）辖8个街道和20个镇。至2015年末，肇庆市户籍人口438.27万人，常住人口405.96万人，其中城镇人口183.33万人。

至2015年底，肇庆市辖端州区、鼎湖区、高要区、广宁县、德庆县、封开县、怀集县，代管四会市，另设肇庆高新技术产业开发区、肇庆新区和粤桂合作特别试验区（肇庆）3个功能区。

全市有文物古迹300多处，其中梅庵、德庆学宫、肇庆古城墙、七星岩摩崖石刻、悦城龙母祖庙是全国重点文物保护单位，端砚入选“岭南文化十大名片”，端砚制作技艺和悦城龙母诞入选国家级非物质文化遗产名录。

【经济建设】 2015年，肇庆市实现地区生产总值1 970.01亿元，比上年增长8.2%，人均地区生产总值48 670元，增长7.7%，第一、二、三产业增加值分别增长4.4%、8.5%、9.2%。规模以上工业总产值4 058.09亿元，比上年增长7.5%。完成一般公共预算收入143.35亿元，比上年增长1.2%。完成固定资产投资1 330.03亿元，比上年增长16.8%；社会消费品零售总额632.36亿元，增长12.9%；外贸进出口总额82.07亿美元，增长4.8%。全市居民人均可支配收入1.89万元，比上年增长9.6%，其中城镇和农村常住居民人均可支配收入分别为2.37万元和1.39万元，分别增长9.3%和10.6%。“暖企行动”共减免企业税负15.8亿元，减免涉企行政事业性收费、基金收费1.6亿元。完成交通建设投资121亿元，广佛肇城际轨道建成，38个省重点项目完成年度计划投资的124%。获得国家发改委项目资本金专项基金11.8亿元，居全省地级市首位。

2015年10月23日，2015肇庆金秋——建设枢纽门户城市招商引资·招才引智洽谈会在奥威斯酒店举行 （肇庆市商务局供稿）

是年，肇庆市

2015年肇庆市国民经济发展情况

区市县	户籍人口（人）	地区生产总值		人均地区生产总值		规模以上工业总产值	
		实绩（亿元）	比上年增长（%）	实绩（元）	比上年增长（%）	实绩（亿元）	比上年增长（%）
全　市	4 382 729	1 970.01	8.2	48 670	7.7	4 058.09	7.5
市　直	378 378	171.71	2.9	74 255	5.6	171.32	1.9
端州区		194.03	9.0			297.89	8.6
鼎湖区	158 535	96.15	8.2	56 197	7.6	249.20	7.8
高要区	807 547	391.41	7.5	50 317	7.0	1 078.82	7.3
四会市	457 177	327.79	8.2	67 342	7.7	740.51	7.9
广宁县	579 800	130.74	7.2	30 014	6.8	192.97	8.3
德庆县	390 313	120.75	7.2	34 410	6.7	246.87	8.4
封开县	509 969	135.81	8.3	33 230	7.9	146.86	8.6
怀集县	1 101 010	218.56	6.8	26 077	6.4	154.68	7.6

区市县	农林牧渔业总产值		固定资产投资		外贸出口总额		实际利用外资	
	实绩（亿元）	比上年增长（%）	实绩（亿元）	比上年增长（%）	实绩（亿美元）	比上年增长（%）	实绩（亿美元）	比上年增长（%）
全　市	436.74	6.9	1 330.03	16.8	47.67	3.5	13.94	4.6
市　直	0.67	−18.2	14.41	−0.2	19.67	9.4	3.88	3.3
端州区			152.49	16.8	8.19	−11.4	1.70	5.0
鼎湖区	26.39	6.5	94.55	18.3	3.07	11.4	0.88	5.0
高要区	103.13	5.9	285.67	18.0	6.74	0.9	2.92	5.2
四会市	72.01	6.2	292.77	16.8	6.88	5.0	1.98	5.0
广宁县	41.92	7.2	62.57	18.1	0.15	−30.0	0.74	4.9
德庆县	41.17	7.2	101.73	15.8	1.65	7.0	0.55	4.9
封开县	59.10	7.4	86.26	16.2	0.69	13.7	0.89	4.9
怀集县	90.83	8.5	91.16	16.0	0.63	29.5	0.40	7.6

续表

区市县	一般公共预算收入		社会消费品零售总额		城镇常住居民人均可支配收入		农村常住居民人均可支配收入	
	实绩（亿元）	比上年增长(%)	实绩（亿元）	比上年增长(%)	实绩（元）	比上年增长(%)	实绩（元）	比上年增长(%)
全　市	143.35	1.2	632.36	12.9	23 746.0	9.3	13 982.4	10.6
市　直	38.23	15.5	42.45	4.7	26 171.4	9.6	–	–
端州区	15.63	12.5	169.87	16.1				
鼎湖区	7.24	18.4	26.38	15.0	23 662.8	8.0	18 133.5	8.8
高要区	28.43	1.2	96.12	14.0	24 013.6	8.7	15 798.0	11.9
四会市	22.87	–7.5	120.71	12.5	25 885.7	8.7	18 097.6	8.8
广宁县	7.76	–3.6	42.69	11.7	19 502.6	8.9	11 537.6	14.7
德庆县	8.76	–1.9	40.12	12.0	19 287.3	9.3	15 331.2	10.1
封开县	6.99	–9.2	32.68	11.2	19 473.1	9.2	11 532.4	9.6
怀集县	7.44	–32.5	61.34	11.5	22 482.0	9.0	12 569.4	13.0

（冯小莹）

实施支持实体经济发展20条措施等系列政策，新增6家企业在新三板挂牌。肇庆高新区初步形成金属新材料、生物医药、电子信息、先进装备制造等四大产业集群，新开工项目20个、新建成投产项目26个。粤桂合作特别试验区加快“六个一”基础设施建设，新引进项目10个，完成投资额2.3亿元。广佛肇（怀集）经济合作区起步区累计投入资金额11亿元，完成“七通一平”；累计引进项目75个，总投资额107.16亿元。是年，合作区实现工业总产值52.14亿元，比上年增长26.82%。

是年，肇庆市设立1亿元市级创新驱动发展引导资金，组建华南师范大学（肇庆）国际光电产业研究院和华农（肇庆）生物产业技术研究院，有75家企业列入省高新技术企业培育计划。装备制造业、高技术产业投资分别比上年增长45.3%和2.04倍。

举办“肇庆金秋”、汽配产业、环保产业和北京、广州、佛山、深圳、珠海等多场招商会。肇庆市被列入珠江西岸先进装备制造产业带范围并被列为“首批省级小微企业创业创新基地城市示范点”，肇庆高新区被纳入“珠三角国家自主创新示范区”。新认定市级企业技术中心8个；新认定市级专业镇4个。建立起长春理工大学国家大学科技园肇庆分园（肇庆高新区）、端州区与广东工业大学、粤桂合作特别试验区与肇庆学院等3个协同创新研究院。以海蓝化工为运营单位的粤桂林产科技城获广东省科技厅认定为国家级科技企业孵化器培育单位。（肖泳湘）

【政治文明建设】 2015年，肇庆市制订实施《中共肇庆市委关于全面推进依法治市的实施意见》，成立市人大法制委员会，成为广东省第二批行使地方立法权城市。全面推行行政复议开庭审理、公开听证等阳光工程。市直单位权责清单基本编制完成，不再

2015年肇庆市社会事业情况

教育			医疗 文化 体育		
项目	单位	数量	项目	单位	数量
普通高校	所	5	医院和卫生院	所	146
普通高校在校学生	万人	6.61	医院与卫生院床位	张	13 859
中职和技校学校	所	32	平均每千人口医院和卫生院床位	张	3.72
中职和技校在校学生	万人	7.67			
普通中学学校校	所	176	群众艺术和文化馆	个	9
普通中学在校学生	万人	24.94	公共图书馆	个	9
小学学校	所	218	博物馆	个	17
小学在校学生	万人	34.28	档案馆	个	11
学龄儿童入学率	%	100	国民体质合格率	%	92
幼儿园	所	502	人均公共体育场地面积	平方米	2
在园幼儿	万人	14.58			

（冯小莹）

保留“非行政许可审批”事项。实现“三官（警官、法官、检察官）一师（律师）”进村（居）开展法律服务活动、一村（居）一法律顾问全覆盖。在广东省率先实行网上联合审批服务，行政审批事项网上全流程办理率79.1%。党政机关公务用车制度改革基本完成。

贯彻落实《中共肇庆市委关于全面推进依法治市的实施意见》，推进社会治理法治化和法治创建活动。6月1日，市依法治市工作领导小组审议通过《2015年肇庆市依法治市工作要点》，将工作任务细化为97项举措。9月25日，广东省十二届人大常委会确定肇庆市有地方立法权。制订《肇庆市加快转变政府职能深化行政审批制度改革实施方案》。推动行政审批方式改革，网上审批和并联审批模式在全市推行。

（韦相伍　梁咏春）

【文化建设】　2015年，肇庆市文化发展中心动工建设，包公文化园和端砚文化村建成开放，94.2%的乡镇（街道）综合文化站创建成为省一级站，建成覆盖全市的四级公共文化设施网络。实现“全国义务教育发展基本均衡县（市、区）”全覆盖，“三区一市”全部建成为省推进教育现代化先进区（市），普通高中市一级以上优质学校比例达90.9%，教师学生创作和使用教育信息资源在广东省排名第一位。

以文化惠民为重点做好公共文化服务工作，完成20户以下通电自然村广播电视“村村通”工程，广播、电视综合人口覆盖率100%。打造“美丽肇庆·周末剧场”“百姓大舞台”“百团荟萃竞风流·肇庆广场群众文化活动”“广场排舞”等品牌活动。开展免费和低票价演出，丰富人民群众文化生活。

（韦相伍　万福）

【社会建设】　2015年，肇庆市一般公共预算用于民生类支出191.4亿元，比上年增长

12.3%，占全市一般公共预算支出的71.5%。全年取消45项、停征11项行政事业性收费，免征42项小微企业行政事业性收费等一批税费。省、市年度十件惠民实事全面完成。城镇新增就业近5万人，城镇登记失业率低于2.6%的控制目标。全市新增保障性住房4 338套（户），完成省下达任务的104%。有效防控登革热等重大传染病，县级公立医院综合改革实现全覆盖，乡镇卫生院“五个一”医疗设备配备全面完成。各项社会保险待遇发放率保持100%。企业退休人员月基本养老金提高到1 876元，实现“11年连涨”，城乡居民养老保险基础养老金提高到每人每月100元。基本医保与大病保险实现“一站式”结算，城镇职工、城乡居民医保年度最高支付额分别达到55万元和27万元，城乡特困居民医疗救助人均补助标准提高到1 556元以上。东南板块低保标准实现城乡一体化。60岁以上老人免费乘坐城市公交车和进入市内国营景区。

2015年，肇庆市开展新一轮城市总体规划编制，将高要区纳入城市总体规划的规划区范围，规划期限由2020年延长至2030年。完成《肇庆市“两区引领两化”发展总体规划（2014—2020）》编制并实施，统筹市域“两化”发展重要平台，指引新型城镇化与新型工业化互动发展。

【生态文明建设】 2015年，肇庆市设立肇庆西江保护管理和综合利用委员会、粤桂联合环境监控预警及应急指挥中心，开展“环境法治年”及环境保护大检查活动，“零容忍”查处环保违法行为，开展5次市内跨区域联合执法行动，在广东省率先执行按日处罚政策，全面完成省下达的污染物排放总量控制目标任务。开展工业源、扬尘源、机动车和农业源大气污染防治专项行动，淘汰“黄标车”及老旧车辆19 782辆。全市空气质量优良率86%，比上年提升13.1个百分点，空气质量一级优天数增长1.02倍，$PM_{2.5}$、PM_{10}年均浓度分别比上年下降25%和24.3%，空气质量达标天数增加57天，$PM_{2.5}$年均浓度下降幅度名列全省第二、珠三角第一，PM_{10}年均浓度下降幅度名列全省第一，空气质量综合指数在全省排名比上年上升两位。市第三污水厂二期项目以及一批沿江镇、工业园区污水处理厂建成使

2015年4月26日，肇庆市端州区首个“幸福砚都”智慧社区互助平台服务点在中源名都小区挂牌 （肇庆市委社工委供稿）

用，西江（肇庆段）水质优于Ⅱ类标准，集中式饮用水水源地水质100%达标。新建成森林公园23个，森林覆盖率70.3%。耕地保有量增加至18.82万公顷，连续15年实现耕地占补平衡。年内，开展市容环境卫生等“六大专项整治”“美丽肇庆·幸福家园”文明创建系列活动，中央创文测评组对肇庆创建“全国文明城市”工作给予肯定。肇庆再次被授予“国家卫生城市”称号。（韦相伍）

【党的建设】 2015年，肇庆市开展“三严三实”专题教育和“机关优作风抓落实年”活动，排查领导干部不严不实问题1 700多个，近九成完成整改。全市1 545个村（居）基本建成“五全”公共服务站，解决群众危难诉求3.8万件，代办民事16.8万件，化解矛盾纠纷9 900件。155个软弱涣散村（居）党组织实现转化升级。落实乡镇（街道）领导干部驻点普遍直接联系群众制度，镇村干部为群众解决问题3.95万件。专项整治行政不作为、慢作为、乱作为等现象，查处违反中央八项规定精神案件52件、“庸懒散奢”等不良风气问题212个。惩治和预防腐败体系建设更加健全，强化落实厉行节约反对浪费和审计监督等制度，开展“述责述廉述德”和廉政巡检巡查活动，《市民问政》等社会媒体监督不断加强。包公文化园建成开放，成为广东省反腐倡廉教育基地。

是年，肇庆市印发《肇庆市落实党委主体责任和纪委监督责任的实施意见》，建立健全“两个责任”清单，建立履责报告、廉政约谈、述责评议、廉政巡检、考核检查等制度，推动“两个责任”落实。以端州区和广宁县为试点，开展纪检监察系统巡察，立案查处纪检监察干部违纪违法案件4件，10名纪检监察干部进行廉政约谈教育。5月1日，升级改版“肇庆清风网”，开通“清风肇庆”微信公众号。5月27日，广东省纪委与肇庆市委、市政府共同建设的省反腐倡廉教育基地包公文化园对社会免费开放。

（韦相伍　卢本深）

年度大事

【肇庆首个农（副）产品配送中心试运营】 2015年3月3日，肇庆市供销合作联社

2015年3月3日，肇庆市供销社农（副）产品配送服务中心试运营。图为肇庆市供销社农（副）产品配送服务中心大楼

（肇庆市供销社供稿）

（简称市供销社）农（副）产品配送服务中心试运营，成为肇庆第一个农（副）产品配送中心。该中心占地面积 4 500 多平方米，由原市供销社旧办公场所及仓库改造而成，属市供销社农（副）产品配送服务电子商务平台项目，是肇庆首个农（副）产品“产消对接”（生产者与消费者直接对接）电子商务配送服务平台。利用现代信息技术创新供销社农（副）产品传统流通方式，以产销方式对接农（副）产品配送服务，与全市镇村各类专业合作社、种养基地及住宅小区开展对接，构建集供应链条、恒温仓储、电子标签追踪溯源、食品检测、冷链运输、信息采集及处理发布、电子结算、终端保鲜于一体的农（副）产品“物联网”配送平台。截至年底，供销“菜篮子”服务快线网站会员数 1 万多个，项目配送的机关团体饭堂 60 多家、住宅小区 56 个，日均配送 1 500 多户，实现销售额 1 000 多万元。

（谭桂花）

【高要撤市设区】 2015 年 4 月 28 日，国务院批复同意广东省调整肇庆市部分行政区划，撤销县级高要市，设立肇庆市高要区，以原高要市的行政区域为高要区的行政区域，区人民政府驻南岸街道府前大街 25 号。高要撤市设区后，肇庆市构建形成“一江两岸”超百万人口城市框架，加快建设珠三角连接大西南枢纽门户城市。（梁志球）

【肇庆三榕电子商务产业园成为国家电子商务示范基地】 2015 年 6 月 3 日，商务部电子商务司公布第二批 66 个“国家电子商务示范基地”名单，肇庆三榕电子商务产业园成为广东省 4 个入选基地之一。该产业园占地面积 24.6 平方千米，2010 年开始规划建设。园区以电子元器件、生物工程、轻纺高新技术、装备制造、生产性服务业等为主导产业，包括电子商务人才培养基地及创业孵化器、技术创新与研发中心、电子商务大数据与云服务中心、O2O 展示体验中心、跨境电子商务区、仓储物流服务区、电子商务综合服务区等七大功能区域，拥有华南智慧城、中巴软件园、广东（维龙）云服务产业园等核心信息技术基地。至年底，园区企业认定高新技术企业 13 家、国家级工程技术研发中心 2 个，省级工程技术研发中心 3 个，肇庆市企业流动博士后工作站 2 个。园区孵化和引进电子商务相关企业，鼓励企业加强电子商务建设，探索推广 B2C、B2B、O2O 等电子商务新模式，推动端砚等特色产品网上交易。入园企业有世界 100 强的中国人寿的电子商务华南区域中心、中国电信集团全资子公司号百信息服务有限公司、上海微创（肇庆）服务中心、华南中远国际货运、广东新安怀电子商务、肇庆全商联盟信息科技有限公司、肇庆市智引信息科技有限公司等大中型商务企业。（钟晓明）

【肇庆成为国家物流标准化试点城市】 2015 年 7 月 22 日，商务部、财政部、国家标准化管理委员会联合在北京召开物流标准化试点工作部署会，肇庆市成为列入“第二批国家物流标准化试点”的 11 个城市之一。2014 年以来，肇庆市贯彻落实《物流业发展中长期规划（2014—2020 年）》《关于加快推进商贸物流标准化工作的意见》《商贸物流标准化专项行动计划》，推进物流标准化工作，加快物流业转型升级和创新发展。年初，肇庆市商务局制定物流标准化试点申报方案，会同市财政局、市质监局向商务部报送，7 月获批成为“试点”城市。至年底，肇庆市利用国家对试点城市的扶持政策，培育物流标准化龙头企业，推广物流标准化设施应用，建设物流公共信息服务平台，推进物流业与相关产业融合互动，提升产业链上下游协同能力，提高物流效率，降低社会物流成本，促进消费扩大内需，推动物流行业实现标准化。（钟晓明）

【德庆县列入省级基层公共服务综合平台建设试点县】 2015 年 7 月 30 日，德庆县被定为全省 8 个基层公共服务综合中心建设试点县之一。9 月，成立德庆县基层公共综合服务中心。该中心设办事大厅 5 个和多功能厅 1 个，整合各级服务平台，共 50 个具有行政审批、公共服务和社会服务功能的职能部门进驻，提供服务事项 811 项。中心建设引入“城市客厅”的理念，将创新基层治理、社会管理与建设服务型政府有机结合，实现县、镇、村三级互联互通，打造成德庆县的“政府之窗，百姓之家”。工作人员由进驻中心的单位选派办公，实行派出单位和服务中心双重管理。中心以“手续简、流程短、办事快、服务优、效率高、质量好”为宗旨，实行“一个中心对外、一个窗口受理、一条龙服务、一站式办结”管理运作模式，提供办证、审批、审核、咨询、收费等服务；接收群众的投诉和举报，负责监督各窗口的行政效率、工作纪律和服务质量。

（徐小桃）

【广东首个地市级中医药局在肇庆成立】 2015 年 8 月 10 日，肇庆市中医药管理局（简称市中医药局）挂牌成立，成为广东省第一个成立中医药管理局的地级市。肇庆是广东特色南药的主产区之一，盛产巴戟天、何首乌等中药材。至年底，肇庆市有 9 所中医院，乡镇卫生院全部提供中医药服务，有省名老中医、省名中医 9 人，市（地区级）名老中医、市名中医 52 人。市中医药局主要职能是贯彻执行国家、省、市关于中医药工作的方针、政策及法律法规；拟定中医药事业发展规划、政策及相关管理规范和技术标准并组织实施，推进中医药强市建设；建立完善中医医疗保健服务体系，监督指导中医和中西医结合的医疗、预防、保健、康复业务以及中医行业管理规范和技术标准的执行；参与制订中医药扶持政策、中医药产业发展规划以及重大中医药项目的规划和实施等，推动中医药事业、产业和文化的发展。

（陈洪明）

【高要巴戟天获国家地理标志产品保护】 2015 年 12 月 4 日，国家质量检验检疫总局发布 2015 年第 143 号公告，高要巴戟天获实施国家地理标志产品保护，产地范围为广东省高要区河台镇、水南镇、禄布镇、乐城镇、小湘镇 5 个镇现辖行政区域。是年，高要区拥有“麦溪鲤”“麦溪鲩”“活道粉葛”“高要巴戟天”4 个国家地理标志保护产品，成为肇庆市获地理标志保护产品数量最多的行政区。（梁志球）

【怀集汶朗蜜柚成为国家地理标志保护产品】 2015 年 12 月 8 日，经国家质量监督检验检疫总局批准，怀集汶朗蜜柚成为国家地理标志保护产品，是肇庆市首个果蔬类的国家地理标志保护产品。至 2015 年，汶朗蜜柚形成产供销一体化模式，成立有佛香蜜柚专业合作社和润发蜜柚专业合作社，种植蜜柚的农户 216 户。是年，汶朗蜜柚种植面积 666.67 公顷，年产量 5 000 吨，年产值 8 500 多万元。（莫少品）

【全省首支地级市农业综合行政执法支队在肇庆成立】 2015年12月30日，广东省第一支地级市农业综合行政执法队——肇庆市农业综合行政执法支队成立。该支队设在肇庆市农业局，下设执法一大队、执法二大队和综合科3个内设机构。其主要职能是依法开展农业管理领域中涉及种子、农药、肥料、农产品质量安全、农业转基因生物安全、植物新品种保护、动植物检疫、兽药、饲料和添加剂、种禽畜、生猪屠宰、渔用饲料和水产养殖用药、农业机械等方面的监督检查、行政处罚、行政强制工作；组织实施农业部门职权范围内的专项整治行动；指导、监督全市农业行政执法工作，规范行政执法行为；指导全市农业行政执法队伍建设，开展农业法律宣传教育和培训等。

（张东方）

【肇庆率先在全省实行网上联合审批服务】 2015年，肇庆市率先在全省建成并开通有22个部门参与应用、审批环节减少一半、效率大幅提速50%的网上联审系统。肇庆市组成以市监察局、市经信局、市行政服务中心和中山大学项目组为主责单位的工作团队，确定把在市行政服务中心设置办事窗口的新企业设立申请和建设工程申报定为网上联审系统建设的主要内容，市发展改革局、市城乡规划局、市住建局分别承担联审业务不同阶段的牵头职责；将建设工程划分成立项、建筑设计、施工许可3个联审流程，除发展改革、城乡规划等部门的审批环节在特定情况下仍保留原审批模式外，其他部门实行同步（联合）审批，简化审批环节。

（黄文恒）

主导产业

【概况】 2015年，肇庆市主导产业增速加快，产业结构不断优化。第一产业增加值288.76亿元，比上年增长4.4%；第二产业增加值969.09亿元，增长8.5%；第三产业增加值712.16亿元，增长9.2%。三次产业的结构为14.7∶49.2∶36.1。高新技术产业、先进装备制造业、信息产业、优势传统产业和现代农业、商贸服务业、金融业和房地产业是肇庆市的主导产业。其中，先进装备制造、高端

2015年12月30日，广东省地级市第一支农业综合行政执法队——肇庆市农业综合行政执法支队正式成立　　（肇庆市农业局供稿）

新型电子信息、新材料、生物医药四大工业主导产业完成规模以上工业增加值 223.82 亿元，占规模以上工业增加值的 23.9%。

是年，肇庆市规模以上工业总产值 4 058.09 亿元，规模以上工业增加值 938.2 亿元，工业经济对 GDP 的贡献率 51.3%。规模以上工业企业 1 079 家，年主营业务收入超 10 亿元企业 70 家。累计获认定省高成长性中小企业（民营企业）21 家、省战略性新兴产业骨干企业和培育企业 6 家、省装备制造业重点骨干企业和培育企业 8 家。肇庆大旺、德庆、怀集 3 个省级产业转移工业园和高要区、四会市、广宁县省级产业集聚地实现工业增加值 242.76 亿元，比上年增长 11.71%，占全市规模以上工业增加值的 25.05%；实现全口径税收 21.49 亿元，增长 19.55%。全市万元 GDP 能源消耗 0.57 吨标准煤，比上年下降 4.51%。是年，肇庆市入选首批“广东省小微企业创业创新基地城市示范”；广宁县华南再生资源产业基地被列入广东省“城市矿产示范基地”；广宁县确定为国家循环经济示范城县建设地区。

（韦相伍）

【高新技术产业】 2015 年，肇庆市高新技术产品产值 1 352.6 亿元，比上年增长 26.5%，占规模以上工业总产值的 29%。有 40 家企业被认定为高新技术企业，另有 19 家高新技术企业通过复审。至年底，新认定企业国家级重点实验室 1 个、国家级科技企业孵化器培育单位 2 个、省级新型研发机构 1 个、省级工程技术研究中心 18 个、市级工程技术研究中心 13 个，累计培育和建成新型研发机构 4 个，建成科技企业孵化器 7 个，建立各级重点实验室、工程技术研究中心共 100 个。全年净增高新技术企业 22 家，累计 139 家。肇庆高新技术产业开发区创业服务中心和长春理工大学科技园肇庆分园光电产业孵化器运营，孵化面积 13 万平方米，在孵企业 26 家。

（岑欣燕）

【先进制造业】 2015 年，肇庆市先进制造业投入固定资产 664.68 亿元，比上年增长 28.6%；完成增加值 294.66 亿元，增长 6.8%；对全市工业增长的贡献率 33.7%，拉动工业增长 2.6 个百分点。拉动增长较快的新兴支柱行业有：仪器仪表制造业、汽车制造业、电气机械和器材制造业，分别增长 4.0%、15.0%、2.3%。装备制造业投资 177.71 亿元，比上年增长 46.7%；完成增加值 203.44 亿元，增长 3.8%，低于全市平均水平 3.8 个百分点，占全市增加值比重的 21.7%；对全市工业增长的贡献率 12.4%，拉动工业增长 0.9 个百分点。

【信息产业】 2015 年，肇庆市加快信息产业建设，建成华南智慧城、中巴软件园、维龙云服务园等 3 个信息产业园区及云服务器平台、云渲染平台和基于下一代互联网 IPV6 的云服务等公共服务平台，服务入驻企业及机构 100 多个。华南智慧城被列入广东省物联网发展重点项目。至年底，全市光纤总长度 5.8 万千米，家庭宽带平均接入能力每秒 20 兆比特；建成 3G/4G 基站 8 000 座以上；固定电话用户 56 万户，移动电话用户 396 万户，国际互联网用户 273 万户；有线宽带端口 65 万个，实现行政村 100% 通光纤，光纤入户率 30.7%，互联网普及率 67%。

【传统优势产业】 2015 年，肇庆市六大优势传统产业增加值比上年增长 2.1%，低于全市平均水平5.5个百分点，占全市工业增加值的33.5%，对全市工业增长的贡献率0.6%，拉动工业增长0.04个百分点；除食品饮料以及家用电力器具制造业增长较快外（两大行业增速分别为18.7%和15.9%），其余四大行业（纺织服装、家具制造、建筑材料和金属制品）增速均低于全市平均水平。

（胡德林）

【现代农业】　肇庆是广东省农业大市、珠三角重要农产品生产基地。2015年，全市耕地面积18.95万公顷，农业人口265.85万人。农林牧渔业总产值436.74亿元，比上年增长6.9%；增加值288.76亿元，增长4.4%，增幅连续两年位居全省第一。农村常住居民可支配收入1.39万元，比上年增长10.6%，超过全省平均水平。

是年，肇庆市形成粮食、柑橘、蔬菜、禽畜、水产、花卉六大农业主导产业。全市粮食总产量155.85万吨，实现连续七年增产。蔬菜、水果产量分别达240.96万吨、148.69万吨，生猪出栏418.83万头，家禽出栏7 429万只，水产品总产量42.58万吨，其中柑橘、水产产量全省第二，生猪（出栏量）全省第二。全市有现代农业龙头企业192家（其中省级22家、市级63家、县级107家），固定资产总值30.24亿元，销售收入53.5亿元，净利润3.4亿元，带动近13万农户户均增收近3 000元。农民专业合作社2 532个，其中有18个合作社被评为国家级农民合作社示范社。

是年，肇庆市所有乡镇均建立农产品质量安全监管机构，其中72个乡镇建立农产品检测站（室）。率先在全省成立农业综合执法机构——肇庆市农业综合行政执法支队。累计创建17个国家畜禽标准化示范场，5个国家级水产健康养殖示范场，1个种植业类国家级标准化示范项目。利用“政府+企业”模式，搭建农产品电子商务服务平台及优质农产品展销中心。成立市农村电子商务协会农产品分会，指导农产品电子商务发展。德庆县建立160多个电子商务服务站（点），农产品网络交易统一平台。肇庆首个淘宝村落户广宁县，搭建县级服务中心和村级服务站。肇庆市供销社建立网上订菜、送菜上门服务的“供销菜篮子”电子商务平台。累计建成4.99万公顷高标准基本农田。有6个省级农业科技创新、成果转化示范基地。培育科技示范户1.7万户，周围辐射带动农户17万多户。农作物机械化水平38.34%，其中水稻耕种收综合水平65%。肇庆市获省农业厅的农业面源污染治理专项资金360万元，推广应用秸秆还田腐熟技术面积2万公顷，农作物秸秆综合利用率85%。完成清拆生猪养殖场（户）272个。市、县两级除怀集县外全部完成畜禽屠宰管理职能交接。开展屠宰企业审核清理，推进家禽“集中屠宰、冷链配送、生鲜上市”试点。

（张东方）

【现代商贸服务业】　2015年，肇庆市完成社会消费品零售总额632.36亿元，比上年增长12.9%，增速居全省第二位，珠三角第一位。其中城镇消费454.47亿元，比上年增长13.2%；农村消费177.89亿元，增长12.3%。批发零售业实现消费563.68亿元，比上年增长13.6%。全市服装、鞋帽、针纺织品类商品零售额33.1亿元，比上年增长8.3倍；体育、娱乐用品类商品零售额5.5亿元，增长3.8倍；日用品类商品零售额15.4亿元，增长2.7倍；家用电器和音像器材类商品零售额14.3亿元，增长1倍。全市“万村千乡”市场工程扶持建设乡镇商贸中心2个，共获中央财政资金49.3万元。

（钟晓明）

【现代金融业】　截至2015年12月，肇庆市有银行业金融机构24个，各项存款余额1 785.01亿元，比年初增长6.4%；各项贷款余额1 281.52亿元，增长9.3%。全市有证券期货机构8个，设16个营业点，股票账户57.73万户，证券交易额7 215.91亿元，其中股票累计交易额6 175.26亿元。期货营业部1家，累计代理交易额4 493.96亿元。全市保险公司37家，实现保费收入51.64亿元，比上年增长54.01%。

是年，肇庆市以四会市和德庆县为试点推动农村普惠金融“村村通”。至10月底，德庆县征信中心收集2.12万户农户信用信息，175个乡村金融服务站全部挂牌成立，实现县域全覆盖，全县设立助农取款点293个。四会市开展“村财通”POS机业务，实现基础金融服务在辖内126个行政村100%覆盖，该产品获“2014全国农村金融十大品牌创新产品奖”。建立“融资超市”，为1 600多家企业融资164亿元。设立肇庆市中小微企业贷款风险补偿基金，在四会、广宁、鼎湖、肇庆高新区等成立助保贷等风险补偿基金，缓解中小微企业融资难问题。出台《肇庆市鼓励银行业金融机构支持地方经济社会发展的实施办法（试行）》。3月，浦发银行肇庆分行开业，成为浦发银行广州分行下辖的第六个异地机构。　（皮定军）

【房地产业】　2015年，肇庆市完成房地产投资159.77亿元，比上年下降15.4%；商品住宅开发投资119.41亿元，下降8.4%；办公楼投资4.15亿元，下降61.8%；商业营业用房投资和其他投资分别为19.02亿元和17.18亿元，分别下降18.3%和29.5%。商品房施工面积2 210.42万平方米，比上年增长1.54%，其中住宅1 604.88万平方米，下降1.76%；商品房新开工面积417.46万平方米，下降26.65%，其中住宅298.7万平方米，下降24.90%；商品房销售面积495.19万平方米，增长0.2%；商品房销售额248.99亿元，增长0.3%；商品房销售均价每平方米5 028元，增长0.1%。市直完成房地产登记46 783件，比上年增长12%，涉及建筑面积843.86万平方米，增长5%。全市二手房交易面积158.34万平方米，比上年增长26.28%，交易均价每平方米3 626元；二手住房交易面积108.29万平方米，增长33.13%，交易均价每平方米3 680元。

（杨晓聪）

特色产业

【旅游业】　截至2015年底，肇庆市有旅行社44家（其中具有出境游资质旅行社4家），旅行社分社9家，旅行社营业部71个。有星级饭店21家，其中五星级饭店1家、四星级饭店1家、三星级饭店12家、二星级饭店6家、一星级饭店1家。开放旅游景区（点）52个。全年景区接待人数2 928.06万人次，比上年增长3.26%。旅游收入241.62亿元，比上年增长9.25%；占第三产业比重的15.27%。占全市GDP比重的5.52%。城市接待旅游者人数2 293.97万人次，比上年增长1.74%。接待入境游客100.89万人次，比上年增长52.15%，其中，旅游外汇收入3.22亿美元，增长14.92%；

接待外国人 13.12 万人次，增长 64.41%；接待香港、澳门和台湾同胞 87.77 万人次，增长 50.47%。过夜入境游客 49.57 万人次，比上年增长 1.05%。组织出境游客 4.03 万人次，比上年增长 5.28%；其中，港澳游 3.92 万人次，增长 5.16%；出国游 0.11 万人次，增长 11%。接待国内游客 2 193.08 万人次，比上年增长 13.77%；其中过夜国内游客 1 078.15 万人次，增长 1.39%。国内旅游收入 221.73 亿元，比上年增长 8.72%；“一日游”国内游客 1 114.94 万人次，增长 28.99%。

（梁国恩）

【电子商务业】　2015 年，肇庆市的三榕电子商务产业园区被评为“国家级电子商务示范基地”。至年底，肇庆有 1 个国家级电商示范基地，2 个省级电商示范基地和 3 家省级农村电商示范企业，6 个市级电商示范基地、2 个市级互联网创新创业示范基地、4 家市级农村电商示范企业、2 个市级农村电商示范县（区）。新建 40 个电子商务平台、550 个农村电商服务站，与阿里巴巴、京东合作健全农村电商服务体系。2 家电子商务企业在新三板、深圳前海新四板上市；组建市级电商协会 2 个、县域电商协会 4 个和电子商务人才培训基地 20 个，培训 1 万人次。与三大电信（中国移动、中国联通、中国电信）运营商合作，实现百兆光纤入户，互联网普及率 62.4%以上。引进中国人寿电子商务有限公司、大龙网、中国浪潮、中国网库、中国电子商务中心等企业来肇庆设立区域性总部或投资重大项目，小冰火人、抠抠网、88 平台等 50 家电子商务企业落户肇庆。

（钟晓明）

【端砚业】　端砚是肇庆市土特产，为“岭南文化十大名片”之一；端砚制作技艺入选国家级非物质文化遗产名录；端砚文化是肇庆的地方特色文化，入选广东省首批“珠江文化星座”。端砚业是肇庆市主要文化产业，截至 2015 年 12 月，肇庆市专门从事端砚制作的企业 100 多家，端砚作坊 400 个，年产值 3 亿多元。主要的端砚企业有端溪名砚厂、艺海端砚厂、华兴端砚厂、大德利端砚厂、中艺名砚厂、七星名砚厂等。端砚从业人员 1 万人左右。其中，亚太地区手工艺大师 1 人（黎铿），中国工艺美术大师 4 人（黎铿、罗海、张庆明、梁佩阳），中国文房四宝制砚艺术大师 21 人，国家级非物质文化遗产项目代表性传承人 1 人（程文），省级非物质文化遗产项目代表性传承人 5 人（程文、程均棠、杨焯忠、梁焕明、郭成辉），中国文房四宝专家 6 人，广东省民间文艺家传承人 4 人，广东省工艺美术大师 31 人，高级工艺美术师 71 人，肇庆市制砚名师 33 人，3 人（张庆明、梁佩阳、程振良）被授予“肇庆市拔尖人才”称号。

10 月，肇庆市重点文化建设项目“中国端砚文化村”建成，该项目是全国首个以端砚文化为主题的复合型旅游文化商业项目；11 月 6—9 日，第 36 届全国文房四宝艺术博览会在中国端砚文化村会展中心举行，这是“艺博会”首次在广东省举办。12 月 5—13 日，“2015 首届肇庆市工艺美术成果展”在中国端砚展览馆开幕，具有本地特色的 800 件传统工艺美术作品参展。年内，肇庆三榕电子商务产业园推出端砚网上交易。

（韦相伍）

【现代物流业】　2015 年，肇庆市公路通车里程 14 128 千米，公路密度为每百平方千米 95.1 千米；其中高速公路 288.02 千米。

货物运输周转量76.11亿吨千米，比上年增长16.8%；其中，公路运输48.83亿吨千米，增长17.3%；水路运输27.27亿吨千米，增长16.0%。港口运输完成货物吞吐量2 925万吨，比上年下降3.9%；港口集装箱吞吐量69.78万标准箱，下降3.2%。完成邮电业务总量69.78亿元，比上年增长25.4%。其中，邮政业务总量5.86亿元，比上年增长39.3%；通信业务总量63.92亿元，增长24.2%。肇庆成为第二批“国家物流标准化试点城市”。肇庆市政府与广东省商务厅合作在肇庆新区临港物流园区共建全省首个广东智慧物流中心工作，为珠三角电子商务仓储物流业的发展提供区域载体。

（钟晓明）

文化名城建设

【概况】 肇庆市历史悠久，文化底蕴深厚。1994年1月4日，肇庆市被国务院公布为第三批国家历史文化名城。1996年7月，德庆县获广东省人民政府评为第二批省级历史文化名城。2015年，肇庆市挖掘具有地方特色的历史文化资源，对文化资源进行整合规划与利用开发，正确处理保护与发展、传承与创新、挖掘与宣传、开放与融合等的关系，把名城建设融合在经济发展全局之中，提升城市文化软实力，为打造珠三角连接大西南的枢纽门户城市提供文化支撑。

（韦相伍）

【广府文化体验之旅暨朝圣·祈福·赏玉四会行】 2015年3月8日在四会市举行。该活动由广东省广府文化研究会、四会市六祖寺、四会市珠宝玉器首饰行业协会主办，四会市旅游局、市民族宗教事务局协办。来自粤桂黔港澳等省区，芬兰、俄罗斯、加拿大、日本、泰国等国家的嘉宾、游客、信众约2 800人出席启动仪式，广府文化研究会常务副会长廖伟阳，四会市市长曾泰分别为桂林阳朔国际旅行社、广州岭南国际旅行社有限公司授予“广府文化体验之旅”和“广府文化体验之旅·四会行”启程大旗。中国（四会）国际玉器城等42家玉器商户获颁“广府玉器文化体验名店”牌匾。活动内容包括游玉器城、六祖寺等地，赏玉淘宝、享千人斋宴和梵呗音乐会，体验玉器文化和六祖文化。在2014年12月召开的首届广府文化学术年会上，四会市被广东省广府文化研究会和省历史学会授予“广府玉器文化体验名城”称号，成为广东首批广府文化系列体验胜地之一。

（黄强荣）

【肇庆市包公文化园】 2015年5月27日，肇庆市包公文化园对社会免费开放。2014年5月，在原包公祠基础上改建的包公文化园动工，占地面积6.67公顷，建筑面积8 000多平方米，总投资额8 300万元。该园由包公祠、清心园、包公文化广场、宋文化街和沿江景观平台五部分组成，是弘扬“包公清官文化”和集“廉政教育、历史文化、旅游观光”于一体的文化工程，是广东省纪委与肇庆市政府共同建设的廉政教育基地，成为广东首个彰显廉洁文化主题文化园。园内陈展实物近1 400件（套），包括480件（套）文物类实物，最珍贵的有绿端砚浮雕墙、星岩书院旧试卷和明清砚碑。

10月，肇庆市包公文化园获2015年全国人居经典综合大奖。该奖项由中国建筑学

2015 年 5 月 27 日，广东首个彰显廉洁文化主题的“肇庆市包公文化园”在肇庆市端州区揭幕 （肇庆市文广新局供稿）

会组织评选。评审委员会由住房和城乡建设部、中国建筑学会、中国土木工程学会、中国城市发展研究院、清华大学等机构专家学者组成。评选设“综合、建筑、规划、环境、科技”等 6 个评选项目，综合大奖是对建筑艺术综合水平要求最高的奖项，全国 52 个项目获此大奖，肇庆包公文化园是其中之一。 （谢敏　万福）

【《肇庆历史文化名城保护规划》通过评审】 2015 年 6 月 12 日，由广东省城乡规划设计研究院负责编制的《肇庆历史文化名城保护规划（修编）》在由肇庆市城乡规划局组织召开的专家技术评审会上获原则通过。该规划包括完善规划体系、体现相关法规提出的保护要求、适当调整历史城区保护范围等。从核心资源保护、城塑造整合、品牌效应提升出发，确定 6 个保护主题：宋城文化主题、端砚文化主题、山水文化主题、中西交流主题、信仰文化主题、廉政文化主题。 （韦相伍）

【肇庆（四会）首届“六祖文化旅游节”】 2015 年 9 月 15 日—10 月 7 日，肇庆（四会）首届主题为“六祖成佛之地·肇庆行”的“六祖文化旅游节”在四会市举行。来自全国各地的 2 000 多名游客、信众参加活动。活动由肇庆市旅游局主办，四会市旅游局、民族宗教事务局、六祖寺承办。中国国际经济技术交流中心副理事长赵进军，中国前驻欧盟使团团长、大使关呈远，全国政协外委会副主任、六祖寺首席外事顾问韩方明等出席开幕式。开幕式上进行“六祖文化旅游节”主要元素展示和祈福赏玉游、祈福生态游两条旅游线路推介，举行“六祖祭”仪式、肇庆书画作品及电视捐赠仪式和祈福法会等活动。同时进行系列禅宗文化论坛和讲座、11 个语种的“六祖坛经”首发式，举行“禅缘玉韵”四会玉器精品展。 （黄强荣）

【《肇庆市历史建筑普查和名录编制》通过审查】 2015 年 10 月 14 日，肇庆市召开专家审查会，通过对《肇庆市历史建筑普查和名录编制（第一批）》的审查。编制内容包括：通过查阅文献资料和现场调研，摸查端州区的历史文化遗产，形成建筑基础信息数据库；参照《肇庆历史文化名城保护规划》，分期分区域普查肇庆历史建筑，逐步建立历史建筑档案和保护名录；协调肇庆

2015年11月6日，第36届（肇庆）全国文房四宝艺术博览会在肇庆中国端砚文化村举行

（肇庆市端砚协会供稿）

历史文化名城保护和“三旧”改造、控规有关历史建筑保护的内容。专家组同意端州区粮食局朝晖粮站旧址等70处推荐为历史建筑，包括重要史迹8处、工业遗产1处、坛庙祠堂2处、骑楼9处、民居46处、公园小品3处，以及井、门楼等构筑物1处。（韦相伍）

【第36届全国文房四宝艺术博览会】 2015年11月6—9日在端州区中国端砚文化村举行，由中国文房四宝协会、《中国文房四宝》杂志社主办，肇庆市端砚协会、肇庆市德业基投资有限公司协办。50多位来自全国各地的10多个砚种的国家级大师、学者参加开幕式。该博览会首次在广东举办，120多家企业参展，展出品种有各类名砚、宣纸、毛笔、印泥、中国画颜料、石章、工艺扇、红木文具等文房四宝用品用具，同时举办中国端砚精品展、中国砚都成就展、砚雕技艺专题知识讲座、第三届砚文化学术研讨会等活动。（谢敏）

粤桂合作特别试验区建设

【概况】 粤桂合作特别试验区（肇庆）位于肇庆市西北部。2014年4月，广东省人民政府和广西壮族自治区政府联合发文批准建设粤桂合作特别试验区；2014年9月成立粤桂合作特别试验区（肇庆）管理委员会。试验区由主体区和拓展区组成。主体区以广西壮族自治区梧州市和广东省肇庆市两市交界为中轴，由双方各划出50平方千米组成。西江南岸10平方千米为起步区。梧州市龙圩区社学和肇庆市封开县平凤镇境内为拓展区，总面积40平方千米。2015年，试验区中属肇庆区域的土地面积70平方千米。试验区有耕地面积800公顷，粮食播种面积1 100公顷，粮食产量7 200吨；林地面积5 100公顷，森林覆盖率71.2%，活立木蓄积量21万立方米。土特产有香蕉、蜜丝枣、沙糖桔。主要旅游景点有大旺海鹰博

览中心。全区规模以上工业总产值37.71亿元，比上年增长8.6%。固定资产投资2.65亿元，增长16.2%。

5月22日，广东省委、省政府印发《广东省参与丝绸之路经济带和21世纪海上丝绸之路建设实施方案》，推进粤桂合作特别试验区等跨省区域合作。7月29日，省经信委、省商务厅联合印发《关于加强珠江西岸先进装备制造产业带招商引资工作的指导意见》，明确粤桂合作特别试验区作为智能制造、节能环保和新能源装备招商的重点载体之一。9月18日，经省政府同意，省经信委印发《关于粤桂合作特别试验区（封开县）申报享受省产业转移政策办理意见的函》，同意试验区纳入省产业转移工业园区管理，并享受省产业转移有关政策。11月16日，两广推进珠江—西江经济带建设现场对接会在试验区召开，推动两广合作建立长效机制、打造泛珠合作典范，并宣布粤桂合作特别试验区联合管委会成立。是年，省政府加大对试验区建设的支持力度，给予试验区平凤拓展区主干道建设资金支持，并拨付试验区联合办公经费800万元。试验区签约项目5个，总投资额163.9亿元，其中总投资110亿元的党山抽水蓄能电站项目成立项目筹建办公室，开展各项前期工作，并获省发改委支持，优先考虑纳入省“十三五”规划重点项目。封开县集中供热项目列入《广东省工业园区和产业集聚区集中供热实施方案（2015—2017年）》，建设地点设在试验区；封开首个国家级科技企业孵化器培育单位也落户试验区。（韦相伍　刘万良）

【西江粤桂联合环境监控预警及应急指挥中心】　2015年10月18日投入使用。该中心是落实《粤桂合作特别试验区总体规划（2012—2030）》关于推动试验区环境监测、管理、预警、预报和应急系统的一体化建设项目。2月，肇梧两市印发《梧肇环境联防联控工作方案》，初步建立两市跨界环境问题联防联控长效机制。该中心功能分为环境监测监控、环境监测预警、环境应急指挥3个部分，项目总投资额4 000多万元，计划分3期建设，首期投入1 350万元。该中心入选2015年广东省环保厅环保专项资金支持项目，初步搭建起环境在线监控平台，可远程监控掌握封开县内及试验区周边的重点污染源在线监控情况以及贺江、西江环境水质情况。

【粤桂合作特别试验区联合管委会揭牌】　2015年11月16日，粤桂合作特别试验区联合管委会揭牌仪式在广西梧州市举行。中共广东省委常委、常务副省长徐少华，广西壮族自治区政府副主席张秀隆共同为管委会揭牌，并考察粤桂合作特别试验区建设情况，出席“两广推进珠江—西江经济带建设现场对接会”。（刘万良）

·责任编辑　何文倩·

珠江三角洲

地区风采

广州市

Guangzhou City

︽ 2015年11月，南沙举行首场平行进口汽车展
（广州南沙自贸区供稿）

《
2015年3月26日，2015年中国广州国际投资大会举行项目签约仪式
（广州市商务委供稿）

︽ 2015年9月10日，中国—以色列机器人与智能制造项目对接会暨发展战略交流会在广州开发区召开　（广州开发区供稿）

︽ 2015年12月21日，广州举行区级政府投资基金签约仪式，在全省率先实现区级政府投资基金全覆盖
（广州市金融办供稿）

》
2015年12月30日，广东自由贸易区南沙片区人民法院挂牌
（广州南沙区供稿）

︽ 2015年9月22日 广州首家以SPV方式引进的飞机交付仪式在白云国际机场举行
（广州空港经济区供稿）

《
2015年1月13日，广州特警在广州火车站巡逻
（广州市公安局供稿）

深圳市

Shenzhen City

≈ 深南大道 （深圳南山区志办供稿）

≈ 红树林公园 （甘杰 摄）

≈ 2015年蛇口半岛 （深圳市招商局供稿）

⩓ 2015年10月29日，2015大鹏文化周开幕式暨深圳市第十二届“鹏城金秋”文化艺术节优秀节目巡演

（董理 摄）

⩓ 2015年11月17日，“第十七届高交会无人系统展分会场——中国（深圳）国际无人系统技术成果交易展览会”在龙岗大运中心开幕 （张臻斐 摄）

⩓ 日落鹅公湾 （深圳大鹏新区供稿）

⩔ 鹿嘴湾日出 （深圳大鹏新区供稿）

珠海市

Zhuhai City

位于珠海航空产业园区机场核心区内的中航工业通飞珠海产业基地，产品包括水陆两栖飞机、轻型通用飞机、涡桨通用飞机、轻型公务机等机型（张洲 摄）

2015年12月18日，位于珠海十字门中央商务区湾仔片区、高330米的珠海中心大厦主体结构正式封顶，在主体结构上刷新珠澳第一高楼纪录（李建束 摄）

前山河是流经珠海市区的唯一淡水河流，珠江支流之一。图为夜色中的前山河（阮耀林 摄）

»
东澳岛玲玎海岸位于珠江口西岸，沙滩面积5000平方米，砂质细腻，是珠海十大景观之一，被誉为“碧海银滩”，于2015年11月26日入选广东“十大美丽海岸”
（珠海万山海洋开发区供稿）

︽ 位于东澳岛的珠海玲玎海岸南沙咀酒店外景
（珠海万山海洋开发区供稿）

︽ 2015年11月9日，三一海洋重工在珠海高栏港务码头举行产品出口发运仪式，造价1.2亿元的3台岸边集装箱起重机启航运往印尼，这是三一海洋重工在珠海投产以来最大一宗产品出口项目 （曾遥 摄）

»
珠海保税区与澳门隔水相望，具有出口加工、保税仓储、国际贸易及商品展示三大功能，其良好的配套条件已成为珠海综合投资环境最好的区域之一 （文燕 摄）

佛山市

Foshan City

≈ 佛山新城中欧中心

≈ 江罗高速一期（高明高村互通至云浮新兴段）正式通车。该路段全长24.8千米，今后从高明城区至云浮新兴车程将缩短至40分钟

≈ 佛山市利迅达机器人系统有限公司工作人员操作机器人对浴缸进行打磨抛光

≈ 禅城夜色

≈ 水乡的音符

≈ 高明皂幕山

（本版图片由佛山年鉴社供稿）

江门市

Jiangmen City

≈ 2015年11月21日，第三届中国侨都（江门）健走马拉松大赛在江门三区四市盛大举行
（江门市体育局供稿）

≈ 潮连洪圣庙会　（岑锡斌　摄）

≈ 台山市端芬镇大隆洞千岛湖　（吴永浓　摄）

» 台山市斗山镇浮月村（苏照良 摄）

≈ 万道霞光耀新城（李渊深 摄）

≈ 江门市白水带桃花园（黎锦昌 摄）

≈ 2015年中国海洋经济博览会上，省海洋渔业局举行“广东十大美丽海岸”授牌仪式，江门市下川岛王府洲入选“广东十大美丽海岸”。图为 下川岛王府洲全景（江门市海洋与渔业局供稿）

东莞市

Dongguan City

» 东莞大道

≈ 东莞——全国篮球城市。图为东莞篮球中心

≈ 东莞市中心广场

≈ 麻涌镇新基村新貌

≈ 茶山镇牛过蓢古村落

» 东莞——入选国家公共文化服务标准化试点地区。图为东莞市玉兰大剧院

« 中国最具发展潜力的高新技术产业开发区——东莞松山湖

（本版图片由东莞市地方志办公室供稿）

中山市

Zhongshan City

》2015年9月15日为"市人大代表统一活动日"，全市人大代表围绕"推进市十四届人大五次会议议案实施，促进民生工程建设"主题开展视察活动。图为党群代表小组代表到港口镇视察农桥农路建设议案实施情况

《 2015年最美东区摄影大赛作品——彩霞映红福获村（陈立维 摄）

《 2015年最美东区摄影大赛作品——迷人夜色 （张

« 2015年3月11日，中山军分区官兵与小朋友进行接力运棒球游戏

» 2015年7月16日，中山市三角镇开展绿色暑假缤纷文化活动，举办麒麟舞培训班

︽ 2015年中山市三乡镇美丽夜景

（本版图片除署名外均由中山市地方志办公室供稿）

惠州市

Huizhou City

惠东县巽寮湾

拥有湖光山色的博罗县罗阳镇田牌村着力打造幸福乡村

惠城区江北

≈ 惠东县港口双月湾

≈ 龙门县南昆山

《 惠城区高榜山——挂榜阁

≈ 惠州西湖

（本版图片由惠州市地方志办公室供稿）

肇庆市

Zhaoqing City

≈ 肇庆城市副中心——怀集县城新貌　　（怀集县地方志办供稿）

≈ 肇庆市环星湖绿道——中心堤段　　（肇庆市城市建设档案馆供稿）

^ 肇庆城东新区新貌　　（曾玮 摄）

^ 肇庆市环星湖绿道——北门广场段
（肇庆市地方志办供稿）

^ 鼎湖绿道夕照——碧莲湖段　　（许庆彬 摄）

≈ 肇庆牌坊广场全景 （西江日报社供稿）

≈ 金利镇西围涌龙舟大赛（伍建豪 摄）

≈ 白诸镇双凤村稻田 （吴勇强 摄）

泛珠江三角洲基本情况

福 建 省

【概况】 福建省位于中国东南沿海。1949年8月24日福建省人民政府成立。2015年辖9个设市区、28个市辖区、13个县级市、44个县、275个乡、19个民族乡、633个镇、178个街道办事处。全省陆地面积12.4万平方千米、海域面积13.6万平方千米。年末户籍人口3 720.69万人；常住人口3 839万人，其中城镇人口2 403万人。人口自然增长率2.21‰。闽籍华侨华人1 580万人，闽籍香港、澳门同胞124万人，闽籍台湾同胞1.77万人。

根据2014年土地利用变更调查成果，全省土地总面积12.4万平方千米，占全国土地总面积的1.3%。粮食播种面积119.32万公顷，粮食产量661.10万吨。当年造林面积8.71万公顷，森林覆盖率65.95%。城市人均公园绿地面积12.98平方米。海域面积为13.6万平方千米，比陆域面积大12.4%，属海洋大省之一。大陆海岸线漫长曲折，北起福鼎沙埕港，南至诏安宫口港，总长3 752千米，居全国第二位；直线长度535千米，海岸线曲折率达1∶7.01，为全国之最。岛屿众多，全省共有大小港湾125个，深水港湾22处，自北向南较大的港湾有沙埕港、三沙湾、罗源湾、福清湾、兴化湾、湄洲湾、泉州湾、深沪湾、厦门湾、旧镇湾、东山湾、诏安湾等，其中能直接满足5万吨级以上船舶自由进出港的天然深水良港有厦门湾、沙埕港、湄洲湾、兴化湾、罗源湾、三沙湾、东山湾7处，占全国1/6多。已纳入港口规划的岸线467.1千米，其中，深水岸线210.9千米，可开发建设20万吨级以上的大型深水港岸线总长47千米，共23处，可建设20万吨级以上深水港口泊位80个。沿海岛屿星罗棋布，全省海岛2 214个，其中面积大于500平方米以上的1 321个，位居全国第二；沿海岛屿总面积1 155.8平方千米，总岸线长度2 503.8千米；有人居住岛屿100个（含台湾地区管辖的10个）。沿海滩涂广布，浅海滩涂可利用养殖面积达1 500平方千米。近海生物种类3 000多种，贝、藻、鱼、虾种类数量居全国前列。可作业渔场面积12.5万平方千米，有闽东、闽中、闽南、闽外和台湾浅滩5大渔场。

海洋矿产资源种类多，海岸带和近海已

福建江阴港集装箱码头 （福建年鉴社供稿）

发现60多种矿产，有工业利用价值的20余种。全省山多海阔，山海兼容，沿海富有宗教、文化、军事、历史内涵的名胜古迹和新兴的港口城市，其中有被列为国家重点风景名胜区的鼓浪屿、清源山、太姥山、海坛岛和国家旅游度假区的湄洲岛以及“海上绿洲”东山岛等。沿海地热梯度较大，地热资源丰富，具有开采价值的热水区域较多。沿海风能资源丰富，可利用时数达7 000~8 000小时。沿海可利用潮汐发电的海水面积3 000平方千米，潮汐能理论装机容量达3 425万千瓦，可开发装机容量1 033万千瓦，占全国的49.2%，居首位。水资源总量为1 325.93亿立方米，人均拥有水资源量3 454立方米。其中，地表水资源量1 324.67亿立方米，地下水资源量332.33亿立方米；地下水和地表水不重复量1.25亿立方米。

至2015年底，列入福建省矿产资源储量表的固体矿产118种。其中，能源矿产1种（煤），金属矿产28种，非金属矿产89种。生物资源种类繁多。全省有记录到脊椎动物1 600多种（包括亚种），约占全国种类的1/3。全省分布国家重点保护野生动物164种。其中，陆生国家一级保护野生动物18种、国家二级保护野生动物103种；水

2015年福建省国民经济发展情况

项　目	单　位	实　绩	比上年增长（%）
地区生产总值	亿元	25 979.82	9.0
第一产业增加值	亿元	2 118.10	3.7
第二产业增加值	亿元	13 064.82	7.4
工业增加值	亿元	10 820.22	7.0
第三产业增加值	亿元	10 796.90	12.3
人均地区生产总值	元	67 966	8.0
规模以上工业总产值	亿元	41 251.49	9.8
农林牧渔业总产值	亿元	3 717.87	3.9
固定资产投资	亿元	21 300.91	17.4
社会消费品零售总额	亿元	10 505.93	12.4
外贸进口总额	亿美元	561.66	–12.2
外贸出口总额	亿美元	1 126.80	–0.7
实际利用外商直接投资	亿美元	76.83	8.0
地方一般公共预算收入	亿元	2 544.24	7.7
一般公共预算支出	亿元	4 001.58	21.0
城镇居民人均可支配收入	元	33 275	8.3
农村居民人均纯收入	元	13 793	9.0
城乡居民储蓄存款余额	亿元	13 243.35	5.3

生国家一级保护野生动物 4 种、国家二级保护野生动物 39 种。全省有高等植物 4 707 种，占全国高等植物种类的 15.7%。有国家重点保护野生植物 52 种。其中，国家一级保护植物 8 种，国家二级保护植物 44 种；有蕨类植物 10 种，裸子植物 12 种，被子植物 30 种。福建特有植物有 39 科 113 种。

有国家旅游度假区 2 个（武夷山、湄洲岛）；国家级风景名胜区 18 个，省级风景名胜区 33 个；国家级自然保护区 16 个，省级自然保护区 24 个；国家森林公园 29 个，省级森林公园 128 个；国家地质公园 8 个，国家矿山公园 2 个，国家水利风景区 11 个；全国重点文物保护单位 137 个，省级文物保护单位 674 个；国家历史文化名城 4 个，省级历史文化名城 4 个；中国历史文化名镇 7 个，中国历史文化名村 16 个。全国农业旅游示范点 16 个、工业旅游示范点 8 个，省级农业旅游示范 22 个，工业旅游示范点 30 个；全国休闲农业与乡村旅游示范县 6 个，示范点 17 个；全国特色景观旅游名镇名村 7 个；四星级乡村旅游经营单位 45 个，三星级乡村旅游经营单位 71 个，省级“水乡渔村”休闲渔业示范基地 100 个。武夷山被列入世界文化与自然双重遗产名录，福建土楼被列入世界文化遗产名录，泰宁和宁德被评为世界地质公园。有国家 A 级旅游景区 120 个，其中 AAAAA 级 7 个、AAAA 级 60 个。

福建是少数民族散居省份。全省 56 个民族成份齐全，少数民族人口 79.69 万人，占全省总人口的 2.16%。世居的少数民族有畲族、回族、满族、蒙古族等。其中，畲族

2015 年福建省社会事业情况

项　目	单　位	实　绩	比上年增长（%）
普通高校	所	88	0.0
普通高校在校学生	万人	75.85	1.3
中职和技校	所	279	–4.5
中职和技校在校学生	万人	45.12	–8.0
普通中学	所	1 780	–0.06
普通中学在校学生	万人	175.97	0.3
高中阶段教育毛入学率	%	94.10	
小学	所	5 141	–0.5
小学在校学生	万人	288.31	5.0
医院、卫生院	所	1 437	0.0
医院、卫生院床位	张	158 211	4.9
群众艺术馆、文化馆	个	1 222	0.6
公共图书馆	个	90	2.3
博物馆	个	98	0.0

人口全国最多，有 36.55 万人，占全国畲族人口的 51.58%；高山族人口 423 人，占大陆高山族人口的 10.55%，是大陆高山族人口较多的省份之一。

福建自古文化开放。远在 4 000 多年前，昙石山文化已显现海洋文明的特征。近代，厦门、福州位居五口通商之列，马尾船政文化辉煌一时。海洋、商贸、开放、移民等成为福建文化特有的禀赋。先后涌现许多在中国历史上有影响的杰出人物，如教育家朱熹，世界法医学鼻祖宋慈，书法家黄道周，民族英雄郑成功、林则徐等；近代思想家、翻译家严复，数学家陈景润，文学家冰心，爱国华侨陈嘉庚等都诞生在福建。福建也是一个特产丰富的省份，福州寿山石雕、脱胎漆器、安溪铁观音、武夷山大红袍、德化瓷器、惠安石雕、漳州水仙花、片仔癀等享誉海内外。

2015 年，全省地区生产总值 25 979.82 亿元。万元生产总值能源消耗 0.584 吨标准煤。固定电话用户 984 万户，移动电话用户 4 303 万户。社会用电量 1 700.73 亿千瓦·时。城镇居民人均住房建筑面积 42.5 平方米，农村居民人均住房建筑面积 63.48 平方米。年末从业人员 2 555.86 万人，城镇登记失业率 3.55%。全省城镇企业职工基本养老保险参保人数（含离退休）800.86 万人。2015 年全省城镇基本医疗保险参保人数为 1 301.24 万人，参保率达到 96%以上。参加新型农村合作医疗 2 549.97 万人。城镇生活污水集中处理率 89.5%。

【全面启动省直部门数据中心及信息中心整合】 2015 年 4 月，福建省委省政府印发《关于整合省直部门数据中心及信息中心的实施方案》，要求在 2017 年上半年前，分阶段完成 79 个省级机关数据中心及信息中心整合工作。年内，相关工作按序时进度推进，已完成省直部门数据中心迁移整合具体方案编制和批复，制订部门信息中心整合具体方案，开展 69 个部门资产清核，持续推动部门应用系统迁移到政务云。27 个部门的 73 个系统已完成或正在开展迁移工作，5 个部门的 26 个系统正在加紧对接。

【福建省创新增信服务体系】 2015 年，福建省设立小微企业发债增信资金池。海峡股

2015 年 4 月 21 日，福建自贸试验区厦门片区正式挂牌

（福建年鉴社供稿）

权交易中心与兴业银行、民生银行、火炬担保3个机构签订合作协议，达成1 882.5万元基金合作意向；泉州、莆田、南平、龙岩、宁德、平潭等地出资5.56亿元设立地市增信子基金，用于小微企业、农业企业、科技企业、外贸中小企业等贷款风险补偿，预计可为企业融资增信超过15亿元。推进福建省小微企业贷款保证保险试点，在福州、泉州、三明等地开展试点，至10月末，福建省保险公司与省内10余家银行签订合作协议，为101笔合计金额1.37亿元贷款提供风险保障。推动设立省级代偿补偿专项基金。省经信委从中小微企业发展专项资金安排5 000万元作为省级配套的代偿补偿资金，委托省再担保公司管理。2015年起省级财政从省级工业和信息化专项中，连续四年每年安排5 000万元与国家补助资金共同组成5亿元的省级代偿资金。

【福建省户籍制度改革】 2015年，福建省出台《关于进一步推进户籍制度改革的意见》，明确福州、平潭、厦门3地将设定相关条件才可落户，并全面建立积分落户制度；泉州、三明、莆田、南平、龙岩、宁德等地全面放开落户限制，只要有合法稳定住所（含租赁），与居住地用人单位依法签订劳动合同者均可将户口迁入居住地。逐步建立财政转移支付同省内农业转移人口市民化挂钩机制，待中央相关指导意见出台后，结合福建省实际制订相关政策。

【城乡居民基本医保政策一体化】 2015年1月，福建省出台《关于城乡居民基本医保政策一体化实施意见》，计划年内全部完成城乡居民基本医疗保险政策一体化，即在各统筹区内实行城乡居民基本医保政策“五统一”：统一参保登记，统一缴费标准，统一药品目录、诊疗项目和服务设施目录，统一待遇水平，统一结算办法。 （福建年鉴社）

江 西 省

【概况】 江西省位于长江中下游交接处的南岸。因赣江是境内主要河流，故简称“赣”。1949年6月16日，江西省人民政府成立。2015年，全省辖11个地级市，22个市辖区，10个县级市，68个县，面积16.69万平方千米，总人口4 565.63万人，其中城镇人口2 356.78万人。人口自然增长率6.96‰。耕地面积309.15万公顷，粮食播种面积370.56万公顷，粮食产量2 148.7万吨。林地面积1 032.77万公顷，森林覆盖率63.1%。

江西拥有千年瓷都景德镇、千年名楼滕王阁、千年书院白鹿洞、千年古刹东林寺、千年道观天师府等历史名迹。井冈山是中国革命的摇篮，南昌是人民军队的摇篮，瑞金是人民共和国的摇篮，萍乡市安源区是中国工人运动的策源地，南昌市新建区是邓小平同志改革开放思想的酝酿地。江西生态环境良好，庐山、三清山、龙虎山（含龟峰）列入“世界遗产名录”，鄱阳湖是中国最大的淡水湖，婺源是中国最美乡村。全省空气环境质量保持优良，全境纳入国家首批生态文明先行示范区建设。江西发现各类矿产193种（以亚矿种计），铜、钨、铀、钽铌、稀土等12种储量居全国第一位，鹰潭是“世界铜都”，赣南是“世界钨都”和“稀土王国”，宜春是“亚洲锂都”。拥有2个世界遗产，2个世界地质公园，1个国际重要湿地，14 个国家级、25 个省级风景名胜区，25 个国家 AAAA 级以上旅游景区（其中有 2 个 AAAAA 级旅游景区），39 个国家级、60 个省级森林公园，8 个国家级、22 个省级自然保护区，3 座国家级、4 座省级历史文化名城，9 个中国优秀旅游城市，1 个中国旅游强县等一大批世界级、国家级及省级称号。

江西生物资源丰富。动物种类有哺乳类 100 多种，鸟类 420 种，两栖类 40 种，爬行类 77 种，鱼类 205 种；有国家一级保护动物 17 种，分别为云豹、豹、虎、白鳍豚、黑鹿、白鹳、黑鹳、中华秋沙鸭、金雕、黄腹角雉、白颈长尾雉、白头鹤、白鹤、鸨、蟒、中华鲟、白鲟。植物起源古老，组分较复杂，种类繁多，类型齐全，提供物质原料的资源生产潜力很大，主要有用材植物、木本粮食植物、油脂植物、药用植物、观赏植物等。

江西物产丰富，是全国稻米、绿茶、茶油、苎麻、脐橙等农作物主产区之一。赣南脐橙、庐山云雾茶、景德镇瓷器、南丰蜜橘、狗牯脑茶、泰和乌鸡、万年贡米、宜春茶油、广昌白莲、广丰白耳黄鸡、商州枳壳、金溪黄栀子、弋阳年糕、横峰葛根、崇仁麻鸡、婺源绿茶、南康甜柚、高安腐竹、军山湖大闸蟹、大余金边瑞香、双林夏布、安福火腿、南安板鸭、万载百合等 51 种特产被列为“国家地理标志保护产品”。

2015 年，江西省完成地区生产总值

2015 年江西省国民经济发展情况

项　目	单　位	实　绩	比上年增长（%）
地区生产总值	亿元	16 723.78	9.1
第一产业增加值	亿元	1 772.98	3.9
第二产业增加值	亿元	8 411.57	10.9
工业增加值	亿元	7 268.86	9.2
第三产业增加值	亿元	6 539.23	9.1
人均地区生产总值	元	36 724	8.5
规模以上工业总产值	亿元	30 778.49	
固定资产投资	亿元	17 388.13	15.3
社会消费品零售总额	亿元	5 925.50	12.0
外贸进口总额	亿美元	92.83	-13.3
外贸出口总额	亿美元	331.17	3.4
实际利用外资	亿美元	94.73	12.1
财政总收入	亿元	3 021.83	12.7
公共财政预算支出	亿元	4 412.55	13.6
城镇居民人均可支配收入	元	26 500.12	9.0
农村居民人可支配收入	元	11 139.08	10.1
城乡居民储蓄存款余额	亿元	12 389.73	14.8

2015年江西省社会事业情况

项　目	单　位	实　绩
普通高校	所	97
普通高校在校学生	万人	98.45
高等教育毛入学率	%	36.5
中职和技校	所	75
中职和技校在校学生	万人	24.98
普通中学	所	2 591
普通中学在校学生	万人	269.31
高中阶段教育毛入学率	%	87
小学	所	9 465
小学在校学生	万人	422.31
医院、卫生院	所	2 201
医院、卫生院床位	张	197 873
群众艺术馆、文化馆	个	104
公共图书馆	个	113
博物馆	个	138
城市社区多功能运动场	个	65

16 723.8亿元，财政总收入3 021.5亿元，固定资产投资16 993.9亿元，规模以上工业增加值7 268.9亿元，外贸出口2 051.5亿元，社会消费品零售总额5 925.5亿元，城镇居民人均可支配收入26 500元，农村居民人均可支配收入11 139元。固定电话用户568.4万户，移动电话用户3 056.2万户。城镇居民人均住房面积41.5平方米，农村居民人均住房面积51.8平方米。年末有从业人员2 615.8万人，城镇登记失业人数29.95万人。参加城镇职工基本养老保险823.1万人，参加城镇职工基本医疗保险585万人，参加新型农村合作医疗3 450.9万人。城镇生活污水集中处理率85%。

【“三证合一”登记制度实施】 2015年3月13日，江西省首张“三证合一”营业执照在南城县行政中心发放。证照上印有工商部门的注册登记号码、质监部门的组织机构代码和税务部门的税务登记号，标志江西省“三证合一”登记制度开始实施。从7月1日起，江西省全面推行工商营业执照、组织机构代码证和税务登记证“三证合一、一证三号”登记制度。10月1日起，江西省全面实行“一照一码”登记制度，江西省“三证合一”登记制度进入全面实施阶段。

【江西首个综合保税区封关】 2015年10月20日，江西省首个综合保税区——赣州综合保税区（一期）正式通过国家发展改革委、海关总署等国家10部委联合验收组验收，标志着江西省首个综合保税区正式封关。该保税区整体规划面积4平方千米，规划建设保税物流区、保税服务区、保税加工区和口岸作业区四大功能区。

江西省南昌西汉海昏侯墓主椁室　　（杨继红　摄）

【南昌西汉海昏侯主椁室考古发掘启动】　2015年11月14日，南昌西汉海昏侯主椁室考古发掘启动仪式在海昏侯墓园举行。中共江西省委常委、省委宣传部部长姚亚平宣布南昌西汉海昏侯墓主椁室考古发掘工作启动。南昌西汉海昏侯墓位于江西省南昌市新建区大塘坪乡观西村附近，是目前中国发现的面积最大、保存最好、内涵最丰富的汉代列侯等级墓葬，主墓、墓园及周边侯国都城遗址的完整性在国内独一无二。

南昌西汉海昏侯墓园自2011年发掘以来，已出土2万余件（套）珍贵文物，对研究中国汉代政治、经济、文化具有重要意义。墓园由两座主墓、七座陪葬墓、一座陪葬坑、园墙、门阙、祠堂、厢房等建筑构成，内有完善的道路系统和排水设施，对研究西汉列侯的园寝制度价值巨大。

【江西银行、江西金融租赁公司成立】　2015年12月15日，江西银行、江西金融租赁公司启动会暨支持经济发展授信签约活动在南昌举行。江西银行启动会标志江西成功组建省级法人银行。根据中国银监会批复，自12月15日起，南昌银行合并景德镇市商业银行并更名为江西银行。会上还举行江西银行支持全省经济发展授信签约活动。江西金融租赁公司填补省内行业空白，为全省首家金融租赁公司。

【江西获六项全国旅游大奖】　2015年12月25日，江西省在第五届中国旅游产业发展年会年度发布的十类奖项中夺得六项大奖：“炫动旅游+”入选2015中国旅游营销创新TOP10，清婺景入选2015“美丽中国”主题旅游十佳线路，婺源九思堂入选2015中国特色民宿TOP10，明月山入选2015中国旅游厕所革命先锋TOP10，省旅发委市场促进处入选2015中国旅游影响力传播机构TOP10，三清山入选2015“旅游+”创新项目TOP10。

【全省首条地铁开通】　2015年12月26

日，南昌地铁一号线开通试运营。该地铁是江西省第一条地铁线路。中共江西省委常委、南昌市委书记龚建华，副省长、省公安厅厅长郑为文视察试运营准备情况。南昌地铁一号线全长 28.84 千米，设车站 24 个，工程于 2009 年 07 月 29 日正式开工。地铁票价以听证会的形式确定为起步价 2 元，全程 5 元。（朱岳）

湖 南 省

【概况】 湖南省位于长江中游，省境绝大部分在洞庭湖以南，故称湖南；湘江贯穿省境南北，故称湘。1950 年 4 月 1 日，湖南省人民政府成立。2015 年，经湖南省人民政府批准，将长沙县跳马镇划归长沙市雨花区管辖，将长沙县暮云、南托 2 个街道划归长沙市天心区管辖。至年底，湖南省设 13 个地级市、1 个自治州，计 14 个地级行政单位；设 16 个县级市、71 个县（其中 7 个自治县）、35 个市辖区，计 122 个县级行政单位；设 334 个乡、83 个民族乡、1 119 个镇、375 个街道，乡镇总数为 1 536 个，镇占乡镇总数的 72.9%。全省陆地面积 21.18 万平方千米。年末户籍人口 7 242.02 万人；常住人口 6 783.03 万人，其中城镇人口 3 451.88 万人。人口自然增长率 6.72‰。

自然资源丰富。以山地、丘陵为主，大体上是“七山二水一分田”，其中山地面积占全省总面积的 51.2%，盆地占 13.9%，丘陵占 15.4%，平原占 13.1%，水面占 6.4%。2015 年耕地面积 415.35 万公顷，粮食播种面积 494.5 万公顷，粮食产量 3 002.9 万吨。林地面积 1 221.73 万公顷，森林覆盖率 59.57%，活立木蓄积量 5.05 亿立方米。属亚热带常绿阔叶林带，植被丰茂，四季常青，有森林和野生动物类型自然保护区 191 个、森林公园 126 个、国家级湿地公园 60 个。城市人均公园绿地面积 9.99 平方米。

生物资源丰富多样，是全国乃至世界珍贵的生物基因库之一，有华南虎、云豹、白鹤等 17 种国家一级保护动物；有种子植物约 5 922 种（含变种），其中包括水杉、珙桐、绒毛皂荚等国家二级保护植物 64 种。

山清水秀，河网密布，水系发达，5 000 米以上的河流有 5 341 条，淡水面积达 1.35 万平方千米，洞庭湖是全国第二大淡水湖，湘江、资水、沅水和澧水等四大水系覆盖全省，其中湘江是长江七大支流之一，全省天然水资源总量为南方九省之冠。2015 年，湖南全省多年平均水资源总量为 1 689 亿立方米，其中地表水资源量为 1 419.30 亿立方米，地下水资源量为 350.40 亿立方米（地下水非重复量为 6.9 亿立方米）。

湖南矿产丰富，矿种齐全，世界已知的 160 多种矿藏中，湖南已发现矿种 143 种，探明资源储量矿种 108 种，其中 45 种储量居全国前五位，64 种储量居全国前 10 位，钨、锡、铋、锑等储量居全国之首，钒、重晶石、隐晶质石墨、陶粒页岩等矿种储量居全国第二位，是驰名中外的“有色金属之乡”和“非金属矿产之乡”。

湖南是全国重要的粮食生产基地、“鱼米之乡”，土特产众多，主要农副产品产量如粮食、棉花、油料、苎麻、烤烟以及猪肉等均位居全国前列，其中稻谷产量多年为全国之冠，苎麻、茶叶产量分别居全国第一位和第二位。湘莲有 3 000 多年历史，产量居全国首位；安化黑茶是中国世博会十大名茶之一，君山银针是中国黄茶珍品；“鞭炮之乡”浏阳市是全球最大和最具盛名的烟花生产基地；醴陵陶瓷有1 700多年的历史，其生产的釉下五彩瓷、毛瓷、国宴专用瓷驰名中外；湘绣有2 000多年历史，为中国四大名绣（湘绣、苏绣、蜀绣、粤绣）之一，湘菜美食源远流长，早在汉朝就已形成菜系，是汉族饮食文化八大菜系之一。

湖南名胜古迹众多，是闻名遐迩的旅游胜地，古有“潇湘八景”美誉（潇湘夜雨、平沙落雁、烟寺晚钟、山市晴岚、江天暮雪、远浦归帆、洞庭秋月、渔村夕照），现有张家界武陵源风景区、邵阳崀山丹霞地貌2个世界自然遗产、10个国家级风景名胜区、8个国家AAAAA级旅游景区，其中张家界武陵源风景区是中国首家被联合国教科文组织列入“世界自然遗产名录”的自然名品，南岳衡山是中华五岳之一，岳阳楼是江南三大名楼之一。有充满人文气息的千年学府岳麓书院，有“独立寒秋，问苍茫大地谁主沉浮”的橘子洲头，有“停车坐爱枫林晚，霜叶红于二月花”的爱晚亭，有传奇色彩的桃花源。君山、炎帝陵、韶山等钟灵毓秀，闻名遐迩；马王堆汉墓更是饮誉天下。此外，郴州东江、凤凰古城、佛教圣地大乘山、宁远九嶷山舜帝陵等景区景点受到海内外游客青睐。

境内历史遗存众多，出土和发现的澧县

2015年湖南省国民经济发展情况

项　目	单　位	实　绩	比上年增长（%）
地区生产总值	亿元	28 902.21	8.5
第一产业增加值	亿元	3 331.62	3.6
第二产业增加值	亿元	12 810.82	7.3
工业增加值	亿元	11 090.8	7.5
第三产业增加值	亿元	12 759.77	11.2
人均地区生产总值	元	42 754	7.8
农林牧渔业总产值	亿元	5 630.75	3.7
固定资产投资	亿元	25 954.27	18.2
社会消费品零售总额	亿元	12 023.97	12.13
外贸进口总额	亿美元	101.94	–6.4
外贸出口总额	亿美元	191.73	–3.9
实际利用外商直接投资	亿美元	115.64	12.7
地方公共财政预算收入	亿元	4 008.1	10.2
地方公共财政预算支出	亿元	5 684.5	13.3
城镇居民人均可支配收入	元	28 838	8.5
农村居民人均可支配收入	元	10 993	9.3
城乡居民储蓄存款余额	亿元	18 726.28	–

2015 年湖南省社会事业情况

项　目	单　位	实　绩	比上年增长（%）
普通学校	所	109	0
普通高校在校学生	万人	117.98	3.95
中职和技校	所	471	-5.99
中职和技校在校学生	万人	64.80	0.50
普通中学	所	3 906	0.31
普通中学在校学生	万人	329.85	1.08
高中阶段教育毛入学率	%	90	-
小学	所	8 412	-1.73
小学在校学生	万人	488.86	3.17
医院、卫生院	所	3 468	4.52
医院、卫生院床位	张	368 388	11.46
群众艺术馆、文化馆	个	143	0
公共图书馆	个	137	0.74
体育场馆	个	83 749	14.84

城头山古城遗址、里耶秦简、走马楼三国吴简，以及凤凰古南方长城、岳麓书院、岳阳楼，是湖南悠久历史的浓缩与见证。其中长沙马王堆汉墓的发掘震惊世界，被誉为世界第八大奇迹。目前，全省有长沙、岳阳、凤凰 3 座中国历史文化名城，有秋收起义文家市会师旧址、洪江古建筑群等 62 处全国重点文物保护单位，其中炭河里遗址是已知南方地区最早的西周城址。湘绣、滩头木版年画、皮影戏、江永女书等 99 项民俗艺术被列为国家级非物质文化遗产目录。

历史悠久，人文荟萃，英才辈出。近现代以来，先后涌现一大批彪炳史册、光照寰宇的杰出人物，有晚清经世派代表人物两江总督陶澍、“睁眼看世界第一人”的启蒙思想家魏源，以及清代中兴名臣曾国藩、左宗棠，维新志士谭嗣同、唐才常，辛亥元勋黄兴、蔡锷、宋教仁，民国第一位民选总理熊希龄等等。新民主主义革命时期，有毛泽东、刘少奇、任弼时、彭德怀等无产阶级革命家，新中国首批授衔的十大元帅中有 3 位是湖南人，十位大将中有 6 位是湖南人，57 名上将中湘籍有 19 人，177 位中将中湖南有 73 人，故湖南有“伟人故里”“将帅之乡”“革命圣地”“红色摇篮”之称。中华人民共和国成立后至改革开放新时期，有胡耀邦、朱镕基等党和国家领导人，“世界杂交水稻之父”袁隆平、“试管婴儿之母”卢光琇等著名科学家，田汉、齐白石、黄永玉等知名艺术家，沈从文、周立波等著名文学家，熊倪、刘璇等世界体育名将，以及全心全意为人民服务的共产主义战士雷锋。

2015 年，全省生产总值 28 902.21 亿元。万元规模工业增加值能源消耗 0.58 吨标准煤/万元。固定电话用户 787.1 万户，移动电话用户 4 859.1 万户。年末互联网宽带用户 889.7 万户。社会用电量 1 447.63 亿千瓦·时。城镇居民人均住房面积 41.02 平方米，农村居民人均住房面积 57.26 平方米。年末城镇单位从业人员 579.15 万人，城镇登记失业率 4.09%。参加城镇职工基本养老保险 1 160.7 万人；参加城镇职工基本医疗保险 818.7 人；参加城镇居民基本医疗保险 1 841.8 万人；参加新型农村合作医疗 4 412.1 万人（不含长沙、益阳），覆盖率 99.03%；参加新型农村社会养老保险 3 280.1 万人。城镇生活污水集中处理率 92.5%，城镇生活垃圾无害化处理率 99.4%。（湖南年鉴社）

【天河一号获国家科学技术进步奖特等奖】 2015 年 1 月 9 日，2014 年度国家科技进步奖评奖结果揭晓，国防科学技术大学计算机学院研制的国家首台千万亿次超级计算机系统——“天河一号”获特等奖。这是国内第一个由高校主持并独立完成的项目获国家科技进步奖特等奖。“天河一号”是国防科学技术大学承担的国家 863 计划“千万亿次高效能计算机系统研制”重大课题。2010 年 11 月，“天河一号”在国际 TOP500 组织发布的第 36 届国际高性能计算机 500 强排行榜上位居榜首，标志着中国高性能计算机研制技术跨入国际领先行列。“天河一号”广泛应用于大科学、大工程以及产业升级和信息化建设，在石油勘探、生命基因、脑科学等 20 多个领域获得成功应用，取得显著经济和社会效益。（王莹莹）

【“祁东黄花菜”获评国家地理标志产品】 祁东县种植黄花菜已有 500 多年历史，种植面积近 1.33 万公顷，占全国 1/3 以上，产量占 50%以上，是全国最大的黄花菜生产基地县。1998 年 9 月，祁东县被授予“全国农业标准化黄花菜示范区”称号。2000 年 12 月，祁东黄花菜被授予“湖南省十大名优农产品品牌”称号。2002 年 11 月 15 日，祁东县被认定为黄花菜原产地。2015 年 6 月 2 日，“祁东黄花菜”获评国家地理标志产品。（彭期永）

【世界单机最大碟式斯特林光热发电系统运行】 2015 年 10 月 15 日，湘电集团研制的 38 千瓦碟式斯特林光热发电系统试验样机成功实现满功率运行，系统效率达 26%，发电功率达 40 千瓦，噪声低于 70 分贝，各项关键指标均已达到并优于设计值。该产品是目前世界上单机功率最大的碟式斯特林光热发电系统。光热发电相对于光伏发电，具有电力品质好、发电效率高、制备过程环保等特点，近年来受到国内外市场的广泛关注。（冯济武）

【中国首条中低速磁浮商业运营线长沙试运行】 2015 年 12 月 26 日，长沙磁浮快线试运行。长沙磁浮快线连接长沙南站和长沙黄花机场，线路全长 18.55 千米，设有 3 个车站，每列最大载客量 363 人，最高时速 100 千米/小时，由中国中车株洲电力机车有限公司牵头自主研发，具有安全系数高、噪声小、转弯半径小、爬坡能力强等特点，运行时无烟尘排放，是中国首条具有自主知识产权的中低速磁浮商业运营线，也是世界上规划线路最长的中低速磁浮线路。中国成为世界上第四个掌握该项技术的国家。

（陈晓红）

【湘江株洲至城陵矶 2 000 吨级航道全线贯通】 2015 年，湘江株洲至城陵矶 2 000 吨级标准航道全线贯通。该工程是湖南省“十二五”内河航运建设重点工程，也是湖南水运发展“一纵五横十线”重点项目之一，更是中共湖南省委、湖南省人民政府倡导把湘江打造成东方莱茵河核心河段。工程结合长沙综合枢纽建设，以湘江株洲航电枢纽为起点，经株洲、湘潭、长沙，至岳阳城陵矶止，全长 281 千米，按Ⅱ（3）航道标准建设。项目主要包括湘江株洲航电枢纽至株洲市 24 千米航道，长沙综合枢纽至城陵矶 146 千米航道整治工程，以及航道支持保障系统。

【岳阳港获批全国绿色循环低碳港口试点】2015 年，岳阳港入选创建全国绿色循环低碳港口项目，在全国内河是唯一获批港口。根据创建绿色港口实施方案，自 2015 年起的未来三年，岳阳港将从绿色能源应用工程、绿色装备工程、节能工艺工程、智慧港口工程、绿色环保和资源循环利用工程、绿色交通能力建设工程、自选项目七个方面实施节能减排重点工程，共计重点支撑项目 23 个，总投资估算 4.67 亿元。其中，节能减排投资 4.52 亿元。中央、省市补助资金 7 085.63 万元。项目建成后可形成年节能能力 5 099.61 吨标准煤，替代燃料 2.52 万吨标准油，减少二氧化碳排放 8.93 万吨。（张晖）

广 东 省

【概况】 广东省位于中华人民共和国大陆南部。1949 年 11 月 6 日，广东省人民政府成立。2015 年辖 21 个地级以上市、20 个县级市、34 个县、3 个自治县、62 个市辖区、4 个乡、7 个民族乡、1 128 个镇、445 个街道办事处。年末户籍人口 9 008.38 万人；常住人口 10 849 万人，其中城镇人口 7 454.35 万人。人口自然增长率 6.80‰。广东自古就是中国海上贸易和移民出洋最早、最多的省份，是中国著名侨乡，祖籍广东的海外华人、华侨 3 000 多万人，归侨、侨眷 3 000 多万人。

根据 2015 年土地变更调查数据，2015 年广东省陆地总面积 17.97 万平方千米，其中岛屿面积 1 916 平方千米。沿海有大小岛屿 1 431 个，数量仅次于浙江、福建两省，居全国第三位；其中面积 500 平方米以上的岛屿 759 个。另有明礁和干出礁 956 个。全省大陆海岸线 4 114.3 千米，居全国第一位。按照《联合国海洋法公约》中关于领海、大陆架及专属经济区归沿岸国家管辖的规定，全省海域总面积 41.93 万平方千米，其中内海 4.89 万平方千米，领海 1.64 万平方千米，200 海里专属经济区 35.40 万平方千米。

广东省动植物种类多样。陆生脊椎野生动物有 774 种。动物种类中，被列入国家一级保护动物的有华南虎、云豹、熊猴和中华白海豚等 22 种，被列入国家二级保护动物的有金猫、水鹿、穿山甲、猕猴和白鹇（省鸟）等 95 种。植物种类中，属于国家一级保护野生植物的有仙湖苏铁、南方红豆杉等 7 种，属于二级的有桫椤、广东松、白豆杉、樟、凹叶厚朴、土沉香、丹霞梧桐等 48 种。

广东省河流众多，以珠江流域（东江、西江、北江和珠江三角洲），独流入海的韩江流域，以及粤东沿海、粤西沿海诸河为主，集水面积占全省面积的 99.8%，其余属于长江流域的鄱阳湖和洞庭湖水系。水文监测全省多年平均降水量 1 771.2 毫米，折合年均降水总量 3 145 亿立方米。全省多年平均水资源总量 1 830 亿立方米，其中地表水资源量 1 820 亿立方米，地下水资源量 450 亿立方米。

广东省地处欧亚板块与太平洋板块交接处，成矿地质条件优越，矿产资源种类较多。至 2015 年底，全省发现矿产 148（亚）种，已查明资源储量的矿产有 101 种。广东省保有资源储量居全国前 10 位的矿产 61 种，居全国前 3 位的矿产 26 种，居全国第 1 位的矿产 7 种，分别为铌钽矿、碲矿、高岭土、建筑用花岗岩、水泥用粗面岩、建筑用大理岩、泥炭。

广东省海岸线长，海域辽阔，海洋资源丰富。海洋生物包括海洋动物和植物，共有浮游植物 406 种、浮游动物 416 种、底栖生物 828 种、游泳生物 1 297 种，是全国著名的海洋水产大省。雷州半岛的养殖海水珍珠产量居全国首位。广州港、深圳港、汕头港和湛江港成为国内对外交通和贸易的重要通道；大亚湾、大鹏湾、碣石湾、博贺湾及南澳岛等地还有可建大型深水良港的港址。珠江口外海域和北部湾的油气田已打出多口出油井。广东省沿海沙滩众多，气候温暖，红

2015 年广东省国民经济发展情况

项　目	单　位	实　绩	比上年增长（%）
地区生产总值	亿元	72 812.55	8.0
第一产业增加值	亿元	3 345.54	3.3
第二产业增加值	亿元	32 613.54	7.0
工业增加值	亿元	30 259.49	7.0
第三产业增加值	亿元	36 853.47	9.5
人均地区生产总值	元	67 503	7.0
规模以上工业企业资产总计	亿元	95 411.22	6.6
农林牧渔业总产值	亿元	5 520.03	3.1
固定资产投资	亿元	30 031.20	15.8
社会消费品零售总额	亿元	31 517.56	10.1
外贸进口总额	亿美元	3 793.28	-11.9
外贸出口总额	亿美元	6 434.68	-0.4
实际利用外商直接投资	亿美元	268.75	0
地方一般公共预算收入	亿元	9 366.78	12.0
地方一般公共预算支出	亿元	12 827.80	40.1
城镇常住居民人均可支配收入	元	34 757.16	8.1
农村常住居民人均可支配收入	元	13 360.44	9.1
城乡居民储蓄存款余额	亿元	54 238.30	4.2

树林分布广、面积大，在大陆最南端的灯楼角有全国唯一的大陆缘型珊瑚礁。

广东土特产丰富，主要有新会陈皮、梅县金柚、紫金蓝塘猪、罗定肉桂、封开油栗、德庆贡柑、阳春春砂仁、从化荔枝、英德红茶、徐闻良姜等“广东十件宝（旅游土特产类）”。截至 2015 年底，广东省国家地理标志保护产品有河源米粉、郁南无核黄皮、廉江红橙等 133 个。

广东省拥有全国重点文物保护单位 98 处；国家 AAA 级以上旅游景区 281 个，其中国家 AAAAA 级旅游景区有广州市长隆旅游度假区、广州市白云山风景名胜区、深圳市华侨城旅游度假区、深圳市观澜湖休闲度假区、佛山市西樵山风景名胜区、佛山市长鹿旅游休博园、韶关市丹霞山风景名胜区、梅州市雁南飞茶田景区、清远市连州地下河、惠州市罗浮山风景名胜区、阳江市海陵岛大角湾海上丝路旅游区；国家级风景名胜区有肇庆市星湖风景名胜区、佛山市西樵山风景名胜区、韶关市丹霞山风景名胜区、广州市白云山风景名胜区、惠州市惠州西湖风景名胜区、惠州市罗浮山风景名胜区、湛江市湖光岩风景名胜区、深圳市梧桐山风景名胜区。

广东是岭南文化的集中地，在土著文化、族群文化、学术文化、艺术文化、民间信仰和地方聚落文化等方面呈现出鲜明的地域特色。粤菜、粤剧、广东音乐、广东骑楼、黄埔军校旧址、端砚、开平碉楼、广交

2015 年广东省社会事业情况

项　目	单　位	实　绩	比上年增长（%）
普通高校	所	143	1.4
普通高校在校学生	万人	185.64	3.5
高等教育毛入学率	%	33.02	
中职和技校	所	644	-12.7
中职和技校在校学生	万人	176.07	-7.6
普通中学	所	4 434	1.6
普通中学在校学生	万人	560.72	-5.1
高中阶段教育毛入学率	%	95.7	
小学	所	10 126	-5.6
小学在校学生	万人	868.88	4.4
医院、卫生院	所	2 539	2.3
医院、卫生院床位	万张	40.07	7.5
文化馆	个	146	-0.7
公共图书馆	个	140	1.4
博物馆、纪念馆	个	193	0.5
档案馆	个	217	-0.5

会、孙中山、六祖惠能为岭南文化十大名片。广东汉族居民主要分为广府、客家与潮汕三大民系。三大民系的人民长期各自保持其生活习俗、文化意识和性格特征，共同构成岭南文化丰富多彩、千姿百态的风情魅力。广府文化以西江流域特别是珠江三角洲为核心。粤方言、春节花市、粤菜、早茶、“三间两廊”民居、粤剧、粤讴、广东音乐、粤绣、广东象牙雕等构成广府文化的重要内容。潮汕文化特色主要表现在潮汕方言，三山国王信仰、“施孤”、“出花园”等节俗礼仪，潮剧、潮州歌册、潮州音乐等曲艺，陶瓷、潮绣、潮州金漆木雕等工艺，潮州菜和工夫茶等饮食习俗，“下山虎”和“四点金”等民居样式成为潮汕文化特征。客家文化体现客家人刻苦耐劳、自立自强、家族观念强固、崇尚读书的特性，客家山歌、广东汉剧、广东汉乐、客家菜、客家围屋等是客家文化的重要组成部分。

广东省有世界文化遗产开平碉楼与村落、世界自然遗产中国丹霞（丹霞山）、人类非物质文化遗产广东粤剧、世界记忆遗产侨批档案，有广州、潮州、肇庆、佛山、梅州、雷州、中山和惠州 8 座国家历史文化名城，有广东省历史文化名城 15 座，各级历史文化名镇名村 91 个，广东省历史文化街区 21 个，中国传统村落 126 个，全国重点文物保护单位 98 处，省级文物保护单位 613 处，市县级文物保护单位 4 000 多处。有 147 个项目入选国家级非物质文化遗产名录，国家级代表性传承人 84 人。

广东名人辈出。主要有首任南海郡尉任嚣，南越王赵佗，经学“三陈”陈钦、陈元、陈坚，撰写中国第一部区域性的物产专著《异物志》的杨孚，隐居罗浮山修行炼丹的葛洪，建立陈朝的陈霸先，南越部族首领冼夫人，佛教禅宗六祖惠能，“开元三贤相”之一的张九龄，任潮州刺史的韩愈，广东第一名医陈昭遇，广东第一位状元莫宣卿，被贬岭南的苏轼，“白沙学派”陈献章及弟子林光、张诩、陈庸、湛若水等，“吾粤之昌黎”黄佐，“岭南三忠”张家玉、陈子壮、陈邦彦，清初“岭南三大家”的屈大均、陈恭尹、梁佩兰，抗击侵华英军舰的关天培，创立学海堂的阮元，虎门销烟的林则徐，中国第一个新教华人牧师梁发，太平天国洪秀全，制造“地平式日晷”的邹伯奇，中国第一位医学硕士黄宽，“东塾学派”陈澧，创办中国第一家水泥厂的唐廷枢，与军舰共存亡的邓世昌，创办中国第一家华侨经营的机器缫丝厂的陈启沅，画坛“二居”居巢、居廉，创办中国最早电灯公司的黄秉常，中国第一个毕业于美国高等学府的留学生容闳，中国第一位飞机设计师冯如，中国首位铁路总工程师詹天佑，岭南武术宗师黄飞鸿、叶问、李小龙，“维新变法”的康有为、梁启超，中国近代民主革命先行者孙中山，领导海陆丰农民起义的彭湃，电影明星阮玲玉，国民革命军陆军新编第四军军长叶挺，岭南画派的“岭南三杰”高剑父、高奇峰、陈树人及名师关山月、黎雄才，岭南琴派的黄熠南，著名侨领司徒美堂，粤剧名伶薛觉先、马师曾、红线女，十大元帅叶剑英等。

2015 年，全省地区生产总值 72 812.55 亿元。固定电话用户 2 807.11 万户，移动电话用户 15 009.75 万户。城镇常住居民人均住房建筑面积 32.25 平方米，农村居民人均居住面积 42.14 平方米。年末城镇登记失业人数 36.97 万人，年末就业人员 6 219.31 万人。参加城镇职工基本养老保险 5 086.53 万人，比上年增长 5.8%；参加城镇职工基本医疗保险 3 711.85 万人，增长 1.8%；参加城乡居民基本医疗保险 6 424.17 万人，增长 0.9%。城市污水处理厂集中处理率 93.3%，城市生活垃圾无害化处理率 91.6%。

【实施创新驱动发展战略成效初显】 2015 年，广东省委、省政府高度重视实施创新驱动发展战略，强调广东要着力构建以创新为主要引领和支撑的经济体系和发展模式，同步推进科技创新和体制机制创新，在建设开放型区域创新体系、提升自主创新能力、培育高新技术企业、促进产业创新发展等方面取得初步成效。全年全省全社会研发投入占地区生产总值比重提高到 2.5%；技术自给率 71%，区域创新能力居全国第二位。

【广东自贸试验区改革创新成绩显著】 2015 年 4 月 21 日，广东自贸试验区挂牌。至年底，累计新设立企业 5.6 万家，注册资本 10 亿元以上的企业超过 220 家，吸引合同外资 1 566 亿元人民币，34 家世界 500 强企业在广东自贸试验区投资设立 51 家企业。

【县级公立医院综合改革全覆盖】 2015 年，广东省坚持公立医院公益性，以取消药品加成为突破口，通过调整医疗服务价格和增加财政投入弥补减少的收入，同步推进管理体制、运行机制、人事分配制度改革。全年全省 58 个县（市）153 个县级公立医院均参加改革，实现县级医院全覆盖。

【全省实现县县通高速公路】 截至 2015 年底，济广高速公路（平远至兴宁段）、包茂高速公路（信宜至电白段）、潮惠高速公路一期工程（普宁至陆河段）、汕湛高速公路（揭西至博罗段）、大广高速公路（连平至从化段）等项目建成通车。新丰、紫金、连平等 8 个县（市）结束未通高速公路的历史，广东省 67 个县（市）实现“县县通高速”；与陆路相邻的广西、湖南、江西、福建 4 省（区）均有 3 条以上高速公路相连，经过广东的 21 条国家高速公路已有 14 条实现粤境段全线贯通。全省高速公路通车总里程达 7 018 千米，继续保持全国第一位。

2015 年 12 月 30 日，包茂高速公路通车　　（王良珏　摄）

【珠江西岸先进装备制造产业带建设开局良好】 2015 年，珠江西岸“六市一区”（珠海、佛山、中山、江门、阳江、肇庆和佛山顺德区）和省直及中央驻粤有关部门，突出抓好招商引资、项目落地、创新驱动等工作，推动珠江西岸先进装备制造产业带建设实现良好开局。是年，珠江西岸“六市一区”装备制造业增加值和投资增速逐季攀升，实现增加值2 623.9亿元，比上年增长14.2%，增速比全省规模以上工业平均水平（7.2%）高出7.0个百分点；完成投资1 165.5亿元，增长56.8%，增速比全省规模以上工业投资平均水平（20.8%）高出36.0个百分点。新引进投资额超1亿元装备制造业项目179个（其中投资额超10亿元项目44个），计划总投资1 418.6亿元。推进安川机器人、新兴重工、巨涛海工等92个投资超1亿元项目新开工建设，推进艾默生电气、中国中车珠海基地、三一海工、佳明重工、英格电气等86个投资超1亿元项目投产。有818家装备制造业企业实施技术改造，计划总投资386.6亿元，共有456家装备制造业企业完成技术改造，完成投资额108亿元；新培育认定装备制造业国家高新技术企业201家，占珠西新培育认定总数的28.4%；建设国家和省重点实验室、工程实验室、企业技术中心、工程中心等创新平台268个；经批准设立先进装备制造业企业博士后工作站21个；广东省人社厅在全国率先探索实行“海外人才绿卡制度”，引进珠江人才计划高端装备先进制造领域科研团队10个；建设技能人才培训示范基地及网络平台42个、培训5.6万人次。新增装备制造业上市企业（含主板、创业板、中小板、新三板）33家。以龙头骨干企业带动产业集聚向质量效率型集约发展转变，支持推动珠海市高栏港海工产业园入选国家新型工业化产业基地。鼓励和支持中山、顺德规划建设智能制造装备产业园，加快佛山、江门、肇庆等地6个省智能制造示范基地建设。重点培育珠海市船舶与海洋工程装备、佛山市智能制造装备、中山市光电装备、江门市汽车及零部件、阳江市高端不锈钢、肇庆市汽车零部件、顺德区节能环保装备等7个产业集聚区，工业总产值达到3 228亿元，新增年产值超700亿元。

【农产品质量安全体系建设取得成效】 2015年，广东省各级农业部门加强农产品质量安全体系建设，全省没有发生重大农产品质量安全事件，国家对广东省种植业和畜禽产品监测合格率分别达到96.5%和99.2%。截至2015年12月，全省21个地级以上市、70个县级农业部门建立农产品质量安全监管机构，大部分乡镇落实农产品质量安全监管服务职责。在检测机构建设方面，全省21个地级以上市、81个县（市、区）建立农检机构，将农产品质量安全纳入农业综合执法范围。全省各级农产品检测机构抽检农产品样品205万个。全省组织开展2015年度农产品检测机构能力比对活动，参加种植业产品农药残留、重金属、畜禽产品兽药残留检测能力比对的农产品检测机构分别达到74家、47家和43家。全省有72个农产品检测机构通过机构考核（备案），其中省级农产品检测机构6个、地级以上市农检中心21个、县级农产品检测机构27个、镇级农产品检测机构3个、民营检测机构9个，出入境系统检测机构2个，质监系统检测机构4个。全省创建省级以上农业标准化示范区778个，制订省级地方标准551个。2015年新建菜果茶标准园44个，国家级畜禽标准化示范场13个。在76个县开展标准化生产保障质量安全项目试点示范建设工作。强化“三品一标”（无公害农产品、绿色食品、有机农产品、地理标识品）认证和监管。认证“三品一标”产品2 592个。组织评选广东省名优特新农产品300个，广东十大名牌系列农产品在意大利米兰世博会上受到好评。

【高水平大学建设启动】 2015年4月，广东省委、省政府印发《关于建设高水平大学的意见》，设立50亿元专项资金，高水平大学建设正式启动。省教育厅会同省发改委、省财政厅制订高水平大学建设实施方案、资金安排方案、管理办法等，确定7所重点建设高校和18个重点学科建设项目。召开高水平大学建设工作布置会、建设方案论证会以及建设工作通报会，并与各参建高校签订“高水平大学建设目标管理责任书”。省委组织部、编办、发改委、科技厅、人力资源社会保障厅、财政厅、审计厅、外办等部门深入参建高校调研，针对高校反映突出的体制机制问题制订改革政策。参建高校在重点学科、师资队伍、人才培养、科研创新、交流合作等方面推进各项建设，有44个学科入围ESI全球前1%，与2015年1月相比，新增9个学科，增长26%；另有4个学科入围ESI全球前千分之一。至年底，参建高校在研国家级项目6 102个，比上年增长6%；在国际期刊发表论文13 911篇，增长15%；省级以上科研平台459个，增长22%。参建高校还围绕落实创新驱动发展战略产出创新成果。

【2015广东经济发展国际咨询会】 于2015年11月18—20日在广州举行。中共中央政治局委员、广东省委书记胡春华，省长朱小丹等省领导与20位省长经济顾问参与会议。会议以“加强国际合作，实现创新驱动与共赢发展”为主题，闭门会议设3个分议题：“实现广东智造”“拥抱互联网+”“营造创新环境”。20位省长经济顾问从全球化和专业化的视野对广东实施创新驱动发展战略提出许多极具前瞻性和富有建设性的意见建议。胡春华在会议期间会见全体顾问，朱小丹全程参与各项重大活动，徐少华、招玉芳、邓海光、温国辉等省领导出席会议。此次国际咨询会拓宽广东创新发展的理念，推动设立一批创新发展的高端合作项目，展现广东省开放创新的良好形象，体现国际咨询会作为广东省最高层次对外经济交流平台在服务经济发展大局、扩大对外开放中的重要作用。

2015年11月19日，2015广东经济发展国际咨询会在广州召开。图为省领导会见20位省长经济顾问（罗文清 摄）

【广东省自然村落历史人文普查工作启动】 2015年4月，

广东省委办公厅、省府办公厅印发《关于加强地方志工作的通知》，要求“开展省情调查，对全省自然村落历史人文与现状进行全面普查，组织编写出版《广东省自然村落历史人文通典丛书》”。5月，省政府召开全省第七次地方志工作会议，对全省自然村落历史人文普查工作（以下简称“普查”）作出具体部署，普查工作正式启动。9月，经省政府同意，省地方志办公室印发《广东省自然村落历史人文普查工作方案》，明确普查工作目标任务和要求。11月22日，召开全省自然村落历史人文普查工作会议，要求在次年2月底前完成普查试点工作。各地有关部门统筹资源，有序推进；除各级政府普查工作人员外，数十万名大专院校师生、中小学教师、离退休干部、志愿者、熟悉地情的村民、地情专家等参与其中，中国社会科学院将其列入国情调研基地项目，普查工作实现良好开局。（广东年鉴社）

广西壮族自治区

【概况】 广西壮族自治区位于中国南部。1949年12月11日，广西全境解放。1958年3月，广西僮族自治区成立。1965年10月12日，国务院批准广西僮族自治区改为广西壮族自治区。2015年，全自治区设地级市14个、县级市8个、县65个（含民族自治县12个）、市辖区37个、镇773个，乡350个（含民族乡59个）。首府为南宁市。年末户籍总人口5 518万人，常住人口4 796万人，其中城镇人口2 257万人。人口自然增长率7.90‰。常住人口中市镇人口2 257万人，占自治区常住人员的47.6%。

矿产资源十分丰富，尤以有色金属最为富有，是中国有色金属之乡。全自治区发现矿种145种（含亚种），探明资源储量的矿产97种，占全国已探明资源储量矿种的45.75%。探明储量列全国前十名的有64种，占全国第一位的有锰、锑、重稀土等12种。

广西地处云贵高原东南边缘、两广丘陵西部、南临北部湾，总体为山地丘陵性盆地地貌。山地以海拔800米以上的中山为主，山地约占广西土地总面积的39.7%；海拔200～400米的丘陵占10.3%；海拔200米以下的谷地、河谷平原、山前平原、三角洲及低平台地占26.9%；水面仅占3.4%。山系分盆地边缘山脉和内部山脉两类、盆地边缘山脉中的猫儿峰海拔2 141米，是华南地区第一高峰。全自治区有耕地442.54万公顷（2013年度土地利用变更调查数）。

河流众多，水能资源理论蕴藏量2 133万千瓦，可开发装机容量1 751万千瓦。红水河被誉为中国水电的“富矿”，是全国优先开发的三大水电建设基地之一，也是“西电东送”工程的重要组成部分。2015年底，广西境内水电装机总容量1 645万千瓦。

野生动植物的物种及珍稀种类众多。发现野生植物有8 562种，居全国第三位。有国家重点保护的珍稀濒危植物122种，占国家重点保护植物种数的31.6%，居全国第二位。有中草药物种4 623种，居全国第二位。2015年，全自治区森林面积1 478.3万公顷，森林覆盖率62.24%。已发现陆栖脊椎野生动物1 149种（含亚种），占全国的43%。有国家重点保护的珍稀动物149种，约占全国的45%。全自治区设有国家级自然保护区22个、自治区级自然保护区46个、市级自然保护区3个、县级自然保护区6

个。自然保护区总面积为1.35万平方千米，约占广西国土面积的5.71%。

广西北部湾沿海地区天然港湾众多，海洋资源丰富，是全国著名的四大热带渔场之一。生长有鱼类500多种、虾类200多种、蟹类190多种，还有种类众多的贝类、藻类和其他海产动物。闻名于世的中国南珠就产自广西北部湾沿海的合浦县。广西北部湾沿海0～20米的浅海面积6 480多平方千米，滩涂（潮间带）面积1 005平方千米。沿海有红树木0.72万公顷，居全国第二位。北部湾还是一个丰富的油气盆地，石油、天然气开发前景广阔。内陆西江等江河水量充足，利于航运，水运可直达港澳，“西江黄金水道建设”正在进行。

旅游资源得天独厚，是中国旅游大省之一。广西有以桂林山水为代表的众多山水自然景观、以北海银滩为代表的亚热带滨海风光、独具特色的中越边关风情和古朴浓郁的少数民族风情，还有以花山岩崖壁画、灵渠、真武阁、太平天国农民起义旧址、柳侯祠等人文历史遗迹。全自治区拥有国家级风景名胜区桂林漓江、桂平西山和宁明花山，有国家级旅游度假区北海银滩，有国家AAAAA级旅游景区4个、国家AAAA级旅游景区132个。

广西盛产稻谷、玉米等大宗粮食作物和花生、油茶籽等油料作物，甘蔗、黄红麻等大宗经济作物，以及品种众多的亚热带水果、中草药。地方名优蔬菜品种有荔浦芋、玉林大蒜、横县大头菜、博白蕹菜、扶绥黑皮冬瓜、田林八渡笋、覃塘莲藕、长洲慈姑等；药用植物有田七、肉桂、罗汉果、胶股蓝、血竭、安息香等。著名热带及亚热带水

2015年广西壮族自治区国民经济发展情况

项　目	单　位	实　绩	比上年增长（%）
地区生产总值	亿元	16 803.12	8.1
第一产业增加值	亿元	2 565.97	4.0
第二产业增加值	亿元	7 694.74	8.1
工业增加值	亿元	6 338.28	7.7
第三产业增加值	亿元	6 542.41	9.7
人均地区生产总值	元	35 190	6.3
固定资产投资	亿元	16 227.78	17.2
社会消费品零售总额	亿元	6 348.06	10.0
外贸进口总额	亿美元	232.36	12.0
外贸出口总额	亿美元	280.26	14.8
地方公共财政预算收入	亿元	1 515.08	6.5
地方公共财政预算支出	亿元	4 076.42	17.1
城镇居民人均可支配收入	元	26 416	7.1
农村居民人均纯收入	元	9 467	9.0

2015 年广西壮族自治区社会事业情况

项　目	单　位	实　绩	比上年增长（%）
普通高校	所	76	8.6
普通高校在校学生	万人	75.12	7.0
高等教育毛入学率	%	30.8	–
中职和技校	所	280	–
中职和技校在校学生	万人	85.24	–4.9
普通中学	所	2 284	–0.2
普通中学在校学生	万人	282.88	14.3
高中阶段教育毛入学率	%	87.3	–
小学	所	11 849	–8.5
小学在校学生	万人	440.10	1.9
九年义务教育巩固率	%	93	–
医院、卫生院	所	1 794	–
医院、卫生院床位	万张	19.97	–1.1
县以上文化馆	个	123	持平
县以上公共图书馆	个	112	持平
县以上博物馆	个	124	17.0
县以上档案馆	个	126	持平

果有荔枝、龙眼、木瓜、凤梨、香蕉、芒果、沙田柚、柑、橙、菠萝蜜等；优良禽畜品种有三黄鸡、香猪、黑山羊、矮马、鹅等。林产品有松脂、桐油、紫胶等。水产品有珍珠、对虾、青蟹、红鳍笛鲷、沙虫、鲳鱼、马鲛鱼、黄鱼等海产品和众多的淡水鱼类。金钱龟、山瑞等特色养殖也形成较大规模。

考古发现，广西人类文明的发展几乎与中原同步。从出土距今 80 万年前高超石器制作技术的百色手斧，到 5 万年前后东亚现代人代表的柳江人出现，到遍布沿江沿岸的新石器时代贝丘遗址远古文化；从战国遗留的大量冶炼遗址，到战国时期出现的铜鼓文化；从 3000 年前使用的青铜浅刺针，到壮医瑶医等民族医药繁荣的医药文化；从盛于汉代的苍梧漂清酒，到“桂林米粉”风行全国的饮食文化；从秦汉时期沿海多功能民居、少数民族地区干栏式民居、风雨桥、灵渠、真武阁，到现代城市建筑的建筑文化；从融歌、舞、乐三位一体岩崖壁画，到载歌载舞享誉全球的南宁国际民歌艺术节等，充分反映广西独特的民族文化。

广西是全国甚至世界知名的语言富矿，世居 12 个民族除回族转用汉语外，其他民族均有自己的语言并都在使用，分别是汉语、壮语、瑶语、苗语、侗语、仫佬语、毛南语、京语、彝语、水语、仡佬语，其中壮语、汉语、瑶语、苗语、彝语还有多种方言土语。

文化艺术源远流长，丰富且具有特色。反映远古时期先民们“飞土、逐肉”狩猎生活的左江崖壁画群，氏族社会中晚期出现口口相传的创世史诗，西周被列入西周宫廷的越声“任”，春秋时期广泛运用的铜鼓等打击乐器和以壮族先民《越人歌》为代表的民族古歌、秦汉时期旨在“驱鬼逐疫”的傩仪（傩戏），盛行于唐代的“广南春堂”（扁担舞）、“交趾葫芦笙”乐和普遍流行红水河、左右江流域各壮族聚居地的“三月三歌圩”，宋朝时期“城郭村落日闻鼓笛声，军中乐卒弄傀儡（木偶）”，明清时期壮族“出寮舞”“浪花歌”、瑶族“五参舞”“蹋蹋歌”、苗族“鸲鹆舞”、侗族“混沌舞”民间文化习俗等。经近现代发掘，形成“唱春牛”“唱采茶”“鸿鹄调”“马驴调”“斗鸡调”“巫调”等歌舞小调，以及桂剧、彩调剧、邕剧、粤剧、师公戏、采茶戏、牛歌戏、牛娘戏、文场戏、客家戏以及壮剧、苗剧、侗剧、木偶剧、毛南剧等少数民族特色剧种。

广西名人辈出。著名人物有秦郡监御史史禄，五经博士陈钦，交趾太守士燮，唐宋八大家之一柳宗元，晚唐诗人曹邺，被宋真宗敕封为惠烈御史周王的周谓，树起反宋大旗的区希范，明教大师契嵩，大南国侬智高，文渊阁大学士蒋冕，亲率俍兵荡平倭寇的瓦氏夫人，起义军领袖韦银豹，明代军事家袁崇焕，清初四大名画僧石涛，清朝“一门九进士，父兄四翰林”的陈宏谋家族、“同门三翰林”的唐景崧家族和“一门三总督”的岑春煊家族，著名将领冯子材和刘永福，太平天国东王杨秀清、西王萧朝贵、北王韦昌辉、翼王石达开、英王陈玉成、忠王李秀成，旧桂系军阀陆荣廷，现代军事名家蒋翊武、俞作柏、俞作豫、陈铭枢、陈济棠、李宗仁、白崇禧、张绍竑、张云逸、李明瑞、韦拔群、韦国清等，民主人士马君武、梁漱溟、李济深等，还有建立中共广东西江工委的陈勉恕，周恩来总理夫人邓颖超，文艺家欧阳予倩，汉语言学家王力，教育学家雷沛鸿，美术家阳太阳等。

2015 年，广西实现地区生产总值 16 803.12 亿元。万元生产总值能源消耗比上年下降 5.1%，规模以上万元工业增加值综合能源消耗下降 12.3%。固定电话用户 439.7 万户，移动用户 3 594.96 万户。社会用电量 1 334.32 亿千瓦·时。城镇居民人均住房面积 38.63 平方米，农村居民人均住房面积 45.22 平方米。年末从业人员 2 820 万人，城镇登记失业率 2.92%。参加城镇职工基本养老保险 576.63 万人，比上年末增加 19.04 万人；参加城镇职工基本医疗保险 505.49 万人，参加城镇居民基本医疗保险 572.1 万人；全自治区有 110 个县（市、区）开展新型农村合作医疗试点工作，参合率 99.18%。城镇生活污水集中处理率 67.75%，城镇生活垃圾无害化处理率 98.65%。

【中国钦州—马来西亚关丹集装箱国际班轮首航】 2015 年 2 月 7 日，中国钦州—马来西亚关丹集装箱国际班轮首航仪式在广西钦州保税港区举行，标志着中国 21 世纪海上丝绸之路正式重启。“北部湾之星”号邮轮是中国首班直达马来西亚的直航班轮。邮轮在钦州保税港区装箱后于 8 日出发，途经越南岘港、芽庄，马来西亚关丹、云顶等多个东南亚古镇和旅游胜地。航线开通后，航期将缩短至 4 天，给中马产业园和马中关丹产业园的建设与发展提供重要的物流支持，并将促进东盟经济、文化的发展。

【广西调整职工最低工资标准】 2015 年 3 月，广西壮族自治区人民政府下发《关于调整全区职工最低工资标准的通知》，文件规定，自 2015 年 1 月起对全自治区职工最低工资标准进行调整。广西职工最低工资标准分为 4 类：第一类为 1 400 元 / 月，适用于南宁市、柳州市、桂林市、梧州市、北海市、防城港市（含东兴市）、钦州市；第二类为 1 210 元 / 月，适用于自治区内其余 7 个市；第三类是 1 085 元 / 月，适用于各县级市；第四类是 1 000 元 / 月，适用于各县、自治县。同时，非全日制用工每小时最低工资标准分别相应提高到 13.5 元、11.5 元、10.5 元、9.5 元。此次广西各类地区最低工资标准调整幅度均在 16%上下，月最低工资标准均达到 1 000 元以上，最低工资标准居全国中等水平。

【广西汽车集团有限公司成立】 2015 年 5 月 8 日，广西汽车集团有限公司正式揭牌成立。广西汽车集团为广西自治区国资委以五菱集团净资产出资，通过增资扩股，引入柳州市产业投资有限公司、桂林市国有资产投资经营有限公司、广西玉柴机器集团有限公司、南南铝业股份有限公司等多家企业为参股股东，是自治区直属的大型混合所有制企业。规划至 2020 年，实现年产销 300 万套零部件、40 万台发动机及 10 万辆整车的经营规模，营业收入 300 亿元。

【第 12 届中国—东盟博览会】 2015 年 9 月 18—21 日在广西南宁举办，由中国商务部、东盟十国政府经贸主管部门和东盟秘书处共同主办。中共中央政治局常委、国务院副总理张高丽，泰国副总理塔纳萨，缅甸副总统赛茂康，老挝副总理宋沙瓦，越南副总理阮春福，柬埔寨国务兼商业大臣孙占托 6 位中国和东盟国家领导人，269 名部长级贵宾出席。博览会以“共建 21 世纪海上丝绸之路——共创海洋合作美好蓝图”为主题，设商品贸易、投资合作、服务贸易、先进技术、魅力之城五大专题，总展位 4 600 个，参展企业 2 207 家，参展参会客商 6.5 万人。泰国为主题国，韩国为特邀贵宾国。9 月 18 日，在南宁举行开幕大会，张高丽宣布第 12 届中国—东盟博览会、

2015 年 9 月 18 日，第 12 届中国—东盟博览会、第 12 届中国—东盟商务与投资峰会在广西南宁开幕　（广西国际博览事务局供稿）

中国—东盟商务与投资峰会开幕，并发表主旨演讲。9月17—18日，中国和东盟国家政要分别巡视博览会展馆。会议期间，举办高层友好交往、经贸促进和多领域交流互动，推动战略认同、对接发展规划、促成优先项目落地。推动中国—东盟信息港等重大项目落地实施。9月21日，博览会设公众开放日，同时还举办南宁国际民歌艺术节等系列人文交流活动。

会议期间，同时举办第12届中国—东盟商务与投资峰会。会议由商务部、中国国际贸易促进委员会、广西壮族自治区人民政府主办，中国—东盟商务与投资峰会秘书处承办，主题为“共建21世纪海上丝绸之路——共创海洋合作美好蓝图”。中国和东盟的国家领导人、政府官员、工商界人士、企业代表、专家及学者等1 200多人参加。会议期间举办泰国领导人与中国企业CEO圆桌对话会、中国—东盟商界领袖论坛、中国—东盟商事法律合作研讨会、中国—东盟（柬埔寨、老挝、缅甸、越南）贸易便利化研究报告发布仪式、中国—东盟跨境电商平台启动仪式、商务早餐等专题活动。

【南百高铁通车】 2015年12月11日，南昆客运专线南宁至百色段正式开通运营，标志着广西“北通、南达、东进、西联”高铁路网新格局初步形成。南昆客运专线南宁至百色段全长223千米，是广西西部的第一条高速铁路，共设有南宁、南宁西、隆安东、平果、田东北、田阳、百色7个高铁车站，平均站间距30多千米，是目前西南地区客运站点最密的高铁线路。线路初期运营时速200千米，开通后南宁、百色之间的列车运行时间将从过去的3个多小时压缩到1.5小时。 （孙仿）

海 南 省

【概况】 海南省简称琼，位于中国最南端，省会海口市。1988年4月26日，海南省人民政府成立。至2015年底，全省设19个市县，其中4个地级市（海口市、三亚市、儋州市、三沙市）、5个县级市（五指山市、文昌市、琼海市、万宁市、东方市）、4个县（屯昌县、定安县、澄迈县、临高县）、6个民族自治县（乐东黎族自治县、琼中黎族苗族自治县、保亭黎族苗族自治县、陵水黎族自治县、白沙黎族自治县、昌江黎族自治县）。基层设乡镇和街道办事处218个，其中镇176个、乡21个、街道办事处21个。全省管辖陆地面积3.54万平方千米、海域面积约200万平方千米。年末户籍人口916.34万人，常住人口910.82万人，其中城镇人口占55.12%。人口自然增长率8.57‰。在海南省人口中，汉族占81.9%，少数民族占18.2%。海南是全国著名侨乡，有海外华侨、华人300多万人，归侨、侨眷100多万人。华侨、华人分布在近60个国家和地区，以东南亚居多。

海南省是中国最大的“热带宝地”，土地总面积351.77万公顷。由于光、热、水等条件优越，农田终年可以种植，不少作物年可收获2～3次。按适宜性划分，海南岛的土地资源可分为宜农地、宜胶地、宜热作地、宜林地、宜牧地、水面地和其他用地7种类型。粮食作物主要有水稻，经济作物主要有甘蔗、茶等，水果主要有菠萝、荔枝、龙眼、香蕉、柑橘、芒果、杨桃、菠萝蜜等，蔬菜种植有120多个品种，热带作物主要有橡胶、椰子、槟榔、胡椒、咖啡等。海南岛是中国主要的反季节瓜菜生产基地和橡胶种植基地。耕地面积 72.67 万公顷，粮食播种面积 39.40 万公顷，粮食产量 183.99 万吨。植被生长快，植物繁多，是热带雨林、热带季雨林的原生地。海南岛有野生维管束植物 5 860 种，约占全国总数的 1/7，其中 490 多种为海南所特有。热带森林主要分布于五指山、尖峰岭、霸王岭、吊罗山、黎母山、鹦哥岭等林区。陆生脊椎动物有 660 种，其中两栖类 43 种、爬行类 113 种、鸟类 426 种、哺乳类 78 种。在陆生动物中，23 种为海南特有。世界上罕见的珍贵动物有海南长臂猿和海南坡鹿。林地面积 209.13 万公顷，森林覆盖率 61.5%，活立木蓄积量 1.50 亿立方米。城市人均公园绿地面积 12.08 平方米。发现矿产 88 种，经评价有工业储量的矿种 70 种，其中已探明列入矿产资源储量统计的 62 种，产地 527 处。优势比较明显的矿产有天然气、玻璃用砂、钛铁砂矿、锆英石砂矿、富铁矿、饮用天然矿泉水等。海南岛周边海域和南海油气资源丰富，在海南岛周边海域已开发的天然气田有崖 13–1、东方 1–1、乐东 15–1 等。玻璃用砂主要分布于儋州、东方、文昌等地，钛铁砂矿主要分布于海南岛东海岸，锆英石砂矿主要分布于文昌、琼海、万宁、陵水等市

2015 年海南省国民经济发展情况

项　目	单　位	实　绩	比上年增长（%）
地区国民生产总值	亿元	3 702.8	7.8
第一产业增加值	亿元	855.82	5.3
第二产业增加值	亿元	875.13	6.5
工业增加值	亿元	485.85	5.2
第三产业增加值	亿元	1 971.81	9.6
人均地区生产总值	元	40 818	6.9
规模以上工业增加值	亿元	448.95	5.1
农林牧渔业增加值	亿元	881.69	5.5
固定资产投资	亿元	3 355.4	10.4
社会消费品零售总额	亿元	1 325.1	8.2
外贸进口总额	亿元	636.26	–9.5
外贸出口总额	亿元	232.36	–14.4
实际利用外资直接投资	亿美元	20.06	6.2
地方公共财政预算收入	亿元	627.7	8.7
地方公共财政预算支出	亿元	1 241.49	10.6
城镇居民人均可支配收入	元	26 356	7.6
农村居民人均纯收入	元	10 858	9.5
城乡居民储蓄存款余额	亿元	2 974.54	10.7

2015 年海南省社会事业情况

项　目	单　位	实　绩	比上年增长（%）
普通高校	所	18	5.9
普通高校在校学生	万人	20.68	–0.3
高等教育毛入学率	%	34	增加 1.1 个百分点
中职和技校	所	87	–8.4
中职和技校在校学生	万人	13.13	–10.5
普通中学	所	497	0.2
普通中学在校学生	万人	50.12	–2.4
高中阶段教育毛入学率	%	88.3	增加 0.8 个百分点
小学	所	1 619	持平
小学在校学生	万人	77.32	2.7
小学净入学率	%	99.2	–0.2
医院、卫生院床位	张	37 500	8.7
群众艺术馆、文化馆	个	21	持平
公共图书馆	个	21	持平
博物馆	个	18	持平
档案馆	个	39	2.6
体育场地	个	12 202	–
室内体育场地	个	370	–

县，富铁矿分布于昌江石碌镇一带，饮用天然矿泉水海南岛各地均有发现。海洋水产资源具有海洋渔场广、品种多、生长快和渔汛期长等特点，是中国发展热带海洋渔业的理想之地。海南岛近海已有记录的鱼类 800 多种，南海北部大陆架海域已有记录的鱼类 1 000 多种，南海诸岛海域已有记录的鱼类 500 多种。旅游资源丰富，主要包括海岸带景观，山岳、热带原始森林，珍禽异兽，火山、溶洞、温泉，古迹名胜和革命纪念地，民族风情等。主要景区景点有五公祠、东坡书院、琼台书院、海瑞墓、崖州古城、文昌孔庙、大东海、南山、天涯海角、鹿回头、亚龙湾、海口火山口、东寨港红树林等。海南特产丰富，有椰子、咖啡、胡椒、腰果、可可等热带作物产品，菠萝、荔枝、龙眼、香蕉、芒果、杨桃、菠萝蜜、红毛丹等热带水果，绿茶、红茶、水满茶、鹧鸪茶、苦丁茶、香兰茶等茶类作物产品，龙虾、鱿鱼、干贝等海产品，珍珠产品，牛角雕、椰雕、

贝雕等手工艺品，黎锦、黎幕、黎裙、挂包、头巾等黎族纺织品。

民间习俗有独特的一面。如农历正月十五晚上的海口市琼山区的换花节（原称换香节），农历二月初九至十二的冼夫人文化节（原称军坡节），海南黎族、苗族的“三月三”，每年端午节期间的龙水节等。海南的民间艺术丰富多彩，著名的有琼剧、黎族苗族歌舞、木偶戏、儋州调声等。

著名历史人物有明朝政治家、著名清官海瑞，明朝阁臣、思想家、经济学家丘浚，无产阶级革命家冯白驹，领导黎族苗族人民举行“白沙起义”的海南黎族领袖人物王国兴等。

2015 年，海南省实现地区生产总值 3 702.8 亿元，比上年增长 7.8%；地方一般公共预算收入 627.7 亿元，增长 8.7%；全社会固定资产投资 3 355.4 亿元，增长 10.4%；社会消费品零售总额 1 325.1 亿元，增长 8.2%；城镇居民人均可支配收入 26 356 元，农村居民人均纯收入 10 858 元，分别增长 7.6% 和 9.5%。年末固定电话用户 171 万户，移动电话用户 920 万户。全社会用电量 251.88 亿千瓦·时。城镇居民人均住房面积 31.24 平方米，农村居民人均住房面积 28.09 平方米。年末从业人员 549.40 万人，城镇登记失业率 2.3%。城镇从业人员参加基本养老保险 242.32 万人，参加基本医疗保险 191.67 万人（含退休）。城镇居民社会养老保险与新型农村社会养老保险实行统一合并，参加养老保险 277.01 万人；城镇居民参加基本医疗保险 195.17 万人，新型农村合作医疗参合率 99.6%。城镇生活污水集中处理率 78%，城镇生活垃圾无害化处理率 90%。

【海南列为全国唯一省域“多规合一”试点】 2015 年 6 月 5 日，中央深化改革领导小组第十三次会议同意海南省就统筹经济社会发展规划、城乡规划、土地利用规划等开展省域“多规合一”改革试点。为推进“多规合一”工作，中共海南省委于 4 月 19 日，召开全面深化改革领导小组第三次会议，审议并原则通过《关于编制〈海南省总体规划〉推进全省“多规合一”工作的实施方案》。5 月 29 日，海南省政府与国家测绘地理信息局在海口签署合作协议，决定共建

2015 年 7 月 22 日，海南省委六届八次全会审议通过《中共海南省委关于深化改革重点攻坚加快发展的决定》，省域“多规合一”改革试点作为重点内容纳入其中 （王凯 摄）

海南省“多规合一”信息数字化管理平台。海南省被确定为省域“多规合一”改革试点后，成立由省长刘赐贵任组长的“多规合一”改革工作领导小组，省政府其他领导和17个省直部门全程参与改革工作。7月22日，省委六届八次全会在海口召开，审议通过《中共海南省委关于深化改革重点攻坚加快发展的决定》，省域“多规合一”改革试点作为重点内容纳入其中。8月28日，省政府在海口举行推进“多规合一”工作部省座谈会，向中央深改办和国家有关部委汇报海南省推进“多规合一”改革试点工作进展和阶段性成果，就《海南省总体规划（征求意见稿）》征求中央深改办和国家有关部委的意见建议。11月13日，省长刘赐贵主持召开“多规合一”改革工作领导小组会议，听取《海南省总体规划》修改情况，研究有部署市县域“多规合一”规划编制和下一阶段省域“多规合一”改革试点有关工作。12月17日，省委书记罗保铭主持召开省委常委会，审议《海南省省域“多规合一”改革试点情况报告》《海南省总体规划（2015—2030）》，对继续深化海南省“多规合一”改革进行研究部署。

【海南西环高铁建成通车】 2015年12月30日，海南西环高铁建成通车，与海南环岛高铁东段实现连通，标志着世界首条环岛高铁全线贯通。海南西环高铁全长345千米，设海口、东方、乐东、凤凰机场、三亚等16个车站，设计速度200千米/小时。海南西环高铁的开通运营，将进一步完善海南快速铁路网结构，极大方便沿线群众出行，加快形成海岛“三小时经济圈”。

【三亚列为全国首个“双修”“双城”试点市】 2015年6月10日，住建部发函，原则同意将三亚列为全国首个城市修补生态修复（双修）、海绵城市和综合管廊建设城市（双城）综合试点城市。三亚市生态修复以山体、河流、海岸的修复为重点，城市修补从城市形态轮廓、建筑色彩、广告牌匾、绿化景观、夜景亮化和拆除违规建筑等6个方面着手。海绵城市强调可持续生态理念，通过系统工程的建设，实现自然积存、自然渗透、自然净化，增强地区自然生态调节能力。综合管廊则将分散的地下管线有效地集中，避免频繁开挖城市路面。“双修”“双城”是三亚市提高规划建设设计水平，完善城市功能，提升风貌特色的有效途径和重要举措。

2015年12月30日，海南西环高铁首发动车从海口站驶出

（李幸璜　摄）

【琼海“三不一就”成为全国城镇化建设新模式】 2015年，琼海市委市政府实行的“不砍树，不拆房，不占田，就地城镇化”的“三不一就”城镇化模式引发广泛关注。在城乡一体化建设过程中，琼海在不改变农民生产和生活方式的前提下，充分保护和尊重现有农村的地形村貌、田园风光、农业业态和生态本底，将城市设施引入一个个村镇，让农民守在自己的土地上就能享受城市人的生活品质。琼海的思路、路径和做法，对资源禀赋相似的海南各地具有普遍借鉴意义，对全国中西部地区生态环境同类型的农村也同样具有典型示范作用。

【琼中12岁女足首夺哥德堡杯冠军】 2015年7月17日，在瑞典举办的“哥德堡杯”青少年足球锦标赛12岁女子组比赛中，代表中国出战的琼中女足获得冠军。此次“哥德堡杯”青少年足球锦标赛12岁女子组比赛共有13个国家的45支球队参加。代表中国出战的琼中女足取得七连胜，夺得首个世界冠军。琼中女足是海南省琼中黎族苗族自治县琼中中学女子足球队，此次参赛的12名琼中女足队员年龄为11~12岁，均为黎族姑娘。 （李鑫）

四 川 省

【概况】 四川省位于中华人民共和国西南部。1949年四川省人民政府成立。2015年辖1个副省级城市、17个地级市、3个自治州、14个县级市、116个县、4个自治县、49个市辖区、4 319个乡、98个民族乡、1 937个镇、329个街道办事处。全省（区）陆地面积48.6平方千米。常住人口9 097.14万人，其中城镇人口2 783.74万人。人口自然增长率3.36‰。

地貌复杂多样，有山地、丘陵、平原和高原4种地貌类型，分别占全省幅员面积的77.1%、12.9%、5.3%和4.7%。土壤类型丰富，据第二次土壤普查，全省土壤类型共有25个土类、66个亚类、137个土属、380个土种，土类和亚类数分别占全国总数的43.48%和32.60%。全年粮食作物播种面积与上年持平，粮食总产量3 442.8万吨，森林覆盖率36.02%。

水资源丰富，居全国前列。全省多年平均降水量约为4 889.75亿立方米。水资源以河川径流最为丰富，境内共有大小河流近1 400条，号称“千河之省”。全省水资源总量共计3 489.7亿立方米，其中，多年平均天然河川径流量2 547.5亿立方米，占水资源总量的73%；上游入境水942.2亿立方米，占水资源总量的27%。还有地下水资源量546.9亿立方米，可开采量115亿立方米。境内遍布湖泊冰川，有湖泊1 000多个、冰川200余条，还有一定面积的沼泽，多分布于川西北和川西南，湖泊总蓄水量约15亿立方米，加上沼泽蓄水量，共计35亿立方米。

地质构造复杂，有利成矿，矿产资源丰富，矿产种类比较齐全。已查明资源储量的矿种有100余种、矿区1 906处，其中有43种矿产的保有资源储量位居全国前五位，煤、铁、锰、钛、钒、铜、铅、锌、轻稀土、磷、水泥用灰岩等重要矿产资源储量有所增加。全省矿产资源供应能力较强，是西部乃至全国的矿物原材料生产和加工大省。全省有世界遗产5个，其中自然遗产3个（九寨沟、黄龙、四川大熊猫栖息地），文化和自然双重遗产1个（峨眉山—乐山大佛），文化遗产1个（青城山—都江堰）。加入世界人与生物圈保护网络的保护区有4个（九寨、卧龙、黄龙、稻城亚丁）。拥有国家级重点风景名胜区14个，省级风景名胜80个。至2015年，四川有国家AAAAA级旅游景区9个，在全国排第三位。有中国优秀旅游城市21座。

四川是中国文明的重要起源地之一。四川文明在夏商时代为神权文明，西周至春秋战国为礼乐文明。秦统一巴蜀后，巴蜀文化逐步转型为秦汉文化的一支重要地域亚文化。汉魏之际为中国道教的发源地，隋唐五代为文学繁荣之地，佛教也取得令人瞩目的成就。宋代经济文化高度繁荣，出现全世界最早使用的纸币“交子”。巴蜀的科技在历史上很发达，有都江堰水利工程、种植技术、盐井技术、青铜冶炼技术、天文学、数学、医学等。四川语言文化、戏曲文化、茶文化、酒文化、饮食文化、织锦文化、盐文化等都具有浓郁的地方风格。四川方言、川戏、川茶、川酒、川菜、川药，以及蜀绣、蜀锦、川派盆景等文化品牌都带有强烈的地方特色。川菜位居中国三大菜系之列，五粮液等川酒为国宴珍品，竹叶青、蒙顶茶、峨嵋毛峰等名茶享誉全国。

悠久的历史和丰厚的人文积淀，留下一批珍贵稀有的高品位文化。四川拥有全国重点文物保护单位62个，中国历史文化名城7座。省级历史文化名城24座，省级历史文化名镇22座以及其他人文景点200多个。广汉三星堆和成都金沙遗址出土的大量金器、铜器、玉器和陶器都属文物精品。其中，金沙遗址出土的“太阳神鸟”金饰

2015年四川省国民经济发展情况

项　目	单　位	实　绩	比上年增长（%）
地区生产总值	亿元	30 103.1	7.9
第一产业增加值	亿元	3 677.3	3.7
第二产业增加值	亿元	14 293.2	7.8
工业增加值	亿元	12 084.9	7.6
第三产业增加值	亿元	12 132.6	9.4
人均地区生产总值	元	36 836	7.2
固定资产投资	亿元	25 973.3	10.2
社会消费品零售总额	亿元	13 877.7	12.0
实际利用外资	亿美元	104.4	–2.0
财政总收入	亿元	3 329.1	7.9
公共财政预算支出	亿元	7 511.7	10.5
城镇居民人均可支配收入	元	26 205	8.1
农村居民人可支配收入	元	10 247	9.6

2015 年四川省社会事业情况

项　目	单　位	实　绩
普通高校	所	109
普通高校在校学生	万人	138.8
中职和技校	所	550
中职和技校在校学生	万人	110.8
普通中学	所	3 864
普通中学在校学生	万人	264.4
小学	所	6 487
小学在校学生	万人	541.7
医院、卫生院	所	80 029
医院、卫生院床位	万张	48.9
群众艺术馆、文化馆	个	207
公共图书馆	个	203
博物馆	个	222
档案馆	个	247

被国家文物局批准成为“中国文化遗产”标志。

四川自古以来人才辈出。古代有：宋代大文学家苏东坡，唐宋八大家苏洵、苏辙，西汉大文学家司马相如，《三国志》作者陈寿，大文学家陈子昂。近代有：文学家、中国民盟创始人张澜，革命教育家吴玉章，大文学家郭沫若，大文学家巴金。现代有：中国现代化的总设计师邓小平，红军创始人朱德，中国人民解放军创建人和领导人陈毅，共和国十大元帅刘伯承，共和国开国大将罗瑞卿，开国上将陈伯均、张爱萍，画圣张大千等。

2015 年全省生产总值 30 103 亿元。固定电话用户 1 353.4 万户，移动电话用户 6 872.0 万户。城镇登记失业率 4.1%。参加城镇职工基本养老保险 1 938.98 万人。

【水陆两栖飞机机头在成都交付】 2015 年 3 月 17 日，中国自主研制的“三个大飞机”之一、由中航工业成飞民机及成飞承担的首架大型灭火 / 水上救援水陆两栖飞机（AG600）机头大部件在成都实现交付。在其他大部件完成制造及适航审查后，该飞机在 2015 年底前完成总装下线，计划 2016 年上半年实现首飞。

【中外知名企业投资推介会】 于 2015 年 4 月 24 日在成都举行。该次中外知名企业四川行活动以“投资四川·共享机遇”为主题。800 多位海内外嘉宾、423 家中外知名企业和商协会的负责人共商合作、共谋发展。39 个重大投资合作项目现场集中签约，投资额 1 110.5 亿元。活动期间，四川与国内外投资者共签订 3 000 万元以上的投资类正式合同项目 842 个，总金额 6 015.6 亿元。

【沃尔沃豪华车进美国市场】 2015 年 5 月 22 日，由沃尔沃汽车成都工厂生产的豪华轿车 S60 In-scription 下线，并出口美国。中国制造豪华车进美国市场，在中国汽车工业史上属首次，沃尔沃由此成为第一个从中国向美国出口豪华车的制造商。

【歼 -10 战斗机在阅兵仪式上接受检阅】 2015 年 9 月 3 日，纪念中国人民抗日战争暨世界反法西斯战争胜利 70 周年大会在北京举行，八一飞行表演队歼 -10 战斗机在阅兵仪式上接受检阅。这些歼 -10 战斗机产自四川，其整机喷涂、拉烟烟嘴改造等保障任务均由中航工业成飞公司担纲。

【第三届中国（绵阳）科技城国际科技博览会】 2015 年 9 月 17—20 日在绵阳市举行。科博会围绕“科技创新、军民融合、开放合作”主题，开展 8 项主要活动和 17 项专项活动。47 个国家、地区，国内 13 个先行先试地区、高新区参会，包括世界 500 强、国内外知名企业、科研院所、高等院校在内的 819 个单位参展，参展项目 1 944 个、展品 8 647 件，签约项目 314 个，签约金额 1 060 亿元，比上届增长 20%。

【电子商务发展峰会开幕】 2015 年 10 月 15 日，中西部地区首个电子商务全国性峰会——2015 中国（四川）电子商务发展峰会在绵阳开幕。该次峰会还举行电子商务创新发展论坛，农村电商、跨境电商等多个专题论坛；共签约项目 60 个，签约金额 44.55 亿元，其中绵阳市签约项目 49 个，其他市州签约项目 11 个。

【桐子林水电站投产】 2015 年 10 月 28 日，中国西部大开发标志性工程、雅砻江最末一个梯级电站——桐子林水电站首批 2 台共 30 万千瓦机组投产发电。桐子林水电站投产标志着雅砻江下游开发全面完成，开发重点将转向中上游项目。

【“老挝一号”通信卫星发射升空】 2015 年 11 月 21 日 0 时 07 分，中国在西昌卫星发射中心用长征三号乙运载火箭成功将“老挝一号”通信卫星发射升空，卫星进入预定转移轨道。“老挝一号”通信卫星是中国向东盟国家和地区出口的首颗卫星，将为老挝提供卫星电视直播、无线宽带接入、国际通信等服务。

（四川年鉴社）

贵 州 省

【概况】 贵州省位于中华人民共和国西南的东南部。1949 年 12 月 26 日贵州省人民政府成立。2015 年辖 6 个地级市、3 个民族自治州、7 个县级市、55 个县、11 个自治县、14 市辖区、1 个特区、207 个乡、194 个民族乡、796 个镇、173 个街道办事处，行政区划面积 176 167 平方千米。年末户籍人口 4 395.33 万人；常住人口 3 529.5 万人，其中城镇人口 1 482.74 万人。人口自然增长率 5.8‰。贵州有汉、苗、布依、土家、侗、彝等 18 个世居民族，全省总人口中少数民族人口占 36.33%。

自然资源丰富，有突出的资源优势。全省耕地面积 454.1 万公顷，粮食种植面积 311.49 万公顷，粮食产量 1 180 万吨。森林面积 880.67 万公顷，森林覆盖率 50%，森林蓄积量 4.13 亿立方米。城市人均公园绿地面积 9 平方米。全省能源资源以水能和煤炭为主，年均降水量 1 181 毫米，境内河流坡陡水急，天然落差大，河网密度大，有利于水电的开发。全境水能资源蕴藏量为 1 874.5 万千瓦，居全国第 6 位。乌江、南盘江、北盘江、都柳江等都属于水利资源丰富的河流。

矿产资源丰富。发现矿产（含亚矿种）128 种，其中探明资源储量 76 种，有 39 种矿产资源储量排名全国前 10 位。生物资源种类繁多。全省有野生动物资源 1 000 余种，野生动物中脊椎动物有 999 种。黔金丝猴、黑叶猴、华南虎、黑颈鹤等 15 种动物列为国家一级保护动物；国家二级保护动物有穿山甲、黑熊、水獭、大灵猫等 69 种。全省野生植物中，工业用植物 600 余种，可供食用植物 500 余种，绿化、美化及抗污染植物 240 种。银杉、珙桐、桫椤、贵州苏铁等 15 种列为国家一级保护植物。药用植物资源 3 924 种，占全国中草药品种的 80%，是中国四大中药材产区之一。天麻、杜仲、黄连、吴萸、石斛等药材享誉国内外。贵州农作物植物品种丰富，栽培的粮食作物、油料作物、纤维植物和其他经济作物近 600 个品种，粮食作物以水稻、玉米、小麦、薯类为主，经济作物以烤烟、油菜籽为主要品种。经济林木主要有油桐、油茶、乌桕、漆树、核桃等，“大方生漆”“六马桐油”为贵州名优土特产品。全省饲养的主要畜品种有 30 多种，优良牧草资源 2 500 余种，发展畜牧业具有良好条件。

自然风光神奇秀美，是喀斯特地貌发育最典型的地区之 。全省具有开发价值旅游景区（点）共 1 000 多处。奇山秀石、瀑布峡谷、溶洞石林等构成迷人的“天然公园”。至 2015 年末，有荔波、赤水丹霞、施秉云台山 3 处世界自然遗产；黄果树大瀑布景区、龙宫景区、梵净山景区、百里杜鹃景区、荔波景区 5 处国家 AAAAA 级自然景区；国家级风景名胜区有织金洞、红枫湖、荔波漳江、马岭河大峡谷、赤水、黎平侗乡、都匀斗蓬山、剑江等 18 个；国家级自然保护区有荔波茂兰、雷公山、赤水桫椤等 9 个，国家级森林公园 25 个；有 1 个世界地质公园（织金洞），以及关岭化石群、兴义、织金洞、绥阳双河洞、乌蒙山、平塘等 6 个国家地质公园和万山国家矿产公园。

历史文化资源丰富，有闻名的屯堡文化、夜郎文化、土司文化、阳明文化等。史前文化绚烂多姿，有被喻为“亚洲文明之灯”的普定“穿洞文化”，有中国目前出土石器最为丰富的黔西“观音洞文化”遗址；有中国目前出土石器最为精美的兴义“猫猫洞文化”遗址等。贵州还因古脊椎动物化石“贵州龙”，侏罗纪时代恐龙化石及其他古生物化石的发现，被国内外专家学者誉为“古生物王国”。

贵州是多民族聚居的省份，苗族有多彩的服饰及节日；侗家悠远的侗族大歌；彝族有着神秘的彝文碑刻和摩崖；在中国唯一的水族聚居地区，“水书”保留古老的图画和象形文字痕迹。此外还有侗家鼓楼和风雨桥、苗族吊脚楼、布依石头寨，精湛的银饰花带、绮丽的挑花蜡染、傩戏歌舞、芦笙铜鼓，壮观的斗牛大赛等民俗特色。至 2015 年末，贵州省有世界文化遗产 1 处（海龙屯），列入人类非物质文化遗产代表作名录 1 项（侗族大歌）；列入国家级、省级非物质文化遗产名录分别有 85 项（140 处）、561 项（653 处）；国家级、省级非物质文化遗产传承人分别有 57 名、403 名；建立国家级文化生态保护实验区1个、省级文化生态保护区2个、国家级生产性保护示范基地3个、省级生产性保护示范基地28个。

贵州英才辈出，其中最著名的有贵州“龙场悟道”的明代著名思想家、文学家王阳明，四大理学家之一孙应鳌，著名诗人、书画家杨龙友，清初著名学者、黔中诗帅周渔璜，晚清“西南巨儒”郑珍、莫友芝，晚清著名维新派代表人物之一、诗人李端棻，清末民初著名画家、诗人、学者姚茫父；中国新闻学教育开拓者谢六逸，当代中国乡土文学代表人物、著名作家蹇先艾，著名书法家、文史学家陈恒安，著名画家宋吟可，著名书法家萧娴。

2015年，全省地区生产总值10 502.56亿元。万元地区生产总值能源消耗1.2吨标准煤。固定电话用户312.54万户，移动电话用户3 172.31万户。社会用电量1 174.21亿

2015年贵州省国民经济发展情况

项目	单位	实绩	比上年增长（%）
地区生产总值	亿元	10 502.56	10.7
第一产业增加值	亿元	1 640.62	6.5
第二产业增加值	亿元	4 146.94	11.4
工业增加值	亿元	3 315.58	9.8
第三产业增加值	亿元	4 715.00	11.1
人均地区生产总值	元	29 847	10.3
规模以上工业总产值	亿元	11 003.87	
规模以上工业增加值（2 000万元口径）	亿元	3 550.13	9.9
农林牧渔业总产值	亿元	2 738.70	6.8
固定资产投资（500万元口径）	亿元	10 676.70	21.6
全社会固定资产投资（500万元口径）	亿元	10 945.54	21.3
社会消费品零售总额	亿元	3 283.02	11.8
外贸进口总额	亿美元	99.49	5.9
外贸出口总额	亿美元	22.72	69.0
实际利用外资	亿美元	26.27	23.3
地方公共财政预算收入	亿元	1 503.38	10.0
地方公共财政预算支出	亿元	3 939.50	11.2
城镇常住居民人均可支配收入	元	24 580	9.0
农村常住居民人均可支配收入	元	7 387	10.7
城乡居民储蓄存款余额	亿元	7 394.86	9.3

注：1.全社会固定资产投资统计口径为计划总投资500万元及以上固定资产项目投资，房地产开发项目投资及农村农户投资；固定资产投资统计口径为计划总投资500万元及以上固定资产项目投资，房地产开发项目投资；2.城乡常住居民人均可支配收入增速未扣除价格因素

2015 年贵州省社会事业情况

项　目	单　位	实　绩	比上年增长(%)
普通高校	所	59	7.3
普通高校在校学生	万人	50.09	8.8
高等教育毛入学率	%	31.2	提高 1.8 个百分点
中职学校	所	206	-1.4
中职在校学生	万人	60.25	10.7
普通中学	所	2 558	-1.8
普通中学在校学生	万人	295.58	-1.8
高中阶段教育毛入学率	%	86.1	提高 8.1 个百分点
小学	所	8 520	-8.1
小学在校学生	万人	346.31	持平
九年义务教育巩固率	%	104	提高 19 个百分点
医院、卫生院	所	2 631	4.7
医院、卫生院床位	张	187 334	7.7
群众艺术馆、文化馆	个	98	持平
公共图书馆	个	96	1.1
博物馆纪念馆	个	73	-1.4
档案馆	个	98	持平
公共体育场地	个	3 755	15

千瓦·时。城镇居民人均住房面积 36.37 平方米，农村居民人均住房面积 32.33 平方米。年末从业人员 1 946.65 万人，城镇登记失业率 3.29%。参加城镇职工基本养老保险 392.09 万人；参加城镇职工基本医疗保险 372.74 万人；参加城镇居民基本医疗保险 582.71 万人；参加新型农村合作医疗 3 292.32 万人，覆盖率 99.12%；参加城乡居民基本养老保险 1 649.03 万人。城市污水处理率 89.3%，城镇生活垃圾无害化处理率 82.8%。

【2015 贵阳国际大数据产业博览会暨全球大数据时代贵阳峰会】 于 2015 年 5 月 26—29 日在贵阳召开。中共中央政治局常委、国务院总理李克强发来贺信。中共中央政治局委员、国务院副总理马凯出席开幕式并讲话。会上发布《大数据贵阳宣言》，形成八点共识：大数据是全人类共同的资源，政府数据开放是全球共同的目标和行动，全球共同努力加强个人数据隐私保护，世界各国都有责任加强大数据时代网络信息安全，全球性大数据交易市场的形成是新经济发展的必然要求，大数据产业将发展成为全球战略性

2015 年 5 月 26—29 日，“2015 贵阳国际大数据产业博览会暨全球大数据时代贵阳峰会”在贵阳召开　　（贵州年鉴社供稿）

新兴产业的支柱产业之一，大数据技术创新是相关产业持续发展的重要支撑，大数据在经济社会发展各领域的深化应用和融合创新将为我们创造更大的价值和更多的财富。

贵阳数博会期间，有 35 家企业与贵阳市及各区（市、县）达成投资意向，共签约 38 个项目，涉及投资金额近 200 亿元。

【贵阳至长沙高铁开通】　2015 年 6 月 18 日，首趟贵阳北至长沙南的 G3002 次动车从贵阳北站驶出，标志着贵州省首条运营时速达 300 千米的高速铁路——沪昆高铁贵州东段（沪昆高铁新晃西至贵阳北）正式通车运营，使贵州进一步融入全国高铁圈。

沪昆高铁线路正线全长 1 165.7 千米，途经上海、杭州、南昌、长沙、贵阳、昆明 6 座省会城市及直辖市，其中贵州段正线全长 559.5 千米。沪昆高铁贵州东段位于沪昆通道西段，是长三角、珠三角等沿海经济发达地区向西南内陆地区进行经济辐射的主要轴线，是贵州通往华南沿海及华东、中南地区的主要通道之一。

【生态文明贵阳国际论坛 2015 年年会】　2015 年 6 月 26—28 日在贵阳举行。中共中央书记处书记、全国政协副主席杜青林出席开幕式并作主旨演讲。该次年会以“走向生态文明新时代——新议程、新常态、新行动”为主题。在为期 3 天的会议中，来自全球各地官、产、学、媒领域的精英以及民间人士分别参加 30 余场分论坛和主题活动，围绕全球新的发展议程下的绿色增长与国际合作，凝聚可持续发展和应对气候变化的共识，深入探讨如何改善可持续发展的全球治理体系，提升治理水平，从而促进全球经济发展方式的绿色转型。会议期间，与会专家、学者参与绿色金融与绿色经济发展、全球低碳转型与可持续发展、绿色丝绸之路等专题高峰会议，全球生态安全与绿色创变、“中瑞对话 2015：山地经济、绿色发展、生态足迹国际研讨会”等 32 场分论坛，以及民族生态文化展示、生态文明建设成果展示等系列活动，来自全球 50 多个国家和地区的 1 000 余位嘉宾探讨新常态下的全球生态文明新议程、新行动。

闭幕式上，与会各方形成的 2015 年《贵阳共识》对外发布。呼吁世界“绿色化”大潮需全球各方积极参与，需树立人与自然和谐共生的理念，加快转变生产方式，加强生态建设和环境保护等。

【贵州省遵义播州海龙屯遗址列入世界遗产名录】 2015 年 7 月 4 日，贵州省遵义播州海龙屯遗址与湖南永顺老司城遗址、湖北唐崖土司城遗址联合代表的中国土司遗址在第 39 届联合国教科文组织世界遗产委员会会议（世界遗产大会）上获准列入世界遗产名录，成为中国第 48 处世界遗产。海龙屯土司遗址是贵州省首个世界文化遗产，始建于南宋宝佑五年（1257 年），毁于明万历二十八年（1600 年）的平播之役。该遗址位于今贵州省遵义市汇川区高坪镇，距遵义市主城区 20 千米，是宋、元、明时期西南播州杨氏土司文化的重要遗存，遗址区面积含遗产区和缓冲区共 12.9 平方千米，是已发现的规模最大、格局完整、遗存丰富且最具价值特征代表性的土司城遗址。

【第八届中国—东盟教育交流周】 2015 年 8 月 3—7 日在贵州举办。来自国内外和东盟国家政要、驻华大使、东盟各国教育部官员、专家学者等 1 200 余人参加交流周活动。该届中国—东盟教育交流周以“互学互鉴、福祉未来”为主题，与往届相比，增加澳大利亚、新西兰、韩国、瑞士 4 个特邀伙伴国，并首次突破“周”的概念，将活动分为 6 个重大项目、7 个主体项目和 15 个全年其他时段异地冠名举办项目 3 大类。

交流周活动涵盖文化交流、学术研讨、科技合作等领域，包括中国东盟教育高官会、中国—东盟职业教育博览会、中国—东盟教育合作与人才交流洽谈会、中国—东盟海洋合作系列活动、中国—东盟华文教育研讨会、“海上丝绸之路”国家农业经济与绿色转型高峰论坛等内容。

【贵州成为西部地区第一个“县县通高速公路”的省份】 2015 年 12 月 31 日，随着贵州望谟县至安龙县高速公路项目建成通车，贵州成为西部地区第一个“县县通高速公路”的省份，高速公路网覆盖贵州 88 个县（市、区、特区）和所有重点产业园区、重要旅游景区。全省高速公路里程超过 5 100 千米。 （周端敏）

云 南 省

【概况】 云南省简称“滇”或“云”，位于中国西南部。云南省人民政府于 1950 年 3 月 10 日成立。2015 年，辖 8 个地级市、8 个民族自治州、14 个县级市、73 个县、29 个民族自治县、13 个市辖区，562 个乡、139 个民族乡、668 个镇、162 个街道办事处，总面积 39.4 平方千米。年末常住人口 4 741.8 万人，其中城镇人口 2 054.6 万人，乡村人口 2 687.2 万人。人口自然增长率 6.4‰。云南是民族类别最多的省份，人口 6 000 人以上的世居少数民族 25 个，云南特有的少数民族 15 个，少数民族人口占全省常住人口的 33.39%，现在使用的少数民族文字有 22 种。云南有 25 个县（市）分别与越南、老挝、缅甸 3 国接壤，国境线长4 060 千米。

云南属山地高原地形，山地高原占全省国土总面积的 94%。海拔高低相差较大，地形极为复杂，大体以元江谷地和云岭山脉南端宽谷为界，分为东西两大地形区。东部为滇东、滇中高原，是云贵高原的组成部分，平均海拔 2 000 米左右，为起伏和缓的低山和浑圆丘陵，广泛分布着各种类型的岩溶（喀斯特）地貌；西部为横断山脉纵谷区，高山与峡谷相间，地势雄奇险峻，其中以三江并流最为壮观。有大小河流 600 多条，主要河流 180 多条，分属怒江、澜沧江、金沙江、红河、珠江、大盈江 6 大水系。有天然高原湖泊 40 多个，湖泊水面面积约 1 100 平方千米，占全省总面积的 0.28%，总蓄水量约 300 亿立方米。云南气候基本属于亚热带高原季风型，类型众多、年温差小、日温差大、干湿季节分明，气温随地势高低垂直变化异常明显。全省大部分地区年降水量在 1 000 毫米以上，但在季节和地域上的分配极不均匀。无霜期长，南部边境地区全年无霜，比较寒冷的滇西北和滇东北地区也达 210～220 天。

动植物资源极为丰富，有“动物王国”和“植物王国”之称。脊椎动物 1 737 种，占全国种类的 58.9%，有滇金丝猴等 46 种国家一级保护动物、熊猴等 154 种国家二级保护动物；高等植物有 17 000 多种，列入

2015 年云南省国民经济发展情况

项　目	单　位	实　绩	比上年增长(%)
地区生产总值	亿元	13 717.88	8.7
第一产业增加值	亿元	2 055.71	5.9
第二产业增加值	亿元	5 492.76	8.6
全部工业增加值	亿元	3 925.18	6.7
第三产业增加值	亿元	6 169.41	9.6
人均地区生产总值	元	29 015	6.4
规模以上工业主营业务收入	亿元	9 823.27	-1.5
农林牧渔业总产值	亿元	3 383.09	6.0
固定资产投资(不含农户)	亿元	13 069.39	18.0
社会消费品零售总额	亿元	5 103.15	10.2
外贸进口总额	亿美元	79.01	-27.0
外贸出口总额	亿美元	166.26	-11.5
实际利用外商直接投资	亿美元	29.92	10.06
地方公共一般财政预算收入	亿元	1 808.14	6.5
地方公共一般财政预算支出	亿元	4 712.83	6.2
城镇居民人均可支配收入	元	26 373	8.5
农村居民人均纯收入	元	8 242	10.5
城乡居民储蓄存款余额	亿元	10 736.63	8.2

2015 年云南省社会事业情况

项　目	单　位	实　绩	比上年增长（%）
普通高校	所	69	3.0
普通高校在校生	万人	61.46	6.5
高等教育毛入学率	%	30.2	2.5 个百分点
中职和技校在校学生	万人	59.79	
普通中学在校学生	万人	267.77	0.5
高中阶段教育毛入学率	%	80.1	3.2 个百分点
小学在校学生	万人	377.78	–1.3
九年义务教育巩固率	%	92.2	0.6 个百分点
医院、卫生院	所	1 101/1 373	3.7/–0.2
医院、卫生院床位	万张	23.76/4.44	5.3
文化馆	个	148（不含群艺馆）	0
公共图书馆	个	152	0
博物馆	个	86	0
档案馆	个	123	0

国家一、二、三级重点保护和发展的树种有150多种；森林面积1 992.43万公顷，森林覆盖率（含灌木林）55.7%，活立木蓄积量19.5亿立方米。矿产资源较为丰富，尤以有色金属及磷矿著称，有50多个矿种的保有量居全国前十位，其中，铅、锌、锡储量居全国第一位，磷、铜、银等25种矿产保有储量居全国前三位。水能、煤炭资源储量较大，开发条件优越，地热能、太阳能、风能、核能、生物能有较好的开发前景。全省水能资源蕴藏量1.04亿千瓦，居全国第三位；可开发装机容量0.9亿千瓦，居全国第二位。煤炭资源已探明储量240亿吨，居全国第九位。全省有出露的天然温泉约700处，地热资源居全国之冠。土壤类型多种多样，有16个土类，占全国土类的四分之一。其中，红壤占全省土地面积的一半，故有“红土高原”“红土地”之称。常用耕地面积423.01万公顷，粮食播种面积448.73万公顷，粮食产量1 876.4万吨。土特产有红塔山等香烟、普洱茶、云南白药、文山三七、鲜切花等，是全国有色金属、橡胶、磷肥基地，著名的烤烟、花卉乡。

旅游资源独特。有国家A级以上旅游景区134个，其中国家AAAAA级的风景名胜区有石林、大理、西双版纳、三江并流、昆明滇池、丽江玉龙雪山、腾冲地热火山、瑞丽江—大盈江、宜良九乡、建水等12处。

有昆明、大理、丽江、建水、巍山、会泽6座国家级历史文化名城，禄丰县黑井镇、会泽县娜姑镇白雾街村、剑川县沙溪镇、腾冲县和顺镇、云龙县诺邓镇诺邓村、石屏县郑营村、巍山县永建镇东莲花村、孟连县娜允镇8座国家历史文化名镇名村。丽江古城、三江并流、昆明石林、澄江帽天山化石群、红河哈尼梯田被列入世界遗产名录。

2015年，全省实现地区生产总值13 717.88亿元，比上年增长8.7%。单位生产总值能耗下降8.83%。固定电话用户377.5万户，移动电话用户3 789.8万户。社会用电量1 438.61亿千瓦·时。城乡居民人均住房建筑面积37.9平方米。年末全省城乡总就业人数3 005.65万人，其中城镇从业人员813.90万人，城镇登记失业率3.96%。参加城乡基本养老保险2 253.3万人，城镇职工基本养老保险412.94万人；参加城镇居民社会养老保险152.93万人；参加城镇基本医疗保险1 140.76；参加新型农村合作医疗3 284万人，参合率98.5%；城镇生活污水集中处理率85%，城镇生活垃圾无害化处理率85%。

【滇越铁路集装箱国际联运开通】 2015年4月14日，滇越铁路集装箱国际联运专列从云南河口县山腰国境站开往越南，然后通过海运发往东南亚和南亚国家。这是滇越铁路运营100多年来首次开行的集装箱国际联运专列，打通昆明至越南河内、海防港的联运通道。云南将借助越南的米轨、公路和海运体系，形成辐射东南亚、南亚的物流通道，有效降低物流成本，为实现国内与东南亚、南亚地区的互联互通提供便利。

【第3届南博会暨第23届昆交会】 2015年6月12—16日，第3届中国—南亚博览会暨第23届中国昆明进出口商品交易会在昆明举行。来自31个国家、2个地区、2个国际组织的贵宾，以及国家相关部委、27个省市区的领导，18家央企、100余家民企、10余个金融机构2 000多名宾客参会。该届南博会、昆交会规模大幅扩充，层次和水平显著提升，入场总人数74万人次；累计外经贸成交251.9亿美元，比上届增长19.8%；签订外来投资项目903个，签约金额7 850亿元，增长10.8%。

2015年6月，第3届南博会经贸合作项目签约仪式

（云南省招商合作局供稿）

【北汽云南瑞丽公司首批产品下线】 2015年7月26日，北汽云南瑞丽汽车有限公司产品下线仪式在德宏州瑞丽市畹町经济开发区举行，首批下线产品为小型MPV和SUV车型。北汽云南瑞丽公司是云南省重大建设项目之一，由北汽集团、北汽国际、景成集团共同投资组建，于2013年12月开工建设，项目总投资36亿元，规划总产能15万辆，以MPV、SUV、皮卡和改装车型系列产品为主，规划建设整车、零部件、仓储物流、综合配套等项目，主要针对云南、贵州、四川、重庆、广西等国内市场，以及东南亚、南亚市场。

【云南滇中新区成立】 2015年9月7日，国务院正式批准设立云南滇中新区，滇中新区成为第15个国家级新区。国务院批复明确将新区作为国家实施"一带一路"、长江经济带等重大战略和区域发展总体战略的重要举措，打造中国面向南亚东南亚辐射中心的重要支点、云南桥头堡建设重要经济增长极、西部地区新型城镇化综合试验区和改革创新先行区。云南滇中新区位于昆明市主城区东西两侧，是滇中产业聚集区的核心区域，初期规划范围包括安宁市、嵩明县和官渡区部分区域，面积约482平方千米，实施"省级决策领导、新区独立建制、市区融合发展"的管理体制。

【澜沧江—湄公河合作首次外长会议举行】于2015年11月12日在云南省景洪市举行。中国、泰国、柬埔寨、老挝、缅甸、越南6国外长就进一步加强澜沧江—湄公河国家合作进行深入探讨。会议审议通过澜湄合作概念文件，一致同意正式启动澜湄合作进程，宣布澜湄合作机制正式建立，一致同意研究并尽早实施一批"早期收获"项目。

（云南年鉴社）

香港特别行政区

【基本情况】 香港全称中华人民共和国香港特别行政区，是高度繁荣的国际大都市，仅次于纽约和伦敦的全球第三大金融中心，与美国纽约、英国伦敦并称"纽伦港"。香港是亚洲重要的金融、服务和航运中心，有"东方之珠""美食天堂""购物天堂"等美誉。

香港由香港岛、九龙半岛、新界（包括大屿山及230余个大小岛屿）组成。地处中国华南、珠江口东侧，北隔深圳河与广东深圳相接；西与澳门隔海相望；南临南中国海。

1840年之前的香港还是一个小渔村，属广东省广州府。1842—1997年，香港为英国殖民地。第二次世界大战后，香港经济和社会迅速发展，不仅被誉为"亚洲四小龙"之一，更成为全球最富裕、经济最发达和生活水准最高的地区之一。1997年7月1日，中国政府恢复对香港行使主权，设立香港特别行政区。香港特别行政区设立18个区：中西区、东区、九龙城区、观塘区、南区、深水埗区、黄大仙区、湾仔区、油尖旺区、离岛区、葵青区、北区、西贡区、沙田区、屯门区、大埔区、荃湾区、元朗区。

香港人口以华人为主，占95%，大部分来自珠江三角洲，主要语言为粤语和英语，普通话也通行。香港共有逾55万人持外国护照，来自印度尼西亚及菲律宾人数最多，其次为欧洲及印度。香港实行行政主导的管治模式，并制定由行政长官和行政会议领导的管治体制和代议政制架构。特别行政区的首长是行政长官，由具有广泛代表性的选举委员会根据《中华人民共和国香港特别行政区基本法》选举、并经中央人民政府委任产生。行政长官负责执行《基本法》、签署法案和财政预算案，颁布法例、决定政府政策以及发布行政命令，并由行政会议协助制定政策。香港首任行政长官是董建华。2012年7月1日梁振英正式担任香港行政长官。

香港经济以服务业为主，与服务贸易有关的主要行业包括旅游和旅游业，与贸易相关的服务、运输服务，金融和银行服务及专业服务。2015年，香港经济继续温和增长，地区生产总值实质增长2.4%，低于上年2.6%的增幅和过去10年3.4%的年均升幅。季度数据显示，实际地区生产总值的按年升幅由第一季的2.4%加快至第二季的2.9%，第三季及第四季则分别回落至2.2%及1.9%。外围环境挑战重重，整体货物出口轻微下滑。全球经济增长在年内下滑，增长步伐是自全球金融危机爆发以来最慢的。先进经济体的复苏缓慢不均，新兴市场经济体面对的下行压力显著，商品价格亦大幅下跌。

香港是全球贸易、金融、商业和电讯中心，位处策略性位置，是通往内地经济体的门户。2015年，香港是世界第八大贸易实体、第七大银行中心、第五大外汇交易中心和亚洲第四大股票市场。

香港有传统的祖先宗祠、新界民族围村，以及坐落闹市的庙宇。由香港旅游发展局主办的“古今建筑漫游”可参观香港岛上的文武庙、铜锣湾天后庙、圣约翰大教堂，九龙的黄大仙祠墓、侯王庙、慈云山观音庙、九龙清真寺，沙田的万佛寺、车公庙、蓬瀛仙馆、半园春、道风山基督教堂，荃湾的竹林禅院、东普陀、荃湾天后庙，龙门的青山寺、青松观、妙法寺，元朗的灵渡寺、云浮仙观，西贡的佛堂天后庙、蚝涌车公庙，以及大屿山宝莲寺、长洲北帝庙、坪州天后庙等。民俗文化景点有九龙的九龙城寨、宋城、宋王台、李郑屋古墓，屯门的宋帝岩、红楼，沙田的曾大屋、五国六村，荃湾的三栋屋、海坎村屋，元朗新田大夫第、锦田吉庆围、水头村古迹、聚星楼、厦村邓氏宗祠，西贡上窑民俗博物馆，港岛炮台及大屿山东涌炮台、东龙岛佛堂等旧炮台。

【香港与内地各省市的合作】　2015年，国家“十二五”规划的港澳专章特别强调要深化粤港合作和落实《粤港合作框架协议》，把粤港合作进一步提升至国家发展策略层面。2015年11月，国家公布《中共中央关于制定国民经济和社会发展第十三个五年规划（2016—2020）的建议》，提出要加深内地与港澳在社会、民生、科技、文化、教育、环保等领域交流合作，并深化泛珠三角区域合作。

9月，举行第十八次粤港合作联席会议，双方回顾过去一年粤港合作的工作成果，并探讨来年的合作方向，包括“一带一路”、广东自贸试验区、服务贸易自由化、金融、专业服务、创新及科技、环保、青年和教育等范畴的合作方向。在区域合作方面，前海、南沙和横琴是推动粤港澳合作的重要平台。特区政府一直就这三个地区的规划及发展事宜，与内地相关单位保持紧密联系。另外，特区政府一直参与由国家发展改革委员会主持的“促进广东前海南沙横琴建设部际联席会议”，并向相关部委反映港商的意见。三地推出多项优惠港人港企的政策和措施。例如前海和横琴为符合资格企业提

香港特别行政区主要社会经济指标

指　　标	单位	2000年	2010年	2014年	2015年
本地生产总值					
按2013年环比物量计算[①]					
本地生产总值年增长率	%	7.7	6.8	2.6	2.4
本地生产总值	亿港元	13 054	19 456	21 946	22 464
人均本地生产总值	港元	195 857	276 988	303 047	307 483
按当年价格计算					
本地生产总值年增长率	%	4.0	7.1	5.6	6.4
本地生产总值	亿港元	13 375	17 763	22 582	24 025
人均本地生产总值	港元	200 675	252 887	311 836	328 854
人口及生命统计					
年中人口	万人	666.5	702.4	724.2	730.6
粗出生率	‰	8.1	12.6	8.6	8.2
粗死亡率	‰	5.1	6.0	6.2	6.3
劳动、就业					
劳动人口	万人	337.4	363.1	387.6	391
失业率	%	4.9	4.3	3.3	3.3
实际工资指数（1992年9月=100）		112.5	113.5	115.7	117.3
政府收支、货币、金融	亿港元				
政府收入总额[②]		2 251	3 765	4 787	4 575
政府支出总额[②]		2 329	3 014	3 962	4 270
货币供应量M3		36 928	71 563	110 489	116 550
居民消费物价指数2009年10月至2010年9月=100					
综合消费物价指数		96.5	100.7	120.2	123.8
工业生产					
工业生产指数[③]2008年=100			95.0	94.6	93.2
工业电力消费量	万亿焦耳	17 769	11 080	11 281	11 436
工业煤气消费量	万亿焦耳	982	917	1 673	1 649
运输、旅游					
进出香港货运车辆	万辆	940.22	834.57	722.46	695.93
集装箱吞吐量[④]	万标准集装箱单位	1 810	2 370	2 223	2 007

续表

指　　标	单位	2000年	2010年	2014年	2015年
访港旅客⑤	万人次	1 306	3 603	6 084	5 931
酒店入住率	%	83	87	90	86
对外商品贸易					
港产品出口	亿港元	1 810	695	553	469
转口	亿港元	13 917	29 615	36 175	35 584
进口	亿港元	16 580	33 648	42 190	40 464
教育					
小学学生人数	人	493 979	331 112	329 300	337 558
中学学生人数	人	466 710	452 581	374 797	354 135

注：本表数据由香港特别行政区政府统计处提供，国家统计局整理编辑。1996年及以前年份数据均指原香港地区

①以环比物量计算的本地生产总值及其组成部分的参照年为2013年

②财政年度数字。指当年4月1日至第二年3月31日

③自2005年统计年度开始，所有工业生产指数均按《香港标准行业分类2.0版》编制

④自1998年起，采用一系列新的集装箱吞吐量数字，与1998年以前的数字不可比

⑤1996年及以后的数字包括澳门访港的非澳门居民旅客人数

供15%的企业所得税优惠，香港及内地的律师事务所可在前海、南沙及横琴合伙联营，以及跨境人民币试点范围于2015年7月由前海扩大至南沙和横琴。深圳市政府亦于2014年12月推出《前海深港现代服务业合作区促进深港合作工作方案》。前海当局亦已同意安排试点房建项目，让香港认可的建筑及相关工程专业人士和企业直接在前海提供服务。

香港与深圳在多个合作范畴取得进展，包括前海发展、金融、跨境基建、青年、医疗服务及环境保护。

闽港合作会议于2015年1月成立，以加强香港与福建的交流和合作，促进两地的发展。双方签署2个有关加强闽港经贸及金融合作的协议。12月，政制及内地事务局局长代表香港特区政府出席“2015年泛珠三角区域合作行政首长联席会议”，推广香港特区在国家“十三五”时期深化泛珠区域合作所担当的独特角色。

【香港旅游业】　2015年，香港共接待访港旅客5 930万名，数字略低于上年的6 080万名。内地游客仍然是香港最大的旅游客源，约占整体访港旅客人数的77%。为推动香港旅游业发展，特区政府除持续推动家庭和商务旅游发展之外，也着力发展会展旅游、邮轮旅游和绿色旅游。

会展旅游　香港拥有世界级会展设施及多元化的旅游景点，是首选的会展旅游目的地。旅发局辖下的香港会议及展览拓展部专责推广会展旅游。多个世界大型贸易展览，例如香港电子产品展、香港珠宝首饰展、香港礼品及赠品展，以及香港钟表展均在香港举办。2015年，有172万名过夜会展游客访港，比上年下降5.2%。香港再次获会展

旅游业界的主要刊物评选为“全球最佳商务城市”。

邮轮旅游　坐落于前启德机场跑道的启德邮轮码头于 2013 年 6 月启用，能同时容纳两艘总吨位达 22 万吨的邮轮。2015 年，邮轮停泊启德邮轮码头共 56 次，停泊日数合共 75 天，乘客总流量超过 26 万人次。

绿色旅游　旅发局举办“香港郊野全接触”活动，向旅客推广中国香港世界地质公园、离岛的优美景致、远足径及其他绿色旅游景点。2015 年，旅发局继续通过网页、路线指南、移动应用程序、社交平台、旅客咨询中心及旅游热线等途径，向旅客宣传香港的自然风光。

香港迪士尼乐园度假区　自 2005 年 9 月开业以来，已接待超过 5 800 万名游客，并赢得逾 460 个奖项，被誉为亚洲最受欢迎及最佳的主题度假区之一。2015 年，举办开业十周年庆祝活动，并开始兴建以“漫威”人物——“钢铁侠”为主题的新园区和以探索冒险为主题的新酒店，两个项目将分别于 2016 年和 2017 年完成。

【行政长官普选办法探索】　2015 年，为实现《基本法》第四十五条所规定行政长官最终由普选产生的目标，特区政府在完成两轮共 7 个月广泛有序的公众咨询后，向立法会提出行政长官普选方案。该方案符合《基本法》及 2014 年 8 月 31 日通过的《全国人民代表大会常务委员会关于香港特别行政区行政长官普选问题和 2016 年立法会产生办法的决定》，但方案于 2015 年 6 月 18 日立法会会议上被否决。因此，根据《决定》，2017 年的第五任行政长官将继续沿用 2012 年第四任行政长官的产生办法，即由 1 200 人组成的选举委员会选出。

【2015 年香港特区政府施政十件大事评选】 2015 年 2 月 15 日在香港会议展览中心举行颁奖典礼。该评选由香港大公文汇传媒集团和其他多个传媒机构共同主办。“2015 年特区政府施政十件大事评选”结果为：全力以赴处理公屋铅水事件，政府积极应对水客堵塞问题，政府建三堆一炉解垃圾围城，政府接纳最低工资增至每小时 32.5 港元建议，政府追查高铁工程超支事件，政府严防韩国中东呼吸综合征传入香港，政府努力觅地建屋应付需求，政府肯定有必要推展三跑道系统计划，政府全力推动政改惜遭否决，财政预算案推 340 亿港元纾困。评选结果以最贴近民生的议题为主，显示香港社会对经济、民生和弱势群体的重视，特区政府也出台一系列措施和政策解决这些问题。“特区政府施政十件大事评选”至 2015 年已举办 18 年，2015 年共有 26 个主办机构、66 个协办机构和逾百间学校共同参与。　（白芷）

澳门特别行政区

【基本情况】　澳门全称为中华人民共和国澳门特别行政区，地处珠江三角洲的西岸，毗邻广东省，包括澳门半岛、氹仔岛和路环岛。总面积因沿岸填海而不断扩大，2015 年为 30.4 平方千米，另外，澳门大学横琴新校区面积为 1.0 平方千米。

2015 年 12 月 20 日，国务院颁布第 665 号国务院令，公布新的《中华人民共和国澳门特别行政区行政区域图》。澳门特别行政区依法正式管理 85 平方千米的水域和新陆地界线。

至 2015 年底，澳门居住人口 646 800

人，每平方千米人口为 21 100 人，是世界人口密度最高的地区。根据 2011 年人口普查详细结果，中国籍居民占 92.3%，葡萄牙籍占 0.9%、菲律宾籍占 2.7%。

澳门的官方语言分别是中文及葡萄牙文。澳门以中文为日常用语的居住人口超过 94%，而使用葡萄牙语的人口则为 0.7%，其余人口使用英语及其他语言。在澳门出生的居民约 40.9%，在中国内地出生的居民约 46.2%，在其他地方出生者超过 10%。

2015 年，特区政府在重整行政架构、理顺政府部门职能、优化公职制度、完善法制建设及强化民生服务等方面，开展和落实一系列工作。完成《检讨及优化特区政府咨询组织职能的初步分析报告》，制定《集中统筹立法机制内部操作流程指引》，完成修订《公务人员的招聘、甄选及晋级培训制度》的咨询工作以及分级调薪制度的初步研究，研究修订《行政长官选举法》及《立法会选举法》。

澳门经济规模不大，但外向度高，是区内税率最低的地区之一，财政金融稳健，无外汇管制，具有自由港及独立关税区地位。2015 年，全年地区生产总值为 3 687 亿澳门元，按年实质收缩 20.3%，人均本地生产总值为 574 790 万澳门元。受到全球经济下行压力及国际金融市场反覆波动所影响，澳门博彩毛收入 2 318.11 亿澳门元，比上年下降 34.3%，回落至 2010—2011 年之间的水平。10 月 28 日，特区政府成立以行政长官为主席的建设世界旅游休闲中心委员会，启动“旅游业发展总体规划”的编制工作，规划未来五年特区经济社会发展的总体蓝图。

2015 年，澳门获联合国世界旅游组织赞誉为城市旅游的出色榜样，同时获国际旅游刊物评为“2015 最佳休闲旅游目的地”。全年入境旅客 3 070 多万人次，最大客源市场依次为内地（66.5%）、香港（21.3%）、台湾（3.2%），澳门首十位客源市场主要是亚洲国家及地区。国际旅客占总体旅客 9.1%。

2015 年 6 月 25 日，澳门特别行政区行政长官崔世安（左三）与中共广东省省委书记胡春华（右二）在广州出席粤澳高层会晤

（澳门特别行政区新闻局供稿）

【粤澳合作】 2015 年，粤澳双方继续全面落实《粤澳合作框架协议》，推进经济、社会、民生各领域务实合作。签署《关于推动澳门财政资金参与粤澳合作专案建设的框架协定》，促进特区财政储备的保值增值。

加快重点合作区的建设，横琴方面，特区政府持续

2015 年 10 月 13 日，澳门特别行政区行政长官崔世安（左一）出海视察外港沿岸水域，听取有关明确习惯水域管理范围的工作进度汇报

（澳门特别行政区新闻局供稿）

跟进已获推荐到“粤澳合作产业园”的 33 个项目的落实情况并提供支援；“粤澳合作中医药科技产业园”与内地名优企业合作，成立“国际交流合作中心”，建成“名老中医药专家传承工作室”，引入中药品质研究国家重点实验室。拓展与南沙、中山、江门等地合作，签署《澳门特别行政区政府与江门市人民政府推进双方合作意向书》《澳门特别行政区政府与中山市人民政府关于合作建设中山翠亨新区的补充协定》和《关于加强江澳金融合作的备忘录》。

粤澳两地海事部门签署《粤澳游艇自由行试点海事工作安排》，就游艇管理、驾驶人员技术、进出口岸审批、航行安全、海事执法管理协作以及信息沟通六方面达成共识，有序落实游艇自由行各项细化措施和规范。扩大跨境工作及养老方面，双方签署《粤澳劳动及社会保障相关事务合作专责小组合作协定书》，重点围绕劳动权益保障、职业技能鉴定方面、就业创业、养老保险等方面交流合作。两地气象部门进一步合作，签署《广东省气象局与澳门地球物理暨气象局气象科技合作协定》，提升区域数值天气预报技术、天气预报预警技术、优化珠三角和海洋大气综合探测网。建立粤澳环境绿化及濒危动植物鉴别方面的交流合作机制，签署《粤澳濒危动植物鉴别交流合作机制框架协议》，加强培训和交流互访。

【就业和社会福利】 2015 年第四季度，澳门就业人口 39.31 万人，失业率为 1.9%，就业人口每月工作平均收入 15 000 澳门元，其中，本地居民每月工作平均收入 18 000 澳门元，按年分别增加 1 000 澳门元及 2 000 澳门元。

澳门属较高社会福利的城市，提供 15 年免费教育。2015 年，特区政府继续增加奖学金和特殊奖学金的名额及金额，调升教育津贴、学费津贴、书簿津贴等一系列教育福利，支持学校及教学人员优化教学环境及条件。

社会保障方面，特区政府 2015 年向社会保障基金注资 135 亿澳门元，以确保社保基金财政的稳健性。符合法定条件的公积金个人账户所有人，于 2015 年获发 7 000 澳门元的预算盈余特别分配款项，受惠人数超过 35 万人，当中约 1.4 万人同时获得 1 万澳门元的鼓励性基本款项，总拨款金额接近26亿澳门元。为缓解居民通胀压力，“2015年度现金分享计划”分别向永久性居民及非永久性居民派发9 000澳门元及5 400元澳门。

医疗方面，特区政府重点改革医疗管理，改善急诊及专科门诊的等候时间，延长卫生中心服务时间，并强化与民间医疗机构合作。扩大使用非营利医疗机构服务的资助适用范围，符合资格人士使用受资助的非营利医疗机构服务，可获每48小时1次的定额资助。加强医疗系统的软硬件建设，氹仔和路环两个卫生中心于2015年相继投入服务，离岛医疗综合体部分工程陆续开展。

住房方面，2015年修订《经济房屋法》采取先抽签后审核的方式，加快市民上楼速度；落实都市更新概念，推动旧区重整；处理闲置土地，优先兴建公屋回应市民住房需求。

【文化遗产保护】 2015年是澳门历史城区被联合国教科文组织列入《世界遗产名录》十周年，特区政府文化部门联同多个单位举办“庆祝澳门申遗成功十周年系列活动”。继续发掘及修复具有历史价值的文化遗产，多个文化场馆以及新修复的历史及文化设施相继在2015年启用。特区政府按照《文化遗产保护法》开展文化遗产的相关保护工作，2014年开展全澳超过100项具有文化价值不动产的普查工作，至2015年已完成超过70个项目，并选出10个条件相对成熟的项目启动评定程序。

【文化产业资助】 2015年，特区政府继续推行多项文艺教育工作，并推行电影、音乐、设计和艺术学习等多项资助计划。年内完成首批共321份有效的资助申请项目的审批，经评审后合符资格的项目共86个，并与相关企业就71个接受基金资助的项目陆续签订正式协议书。同时，制订《文化产业奖励制度》初稿，表彰在文化产业领域作出重要贡献的企业、个人或团体，并于下半年分别咨询业界和学术界。

【中央向澳门赠送大熊猫】 2015年4月30日，中央人民政府向澳门特区赠送的一对大熊猫由四川成都搭乘专机抵达澳门。新一对大熊猫被命名为“开开”和“心心”，6月1日起与市民见面。大熊猫“蜀祥”已于2014年11月29日送回内地参与繁殖计划。

【澳门加强与内地旅游合作】 2015年6月2日，澳门特别行政区行政长官崔世安与国家旅游局局长李金早会面，就更积极落实推动澳门构建成为世界旅游休闲中心交换意见。特区政府与国家旅游局签署《内地与澳门关于建立促进澳门世界旅游休闲中心建设联合工作委员会的协议》，推动内地与澳门旅游合作发展。

【国务院公布澳门新区域】 2015年12月20日，国务院颁布第665号国务院令，公布新的《中华人民共和国澳门特别行政区行政区域图》，澳门依法正式管理85平方千米水域，原向珠海租赁28 000平方米的关闸边检大楼地段亦纳入澳门陆界。《海事及水务局的组织及运作》《订定船舶通行及船舶上人员的规范》《海上倾倒疏浚物管理制度》行政法规同步生效。海关海上行动指挥中心及3个海上运作基地正式启动。

2015 年澳门特别行政区主要社会经济指标

人口及住户

人口总数（截至 2015 年 12 月 31 日）：

646 800 人

其中：男性 317 000 人

女性 329 800 人

年龄结构

14 岁以下：11.9%

15 至 64 岁：79.1%

65 岁或以上：9%

澳门居民主要国籍（2011 人口普查详细结果）

中国：92.3%

菲律宾：2.7%

葡萄牙：0.9%

澳门居民主要出生地（2011 人口普查详细结果）

澳门：40.9%

内地：46.2%

其中，广东省占内地：69.2%

福建省占内地：13.9%

香港：3.5%

菲律宾：2.6%

葡萄牙：0.3%

出生率：11.0‰

死亡率：3.1‰

结婚率：5.8 宗 /1 000 居民

离婚率：1.8 宗 /1 000 居民

老化指数：75.6%

住户总数：（截至 2015 年 12 月 31 日）

192 700 户

每户平均成员：3.09 人

居住在住宅单位的陆上住户总数（2 011 人口普查详细结果）：168 937 户

其中，拥有自置物业占：70.8%

租住物业占：24.5%

由雇主提供物业占：1.4%

人口密度：每平方千米 2.11 万人

地理及天气

东经：113° 31′41.4″ ~ 113° 37′ 48.5″

北纬：22° 04′ 36.0″ ~ 22° 13′ 01.3″

陆地总面积：30.4 平方千米

澳门半岛：9.3 平方千米

氹仔岛：7.6 平方千米

路环岛：7.6 平方千米

路氹填海区：5.9 平方千米

海岸线：50.26 千米

海拔高度：

澳门半岛海拔最高：90 米（东望洋山）

氹仔海拔最高：158.2 米（大潭山）

路环海拔最高：170.6 米（迭石塘山）

全年平均气温：23.2℃

总降雨量：1 341.0 毫米

全年平均相对湿度：83.0%

全年日照时间：1 696.9 小时

就业

就业人口：39.65 万人

其中，制造业：6.9 千人

建筑业：5.48 万人

金融业：1.08 万人

博彩业：8.13 万人

劳动力参与率：73.7%

失业率：1.8%

就业不足率：0.4%

行车道路及行驶车辆

行车道路总长度：427.0 千米

新登记车辆：19 653 辆

行驶车辆：249 339

其中，汽车：119 695 辆

电单车：129 644 辆

主要经济指标

本地生产总值（当年价格）：3 687.28 亿澳门元[P]

（环比物量）：3 252.40 亿澳门元[P]

人均本地生产总值（当年价格）：57.48 万澳门元[P]

月均工作收入中位数：15 000 澳门元

狭义货币供应量（M1）：616.59 亿澳门元（年底数值）

广义货币供应量（M2）：4 728.26 亿澳门元（年底数值）

居民总存款：4 607.86 亿澳门元（年底数值）

通胀率（综合消费物价指数）：4.56%

出口及进口

总进口货值：846.63 亿澳门元

总出口货值：106.92 亿澳门元

陆路货柜货物进出：26 040 公吨

海路货柜货物进出：252 160 公吨

海路货柜总吞吐量：149 726 个标准货柜单位

航空货运进出：30 058 公吨

抵澳商业航班：26 092 班次

旅游

入境旅客：3 071.4628 万人次

海路：1 141.3908 万人次

陆路：1 721.0946 万人次

空路：208.9774 万人次

酒店入住率：80.5%

旅客人均消费（不包括博彩消费）：1 665 澳门元

注：由于进位的原因，总数可能不等于各数合计　　（澳门特别行政区新闻局）

·责任编辑　何文倩·

统计资料

珠江三角洲主要经济指标

年份	年末常住人口（万人）	#城镇人口	年末户籍总人口（万人）	年末就业人员（万人）	城镇单位就业人员
1990	2 369.93	1 696.63	2 371.57		
1995	3 292.03		2 372.76		
2000	4 289.78	2 981.23	2 563.60	1 902.93	495.46
2001	4 376.10		2 595.24	1 947.10	480.97
2002	4 414.68		2 595.24	2 034.09	498.78
2003	4 463.55		2 660.46	2 250.43	523.34
2004	4 516.50		2 714.08	2 492.27	570.64
2005	4 547.14	3 516.06	2 763.32	2 822.60	636.10
2006	4 735.47	3 771.33	2 821.27	2 963.93	675.38
2007	4 930.68	3 919.89	2 872.47	3 107.38	718.88
2008	5 138.48	4 119.52	2 920.82	3 232.88	724.38
2009	5 361.72	4 375.17	2 967.02	3 412.10	767.05
2010	5 616.39	4 645.88	3 024.57	3 572.01	823.67
2011	5 646.51	4 687.17	3 073.87	3 630.21	927.40
2012	5 689.64	4 770.19	3 105.01	3 638.83	969.59
2013	5 715.19	4 802.55	3 156.02	3 784.09	1 552.80
2014	5 763.38	4 848.41	3 207.94	3 845.25	1 555.45
2015	5 874.27	4 969.10	3 265.69	3 871.26	1 532.73

年份	地区生产总值（亿元）	第一产业	第二产业	工业	第三产业
1990	1 006.88	153.78	441.65	388.89	411.45
1995	4 076.16	346.42	1 983.39	1 710.30	1 746.35
2000	8 422.24	458.30	4 009.14	3 618.01	3 954.80
2001	9 560.64	475.94	4 500.11	4 094.73	4 584.59
2002	10 956.75	496.63	5 133.78	4 705.82	5 326.34
2003	12 960.09	511.32	6 263.90	5 758.61	6 184.87
2004	15 488.13	556.37	7 650.42	7 080.88	7 281.34
2005	18 279.63	557.96	9 266.58	8 664.74	8 455.01
2006	21 686.34	561.77	11 137.08	10 481.75	9 987.49
2007	25 759.83	624.99	13 015.56	12 301.40	12 119.28
2008	29 945.66	722.86	14 932.71	14 123.72	14 290.09
2009	32 247.20	723.62	15 430.49	14 521.55	16 093.09
2010	37 875.45	809.78	18 317.30	17 227.01	18 748.36
2011	43 750.39	924.09	20 959.80	19 681.61	21 866.51
2012	47 824.18	983.24	22 083.64	20 730.73	24 757.29
2013	53 307.67	1 017.02	24 098.90	22 566.47	28 191.76
2014	57 650.02	1 068.60	25 941.28	24 360.22	30 640.14
2015	62 267.78	1 116.89	27 136.63	25 482.89	34 014.26

续表

年份	人均生产总值（元）	地区生产总值指数（上年 =100）				
			第一产业	第二产业		第三产业
					工业	
1990	4 295	117.5	107.2	119.9	121.5	119.0
1995	12 676	120.4	108.2	122.4	124.6	120.0
2000	20 280	113.7	104.3	114.4	115.1	113.9
2001	22 065	113.3	104.9	113.6	114.5	114.0
2002	24 928	114.4	105.9	115.5	116.5	114.1
2003	29 195	116.9	101.7	122.0	122.7	113.3
2004	34 495	116.8	102.6	120.1	121.4	114.4
2005	40 336	115.7	103.5	118.2	119.0	113.7
2006	46 725	116.8	98.8	118.8	119.6	115.7
2007	53 299	116.3	101.6	116.0	116.7	117.5
2008	59 480	112.8	103.8	111.8	112.4	114.3
2009	61 422	109.4	103.9	108.7	108.4	110.4
2010	69 002	112.2	104.2	114.2	114.2	110.4
2011	77 689	109.9	103.5	110.3	110.5	109.7
2012	84 434	108.1	103.2	106.6	106.8	109.7
2013	93 548	109.3	101.8	107.5	107.7	111.2
2014	100 448	107.8	102.8	107.5	107.8	108.2
2015	107 011	108.6	102.7	107.5	107.6	109.8

年份	人均生产总值指数（上年 =100）	公路通车里程（千米）	货运量（万吨）	邮电业务总量（亿元）	本地电话年末用户（万户）	移动电话年末用户（万户）
1990	115.2					
1995	112.9	20 323		152.60		
2000	107.2	29 029		587.64		
2001	108.6	29 792		614.33	1 069.79	1 867.67
2002	112.7	30 354		728.24	1 253.95	2 508.32
2003	115.8	30 919		967.45	1 663.32	3 118.25
2004	115.5	31 582		1 446.30	1 915.25	4 502.45
2005	114.6	32 312	103 365	1 738.94	2 355.10	5 317.71
2006	114.0	52 139	113 275	2 068.19	2 559.62	5 497.75
2007	111.7	53 106	122 408	2 348.22	2 651.33	6 075.36
2008	108.3	53 418	120 916	2 754.77	2 529.77	6 463.22
2009	104.9	54 261	142 733	2 983.47	2 400.25	6 867.61
2010	107.3	55 848	161 348	3 949.45	2 269.84	7 457.64
2011	107.1	56 380	182 281	1 544.39	2 284.31	8 285.85
2012	107.4	58 590	203 570	1 730.31	2 295.29	9 573.16
2013	108.6	59 555	243 500	2 019.89	2 288.94	11 228.38
2014	107.0	61 548	254 491	2 751.65	2 195.47	11 318.90
2015	107.1	63 054	266 078	3 573.05	2 086.68	11 437.39

续表

年份	固定资产投资额（亿元）	房地产开发投资	社会消费品零售总额（亿元）	出口总额（亿美元）	进口总额（亿美元）	实际外商直接投资额（亿美元）
1990	264.34		424.35	222.21	196.77	12.36
1995	1 515.82		1 694.60	513.31	429.29	79.47
2000	2 364.71		3 204.99	847.77	743.15	103.87
2001	2 612.88		3 581.35	908.29	776.32	114.96
2002	2 945.74		3 996.23	1 126.08	992.57	116.17
2003	3 749.51		4 497.21	1 450.56	1 262.47	137.41
2004	4 515.27		5 106.86	1 824.44	1 596.44	90.16
2005	5 328.37		5 878.70	2 273.18	1 837.58	113.34
2006	5 964.60		6 810.19	2 887.45	2 181.97	130.86
2007	6 909.74		7 919.89	3 540.85	2 560.28	151.88
2008	7 829.03		9 539.76	3 872.08	2 697.61	169.21
2009	9 603.55	2 583.17	10 834.73	3 417.77	2 430.46	175.08
2010	11 355.80	3 118.66	12 613.24	4 318.02	3 195.01	183.47
2011	12 366.76	4 022.87	14 575.57	5 064.89	3 678.00	195.29
2012	13 974.24	4 483.67	16 552.69	5 477.09	3 956.56	215.53
2013	16 030.78	5 362.75	18 630.61	6 070.93	4 403.38	230.62
2014	17 542.28	6 293.55	20 655.78	6 137.68	4 153.86	248.61
2015	20 048.69	7 075.57	22 651.04	6 087.57	3 664.49	256.24

年份	地方一般公共预算收入（亿元）	地方一般公共预算支出（亿元）	中外资金融机构本外币存款（亿元）	本外币住户存款（亿元）	中外资金融机构本外币贷款（亿元）
1990	97.98	80.03			
1995	275.26	322.81			
2000	599.06	690.64	16 118.10		11 061.27
2001	749.65	832.94	18 562.11		12 447.65
2002	772.97	976.78	21 881.50		14 689.30
2003	867.88	1 113.18	25 574.00		17 772.73
2004	930.99	1 234.13	28 704.24		19 642.60
2005	1 218.48	1 567.23	32 962.25		21 073.93
2006	1 460.77	1 714.73	37 367.68		23 613.32
2007	1 882.01	2 145.82	42 555.31		27 982.87
2008	2 248.16	2 550.77	48 512.14		31 044.80
2009	2 522.29	2 882.33	60 618.78		40 608.44
2010	3 139.58	3 654.91	71 294.51	29 770.92	47 159.74
2011	3 674.70	4 444.97	79 575.13	33 015.57	53 133.57
2012	4 129.09	4 798.40	91 585.24	37 059.20	60 568.45
2013	4 669.16	5 240.59	104 255.28	40 218.90	67 988.65
2014	5 375.37	5 973.23	110 800.56	41 899.85	76 017.12
2015	6 391.70	8 421.36	141 609.04	42 737.49	85 741.78

注：1. 珠江三角洲包括广州、深圳、珠海、佛山、江门、东莞、中山、惠州、肇庆九市

2. 2006—2009 年年末常住人口根据 2010 年第六次全国人口普查快速汇总数进行平滑调整，城镇人口也作相应的调整

珠江三角洲主要经济指标占全省比重

指标	单位	2014 年		2015 年	
		珠江三角洲	占全省比重（%）	珠江三角洲	占全省比重（%）
土地面积	平方千米	54 754	30.5	54 763	30.5
年末常住人口	万人	5 763.38	53.8	5 874.27	54.1
城镇人口	万人	4 848.41	66.5	4 969.10	66.7
年末从业人口	万人	3 845.25	62.2	3 871.26	62.2
地区生产总值	亿元	57 650.02	78.9	62 267.78	79.1
第一产业	亿元	1 068.60	33.5	1 116.89	33.0
第二产业	亿元	25 941.28	78.4	27 136.63	78.7
第三产业	亿元	30 640.14	83.2	34 014.26	83.3
人均地区生产总值	元	100 448		107 011	
地区生产总值指数	上年 =100	107.8		108.6	
第一产业	上年 =100	102.8		102.7	
第二产业	上年 =100	107.5		107.5	
第三产业	上年 =100	108.2		109.8	
人均生产总值指数	上年 =100	107.0		107.1	
规模以上工业增加值	亿元	22 583.28	80.1	23 680.10	80.4
固定资产投资额	亿元	17 542.28	67.7	20 048.69	66.8
社会消费品零售总额	亿元	20 655.78	72.5	22 651.04	72.1
出口总额	亿美元	6 137.68	95.0	6 087.57	94.6
进口总额	亿美元	4 153.86	96.5	3 664.49	96.6
实际外商直接投资	亿美元	248.61	92.5	256.24	95.3
地方一般公共财政预算收入	亿元	5 375.37	85.0	6 391.70	86.3
中外资金融机构本外币存款	亿元	110 800.56	86.7	141 609.04	88.3
中外资金融机构本外币贷款	亿元	76 017.12	90.6	85 741.78	89.6

注：1. 珠江三角洲包括：广州、深圳、珠海、佛山、江门、东莞、中山、惠州和肇庆
2. 本表地区生产总值、工业增加值绝对数按当年价格计算，增长速度按可比价格计算

珠江三角洲工业

项　　目	企业单位数（个）		工业总（当年
		亏损企业	
总计	**31 765**	**4 980**	**101 64**
按经济类型分			
在总计中：国有控股经济	692	156	13 20
国有经济	74	20	18
集体经济	130	29	24
股份合作经济	33	3	6
股份制经济	18 552	2 349	50 80
外商投资经济	3 996	830	24 48
港澳台投资经济	7 883	1 672	24 49
按轻重工业分			
轻工业	15 469	2 389	35 96
重工业	16 296	2 591	65 67
按企业规模分			
大型企业	1 311	96	49 94
中型企业	7 029	975	25 44
小微型企业	23 425	3 909	26 25
按行业分			
煤炭开采和洗选业			
石油和天然气开采业	3		35
黑色金属矿采选业	20	1	6
有色金属矿采选业	4	2	2
非金属矿采选业	74	9	12
开采辅助活动	3		2
其他采矿业			
农副食品加工业	407	54	1 71
食品制造业	346	53	1 32
酒、饮料和精制茶制造业	127	25	96
烟草制品业	2		28

指标（2015 年）

单位：亿元

增加值（…入法）	年末资产总计		流动资产合计	固定资产合计	年末负债合计
		产成品			
80.10	**79 899.34**	**3 987.22**	**48 255.12**	**20 612.97**	**46 261.50**
45.87	16 516.23	409.10	6 486.79	7 447.57	9 264.29
54.62	337.16	6.45	115.85	168.90	186.90
74.29	114.89	1.84	49.71	39.74	75.12
14.73	22.14	1.43	14.97	5.02	13.69
59.88	43 200.28	2 145.57	24 866.65	11 394.99	25 726.24
59.55	16 506.31	781.18	10 350.82	4 457.66	8 900.52
15.33	19 281.84	1 032.10	12 596.45	4 430.25	11 099.21
77.71	27 322.92	1 674.10	17 923.11	5 365.88	15 686.35
2.40	52 576.42	2 313.12	30 332.01	15 247.09	30 575.14
9.16	38 461.98	1 719.16	24 063.77	9 380.01	23 003.44
17.95	20 367.45	1 064.47	11 995.54	5 212.92	10 991.20
53.00	21 069.92	1 203.58	12 195.80	6 020.04	12 266.86
9.87	681.73	2.06	54.50	561.78	586.18
20.09	34.96	0.71	11.73	21.54	13.07
1.54	6.57	0.66	4.08	0.66	4.03
8.29	45.75	3.61	22.10	18.04	19.58
3.13	41.92	1.18	15.62	24.34	7.95
1.11	943.85	49.87	608.37	177.11	538.53
7.06	1 096.78	41.70	690.72	273.08	491.52
0.66	682.29	15.69	376.83	201.44	381.16
8.93	304.40	8.22	236.23	67.93	71.31

续表

项　　目	企业单位数（个）		工业总（当年
		亏损企业	
纺织业	1 029	157	1 708
纺织服装、服饰业	1 924	262	2 378
皮革、毛皮、羽毛及其制品和制鞋业	1 307	220	1 66
木材加工和木、竹、藤、棕、草制品业	265	35	46
家具制造业	1 115	148	1 53
造纸和纸制品业	825	113	1 56
印刷和记录媒介复制业	596	98	87
文教、工美、体育和娱乐用品制造业	1 075	201	2 91
石油加工、炼焦和核燃料加工业	45	9	1 25
化学原料和化学制品制造业	1 651	189	5 26
医药制造业	246	32	1 02
化学纤维制造业	49	4	10
橡胶和塑料制品业	2 651	407	3 71
非金属矿物制品业	1 324	189	2 98
黑色金属冶炼和压延加工业	289	50	1 26
有色金属冶炼和压延加工业	523	76	2 51
金属制品业	2 639	350	4 44
通用设备制造业	1 465	216	3 41
专用设备制造业	1 259	185	2 19
汽车制造业	655	97	5 83
铁路、船舶、航空航天和其他运输设备制造业	365	88	1 20
电气机械和器材制造业	3 781	614	11 53
计算机、通信和其他电子设备制造业	4 515	897	29 46
仪器仪表制造业	451	81	81
其他制造业	205	27	22
废弃资源综合利用业	127	21	72
金属制品、机械和设备修理业	36	3	11
电力、热力生产和供应业	129	24	4 57
燃气生产和供应业	49	8	65
水的生产和供应业	189	35	35

增加值 入法)	年末资产 总计	产成品	流动资产 合计	固定资产 合计	年末负债 合计
35.72	1 027.90	60.17	590.40	318.44	555.72
38.57	1 257.92	118.32	911.28	219.90	724.29
1.88	874.13	67.43	644.82	147.11	473.96
4.13	295.99	16.08	161.77	79.12	152.39
5.97	921.72	60.09	586.36	201.56	500.83
3.04	1 575.98	64.07	851.25	543.48	900.91
6.45	717.91	27.40	433.35	185.63	349.38
33.36	1 953.32	335.92	1 579.38	207.87	1 296.90
3.04	832.87	22.09	360.63	366.27	685.00
2.70	3 614.61	159.67	2 083.78	1 008.15	1 761.10
8.42	1 385.02	72.80	786.49	223.11	571.79
6.92	108.51	6.64	54.68	37.97	49.69
1.11	2 600.54	146.52	1 575.79	644.46	1 381.29
2.33	2 296.26	132.66	1 228.66	731.64	1 359.05
5.32	796.96	41.72	374.57	320.55	560.59
7.60	1 513.33	197.56	879.96	499.53	1 068.60
6.79	2 760.32	129.53	1 629.85	802.29	1 481.30
4.04	2 778.24	182.74	1 957.76	481.70	1 503.16
1.99	2 236.25	112.36	1 394.67	450.51	1 145.59
4.59	4 140.37	129.56	2 593.39	1 106.27	2 613.49
3.78	1 056.55	51.19	695.94	237.12	689.92
7.72	9 548.56	534.38	6 715.62	1 454.13	5 948.50
6.28	21 531.53	1 091.66	15 488.19	3 110.24	13 303.79
7.14	785.26	47.74	548.71	120.55	344.70
7.31	170.38	8.46	110.31	32.07	84.83
4.51	277.54	13.76	166.33	83.47	170.92
8.07	148.08	2.01	97.21	44.03	86.10
3.39	6 732.54	25.92	1 165.54	4 660.98	3 133.14
0.10	514.01	3.54	148.14	271.96	294.50
7.16	1 608.46	1.51	420.09	676.98	956.74

续表

项　　目	年末所有者权益合计	主营业务收入	主营[illegible]税金及[illegible]
总　　计	**33 303.85**	**97 104.61**	**898.[illegible]**
按经济类型分			
在总计中：国有控股经济	7 234.93	12 769.20	436.[illegible]
国有经济	150.49	201.60	1.[illegible]
集体经济	34.64	227.60	0.[illegible]
股份合作经济	8.44	58.50	0[illegible]
股份制经济	17 288.47	48 908.09	574.[illegible]
外商投资经济	7 534.01	23 154.89	185[illegible]
港澳台投资经济	8 116.91	23 241.64	129[illegible]
按轻重工业分			
轻工业	11 512.99	34 264.26	314[illegible]
重工业	21 790.86	62 840.36	584[illegible]
按企业规模分			
大型企业	15 462.57	47 495.02	617[illegible]
中型企业	9 345.99	24 145.98	164[illegible]
小微型企业	8 495.29	25 463.61	116[illegible]
按行业分			
煤炭开采和洗选业			
石油和天然气开采业	95.55	333.54	27[illegible]
黑色金属矿采选业	20.47	62.87	0[illegible]
有色金属矿采选业	2.54	28.99	0[illegible]
非金属矿采选业	24.13	121.38	2[illegible]
开采辅助活动	33.97	21.04	0[illegible]
其他采矿业			
农副食品加工业	403.75	1 697.09	[illegible]
食品制造业	604.97	1 302.03	1[illegible]
酒、饮料和精制茶制造业	300.89	890.61	17[illegible]
烟草制品业	233.09	267.23	141[illegible]
纺织业	465.34	1 615.90	6[illegible]
纺织服装、服饰业	518.57	2 238.84	11[illegible]

润总额		利税总额	本年应缴增值税	全部从业人员年平均人数（万人）
	亏损总额			
231.81	**419.40**	**9 822.63**	**2 681.19**	**1 182.16**
978.59	78.63	1 965.49	546.85	63.93
10.02	1.82	17.94	6.49	2.59
10.35	1.80	16.24	4.99	6.17
1.17	0.02	3.12	1.51	0.51
416.94	157.75	5 532.36	1 535.71	494.02
476.83	129.68	2 289.87	623.65	238.30
246.52	127.40	1 851.63	473.93	426.82
38.12	162.29	3 456.91	1 001.56	545.41
993.69	257.11	6 365.72	1 679.63	636.75
82.49	94.66	5 693.73	1 489.28	469.70
25.16	134.43	2 186.15	593.02	421.57
24.16	190.31	1 942.75	598.89	290.89
88.57		136.12	20.01	0.35
5.91	0.02	10.40	3.58	0.22
0.19	0.07	0.34	0.04	0.08
8.11	0.14	14.40	4.24	0.64
3.57		4.27	0.17	0.12
58.46	13.45	75.06	14.73	6.43
98.48	5.64	295.40	84.60	13.11
80.09	6.22	143.58	45.88	7.83
28.81		202.04	31.83	0.36
88.58	5.54	132.54	37.03	24.11
76.62	9.10	148.15	60.29	64.51

续表

项目	年末所有者权益合计	主营业务收入	主营税金及
皮革、毛皮、羽毛及其制品和制鞋业	393.28	1 611.32	9
木材加工和木、竹、藤、棕、草制品业	136.32	445.63	3
家具制造业	414.96	1 478.23	7
造纸和纸制品业	669.42	1 478.04	4
印刷和记录媒介复制业	363.81	824.02	4
文教、工美、体育和娱乐用品制造业	645.75	2 907.31	7
石油加工、炼焦和核燃料加工业	145.77	1 241.66	197
化学原料和化学制品制造业	1 843.06	4 858.43	31
医药制造业	807.01	974.23	6
化学纤维制造业	58.69	94.47	0
橡胶和塑料制品业	1 168.22	3 544.84	14
非金属矿物制品业	917.26	2 823.15	13
黑色金属冶炼和压延加工业	233.93	1 159.42	3
有色金属冶炼和压延加工业	457.42	2 334.87	7
金属制品业	1 259.04	4 191.14	21
通用设备制造业	1 268.28	3 232.72	15
专用设备制造业	1 083.21	2 097.93	11
汽车制造业	1 512.16	5 616.04	121
铁路、船舶、航空航天和其他运输设备制造业	361.44	1 083.69	4
电气机械和器材制造业	3 574.52	10 905.99	50
计算机、通信和其他电子设备制造业	8 143.78	28 277.46	105
仪器仪表制造业	439.60	787.69	4
其他制造业	85.19	212.83	1
废弃资源综合利用业	103.25	700.22	2
金属制品、机械和设备修理业	61.43	118.85	0
电力、热力生产和供应业	3 587.37	4 551.49	22
燃气生产和供应业	218.89	624.35	[illegible]
水的生产和供应业	647.50	349.08	2

注：本表统计范围为年主营业务收入 2 000 万元及以上的工业法人企业

润总额		利税总额	本年应缴增值税	全部从业人员年平均人数（万人）
	亏损总额			
60.44	8.28	110.93	40.87	57.13
31.92	0.55	49.19	13.92	4.69
78.66	4.32	124.19	38.40	30.16
63.34	6.89	104.02	35.68	19.02
54.07	2.91	84.34	26.00	18.45
78.39	7.96	125.02	39.34	53.27
51.67	6.52	328.67	76.38	1.52
396.71	26.10	619.75	191.57	26.55
121.02	7.85	175.02	46.94	9.41
9.17	0.46	12.24	2.61	1.11
160.50	27.12	258.89	83.42	67.62
155.16	13.80	241.58	72.81	36.16
41.93	14.98	64.49	19.23	5.19
98.38	7.01	134.22	28.72	12.12
242.79	16.02	369.25	104.46	66.06
219.85	16.18	313.68	78.33	43.34
78.08	12.32	247.11	57.81	36.06
163.76	17.52	769.71	182.77	35.70
56.12	12.58	78.83	18.42	12.85
75.99	36.03	1 124.49	297.45	163.15
20.68	106.17	2 368.66	641.32	318.99
56.94	7.05	83.21	21.80	20.71
10.40	0.99	16.13	4.58	5.14
57.11	0.72	74.75	15.01	2.30
8.71	0.16	12.64	3.26	1.68
10.14	10.15	651.63	216.79	11.15
41.08	5.85	53.30	10.72	1.05
51.40	2.74	64.37	10.19	3.83

珠江三角洲各市规模以

市别	企业单位数（个）	资产总计		本年折旧	
		总量	比上年增长（%）	总量	比上增长
合计	14 300	72 307.25	14.2	1 153.51	11
广州	6 333	34 406.04	10.5	541.49	7
深圳	4 478	28 031.11	20.5	303.23	1(
珠海	561	3 230.57	10.7	28.47	14
佛山	651	1 483.31	8.5	73.50	35
#顺德	242	618.52	18.8	12.77	1
惠州	359	1 175.22	14.1	36.62	21
东莞	1 175	2 545.52	10.4	111.43	1(
中山	430	960.11	10.5	31.39	43
江门	199	319.38	7.9	20.25	18
肇庆	114	155.99	19.1	7.13	–2

市别	管理费用		财务费用		利润总额	
	总量	比上年增长（%）	总量	比上年增长（%）	总量	比增长
合计	1 978.05	3.4	581.69	16.6	2 757.70	
广州	777.01	–4.9	299.00	20.0	807.54	
深圳	911.03	10.1	175.62	13.7	1 373.03	
珠海	70.40	5.8	29.81	20.6	165.89	
佛山	55.19	4.1	13.33	0.3	87.28	
#顺德	19.15	–0.1	6.72	9.3	16.18	
惠州	24.05	3.8	20.50	11.3	46.33	
东莞	85.28	10.8	31.33	17.4	198.46	
中山	32.87	18.2	5.97	–8.5	51.79	
江门	13.89	5.6	5.08	5.6	19.01	
肇庆	8.33	4.2	1.05	27.5	8.37	

企业主要指标（2015 年）

单位：亿元

营业收入		营业成本		营业税金及附加		销售费用	
量	比上年增长(%)	总量	比上年增长(%)	总量	比上年增长(%)	总量	比上年增长(%)
.76	10.4	11 380.22	11.5	234.55	1.1	1 019.16	0.3
.51	8.2	5 434.68	8.8	87.54	−4.1	423.46	−0.3
.85	13.2	4 488.01	14.8	101.68	8.7	440.25	9.0
.56	13.9	284.15	19.1	9.07	0.8	21.53	−12.4
.88	3.4	301.56	4.9	8.03	−26.8	36.70	−20.1
.40	−5.8	94.90	−5.8	3.17	−30.8	6.64	4.0
.07	8.1	169.61	10.0	3.94	−7.4	15.22	−22.3
.95	14.9	426.25	15.9	17.13	23.6	45.09	−15.7
.27	2.4	155.24	3.7	4.45	−18.3	21.77	−9.8
.71	7.8	79.89	12.5	2.09	−11.6	10.00	−20.9
.97	8.7	40.83	23.8	0.61	−49.4	5.14	−30.6

应缴所得税		应付职工薪酬		应缴增值税		就业人员平均人数（万人）
量	比上年增长（%）	总量	比上年增长（%）	总量	比上年增长（%）	
85	20.9	3 110.56	14.2	339.15	18.0	336.53
59	11.8	1 410.54	11.2	152.09	14.1	137.60
01	36.1	1 274.45	18.6	130.15	9.8	132.84
43	11.9	97.22	16.4	10.25	26.5	11.01
36	0.9	89.85	12.3	10.96	67.3	15.28
84	−29.0	32.69	16.0	1.77	−19.7	7.21
13	26.2	36.51	15.2	3.53	57.1	6.19
53	10.3	118.96	6.0	20.59	115.6	20.60
97	10.8	48.36	12.1	6.34	13.2	7.54
56	10.6	22.51	14.3	3.42	61.3	3.64
27	−12.6	12.15	6.4	1.82	17.8	1.83

珠江三角洲各市地区生产总值和指数

单位：亿元　上年 =100

市别	2000年		2005年		2010年		2011年	
	地区生产总值	指数	地区生产总值	指数	地区生产总值	指数	地区生产总值	指数
合计	8 422.24	113.7	18 279.55	115.7	37 875.45	112.2	43 750.39	109.9
广州	2 492.74	113.3	5 154.23	112.9	10 748.28	113.2	12 423.44	111.3
深圳	2 187.45	115.7	4 950.91	115.1	9 773.31	112.4	11 515.86	110.0
珠海	332.35	112.0	635.45	113.1	1 210.79	112.9	1 410.34	111.3
佛山	1 050.38	112.5	2 429.38	119.4	5 622.63	114.1	6 179.68	111.3
#顺德	364.59	114.5	825.12	118.9	1 790.86	107.5	1 941.94	112.3
惠州	439.19	111.3	803.92	115.9	1 729.97	118.0	2 094.94	114.7
东莞	820.25	119.7	2 183.20	119.5	4 278.21	110.3	4 771.93	108.0
中山	345.44	112.4	885.72	120.9	1 853.45	114.0	2 194.73	113.1
江门	504.66	110.2	801.70	112.6	1 570.42	114.5	1 830.64	113.0
肇庆	249.78	110.6	435.05	115.7	1 088.39	117.1	1 328.83	114.7

市别	2012年		2013年		2014年		2015年	
	地区生产总值	指数	地区生产总值	指数	地区生产总值	指数	地区生产总值	指数
合计	47 824.18	108.1	53 307.67	109.3	57 650.02	107.8	62 267.78	108.6
广州	13 551.21	110.5	15 497.23	111.6	16 706.87	108.6	18 100.41	108.4
深圳	12 971.47	110.0	14 572.67	110.5	16 001.82	108.8	17 502.86	108.9
珠海	1 509.24	107.3	1 679.00	110.8	1 867.21	110.4	2 025.41	110.0
佛山	6 579.18	108.0	7 010.68	109.8	7 441.60	108.3	8 003.92	108.5
#顺德	2 112.39	111.4	2 326.61	110.2	2 419.68	107.9	2 586.69	108.5
惠州	2 379.49	112.7	2 705.13	113.8	3 000.37	110.0	3 140.03	109.0
东莞	5 039.21	106.1	5 517.47	109.8	5 881.32	107.8	6 275.07	108.0
中山	2 446.30	111.3	2 651.93	110.0	2 823.01	108.0	3 010.03	108.4
江门	1 880.39	108.1	2 000.18	109.8	2 082.76	107.8	2 240.02	108.4
肇庆	1 467.68	111.0	1 673.37	111.5	1 845.06	110.0	1 970.01	108.2

注：自 2009 年起，区域生产总值增速由广东省统计局统一调整核算，以前年份增速由各市数据汇总计算

珠江三角洲各市第三产业增加值和指数

单位：亿元　上年 =100

市　别	2000 年		2005 年		2010 年		2011 年	
	第三产业增加值	指　数	第三产业增加值	指　数	第三产业增加值	指　数	第三产业增加值	指　数
合计	3 954.80	113.9	8 455.01	113.7	18 748.36	110.4	21 866.51	109.7
广州	1 376.75	116.3	2 978.79	113.3	6 557.45	113.6	7 641.92	111.3
深圳	1 085.80	113.3	2 298.64	112.2	5 246.33	110.6	6 170.20	108.5
珠海	145.14	108.9	273.58	109.1	516.43	107.2	609.38	111.8
佛山	435.03	113.6	876.52	112.3	1 995.43	113.1	2 223.72	110.8
#顺德	138.89	116.1	309.32	115.6	641.83	105.7	730.26	112.0
惠州	121.70	108.6	273.09	117.4	613.36	110.6	764.75	116.7
东莞	343.64	120.0	934.78	119.3	2 069.86	103.7	2 336.52	108.7
中山	141.09	110.0	315.59	126.0	727.55	112.0	911.24	113.0
江门	200.73	110.2	303.66	104.0	581.35	111.9	695.30	109.9
肇庆	104.93	112.2	200.36	120.2	440.60	110.5	513.46	111.4

市　别	2012 年		2013 年		2014 年		2015 年	
	第三产业增加值	指　数	第三产业增加值	指　数	第三产业增加值	指　数	第三产业增加值	指　数
合计	24 757.29	109.7	28 191.76	111.2	30 640.14	108.2	34 014.26	109.8
广州	8 616.79	112.0	10 026.26	112.0	10 897.20	109.4	12 147.49	109.4
深圳	7 239.98	112.5	8 280.11	111.3	9 184.22	109.7	10 288.28	110.1
珠海	693.86	112.7	792.36	109.8	884.57	108.8	973.00	110.2
佛山	2 383.28	106.4	2 632.03	108.6	2 705.68	107.3	3 028.00	110.7
#顺德	839.35	115.4	914.28	107.7	936.56	107.9	1 035.10	110.6
惠州	892.10	111.6	1 041.36	112.9	1 162.27	107.5	1 262.35	108.6
东莞	2 575.85	106.2	2 875.25	107.7	3 066.55	106.3	3 332.00	110.2
中山	1 027.83	107.6	1 117.65	109.0	1 195.26	107.9	1 310.85	110.2
江门	770.43	112.2	838.48	109.4	893.12	106.8	980.80	108.9
肇庆	557.16	105.2	588.25	104.2	651.26	110.2	691.49	107.8

珠江三角洲各市人均地区生产总值和指数

单位：元　上年 =100

市　别	2000 年		2005 年		2010 年		2011 年	
	人均地区生产总值	指　数	人均地区生产总值	指　数	人均地区生产总值	指　数	人均地区生产总值	指　数
合计	20 280	107.2	40 336	114.6	69 002	107.3	77 689	107.1
广州	25 626	108.3	53 809	114.3	87 458	106.1	97 588	107.5
深圳	32 800	105.2	60 801	111.6	96 184	107.8	110 520	107.3
珠海	27 770	104.9	45 320	110.3	78 030	111.1	90 140	110.4
佛山	20 231	106.3	42 066	117.8	79 902	109.0	85 650	108.5
# 顺德	22 213	108.0	42 382	116.4	74 475	102.4	78 677	109.4
惠州	13 877	107.7	21 909	113.0	38 650	112.5	45 371	111.2
东莞	13 679	106.6	33 287	119.4	53 193	105.4	57 913	105.4
中山	15 077	105.4	36 435	120.6	60 888	108.3	70 063	109.9
江门	12 851	108.8	19 546	112.1	35 622	112.4	41 063	111.7
肇庆	7 422	109.9	11 890	114.1	28 052	115.3	33 754	113.0

市　别	2012 年		2013 年		2014 年		2015 年	
	人均地区生产总值	指　数	人均地区生产总值	指　数	人均地区生产总值	指　数	人均地区生产总值	指　数
合计	84 434	107.4	93 548	108.6	100 448	107.0	107 011	107.1
广州	105 909	110.0	120 294	110.8	128 478	107.6	136 188	106.0
深圳	123 451	109.1	137 632	109.7	149 495	107.6	157 985	105.2
珠海	95 819	106.6	105 834	110.1	116 537	109.3	124 706	108.6
佛山	90 792	107.6	96 317	109.3	101 617	107.7	108 299	107.5
# 顺德	85 225	111.0	93 491	109.7	96 722	107.4	102 538	107.6
惠州	51 130	111.8	57 716	113.0	63 657	109.4	66 231	108.4
东莞	60 907	105.7	66 440	109.4	70 605	107.4	75 616	108.4
中山	77 694	110.7	83 804	109.4	88 682	107.4	94 030	107.8
江门	42 028	107.7	44 546	109.4	46 237	107.5	49 608	108.1
肇庆	36 999	110.2	41 811	110.5	45 795	109.3	48 670	107.7

注：2009 年以后区域人均生产总值增速由广东省统计局统一调整核算，以往年份增速由各市数据汇总计算

珠江三角洲各市地方一般公共预算收支

单位：亿元

市别	地方一般公共预算收入								
	2000 年	2005 年	2009 年	2010 年	2011 年	2012 年	2013 年	2014 年	2015 年
合计	599.06	1 218.48	2 522.29	3 139.58	3 674.70	4 129.09	4 669.16	5 375.37	6 391.70
广州	200.55	371.26	702.65	872.65	979.48	1 102.40	1 141.80	1 243.10	1 349.47
深圳	221.92	412.38	880.82	1 106.82	1 339.57	1 482.08	1 731.26	2 082.73	2 726.85
珠海	24.23	48.97	101.41	124.53	143.41	162.60	194.20	224.31	269.96
佛山	59.53	130.85	254.70	306.05	341.73	384.08	438.21	501.19	557.55
#顺德	21.22	47.38	89.29	106.75	122.06	136.52	154.14	174.21	187.47
惠州	12.94	34.72	101.57	131.23	162.83	200.88	250.17	300.75	340.02
东莞	30.22	103.97	231.16	277.84	313.06	356.32	409.29	455.21	517.97
中山	17.46	54.26	110.44	139.38	183.22	201.89	225.42	251.74	287.51
江门	21.24	41.63	83.63	104.29	119.17	135.03	158.03	177.20	199.01
肇庆	10.97	20.44	55.92	76.80	92.23	103.81	120.77	139.13	143.36

市别	地方一般公共预算支出								
	2000 年	2005 年	2009 年	2010 年	2011 年	2012 年	2013 年	2014 年	2015 年
合计	690.64	1 567.23	2 882.33	3 654.91	4 444.97	4 798.40	5 240.59	5 973.23	8 421.36
广州	240.72	438.41	789.92	977.32	1 181.25	1 343.65	1 386.13	1 436.22	1 727.72
深圳	225.04	599.16	1 000.84	1 266.07	1 590.56	1 569.01	1 690.83	2 166.18	3 521.67
珠海	31.14	57.77	121.31	166.41	190.37	212.20	252.03	275.90	388.77
佛山	72.48	150.85	266.99	363.35	388.68	433.96	488.40	525.01	799.93
#顺德	25.16	54.21	83.23	134.52	130.50	148.25	149.63	156.39	203.87
惠州	20.14	52.41	134.75	185.44	227.21	274.08	328.29	372.97	486.07
东莞	33.61	117.04	232.62	289.83	351.92	385.58	444.66	457.68	581.24
中山	19.24	56.71	117.90	145.85	192.67	215.32	237.24	261.46	355.37
江门	28.18	54.24	111.08	132.98	165.30	188.12	212.61	236.10	292.90
肇庆	20.09	40.64	106.93	127.66	157.01	176.49	200.40	241.71	267.71

珠江三角洲各市人均地方一般公共预算收入

单位：元

市　别	2000年	2005年	2009年	2010年	2011年	2012年	2013年	2014年	2015年
合计	1 442.48	2 688.72	4 804.27	5 717.85	6 525.32	7 284.81	8 188.04	9 365.92	10 984.52
广州	2 061.72	3 875.93	6 103.90	7 100.70	7 693.97	8 615.73	8 862.98	9 559.65	10 153.45
深圳	3 327.64	5 064.37	9 037.32	10 892.78	12 856.12	14 105.11	16 350.94	19 457.70	24 613.26
珠海	2 024.57	3 492.54	6 643.34	8 025.47	9 166.01	10 323.14	12 241.05	13 999.46	16 621.83
佛山	1 146.57	2 265.69	3 787.59	4 349.20	4 736.35	5 300.29	6 020.44	6 843.94	7 544.00
#顺德			3 895.47	4 439.32	4 945.20	5 507.95	6 193.72	6 963.66	7 431.60
惠州	408.85	946.27	2 379.32	2 931.87	3 526.46	4 316.39	5 337.57	6 380.78	7 171.79
东莞	503.97	1 585.20	3 008.51	3 454.53	3 799.37	4 306.79	4 928.56	5 464.83	6 241.63
中山	762.08	2 231.98	3 818.31	4 578.83	5 848.99	6 411.82	7 123.35	7 908.30	8 981.32
江门	540.87	1 014.97	1 933.44	2 365.62	2 673.09	3 018.13	3 519.54	3 933.88	4 407.32
肇庆	325.95	558.68	1 463.01	1 979.41	2 342.76	2 616.91	3 017.68	3 453.32	3 541.77

注：本表按年中常住人口数计算

珠江三角洲各市城镇、农村、全体常住居民人均可支配收入与消费支出（2015年）

单位：元

市　别	城镇常住居民		农村常住居民		全体常住居民	
	人均可支配收入	人均消费支出	人均可支配收入	人均消费支出	人均可支配收入	人均消费支出
广州	46 734.6	35 752.5	19 323.1	14 086.5	42 718.2	32 886.7
深圳	44 633.3	32 359.2			44 633.3	32 359.2
珠海	38 322.0	28 741.5	20 510.2	16 045.9	36 157.9	27 199.0
佛山	39 756.9	28 396.4	22 063.2	15 050.3	38 501.3	27 713.1
惠州	30 056.9	21 580.8	15 829.6	11 975.2	25 219.6	18 314.9
东莞	39 793.4	29 000.9	24 224.9	19 888.6	38 650.6	28 255.6
中山	37 254.0	24 326.9	24 405.1	16 595.5	35 712.2	23 399.1
江门	27 116.7	18 330.9	13 817.0	10 323.7	22 364.4	15 610.9
肇庆	23 746.3	16 361.2	13 982.4	8 934.7	18 991.4	12 554.7

注：1. 按照国家统计局的统一部署，广东自2012年12月起正式启动城乡住户调查一体化改革工作。在经历为期一年的过渡期后，从2014年开始正式对外发布农村常住居民人均可支配收入,不再发布农村居民人均纯收入指标。改革前后，农村住户调查在调查范围、调查方法和统计口径均有一定变化，2014年发布的农村常住居民人均可支配收入与2013年以前所发布农村居民人均纯收入指标的不完全可比

2. 深圳因完全城市化，无相关数据

3. 按照国家统计局的统一部署，广东省分市、县城乡一体化住户调查工作从2013年10月正式启动，从2014年开始正式对外发布各市全常住居民人均可支配收入和消费支出指标

珠江三角洲各市农林牧渔业总产值和指数（2015 年）

单位：亿元　上年 =100

市　别	总产值						指　数					
	农林牧渔业总产值	农业产值	林业产值	牧业产值	渔业产值	农林牧渔服务业产值	农林牧渔业总产值	农业产值	林业产值	牧业产值	渔业产值	农林牧渔服务业产值
合计	1 938.68	887.46	82.85	372.92	508.56	86.89	102.6	103.8	105.9	97.9	102.7	107.2
广州	413.46	226.05	4.22	61.80	75.13	46.25	102.2	103.8	104.2	91.8	103.1	108.6
深圳	15.95	3.28	0.20	2.24	9.55	0.68	108.6	87.3	157.8	84.0	126.2	125.5
珠海	85.62	12.95	0.34	12.01	52.21	8.12	99.8	101.7	163.2	87.9	101.5	104.0
佛山	275.69	95.15	1.33	53.51	110.31	15.39	101.4	103.0	98.5	97.1	101.6	105.6
#顺德	86.02	19.22	0.01	4.73	57.37	4.70	101.2	105.1	103.2	65.3	104.2	103.4
惠州	245.30	169.05	4.85	46.61	20.30	4.49	104.2	105.4	97.1	100.3	103.9	107.5
东莞	34.35	21.97	0.37	3.69	7.32	1.00	99.8	106.4	102.6	78.0	94.9	100.0
中山	112.84	39.58	0.02	8.05	63.83	1.35	99.7	100.1	47.3	97.0	99.6	105.2
江门	319.88	105.17	8.25	76.02	125.17	5.27	103.2	103.4	103.7	102.5	103.4	104.0
肇庆	435.59	214.25	63.28	108.98	44.74	4.33	103.7	103.8	107.1	100.4	105.6	108.4

注：本表总产值按当年价格计算，指数按可比价格计算

珠江三角洲各市社会消费品零售总额（2015 年）

单位：亿元

市　别	社会消费品零售总额	按行业分		按城乡分	
		批发和零售业	住宿和餐饮业	城镇	乡村
合计	22 651.04	20 159.56	2 491.48	20 941.51	1 709.53
广州	7 987.96	6 984.57	1 003.39	7 762.42	225.54
深圳	5 017.84	4 448.14	569.70	5 017.84	
珠海	915.20	811.38	103.82	893.14	22.06
佛山	2 705.22	2 419.31	285.91	2 144.77	560.45
#顺德	876.82	784.63	92.19	561.16	315.66
惠州	1 070.72	970.77	99.95	873.01	197.71
东莞	2 184.70	2 033.10	151.60	2 011.67	173.03
中山	1 086.74	983.32	103.42	995.03	91.71
江门	1 034.30	929.29	105.01	786.07	248.23
肇庆	648.36	579.68	68.68	457.56	190.80

珠江三角洲各市限额以上批发零售企业商品购、销、存总额（2015 年）

单位：万元

市　别	商品购进总额	进口	商品销售总额	批发	出口	零售	年末库存总额
批发业							
广州	214 674 642	13 247 414	223 780 206	212 408 908	14 943 011	11 371 298	11 156 748
深圳	130 275 401	20 809 901	139 547 749	133 013 881	19 469 399	6 533 867	8 363 615
珠海	18 277 832	3 408 592	20 365 273	19 871 356	559 604	493 917	1 181 933
佛山	41 421 980	959 563	46 319 430	44 949 593	5 142 401	1 369 837	2 136 200
#顺德	9 697 459	401 217	10 296 764	9 952 863	2 153 437	343 901	1 037 793
惠州	2 974 547	24 033	3 951 822	3 502 405	396 529	449 418	236 058
东莞	19 387 581	1 346 803	21 421 159	20 965 112	4 825 427	456 047	1 508 339
中山	10 039 558	486 044	10 950 495	10 674 174	3 279 908	276 321	589 467
江门	6 266 442	388 698	6 959 608	6 670 595	1 448 503	289 013	293 900
肇庆	3 850 122	1 033 261	4 285 952	3 411 606	660 814	874 346	216 167
零售业							
广州	34 682 630	1 323 460	38 155 039	7 584 423	47 084	30 570 616	3 205 013
深圳	19 133 740	1 099 967	23 529 748	3 086 556	46 595	20 443 192	4 541 543
珠海	1 990 042	90 718	2 607 015	387 844		2 219 171	320 691
佛山	7 725 286	212 125	8 645 319	879 392	3 199	7 765 927	801 774
#顺德	3 357 114	118 439	3 855 337	346 370	585	3 508 967	380 883
惠州	4 431 575	77 139	4 045 585	633 902	185	3 411 683	275 450
东莞	8 469 521	529 516	10 770 613	879 764	10 034	9 890 849	3 261 272
中山	3 536 944	109 068	4 241 410	248 777	2 824	3 992 632	398 855
江门	2 851 306	14 177	3 255 422	288 699	238	2 966 723	286 380
肇庆	1 409 055	14 296	1 531 704	120 795		1 410 909	112 938

珠江三角洲各市限额以上住宿餐饮业经营情况（2015 年）

单位：万元

市　别	企业（单位）数（个）	营业额	客房收入	餐费收入	商品销售收入
住宿业					
广州	635	1 791 976	1 047 648	519 769	13 868
深圳	330	1 185 093	679 339	347 558	3 823
珠海	124	555 579	212 919	126 372	28 716
佛山	125	268 684	100 169	126 810	14 773
#顺德	34	64 365	23 741	27 516	523
惠州	137	293 404	157 033	96 203	12 133
东莞	167	370 649	153 808	174 863	1 510
中山	115	185 802	75 031	80 248	2 405
江门	118	151 784	64 723	57 843	4 773
肇庆	84	83 536	49 552	25 693	3 192
餐饮业					
广州	1 675	3 575 931	49 268	3 407 732	78 522
深圳	749	3 538 642	55 143	3 404 369	30 170
珠海	425	305 703	4 144	300 346	1 133
佛山	248	396 159	21 227	363 302	3 135
#顺德	72	91 547	6 879	80 435	2 340
惠州	216	171 100	20 316	142 696	3 483
东莞	339	436 828	3 542	413 037	17 555
中山	268	254 151	1 051	250 410	327
江门	280	169 392	3 320	164 057	356
肇庆	211	146 175	8 630	129 977	5 030

珠江三角洲各市旅游宾馆（酒店）住宿设施（2015年）

市　别	宾馆（酒店）（家）	五星级	四星级	三星级	二星级	一星级	客房（间）	床位（张）	客房出租率（%）
合计	9 590	100	124	367	74	2	655 563	995 756	
广州	3 008	23	41	127	25		207 100	308 844	65.7
深圳	806	25	27	63	21		82 114	120 654	68.2
珠海	493	8	8	56	4		45 627	69 857	62.5
佛山	402	11	15	30	8		27 845	42 787	57.0
#顺德	176	3	11	4	5		3 623	6 016	55.8
惠州	749	5	9	34	1		48 022	117 106	53.9
东莞	1 756	19	17	18	5		125 941	158 703	51.2
中山	562	2	4	13	2	1	38 283	55 443	58.9
江门	828	6	2	14	2		44 121	68 007	65.0
肇庆	986	1	1	12	6	1	36 510	54 355	59.5

注：本表星级宾馆（酒店），指截至2010年底已得到国家旅游局或广东省旅游局批准的，不包括已报未批部分

珠江三角洲各市旅游业收入

单位：亿元

市　别	收入合计		旅游外汇收入		国内旅游收入	
	2014年	2015年	2014年	2015年	2014年	2015年
合计	5 738.59	6 474.28	1 003.64	1 052.91	4 734.95	5 421.39
广州	2 521.82	2 872.18	336.45	351.66	2 185.37	2 520.52
深圳	1 091.65	1 244.96	280.56	306.74	811.09	938.23
珠海	270.65	276.76	56.60	59.43	214.05	217.33
佛山	496.27	546.29	82.00	84.92	414.27	461.37
#顺德	138.79	156.41	30.20	31.25	108.59	125.16
惠州	273.20	330.23	52.63	54.63	220.57	275.60
东莞	374.60	395.18	96.78	97.39	277.82	297.79
中山	210.23	227.44	29.58	18.42	180.65	209.02
江门	279.00	339.62	51.81	59.82	227.19	279.81
肇庆	221.17	241.62	17.23	19.90	203.94	221.72

珠江三角洲各市普通中学情况（2015 年）

市别	学校数（所）	毕业生数（人）	高中	初中	招生数（人）
合计	2 036	819 303	271 805	547 498	835 896
广州	510	176 666	58 087	118 579	171 091
深圳	335	118 481	36 704	81 777	135 326
珠海	71	30 587	10 185	20 402	29 141
佛山	199	101 246	36 900	64 346	105 375
#顺德	62	36 178	12 622	23 556	37 387
惠州	241	91 389	32 093	59 296	91 585
东莞	218	84 541	25 322	59 219	103 313
中山	102	48 558	15 572	32 986	50 520
江门	184	74 766	27 340	47 426	71 345
肇庆	176	93 069	29 602	63 467	78 200

市别	在校学生数（人）	高中	初中	教职工数（人）	专任教师
合计	2 461 626	824 436	1 637 190	272 041	235 231
广州	515 228	178 564	336 664	58 507	50 615
深圳	385 221	120 073	265 148	57 146	46 879
珠海	87 559	29 609	57 950	9 077	7 957
佛山	306 012	115 268	190 744	27 975	25 011
#顺德	109 942	40 248	69 694	9 379	9 054
惠州	270 727	91 082	179 645	28 072	24 616
东莞	287 582	78 905	208 677	33 601	27 765
中山	145 751	47 506	98 245	15 795	14 543
江门	214 145	79 182	134 963	19 743	17 719
肇庆	249 401	84 247	165 154	22 125	20 126

注：2015 年普通中学教职工、专任教师数包含初级中学、九年一贯制学校、职业初中、完全中学、高级中学

珠江三角洲各市中等职业教育基本情况（2015 年）

市　别	学校数（所）	毕业生数（人）	招生数（人）	在校学生数（人）	教职工数（人）	
						专任教师
合计	244	189 153	209 381	610 749	34 201	26 263
广州	86	71 605	80 281	237 919	11 740	8 077
深圳	15	11 413	13 691	38 145	3 136	2 395
珠海	9	7 289	7 556	21 326	1 302	1 013
佛山	36	24 745	25 074	73 773	4 800	3 988
#顺德	13	9 758	8 872	27 325	2 009	1 857
惠州	24	17 533	20 074	57 523	3 070	2 250
东莞	22	14 134	20 014	53 434	2 958	2 326
中山	11	7 857	8 129	24 563	1 582	1 498
江门	21	14 590	15 298	45 009	2 484	2 214
肇庆	20	19 987	19 264	59 057	3 129	2 502

珠江三角洲各市小学情况（2015 年）

市　别	学校数（所）	毕业生数（人）	升学率（%）	招生数（人）	在校学生数（人）	教职工数（人）	
							专任教师
合计	3 315	602 089	92.64	877 982	4 590 777	189 394	173 538
广州	941	125 188	100.00	178 035	937 870	44 073	40 336
深圳	334	100 181	99.93	172 097	864 841	28 157	25 003
珠海	116	19 505	91.84	27 963	148 795	6 561	6 199
佛山	407	68 468	100.00	89 702	490 146	22 879	21 042
#顺德	150	25 251	100.00	29 110	171 736	8 279	8 226
惠州	454	63 240	100.00	96 841	504 066	21 303	19 886
东莞	327	89 575	100.00	140 495	719 263	23 363	20 217
中山	205	37 549	100.00	51 422	276 744	10 895	10 268
江门	313	45 923	100.00	55 769	306 211	14 468	13 602
肇庆	218	52 460	100.00	65 658	342 841	17 695	16 985

注：1. 各市小学毕业生升学率，由于跨市流动学生较多，如按教育部口径计算将与实际差异较大，因此采用各市填报的小学升上本地及外地高一级学校（包括普通初中、职业初中等）就读的学生数除以小学毕业生进行计算

2. 自 2011 年起，小学教职工、专任教师数包含小学、教学点，不含九年一贯制和十二年一贯制学校小学部的教职工和专任教师数

珠江三角洲各市学龄儿童入学情况

市别	2014年			2015年		
	学龄儿童人数(人)	已入学人数(人)	入学率(%)	学龄儿童人数(人)	已入学人数(人)	入学率(%)
合计	4 207 980	4 207 947	100.0	4 471 770	4 471 591	100.0
广州	879 276	879 276	100.0	921 996	921 996	100.0
深圳	778 799	778 799	100.0	850 722	850 722	100.0
珠海	133 989	133 956	100.0	143 002	142 823	99.9
佛山	463 688	463 688	100.0	480 765	480 765	100.0
#顺德	168 121	168 121	100.0	101 075	101 075	100.0
惠州	469 995	469 995	100.0	502 921	502 921	100.0
东莞	664 388	664 388	100.0	697 780	697 780	100.0
中山	227 683	227 683	100.0	267 026	267 026	100.0
江门	279 108	279 108	100.0	288 426	288 426	100.0
肇庆	311 054	311 054	100.0	319 132	319 132	100.0

珠江三角洲各市工业企业 R&D 活动人员和经费

市别	R&D 活动人员(人)			R&D 经费内部支出(万元)		
	2013年	2014年	2015年	2013年	2014年	2015年
合计	489 113	500 920	493 404	11 583 840	12 911 934	14 350 020
广州	74 008	80 623	82 594	1 710 177	1 929 674	2 122 613
深圳	187 045	176 345	174 953	5 329 402	5 883 496	6 726 494
珠海	15 814	18 408	16 229	345 668	386 468	434 013
佛山	75 852	78 933	68 198	1 612 186	1 829 277	1 929 893
惠州	18 678	20 010	24 376	518 729	547 473	597 225
东莞	53 258	58 752	59 469	983 720	1 150 506	1 267 890
中山	37 857	38 551	38 488	611 855	663 898	692 376
江门	16 033	18 098	17 584	318 046	350 441	387 361
肇庆	10 568	11 200	11 513	154 060	170 701	192 157

注：本表统计范围是规模以上工业企业

珠江三角洲各市工业企业新产品产出情况

单位：万元

市 别	2014 年			2015 年		
	新产品产值	新产品销售收入	#出口	新产品产值	新产品销售收入	#出口
合计	189 980 848	192 834 637	72 470 156	218 778 586	214 881 310	72 770 671
广州	30 017 215	29 784 242	2 604 787	33 191 838	33 524 272	2 844 457
深圳	69 415 715	73 943 823	44 710 213	88 719 507	87 134 304	44 740 272
珠海	9 686 581	9 512 178	2 620 874	11 035 182	10 292 624	2 153 180
佛山	27 273 850	27 152 414	6 373 798	25 330 515	24 782 405	6 344 438
惠州	17 003 391	16 968 772	4 007 032	18 426 563	18 390 244	4 338 694
东莞	22 172 598	21 901 522	8 113 170	24 746 366	24 215 567	7 917 504
中山	7 791 859	7 174 272	2 655 345	9 132 007	8 719 675	2 511 742
江门	4 317 273	4 161 454	1 124 268	5 137 711	4 852 213	1 726 722
肇庆	2 302 367	2 235 962	260 670	3 058 897	2 970 007	193 661

注：本表统计范围是规模以上工业企业

珠江三角洲各市文化、文物事业机构数（2015 年）

单位：个

市 别	艺术表演团体	文化馆	公共图书馆	博物馆（含美术馆）	档案馆
合计	19	56	56	112	96
广州	7	12	13	30	13
深圳	2	8	11	26	8
珠海	3	4	3	3	6
佛山	2	7	6	16	17
#顺德		1		3	1
惠州	1	6	5	6	9
东莞		1	1	7	4
中山		1	1	6	17
江门	2	8	7	10	11
肇庆	2	9	9	8	11

注：1. 自 2013 年起，艺术表演团体分为公有制艺术表演团体（事业）和公有制艺术表演团体（企业）
2. 各市不包括省直单位数据

珠江三角洲各市广播、电视事业机构数（2015年）

单位：个

市　别	广播电台	中波广播发射台和转播台	电视台	100瓦及以上电视发射台和转播台	县、市广播电视台
广州	1	2	1	3	7
深圳	1	2	2	2	3
珠海	1		1	1	2
佛山	1		1		
惠州	1	1	1	6	4
东莞	1		1	1	
中山	1		1	1	
江门	1		1	6	5
肇庆	1		1	3	6

珠江三角洲各市卫生事业机构、床位和人员数（2015年）

市　别	机构（个）		床位数（张）		卫生工作人员（人）		执业（助理）医师（人）
		医院		医院床位		卫生技术人员	
合计	13 566	808	255 243	223 695	481 750	397 925	139 038
广州	2 673	229	82 022	73 313	152 317	126 162	42 110
深圳	3 606	127	34 009	31 617	93 506	75 417	29 225
珠海	541	42	8 558	7 526	17 152	14 621	5 336
佛山	1 314	102	33 133	30 560	51 815	43 424	15 266
#顺德	451	33	10 080	9 630	15 996	13 298	4 676
惠州	1 199	69	21 879	15 198	32 780	27 407	9 918
东莞	2 006	98	27 457	26 715	54 403	44 791	15 667
中山	623	47	13 259	13 161	23 615	19 840	6 633
江门	737	42	19 838	14 434	30 008	25 345	8 612
肇庆	867	52	15 088	11 171	26 154	20 918	6 271

珠江三角洲各市社会保险参保人数（2015 年）

单位：万人

市　别	城乡基本养老保险参保人数	失业保险参保人数	城乡基本医疗保险参保人数	工伤保险参保人数	生育保险参保人数
合计	4 520.77	2 559.78	4 993.44	2 659.18	2 718.57
广州	1 137.51	474.07	1 052.62	431.40	436.82
深圳	954.34	974.69	1 213.16	1 032.49	1 032.90
珠海	121.37	89.59	158.26	90.87	90.28
佛山	495.65	222.32	484.75	225.69	224.06
惠州	321.15	127.39	427.98	147.86	161.83
东莞	679.07	412.14	601.92	464.46	510.82
中山	238.63	141.81	254.62	143.49	143.86
江门	347.22	74.72	386.99	77.89	76.57
肇庆	225.84	43.05	413.16	45.03	41.42

注：1. 各市不包括省直单位数据

2. 自 2012 年 8 月起，新型社会农村养老保险和城镇居民社会养老保险制度全覆盖工作全面启动，合并为城乡居民社会养老保险

珠江三角洲各市“三废”排放情况（2015 年）

市　别	废水排放总量（亿吨）		工业废气排放总量（亿立方米）	工业烟(粉)尘排放总量（万吨）	工业固体废物产生量（万吨）	工业固体废物丢弃量（万吨）
		工业废水				
广州	16.23	1.90	3 550.92	0.93	459.63	
深圳	18.38	1.91	2 312.25	0.11	92.66	
珠海	2.51	0.59	2 420.81	1.04	292.45	
佛山	5.81	1.07	1 490.64	2.63	359.86	
#顺德	2.58	0.56	604.16	0.30	15.61	
惠州	4.32	0.86	1 611.47	1.57	74.21	
东莞	11.41	2.04	3 218.81	1.44	486.35	0.12
中山	3.95	0.75	852.28	1.23	93.32	0.01
江门	3.76	0.93	1 372.42	1.30	224.03	
肇庆	2.32	0.81	1 469.35	3.06	180.48	

珠江三角洲各市环境保护基本情况

市别	城镇污水处理率(%)				城镇生活垃圾无害化处率(%)			
	2010年	2013年	2014年	2015年	2010年	2013年	2014年	2015年
广州	88.1	91.4	98.7	93.2	92.0	87.1	86.8	95.2
深圳	88.9	96.2	96.6	96.6	94.6	98.4	100.0	100.0
珠海	84.7	88.5	90.1	95.7	92.3	100.0	100.0	100.0
佛山	79.7	94.3	79.7	94.4	95.6	99.4	94.2	100.0
惠州	71.5	97.0	97.5	97.6	100.0	88.2	96.2	100.0
东莞	91.1	95.2	95.6	96.5	100.0	63.7	66.4	100.0
中山	85.1	90.7	90.6	96.0	100.0	100.0	100.0	100.0
江门	63.5	88.9	91.2	91.6	100.0	100.0	100.0	100.0
肇庆	70.5	94.1	93.2	85.1	83.8	98.7	100.0	100.0

市别	城市公共交通车辆标准运营数(标台)				城市人均公园绿地面积(平方米)			
	2010年	2013年	2014年	2015年	2010年	2013年	2014年	2015年
广州	10 232	19 658	16 750	16 179	11.87	19.72	20.19	21.82
深圳	14 677	19 883	17 797	17 943	16.40	16.70	16.84	16.91
珠海	1 557	2 375	2 266	2 349	13.70	18.50	18.75	19.50
佛山	3 715	5 433	5 915	6 783	10.20	12.13	12.95	14.69
惠州	1 124	1 770	2 000	2 446	11.10	16.80	17.27	17.75
东莞	6 129	6 092	6 286	5 346	15.30	16.71	17.28	19.36
中山	2 151	2 472	2 395	2 436	11.90	17.41	17.80	18.39
江门	924	1 427	1 502	1 524	11.00	17.35	17.60	17.75
肇庆	443	618	703	814	22.70	21.67	21.17	20.73

珠江三角洲各市金融机构本外币存贷款

单位：亿元

市别	各项存款								
	2000 年	2005 年	2009 年	2010 年	2011 年	2012 年	2013 年	2014 年	2015 年
合计	16 211.75	32 962.25	60 618.78	71 294.51	79 575.13	91 585.24	104 255.28	110 800.56	141 609.04
广州	6 200.47	11 734.10	20 944.19	23 953.96	26 460.80	30 186.57	33 838.20	35 469.29	42 843.67
深圳	3 942.00	9 486.76	18 357.47	21 937.89	25 095.78	29 662.40	33 943.15	37 350.50	57 778.90
珠海	521.71	1 014.08	2 105.20	2 748.70	2 980.01	3 449.70	4 121.58	4 570.67	5 383.73
佛山	2 119.08	3 906.93	7 211.14	8 462.33	9 116.84	10 167.55	11 387.13	11 275.63	11 867.67
#顺德	684.72	1 249.91	2 158.35	2 531.53	2 757.91	3 146.27	3 453.20	3 155.83	3 421.88
惠州	394.44	823.96	1 778.95	2 090.14	2 401.05	2 696.97	3 138.79	3 394.60	3 836.10
东莞	1 327.79	3 036.77	5 094.92	6 077.87	6 756.66	7 691.24	8 874.91	9 323.28	9 968.80
中山	619.44	1 186.76	2 211.13	2 665.35	2 993.67	3 469.71	4 021.81	4 149.69	4 378.36
江门	805.18	1 279.67	1 995.14	2 285.75	2 559.66	2 905.50	3 335.27	3 587.64	3 766.81
肇庆	281.64	493.23	920.63	1 072.54	1 210.67	1 355.59	1 594.43	1 679.26	1 785.01

市别	各项贷款								
	2000 年	2005 年	2009 年	2010 年	2011 年	2012 年	2013 年	2014 年	2015 年
合计	11 227.42	21 073.93	40 608.44	47 159.74	53 133.57	60 568.45	67 988.65	76 017.12	85 741.78
广州	4 226.65	7 622.20	13 851.83	16 284.31	17 732.88	19 936.52	22 016.18	24 231.71	27 296.16
深圳	3 032.13	7 596.72	14 783.39	16 808.12	19 248.73	21 808.34	24 680.07	27 922.13	32 449.04
珠海	349.20	486.72	1 062.44	1 472.54	1 638.21	1 920.30	2 071.90	2 426.24	2 969.70
佛山	1 581.90	2 122.74	4 101.97	4 868.99	5 615.15	6 391.47	7 111.31	7 595.79	7 950.53
#顺德	498.38	704.48	1 232.06	1 615.82	1 873.13	2 243.78	2 514.95	2 651.97	2 731.45
惠州	221.42	409.44	1 134.26	1 225.71	1 439.09	1 735.12	2 036.92	2 436.97	2 701.60
东莞	642.33	1 540.48	3 017.07	3 441.99	3 860.92	4 446.82	4 989.50	5 562.36	5 980.90
中山	382.09	498.05	1 196.59	1 373.62	1 626.77	1 969.07	2 315.87	2 644.90	2 894.32
江门	574.26	565.45	892.58	1 032.46	1 205.30	1 467.17	1 715.51	2 024.51	2 218.01
肇庆	217.44	232.13	568.31	652.01	766.51	893.63	1 051.40	1 172.51	1 281.52

珠江三角洲发展研究论文摘要

珠江三角洲发展研究论文摘要（2015年）

论文题名： 基于城市功能网络视角的城市联系研究——以珠江三角洲为例

作者姓名： 刘涛　仝德　李贵才

文献来源： 地理科学

发表时间： 2015-01-06

内容摘要： 本文基于城市功能网络的概念内涵，以珠江三角洲城市功能网络的演化历程为实例，演示该地区城市联系的演化历程和空间特征，探索城市联系的城市功能网络分析视角。

论文题名： 珠三角金融发展水平、FDI 溢出效应与经济增长的关系研究

作者姓名： 陈元刚　冯丹

文献来源： 区域金融研究

发表时间： 2015-01-10

内容摘要： 本文从区域金融发展水平、FDI 溢出效应与经济增长的传导机制出发探讨三者之间的关联，选取 2000—2012 年珠三角九个城市的面板数据进行分析，发现珠三角金融市场发展规模对 FDI 溢出效应起到促进作用，金融市场效率起到抑制作用，FDI 总量以及由金融发展所决定的 FDI 溢出效应促进经济增长但不显著。文章结合分析提出相应的政策建议，以实现区域金融发展水平放大 FDI 的溢出效应，从而有效拉动经济增长的目标。

论文题名： 珠三角地区珠宝首饰企业用工情况网络调研分析与启示

作者姓名： 吴文杰　戴玲

文献来源： 宝石和宝石学杂志

发表时间： 2015-01-15

内容摘要： 本文综合运用网络信息技术、数学统计与分析，对 2013 年 7 月 25 日至 8 月 2 日发布在深圳俊才网上的珠三角地区珠宝首饰企业的用工需求情况进行调研，对不同岗位的招聘要求、薪资待遇、网站浏览量等情况进行分析并得出有关结论。结果显示：企业更青睐于有一定工作经验、掌握较高专业技术、会说粤语且熟悉电脑知识的人才，并愿意提供较好的薪资待遇。本次网络调研的成果为珠宝专业的建设起到推动作用，特别是为后期的人才培养模式的创新和课程体系改革工作提出指导性建议，在此基础上进行企业座谈、调查问卷等调研，能够整合专业办学力量，改革课程结构和优化课时分配，这些工作的开展将使中职学校培养出更加符合行业与企业需求的人才，也为深化校企合作开辟更大的空间。

论文题名： 珠三角城市轨道交通绿色通道景观模式研究

作者姓名： 陈涛

文献来源： 铁道建筑技术

发表时间： 2015-01-20

内容摘要： 本文通过对现阶段中国传统轨道交通绿化设计存在的问题及珠三角城市轨道交通区段所具有的特点进行分析，提出适合广东珠三角城市轨道交通绿色通道发展的设

计原则，并总结概括植物选择与配置模式，为城市轨道交通景观模式研究提供借鉴。

论文题名：产业转移背景下泛珠三角区域无水港选址研究

作者姓名：张兆民　韩彪

文献来源：铁道运输与经济

发表时间：2015-01-21

内容摘要：本文以承接产业政策属性、国民收入、对外贸易水平、工商业发展水平和交通条件五个方面的11个变量作为模糊C-均值聚类分析的指标，将珠三角区域后方78个地级腹地城市进行聚类分析。结果表明：从经济角度考虑，可以选取长沙、成都、昆明、南宁、南昌、柳州、岳阳、肇庆、三明、九江、赣州、株洲、湘潭、衡阳、常德、郴州、绵阳共17个城市作为泛珠三角区域无水港建设城市；对于经济指标偏弱的泛珠三角西部地区，建议增加贵阳、遵义、桂林、南充、宜宾、曲靖作为内陆无水港的建设城市。

论文题名：珠三角城市公园体育文化内涵研究

作者姓名：严强

文献来源：体育文化导刊

发表时间：2015-01-23

内容摘要：本文运用文献资料法对珠三角城市公园体育文化进行研究。得出结论：公园体育是以公园为特定场所，以公园内体育设施及场地为载体，以满足大众休闲娱乐为目的，促进大众身心和谐发展并与现代生活方式相适应的一种社会文化活动。珠三角城市公园体育文化内涵涵盖公园物质文化的自然环境与人造环境；公园体育精神文化的无形形态和有形形态；公园体育制度文化的民俗习惯与特定规范；公园体育行为文化的体育参与体验、交流及互动等。

论文题名：论珠三角地区中小企业信贷担保体系

作者姓名：吴昌泽

文献来源：中国市场

发表时间：2015-01-25

内容摘要：本文通过参考相关文献并结合珠江三角洲地区中小企业现状进行深入分析，提出建立中小企业信贷担保体系的可行性。从如何破解珠三角地区中小企业融资难题出发，根据《珠江三角洲地区改革发展规划纲要（2008—2020年）》赋予该地区在金融改革和融资模式创新等方面的权利，从信贷担保体系的角度探讨珠三角地区中小企业融资的问题及解决方法。

论文题名：珠三角地区村镇银行发展问题的实证分析——以中山市小榄镇村镇银行为研究对象

作者姓名：郭秋芳

文献来源：肇庆学院学报

发表时间：2015-01-28

内容摘要：本文认为，村镇银行作为提供农村金融服务的新力军，将金融服务“三农”特色与自身发展目标有益融合，开拓一条农村普惠金融的新路径，奠定长足发展的基础，初步形成多层次、较完善的农村金融体系，服务覆盖面不断扩大，服务水平不断提高。文章以中山市内最早成立的小榄镇村镇银行为例，通过数据分析村镇银行目前发展的明显特点，结合相关案例，深入分析村镇银行支农服务的难点，并提出相关建议。

论文题名：珠三角地区高校ESP课程设置

的需求思考——以《会展英语》为例
作者姓名：庄海玲
文献来源：湖北函授大学学报
发表时间：2015-01-28
内容摘要：本文认为，大学英语是中国高等学校重要的基本课程，在促进高等教育教学改革，提高人才培养质量，促进英语能力提高和大学生发展方面发挥重大作用。大学英语的改革趋势可以总结为重基础、强应用，凸显外语教学的人文性和工具性。ESP 课程的设置就是这个趋势的重要举措。

论文题名：城市营销误区剖析与城市营销策略实施——以珠江三角洲城市为例
作者姓名：傅蜜蜜
文献来源：广东外语外贸大学学报
发表时间：2015-01-30
内容摘要：本文认为，城市营销已成为城市根据其现有或潜在的目标市场需求，甄别、发掘和创造城市价值的重要策略和手段，并以此提供更能满足市场需求的城市产品或服务。但由于中国城市营销开展时间不长，营销中还存在一些误区。文章以珠江三角洲城市群的营销现状为例，就如何提高城市营销水平提出合理的意见和建议。

论文题名：珠三角现代服务业与先进制造业融合发展趋势研究
作者姓名：刘川
文献来源：统计与决策
发表时间：2015-02-05
内容摘要：文章以最优化理论为基础，实证研究珠三角地区的先进制造业与现代服务业的融合发展趋势。结论表明：珠三角地区以往的经济发展模式出现停滞不前的迹象，必须通过现代服务业与先进制造业的融合发展来突破产业发展中所面临的瓶颈，并提出相应的政策建议。

论文题名：珠三角地区高职院校专业设置与区域经济发展吻合度研究
作者姓名：陈基纯
文献来源：职业技术教育
发表时间：2015-02-10
内容摘要：本文认为，珠三角地区第一产业、第三产业就业结构与产业结构的平衡状况还需进一步完善，第二产业与第三产业的专业设置与区域经济发展的吻合度亟待提高。建议通过建立省-市-校三级专业调控预警机制、依据区域产业升级需要优化专业结构、坚持区域差异互补原则等措施，增强高职专业设置与区域经济发展吻合度。

论文题名：浅谈珠三角地区桥头跳车现象及防治措施
作者姓名：肖苏珍
文献来源：中国新技术新产品
发表时间：2015-02-10
内容摘要：本文认为，珠三角地区经济等各方面飞速发展，各类型各等级道路建设取得突飞猛进的成绩，桥头跳车现象也愈来愈备受关注，很多相关单位和部门都非常重视此类现象。桥头跳车现象频繁发生，这不单单对社会造成负面影响，又会对此现象造成恐惧感，而且交通部门会对此路段进行速度限制以避免此类现象的发生，作者针对这种现象提出建议和意见。

论文题名：珠三角电子商务发展前景分析
作者姓名：陈庆虎

文献来源：商场现代化
发表时间：2015-02-10
内容摘要：本文首先阐述电子商务的概念，然后研究当前珠三角电子商务发展过程中所面临的问题，最后对珠三角电子商务发展前景进行分析。

论文题名：粤港珠三角区域空气污染的空间自相关分析
作者姓名：曾礼祥
文献来源：科技资讯
发表时间：2015-02-13
内容摘要：本文选取2012年1—12月粤港珠三角区域15个空气污染监测网络子站监测的数据，根据各个区域的空气污染数据进行空间自相关研究。在研究时段内，全局Moran's I结果表明：在2012年1月、4月、5月、6月、8月、9月、11月中，粤港珠三角区域15个监测站的空气污染指数的全局Moran's I为负值，即存在负空间自相关。而在2012年2月、3月、7月、10月、12月中，15个监测区域的空气污染指数的全局Moran's I为正值。但从Z（I）检验统计量的结果来看这种空间格局不显著。故空间分布呈现随机分布。

论文题名：珠江三角洲区域空气质量的时空变化特征
作者姓名：吴蒙　彭慧萍　范绍佳　吴兑
文献来源：环境科学与技术
发表时间：2015-02-15
内容摘要：本文利用2006—2012年粤港区域空气质量监控网的区域空气质量指数（RAQI）资料和珠江三角洲地区（珠三角地区）同期的地面气象资料，研究珠三角地区RAQI时空分布特征，结合相关性分析和风场分析等方法，探讨珠江三角洲不同城市之间污染物输送的影响。结果表明：珠江三角洲大部分城市区域空气质量近年来呈现出显著的改善趋势，但是广州、佛山和东莞的污染日数，依然保持在较高的水平；污染物输送在不同城市之间影响非常显著，下风向地区易受上风向地区污染物输送影响，肇庆、中山、江门和惠州受上风向影响尤其显著，佛山和东莞则受影响不显著；珠三角造成污染天气的天气形势中，高压脊控制型和高压底部型较多，槽前脊后型等其他类型则相对较少。

论文题名：珠江三角洲铁路物流与区域经济协调发展研究
作者姓名：刘广海　游力　邹毅峰　宗岩
文献来源：铁道运输与经济
发表时间：2015-02-15
内容摘要：本文通过建立铁路物流—区域经济的复合系统模型，对珠江三角洲铁路物流和区域经济“剪刀差”问题进行量化分析，提出铁路物流与区域经济发展不协调，以及政府宏观政策和区域经济结构对铁路物流和区域经济的协调性有较大影响。随着珠江三角洲经济的不断增长，铁路部门应加强自身建设，通过提升自身竞争优势来适应经济发展的需要。

论文题名：产业结构转型期珠三角体育用品出口状况与对策
作者姓名：谢冬兴　陈泽全
文献来源：南京体育学院学报（社会科学版）
发表时间：2015-02-15
内容摘要：本文通过对2010—2012年珠三角九市体育用品出口各项数据统计与实地调研发现，转型期珠三角体育用品出口贸易主要特点：出口总体表现平稳，出口额度环比微降，降幅逐年减小；存在出口区域严重失衡，出口占比主要集中在东莞、深圳、广州3个市；欧美市场份额占比有所下降，出口多元化策略见微效，出口市场仍高度集中；进料加工正增长与来料加工负增长均显著，一般贸易保持平稳，保税区增长明显；转型催生劳动密集型体育用品业“前店后厂”分工模式；产业结构转型加速珠三角体育用品业两极分化，总体呈现三个梯队。最后，文章针对珠三角体育用品出口现状提出“拓展体育用品内销市场，支撑企业转型升级”“加强体育用品企业专利保护与标准化建设”“创新‘一达通’融资模式、‘体育赛事’营销模式与‘云’经营模式”等五个层面的对策。

论文题名：基于工作嵌入角度的新生代农民工保留问题研究——以珠江三角洲地区为例

作者姓名：杨廷钫

文献来源：中共珠海市委党校珠海市行政学院学报

发表时间：2015-02-18

内容摘要：本文对珠江三角洲地区4个城市的新生代农民工工作嵌入情况进行调查。结果表明：新生代农民工的组织嵌入和社区嵌入程度均相对较低，导致其回乡工作意愿相对较高。要降低其回乡工作意愿，让其更好地服务于当地社会，应从组织和社区两个层面为其提供良好的条件和环境。

论文题名：论国家治理体系现代化视野中的珠三角地方政府创新

作者姓名：张紧跟

文献来源：学术研究

发表时间：2015-02-20

内容摘要：改革以来，珠江三角洲地方政府通过持续创新，创造珠三角跨越式发展的奇迹。但是，既有的地方政府创新也使得珠江三角洲面临着一系列挑战。作者认为，为了争创新优势，未来珠三角地方政府创新必须改革治理体系，在重新定位政府职能、培育公民社会、调适政府治理结构、推动公民有序参与和践行法治基础上构建现代国家的治理体系。

论文题名：协同创新背景下珠三角科技资源共享策略的博弈分析

作者姓名：岳鹄　朱怀念

文献来源：科技管理研究

发表时间：2015-02-20

内容摘要：本文运用博弈论的基本原理，从协同创新的思维逻辑出发，构建珠三角两类政府资源共享的博弈模型，通过对博弈模型的分析，提出珠三角地区资源共享和协同创新的条件，最后在此基础上进行博弈策略设计，并提出促进珠三角科技资源共享的对策建议。

论文题名：综合职业能力视角下珠三角高职管理类专业设置和课程开发路径探析

作者姓名：贺佐成

文献来源：广州广播电视大学学报

发表时间：2015-02-20

内容摘要：本文认为，珠三角高职院校开办管理类专业，首先，应从区域经济社会发展的现状与前景出发，了解专业人才需求；其次，根据岗位需求调研分析，确定岗位的综合职业能力；再次，充分分析毕业生和在校生需求与建议的基础上，改革专业课程体系；最后，在新的课程体系下，开发具体管理类专业课程。

论文题名：金融深化与对外贸易发展的互动关系——以珠三角地区为例
作者姓名：陈能军　王丽　赖明明
文献来源：中国流通经济
发表时间：2015-02-23
内容摘要：本文认为，金融部门应抓住珠三角地区经济转型机遇，加快金融制度改革，不断完善金融市场，以市场化倒逼机制提高资金的使用效率；加快金融创新，发展互联网金融，为外贸发展提供多种融资渠道；进一步鼓励港澳金融机构在珠三角地区布点，支持港澳资本参股珠三角地区中小商业银行，利用港澳资本的管理优势和先进经验发展非银行金融机构；加大科技投入，加强专业人才队伍建设，提高出口商品科技含量，以贸易主体调整带动金融服务的高品质、多样化，从而发挥外贸对金融深化的引导作用。

论文题名：珠江三角洲河网汊点分流规律研究
作者姓名：刘俊勇
文献来源：人民珠江
发表时间：2015-02-25
内容摘要：本文认为，珠江三角洲河网汊点分流比的稳定对维护河网至关重要。选择典型汊点进行分类研究，得出结论：不同类别的汊点，分布形态不同，作用动力不同，汊点分流规律也有所不同。

论文题名：集体建设用地流转实践的问题与对策探析——以珠三角地区为例
作者姓名：徐晓绵
文献来源：特区经济
发表时间：2015-02-25
内容摘要：本文对2005年以来广东省尤其是珠三角地区的集体建设用地使用权流转的实践及问题进行研究。研究表明：当前集体建设用地流转还存在诸多问题亟需解决，包括缺乏上位法的支撑、流转主体相对复杂、程序有缺陷、配套政策不完善、监管仍显混乱、思想认识上不到位等。针对以上问题，提出深化征地制度改革、加快上位法修改、进一步完善配套政策和规定、加强流转的监管、加强宣传引导等方面的对策建议。

论文题名：基于珠三角区域经济发展的高职物流人才培养模式创新研究
作者姓名：劳健
文献来源：亚太教育
发表时间：2015-02-25
内容摘要：本文认为，高职院校应立足于区域经济发展，明确人才培养目标，突出以能力为本位、以技能为核心的职业教育特色，培养技术技能应用型人才，为珠三角服务业提供现代化物流人才支撑，解决珠三角经济发展高素质技能型人才紧缺问题。

论文题名：基于功能网络的珠三角区域经济空间格局
作者姓名：朱惠斌　李贵才
文献来源：经济地理
发表时间：2015-02-26
内容摘要：本文在回顾国内外城市网络理论基础上，构筑珠三角区域经济功能的有向权重网络。将珠三角分为58个功能性城市区域（FURs），对金融产业中的商业银行、证券公司、基金公司和期货公司等部分进行定量测度。研究表明：珠三角区域经济空间结构呈现显著的极化趋势，形成以深圳福田和广州天河为中心，深圳罗湖和广州越秀为次中心，各城市中心为空间节点的经济空间格局。深圳前海、横琴新区、东莞松山湖等新型功能区建设将对区域经济空间格局形成潜在影响。

论文题名：清民国时期珠江三角洲海岸滩涂环境与水产增养殖

作者姓名：周晴

文献来源：中国农史

发表时间：2015-02-28

内容摘要：本文以珠江口伶仃洋海岸滩涂的主要水产牡蛎、白蚬、禾虫为中心，讨论清代和民国时期珠江三角洲河口滩涂水产养殖业特点。作者认为，长牡蛎曾是珠江河口牡蛎属的常见种，清民国时期在伶仃洋东岸滩涂已进行近江牡蛎的投石采苗、滩涂寄养与育肥；白蚬是滩涂区常见的水产，明清时期已进行人工增养殖；清代以来珠江三角洲的滩涂被大量开发成沙田，禾虫是沙田中出产的重要水产。

论文题名：珠三角企业所需日语人才培养模式探索

作者姓名：蒋新桃

文献来源：惠州学院学报

发表时间：2015-02-28

内容摘要：本文通过对惠州学院日语专业08、09级毕业生的就业跟踪调查和企业的走访调查，分析珠三角企业对日语人才的需求现状，探索与市场需求相适应的复合应用型日语人才的培养模式，以期为构建日语人才培养模式提供参考，更好地为社会输出符合经济发展需要的毕业生。

论文题名：泛珠三角区域经济竞争力动态评价比较研究

作者姓名：林寿富

文献来源：东南学术

发表时间：2015-03-01

内容摘要：本文从经济基础、市场规模、外向型经济、财政金融、居民收入五个方面构建区域经济竞争力评价指标体系，并运用主成分分析法对2006—2013年泛珠三角各省区的经济竞争力进行评价，综合比较和分析各省区经济竞争力的差距和变化趋势，同时分析影响区域经济竞争力差异的主要因素。最后，文章就推动泛珠三角各省区经济一体化协调发展的互动合作机制进行探讨。

论文题名：珠三角民营企业融资难问题研究

作者姓名：肖海越

文献来源：东方企业文化

发表时间：2015-03-08

内容摘要：本文认为，在经过几次金融危机后，有很多民营企业纷纷宣布破产，民营企业的发展面临着很大的挑战，而一直以来困扰民营企业融资的问题日益凸显。内因在于民营企业自身的原因以及规模小、核心竞争力不强、自主开发能力低、企业内部管理不规范，加上珠三角民营企业融资中存在企业不讲诚信，导致中国的国有银行对民营企业“惧贷”“慎贷”，银企之间信息不对称等现象，影响到民营企业融资关系的不可持续性。外因在于政府对民营企业的扶持力度不够，信用担保制度不健全，民间的金融机制不够创新。

论文题名：人才情报搜集与防范策略研究：以珠三角房地产为例

作者姓名：谈珏咏

文献来源：人力资源管理

发表时间：2015-03-08

内容摘要：本文通过研究房地产行业的人才情报竞争，结合时代的机遇与挑战，简要分析珠三角的人才信息争夺，以及规范市场、积极防范的作战方略。

论文题名：珠江三角洲城市短时强降水概率分布模型的对比分析
作者姓名：陈子燊　黄强　李鸿皓　项菁菁
文献来源：中山大学学报（自然科学版）
发表时间：2015-03-15
内容摘要：本文采用GPD、GEV和Pearson-Ⅲ型3种概率分布模型，对比分析珠江三角洲18个城市短时强降水的概率分布，主要结论如下：经AD、PPCC、RMSE和Q统计值拟合优度检验结果显示GPD模型普遍优于GEV和PIII型，反映超限量阈值法更适用于观测年限较短站点的极端水文气象事件的设计分位值推算；花都、广州、新会、恩平、顺德、中山、珠海、深圳8个地区GPD模型的形态参数表明短时强降水出现概率高，且推算的设计降水大于GEV和P-III相应设计值；参考相关“短时临近降雨强度等级划分”标准，珠江三角洲两年一遇短时强降水雨强即可达特大暴雨级别，是导致城市内涝的主要影响因子。

论文题名：区域合作背景下服务业发展的收敛性研究——以大珠三角金融业为例
作者姓名：钟韵　吴蒙
文献来源：热带地理
发表时间：2015-03-15
内容摘要：文章基于经济增长收敛理论，从区域合作视角，展开服务业发展收敛性研究。包括阐释服务业发展收敛的内涵、与经济增长收敛的关联、服务业发展的收敛机制，以及分析服务业发展收敛的模型与指标选择，并最终运用所构建的方法，对CEPA实施后大珠江三角洲的金融业收敛性进行实证检验。结果显示：2004—2008年，该区域金融业发展呈发散趋势。这一结果与近年来以其他方法与指标检验金融收敛性得出的结论基本一致，证实基于经济增长收敛理论及分析模型的服务业发展收敛研究思路与分析模型具有可信性与可行性，亦从一个侧面对大珠三角金融合作的成效作出评判。

论文题名：珠三角科技型小微企业协同创新网络的构建
作者姓名：沈惠敏　柯青
文献来源：广东交通职业技术学院学报
发表时间：2015-03-15
内容摘要：本文分析珠三角科技型小微企业协同创新存在的问题，提出协同创新网络的构建是解决当前一些问题的有效措施；在协同创新网络的构建中，分析构建的主体要素、构建的模式、构建的过程和具体的构建框架；最后分析构建后的协同创新网络的特征。

论文题名：高职计算机专业毕业生珠三角就业起薪调查与求职指导
作者姓名：曾杰豪
文献来源：科教导刊（中旬刊）
发表时间：2015-03-15
内容摘要：本文通过对2012—2014年高校计算机专业毕业生在珠三角地区就业的起薪进行统计分析，从而指导高职计算机专业毕业生求职。

论文题名：珠江三角洲村镇混杂区空间治理的政策思考
作者姓名：朱旭辉

文献来源：城市规划学刊
发表时间：2015-03-20
内容摘要：本文总结珠江三角洲村镇混杂区近30年的形成过程中政策机制对空间形态的影响，并结合新型城镇化以来的政策改革趋势，借用公共政策分类模型从分配性政策、再分配性政策、管制性政策、构成性政策四方面提出空间管理政策设计建议，并对规划如何作为管理工具配合落实相关政策进行探讨。

论文题名：珠三角地区企业国际化与创新的互动机制研究
作者姓名：侯广辉　李苗
文献来源：科技管理研究
发表时间：2015-03-20
内容摘要：本文基于珠三角地区典型的外向型经济特征，针对产业创新能力低下的问题，提出国际化与创新互动的研究视角。作为认为，国际多元化、国际进入模式与破坏性创新、渐进性创新之间的匹配关系决定企业国际化的创新绩效。创新政策需要政府与产业协会转变服务职能，不断改善创新环境。创新企业需要在国际化模式与创新类型之间的互动关系中进行权变选择。

论文题名：珠三角高职院校国际合作职业教育现状的调查分析
作者姓名：彭枚芳
文献来源：职教通讯
发表时间：2015-03-20
内容摘要：本文通过对珠三角高职院校国际合作职业教育开展调查，从学生英语水平、使用教材等方面进行统计与分析，总结出高职院校国际合作职业教育存在形式多样、发展较快等特点，同时也存在制度不完善、专业师资紧缺、合作经费不够、学生英语水平较低等方面的不足。

论文题名：新时期珠江三角洲城市群发展战略的思考
作者姓名：周春山　金万富　史晨怡
文献来源：地理科学进展
发表时间：2015-03-23
内容摘要：本文将珠江三角洲城市群与国内外城市群对比，提出珠三角发展战略思路。研究结果表明：2000—2013年期间，珠三角城市群经济发展速度有所降低，区域经济发展差距逐渐缩小；人口红利面临枯竭；产业结构向高级化转变，经济全球化程度下降等；珠三角城市群发展水平和竞争力与国外世界级城市群相比差距较大；与国内长三角、京津冀城市群相比，总体发展势头下降。在此背景下，应将产业技术创新、土地节约集约利用、人口政策创新、区域合作与人文引领作为新时期珠三角城市群发展战略的主要方向。

论文题名：珠三角居住区植物景观评价与配置研究
作者姓名：蔡如　蔡鑫　谭祎
文献来源：福建林业科技
发表时间：2015-03-25
内容摘要：本文以珠三角18个具代表性居住区的不同功能分区为研究单位，分别采用层次分析法（Analytic hierarchy process，简称AHP法）和美景度评判法（Scenic beauty estimation，简称SBE法）对其植物景观进行分析评价。结论表明：两种方法评价结果具有较高的一致性，获得的AHP评判模型和SBE最优景观具有较好的科学性和适应性。总结珠三角居住区各空间植物配置优化模式，可为居住区景观植物设计提供参考。

论文题名： 珠三角生态港口群建设分析
作者姓名： 田艳平　唐宋元　许文峰
文献来源： 物流技术
发表时间： 2015-03-25
内容摘要： 本文通过对珠三角生态港口群建设现状的描述、存在问题的分析，提出珠三角生态港口群建设的目标、内容以及相应的对策，旨在为珠三角港口群的可持续发展提供方向。

论文题名： 珠三角区域“订单式”人才培养模式的困境与出路——以国际贸易专业为例
作者姓名： 朱桥艳
文献来源： 轻工科技
发表时间： 2015-03-26
内容摘要： 本文通过分析“珠三角”区域国际贸易专业“订单式”人才培养中存在的问题，提出可以从管理机制、政府帮扶、利益分配、法律法规等方面推进国贸专业“订单式”人才培养模式改革。

论文题名： 珠江三角洲地区生鲜农产品冷链网络化运输技术
作者姓名： 曾艳英　李旭东
文献来源： 时代农机
发表时间： 2015-03-28
内容摘要： 文章主要是对中国珠江三角洲地区生鲜农产品冷链的物流方式进行探究，结合现在中国生鲜农产品冷链运输技术的现状和发展前景进行预测，并提出珠江三角洲地区生鲜农产品冷链的运输技术的网络化建议。

论文题名： 高职应用型口译人才需求调查及其培养策略研究——基于珠三角地区的中小企业
作者姓名： 陈新梅
文献来源： 太原城市职业技术学院学报
发表时间： 2015-03-28
内容摘要： 本文对珠三角地区128家中小企业口译人才的需求状况进行调查和分析，结果发现：珠三角地区口译人才需求量比较大，同时口译人才培养质量也亟待提高。基于此次调研结果，作者提出，高职院校必须准确定位口译人才培养目标；优化课程设置，改革教学方法；加强校企合作，增加学生校内外实训实习机会；加强教师队伍建设；加强学生职业道德教育，为中小企业培养出更多的合格口译人才。

论文题名： 对外开放对珠三角城镇化影响研究
作者姓名： 聂惠明
文献来源： 商业经济研究
发表时间： 2015-03-30
内容摘要： 本文认为，珠三角地区是中国城镇化率最高的区域之一，该地区快速城镇化发展与高水平和全方位的对外开放紧密相连，研究对外开放对珠三角城镇化的影响将会为中国对外开放的基本国策找到一个新的立足点，也为中国其他区域的城镇化发展提供重要的借鉴意义。

论文题名： 珠三角“代耕农”群体的社会调查分析——以惠州市为中心
作者姓名： 姜峥　林乾森　赖韦文　向安强
文献来源： 天津农业科学
发表时间： 2015-04-01
内容摘要： 本文以广东省惠州市为中心，对珠三角“代耕农”群体进行社会调查，分析其生存与发展状况。结果发现："代耕农"的年龄结构、文化水平、收入支出、代耕规模等都没有太大差别。其居住环境、子女教育、休闲娱乐等方面的情况相似。"代耕农"群体极具共性，但仍存在差异。这个群体内部正为适应代耕环境的变化而逐渐发生转变，其分布区域也在发生变化。从经济发达向经济较落后地区流转，是"代耕农"群体迁移的新趋向。

论文题名： 珠三角软土在真空预压联合电动加固下微观结构变化研究

作者姓名： 张碧龙　李洪艺　张澄博

文献来源： 岩土工程技术

发表时间： 2015-04-08

内容摘要： 文章以真空预压联合电渗和真空预压联合电动作用后的珠三角海（河）积软土为研究对象，利用扫描电镜对以上两种黏土的微结构基本单元的孔隙数和孔隙率、基本单元的平均等效孔径和平均孔隙面积、基本单元的丰度和面积概率分布指数、基本单元的概率熵和孔隙等方面进行研究。在此基础上，将真空预压联合电渗和真空预压联合电动试验的结果进行对比。试验结果表明：相对于真空预压联合电渗试验，黏土经过真空预压联合电动试验后，土颗粒发生明显的破坏，小孔隙逐渐被挤压消失或孔隙之间自调整而互相连通形成大孔隙，软土也由蜂窝状—空架状结构逐步转变为骨架结构—团聚絮凝结构，真空预压联合电动的加固效果更加明显。

论文题名： 珠江三角洲农户整治基塘土地的意愿及影响因素研究

作者姓名： 袁兰　胡月明　范建彬

文献来源： 广东农业科学

发表时间： 2015-04-10

内容摘要： 本文以珠江三角洲基塘为例，基于206份问卷，构建包括农户个体特征、农户家庭特征、基塘基本情况、农户风险认知和农户政策认知在内的多元 Logistic 模型，分析基塘经营户对于基塘用地整治的意愿以及影响因素。结果表明：农户意愿选择和农户年龄、家庭收入、基塘和中心城镇距离、基塘种植类型、是否贷款以及农户险投保意愿有关。

论文题名： 功能联系视角下珠三角扩容的规划探索

作者姓名： 赵渺希　周璇　黎智枫

文献来源： 地域研究与开发

发表时间： 2015-04-10

内容摘要： 本文研究归纳功能联系视角下城市群空间网络的主要特征。首先，城市联系的绝对强度是界定城市群的重要依据；其次，相对于外部的城市联系，城市群内部的功能联系分配应占有明显优势的相对比例；再次，城市群内部网络应以多向联系为主，而非指向单一的中心城市。在这一原则下，以广东新型城镇化战略的区域空间结构为目标，从联系强度、网络群集性、空间邻近性等指标进行综合判别，实现对清远、河源、阳江、汕尾和云浮5个潜在扩容对象城市的优选比较，提出珠三角城市群近期扩容的优选对象，在此基础上，结合定性比较的方式对广东区域空间结构的长远发展提出规划展望。

论文题名： 经济新常态下珠三角地区绿色物流业发展问题及对策

作者姓名： 陈晓华　严雪晴

文献来源： 当代经济

发表时间：2015–04–10

内容摘要：本文介绍经济新常态下珠三角地区物流业发展的内涵与特征，分析经济新常态下珠三角地区物流业发展现状，探讨经济新常态下珠三角地区绿色物流业发展存在的问题及原因，从提升物流产业的社会化、专业化水平、降低物流总成本、不断完善物流基础设施等方面提出对策。

论文题名：农民工个体过激维权行为研究：基于珠三角的微观调查

作者姓名：赵小仕　潘光辉

文献来源：理论月刊

发表时间：2015–04–10

内容摘要：本文认为，农民工个体表达利益诉求的过激行为，其目的是引起社会舆论与公共部门的介入，形成对侵权者的压力机制，由此保护个体合法或合理权益免遭侵害。但此类行为不仅使社会正常秩序受到冲击，而且很可能突破其议题框架引发大规模的群体性事件，因此具有较高的社会风险。文章基于珠三角的调查访谈，分析当前农民工个体过激维权行为的产生原因，如权益意识增强、权益诉求机制效率低下、政府对社会的管控能力弱化以及农民工个体偏激心理因素的影响等。

论文题名：义务教育校际差距对家长教育满意度的影响——基于珠三角的实证调查

作者姓名：吴宏超　冯梅

文献来源：现代教育论丛

发表时间：2015–04–10

内容摘要：本文采用方差分析以及多元回归模型分析学校差异对家长教育满意度的影响。研究结果表明：学校在校生规模、学校家长经济地位、学校作业时间、学校等级对家长教育满意度均有显著影响。建议缩小学校之间的质量差距，合理确定学校规模，减轻学生课业负担。

论文题名：珠三角地区车库顶绿化植物配置调查与评价

作者姓名：李翠芬　周俊辉　林祥辉　陈纯

文献来源：黑龙江农业科学

发表时间：2015–04–10

内容摘要：本文对珠三角部分城市的车库顶花园的植物外部形态和生长状态进行调查和分析。结果表明：植物分值在 5.850 0 分以上的乔木类植物为：盆架子、麻楝、秋枫、银海枣、洋紫荆、小叶榕、橡胶榕、尖叶杜英、凤凰木、黄槿；植物分值在 5.350 0 分以上的灌木类植物为：丝兰、芭蕉、灰莉、棕竹、散尾葵、红花檵木、花叶假连翘、海桐、巴西野牡丹；植物分值在 5.350 0 分以上的草本类植物为：春羽、海芋、蜘蛛兰、蔓花生、金边龙舌兰、玉龙草、剑麻、花叶良姜、天门冬。因此，在珠三角地区，车库顶绿化可以优先选择分值较高的乔木、灌木和草本植物种类。

论文题名：转型期珠三角劳动关系演变特征及发展方向探析

作者姓名：李艳　梅林海

文献来源：南方农村

发表时间：2015–04–10

内容摘要：本文梳理珠三角地区改革开放后劳动关系的发展脉络，结合国际上转型期劳动关系演变规律坐标进行分析，发现当前珠三角劳动关系正处于第二次关键转折点；从内外影响因素的特征及其变化来系统解构珠三角劳动关系演变的背景和趋势；得出珠三角劳动关系必须进行合理的制度安排才能实现正向转折的结论，并对劳、资、政三方提出相关建议。

论文题名： 珠江三角洲地区生鲜农产品冷链环境保护技术

作者姓名： 曾艳英

文献来源： 福建农业

发表时间： 2015-04-15

内容摘要： 文章主要阐述珠江三角洲地区生鲜农产品冷链技术发展现状，珠江三角洲地区生鲜农产品冷链技术发展中存在的问题，以及艾默生技术在生鲜农产品冷链环境保护中的应用。

论文题名： 耕地生产、生态功能视角下巨型城市区耕地补偿分区与补偿金配置研究——以珠三角为例

作者姓名： 杜继丰　袁中友

文献来源： 中国土地科学

发表时间： 2015-04-15

内容摘要： 本文采用文献资料法和模型分析法，探讨巨型城市区耕地生产、生态多功能需求下耕地补偿分区及补偿金配置模式。研究结果：耕地补偿分区以耕地功能供需关系为直接依据，以区域公平为出发点；食物生产功能应是各级补偿分区的第一准则，生态服务功能应作为该功能需求强烈的巨型城市区的第二准则；复杂的层级式行政管理体制下，粮食安全视角的补偿金配置应以省级补偿关系为起点，兼顾土地利用效率理论及区域主体功能定位，采用自上而下的路径配置到末级实施单元；生态安全视角的耕地补偿面向巨型城市区内部，补偿分区及补偿金测算可直接到末级实施单元，不需要复杂的资金配置体系。研究结论：提出“粮食安全与生态安全二元制的巨型城市区耕地补偿分区模式及补偿金配置模型”，珠三角的案例分析验证模式及模型的良好可行性。

论文题名： 珠三角城市健身俱乐部健身教练队伍构成的研究分析

作者姓名： 陈泉宇

文献来源： 体育科技

发表时间： 2015-04-15

内容摘要： 文章采用问卷调查法、访谈法、数理统计法等研究方法，对珠三角城市 23 家健身俱乐部健身教练队伍的基本现状进行分析与归纳。研究发现：目前健身教练年龄不均衡，学历结构良好，技术等级偏低，性别比例偏差大，任教年限偏短，专业结构欠缺，专业上岗任职的来源多样化，专业技术存在一定局限性。作者针对目前存在的问题提出相关建议。

论文题名： 珠三角现代物流人才开发与区域物流发展研究

作者姓名： 周媛

文献来源： 湖南工业职业技术学院学报

发表时间： 2015-04-15

内容摘要： 本文应用灰色关联分析法，对珠三角地区物流发展状况进行定量分析，选用珠三角各城市货运量占珠三角的比重等相对指标因素进行分析，对比珠三角各市的物流发展，结合分析结果对珠三角地区的现代物流人才开发与培养提出建议。

论文题名： 产业转型期珠三角体育用品出口钻石模式分析

作者姓名： 谢冬兴

文献来源： 四川体育科学

发表时间： 2015-04-15

内容摘要：本文运用文献法结合实地调研，以波特钻石模型为理论依据，从生产要素、需求条件、相关产业与支持产业的表现以及企业战略、结构和竞争对手表现等四个主要方面，外加机会和政府两个变量，对珠三角体育用品出口进行行业、企业中观层面分析。研究结果表明：（1）生产要素方面，企业人力资源不足与天然资源短缺，生产成本不断攀升；企业地缘与交通基础设施的优势不断凸显；企业知识与技术资本资源积累严重不足。（2）需求条件方面，国内市场需求旺盛，欧美市场萎靡，新兴体市场动力很足。（3）相关产业和支持产业的表现方面，传统加工贸易产业聚集明显，品牌聚集较低。（4）企业的战略、结构、竞争对手表现方面，珠三角体育用品业通过产业结构梯度转移实现工艺升级战略；福建体育用品业通过品牌优势重构实现生产性服务升级战略；国际体育用品品牌强势挑战，国内市场竞争激烈。（5）政府变量，提供政策保障，营造外部压力。（6）机会变量，企业转型升级，危中有机。最后，提出三点对策：企业加强自身创新能力；政府加强政策策略创新与持续性；企业应大力发展电子商务。

论文题名：珠三角潮感区排涝泵站规模选取
作者姓名：陈德汉　胡伟贤
文献来源：价值工程
发表时间：2015-04-18
内容摘要：本文通过对里水涝区的分析研究，初步提出考虑闸站联排模式的计算方法，继而结合雨峰与洪峰遭遇分析最终确定以河道调蓄方法计算珠三角潮感区排涝泵站的规模。通过实践验证，这种方法是合理可行的。

论文题名：区域产业创新与产业升级耦合的实证研究——以珠三角地区为例
作者姓名：徐晔　陶长琪　丁晖
文献来源：科研管理
发表时间：2015-04-20
内容摘要：本文借助物理学上的耦合定义，对区域产业创新与产业升级耦合系统的构成和耦合内容开展分析，在此基础上构建区域产业创新和产业升级指标评价体系，提出产业创新与产业升级耦合模型，并对中国珠三角地区 2003—2011 年的产业创新和产业升级的耦合度作出实证分析。研究发现：区域产业创新与产业升级耦合系统之间存在着要素、组织结构和制度上的耦合关系。实证结果表明：中国珠三角地区的产业创新与产业升级耦合关联度和耦合协调度都处于一个比较低的阶段，但自 2003 年以来一直处于缓慢的调整上升状态，未来有很大的提升空间。

论文题名：珠三角游艇经济的系统基模发展分析
作者姓名：潘振婷　王朋
文献来源：城市观察
发表时间：2015-04-20
内容摘要：本文基于对珠三角游艇产业的经济实力、发展内容和发展形势分析，建立该地区游艇产业与经济发展成长上限，政府扶植、政策法规体系成长与投资不足，发展理论研究、宣传力度成长与投资不足三个系统基模，得出：为了发展游艇产业，政府决策部门必须转变观念，制订相关政策法规并通过加大宣传引导社会正确认识游艇文化，培养游艇产业发展管理专门人才等结论。

论文题名：珠三角金融发展水平、FDI 溢出效应与经济增长的关系探讨

作者姓名：陈元刚　冯丹　蔡振武
文献来源：商业经济研究
发表时间：2015-04-20
内容摘要：本文从区域金融发展水平、FDI溢出效应与经济增长的传导机制出发探讨三者之间的关联。选取2000—2012年珠三角九个城市的面板数据进行分析，得出珠三角金融市场发展规模对FDI溢出效应起到促进作用，对金融市场效率起到抑制作用，FDI总量以及由金融发展所决定的FDI溢出效应促进经济增长但不显著。

论文题名：珠三角独立学院大学生感恩认知现状研究
作者姓名：杨会战　肖莉琴　陈华峰　邹溪楠
文献来源：科教文汇（中旬刊）
发表时间：2015-04-20
内容摘要：本文运用文献资料法、访谈法、问卷调查法对珠三角独立学院大学生感恩认知现状进行调查，发现珠三角独立学院大学生的感恩意识、感恩情绪和感恩行为三个维度，总体水平较高，同时各维度之间存在差距。针对各维度间的差异现象，作者试图从以上所述的三个维度分析其内在原由，并提出相应的建议。

论文题名：新生代农民工流动就业影响因素分层研究——基于珠江三角洲农民工的调查分析
作者姓名：吴江　陈运广
文献来源：中国劳动
发表时间：2015-04-23
内容摘要：本文认为，新生代农民工群体内的不同层次流动就业的影响因素各异：对新生代农民工不同流动程度按相对比例划分为长期稳定型、相对稳定型、相对频繁换工型、频繁换工型，分别验证稳定生活相关因素以及发展个人相关因素对其的影响。结果显示：流动程度属于长期稳定型的更倾向于稳定生活；属于频繁换工型的则是更倾向于发展个人。从另外一个角度看，频繁换工型的显著影响因素更多为“非经济因素”，而长期稳定型的，则更多的偏向于经济因素。文章通过分层分析发现，新生代农民工之间存在着较大的差异，某部分新生代农民工在品质上更倾向于有责任感，稳重的传统农民工。从年龄上看，最大流动性的新生代农民工出现在25岁左右的“中间年龄”。

论文题名：珠三角独立学院体育活动开展调查与对策研究
作者姓名：向中坤
文献来源：科技资讯
发表时间：2015-04-23
内容摘要：本文通过文献资料法、问卷调查法、访谈法等对北京理工大学珠海学院学生参加体育现状、体育场馆设施、网络环境与体育活动开展影响等方面进行调查研究，提出促进珠海独立学院体育活动有效开展的建议。

论文题名：家庭因素对珠三角地区中学生吸烟饮酒行为的影响
作者姓名：姜醒　陈慧　曾红
文献来源：中国学校卫生
发表时间：2015-04-25
内容摘要：本文采用分层整群随机抽样法，在珠三角地区抽取部分中学初二至高二年级的1 573名学生，采用自我报告法调查吸烟饮酒行为。对有吸烟或饮酒行为的137名学生，按照班级、年龄、性别，采用1∶2配对选取未使用成瘾物质的274名学生作为对照组。采用单因素和多因素条件 Logistic 回归分析的方法，探讨影响中学生吸烟饮酒行为的家庭因素。结果珠三角地区中学生饮酒行为报告率为 7.63%，高于吸烟行为报告率的 3.18%，初次饮酒的年龄为（11.5 ± 3.49）岁，初次吸烟的年龄为（13.5 ± 2.46）岁。多因素条件 Logistic 回归分析显示：父亲目前吸烟 / 饮酒（OR=2.236）、亲戚吸烟 / 饮酒（OR=2.523）是中学生吸烟饮酒行为的家庭危险因素，亲子感情高得分（OR=0.885）是中学生吸烟饮酒行为的家庭保护因素（P 值均 <0.01）。分析结论：父亲和亲戚吸烟饮酒行为会影响中学生使用烟酒行为，良好的家庭关系和亲子感情有助于预防中学生的吸烟饮酒行为。

论文题名：珠三角城际轨道交通储值卡发行方案探讨

作者姓名：赵明霞

文献来源：铁路计算机应用

发表时间：2015–04–25

内容摘要：本文结合珠三角地区客流情况及珠三角城际运营模式，对珠三角城际票务系统发行储值卡的必要性进行分析，对广东珠三角城际轨道交通储值卡的发行方案进行比较，并结合全国一卡通互联互通的发展形势，提出与岭南通合作发卡的设想。

论文题名：清代珠三角地区海船种类及性能分析

作者姓名：崔策

文献来源：广东造船

发表时间：2015–04–25

内容摘要：文章以民族学材料和图像资料为主，结合丰富的文献史料对航行于珠江口外的海船种类和航行性能进行系统梳理，深化对广东海船重要作用的认识，为理解清代广东的经济和海防提供一个新的角度。

论文题名：珠三角地区高职专业联盟建设对创业教育的支持

作者姓名：李彩云

文献来源：中外企业家

发表时间：2015–04–25

内容摘要：国内外研究认为，以专业联盟建设构建创业教育的支持机制是高职院校学生素质教育的重要方向；创业教育的核心不在于培养个别的精英，而在于培养全体学生的创业能力。本文在阐明建设高职专业联盟对珠三角创业教育支持机制构建的理论和实践意义基础上，从目标、思路和内容三方面分析高职专业联盟对创业教育支持机制建设的有效路径。

论文题名：珠三角地区普通高校体育课程瑜伽教学现状与对策研究

作者姓名：李群凤

文献来源：商丘职业技术学院学报

发表时间：2015–04–26

内容摘要：本文以珠三角地区的普通高校公共体育课程瑜伽教学为研究对象，运用文献资料、问卷调查、专家访谈等研究方法，对珠三角地区普通高校公共体育课程中瑜伽教学现状进行深入研究，发现其中存在的问题，并在此基础之上提出建设性的意见，为促进珠三角地区普通高校公共体育课程的教学改革提供新的思路。

论文题名：珠三角地区大气环境污染研究综述

作者姓名：申冲

文献来源：广东化工

发表时间：2015–04–30

内容摘要：文章介绍中国珠三角地区关于大气环境污染的现状情况以及相关研究进展，发现城市化进程的加快，使得珠三角地区大气污染物的扩散、输送变得非常复杂，污染形势严峻，珠三角地区大气污染的变化规律、成因、防范措施都要需要进一步的深入研究，以解决目前越来越严重的大气污染问题。

论文题名：政府关系网络、创业导向与企业创新绩效——基于珠三角中小民营企业的证据
作者姓名：郑山水
文献来源：华东经济管理
发表时间：2015-05-01
内容摘要：文章以 127 份珠三角中小民营企业问卷为样本，结合社会关系网络的有关理论探索政府关系网络、创业导向与中小民营企业创新绩效之间的关系。通过软件 SPSS16.0 与 LISREL8.7 测算。结果显示：政府关系网络对中小民营企业的创新绩效有负向影响，而创业导向正向显著地影响创新绩效，并正向调节政府关系网络与企业创新绩效的关系。

论文题名："珠三角"区域校企合作模式的研究与实践——以现代服务业专业为例
作者姓名：李志强　朱桥艳
文献来源：职业教育研究
发表时间：2015-05-08
内容摘要：本文对"珠三角"区域现有校企合作模式进行归纳总结。在此基础上，结合"珠三角"区域产业结构调整与升级对人才需求的新要求，以现代服务业专业为例，提出适合新时期珠三角区域的"1234"校企深度联合办学模式及其相应的动力驱动机制、资源共享机制、监督调控机制及合作保障机制构建。

论文题名：泛珠三角区域合作的制度演化分析
作者姓名：谢宝剑　高洁儒
文献来源：北京行政学院学报
发表时间：2015-05-10
内容摘要：本文透过威廉姆森制度演化的四个层次分析框架及其相互关系，发现泛珠三角区域合作的制度演化中在第一层次的非正式制度方面泛珠三角区域各具特色但交融影响；宪法和法律等第二层次的制度为其合作提供基本的制度环境；第三层次的日趋完善治理机制有效推进泛珠三角的区域治理；而作为资源配置机制使各个领域的合作取得实质性的进展，且不同层次之间的制度演化互动明显，形成区域合作的制度体系。作者认为，未来推进区域合作的深入在嵌入性制度层面需要加强民间的交流与融合，在制度环境方面要融入国家区域发展战略和加强区域合作的法制建设，在治理机制方面要健全合作架构和完善省际合作机制，在资源配置方面要制定泛珠三角区域合作的规划、实施和评估方案。

论文题名：分层次管理在"泛珠三角"经济发展中的应用
作者姓名：董思润
文献来源：赤峰学院学报（自然科学版）
发表时间：2015-05-10
内容摘要：本文应用分层次管理对"泛珠三角"的经济发展进行层次识别和划分，并针对不同层次的地区给予相应的发展策略，有利于促进资源的高效配置，优化各地区经济

的增长，最终实现总体经济的最优发展。

论文题名：珠三角分汊河道险段形成机理及整治措施初探
作者姓名：何用　张金明　何贞俊
文献来源：人民长江
发表时间：2015-05-14
内容摘要：珠江三角洲河网区河道受径流、潮汐动力双重作用，汊道分流随径流潮汐动力变化而变化，险段形成机理较单一河道复杂，传统治理方案易改变汊口两侧河道的分流比，影响整治效果。本文在分析典型分汊险段附近河床演变特征的基础上，分析险段水动力特性，研究其形成机理，并对各种整治防护措施进行对比试验。结果表明：模袋混凝土方案不改变汊道分流，不增加相邻河道泄流压力，且其整体性、适应性和高抗冲性避免了险段所在岸坡及河床的冲刷，可起到防护岸坡与堤脚的作用。该整治方案可为相关分汊河道险段治理提供借鉴。

论文题名：珠江三角洲城镇化转型研究
作者姓名：周春山　代丹丹
文献来源：热带地理
发表时间：2015-05-15
内容摘要：本文首先采用灰色关联分析法，选取近30年的人口、产业、社会和经济等数据对珠三角城镇化的动力进行分析，其次利用面板数据模型进一步探讨珠三角城镇化转型的驱动力和演变特征。分析发现珠三角第二产业、人口与土地仍是其城镇化主要的驱动因素，但城镇化的“要素推动”作用下降明显，“外向型城镇化”模式逐渐减弱，“知识源导向”城镇化模式正在形成，城镇化模式趋向多元化。珠三角城镇化正面临转型，存在传统“要素推动”不可持续，新型“知识推动”发展相对缓慢，城镇化质量不高，制度建设滞后以及内需不足等新问题。珠三角要大力推进城镇化“创新驱动”，实现“动力转型”，通过建设宜居城乡以实现“质量转型”，加快农业转移人口市民化等，促进“制度转型”。

论文题名：社会转型期普通高校体育教师职业价值取向研究——以珠三角为例
作者姓名：赖锦松　田学礼
文献来源：成都体育学院学报
发表时间：2015-05-15
内容摘要：文章运用问卷调查、专家访谈、文献资料等研究方法，以珠江三角洲地区普通高校体育教师为调查对象，对其职业价值取向问题进行调查研究。研究结果表明：普通高校体育教师在职业道德、工作投入、专业提升动力、学术追求、精神成长等方面均存在不同程度的不足和偏离。导致这种现状的主要原因包括：社会转型期多元价值观的影响，高校在体育教师管理制度上的不足，体育教师自身存在不足三个方面。提出转变普通高校体育教师职业价值取向的建议：加强社会舆论监督，促进普通高校体育教师规范职业价值取向；规范教师管理，提升普通高校体育教师的职业发展动力；完善继续教育，提高普通高校体育教师的职业素养。

论文题名：中国珠三角：志愿服务制度化的多样创新
作者姓名：谭建光
文献来源：社会工作与管理
发表时间：2015-05-15
内容摘要：本文认为，珠江三角洲作为中国改革开放前沿地区和志愿服务发源地之一，在新的历史时期积极探索和创新志愿服务制度化的多样路径，形成顶层设计促进志愿服务制度化（深圳）、项目创新促进志愿服务制度化（广州）、社团合作促进志愿服务制度化（佛山）、专业支持促进志愿服务制度化（中山）、文明培育促进志愿服务制度化（惠州）五种模式。这些经验值得研究和推广，中国志愿服务制度化建设进程，要在社会治理创新的新形势下，适应各地特色与需求，建设“一体多元”的制度体系，为加快社会建设、创新社会治理、促进民生改善做出贡献。

论文题名： 碎石桩在珠三角地区码头接岸工程中的应用

作者姓名： 翁根林

文献来源： 珠江水运

发表时间： 2015-05-15

内容摘要： 本文结合工程实践和现行规范，对碎石桩复合地基的加固原理、设计、施工检测及不合格桩的处理方式进行论述，结论表明碎石桩复合地基处理方法在珠江三角洲地区码头取得较好的地基加固处理效果，满足设计要求。

论文题名： 基于夜间灯光数据的珠三角地区镇级 GDP 估算

作者姓名： 柴子为　王帅磊　乔纪纲

文献来源： 热带地理

发表时间： 2015-05-15

内容摘要： 本文利用修正后的 NPP-VIIRS 夜间灯光数据建立珠三角地区镇级 GDP 估算模型，并通过地区差异系数对估计结果进行校正。对 2013 年镇级 GDP 估算的实验结果总体精度达到 85%。估算结果能够用于填补珠三角地区部分镇级 GDP 统计数据缺失，为相关研究获取、对比 GDP 数据提供技术手段。

论文题名： 不同陆面方案对珠三角春季晴天边界层特征模拟效果的影响

作者姓名： 邹振操　邓院昌　邓治平

文献来源： 中山大学学报（自然科学版）

发表时间： 2015-05-15

内容摘要： 本文选用 WRF 中尺度模式下五种陆面参数化方案（Noah、SLAB、RUC、Pleim-Xiu 和 SSi B），并结合目前最新陆地覆盖产品 Globcover2009，对珠三角地区春季天气个例（2014 年 04 月 27 日 14：00 至 29 日 14：00）的大气边界层结构进行模拟试验，同时选取研究区域内 18 个地面气象站及 1 个探空站同期实测资料与 10 米风速、2 米气温、风温廓线模拟结果进行比较。结果表明：1. 相比采用 USGS 土地利用数据，Globcover2009 与当前实际地表类型分布情况更相符，通过更新下垫面资料能够有效提高近地面风速和温度的模拟精度；2. 各陆面方案均基本能够模拟出近地面气象要素的日变化特征，受沿海低平地形影响，各陆面方案下风速被高估的现象均比较明显，而气温则被不同程度低估。其中，SLAB 方案模拟 10 米风速效果最佳，Noah 方案模拟 2 米温度效果略优，SSi B 方案整体模拟效果偏差；3. Noah、SLAB、RUC 和 Pleim-Xiu 方案模拟风温廓线走势基本一致且符合实况，而SSi B 方案得到的边界层结构特征不够明显，主要原因是近地面垂直层设置过于稀疏。

论文题名： 珠三角地区 U 型地埋管换热器土壤温度场的数值模拟

作者姓名： 王跃　王成勇　宋月贤　胡映宁

文献来源： 建筑节能

发表时间：2015-05-25

内容摘要：本文建立与实际U型地埋管换热器及管群（2×2）相一致的三维传热模型，在验证模型准确性以后重点分析地埋管换热器及管群（2×2）周围土壤温度场在水平和竖直方向的分布规律，模拟出连续运行后的土壤温度及循环水出口温度；对比各部分传热热阻，其中土壤的传热热阻对模型的整个换热过程影响最大；而管壁的传热热阻最小。研究结果为在珠三角地区因地制宜地应用和推广土壤源热泵技术提供相关的参考依据。

论文题名：城市空间经济联系变化的网络特征及机理——以珠三角及北部湾地区为例

作者姓名：许露元　李红

文献来源：城市问题

发表时间：2015-05-27

内容摘要：本文基于社会网络分析方法，以珠三角及北部湾地区的15个城市为研究对象，分析2003—2012年以来珠三角及北部湾城市空间经济联系变化的网络特征。结果显示：从网络结构来看，珠三角及北部湾城市空间经济联系的网络呈现出由单中心向多中心发展的趋势；从网络密度来看，中心城市对整个区域的辐射作用不断增强；从中介中心度来看，珠三角及北部湾城市经济联系的空间差异性降低，城市网络中的结构分层仍较明显，核心—边缘分析也从侧面证明了这一点。作者认为创新要素空间溢出、交通网络的发展、产业互补分工、地方政府的协调等共同形成珠三角及北部湾地区网络结构不断变化的机理，并提出优化珠三角及北部湾地区网络化发展的政策建议。

论文题名：近代以来珠江三角洲学校体育的兴起与发展

作者姓名：李斌　庄弼　饶纪乐

文献来源：体育学刊

发表时间：2015-05-28

内容摘要：本文对近代以来珠江三角洲学校体育的兴起与发展进行梳理与总结。鸦片战争后，珠江三角洲的有识之士何剑吴、康有为和梁启超等提出德、智、体全面教育的观点，以敢为人先的精神举办珠江三角洲乃至中国历史上具有划时代意义的“学校体育”运动会，开启珠江三角洲学校体育现代化的历程，经历了民国时期的艰难、中华人民共和国成立后的摸索、改革开放后的全面推进。如今，珠江三角洲学校体育现代化格局初现。

论文题名：珠三角区域金融的健康发展探析

作者姓名：赵丹妮　李镔

文献来源：现代商业

发表时间：2015-05-28

内容摘要：本文认为，全面建设与深化珠三角金融合作，推进大珠三角金融健康发展，仍然是具有战略意义的任务。文章拟从区域金融发展的一般理论着手，重点阐述珠三角区域金融发展的现状及存在的问题，并针对问题提出基本建议。

论文题名：珠三角农村集体资产管理信息化建设探讨

作者姓名：王昕

文献来源：佛山科学技术学院学报（社会科学版）

发表时间：2015-05-30

内容摘要：本文认为，信息技术在农村集体资产管理领域的应用是高工业化水平农村改革的热点与难点。农村集体资产管理的信息化建设是快速提升基层管理能力，有效提升政府决策服务能力和积极推动基层党风廉政建设的必要途径。与其他电子政务相比，农村集体资产管理信息化建设有其特殊性，参与建设主体多元，建设主体的职责特殊，建设主体和客体接受者一体化，信息化服务内容特殊。文章分析各建设主体对信息化的接受度，提出对农村集体资产管理信息化建设的建议。

论文题名：珠三角地区收入分配不公的成因及破解对策

作者姓名：戴昌桥　王紫菱

文献来源：湖南科技学院学报

发表时间：2015-06-01

内容摘要：本文认为，珠三角地区作为改革开放的先行地，是中国经济发展的重要区域。然而，由于珠三角地区的经济发展模式不合理、部分行业垄断、收入分配制度不合理、相关法律制度不足、社会保障体系不健全，导致珠三角地区收入分配不公问题。作者认为有效解决珠三角地区收入不公问题，就必须转变经济发展模式、改革垄断企业收入分配方式、完善收入分配制度、健全相关的法律法规、强化社会保障。

论文题名：共生理论下的珠三角山地城市开发研究——以粤桂合作区广东片拓展区为例

作者姓名：李爵

文献来源：科技创新与应用

发表时间：2015-06-08

内容摘要：本文认为，山地城市建设的关键在于解决区内的山地与水源两大自然要素的问题，在这一生态本底进行空间布局是下一步的城市开发问题，山地城市的生态要素、环境与模式实际上相当于共生理论中的共生单元、共生环境与共生模式。共生理论运用到山地城市的建设上具有合理性与可行性，珠三角山地城市的开发模式得以持续发展，全赖于共生模式的发展以及共生环境的保护。

论文题名：珠三角企业绿色供应链运营策略研究

作者姓名：刘礼金

文献来源：物流科技

发表时间：2015-06-10

内容摘要：珠三角制造企业传统的粗放型经济增长方式给资源和环境带来严重的问题。文章主要从可持续发展的角度，分析珠三角企业供应链运作的困境，期望通过实施绿色供应链运营解决方案，以改善企业供应链发展的生态环境。

论文题名：浅议珠三角产业升级与转型背景下的人力资源管理分析

作者姓名：谭漠

文献来源：劳动保障世界

发表时间：2015-06-11

内容摘要：本文认为，当前珠三角地区由于发展的瓶颈，正处于产业升级与转型的关键时期。由于其产业的升级与转型，人力资源管理问题逐步显现出来，想要实现珠三角地区的长远发展，对于其人力资源的管理十分重要。文章就珠三角地区产业升级与转型背景下的人力资源管理问题进行分析，在此基础之上为其未来人力资源管理提出一些建议。

论文题名：珠江三角洲中山横栏地区晚第四纪以来的沉积特征

作者姓名：刘子宁

文献来源：华南地质与矿产
发表时间：2015-06-15
内容摘要：本文通过对该地区第四纪ⅣQ01钻孔岩性、粒度及地球化学特征的综合研究，探讨珠江三角洲晚第四纪以来的沉积特征。结果表明，珠江三角洲晚第四纪沉积物自下而上包括三次沉积旋回：一次晚更新世海侵旋回和两次全新世的海侵旋回，其形成的下粗上细正向序列在进积型三角洲中具有一定的特殊性；在沉积学分析的基础上，结合粒度和微量元素B、Ba、Sr的指相特征，探讨珠江三角洲晚第四纪以来的海侵—海退旋回，揭示在中全新世中晚期（距今约5～2.5千年）发生海退过程，进一步印证中山横栏地区晚第四纪以来存在三次海侵事件的认识。

论文题名：新型城镇化下珠江三角洲城市灾害应急管理——基于易损性空间格局差异
作者姓名：唐波　刘希林
文献来源：中国公共安全（学术版）
发表时间：2015-06-15
内容摘要：本文利用综合因子分析方法，对2010年珠江三角洲城市群17个县级市灾害易损性空间格局进行分析，发现人口、经济、社会和生态环境易损性空间格局内部存在较大差异。基于此，在新型城镇化背景下，从人口管理、巨灾保险制度、内部交通体系、生态红线等方面对珠江三角洲城市群灾害应急管理方案进行分析，使得客观数据空间分析和主观管理措施相互补充与协调，为城市灾害应急管理研究提供新的思路。同时，通过新政策的解读，应急管理方案中加入新型城镇化发展规划相关纲要，促进珠江三角洲城市群城市公共安全和可持续发展。

论文题名：基于动态因子分析的旅游竞争力研究——以珠江三角洲为例
作者姓名：张鹏　郑耀星
文献来源：资源开发与市场
发表时间：2015-06-15
内容摘要：本文采用动态因子分析方法，选取2008—2012年六项旅游指标，从纵向角度和横向角度对中国珠江三角洲进行综合评价，并对珠三角各市进一步地提升旅游竞争力进行研究。结果表明：就纵向变化而言，珠三角的旅游竞争力整体呈上涨趋势；就横向比较而言，广州旅游竞争力居九市之首。

论文题名：广东省珠江三角洲地区土壤硒生态效应评价
作者姓名：李婷婷
文献来源：华南地质与矿产
发表时间：2015-06-15
内容摘要：本文在广东省多目标区域地球化学调查基础上，选取珠江三角洲地区主要土壤硒富集区进行研究。研究发现：珠三角地区表层土壤硒含量变化范围为0.102～1.866微克/克，平均值为0.789微克/克，总体上表现出山丘、坡地地区高于地势平坦地区，非耕作土硒含量高于耕作土，旱地硒含量高于水田的特征。不同农产品中硒含量与土壤硒含量有一定关系，但更大程度受硒的形态及各种环境因素的影响。适当添加石灰调节土壤pH值，可以显著提高部分农作物富硒水平，并且可以降低其对有害重金属元素的吸收率，能够产生可观的经济效益，为该地区富硒土壤的合理开发利用提供依据。

论文题名：珠三角地区城市化与生态环境的交互胁迫关系及耦合协调度
作者姓名：刘艳艳　王少剑

文献来源：人文地理

发表时间：2015-06-15

内容摘要：本文基于“交互胁迫验证—动态耦合应用—协调类型判别”框架，构建城市化与生态环境发展状态综合评价指标体系，运用交互胁迫模型和耦合协调度测算模型，对珠三角地区九个城市2000年以来的城市化与生态环境交互胁迫关系和协调类型进行实证分析。结果表明：珠三角地区城市化与生态环境之间存在交互胁迫关系，演变轨迹符合双指数曲线，经济水平高的地区的拐点出现时城市化水平较高，且拐点出现晚于经济水平较低的地区；二者协调发展符合“S”型发展机制，2000年以来耦合协调度一直处于磨合发展阶段，系统协调模式属于生态脆弱型。

论文题名：产业结构转型期珠三角体育用品出口PEST分析

作者姓名：谢冬兴

文献来源：南京体育学院学报（社会科学版）

发表时间：2015-06-15

内容摘要：本文运用文献法与市场调研法，以PEST模型为依据，从政治、经济、社会以及技术四个维度分析产业结构转型期珠三角体育用品出口所面临的宏观环境。研究结果：1.政治环境表现为，国家法律与政策积极保障；广东转型政策及外贸政策利好，行业标准化建设不足。2.经济环境表现为，国际贸易关系存在不稳定性，企业危与机并存；人民币汇率（升值）负面影响明显；技术壁垒高筑与贸易摩擦频发。3.社会环境表现为，劳动力成本上升与呈现“回流”的社会流动性；社会潮流与风尚利好国内体育用品市场；体育赛事营销促进民族品牌生成。4.技术环境表现为，技术研发政府政策与平台初步形成；体育用品中小企业研发不足，专利意识淡薄；“云”技术与网络平台促成企业营销变革。最后提出五点对策：利用良好政策环境，加强行业标准化与国际化建设；主动积极应对贸易摩擦与贸易壁垒；灵活处理人民币汇率（升值）问题；打造企业研发优势的产业聚集；推广、规范与完善网络营销。

论文题名：珠三角地区机动车排放清单建立与来源分析

作者姓名：刘永红　姚达文　黄建彰

文献来源：环境科学与技术

发表时间：2015-06-15

内容摘要：文章建立珠三角地区2012年10种污染物的机动车排放清单，并分不同车辆类型、不同排放标准以及不同城市分析各污染物排放特征。结果表明：不同车型的机动车排放贡献率存在着一定的差异，其中轻型客车、摩托车和大型客车所占排放比例较高；CO、VOC、CH_4、NMVOC主要来源于轻型客车和摩托车，NOx、$PM_{2.5}$、EC、OM主要来源于大型客车，NH_3主要来源于轻型客车，SO_2主要来源于大型客车和轻型客车；国0和国Ⅰ标准机动车是主要排放贡献源；广州、深圳排放量所占珠三角整体排放量比重较大，其次为佛山、东莞、江门，珠海、中山、肇庆、惠州所占排放比例较小。

论文题名：基于夜间灯光数据的珠三角城市群城镇化空间过程重建

作者姓名：丰佳佳

文献来源：亚热带资源与环境学报

发表时间：2015-06-15

内容摘要：本文利用DMSP/OLS夜间灯光数据有效地研究区域尺度的城市化空间过程。

通过利用1997年、2002年、2007年和2012年的灯光数据，并计算灯光阈值，提取珠三角城市群的空间信息；经分析获取城市群地区点状、线状与面状的城市化空间模式，并研究城市重心的转移情况；最后探讨不同年份不同城市的用地主导类型。研究表明：珠三角城市群表现出面状、线状与点状的扩张模式；在研究时段内，城市重心基本维持在113.63° E、22.82° N左右，移动幅度不大；1997—2007年，珠三角城市群中除惠州市，其余城市均表现为外延主导型扩展；2007—2012年，各城市均表现为填充增强主导型。

论文题名： 整体性治理理论视角下的泛珠三角区域治理问题探究

作者姓名： 韦丽

文献来源： 经营管理者

发表时间： 2015-06-15

内容摘要： 本文认为，泛珠三角区域自成立以来区域经济取得巨大的成就，区域合作处在一个不断升级的阶段。然而在发展过程中自然环境恶化，污染产业转移，地方政府寻租等现象不断上升成为泛珠三角区域合作发展的障碍。基于此，以整合、协作的运作方式构建多主体参与协作、一体化的公共服务和网络化的政府合作平台。通过整体性的治理视角，将泛珠三角的区域合作提升到一个整体性的治理状态，进一步推进泛珠三角区域合作提升到更高水平。

论文题名： 珠三角城市产业结构与竞争力的偏离份额分析

作者姓名： 游静　彭丽花　袁持平

文献来源： 吉林省经济管理干部学院学报

发表时间： 2015-06-18

内容摘要： 本文认为，在经济全球化和区域一体化推进的背景下，区域之间的竞争渐渐转化为城市群的竞争。但随着原材料与劳动力成本上升、加工贸易及出口退税政策的调整及人民币升值等因素，以制造业而闻名的“世界工厂”珠三角城市群面临很大压力。对此，珠三角城市群必须对传统产业进行转型升级，发展新兴产业，调整产业结构。

论文题名： 大城市群内部城市间竞争、合作关系实证研究——以珠江三角洲城市群为例

作者姓名： 朱列　聂春丽

文献来源： 广西社会主义学院学报

发表时间： 2015-06-18

内容摘要： 本文通过应用Dendrinos-Sonis模型对珠江三角洲城市群两个副省级城市、七个地级城市之间竞争合作关系进行实证研究发现，整体上珠江三角洲城市群内部各城市之间合作性大于竞争性，广州、深圳、中山之间存在较强的合作性，佛山与惠州存在较明显的竞争性，而其他城市之间合作性和竞争性不太明显，但存在较强的互补性。

论文题名： 城市化对珠三角地区冬季大气环境的影响

作者姓名： 梁伟汉　杨亚钦　何国新　李江南

文献来源： 广东气象

发表时间： 2015-06-20

内容摘要： 本文利用美国中尺度大气模式WRF对珠三角地区2007年12月的大气环境进行模拟，并通过敏感性实验，分析城市化的发展对珠三角地区冬季大气环境、大气扩散能力的影响。结果显示：城市化以后，城市热岛效应显著，城市气温有明显的上升，最高达0.6℃，这一升温的趋势

在每天 20：00 表现得最为明显，空气质量指数(RAQI 指数）与 2 米温度有很好的相关性，这说明城市热岛与大气污染可能有着密切的关系；边界层水平风速也出现大幅的改变。城市化使 10 米风速在城市的大部分地区降低了 1 米 / 秒，而在局部地区达到了 3 米 / 秒的降幅。风速减小助长大气污染程度。

论文题名：珠三角港口群协同发展的内容与重点
作者姓名：唐宋元
文献来源：港口经济
发表时间：2015-06-20
内容摘要：本文认为，珠三角港口群协同发展应在港口规划、营运环境、港口生态文明、港口安全、港口科技、信息共享、集疏运体系建设等方面进行广泛协同合作，重点是建设绿色港口群、打造平安港湾和共建智慧港口群。

论文题名：珠三角农村经济发展状况、问题与对策
作者姓名：许锋
文献来源：当代经济
发表时间：2015-06-20
内容摘要：本文认为，珠三角农村经济发展方向、农村生态问题日益突出，成为制约珠三角地区农村经济可持续发展的重要因素。目前，珠三角的部分农村环境治理落后于经济发展，乡镇工业发展缺乏规划。珠三角农村是中国重要的外向型农村经济区，发展方向应朝着工农业现代化、保护农村生态环境、提高工农业产品品质及竞争力；以工业导入农村，带动农村二、三产业起飞，实现农村城乡经济一体化的发展。

论文题名：珠三角成品油管道湛江茂名段在温度和压力影响下的油品批次量变化
作者姓名：何为
文献来源：科技创新导报
发表时间：2015-06-21
内容摘要：本文认为，珠三角成品油管道有着输转批次多、运行流量大和质量要求高的特点。成品油调度通常根据输油批次计划执行和管理输油任务。在日常的生产运行中，为了顺利完成批输任务，调度员除了进行常规的启停输操作外，还需要根据实际情况考虑诸多影响因素。通过及时发现油品密度、压力和温度等因素对管输计划的影响，调度员能更准确的核定首站的计划批次总量、末站用户库区接收罐容以及混油切割时间。通过珠三角管道湛江—茂名段的实例研究，说明在多因素影响下油品批次量变化的主要原因以及所产生的影响。

论文题名：珠三角产业转型升级问题研究
作者姓名：谭凯
文献来源：现代经济信息
发表时间：2015-06-23
内容摘要：本文认为，珠三角要有效实现产业转型升级，必须利用政府在宏观信息上的优势，加大政策扶持力度，并着力完善基础设施、提高产业承接力、进一步拓宽民间投资的领域和范围，丰富产业转型和升级的实现方式。

论文题名：小微企业电子商务应用现状及发展策略探析——以珠三角为例
作者姓名：石滨
文献来源：中小企业管理与科技（下旬刊）
发表时间：2015-06-25

内容摘要：本文以珠三角地区的小微企业作为调研对象，在分析小微企业电子商务应用现状的基础上，对其如何发展电子商务提出建议。

论文题名：粤东西北与珠三角协调发展研究
作者姓名：吴莞生
文献来源：中国市场
发表时间：2015-06-25
内容摘要：本文从粤东西北与珠三角经济发展差异出发，分析差异的成因，并就此提出一些对策和建议，以希望推动广东区域经济协调发展，进一步推动和谐广东的建设。

论文题名：珠三角九市市政公用设施投资效率分析
作者姓名：王悦荣　邓春玉
文献来源：城市问题
发表时间：2015-06-27
内容摘要：本文基于珠三角九市 2000—2013 年间市政公用设施投资面板数据，分析珠三角九市市政公用设施投资产出水平及投资效率、全要素生产率的时空差异。结果显示：广州、珠海、江门、惠州市政公用设施投资产出水平位序下降，深圳、东莞、佛山、肇庆位序上升；产出水平的市际差异总体呈发散趋势、非均衡程度波动性扩大，且呈显著的阶段性波动；九市市政公用设施投资综合效率受规模效率影响，2013 年总体偏低，2001—2013 年总体呈 V 型收敛发展趋势；2001—2013 年，九市全要素生产率变动均值阶段性下降趋势显著，全要素生产率的市际差异较大；九市市政公用设施投资全要素生产率呈非均衡向均衡收敛的趋势，且呈加速态势；提高九市市政公用设施投资全要素生产率，关键在于有效运用政府和社会资本合作的投资运营模式，促进技术进步效率、生产和技术管理效率、规模效率、市政公用设施投资规划管理效率的提高；推动九市市政公用设施投资的深化合作，是促进九市市政公用设施投资效率提高的重要举措。

论文题名：岭南活水——珠江三角洲水系景观地域特色探源
作者姓名：许自力　黄铎
文献来源：南方建筑
发表时间：2015-06-30
内容摘要：本文从自然地理、绿化、理水、人文等方面较为详细地分析、论证珠江三角洲水系景观地域特色的源由，为已全面展开的珠江三角洲水系景观的更新改造提供基本理论依据。

论文题名：珠江三角洲重点整治河涌污染特征研究
作者姓名：丁小鹏　罗建中　孔桂萍
文献来源：广东化工
发表时间：2015-06-30
内容摘要：本文以广东省政府重点整治河涌——西南涌水质情况做调查，布设 3 个监测断面。监测分析 COD、DO、氨氮、氟化物等 10 个污染指标，采用单因子指数法和污染倍数法评价西南涌的污染程度。结果表明：西南涌主要污染物 TP、TN 和 CODMn 浓度均值超过《地表水环境质量标准》的 V 类标准，属于劣 V 类水体。支涌工、农业和生活污染物的排入，是造成西南涌水体污染的主要原因。因此，要解决西南涌的污染问题，首要解决的是支涌污染物排入西南涌的问题。

论文题名：合伙人特征对管理创新的影

响——以珠三角小微企业为例

作者姓名：刘礼花　郑山水

文献来源：中国科技论坛

发表时间：2015-07-05

内容摘要：本文以188份科技型小微企业为样本，结合团队研究的有关理论分析合伙人特征对科技型小微企业管理创新能力的影响。实证研究结果显示：合伙人教育背景的异质性和行业经验的异质性对科技型小微企业管理创新能力有显著的正向影响，而合伙人的年龄、受教育程度和管理经验对小微企业管理创新能力的作用不显著。

论文题名：基于珠三角地区“市场需求导向”理念的高职园林专业教育改革研究

作者姓名：宋云龙

文献来源：亚太教育

发表时间：2015-07-05

内容摘要：本文认为，随着珠三角地区经济的迅速发展，对高职园林专业人才培养的要求越来越高，为了尽快适应市场对岗位任职能力需求的不断提高，积极推进高职院校“以市场需求为牵引，以适应岗位为标准”，园林教育改革应从专业课程教学改革入手。文章主要从教学观念转变、教学内容更新、教学模式改革以及教学方法创新等方面对高职园林教育改革进行深入研究，并提出改进建议。

论文题名：珠三角中小企业融资平台建设的构想

作者姓名：黄展程　刘晓娜　陈悦　黄元曦

文献来源：中国商论

发表时间：2015-07-06

内容摘要：本文收集和研究国内外关于中小企业融资难问题与融资平台建设的研究文献以及国内既有融资平台的规划与实施方案，综合运用调查问卷、人物访问、实地调研等多种研究方法考察广州金融街、佛山金融高新区、汕头金融超市等珠三角地区的具有创新性的金融区域，并运用贷款供给的数理模型进行分析，结合珠三角中小企业实际情况，设计勾画出一个更具可行性，更具操作性的金融综合服务平台，力求打破中小企业融资难的格局。

论文题名：产业升级背景下大学生创业教育现状调查与对策——以珠三角高职外贸英语专业学生为例

作者姓名：甘丽华

文献来源：高教探索

发表时间：2015-07-10

内容摘要：文章基于对产业升级背景下珠三角高职外贸英语专业学生创业教育现状调查与分析，提出外贸英语专业创业型人才培养需要全员参与，政府、家庭给予资金和精神上的支持，学校在课程设置、教学方法改革、师资队伍建设方面应顺应创业教育教学改革的需要，以提升外贸英语专业学生的创业素质和能力。

论文题名：产业升级背景下珠三角地区高职院校专业设置及优化调整

作者姓名：陈基纯

文献来源：教育与职业

发表时间：2015-07-11

内容摘要：文章以珠三角地区为例，分析该区域及各城市专业设置的基本情况及特征，重点分析产业升级背景下珠三角专业设置与产业结构的契合度状况及其存在的问题，在此基础上提出政校行企联动建立专业动态调整机制、依据区域产业结构及升级需要调整专业结构、坚持错位发展打造地方特色专业群等优化专业设置的具体建议。

论文题名： 珠三角外贸人才需求调研与专业人才培养途径
作者姓名： 蔡善文
文献来源： 新课程研究（中旬刊）
发表时间： 2015-07-11
内容摘要： 本文通过在珠三角区域走访企业、发放调查问卷和数据调研等方式，了解外贸转型期外贸企业对外贸人才的需求状况，并有针对性地从课程建设、课堂教学、校企合作和素质教育四方面探索高职高专院校外贸人才培养的新途径。

论文题名： 珠江三角洲地区生鲜农产品冷链运输安全技术研究
作者姓名： 曾艳英　陈鹏
文献来源： 中国市场
发表时间： 2015-07-12
内容摘要： 本文认为，在中国的农产品物流配送中，主要的焦点是从生产到加工，再到最终销售的环节，在物流过程中最重要的安全问题上却没有足够的重视度。在生鲜冷产品的运输过程中，由于这些食品属于易腐烂的食品，一旦出现问题就会很严重。问题的主要根源就是生鲜冷产品的储运基础设施不健全，中间环节复杂烦琐，造成运输效率较低等，容易导致安全事故发生。中国珠三角地区的生鲜农产品冷链物流配送交易中心的建立，秉着建立起珠三角地区最大的、设施最先进的、管理水平最高的农产品冷链配送交易中心的目标，以生产绿色产品为宗旨，并保证运输安全减少问题事故，对现代化农产品冷链运输安全技术作出了高要求的设计标准。

论文题名： 泛珠江三角洲经济圈城市发展测度研究
作者姓名： 张磊　武友德　李君
文献来源： 资源开发与市场
发表时间： 2015-07-15
内容摘要： 文章以泛珠江三角洲经济圈 117 个城市数据为基础，运用主成分分析法、经济重心分析法结合城市流强度分析法，对经济圈城市发展水平、经济重心演变路径及城市发展联系进行测度。结果表明：泛珠三角经济圈各城市间的发展水平差距极大，呈明显的空间分异；区域经济重心整体向西北方向偏移，经济圈各区域间的城市发展差距逐渐缩小；经济圈整体对外联系能力增强，但城市间的对外联系能力差异明显，泛珠三角经济圈未来发展格局应基于现实发展特征进行调控。

论文题名： 珠三角地区建设用地扩张与经济、人口变化之间相互作用的时空演变特征分析
作者姓名： 刘志佳　黄河清
文献来源： 资源科学
发表时间： 2015-07-15
内容摘要： 本文通过对 1979—2009 年间遥感影像的分类解译，获得珠三角地区 4 个间隔为 10 年左右的土地利用变化数据，结合生产总值、常住人口等统计数据，定量分析过去 30 年来珠三角地区城市建设用地扩张、生产总值、常住人口的时空变化及其相互作用关系演变特征。结果表明：珠三角地区的建设用地面积占地区总土地面积的比重已从 0.5%上升到 10.8%，其中深圳、东莞已超过 40%，这些建设用地的增加主要是以农业用地的减少为代价；珠三角地区常住人口与经济增长有明显的相关性：2000 年以前人口

每增长1万人，经济增长3.2亿元；2000年以后变为16.2亿元/万人；整个区域尺度上常住人口、生产总值与建设用地具有很好的线性关系。

论文题名： 引资转型、FDI质量与环境污染——来自珠三角九市的经验证据

作者姓名： 韩永辉　邹建华

文献来源： 国际贸易问题

发表时间： 2015-07-15

内容摘要： 本文在Copeland和Taylor（2003）模型的基础上，构建包含外资质量特征的外资和污染排放关系的理论框架，提出理论假说，认为FDI对环境污染排放的影响不但取决于FDI的数量，还取决于FDI的质量，相异的FDI质量特征能使FDI数量对污染排放产生不同的作用效应。同时，利用1999—2012年珠三角九市面板数据的实证检验印证了理论假说。结果显示：单项FDI规模越大、FDI越投向高端制造业部门、FDI出口比重越高、FDI承载技术越先进，就越有利于珠三角的污染减排。

论文题名： 泛珠三角经济区基础设施投资与区域经济增长关系研究

作者姓名： 付泉

文献来源： 内蒙古师范大学学报（自然科学汉文版）

发表时间： 2015-07-15

内容摘要： 本文通过定性分析与定量分析、聚类分析和协调性评价等方法，从技术性、社会性、交通性和通信性四个方面界定基础设施投资指标，分析泛珠三角经济区基础设施投资与区域经济增长之间的关系，以及不同经济发展水平下城市基础设施投资的协调性差异。研究结果表明：从经济指标、总体基础设施以及基础设施不同类别的角度，对珠三角地区进行聚类会得出不同结果。总体来说，广东和福建等级较高。协调性评价的结果显示：泛珠三角地区九个省份均属于经济发展水平与基础设施建设水平协同增长型发展地区，其中广东、福建两省经济发展与基础设施建设水平之间属于协调发展，其余七个省份属于一般协调发展。

论文题名： 珠三角地区燃气汽车加气站类型优化分析

作者姓名： 陈茂梅　方江敏　吴俊航

文献来源： 煤气与热力

发表时间： 2015-07-15

内容摘要： 本文结合珠三角地区各城市燃气汽车和加气站的现状，考虑安全、环保及经济要素，采用层次分析法和模糊综合评价法，构建燃气汽车加气站类型优化模型并分析计算，得出LNG（液化天然气）加气站综合性能最好。

论文题名： 高职院校服务型学生社团发展的问题与对策研究——以广东珠三角为例

作者姓名： 谭琳

文献来源： 当代职业教育

发表时间： 2015-07-15

内容摘要： 本文通过问卷调查法，详细分析高职院校服务型学生社团的发展问题，从创新管理体制、引入现代化管理手段、营造社团文化氛围、重视社团活动品牌与活动创新、强化学校的重视与支持等方面提出具体发展对策，助力高职院校服务型学生社团突破瓶颈，取得进一步发展。

论文题名：珠三角地区高校创业教育调查与思考
作者姓名：李丽芳　盘健　戎海武
文献来源：鄂州大学学报
发表时间：2015-07-15
内容摘要：文章对珠三角区域35所高校进行创业教育现状的实地调研，比较分析其鲜明的特色：高校开展创业教育积极性高，开展早，政府倡导，社会支持与学校共同推动下，发展迅速；创业教育因校而异，因校而宜，凸显层次化、多元化教育模式；创业教育与区域经济和产业结构密切结合；区域文化特色营造浓厚的社会创业氛围，创业文化正成为一种校园文化；形成高校、政府、企业、社会的多元主体创业联盟。

论文题名：“珠江三角洲”地区党校现场教学的调查与思考
作者姓名：陆茜　宋佩英
文献来源：广东省社会主义学院学报
发表时间：2015-07-18
内容摘要：本文深入分析“珠江三角洲”地区九所市级党校现场教学的现状，归纳现场教学模式取得的经验、存在的问题，提出解决问题的对策。

论文题名：农民工打工地方言的习得及其影响因素分析——基于珠三角地区农民工的调查
作者姓名：龙国莲　罗忠勇　秦娇
文献来源：云南大学学报（社会科学版）
发表时间：2015-07-18
内容摘要：本文基于对珠三角地区3 000多名农民工的调查数据，以粤方言为例，实证考察农民工对打工所在地方言的习得状况及其影响因素。研究结果表明：41.1%珠三角地区的农民工可以听说粤方言，能听但不能说的有40.4%，而既不能听也不能说的有18.5%。进一步分析发现，农民工来源地与打工地的地理接近性、农民工的职业性质、业余时间看电视、社会交往、永久性迁移意愿、年龄和所在企业规模等因素对农民工习得粤方言的效果有较显著影响。

论文题名：服务业生产率变迁特征及其影响因素——基于珠三角的经验研究
作者姓名：钟若愚　彭新才
文献来源：改革与战略
发表时间：2015-07-20
内容摘要：本文运用序列DEA-Malmquist生产率指数的方法，测算2004—2013年珠三角服务业总体及细分行业的全要素生产率、技术进步、纯技术效率与规模效率增长率，研究表明：珠三角服务业生产率变迁特征在于技术进步的增长主导着TFP的走势。文章还通过研究技术进步影响因素进一步明确影响TFP变化的因素，经过理论和实证，主要结论为近10年服务业技术进步的增长关键在于外商资本投资的驱动，但更是初始技术积累、人力资本投入、研发投入等共同作用的结果。

论文题名：珠三角地区农村集体经营性建设用地入市的调研与思考
作者姓名：赖文浩
文献来源：国土资源情报
发表时间：2015-07-20
内容摘要：本文认为，当前国家在积极探索推进集体经营性建设用地入市，珠三角地区于2005年就开始了有关改革探索，取得丰富的经验，也出现很多困难和问题，需要引起重视。作者在充分研究困难和问题的基础上，认为国家开展改革要以问题为导向，采取针对性的措施完善制度设计，并提出统一土地权能、统筹入市收益、强化基础管理、加强综合监管、完善顶层设计等政策建议。

论文题名：基于珠三角地区金融发展差异的科技效率研究
作者姓名：谢家泉
文献来源：科技管理研究
发表时间：2015-07-20
内容摘要：本文选取2010—2013年珠三角八城市金融业发展数据，基于银行、证券、保险三大子产业分析各地区金融发展现状，挖掘其金融发展水平差异成因，进而运用DEA-Malmquist指数法对金融发展的科技效率进行横向和纵向分析，从而对珠三角未来金融业的错位发展战略提供政策建议。

论文题名：深圳珠江三角洲地区红树林可持续恢复研究
作者姓名：闫晨
文献来源：绿色科技
发表时间：2015-07-25
内容摘要：本文研究红树林的生态学特性和对城市发展的积极作用，对深圳市珠江三角洲地区红树林的生长区域现状进行调查，发现红树植物适宜生长的环境对盐度、温度和潮间带有着特殊要求。文章结合当地经济产业和文化游憩活动，提出采用基围养殖法和创造适宜微生长环境两种具体技术可持续地恢复红树林，并且与养殖业经济相辅相成。而对于该地块的总体规划策略要结合当地文化游憩活动，体现自然保护功能价值。

论文题名：产能过剩环境下珠三角物流供应链衰退应对策略分析
作者姓名：王新桥
文献来源：物流技术
发表时间：2015-07-25
内容摘要：本文认为，在产能过剩市场经济情况下，珠三角物流工业链出现衰退现象，为应对当下产能过剩带来的一系列不利状况，解决物流供应链衰退问题。文章重点分析珠三角物流工业链运行发展模式及其在当下国内市场产能过剩环境中走向衰退过程，并在此基础上提出相关的应对策略。

论文题名：珠三角地理国情普查航摄影像地表分类判读技术探讨
作者姓名：邓少平
文献来源：测绘与空间地理信息
发表时间：2015-07-25
内容摘要：本文结合珠三角地表覆盖的自然与人文特征，分析采用高分辨率航空影像，以内业机助人工判读为主、外业调绘为辅的技术路线，提出基于类别常见程度的差异化判读方法，归纳常见地物的解译标志，并对典型问题和生产经验进行总结。

论文题名：珠三角地方高职院校德育教育调查研究
作者姓名：陈志杰　余忠信
文献来源：齐齐哈尔师范高等专科学校学报
发表时间：2015-07-25
内容摘要：本文就珠三角地区地方高职院校德育教育的开展情况展开调查研究，并提出相应的解决对策，以期待对该地区今后高职院校德育教育的开展提供帮助。

论文题名：珠江三角洲区域地下咸水的起源与演化
作者姓名：支兵发　姚普　孔德秀　姜守俊

文献来源： 海洋地质前沿
发表时间： 2015-07-28
内容摘要： 本文基于国家地质调查项目获得的第一手资料，从沉积学、水文地球化学角度，对珠江三角洲区域性地下咸水的起源与演化进行研究。结果表明：地下咸水起源于古海水，与中全新世早期退积作用过程密切相关；沉积压实作用使封存于弱透水层中的海水越流至第四系底部的承压含水层；部分地段地下咸水形成过程中，可能受到溶滤水的影响，矿物溶解与阳离子交换吸附等作用可能造成地下咸水盐分的富集。

论文题名： 珠三角中小企业基于产业链融资问题研究
作者姓名： 罗奕奕
文献来源： 全国商情（经济理论研究）
发表时间： 2015-07-28
内容摘要： 本文分析企业融资环境、融资现状及产业链与信贷体系顺利对接等问题，促使企业加强内部资金管理，提高产业链融资效益，有助于珠三角产业升级、形成新的利润增长点产生积极影响。

论文题名： 珠江三角洲平原高铵地下水的形成演化
作者姓名： 支兵发
文献来源： 安全与环境工程
发表时间： 2015-07-30
内容摘要： 本文从含水系统沉积学、水化学、同位素水文地质学角度，对珠江三角洲平原高铵地下水的形成演化进行研究。结果表明：研究区高铵地下水呈岛状分布于退积层序发育且淤泥、淤泥质土层厚度大的地段，主要赋存于低洼的基底或洼地、谷地之上的第四系底部含水层；高铵地下水起源于古海水，形成于中全新世早期，与退积作用过程密切相关；高铵地下水形成演化的基本条件包括断续发育的含水层、半封闭—封闭的还原环境和不良的水动力条件；脱硫酸作用、有机质分解作用有利于高铵地下水的形成发育，而溶滤作用、阳离子交替吸附作用、蒸发浓缩作用则不利于高铵地下水的发育；沉积压实作用对铵的迁移、富集及高铵地下水的保存具有重要意义；高铵地下水的成因类型属后生沉积水。

论文题名： 以珠三角地区为例分析实施生态经济战略的重大效益
作者姓名： 黄玉源
文献来源： 环境与可持续发展
发表时间： 2015-07-30
内容摘要： 本文基于第一线调研和多年参政议政工作基础上，对珠三角区域的城市工业生态经济战略实施的过程、途径，可行性、原理及获得的重大效益进行介绍与总结分析。研究指出，在实践过程中为更快更大规模地把生态经济战略与各地实际发展进程相结合加以推广和实施，必须具备高度的社会责任感，勇于运用各种机会把生态经济的战略思路和实施策略向社会各层面以及政府部门反映和建言，才能取得更好及更大的成效。

论文题名： 珠三角物流业对经济增长作用的实证研究
作者姓名： 金海强
文献来源： 商场现代化
发表时间： 2015-07-30
内容摘要： 本文结合实际情况研究物流业对珠三角地区经济发展的增长作用。利用计量经济学的方法，搜集数据，建立数学模型，用实证方法研究珠三角地区物流业发展对经济增长的促进作用。

论文题名：大珠江三角洲地区港—城规模耦合关系演化研究
作者姓名：陈再齐
文献来源：广东社会科学
发表时间：2015-07-30
内容摘要：本文以大珠江三角洲地区为案例，对区域港—城规模耦合关系进行研究。结果表明：大珠三角港口体系已进入分散化发展阶段，香港、深圳、广州“三门户”区域港口体系空间格局初步形成。香港、广州、深圳的港—城耦合类型发生明显变化，其余港口城市的港—城耦合类型基本没有发生改变，但港口功能与城市功能的相对强弱变化则较为明显。

论文题名：珠江三角洲地区生鲜农产品冷链配送技术
作者姓名：曾艳英　宋雷
文献来源：农业与技术
发表时间：2015-07-31
内容摘要：本文针对珠江三角洲地区的生鲜农产品冷链配送现状进行分析，并对其冷链配送技术进行完善，使中国的生鲜农产品市场得到进一步发展，从而促进中国经济的迅猛发展。

论文题名：泛珠三角经济圈区域内经济增长差异及收敛性探究
作者姓名：吴立军　李佛关
文献来源：广东财经大学学报
发表时间：2015-07-31
内容摘要：本文基于新增长理论的分析框架，以广东省作为比较对象对泛珠三角其他七省（不含四川省）的经济增长差异及收敛性问题展开研究，得出结论：广东省人力资本储蓄率和贡献率高于其他省域，是劳均产出差异的根源；广东省劳均产出是其他省份的1.08～2.96倍不等；在向各自均衡路径收敛的时间上，最短的是福建省为11.27年，最长的是贵州省为26.07年。作者建议泛珠三角经济圈的建设在内部可实现组团发展，深化“9+2”形成区域内均衡发展，向外可拓展“10+1”，积极融入海上丝绸之路，形成大珠三角经济区域。

论文题名：珠三角电力行业应用型人才培养探索与实践
作者姓名：沈娜　刘文静
文献来源：高教学刊
发表时间：2015-08-10
内容摘要：本文结合应用型人才培养的内涵，以华南理工大学广州学院电气工程学院为背景，提出电力行业应用型人才培养的思路及措施，并总结经过几年探索与实践形成的电力行业应用型人才培养的特色。

论文题名：珠江三角洲集装箱港口体系演化及动力机制
作者姓名：程佳佳　王成金
文献来源：地理学报
发表时间：2015-08-15
内容摘要：本文选取珠江三角洲的31个港口为样本，以1970—2013年为研究时段，采用集装箱港口数量、吞吐量等长时间序列数据，分析了珠江三角洲集装箱运输的总体发展与集散趋势、集装箱港口体系的演化过程，重点凝练演绎其演化模型，并揭示其动力机制。研究发现：珠江三角洲集装箱港口体系的演化过程呈现集中化和分散化两种发展趋势，并经历特点各异与格局明显不同的5个发展阶段，形成“原始单核结构→孤立双核结构→极核枢纽结构→双核枢纽结构→多核发展结构”的演化模型；珠江三角洲集装箱港口体系是在众多影响因素综合作用下实现“港口集装箱化”的演化过程，包括自然条件、经济产业、技术条件、港航市场、政策和制度等，各因素在不同时期的影响程度有所差异。该研究有助于完善港口体系的演化模型理论，并能为珠江三角洲的港口建设提供指导。

论文题名：基于耕地多功能需求的巨型城市区耕地保护阈值探讨——以珠江三角洲为例

作者姓名：杜继丰　袁中友

文献来源：自然资源学报

发表时间：2015-08-15

内容摘要：本文以耕地多功能管理为基本理论依据，以现有耕地保护阈值研究为基础，结合生态绿当量、碳氧平衡法和景观格局分析等最小生态用地需求量测算理论和方法，构建集粮食生产功能和生态服务功能需求于一体的巨型城市区耕地保护阈值测算模型。模型侧重于潜在粮食生产能力的保护和现实生态用地结构的优化，将保护阈值区分为实有耕地保护阈值和其他可耕地保护阈值两部分。到2030年末，珠江三角洲耕地保护总阈值为104.17×104公顷，其中实有耕地保护阈值48.16×104公顷，其他可耕地保护阈值56.01×104公顷，模型具有一定的可行性。

论文题名：珠江口外海域与珠江三角洲晚更新世以来的地层层序对比

作者姓名：韦成龙　张珂　余章馨　邱燕

文献来源：沉积学报

发表时间：2015-08-15

内容摘要：本文综合运用珠江三角洲外南海北部陆架的地震测线和三角洲地区的钻孔资料进行联合解译，获得由浅海至陆地的层序地层剖面，辨识出三角洲地区4套地层层序和南海北部陆架6套地层层序及体系域，前者仅记录两个沉积旋回和相应的两次海面变化，而后者记录更多沉积旋回及相应的海平面波动。在海、陆层序对接和对比的基础上，文章重点把南海北部陆架6套地层层序与深海氧同位素阶段MIS6～MIS1进行对比分析，认为珠江三角洲下旋回与南海北部陆架层序D相当，珠江三角洲下旋回对应着南海北部陆架MIS6～MIS5（距今15万年～8万年）时代的层序地层，MIS4～MIS2末次冰期低海面时期的三角洲沉积位于现今南海北部陆架之上，并未向北延伸到现代珠江三角洲地区。珠江三角洲和南海北部陆架的下沉都是南海陆缘扩张的表现。

论文题名：珠江三角洲地区城市群绿色交通产业发展研究

作者姓名：曾艳英

文献来源：科技经济市场

发表时间：2015-08-15

内容摘要：本文简单介绍珠江三角洲地区的经济社会发展的特点，并对交通产业优化进行界定，详细分析地区交通对于产业的影响，分析交通各基础产业对城市群一体化的促进作用。文章在总结交通对于珠江三角洲地区的影响的基础上进行分析，探讨如何完善珠三角地区的城市群绿色交通产业。作者认为，绿色交通理念应该成为现代城市轨道交通网络规则的指导思想，这也是将绿色交通融入到现如今的交通网络和交通系统的一项新的创新。绿色环保的交通与经济繁荣发展的现象，最终达到经济环境双赢，这更是一举两得。

论文题名：珠三角地区岩溶塌陷形成机理及易发性评价——以肇庆为例

作者姓名：王忠忠

文献来源：土工基础

发表时间：2015-08-15

内容摘要：本文分析肇庆地区地质环境背景，根据已发岩溶塌陷形成原因归纳总结出该地区三种岩溶塌陷机理模式。同时，对可溶岩地区剖分成 7 092 个网格作为评价单元，选取地层岩性、岩溶发育程度、地下水活动、覆盖层条件和地质构造作为评价因子，采用综合指数法对肇庆地区进行岩溶塌陷易发性评价，以期为肇庆地区岩溶塌陷防治提供决策依据。

论文题名：珠三角体育传统项目学校发展现状及对策研究

作者姓名：高宏全　张伟健　林茵

文献来源：体育科技

发表时间：2015-08-15

内容摘要：本文运用文献资料法、问卷调查研究法、数理统计法等研究方法，对珠三角体育传统项目学校的总体状况、运动队训练和竞赛、运动员文化课学习和教练员队伍等发展现状进行深入调查和分析。研究发现：学生运动员受训人数少、运动队参赛机会不足、学生运动员文化学习差和教练员选材不够科学等是珠三角地区体育传统项目学校发展存在的主要问题。针对这些问题，进一步扩充受训学生运动员队伍、加强学生运动员的文化教育、强化教练员队伍建设、多渠道搭建竞赛平台等方面提出具体可行的对策和建议。

论文题名：基于熵权分析的珠三角知识竞争力状况研究

作者姓名：汤云刚　任海虹

文献来源：竞争情报

发表时间：2015-08-15

内容摘要：文章以计量分析和比较分析的方法建构珠三角知识竞争力指标测评体系，并对珠三角各市知识竞争力状况进行全方位比较。研究结果有助于客观分析珠三角各市知识竞争力的现状和潜力，使其能够根据自身的实际状况制定知识竞争力发展战略，促进珠三角整体知识竞争力的提升。

论文题名：区域治理视角下《珠江三角洲地区改革发展规划纲要》的实施机制及启示

作者姓名：黄颖　周素红　钟谦

文献来源：国际城市规划

发表时间：2015-08-19

内容摘要：本文着眼于当前中国区域治理理念转变、区域规划法律缺位的背景，研究《珠江三角洲地区改革发展规划纲要》的实施机制。文章分别从行政命令传达、地方立法、工作制度规范、公众参与、财经支撑等方面解构其实施路径，通过内容解读，探索其实施的动力机制；发现当前中国区域治理仍是政府体系的“内部游戏”，在此基础上结合西方区域管治，构建可普适的区域规划实施机制。

论文题名：珠三角地区水环境空间分异及其优化对策研究

作者姓名：刘小玲　甘建文

文献来源：中国农业资源与区划

发表时间：2015-08-20
内容摘要：本文选取影响珠三角地区水环境的主要社会经济指标，利用主成分分析法综合评价各城市水环境状况。研究表明：居民生活是影响珠三角地区水环境的主导因子，但各城市具体的水环境劣化机理存在差异。水环境评价结果中，内圈层中的深圳市、广州市、东莞市、佛山市最差，形成“水环境滞后型”区域；珠海市、中山市、江门市形成“经济环境协调型”组团；区域西翼肇庆市比东翼惠州市好，两市形成“经济滞后型”双翼。河流西北岸城市比东南岸城市好，较上游城市比下游城市好。政策建议的要点包括：健全激励与约束机制，推广绿色生活方式；优化政策工具，重点治理内圈层的水环境问题；运用差异化思维，实现城市“边发展，边管治”；构建共享与补偿机制，增强经济与环境协调性。

论文题名：珠三角九市自主创新能力测算与比较
作者姓名：黄金波　李仲飞
文献来源：科技管理研究
发表时间：2015-08-20
内容摘要：本文结合定性和定量分析方法构建珠三角自主创新能力衡量指标体系，利用主成分分析方法进行综合指标合成，测算珠三角九市2009—2013年的自主创新能力得分并对其进行排名。自主创新效率问题往往为众多学者和决策者忽略，强调自主创新能力不仅要有绝对指标，而且要有相对指标，也就是自主创新的效率指标，利用数据包络分析法测算珠三角九市的创新效率得分并对其进行比较。

论文题名：珠三角城市老年住宅市场需求与影响因子相关性分析
作者姓名：潘彤
文献来源：改革与战略
发表时间：2015-08-20
内容摘要：本文认为，老年住宅的市场需求受到人口数量、有效收入、住宅价格、社会因素和政府政策等因素的共同影响。用灰色关联分析法计算这些因素与老年住宅市场需求的相关性，在影响以广州、深圳、江门市为代表的珠三角城市群的老年住宅市场需求的诸多因素中，相关程度依次为人口数量、人均居住面积、住宅价格、GDP、居民收入等，通过对高相关性影响因子的强化，达到强化珠三角城市老年住宅市场需求的目的。

论文题名：珠三角都市圈三维城市旅游景观群的培育研究
作者姓名：庄伟光　林平凡
文献来源：开发研究
发表时间：2015-08-20
内容摘要：本文基于都市圈城市景观群的三维划分，在分析珠三角都市圈城市景观群发展现状及存在问题的基础上，提出珠三角要建设更具竞争力的都市圈，需要从培育现代建筑景观群、打造凸显岭南文化特色的景观群落和形成绿色生态景观网络构建三维城市旅游景观群，并给出融入城市景观设计理念、加强城市文脉延续和历史文化保护、打造高质量的城市景观空间、加强生态建设及景观资源保护等建议。

论文题名：珠三角高速公路交通指路标志的问题及对策
作者姓名：谢陈峰
文献来源：华东公路
发表时间：2015-08-20

内容摘要：本文通过实地调查，发现高速公路道路标志现状存在的问题，分析、总结出问题的原因及形成过程，通过采用仿真实验、现场实验法等方法，提出相应的解决方案和对策。

论文题名：农村中小学体育对社区特色体育项目的支撑与影响——以珠江三角洲为例

作者姓名：王静　曹泉　招乐辉

文献来源：高教学刊

发表时间：2015-08-25

内容摘要：本文采用文献资料法、访谈法、问卷调查法、数理统计法等研究方法对珠江三角洲农村社区体育和中小学体育的发展现状进行分析，归纳出珠三角农村中小学体育对社区特色体育项目的支撑方面主要有体育知识、体育需求、体育设施、项目拓展、体育文化。同时，根据农村中小学体育项目多为规定项目且无法满足社区特色体育项目技术发展需要等问题提出建议，为社区特色体育项目的发展提供思路，为农村社区体育的发展提供参考。

论文题名：转型升级和企业社会网络对企业绩效的影响——以珠三角地区制造业企业为例

作者姓名：丘海雄　刘溯源

文献来源：华南师范大学学报（社会科学版）

发表时间：2015-08-25

内容摘要：本文认为，珠三角地区制造业企业的企业财务绩效和社会绩效受到企业内部转型升级和从外部社会网络获取知识资源两条路径的影响。两条途径都通过促进技术创新这一中间环节来提高企业绩效。企业内部转型升级的路径中，不同的转型升级措施对企业财务绩效的贡献并不一致，产品升级可直接对企业绩效发挥促进作用，或通过促进技术创新间接对企业绩效产生正面影响；功能升级只能通过促进技术创新间接对企业绩效产生正面影响，不进行技术创新时，功能升级反而对企业绩效不利。从外部社会网络获取知识资源的路径中，加强与外国客户的合作关系以及本地研发合作网络的紧密程度有助于企业的绩效提升。另外，在转型升级过程中，财务绩效和社会绩效之间显著正相关，相互促进。

论文题名：珠三角农村社区卫生人员学历与医学继续教育需求调查

作者姓名：李贝

文献来源：中国卫生产业

发表时间：2015-08-27

内容摘要：本文调查了解珠三角地区农村社区卫生人员学历和医学继续教育需求情况，探讨针对农村社区卫生人员实施医学继续教育的路径。通过实地调查，与医生的访谈和问卷调查采集数据，利用 Epidata 和 SPSS 20.0 进行统计分析。结果显示：农村社区卫生人员学历普遍不高，且年龄趋向年轻化；农村社区卫生人员接受医学继续教育的机会相对较少，且内容比较单一，作者认为，急救、急诊方面的知识与技能的提升是农村社区卫生人员最迫切需要的医学继续教育项目，慢性病的康复保健，常见病的治疗，传染病的防治和预防保健也是医学继续教育的重点。同时，提出要拓宽医学继续教育思路，要完善医学继续教育学习制度，要加大政府的资金扶持力度。

论文题名：珠江三角洲环线高速公路北江特大桥荷载试验

作者姓名：黄定华
文献来源：广东公路交通
发表时间：2015-08-30
内容摘要：本文以珠江三角洲环线高速公路北江特大桥荷载试验为例，介绍大跨度刚构桥梁竣工荷载试验的内容、方法和数据处理，根据试验结果，对桥梁安全性能做出评价，可供同类型桥梁荷载试验参考。

论文题名：珠三角工业园区太阳能应用潜力分析——以东莞生态产业园区为例
作者姓名：江洪明　吴鹏举　黄娜
文献来源：能源与环境
发表时间：2015-08-30
内容摘要：本文以东莞生态产业园区为例，研究以珠三角工业园区的总体规划、产业规划等各类规划为基础，根据园区的土地用途和人口规划，在考虑技术条件和经济可行性的情况下，推算出在园区建筑物屋顶和道路进行太阳能利用的资源潜力，并给出园区各类建筑物屋顶和道路进行太阳能光热和光伏开发的建议。

论文题名：珠三角区域一体化协同发展机制建设研究
作者姓名：李建平
文献来源：南方建筑
发表时间：2015-08-31
内容摘要：文章在分析梳理珠三角一体化阶段演进和机制建设进展的基础上，结合未来发展的新要求，提出完善珠三角一体化协同发展机制的三点建议：建立以全域规划为基础的空间协调平台；建立以区域规划委员会为协商机制的决策平台；建立以一体化发展基金为政策工具的诱导机制。

论文题名：珠江三角洲地区未来海平面上升及风暴潮增水的耕地损失预测
作者姓名：康蕾　马丽　刘毅
文献来源：地理学报
发表时间：2015-09-15
内容摘要：本文在借鉴相关经验与研究的基础上，建立风暴潮增水灾害耕地产量损失评估模型，选择广东省珠江三角洲地区为研究区域，以该地区的 DEM、土地利用等数据为基础，通过实地调研获取当地的作物种植结构、轮作方式、作物单产、不同淹没高度下不同作物的损失率等数据资料，基于未来海平面上升及风暴潮增水的不同时间情景，估算并分析 2030 年、2050 年及 2100 年珠三角地区耕地受灾范围的空间分布特征及产量损失变化情况。结果表明：受气候变化的影响，未来珠三角地区风暴潮影响下的耕地淹没面积比重不断上升，其中阳江、佛山和东莞等地区，耕地淹没面积从 2030 年到 2100 年增加较为明显，广州和珠海的耕地淹没面积增加幅度则较为缓和。从耕地淹没造成的农业产量损失来看，蔬菜、稻谷和花生等主要作物的损失产量比重呈现增加趋势，且蔬菜的增幅最大，其次是稻谷。其中广州、江门、阳江等地稻谷、花生、蔬菜的损失产量比重均表现为持续上升。

论文题名：珠江三角洲城镇收缩的空间分布与机制
作者姓名：李郇　杜志威　李先锋
文献来源：现代城市研究
发表时间：2015-09-15
内容摘要：本文利用人口普查数据和统计年鉴数据，从镇街单元和区县单元来考察珠三角地区城镇收缩的空间分布；并以东莞茶山为案例，从劳动力供给和产业需求的角度构建基于产业结构调整和人口结构变化的城镇收缩分析框架；考察珠三角地区城镇收缩特征及其形成机制。研究发现：珠三角核心区以局部城镇收缩为主，收缩相对集中的城镇分布在外圈层，并形成三大城镇收缩集聚区域；经济增速持续放缓、外来人口总量减少是珠三角城镇收缩的典型特征；产业结构需求变化与劳动力供给结构变化的不匹配造成珠三角的城镇收缩。

论文题名：珠江三角洲地面塌陷的孕灾环境和致灾因子分析

作者姓名：董好刚

文献来源：华南地质与矿产

发表时间：2015-09-15

内容摘要：本文认为，地面塌陷是珠江三角洲城市地质灾害的主要类型之一。地面塌陷灾害孕灾环境复杂、致灾因子多样，承灾体脆弱，灾害后果严重。多雨的气候背景、活动断裂构造、广布的隐伏岩溶和淤泥以及剧烈的人类活动构成地面塌陷的孕灾环境；致灾因子包括自然因素和人为因素两种，自然因素致灾因子包括岩溶的发育程度、覆盖层特征、地形地貌、强降雨或重干旱气候特征等，人为因素致灾因子主要指人类活动因素，如加载和排水等。

论文题名：珠江三角洲地区本科院校青年教师专业化发展策略研究

作者姓名：张璇

文献来源：黑龙江教育学院学报

发表时间：2015-09-15

内容摘要：本文认为，青年教师专业化发展是高校教师发展的重要环节。目前珠三角地区本科院校缺少为青年教师建立的职前职后一体化的培养培训保障机制，这严重制约青年教师的专业化发展。基于此，作者提出针对青年教师专业化发展的策略研究：一是规划自身的职业发展生涯，促进个人专业化发展；二是形成良好的培养机制，促进青年教师专业化发展；三是为青年教师专业化发展创造发展环境，提供制度保障。

论文题名：珠三角城市群内部职能专业化的影响因素分析

作者姓名：刘德学　何晖

文献来源：产经评论

发表时间：2015-09-15

内容摘要：本文在对珠三角城市群管理职能专业化水平进行测度的基础上，运用珠三角城市群九个城市 2003—2012 年的面板数据对珠三角城市群管理职能专业化的影响因素进行实证分析。研究结果表明：珠三角城市群的商品房价格、每千人教师数和第三产业占 GDP 的比重等指标与城市管理职能专业化水平正相关，而商业用地价格、人均地方财政预算支出和进出口总额占 GDP 的比重等指标对城市管理职能专业化产生显著的负向影响。基于对影响因素的进一步讨论，提出相关政策建议。

论文题名：量化回归的改进：基于珠三角制造业的实证研究

作者姓名：郭奕阳　宋俏颖　胡丽婷

文献来源：计算机与数字工程

发表时间：2015-09-20

内容摘要：本文以珠三角大中型制造企业为对象获取调查数据，利用改进的主成分分析求出各变量的综合评分，用于回归分析。根据回归分析坐标，画出其三维图。运用蒙特卡洛仿真证实大样本直接回归的不合理性，并通过聚类分析筛选有代表性的样本来改进回归分析。结论表明：使用筛选出的数据来进行回归分析，效果更好。

论文题名：珠三角地区凸腹成年男性号型制定
作者姓名：温海英　戴鸿
文献来源：山东纺织经济
发表时间：2015-09-20
内容摘要：本文认为，随着经济的发展和医疗保健水平的提高，珠三角地区凸腹成年男性有增态趋势，中国当前的《服装号型系列》标准已不再能够适合凸腹成年男性这些特殊群体的体型要求。文章在分析珠三角地区凸腹成年男性号型标准制定的必要性之后，结合珠三角地区凸腹成年男性的实际情况，给出珠三角地区凸腹成年男性号型标准制定方法。

论文题名：珠三角民间足球联赛的发展现状与对策研究
作者姓名：丘乐威　焦峪平
文献来源：体育文化导刊
发表时间：2015-09-23
内容摘要：本文采用访谈、文献资料、问卷调查等方法对珠三角民间足球联赛的产生背景、发展历程、现状及其存在问题进行分析探讨。珠江三角洲民间足球联赛以其企业化、市场化的运作模式开创中国区域性联赛的先河。从管理体制、竞赛体系等方面提出权责明确、管办分离等对策，促进区域性足球的发展。

论文题名：泛珠江三角洲经济圈人口与经济的空间分布关系研究
作者姓名：张磊　武友德　李君
文献来源：西北人口
发表时间：2015-09-25
内容摘要：文章运用区域重心分析、地理集中指数及不一致指数等方法对泛珠江三角洲经济圈人口与经济的分布与耦合特征进行分析。结果表明：经济圈人口与经济重心均位于几何中心的东南部，区域间人口与经济分布失衡，经济重心整体向西北方向偏移，人口重心向东南方向偏移明显，两重心呈不同的演化特征；人口与经济地理集中度均呈东高西低、北高南低的分布态势，人口与经济的主要集聚轴为东南沿海，次要集聚轴为长江，随时间发展，经济呈沿海扩散、沿江集聚的态势而人口则逐渐由西部向东部集聚；人口与经济重心的空间重叠性有所提高，但变动一致性较弱，两重心的耦合态势较弱；人口与经济的空间分布逐渐向均衡方向演化，依据不一致指数，可分为经济极化型、经济超前型、人口—经济协调型、人口超前型、人口极化型五种耦合类型。

论文题名：论高等农业院校服务珠三角都市农业发展的基本途径——以仲恺农业工程学院为例
作者姓名：曾书琴
文献来源：高等农业教育
发表时间：2015-09-25
内容摘要：本文认为，珠三角都市农业规模小、效益低、产品结构趋同、可持续发展程度低等问题。珠三角都市农业的发展要求农业高等院校实现人才培养模式和办学思路的转变。要使高等农业院校更好地服务于珠三角都市农业发展，应该从以下几方面着手：适应珠三角都市农业发展要求，确立学校人才培养目标定位、转变学校发展思路，凸显农业院校办学特色、优化学科与专业布局，建立农科专业学科体系。

论文题名：珠三角文化产业发展动力因素研究——基于区域文化产业创新系统的理论视角

作者姓名：胡洪斌　张晓丹

文献来源：曲靖师范学院学报

发表时间：2015-09-26

内容摘要：本文认为，珠三角依托改革开放的政策优势和经济发展的良好基础，文化产业实现快速发展，形成文化企业、文化传承人、高校及科研机构、政府和中介服务机构等主体相互推动，科技、人才、资本、文化资源、产业联动和法律创新环境等动力因素共同影响的局面。以区域文化产业创新系统为分析框架，系统动态分析珠三角文化产业创新系统要素构成、动力因素和动力机制，以揭示和分析珠三角文化产业发展现象后面的实际推动因素。

论文题名：基于城市流视角的泛珠江三角洲经济圈空间联系分析

作者姓名：张磊　武友德　李君

文献来源：湖南师范大学自然科学学报

发表时间：2015-09-28

内容摘要：本文基于城市流强度理论模型，对泛珠江三角洲经济圈 117 个地级市 2003 年和 2012 年的城市流强度和结构特征进行测算，并依此对经济圈的空间联系进行分析。结果表明：经济圈城市流强度值偏小的城市数量多于 75 个，城市间的空间联系偏弱，城市流强度存在明显的区域差异。主要原因是区域发展不均衡，综合经济实力较弱的城市数量超过 65 个，产业的外向服务能力不足。第二产业对经济圈城市流强度影响大于第三产业，第三产业对城市流强度的影响逐渐增强。随时间发展，经济圈城市流强度由受第二产业主导变为二、三产业共同影响。泛珠江三角洲经济圈仍处于工业化发展阶段，未来城市空间联系的格局和演化还可基于城市职能及发展要素的空间分布关系等方面进行调控。

论文题名：珠三角地区纺织品加工业如何应对全球第四次产业转移大浪潮

作者姓名：白怡珺

文献来源：现代经济信息

发表时间：2015-10-08

内容摘要：本文运用文献资料查询法、实际调研法研究珠三角纺织产业第四次产业转移的背景、转移路线、特点和现状，揭示出本次产业转移的原因和存在的问题，提出在本次产业转移中要注意完善产业链的各项服务，注重整体配套转移。同时，政府部门也要综合运用各种手段提升珠三角纺织产业的竞争力，在确保产业转移与升级的同时，防止产业空洞化，确保产业转移的平稳过渡，为政府主管部门的决策提供依据。

论文题名：珠江三角洲跨海大桥防洪影响评价

作者姓名：朱秋菊　郑江丽　石赟赟

文献来源：黄河水利职业技术学院学报

发表时间：2015-10-15

内容摘要：本文通过构建二维潮流数学模型，采取加大网格糙率的方法，模拟桥墩阻水影响，计算珠江三角洲跨海桥梁工程对周边水域的影响，得出桥梁工程对周边水域水位、流速、挟沙率、动力轴线等影响不大的结论，从而验证该模拟方法可靠、可行。

论文题名：珠三角地区轨道交通行业中高级技能型人才需求调查研究

作者姓名：郑锂　黎新华　刘星材　李俊辉
文献来源：物流技术
发表时间：2015-10-15
内容摘要：本文立足珠三角地区轨道交通快速发展的背景，调研珠三角地区轨道交通行业中高级技能型人才需求，归纳人才需求特点，分析中高级技能人才需求现状，为中高级技能型人才培养提出可行建议。

论文题名：珠三角区域经济合作的现状及问题分析
作者姓名：吴芳
文献来源：吉林省经济管理干部学院学报
发表时间：2015-10-18
内容摘要：本文认为，珠三角区域经济合作是中国区域经济合作的一项重要实践，对中国区域合作发展有着重大意义。但是珠三角区域经济合作的模式、制度与组织供给、城市联合与整合和企业扩张、产业集聚与转移还存在一些问题，需要进行分析并采取措施加以解决。

论文题名：近期珠江三角洲东四口门延伸演变调查分析
作者姓名：蔡素芳 徐林春 岑栋浩
文献来源：广东水利水电
发表时间：2015-10-20
内容摘要：文章在已有研究数据和成果的基础上，采用遥感影像资料，量算 21 世纪以来的珠江三角洲东四口门延伸情况，对比分析近期滩涂围垦进展变化、岸线延伸速度、悬沙分布动态和水域面积变化情况等。结果显示：21 世纪以来东四口门片区的围垦增长速率和岸线延伸速度较上世纪稍有放缓，期间滩涂围垦速度和岸线延伸速度较快的区域是伶仃洋东部滨岸。

论文题名：基于灰色系统理论的澳门城市软实力评价研究——以大珠三角城市为比较
作者姓名：李韶驰　程文丽
文献来源：城市观察
发表时间：2015-10-20
内容摘要：本文通过对城市软实力概念与内涵的分析，构建城市软实力评价指标体系，在此基础上运用灰色系统理论建立城市软实力评价模型，并利用该模型对澳门与大珠三角其他城市的软实力进行比较分析，以期针对澳门提出城市软实力的提升策略，推动澳门在大珠三角地区的区域合作与可持续发展。

论文题名：基于产业生命周期理论的珠三角传统优势产业转型政策研究
作者姓名：韦小鸿　张伟伟
文献来源：沿海企业与科技
发表时间：2015-10-20
内容摘要：文章在文献检索和实地调研的基础上，利用龚波兹曲线模型对珠三角传统优势产业生命周期进行推断，并判定其阶段特征，分析珠三角传统优势产业转型升级中所面临的制约因素和不利条件，提出加速珠三角优势传统产业转型的产业发展政策、产业结构政策以及产业组织政策。

论文题名：珠江三角洲水资源配置工程关键技术问题思考
作者姓名：严振瑞
文献来源：水利规划与设计
发表时间：2015-10-20
内容摘要：本文结合珠江三角洲水资源配置工程的前期研究工作，提出工程实施将会遇到且必须解决的一系列关键技术问题，以期抛砖引玉引起业界关注，并作为工程前期设计工作的重点研究方向。

论文题名：珠三角城际轨道交通广佛环线列车交路方案研究
作者姓名：王梯
文献来源：铁道运营技术
发表时间：2015-10-25
内容摘要：本文考虑珠三角城际轨道交通网环线加射线布局，以广佛环线及相关线路预测客流为依据，提出广佛环线环形、门形两种列车交路方案，并结合珠三角城际轨道交通网规划方案、运输组织模式、项目建设时序、工程实施现状等因素对交路方案进行比选，得出广佛环线仅开行环形交路方案是适应工程条件，满足客流特点的合理选择。

论文题名：“泛珠三角”区域经济协调发展的法律保障机制
作者姓名：丁国峰
文献来源：昆明理工大学学报（社会科学版）
发表时间：2015-10-29
内容摘要：本文认为，现行“泛珠三角”区域经济协调发展的法律制度和政策相对落后，权力清单、责任清单和负面清单这三种清单制度处于空白状态，难以适应“泛珠三角”区域协调发展的迫切需求。因此，应该尽快构建和完善本区域内的法制平台，明确构建权力清单、责任清单和负面清单这三种清单制度的具体内容，实现“泛珠三角”区域经济协调发展的法治化。在谋求“泛珠三角”区域经济一体化为终极目标的同时，特别应明确中央与地方之间的职责分工，在区域内行政区划和行为主体不变、国家法制统一的基础上，实现区域内多元化的法制协调，不断强化和完善“泛珠三角”区域经济协调发展的法律机制，这是进一步推进“泛珠三角”区域经济一体化的必然选择和最终保障。

论文题名：浅析珠江三角洲经济发展模式
作者姓名：徐文慧
文献来源：经营管理者
发表时间：2015-11-05
内容摘要：本文论述珠三角经济发展的形成和发展过程，总结和探讨珠三角经济发展模式，为新时期珠港之间的发展战略调整提供参考。

论文题名：劳资关系演化博弈分析——以珠三角地区为背景
作者姓名：曹铭　张成科　朱怀念
文献来源：广东工业大学学报
发表时间：2015-11-15
内容摘要：本文在珠三角地区的背景下，运用演化博弈的理论，建立劳资双方以及资方和政府的博弈模型，通过模型求解和演化相图分析，找出演化稳定策略及劳资关系发展的影响因素，发现与生产成本、利润分配、背叛的收益、违约的惩罚等因素相关。针对分析结果分别从劳方、资方、政府监管部门的角度出发，提出相关建议，促使劳资关系走向稳定和谐。

论文题名：泛珠三角区域警务合作机制的现状和反思
作者姓名：陈勇
文献来源：湖北警官学院学报
发表时间：2015-11-15
内容摘要：本文认为，在中国区域警务合作机制已经确立的背景下，为适应现阶段区域警务合作的发展形势，认清泛珠三角区域警务合作机制的优势与不足，更新观念、完善领导管理机制、创新合作机制、发挥上级主导作用、健全保障机制应当成为当前泛珠三角区域警务合作建设的应有之义。

论文题名："互联网+"背景下"珠三角"制造业的发展困境与转型策略
作者姓名：段淳林　闫济民
文献来源：黑龙江社会科学
发表时间：2015-11-15
内容摘要：本文认为，"互联网+"战略为数字化时代的制造业转型和升级提供新的发展目标和方向，在这一特定背景下，"珠三角"地区的制造型企业受到诸多挑战和发展困境，但其发展出路不在于如何规避互联网的冲击，而是需要创新发展模式，突破现阶段的发展困境，推动制造向创造转变、速度向质量转变、产品向品牌转变，实现产业升级和优化。

论文题名：珠三角地区大气重金属的现状分析
作者姓名：黄娇　刘珊　马海锋
文献来源：环境保护与循环经济
发表时间：2015-11-15
内容摘要：本文统计近十年来文献中珠三角地区大气 $PM_{2.5}$ 重金属（As，Cd，Cr，Pb，V，Zn，Cu，Mn）的浓度和重金属的空气污染特征，并运用US EPA的环境健康风险评价模型对环境空气中的重金属对人群的潜在的健康风险进行评价，以期为深入开展该地区大气重金属污染特征研究和污染防治提供参考。

论文题名：关于在法律多元整合背景下体制链接创设珠三角+南海经济法治特区的构想
作者姓名：刘贤明
文献来源：法制与经济
发表时间：2015-11-17
内容摘要：珠三角区域有其特定的历史文化渊源，有其多元的政经司法背景。在这一背景下，体制链接创设珠三角+南海经济法治特区的构想应运而生。文章揭示其构想的缘起，阐述创设"珠三角+南海经济法治特区"与经济全球化趋势高度兼容。其思路首先作历史回顾，肯定珠三角区域经济一体化具有规律性与兼容性并与粤港澳一体化命题联系作经验总结；在此基础上拓开思路，即构建大中华经济圈；在明确大中华经济圈概念的同时将思路进一步拓展即文章的主题："体制链接创设珠三角+南海经济法治特区"。

论文题名：珠三角数字特效业定位策略和发展研究
作者姓名：柴文娟
文献来源：人民论坛
发表时间：2015-11-20
内容摘要：本文通过对国内外优秀数字特效业的经验借鉴和珠三角数字特效行业的深度研究，分析珠三角数字特效行业发展状况和存在的问题，对珠三角数字特效行业的定位和发展提出一些具有针对性的策略。

论文题名：珠三角旅游业发展现状调研及可持续发展探析
作者姓名：吴喜龄　赵丽贤　阮嘉怡　张冬玫
文献来源：特区经济
发表时间：2015-11-23
内容摘要：本项目小组从2013年8月开始走遍珠三角九大城市主要旅游景点，调研和梳理珠三角地区旅游资源和旅游产业发展的现状，分析珠三角旅游业发展存在的不足，提出珠三角旅游产业一体化的因应之策。

论文题名：珠江三角洲大径流对港珠澳大桥沉管隧道施工的影响
作者姓名：宿发强　李进　宁进进　张建军
文献来源：中国港湾建设
发表时间：2015-11-25
内容摘要：港珠澳大桥沉管隧道位于珠江三角洲径流的影响范围内，本文为了掌握大径流对沉管安装的影响，开展潮位、流场和海水密度等一系列实时观测。通过现场实测，珠江三角洲汛期带来的大径流，一方面影响流速，另一方面影响海水密度和浊度等。大径流对沉管施工影响显著，尤其对沉管浮运拖航和沉放对接等关键工序影响极大。

论文题名：低收入人群夜间公共空间的设计研究——以珠江三角洲城中村地区为例
作者姓名：宋红阳　潘茗敏
文献来源：城市发展研究
发表时间：2015-11-26
内容摘要：本文基于对珠江三角洲典型城中村的调查研究，结合珠三角城中村社区夜间公共空间现状与居民的活动行为特性，以居民对夜间社区公共空间的使用感受与活动需求为基本依据，从空间整理、时间管制、行为模式、个体特性四方面对城中村夜间公共空间的改造提出建议，以期契合居民的行为倾向需求，激发丰富多样的活动，实现城中村夜间公共空间的有机更新。

论文题名：珠三角直航香港海港口岸医学媒介生物防控与卫生检疫
作者姓名：刘文彪　李诗敏　刘盛莹
文献来源：中国国境卫生检疫杂志
发表时间：2015-11-30
内容摘要：本文探讨珠三角直航香港海港口岸医学媒介生物防控影响因素及卫生检疫措施。分析珠三角直航香港海港口岸的特点，梳理媒介生物防控的关键因素，提出卫生检疫措施。作者认为，应从抓好医学媒介生物本地调查及监测、携带病原体检测、船舶、集装箱及货物的查验、注重季节性、加强宣传等方面做好卫生检疫工作。结论：珠三角直航香港海港口岸医学媒介生物防控形势严峻，从关键点着手，提高医学媒介生物截获率。

论文题名：珠三角产业转型升级绩效研究
作者姓名：祁明德
文献来源：社会科学家
发表时间：2015-12-05
内容摘要：文章以珠三角九个城市为例，从区域经济发展、技术创新、产业结构水平、经济开放度、生态环境治理能力五个层面构建区域产业转型升级综合绩效评价指标体系，对珠三角九个城市在2009—2013年期间表现出来的产业转型升级绩效进行评价研究。研究发现：珠三角地区产业转型升级绩效普遍上升，其中深圳和广州地区转型升级能力较强，但近两年出现趋于缓和的迹象。最后针对珠三角产业转型升级现状，从自主创新、加强产业结构调整、营造创新环境氛围等方面提出相关对策建议。

论文题名：集体行动走向集体谈判的条件：基于珠三角案例的分析
作者姓名：谢玉华　李红　杨玉芳
文献来源：中国人力资源开发
发表时间：2015-12-08
内容摘要：本文采用多案例研究方法，选取2015年1—9月在珠三角服装鞋帽行业发生的7件工人集体行动案例为研究对象，通过对案例中各参与主体的对比分析，得出集体行动走向集体谈判的过程：劳资冲突—工人集体行动—劳方自发组织动员起来—政府及第四方协调斡旋—资方妥协—集体谈判，进而指出建立集体劳动关系调整方式、以用集体谈判解决劳资冲突，是当下中国劳动关系转型的核心。

论文题名：广东珠三角地区典型景观大道植物景观调查及评价
作者姓名：李许文　叶自慧　宁阳阳　陈红锋
文献来源：中国园林
发表时间：2015-12-10
内容摘要：本文以珠三角地区两条不同建成时间的道路绿化经典之作——东莞大道和深南大道的绿化为研究对象，通过实地调查，对其绿化的植物种类组成、配置模式、景观效果等方面进行深入研究，并总结其异同点，结果表明：两条道路绿化具有园林植物种类丰富，重视乡土植物应用与地域特色景观营造，群落结构丰富等特点，在此基础上，提出了道路优异植物景观建设的可持续发展策略——从重视规整的人工造景模式向自然随意的近自然林景观模式演化。此研究结果可为珠三角地区的道路绿化提供有益的借鉴和参考。

论文题名：珠三角某地下停车库消防和节能设计反思
作者姓名：崔景立　程连军　刘志伟　周军榕
文献来源：给水排水
发表时间：2015-12-10
内容摘要：本文通过对珠三角某小区地下车库的设计与运行特征进行分析，结合该地库在绿色节能设计方面采用的思路与方法，提出该项目对绿色建筑设计与评价，以及地下建筑消防设计方面的若干启示。

论文题名：珠三角地区物流业空间集聚效应分析
作者姓名：周维浪　高莉　林昌辉
文献来源：物流科技
发表时间：2015-12-10
内容摘要：本文基于2005—2013年珠三角十三个城市的经验数据，从静态和动态角度探讨珠三角地区物流业空间集聚效应和动态规律。静态结果表明：珠三角物流业集聚程度总体较高，2005—2011年呈现出波浪式缓慢递减的趋势，然而，2012年出现大幅度上升的变化。同时，动态效应分析表明：珠三角物流业集聚程度的变化是物流业集聚回复效应和随机效应共同作用的结果。

论文题名：澳门在珠江三角洲城市群协同创新中的战略定位和发展路径研究
作者姓名：常征
文献来源：科学与管理
发表时间：2015-12-15
内容摘要：本文认为，澳门既具有背靠强大祖国的政治经济优势，又具有与欧盟、葡语系国家、地区长期经贸往来，引进技术不受限制的有利条件及便于开展国际交流与合作的国际城市的优势，建议把握可以大有作为的国际产业转移的战略性机遇，积极参与珠江三角洲城市群的协同创新，通过开拓科技产业空间，创新科技投融资体制，开展国际技术贸易，建立健全国际技术交易市场，将澳门打造成辐射珠三角和中国的国际核心尖端技术研发、服务和交易的枢纽和引擎，以推动自身产业转型，实现澳门经济社会跨越式发展。

论文题名：珠江三角洲区域软土的物理力学

指标研究与分析
作者姓名：周晖　李勇
文献来源：矿产与地质
发表时间：2015-12-15
内容摘要：本文通过对珠江三角洲东、南、西北、中四个区域软土的物理力学指标统计分析后发现：软土的含水量、孔隙比均与天然密度保持良好的乘幂关系，与压缩系数存在线性关系，与内摩擦角存在指数关系，与液性指数、粘聚力的相关程度较低。含水量与孔隙比之间线性关系显著，应用数据回归方程可以便捷估算本地区软土的一些物理力学特性指标。"偏度、峰度检验法"可用以指标的正态性检验，对确定地基基础的设计分项系数及开展软土工程可靠性分析有重要意义。

论文题名：珠江三角洲地区本科院校青年教师师资队伍建设研究
作者姓名：张璇
文献来源：山东农业工程学院学报
发表时间：2015-12-15
内容摘要：本文认为，珠江三角洲地区本科院校青年教师师资队伍建设是决定高校可持续发展的根本所在。应对青年教师师资建设存在的问题，文章提出从完善应用型师资队伍建设机制、优化激励机制、提倡"师德一票否决制"等途径进行建设。

论文题名：珠江三角洲城市空气质量的区域影响分析
作者姓名：滕丽　卢君
文献来源：云南地理环境研究
发表时间：2015-12-15
内容摘要：本文基于广东省环境信息综合发布平台发布的珠三角九城市空气质量日报数据构建 VAR 模型，通过格兰杰检验和脉冲响应分析，探讨 2002—2012 年珠三角九城市空气质量的区域影响特征。结果显示：珠三角九城市间空气质量的区域影响包括自我影响和跨域影响。且城市个体的自我影响是负效应，其强度远远超过跨域影响，在跨域影响中单向性影响占比 84%，双向性影响占比 16%，邻域影响占 42%，非邻域影响占比 58%。南部沿海城市影响范围普遍大于北部城市的影响范围。具有因果关系的城市间的跨域影响中，65%表现为正效应，22%为负效应，有 13%显示为正负效应转换，而正负效应转换的情况说明存在两种不同的影响模式。

论文题名：珠江三角洲与成都市成华区基层图书馆"临界水平"调查
作者姓名：彭红梅
文献来源：四川图书馆学报
发表时间：2015-12-15
内容摘要：本文认为，城市基层图书馆作为能就近为市民提供基本文献信息服务的知识加油站，需要达到"临界水平"，即图书馆能够形成持续吸引公众利用的保障水平，也就是说，资源、服务和资金的保障能持续达到市民的基本需求，图书馆方能具有生命力、凝聚力和向心力，更好地履行图书馆的职能与使命。

论文题名：低碳生物技术创新与应用的法律激励机制研究——以珠三角地区为例
作者姓名：杨帆　宋鹏飞
文献来源：南京工业大学学报（社会科学版）
发表时间：2015-12-15
内容摘要：本文认为，珠三角地区作为中国

最发达的地区之一，在促进低碳生物技术发展的法律建设方面走在全国前列，推出一系列富有成效的法律激励措施，对全国低碳生物技术的发展起到引领、示范作用。但要赶上发达国家的步伐，仍需通过法治渠道，在现有法制基础上，充分发挥珠三角在经济、政策、立法方面的优势，构建完备的低碳生物技术创新与应用的法律激励机制。借助法律激励之手，促进低碳生物技术在全国各领域的推广及应用。

论文题名：珠三角中小金融机构发展中的经济约束研究——以广东农村信用社为例
作者姓名：陈爱英
文献来源：中共银川市委党校学报
发表时间：2015-12-15
内容摘要：本文以广东农村信用社的发展为案例，分析经济发展对中小金融机构的影响，并就广东省“双转移”背景下，提出中小金融机构发展在新的经济状况下，应着重在差异化经营等方面进行风险规避。

论文题名：珠三角区域经济产业结构需求与高职英语职业能力培养体系对接研究
作者姓名：李波娜
文献来源：佳木斯职业学院学报
发表时间：2015-12-15
内容摘要：本文基于珠三角经济产业结构下的高职英语职业能力培养与区域经济对接的必要性分析，从高职英语培养目标、课程内容设置、实践教学、双师型教师队伍和教学评价等方面，探讨如何构建与珠三角区域产业结构需求对接的高职英语职业能力培养体系。

论文题名：创业精神与郊区转型——以珠三角为例
作者姓名：李志刚
文献来源：国际城市规划
发表时间：2015-12-19
内容摘要：本文从“领域化”的视角入手，以珠三角为例，解析转型期中国的郊区化及其社会空间重构机制，提出郊区社会空间转型的三种状态：同化、融合、适应，展现出乡城转型进程的复杂性与可能性。珠三角郊区的典型空间案例就是这样一个复杂、多元、差异化的转型机制。在此基础上，本文对中国郊区转型的本质进行解析，强调创业精神的兴起是其内在基础，并将创业精神界定为兼具创业、奋斗与企业家气质的个人或群体精神，以活力、创新和担当风险为特征，强调其正面意义。同时，“领域化”进程与创业精神的兴起存在辩证互动关系，郊区化激发创业精神。总之，对精神价值的强调对于认识中国郊区转型意义重大，这对发展中地区和转型经济具有借鉴意义。

论文题名：基于混沌遗传算法优化 GRNN 模型的珠三角高速公路软土路基沉降预测
作者姓名：杨瑞芳　周毅英
文献来源：公路工程
发表时间：2015-12-20
内容摘要：本文考虑到珠三角地区的软土基特性，建立混沌遗传算法优化的 GRNN 预测模型，并将其应用到高速公路的软土基沉降的预测之中。以广珠高速公路选取的一段软地基为例，利用该模型进行沉降量的预测，通过与 GA-GRNN、BP、GM（1，1）等模型的预测能力的比较，证明本文的预测模型的有效性和高精度，可以用来对软土基的沉降量进行良好的预测。

论文题名：泛珠三角区域能源消费差异实证分析
作者姓名：肖丽　王宇波
文献来源：特区经济
发表时间：2015-12-24
内容摘要：本文选取 2013 年泛珠三角区域九个省份能源消费的相关数据，构建能源消费水平评价指标体系，运用主成分分析对区域内九省能源消费水平进行排名，通过聚类分析法将各省的能源消费水平按相似性划分为四类地区。研究结果表明：区域内各省能源消费存在较大差异，各类地区间能源消费差异也很明显。

论文题名：珠三角地区产业转型升级知识产权管理系统运行效果评价
作者姓名：冯志军　康鑫　陈伟
文献来源：财会月刊
发表时间：2015-12-25
内容摘要：本文在对珠三角地区产业转型升级知识产权管理系统进行概念界定、结构解析及运转机制分析的基础上，建立其运行效果评价指标体系，运用基于微粒群算法定权的改进 TOPSIS 法，针对珠三角地区九个城市进行实证评价，分析珠三角地区产业转型升级知识产权管理系统运行现状与亟待改善的主要方面。

论文题名：珠三角外来劳动者家庭友好计划研究——从工作—家庭平衡的角度进行探讨
作者姓名：林雪莹　龚会
文献来源：成都师范学院学报
发表时间：2015-12-25
内容摘要：本文认为，外来劳动者表现出较为严重的工作—家庭冲突，为了吸引及留住这些人员，需要选择和制定家庭友好计划以缓解冲突，作者通过研究提出相关计划：弹性工作制、员工家庭团圆计划、共建员工子弟学校、过节援助计划、父母补充养老计划等。

论文题名：基于功能网络的珠三角区域城市联系研究
作者姓名：刘涛
文献来源：经济地理
发表时间：2015-12-26
内容摘要：本文基于前人提出的功能网络分析框架，利用逻辑演绎的方法，剖析功能网络的概念内涵、空间特征，构建城市联系研究的功能网络模型。功能网络模型对珠三角区域的实证研究结果表明：功能网络分析框架对城市联系强度测度具有有效性，进一步拓宽城市联系研究的视角。

论文题名：泛珠三角区域会展业发展现状与特点分析
作者姓名：袁荫贞
文献来源：商场现代化
发表时间：2015-12-30
内容摘要：本文认为，泛珠三角区域经过十多年的发展，现已在经济各领域建立紧密经贸关系，会展业在区域里各地区发展势头迅速，发展现状良好，具有独特的发展特点，促进区域间经济的合作。

·责任编辑 周慧琴·

文献法规

珠江西岸先进装备制造产业带布局和项目规划（2015—2020年）

（广东省人民政府办公厅2015年1月26日印发）

先进装备制造业是衡量一个国家或地区工业化程度和国际竞争力的重要标志。加快培育发展先进装备制造业，是广东省特别是珠江西岸各市提高产业核心竞争力的必然要求，是抢占未来经济和科技发展制高点的必然选择，对于广东省加快产业转型升级，构建现代产业体系，实现由制造业大省向制造业强省转变具有重要战略意义。为进一步推动广东省特别是珠江西岸各市先进装备制造业集约发展，根据《珠江三角洲地区改革发展规划纲要（2008—2020年）》和《国务院关于加快培育和发展战略性新兴产业的决定》（国发〔2010〕32号）、《中央广东省委广东省人民政府关于加快建设现代产业体系的决定》（粤发〔2008〕7号）和工业和信息化部、国家发展改革委、财政部《高端装备制造业“十二五”发展规划》（工信部联规〔2012〕145号），编制本规划。

规划范围为珠江西岸六市一区，包括珠海、佛山、中山、江门、阳江、肇庆（主要指鼎湖、大旺、高要、四会）市和顺德区，规划期为2015—2020年。

一、发展现状和面临形势

（一）发展现状

经过改革开放30多年的发展，珠江西岸已发展成为广东省重要的装备制造业生产基地，初步形成了产业特色鲜明、具有一定规模和技术水平的装备制造产业体系，为发展先进装备制造业奠定了坚实的基础。

——产业规模较大。2013年，珠江西岸规模以上装备制造业完成工业总产值8 725.7亿元，其中汽车制造、专用设备制造分别是2005年的4.3倍和3.6倍，年均增长分别为20%、17.5%。规模以上装备制造业增加值约1 900亿元，占规模以上工业增加值的25.3%。

——产业水平较高。以企业为主体的自主创新体系加快建设，建立了国家级工程中心4家，形成了中山风电装备、江门轨道交通装备、珠海航空装备、顺德精密智能制造等10家以先进装备制造业为主导产业的省级战略性新兴产业基地。通过组织实施重大产业项目带动战略，轨道交通装备、海洋工程装备、新能源装备、通用航空装备等新兴装备制造业发展迅速，已形成装备制造业“海陆空”发展新格局。

——优势产品地位突出。坚持自主创新和引进消化吸收再创新相结合，一批重点装备产品相继突破，国内首架具有自主知识产权的全复合材料涡桨公务机“领世AG300”在中航通飞华南公司研制并试飞成功，国内新一代CRH6型城际动车组在广东南车轨道交通装备产业基地下线并实现量产，中山明阳风电5~6兆瓦风机样机已下线。传统优势装备产品国内市场占有率和影响力稳步提升，陶瓷机械、塑料机械、木工机械等专用装备产品国内市场占有率位居全国第一，印刷包装机械、玻璃机械、压力机械等专用装备产品国内市场占有率均超过20%。

——集聚发展态势明显。产业集聚发展初见成效，形成了珠海通用航空装备、中山风电装备、珠海海洋工程装备等一批在国内具有一定影响力的装备制造产业基地，国内首个按照全产业链规划建设的广东江门轨道交通装备产业基地初具规模。科技部相继认定广东省国家火炬计划佛山精密制造、佛山自动化机械及设备、中山（临海）装备制造业和中山电梯特色产业基地4个国家级特色装备制造业基地。同时，培育发展了顺德伦教木工机械、陈村压力机械、大良塑料机械等一批产业特色鲜明的专业镇。

同时，与国内外装备制造业先进地区相比，广东省珠江西岸装备制造业发展还存在较大差距，主要表现在：自主创新能力弱，核心关键零部件受制于人；骨干企业少，行业集中度不高；系统集成能力较弱，尚未形成以主机制造为核心、上下延伸的产业链；产业体系不健全，相关基础设施、服务体系建设相对滞后等。

（二）面临形势

从国际看，一方面，国际制造业转移层次不断演进，先进装备制造业加工制造组装等环节持续向发展中国家转移，国内企业通过并购、购买专利授权等多种方式可以迅速获得装备制造业加工制造技术，突破技术瓶颈，形成竞争力；信息技术、绿色制造技术、新材料等新兴技术在装备制造业领域的应用，将不断催生出新的装备制造业产品门类和业务领域；以数字技术为基础，在互联网、物联网、云计算、大数据等强力支持下，量体裁衣式的单件小批量定制化生产加快发展，产业形态将逐步从生产型制造向全生命周期的服务型制造转变。另一方面，金融危机也使发达国家重新回归实体经济，提出了“再工业化”、低碳经济、智慧地球等一系列新的发展路线，纷纷在先进装备制造业等重点领域进行战略布局，利用掌握的核心技术占据主动，加快推动先进装备制造业发展，试图抢占未来经济和科技发展的制高点，给中国先进装备制造业的发展带来激烈竞争。

从国内看，国家将高端装备制造业列为重点培育发展的战略性新兴产业，对高端装备制造业的发展和重大技术装备自主创新的扶持力度进一步加大；中国仍处于工业化、城镇化加速发展阶段，尤其是中西部地区的工业化进程加快，对各类装备产品的需求依然旺盛；新能源、新材料、医药和生物技术等战略性新兴产业的培育发展，以及轻工、纺织、石化、冶金、建材等传统产业的转型升级，将带动一批装备产品的更新换代，为广东省珠江西岸装备制造业的发展带来巨大的市场空间。但是，受制于产业基础和技术水平，广东省珠江西岸装备制造业产品在国际国内市场上竞争能力不强，与国内其他地区竞争优势不明显；同时节能降耗、环境保护、集约用地等政策对装备制造业发展提出了更高的要求。

二、指导思想、基本原则和发展目标

（一）指导思想

深入贯彻落实党的十八大和十八届三中全会精神，紧紧围绕产业转型升级和战略性新兴产业发展的重大需求，把发展先进装备制造业作为加快广东省产业转型升级、转变经济发展方式的重要抓手，按照政府引导、市场主导、创新驱动、差异发展、龙头带动的原则，着力优化产业布局，着力推动重大项目建设，着力营造良好发展环境，重点建设珠江西岸先进装备制造产业带，力争到2020年建设成国内领先、具有国际竞争力的先进装备制造产业基地，为全省实现“三个定位、两个率先”总目标提供有力支撑。

（二）基本原则

——坚持市场导向与政府推动相结合。遵循市场规律，尊重企业在发展先进装备制造业中的主体地位，充分发挥市场在配置资源中的决定性作用；注重规划和政策引导，改善投资环境，加大招商引资力度，统筹政府资源，突破行业关键薄弱环节，完善先进装备制造业发展的公共服务体系。

——坚持自主创新与开放合作相结合。建立完善以企业为主体的技术创新体系，不断增强自主创新能力，强化核心关键技术研发攻关，加快形成一批具有自主知识产权的优势产品；充分利用全球创新资源，鼓励企业通过国际合作途径，加快对国外关键核心技术的引进消化吸收再创新。

——坚持龙头带动与产业集群相结合。充分发挥龙头企业的带动作用，支持重点骨干企业跨地区、跨行业、跨所有制兼并、联合及海外并购，提升系统集成能力，做大企业规模；加快推进装备制造业重点产业基地、专业化园区建设，增强园区集聚功能，发挥产业集聚效应，提升专业化分工协作配套水平，打造一批特色鲜明的产业集群。

——坚持差异发展与协调互动相结合。根据珠江西岸各市产业基础、配套能力和要素供应情况，合理布局，发展各有侧重的先进装备制造业，实现差异化有序发展；引导装备制造业及其基础零部件、原材料等外围配套产业梯度转移和布局，实现优势互补、分工协作，推进珠江西岸先进装备制造产业带一体化发展。

（三）发展目标

——产业规模跃上新台阶。到2017年，珠江西岸规模以上装备制造业实现产值15 000亿元，年均增长约15%，其中智能制造装备、船舶与海洋工程装备、节能环保装备、轨道交通装备、通用航空装备、新能源装备、汽车制造、卫星及应用等先进装备制造业占规模以上装备制造业的比重超过40%。到2020年，珠江西岸规模以上装备制造业实现产值22 000亿元，年均增长约15%，其中先进装备制造业占规模以上装备制造业的比重超过50%。

——创新能力大幅提升。到2017年，研究与实验发展经费（R&D）支出占装备制造业增加值比重达到2.7%，骨干企业研发经费投入占销售收入比重达到5%以上，骨干企业产品水平达到国内先进水平，初步形成以企业为主体的先进装备技术创新体系。到2020年，R&D支出占装备制造业增加值比重达到3%以上，基本形成产学研用相结合的先进装备制造创新体系。

——产业链培育逐步完善。到2017年，初步形成智能制造装备、船舶与海洋工程装备、轨道交通装备、通用航空装备等重点产业链，形成10个产值超100亿元的先进装备制造产业集群。到2020年，先进装备制造产业链进一步完善，打造2~3个产值超1 000亿元、在国内外具有一定影响力的先进装备制造产业集群。

——产业组织结构进一步优化。到 2017 年，形成 4~5 家销售收入超 100 亿元的先进装备制造业骨干企业。到 2020 年，形成 1 家以上销售收入超过 1 000 亿元和一大批具有核心竞争力的“专、特、精、新”中小型装备制造企业。

三、发展重点和布局

结合广东省珠江西岸产业发展基础，重点发展智能制造装备、船舶与海洋工程装备、节能环保装备、轨道交通装备、通用航空装备、新能源装备、汽车制造、卫星及应用等领域先进装备制造业，以及相配套的重要基础件和生产服务业，建设一批特色鲜明、具有国际竞争力的先进装备制造业基地。以点带面，辐射带动形成规模化、集约化、差异化沿江沿海先进装备制造产业带，推动珠江西岸形成以大型企业和优势产品为龙头、中小企业和配套产品为基础、产业链完整、产业集群发达的先进装备制造发展格局。

（一）智能制造装备

以佛山市、顺德区为主，重点发展关键智能制造基础共性技术，推进以传感器、自动控制系统、工业机器人、伺服和执行部件为代表的智能装置的研发和产业化，大幅提高制造过程信息化水平，培育开发智能化生产线和数字化车间（工厂），以及高精密数控机床及系统、工作母机等重大设备，提升重大智能成套装备的集成水平，形成高度灵活、个性化、网络化的产业链。支持智能制造装备企业在工程承包、维修改造、设备租赁等方面开展增值服务，促进企业由加工制造型向生产服务型转变。到 2017 年，初步建成在全国具有较大影响力的智能制造装备产业基地。到 2020 年，产值规模达 2 000 亿元，形成 2 家以上行业领军企业。

佛山市重点发展工业自动化控制系统、专用检测仪器、机器人本体和智能测控装置与控制系统，以及 3D 打印等智能装备。积极开展智能制造装备示范应用推广，培育一批从事数字化、智能化系统工程的集成商。开发家电智能化生产线技术和设备，提升陶瓷机械、木工机械等专用装备的智能化、集成化水平。

珠海、中山市重点发展传感器、智能仪器仪表等智能测控装置和自动控制系统，加快集聚发展高端医疗器械，提升医疗器械信息化水平。积极推进纺织服装、消费类电子、输配电

·链接·　**智能制造装备产业基地**

佛山智能装备产业基地：依托南方风机、科达机电、广东锻压、伊之密、东方精工、丰凯机械等骨干企业，推进 3D 打印产业化项目建设，积极向智能化、全自动、成套、精密、数控和进口替代方向发展，初步形成了以智能化机构装备、工业机器人、智能家电为代表的智能制造产业体系。

光机电一体化产业基地：依托中山新诺科技、中山汉唐科技、佛山高聚激光、肇庆中导光电等骨干企业，重点发展大功率激光系统和激光直刻、加工、印刷设备以及光学检测设备，形成产业集聚。

设备和工程机械等领域企业建设智能化示范生产线和示范数字化车间（工厂），提升装备智能化水平。

肇庆市加快发展新型传感器、智能仪器仪表等智能测控装置，积极推进陶瓷、冶金等传统行业建设自动化生产线，提升装备智能化水平。

江门市重点发展伺服驱动器、变频器等伺服系统以及数控加工中心，积极推进食品行业提升装备智能化水平。

阳江市积极推动“两化”深度融合，促进传统产业转型升级，积极提升五金、刀剪、塑料等行业装备智能化水平。

（二）船舶与海洋工程装备

以珠海市为主，重点发展以海洋油气为代表的海洋矿产资源开发装备和大型临港工程装备，研究开发可燃冰等海底能源开采技术装备以及无人潜航器、深水机器人等先进装备。加快建设大型深水海洋工程装备制造基地和特种船舶生产基地，加快提升产业规模和技术水平，完善产业链。到2017年，基本建成大型深水海洋工程装备制造基地。到2020年，形成产值千亿元的海洋工程装备制造基地，成为中国主要的海洋工程装备制造基地之一。

珠海市重点发展深水钻井平台、海上油田浮式生产储卸油装置（FPSO）等海洋工程装备以及海上钻井采油平台配套设备，加快发展正面吊、起重机械等临港工程机械和船用高中低速柴油机，积极推进游艇产业发展，形成产业集聚。

中山市重点发展三用工作船、多用途海洋支持船、海洋工程拖船等海洋工程辅助船、海上风电安装船、豪华游艇和执法船艇等，适时发展半潜船、钻井船、起重铺管船等高附加值船舶，积极推进游艇产业发展，加快发展海水淡化和综合利用装备。

江门市重点发展适应基础设施建设需要的特种工程船和具有特色优势的品牌化中小型船舶产品，以及以分段制造为主的船舶配套产业链。大广海湾地区择机差异化发展石油钻采专用设备等深水海洋工程装备。

佛山市重点发展多功能海洋工程船和锁紧装置、悬臂梁滑移系统等海上钻井采油平台配套设备，以及正面吊、起重机等临港工程机械。

·链接·

船舶与海洋工程装备产业基地

珠海高栏港深水海洋工程装备基地：以海油工程（珠海）、三一海洋重工等企业为依托，加快建设中海油深水海洋装备基地和三一重工珠海产业园，以及玉柴（珠海）船用柴油机等项目，形成2家产值超百亿元的海洋工程装备制造企业。

中山翠亨海洋工程装备基地：以广新海事重工、广船集团为龙头，加快推进粤新海工、中泽重工、中艺重工等项目建设。

江门银洲湖中小型船舶基地：支持南洋船舶、中交集团等企业做大规模，积极引进海洋工程辅助船舶等项目，形成中小型船舶集聚发展。

在珠海、阳江规划布局建设大型船舶和海洋工程装备制造项目。

阳江市培育发展大型深水海洋工程装备，适时发展适应世界船舶市场需求的高附加值船舶产品。

（三）节能环保装备

以佛山市为主，重点发展技术先进、市场前景广阔、竞争能力强的节能环保、资源循环利用技术和装备及配套节能服务产业，培育开发城市垃圾智能分选和处理成套装备、二氧化碳综合利用成套装备以及污染检测和远程诊断系统等高端环保装备，形成有自主知识产权的知名品牌。到 2017 年，培育形成 10 家以上销售额超 10 亿元的企业，形成一批具有行业影响力的环保知名企业和知名品牌。

佛山市重点发展高效节能锅炉窑炉、中央空调节能控制技术与设备、余热余压利用和节能在线监测等节能装备，培育发展环境污染控制设备（新型水处理装备、工业废气净化设备、垃圾焚烧设备）、环境污染修复设备（河涌清淤、淤泥处理与资源化成套技术和设备），推进资源回收利用技术和设备的研发生产。

中山市重点发展生活垃圾分选、填埋、焚烧发电、生物处理和垃圾综合利用装备，培育发展污水处理成套设备、烟气脱硫设备、环境监测仪器仪表等环保设备。

江门市重点发展船舶等大型运输工具的拆解装备与技术、工业废物处理与环境服务等，培育发展 LED 生产装备，积极推进循环经济发展。

肇庆市重点发展稀土永磁无铁心电机、曳引机等高效节能电机技术和设备，培育发展汽车零部件、工程机械等机电产品再制造。

·链接·　**节能环保装备产业基地**

佛山节能环保装备基地：以科达洁能、佛山仪器、佛山水泵等企业为依托，积极推进环保产业与现有优势产业清洁生产相结合，完善产业链。

江门循环经济产业基地：以威立雅环保拆船、三顺环保等企业为依托，积极推动再生资源清洁化回收、规模化利用和产业化发展。

（四）轨道交通装备

以江门市为主，依托珠三角城际轨道交通网络建设，重点发展轨道交通装备及其关键系统零部件，建立健全研发设计、生产制造和产品标准、知识产权保护体系，提升装备自主化能力。加快延伸产业链，大力提高整车配套和生产能力。研究开发磁悬浮、真空管道等超高速轨道交通技术及相关装备。到 2017 年，形成 1 000 辆轨道交通车辆年生产能力。到 2020 年，建成世界一流的高端轨道交通装备修造产业基地。

江门市重点发展城际和城市轨道车辆的制造、保养以及大、中修业务，加快研发生产具有自主知识产权的新车型，创设城际轨道交通装备国家标准，实现和谐号动车组多元化发展。积极引进相关配套企业，重点发展转向架、牵引系统、制动系统、信号系统、通讯系统等轨道交通装备关键配套产品。

珠海、佛山市实行差异化发展，重点发展低地板车和区域城市轨道交通车辆的大中修。

> ·链接·　**轨道交通装备产业基地**
>
> 江门轨道交通装备产业基地：以广东南车轨道交通车辆有限公司为龙头，积极引进西门子、江苏经纬、克诺尔等国内外骨干企业，建设牵引系统、制动系统、信号系统等轨道交通装备关键零部件项目，形成年产 1 000 辆轨道交通车辆生产能力，建成城际轨道交通世界先进技术国产化基地和国家标准创设基地。

（五）通用航空装备

以珠海市为主，以低空领域开放为契机，重点发展航空关键技术研发，以及通用飞机、水上飞机、无人机、特种飞行器和轻型直升机等，积极发展机场空管导航监视装备和牵引车、气源车、电源车和空调车等机场地勤设备。研究开发地效飞行器、通用航空发动机等高端航空装备。到 2017 年，培育壮大 1 家通航装备制造企业。到 2020 年，成为国内主要通用航空产业基地之一。

珠海市重点发展通用飞机总装、部装、飞机零部件生产等，培育发展从核心机研发到批量生产的航空发动机生产能力，推动配套航空设备及航空维修、支援、租赁、飞行员培训等产业配套体系建设，积极发展机场空管导航监视装备和机场地勤设备。

阳江市依托低空航线的开通，积极培育发展对私人飞行器或公司商务飞机的停泊、保管、试飞、养护、修理，以及飞行体验、航空拍摄、景点空中观光、飞行员培训等通用航空服务业务。适时发展轻小型通用飞机。

> ·链接·　**通用航空装备产业基地**
>
> 珠海通用航空装备产业基地：以中航通飞为龙头，积极引进飞机部件生产项目，加快推进大型水陆两栖飞机、轻型涡桨公务机等机型研制，延伸完善通用航空产业链。
>
> 阳江通用航空服务基地：积极引进相关行业骨干企业，规划布局建设固定飞机运营基地、飞行员培训学校、飞行俱乐部等项目，形成通用航空服务产业链。

（六）新能源装备

重点发展光伏装备、风电装备和核电装备，延伸发展产业链，加快发展新型传感测量、通讯信息、电能质量控制、决策支持、超导、分布式电源柔性接入技术等智能电网先进技术，培育开发高温气冷堆、10 兆瓦及以上风电和光伏发电技术及装备。以佛山市、中山市为主，重点发展高倍聚光型太阳能发电成套系统；以中山市为主，重点发展大型风电机组整机及部件，提升研发水平，加强海上风电机组及风光互补系统研制及产业化；以江门市为主，重点发展核电辅助装备和非动力核技术。到 2017 年，培育形成 1~2 家系统设计、设备制造一体化的输配电工程总承包公司。到 2020 年，打造成为国内重要的新能源装备制造基地之一。

佛山市重点发展太阳能电池专用生产设备、导电玻璃、导电玻璃镀膜设备、高端溅射靶材、激光设备、太阳能电池及组件，以及光伏逆变器、控制器、边框支架等配套产品，形成整条生产线研发与建设能力。积极发展高压输变电设备、兆瓦级风力发电机及相关配套设备，开发和拓展高端中压设备在核电、风电和轨道交通领域的应用。

中山市重点开展特殊环境下兆瓦级变桨、变速风力发电机组技术的研究和开发，加快发展风电齿轮箱、发电机、轴承、叶片、偏航及控制系统等关键部件，形成较完整的风电设备上下游产业链。积极推进新一代光伏发电装备产业化，加快发展高倍聚光型太阳能发电成套系统，提升中低压输变电设备智能化水平。

珠海市重点发展输电线路状态监测系统、柔性输电、微网控制保护及接入等关键设备，包括配网自动化智能终端装备、柜式气体绝缘金属封闭开关设备等。

江门市重点发展中低压开关柜等输配电装备，培育发展风叶等海上风电大型配套设备、核电常规岛发电主设备及重要辅机设备，积极推进设备装配、基地人员培训等相关产业配套服务。

阳江市重点培育发展创新型垂直轴风电发电机组、配套辅机设备等相关产业，促进高压气水混合发电系统产业化。

·链接·

新能源装备产业基地

佛山光伏发电装备产业基地：以爱康太阳能、保威新能源等企业为依托，重点打造顺德光伏产业园和应用检测中心以及三水工业园区国家分布式光伏发电应用示范区。

中山新能源装备产业基地：以中山明阳风电为龙头，以中山火炬开发区、翠亨新区为主要产业集聚区，加快推进2兆瓦级以上风电机组以及叶片等重大项目建设，逐步辐射带动形成较完整的产业链。以中山明阳瑞德兴阳高倍聚光光伏组件制造项目为重点，加快发展高倍聚光型太阳能发电成套系统。

台山清洁能源（核电）装备产业园：以中广核为龙头，依托台山核电项目，引进中广核上下游配套企业，形成产业链。

智能电网产业基地：依托中山明阳、珠海长园电力、珠海优特电力等骨干企业，积极推进微网示范项目建设，形成产业集聚。

（七）汽车制造

以佛山市为主，重点发展汽车整车、新能源汽车和专用车三大基地，研究和开发无人驾驶汽车等前沿技术，延伸发展汽车尤其是新能源汽车关键零部件生产，形成与整车生产能力相匹配的系统配套能力。到2017年，汽车整车年生产能力超过60万辆，其中新能源汽车年综合生产能力超过5万辆。到2020年，新能源汽车年综合生产能力20万辆，成为全国重要的新能源汽车生产基地之一。

佛山市重点发展高端轿车、高附加值和多功能客车，以及旅居车、清障车、工程车等特色专用车，延伸发展变速箱、发动机、安全气囊、电控系统等关键零部件，提高本地配套率，形成较完善的汽车产业链。培育发展纯电动轿车，加快建立正负极材料、隔膜、电解液等动力电池配套能力。

中山市重点发展永磁电机产业链，加快建立上游特种电机材料、功率开关模块配套能力，延伸发展电动轿车、电动专用车等新能源汽车产品，支持发展新能源汽车动力电池产业链。积极发展道路养护维修车等高附加值专用车。

珠海市重点发展高档客车、纯电动客车和医疗专用车、环卫车等专用车，支持发展锂离子动力电池产业链。

肇庆市重点依托广州、佛山汽车整车产业，大力发展汽车发动机用各类精密铸件、汽车电子产品、精密齿轮和其他汽车辅件等。

江门市重点发展驱动桥总成、制动器总成、半挂车车轴总成等汽车零配件，培育发展重型载货车和高技术、高附加值专用车。

阳江市重点建设轻量化材料车身产业链，培育推进专用汽车生产。

·链接·

汽车产业基地

佛山汽车产业基地：以一汽大众佛山分公司为龙头，积极推进一汽大众佛山工厂二期项目建设，形成年产整车60万辆生产能力。

新能源汽车产业基地：依托中山大洋电机、佛山陆地方舟等企业，加快推进北京长城华冠新能源汽车项目前期工作，规划布局建设新能源汽车整车产业化生产项目。

专用车生产基地：做大佛山富迪、粤海等专用车生产企业，积极引进中国兵装集团、中航公司等大型企业，建设市场需求量大、高附加值的专用车生产项目，形成产业集聚。

汽车零部件产业基地：以肇庆鸿图科技、肇庆鸿特精密等企业为龙头，加快发展精密压铸件、汽车轮毂、转向器和汽车电子等汽车零部件和零部件专业市场配套服务，打造环珠三角汽车零部件产业基地。

（八）卫星及应用

以中山市为主，重点发展卫星通信、卫星导航、卫星遥感三大领域，不断推进应用概念和应用模式创新，积极拓展卫星在应急、救灾、气象监测、通用航空、智能交通、物联网等应用领域，着力发展卫星导航终端及位置服务、卫星通信广播、自主遥感信息等卫星应用产业链，培育开发北斗卫星空间基准授时、高分辨率高光谱遥感图像处理及应用和空间信息三维显示等技术和装备。到2017年，培育形成10家以上销售额超亿元的卫星应用企业，初步建立区域卫星应用产业体系。

中山市加快建设北斗物联网产业基地、北斗地基增强网络系统、北斗应用居家养老示范屋等项目，培育发展卫星导航终端及位置服务、卫星通信广播、自主遥感信息获取处理和运营服务以及北斗卫星空间基准授时产业链。

佛山市以电子口岸的车辆、船舶监控平台为切入点，建立北斗卫星应用示范项目，积极解决北斗民用化推进过程中一系列共性技术、应用及管理问题。

珠海市培育发展卫星多媒体通信、卫星高速网络接入系统及具有自主知识产权的高灵敏度、抗干扰、高动态直捕终端机、多星座、多模融合接收机以及基带芯片、射频芯片、微型

·链接·　卫星及应用产业基地

中山北斗应用示范基地：以中国东方红卫星股份、广东北斗平台科技、广东通宇通讯设备等骨干企业为依托，积极推进芯片研发、系统集成与终端生产、服务运营等产业发展，建设北斗物联网产业基地。

天线等关键元器件和电子地图。

（九）重要基础件

以阳江市为主，重点发展精密轴承、高强度螺栓、精密齿轮和高档液压/气动/密封件及系统等基础件和通用部件的设计、制造和批量生产的关键技术，以及大型和特殊零部件制造及加工技术。推广清洁生产技术，加强环境保护，建设华南地区重要基础原材料生产基地，提升产品品质。积极延伸产业链，引入相关企业，规划布局建设大型铸锻件、基础部件、加工辅具和特种原材料等配套项目，提供先进装备所需的关键基础件和原材料。

·链接·　重要基础件

华南原材料基地：积极推进阳江中集钢构件等一批重大项目建设，打造中国（阳江）高端不锈钢产业基地、硅基功能新材料生产基地和特种钢材生产基地。

（十）生产服务业

建设中德生产服务业集聚区等一批中外先进装备制造合作示范基地，建立一批检验检测、教育培训、法律服务等公共服务平台，建设一批功能突出、辐射功能强的生产服务业集聚区，推动产业金融、工业设计、信息系统服务、现代物流配送、电子商务、会展等与先进制造业紧密相连的生产服务业向先进装备制造基地集聚。顺应全球先进制造业发展新趋势，以佛山市、珠海市、顺德区为主，积极发展先进制造领域的全新商业模式和合作模式，推动服务型先进制造业发展，形成高度灵活、个性化、数字化的产品与服务的生产模式。支持企业提升系统集成能力，发展产品设计、技术研发、工程总包和系统控制等业务，建立现代销售体系。加快生产制造与信息技术服务融合，发展研发设计、第三方物流、融资租赁、科技信息服务、检验检测认证、电子商务、服务外包、展览等新业态。以信息化为纽带，辐射推进珠江西岸各市建设为本地装备制造产业服务的科研、销售、商务会展等行业公共服务平台。

·链接·　生产服务业基地

中德工业服务区：加快建设中德企业服务中心，以德国为合作基地，积极引进国内外各类研发设计、检测认证、科技成果转化、职业培训、知识产权服务等工业服务机构，为广东乃至全国工业企业提供技术应用服务。

四、保障措施

（一）提升自主创新能力，形成核心竞争力

提升先进装备制造业自主创新能力，统筹利用资源，组织实施若干重点科技专项，在先进装备制造业各重点领域均建成1家以上国家认定的工程中心，重点突破智能制造、深水海洋装备、新能源汽车、通用航空装备、轨道交通装备等关键核心技术。对企业承担的省级财政支持的科技研发项目，用于研发人力投入经费的比例最高可上调至30%。依托重点工程、重大项目和骨干企业，贯彻落实国家首（台）套重大技术装备示范项目管理办法，积极促进科技成果的转化，提高科技成果产业化效率。在轨道交通、新能源汽车、核电、风电、污水处理等领域组织实施重大技术装备首（台）套应用工程，力争新产品销售收入比重超过20%。推进形成以企业为创新主体，产学研用有效融合的自主创新能力提升体系。

（二）推进产业集聚，做大做强骨干企业

组织实施先进装备制造业基地示范工程，以国家级和省级开发区、重点产业园区为支撑，依托先进装备制造龙头项目，引导相关配套项目在周边集聚发展，重点在智能制造装备、船舶与海洋工程装备、轨道交通装备、通用航空装备、新能源装备等领域延伸产业链，支持先进装备制造业产业集聚区创建新型工业化产业示范基地和创建装备制造区域品牌。大力支持工业化和信息化融合，积极推进计算机辅助技术在先进装备制造业研发设计环节的集成应用，以及生产管理过程的数字化、智能化、网络化改造，实现规模以上先进装备制造企业信息技术的应用率达到90%以上。落实国家和省支持企业做大做强的各项政策，扶持产业集聚区内骨干企业做大做强，支持先进装备制造业骨干企业进入省年度重点支持的大型骨干企业名单，并将先进装备制造业骨干企业投资的重点项目优先列入省重点项目，培育50家以上智能制造骨干企业和系统集成企业，形成一批核心竞争力强、主导产品优势突出、具有总承包和总成套能力的先进装备制造龙头企业。

（三）完善标准体系，打造知名品牌

组织编制先进装备制造业标准体系规划，积极推动轨道交通装备等领域骨干企业主导或参与国际、国家、行业和地方标准制（修）订。在符合条件的先进装备制造业集聚区，省市共建若干产品质量监督检测机构，并争取国家支持建设一批国家级检测机构。支持企业采用国际标准，提升装备产品质量和可靠性。组织实施品牌商标战略，支持自有品牌在境外的商标注册和专利申请，促进自有品牌跨国经营与国际化发展，形成一批国际知名品牌先进装备产品。

（四）加大招商引资力度，壮大产业规模

积极开展招商引资活动，以珠江西岸各市（区）为主体，以现有产业基地、开发区、产业园、新区为载体，在落实各市与央企签订的投资合作协议基础上，根据本地区的区位情况和产业基础，坚持高起点引进，精准招商，做大增量，重点引进带动性强的国内外先进装备制造业龙头企业，突出产业链配套招商，细化产业分工，完善配套体系，加快形成优势明显、各具特色的先进装备制造业产业带。对实际投资额10亿元以上的项目，由省市共同安排年度土地利用计划指标。招商引资活动从2015年开始连续开展3年，每年召开一次对接签约会，力争累计引进 50 家以上投资额超 10 亿元的先进装备制造企业。

（五）加强人才培育，完善公共服务配套体系

不断完善引进领军人才和创新型科研团队机制，在汽车、海洋工程装备、智能装备、轨道交通、通用航空、新能源等领域引进珠江西岸先进装备制造业发展急需的高层次科技创新人才和高级管理人才。创新培养模式，实施职业院校（含技工学校，下同）与骨干企业对接合作工程，确保先进装备制造基地内的骨干企业与职业院校建立合作关系，通过校企联合招生招工、送岗送学等方式，发挥学校育人机制和企业用人机制的耦合作用，提高技术技能人才培养的针对性、有效性。积极推进职业院校与企业合作共建校外实习、实训基地和生产实训中心，支持全省优质职业院校到重点产业基地设立分校，提供工学交替、专业化实践、对口就业等条件，基本实现每个重点先进装备制造基地均有 1 所以上对口职业院校并有针对性开设相关专业。落实医疗保健、住房、配偶安置、子女入学等优惠政策，完善人才引进和培养环境。

（六）加强组织领导，形成工作合力

建立珠江西岸先进装备制造业联席会议机制，协调解决珠江西岸先进装备制造业发展中遇到的问题，加快推进规划组织实施。省发展改革委牵头负责规划实施工作，做好任务分解，提出年度工作计划，加强对规划实施情况的跟踪分析和督促检查，并组织评估，定期向省政府报告规划实施情况。省有关部门要各司其职、密切配合，加强政策指导，及时研究解决规划实施中出现政策问题。珠江西岸六市一区政府要结合实际，建立发改、经信、规划、环保、国土、海洋渔业等部门互动协调的工作机制，形成合力，按照本规划确定的发展重点和布局，抓紧推进相关项目的组织实施，并做好区域内相关规划衔接的工作。

珠江西岸先进装备制造产业带示意图

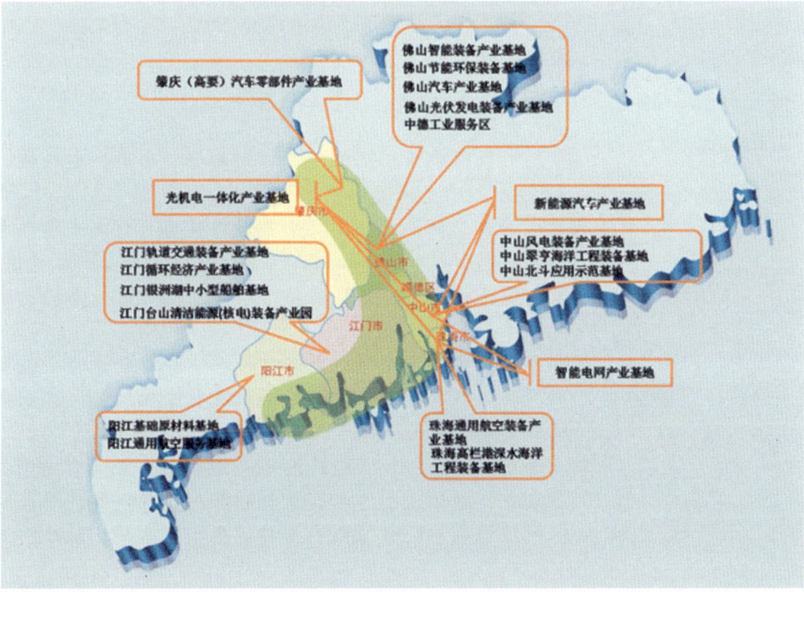

重点发展产品

所属行业	重点领域	关键产品
智能制造装备	智能仪表与控制系统	新型传感器及其系统，现场总线分散性控制系统，装备嵌入式控制系统，功能安全监控系统，智能温度/压力/流量等在线仪表，智能电动执行机构，智能阀门定位器，高可靠执行器，在线质谱/激光气体/紫外光谱/紫外荧光/近红外光谱分析系统，高速自动化超声无损探伤监测仪，特种环境蠕变疲劳检测设备等
	机器人	高性能工业机器人，应用于特殊环境下的机器人及机器人核心部件（包括电机总成、驱动器、控制器、传感器、机器人智能系统和网络控制系统等）
	高档数控机床与基础制造装备	五轴联动数控机床及数控加工中心，超大型激光切割加工设备，智能化热处理成套设备以及中高档数控系统，数字化伺服驱动系统，主轴、丝杠、导轨、刀具等关键部件或系统
	微电子及光电子装备	集成电路、LED、AMOLED 新型显示制造关键工艺设备以及高精度温控器，激光干涉仪，精密减振器，超精密运动和传输系统，磁浮电机，高性能激光器件等
	数字化高端医疗设备	数字化医疗影像诊断设备，新型急救/监护与手术设备，肿瘤治疗器械及设备
	高端专用成套装备	陶瓷、家具、家电、玻璃、纺织、塑料等行业智能化生产成套生产设备
	关键基础零部件	高速精密重载轴承，高速精密齿轮传动装置，高精度高可靠性制动装置，高性能变频调速装置，数位伺服控制系统，网络分布式伺服系统，高速、高刚度、大功率电主轴，直线电机，精密导轨，高压大流量液压元件和液压系统，智能定位气动执行系统，高性能密封装置，高端阀门、泵、压缩机，精密高档模具，大型铸锻件
船舶与海洋工程装备	高技术船舶	液化天然气船（LNG），超大型油船（VLCC），万箱级以上集装箱船，无人潜航器，高档化学品船，汽车滚装船，豪华游轮以及大马力低速柴油机及曲轴、船用曲轴、船用发电机组，船用机电设备等
	海洋工程装备	深水半潜式钻井平台，浮式生产储存装置，自升式钻井平台，深水钻井船，大型海水淡化设备，起重铺管船，特大型海上浮吊，风电设备安装船，高性能物探船以及动力定位系统、深水锚泊定位设备等
节能环保装备	大气污染治理装备	静电除尘设备，干湿结合电除尘设备，先进袋式除尘设备，燃煤烟气脱硫脱硝系统，重型柴油机尾气净化设备，工业挥发性有机废气处理装置，船舶柴油机脱硫脱销装置等
	水污染治理装备	膜生物反应器，浸没式膜过滤水处理设备，低成本陶瓷滤膜及成套设备，城镇生活污水脱氮除磷深度处理设备，难降解有机废水处理设备，酸性蚀刻液电解再生回用系统，垃圾渗滤液处理

续表

所属行业	重点领域	关键产品
		设备，节能型高效污泥处理设备等
	固体废物处理装备	城市污水厂污泥半干法处理设备，生活垃圾焚烧及其烟气处理系统成套设备及关键零部件，城市垃圾智能分选和处理成套装备及关键零部件，建筑废弃物综合利用设备等
	资源综合利用装备	二氧化碳综合利用成套设备及关键零部件，废旧铅蓄电池资源化利用设备，含铜、重金属废弃电子产品回收提纯成套装备等
	环境监测专用仪器仪表	挥发性有机物、重金属、氰化物等各类重点污染物在线自动监测仪，污染治理系统运营维护服务及远程诊断管理系统，便携式水体污染物检测仪，移动式应急水处理设备，环境应急监测车等
轨道交通装备	轨道交通车辆	城际动车、城市地铁、低地板现代有轨电车，大功率电力机车，磁悬浮超高速列车，真空管道超高速列车等
	车用关键部件	转向架，牵引变压器，牵引变流器，牵引电机和充电机，牵引控制系统，齿轮传动系统，列车网络控制系统，制动系统，信号系统，空调系统，车钩缓冲装置，车轮，车门，车窗，受电弓，风挡装置，配电箱等
	车站用关键系统	售票、检票、充值系统，屏蔽门，通风系统，配电系统，轨道交通运输安全监测设备，车辆段检修设备等
通用航空装备	飞行器	大型水陆两栖飞机，轻型涡桨公务机、轻型水上飞机，轻型多用途飞机，农林专用飞机，民用无人机，民用直升机，地效飞行器等
	民用航空发动机	涡桨发动机，涡轴发动机，活塞发动机
	航空设备及系统	机载通信，导航和监视系统，客舱娱乐系统，变频交流启动发电系统等
	航空维修	民用飞机自动测试设备，便携式维修辅助设备等
	地勤设备	机场空管导航监视装备，牵引车、气源车、电源车和空调车等
新能源装备	核电装备	三代及二代加核岛主设备，三代及二代加常规岛主设备，汽轮发电机组以及主泵，关键泵阀、核电仪控等
	风电装备	2兆瓦以上风机以及齿轮箱、发电机、叶片、变频器、变流器、变桨控制器、主控系统、主轴承、偏航轴承、变桨轴承，液压系统，检测系统等关键部件
	太阳能光伏装备	等离子体辅助化学气相沉积设备（PECVD）等化合物薄膜太阳能电池核心装备，单晶和多晶铸锭设备，晶硅生产设备，多线切割设备，光学检测设备以及非晶微晶薄膜电池，高效叠层硅薄膜电池，高效晶体硅太阳能电池及新型化合物薄膜电池 砷化镓高倍聚光太阳能外延片、太阳能芯片电池、透镜、模组。金属有机化学气相沉积系统（MOCVD）等高倍聚光太阳能电池制造关键设备

续表

所属行业	重点领域	关键产品
	智能电网	大功率风电变流器和控制器，光伏逆变器，无功补偿装置，有源滤波装置，柔性输电技术及装备，高电压大电流的电力电子核心器件，110kv以上智能变电站系统，智能型GIS，高端变压器，光电式互感器，超特高压输变电设备，大容量电力储能系统，用户端能源管理与智能表计，智能家居控制，汽车充电设备接入，微网系统等
汽车制造	汽车整车	中高端乘用车，安全、环保、节油的小排量汽车，无人驾驶汽车，商用车，纯电动汽车，插电式混合动力汽车，消防车、医疗救护车、道路清障车、道路养护车、环卫车等专用汽车
	传统汽车关键零部件	汽柴油发动机及关键零部件，车用变速器及关键零部件，汽车电子控制系统，大型客货车车桥，空气悬架，吸能式转向系统，高强度钢车轮，车用变频空调系统，助力转向系统等
	新能源汽车关键零部件	先进动力电池系统，电池管理系统，电机及驱动系统，电驱动变速系统，电动车用大功率电子器件或功率模块，车载充电机，混合动力汽车专用动力耦合及船东装置，电动汽车专用减速装置，动力锂离子电池专用隔膜等
	附属设备	电子防盗、倒车雷达、信号装置、风窗清洁设备、安全气囊、定速巡航控制、发动机防盗，ABS/TCS/ESP系统等
卫星及应用	通信卫星应用与运营服务	卫星高清电视传输平台、卫星通信设备及应急通信网络、卫星移动通信地面系统等
	导航卫星应用与运营服务	基于北斗的高精度测量装备、导航与位置综合信息服务系统、基于北斗的各类数字化终端等
	卫星综合应用与运营服务	城市空间信息服务系统示范应用平台、基于卫星应用技术的物流管理系统、基于卫星应用技术的安保科技与应急救援系统等
	关键部件	基带芯片、射频芯片、微型天线、电子地图等

珠江西岸先进装备制造业重大项目表（一）

单位：万元

项目名称	项目建设单位	建设内容及规模	建设起止年限	投资总额	所属地市
一、建设项目（合计342个）				28 959 100	
（一）智能制造装备（155个）				5 214 500	

续表

项目名称	项目建设单位	建设内容及规模	建设起止年限	投资总额	所属地市
机器人制造项目	国机（珠海）机器人科技园有限公司	工业机器人	2015—2020	300 000	珠海
激光打印机	珠海赛纳打印科技股份有限公司	高性能激光打印机	2015—2017	130 000	珠海
商用空调制造项目	格力商用空调有限公司	商用空调及配套设备	2015—2017	100 000	珠海
电梯制造项目	广州港日电梯有限公司	电梯及相关配件制造	2014—2016	20 000	珠海
三洋电梯二期项目	三洋电梯（珠海）有限公司	电梯及相关配件制造，达产年产值达3亿元	2014—2016	18 000	珠海
医疗器械项目	珠海宝智科技公司	建成集研发、生产、仓储、物流、贸易、结算的体外试剂测试总部基地	2014—2017	12 000	珠海
医疗检测设备项目	珠海贝索生物技术有限公司	年产医疗检测设备、检测试剂7 000万元	2015—2017	10 000	珠海
精密模具制造项目	珠海格力大金精密模具有限公司	年产各类高端精密模具2 000多套，年产值2.5亿元	2014—2016	10 000	珠海
高端精密模具项目	珠海精模模具有限公司	主要生产高端精密模具，拥有一流的产品开发设计能力	2014—2016	10 000	珠海
电动伸缩门项目	珠海红门机电有限公司	主要开发生产各种电动伸缩门，出口东南亚及美国	2014—2016	10 000	珠海
注塑模具项目	珠海三威注塑模具有限公司	模具制造	2013—2015	6 000	珠海
机械设备制造项目	德尔玛重工机械（珠海）有限公司	机械设备制造	2014—2016	5 000	珠海
方正高密扩能改造	珠海方正科技高密电子有限公司	引进先进生产装备，生产应用于智能终端、大数据服务器、航空航天、工业控制领域用高端印刷线路板，实现年销售收入25亿元	2015—2018	200 000	珠海

续表

项目名称	项目建设单位	建设内容及规模	建设起止年限	投资总额	所属地市
专用阀门及自动化设备项目	珠海励高精工制造有限公司	生产专用阀门及各类自动化设备	2014—2017	60 000	珠海
热敏碟项目	艾默生电气（珠海）有限公司	热敏碟（TOD）研发及生产	2013—2015	10 000	珠海
激光仪器项目	博世集团	主要生产激光测量和定位仪器等高科技电动工具产品，全面投产后产值达到6亿元人民币	2015—2017	40 000	珠海
全志研发基地项目	珠海全志科技股份有限公司	建设科研楼，扩建研发实验室，新增无线通信测试仪、分析仪、仿真器等设备多套，对实验测试设备进行改造，扩大芯片出货量	2013—2018	69 000	珠海
仕高玛机械设备项目	珠海仕高玛机械设备有限公司	增资扩产，开展高品质搅拌机械设备的研发、生产、营销与服务	2015—2017	40 000	珠海
芬诺研发及生产基地项目	珠海市芬诺科技有限公司	从事自动化测试设备和智能测试系统的研发、设计与制造	2014—2017	12 000	珠海
启世机械车床项目	珠海启世机械设备有限公司	生产专用车床	2014—2017	12 000	珠海
大象磨料磨具项目	珠海大象磨料磨具有限公司	研发、生产、检测、销售各类树脂磨具	2014—2016	10 000	珠海
通得电机制造项目	珠海市通得电气设备有限公司	主要生产电机，预计年产值达6亿元以上	2015—2017	35 000	珠海
生产重型机械项目	广东高达重工机械实业股份有限公司	年产港口系列起重机10台，塔式起重机200台，门市起重机250台，自动停车库1 000套	2008—2014	14 000	佛山
造纸机关键部件—扬克钢的研发及产业化	安德里茨（中国）有限公司	项目用于生产车间基础建设、研发、制造专用设备等	2013—2015	7 000	佛山

续表

项目名称	项目建设单位	建设内容及规模	建设起止年限	投资总额	所属地市
纸加工机械设备制造项目	佛山市南海置恩机械制造有限公司	生产纸加工机械设备	2015—2016	6 000	佛山
机器人的开发与应用	佛山市普拉迪数控科技有限公司	研发生产机器人本体、主要零部件	2014—2020	5 100	佛山
包装机械制造项目	佛山市瀛辉包装机械有限公司	生产各类包装机械	2013—2014	6 000	佛山
金属 3D 打印产业化	佛山市南海中南机械有限公司	金属 3D 打印产业化	2014—2016	12 000	佛山
金属加工设备项目	佛山市三水飞动科技有限公司	生产金属加工设备项目	2014—2015	6 000	佛山
陶瓷机械制造项目	佛山市新鹏陶瓷机械有限公司	设计、开发、生产现代化陶瓷工业机械设备及模具	2013—2014	6 000	佛山
温控器制造项目	佛山通宝华星控制器有限公司	建设压缩机保护器、起动器生产制造项目	2013—2014	6 000	佛山
自主生产研发连续球磨及除铁设备	佛山市赛科科技股份有限公司	生产连续球磨及除铁设备	2014—2017	7 000	佛山
机械装备制造产业化项目	佛山市高明晁龙五金机械实业有限公司	设计、开发、生产五金紧固件机械装备	2014—2016	24 500	佛山
高明 B&T 陶瓷机械项目	佛山西蒂贝恩特陶瓷科技有限公司	研发生产陶瓷机械	2014—2015	30 000	佛山
智能系统及智能机床项目、油田原油新型高效节能往复泵项目、高速复合加工中心机床项目	佛山市春上机电有限公司	研发生产智能机床、高速复合加工中心和油田用高效节能往复泵	2014—2017	35 000	佛山

续表

项目名称	项目建设单位	建设内容及规模	建设起止年限	投资总额	所属地市
创图生物化工机械项目	佛山市创图生物科技设备制造有限公司	生产制造一二类压力容器设计、制造，生物化工机械	2014—2019	36 000	佛山
陶瓷机械设备项目	佛山市南海区兴昌隆电器配件厂	陶瓷成型机械及零部件生产制造	2014—2019	36 000	佛山
年产6 000台挖掘机项目	广东佳明重工有限公司	生产精密数控注塑机、挖掘机等重工机械	2012—2014	100 000	佛山
东方精工二期项目、海外并购、收购嘉腾机械人	广东东方精工科技股份有限公司	购买全球第二大瓦楞纸板设备生产商佛斯伯（意大利），公司收购嘉腾机器人股权，进入自动化机器人行业，提高瓦楞纸箱包装企业生产效率	2012—2014	53 300	佛山
精密纺织机械器材制造和研发项目	佛山市盈夏纺织有限公司	以生产制造、研发高端织针及与针配套的针筒（针板）为切入点，逐步扩展其他精密器材专用件	2014—2015	53 000	佛山
泵产品制造项目	广东省佛山水泵厂有限公司	研发生产高技术含量、大型成套节能的工业泵产品	2014—2015	40 000	佛山
高端陶瓷机械制造项目	广东赛因迪科技股份有限公司	为建筑陶瓷生产企业提供新型数字化、信息化、智能化、环保节能的技术装备整体解决方案及服务	2014—2017	40 000	佛山
陶瓷机械装备制造项目	佛山市恒力泰机械有限公司	陶瓷机械装备	2015—2016	80 000	佛山
佛山市德昌誉机械制造项目	佛山市南海区德昌誉机械制造有限公司	年生产复卷机60台，大回旋机60台	2012—2014	20 000	佛山
专用设备制造项目	佛山市业鹏机械厂	生产停车库部件、履带式挖掘机部件、造纸机部件、钻石机械设备等	2013—2014	20 000	佛山
佛山市南台精机科技有限公司项目	佛山市南台精机科技有限公司	研发、加工、制造精密纸箱机械、陶瓷机械	2014—2015	18 950	佛山

续表

项目名称	项目建设单位	建设内容及规模	建设起止年限	投资总额	所属地市
高效精密减变速机制造项目	广东晋佑科技股份有限公司	生产经营变、减速机系列产品，机电一体化传动系列产品及其配件	2013—2014	15 000	佛山
中高端电扶梯产业升级项目	佛山菱王科技有限公司	提升中高端电扶梯运行可靠性，扩大产能	2013—2015	60 000	佛山
电梯整机生产项目	佛山住友富士电梯有限公司	引进德国阿玛达设备，制造当今世界最新技术交流调速电梯，年产各类电梯 5 000 台	2014—2015	34 000	佛山
电梯整机永磁同步电机生产项目	广东讯达电梯有限公司	引进意大利萨瓦尼尼全自动柔性生产设备，并建设 138 米高试验塔，年产各类电梯 4 500 台	2012—2015	28 000	佛山
电加工设备自动化研发、生产（取代进口慢走丝线切割机床）	佛山市大铁数控机械有限公司	研发生产高效率、高精度、高智能化的中走丝线切割机床 5 000 台	2014—2018	12 000	佛山
广东星联精密机械有限公司三山研发及生产基地技术改造项目	广东星联精密机械有限公司	通过引进国际最先进的数控机床设备、检测仪器以及先进的检测手段，新建 PET 模具研发中心	2014—2015	12 000	佛山
起重机械制造项目	广东南桂起重机械有限公司	主要产品包括各类单梁起重机、双梁起重机、龙门起重机、铝材氧化、电泳专用着色起重机（人工或全自动电脑化中央控制）等	2013—2014	12 000	佛山
自动化设备制造项目	佛山市三水区广顺自动化设备有限公司	建设高效混合燃烧喷射装备项目，投产后将形成年销售各种热能及节能设备 10 000 台的生产能力	2014—2015	12 000	佛山
医疗器械制造项目	佛山市三水区凯亚医疗设备有限公司	建设医疗器械、并网智能型分布式发电系统项目，投产后将形成年产 1 万台移动电站及其他配套设备的生产能力	2013—2014	11 000	佛山

续表

项目名称	项目建设单位	建设内容及规模	建设起止年限	投资总额	所属地市
液压设备制造项目	佛山市成达液压设备有限公司	建设液压机械及元件制造项目	2013—2014	9 000	佛山
同平面压缩机项目	广东同平面压缩机有限公司	同平面压缩机的研发、生产	2014—2016	8 600	佛山
行程挤压机技术改造项目	佛山市考迈托工业机械有限公司	增加4个或以上的挤压机生产车间，年生产能力达到15台套以上	2014—2016	8 400	佛山
佛山市贯一机械科技有限公司项目（即江暖忠机械设备项目）	佛山市贯一机械科技有限公司	研发生产塑料机械设备	2013—2015	8 000	佛山
喜德盛空压机项目	广东喜德盛机电有限公司	生产空压机设备	2014—2017	5 000	佛山
医疗器械制造项目	佛山市三水区广顺医疗器材有限公司	生产制氧机、充氧机、吸痰机、齿科医疗器械、雾化机等各种用于呼吸类治疗的医疗器械	2013—2014	5 000	佛山
硅酮密封胶全自动连续化智能成套生产装备技术改造项目	佛山市金银河智能装备股份有限公司	本项目将原来的间歇式生产方法改造成全自动连续化密封式生产工艺，提高生产效率，改造后每小时产能1000千克，可节电20%以上，可节省80%的劳动力	2013—2015	6 000	佛山
全闭环系统数控龙门铣床	佛山市南海区明晖机床厂	使用深圳市博望精密仪器有限公司生产的磁栅及高性能伺服电机及伺服驱动器对传统机械加工设备进行数控化升级，达到数控高精度控制操作的目的，实现数控设备重复定位，精度可以提高到0.005毫米	2014—2017	2 800	佛山

续表

项目名称	项目建设单位	建设内容及规模	建设起止年限	投资总额	所属地市
全自动板材冷弯成形生产线项目	佛山市南海力丰机床有限公司	形成汽车主次梁冷弯成形生产线10条/年；集装箱梁柱冷弯成形生产线20条/年；起重设备梁冷弯成形生产线20条/年；其他冷弯成形生产线10条	2014—2017	2 000	佛山
全自动床网生产一体化成套数控设备生产线技术改造项目	佛山市源田床具机械有限公司	新增生产全套数控设备120台/套	2014—2016	1 800	佛山
陶瓷喷墨打印设备项目技术改造项目	佛山市三水盈捷精密机械有限公司	制造出具有自主知识产权的陶瓷喷墨设备，配套陶瓷生产企业使用，同时该设备能够结合企业实际应用国产油墨，降低生产企业成本，每年可生产50台套	2012—2014	1 300	佛山
3D打印技术装备产业化项目	佛山市峰华卓立制造技术有限公司	研发并产业化阵列式喷头系统PCM全自动无模铸型快速制造系列装备、软件、工艺、材料等;研发并产业化铸型直接制造系列化装备，为汽车、航空航天、船舶、装备制造等领域提供技术服务和解决方案，适合单件、个性化、多品种、小批量、复杂零件的快速制造及新产品开发	2014—2017	1 200	佛山
超高压充液成形装备技术及工艺产业化	佛山市康思达液压机械有限公司	研究超高压充液成形工艺、装备及其相关关键技术，研制功能完备的系统集成的超高压充液成形装备，提高零件的生产精准度和产品质量，提高零件的整体性，实现零件的轻量化、优质化，填补国内空白	2014—2017	1 200	佛山

续表

项目名称	项目建设单位	建设内容及规模	建设起止年限	投资总额	所属地市
节能环保电梯智能化、自动化生产技术优化提升项目	菱王电梯股份有限公司	增加自动送料、自动卸料、机械人搬运等作业单元；建立电梯轿底机器人焊接工作平台；增加一条液压成型生产线，改善钣金加工工艺	2014—2015	1 200	佛山
全景机技术改造项目	佛山市精华光电有限公司	准数字化全景机使用LDCP逻辑电路，采用激光束定位，双速垂直升降电机，自动语音提示，辅助固定装置，使输出图像更清楚，灰度层次更丰富	2012—2014	1 100	佛山
佛山市嘉荣智能机械有限公司项目	东莞申创自动化机械有限公司	主要进行工业机器人销售和技术咨询；工程设备的租赁；机器人应用软件研发及技术转让；自动化机电设备及流水线设备设计及产销等	2014—2016	1 000	佛山
建技自动化包装设备及零部件项目	凯泰建技机械（佛山）有限公司	主要设计制造挤压吹塑机、包装机器设备及相关零部件	2014—2017	1 000	佛山
诺尔贝机器人系统集成及应用项目	佛山市诺尔贝机器人技术有限公司	主要进行机器人及应用技术的研发、生产、销售、售后服务	2014—2016	1 000	佛山
气动工具的生产创新与技改项目	广东美特机械有限公司	风披、风炮、气动打磨机的研发、生产	2014—2017	1 000	佛山
乐美达3D激光打印机制造项目	广东乐美达集团有限公司	项目主要生产3D打印设备——激光快速粉末成型设备，广泛应用于科技教育、模具制造业、机械零件首版医疗骨外科、空航天设计等领域	2013—2015	45 000	中山
游戏游艺设备开发及产业化项目	中山新世界游戏游艺文化产业发展有限公司	形成游戏游艺设备研发、生产、展示、销售的完整产业链	2013—2016	260 000	中山
科瑞精密光机电自动化设备生产项目	中山科瑞自动化设备科技有限公司	研发生产光机电自动化设备，产品主要用于移动终端、硬盘、汽车零部件、医疗器械等精密领域的自动化生产	2015—2017	50 000	中山

续表

项目名称	项目建设单位	建设内容及规模	建设起止年限	投资总额	所属地市
宁塑高精密塑料注射成型机生产项目	中山宁塑机械有限公司	主要生产高精密塑料注射成型机	2013—2015	46 000	中山
大型捣固装煤工程机械生产项目	德国维康咨询与工程公司	主要生产大型捣固装煤工程机械	2013—2015	20 000	中山
翠亨医疗器械装备产业园	中山市健康科技产业基地发展有限公司	主要生产高性能医疗设备，主要包括体外冲击波碎石机、体外冲击波治疗机、高强度聚焦超声肿瘤治疗、全数字彩色多普勒超声诊断仪、急救呼吸机等	2013—2016	135 000	中山
智能医疗设备项目	侨益国际投资有限公司	生产智能医疗设备	2015—2018	250 000	中山
深圳先进医疗设备项目	深圳市慧康医疗器械等9家企业组团	生产激光治疗仪、智能碎石机、主控平台设备等	2015—2017	230 000	中山
蒂森电梯制造项目	中山蒂森克虏伯电梯有限公司	生产高端电梯	2015—2017	200 000	中山
APC管道检测机器人及服务项目	APC集团	建设基于北斗的油气管道机器人检测设备及配套服务平台	2015—2018	25 800	中山
力劲注塑机制造基地及总部项目	香港力劲科技集团	生产高精密塑料注射成型机	2015—2017	25 000	中山
富士电梯整梯生产项目	住友富士电梯有限公司	主要生产乘客电梯、观光电梯、医用电梯、载货电梯、杂物电梯等多种类电梯	2013—2015	30 000	中山
染整机械、汽车配件项目	中国恒天集团有限公司	新型纺织机械、汽车配件	2015—2017	450 000	中山
冷热压铸机生产项目	中山市德工机械科技有限公司	生产冷热压铸机	2013—2015	20 000	中山
电机及变压器生产项目	广东汇茂电气股份有限公司	主要生产各类电机及变压器	2013—2015	15 900	江门

续表

项目名称	项目建设单位	建设内容及规模	建设起止年限	投资总额	所属地市
生活用纸加工机械制造项目	广东宝索机械有限公司	主要生产生活用纸加工制造机械设备	2013—2015	59 000	江门
数控机床制造项目	恩平市肯达精密机械有限公司	主要生产三轴联动立式、四轴联动卧式数控加工中心、数控铣床、数控钻床及数控机床等产品	2014—2016	23 400	江门
特种中央空调项目（二、三期）	开平市高美空调设备有限公司	生产特种中央空调。形成年产风柜 12 000 台、风机盘管 10 000 台、热泵机组 720 台、冷凝器 1 000 台、散热器 1 200 台	2012—2014	16 000	江门
电器设备制造项目	佛山永丰机电设备有限公司	生产高低压开关柜、高低压预装式变电站	2014—2015	70 300	江门
特种装备制造项目	中国兵器工业集团与广东建成机械设备有限公司合资	特种容器罐	2014—2016	100 000	江门
家用电器排水泵技术改造项目	江门市地宇汉宇电器股份有限公司	实现年新增 1 200 万台家用电器排水泵	2014—2017	19 500	江门
环保节能新型电机电器项目	江门市路思拓电机电器有限公司	生产环保节能新型电机电器	2014—2016	12 000	江门
高精密模具和变频空气能热水器项目	君盛实业	主要生产高精密模具和凯立信变频空气能热水器	2014—2017	12 000	江门
精密数控装备产业化项目	格兰达科技集团有限公司	从事各种数控加工中心的研发、生产和销售，并提供轨道机车、核电等特种设备零部件的精密加工服务	2012—2014	40 000	江门
气垫带式输送机制造项目	鹤山市宝华迪机械制造有限公司	年产气垫带式输送机、斗式提升机、刮板机等粮食输送设备 300 台	2015—2017	4 000	江门

续表

项目名称	项目建设单位	建设内容及规模	建设起止年限	投资总额	所属地市
激光增材制造产业化及合金粉末材料研发项目	江门市鼎盛激光应用科技有限公司	利用激光熔覆系统进行增材制造工艺研究及产业化，进行单晶高温合金的3D打印软件开发和工艺研究，进行激光增材制造专用合金粉末的研发	2014—2017	10 000	江门
智能装备制造项目	广东科杰机械自动化有限公司	研发、生产各类智能机床及装备设备	2015—2017	35 000	江门
电机研发生产项目	江门市力丰电机有限公司	生产各类电机、电抗器	2015—2016	18 000	江门
智能机床生产项目	江门今科机床有限公司	新式智能机床研发、生产	2015—2017	7 500	江门
牛力机械制造有限公司物流搬运设备制造项目	牛力机械制造有限公司	年产搬运车2万台、升高车3 000台、尾板300台、平台200台	2014—2015	3 000	江门
自动化设备制造项目	江门市蒙德电气股份有限公司	研发、制造伺服驱动器、电机、变频器及自动化控制系统	2015—2017	25 000	江门
电机制造项目	江门市科业机电制造有限公司	研发、制造各类电机	2015—2017	50 000	江门
恩平市恒钢重工有限公司项目	恩平市恒钢重工有限公司	年产冷轧设备、铜（铝）型材设备、塑料型设备620台及零件2 500套	2013—2015	5 500	江门
广东先源精密机床有限公司	广东先源精密机床有限公司	年产龙门铣及CNC加工中心、龙门磨、铣边机、各种龙门切削机床等270台和焊接件、机械零件等18 000件	2013—2015	5 500	江门
恩平市佛恩机械制造有限公司	恩平市佛恩机械制造有限公司	年产双向液压机、双向耐火材料液压机及冷等静压机等80台和精密模锻件10万件	2013—2015	4 800	江门
建筑工程机械制造项目	恩平安智建筑工程机械制造有限公司	生产各类建筑工程机械	2013—2015	8 400	江门
液压机生产项目	恩平市欧冠机械制造有限公司	年产各类大型液压机150台及零部件3 000吨	2013—2015	5 000	江门

续表

项目名称	项目建设单位	建设内容及规模	建设起止年限	投资总额	所属地市
机床及模具生产项目	恩平市大鹏机械模具有限公司	年产龙门铣、龙门磨及加工中心等70台，焊接件及模具等3 160套	2013—2015	4 200	江门
液压机生产项目	恩平市美力格精密液压机械有限公司	年产钢丝缠绕式液压机、四柱式拉深液压机、冷挤压成型液压机、框架式液压机及四柱式液压机等185台	2013—2015	3 000	江门
升降机生产项目	广东新裕华重工科技有限公司	年产各类施工升降机500台	2013—2015	12 000	江门
液压机及元器件生产项目	江门市金丰机械制造有限公司	年产大型液压机、拉伸机、大型油缸及液压系统等430台(套)	2013—2015	5 700	江门
铣床生产项目	江门市明晖数控设备有限公司	年产各类大型铣床20台	2013—2015	5 100	江门
起重机生产项目	江门南桂起重机械有限公司	年产各类起重机2 430套	2013—2015	7 500	江门
挤压机生产项目	恩平市华南重工科技有限公司	年产铜铝型材挤压机与配套设备300套	2014—2016	12 000	江门
电梯生产项目	广东奥尔斯电梯有限公司	年产电梯设备100万台套	2014—2016	31 000	江门
机械零部件生产项目	恩平市联昇机械设备有限公司	年产机械零件、液压设备21 600套	2013—2015	3 750	江门
机械装备生产项目	恩平市华发机械有限公司	年产CNC加工中心、铝型材挤压机械、冷拉设备等60台及机械零配件2万套	2013—2015	3 000	江门
经编机生产项目	广东中绣织造实业有限公司	年产经编机420台	2013—2015	15 000	江门
椰棕硬质棉成套生产线及无纺布设备生产项目	开平荣发机械有限公司	形成年产无纺布设备120台套	2012—2014	6 500	江门

续表

项目名称	项目建设单位	建设内容及规模	建设起止年限	投资总额	所属地市
通用机铰、直压式等注塑机项目	广东科仕特精密机械有限公司	形成年产注塑机机械设备700套	2015—2016	24 500	江门
通风机械设备制造项目	广东易众空调设备器材有限公司	主要生通风机械设备、配件、照明配套产品、机械模具等	2014—2016	17 000	江门
电机及驱动控制器研发及生产项目	台山市捷丰电机有限公司	生产电机及驱动控制器	2014—2016	16 000	江门
医疗科技设备生产项目	广东恩瑞医疗科技有限公司	医疗科技设备的生产和销售	2013—2016	35 000	江门
家电外壳自动化生产线生产项目	江门市湛鑫自动化设备有限公司	年产家电外壳自动化生产线4条，餐具用油压机、陶瓷用油压机及液压系统等170台(套)，各类油缸3 000支	2013—2015	2 300	江门
机电设备生产项目	恩平市中毅机电实业有限公司	年产金属机箱，机电设备等20万台	2013—2015	2 300	江门
工程机械制造项目	广东华南三一工程机械有限公司	工程机械设备制造	2015—2018	100 000	阳江
塑料机械制造项目	昌龙科技（国际）有限公司	生产、研发、销售塑料机械	2014—2016	30 000	阳江
电梯制造项目	广东辛格林电梯有限公司	电梯制造和销售	2014—2016	46 000	阳江
全自动离心机整机制造	广州市穗重机器设备有限公司	生产全自动离心机整机	2014—2016	10 000	阳江
高电压技术产品合作项目	广东四会互感器厂有限公司	建设高电压技术产品生产区等	2012—2014	35 000	肇庆
生产蝶阀、隔膜阀项目	肇庆东洋新岛不锈钢工程有限公司	年产蝶阀、隔膜阀20 000台	2011—2012	5 000	肇庆
力丰（食品）机械制造项目	广东力丰机械制造有限公司	年生产食品机械9万台	2011—2012	9 000	肇庆

续表

项目名称	项目建设单位	建设内容及规模	建设起止年限	投资总额	所属地市
广东汉德诺机械建设项目	广东汉德诺机械有限公司	建设年产3.5万台精密减速箱、1 000套机械设备的生产线	2014—2016	20 000	肇庆
高要市佛威精密机器数控机床项目	高要市佛威精密机器有限公司	年产销各式数控机床1 200台（套）	2013—2014	21 000	肇庆
电梯生产基地	台日电梯有限公司	年产电梯10 000台	2012—2013	30 000	肇庆
坚毅机械工程项目	坚毅机械工程（高要）有限公司	年生产移印机600台	2001—2003	10 000	肇庆
机器人系统和智能化自动设备生产线项目	佛山市利迅达机器人系统有限公司	生产机器人表现处理系统设备，预计建成达产后每年可生产800套机器人系统	2015—2017	13 500	顺德区
广东永通起重机械实业有限公司起重机械创新产业化项目	广东永通起重机械实业有限公司	建设年产1 000台（套）起重机械	2013—2015	16 000	顺德区
“智能裁缝”系统项目	佛山市顺德区爱斯达服饰有限公司	主要生产“兼容远程定制平台的快速智能制造柔性生产线”智能裁缝系统	2015—2017	6 000	顺德区
大型高端精密压铸机械装备项目	佛山市顺德区宝洋机械有限公司	主要用于生产合模力3 500吨以上的大型高端精密压铸机	2014—2015	6 000	顺德区
木工机械智能装备及机器人研发制造项目建设	广东威德力机械实业股份有限公司	研发制造数控化、自动化、智能化木工机械装备产品、木工机器人和提供家具生产智能化加工制造整体解决方案	2014—2015	22 000	顺德区
广锻大型压力机扩能技术改造	广东锻压机床厂有限公司	年生产能力扩产到2 000台压力机	2014—2016	30 000	顺德区

续表

项目名称	项目建设单位	建设内容及规模	建设起止年限	投资总额	所属地市
新型高效节能绿色建材装备研发及产业化、高档墙地砖生产线智能管控一体化和内腔金属挤压成型机项目	广东科达洁能股份有限公司	年产大规格陶瓷成套整线装备30套，新型节能环保墙体材料生产成套设备25套，高效节能环保人造石材整线装备20套。工业监控网络设计开发，整厂整线实施监控系统设计、开发、实施	2014—2016	115 000	顺德区
精密高性能镁合金压铸和注射成型技术研发及设备产业化项目	广东伊之密精密机械有限公司	年产精密高性能镁合金压铸和注射成型设备4 000台套	2011—2015	56 000	顺德区
智能塑料挤出吹塑中空成型装备关键技术研发与产业化项目	广东乐善机械有限公司	围绕智能塑料挤出吹塑中空成型装备领域开展智能优化与控制技术、实时在线检测及采集分析技术、远程智能诊断与维护支持技术及系统可兼容性和集成性技术研究开发，形成具有自主知识产权的智能塑料加工技术与装备	2012—2015	12 000	顺德区
机器人及总部建设项目	广东嘉腾机器人自动化有限公司	主要用做嘉腾机器人的组装，调试和测试使用	2015—2017	16 600	顺德区
智能皮带秤、失重秤等计量设备项目	广东海川智能机器有限公司	生产电子选别秤、微机组合秤、粉状定量机、X光检测机、金属检测机等产品	2014—2015	4 000	顺德区
绿色数据中心精密环境控制设备产业化技术改造项目	广东申菱空调设备有限公司	开发形成具有自主知识产权的智能化、高效节能、高精度控制的数据中心精密空调设备	2014—2016	2 500	顺德区
制冷系统流控元件数字化智能生产技术改造	广东顺德恒基金属制品有限公司	实现了制冷流控元件的阀体锻造、焊接及装配等自动化改造，使信息化与车间智能装备实现了通信对接，实现车间现场数据的实时采集	2014—2015	1 600	顺德区

续表

项目名称	项目建设单位	建设内容及规模	建设起止年限	投资总额	所属地市
数控机床及零部件生产项目	佛山市旭川机械有限公司	年产AK-6125X-AK6156X数控车床200台以上	2014—2016	10 000	顺德区
高精度恒温恒湿工商用中小型空调机研发和产业化技术改造项目	广东申菱空调设备有限公司	年新增500台（套）工商用中小型空调设备	2014—2016	1 400	顺德区
（二）船舶与海洋工程装备（31个）				5 101 800	
中国海油深水海洋工程装备制造基地	海洋石油工程（珠海）有限公司	生产浮式生产储油装置（FPSO）、钢质导管架平台、深水浮式平台等	2009—2018	1 010 000	珠海
海工装备制造项目	熔盛重工股份有限公司	钻井平台、钻井船	2016—2019	200 000	珠海
港口机械项目	三一集团	年产220台轨道式港口机械起重机	2014—2015	160 800	珠海
玉柴（瓦锡兰）船用中低速柴油机项目	瓦锡兰玉柴发动机有限公司	生产船用中低速柴油机	2009—2015	330 000	珠海
高端游艇制造项目	潍柴法拉帝集团和扬子江船业合资	高端游艇制造、研发及销售服务	2015—2018	360 000	珠海
海上储油设备、海洋工程装备及配套设施	中国交通运输集团与上海振华重工（集团）股份有限公司合资	海上储油设备、海洋工程装备及配套设施	2016—2020	800 000	珠海
珠江钢管基地项目	珠江钢管（珠海）有限公司	建设30万吨螺旋焊管生产线，防腐生产线，以及码头仓库等	2014—2018	300 000	珠海
巨涛海洋二期项目	巨涛海洋石油服务（珠海）有限公司	建设专门用于水下装备制造的车间及其配套区域。扩产项目投产后年产值达7亿元人民币	2014—2016	60 000	珠海

续表

项目名称	项目建设单位	建设内容及规模	建设起止年限	投资总额	所属地市
派傲海洋石油工程项目	美国海油工程有限公司	海洋工程领域海外工程承包市场开拓、关键工艺承揽设计咨询、海外三维模块设计外包开拓、利用自有设备参与国内外项目施工等	2014—2016	5 000	珠海
太阳鸟宝达超级游艇基地项目	珠海太阳鸟游艇有限公司	建设豪华游艇、金属复合船艇生产基地	2015—2018	200 000	珠海
太阳鸟游艇连湾项目	珠海太阳鸟游艇有限公司	建设游艇模块研发和制造基地	2014—2016	30 000	珠海
博胜游艇制造项目	珠海博胜游艇制造有限公司	主要生产英国 SUNWAY（绅威）品牌的豪华游艇，主要有以下三个型号：45FT、68FT、73FT	2014—2015	10 000	珠海
海斯比船舶项目	珠海海斯比工程技术有限公司	生产游艇	2014—2015	10 000	珠海
龙泉钢管制造项目	山东龙泉管道工程股份有限公司	建设内容为管道防腐、配重工程项目，深海管道保温及弯管涂敷工程项目，及管道内减阻、挤压配重及阳极制造工程项目	2014—2017	30 000	珠海
海洋工程船制造项目	珠海太平洋粤新海洋工程有限公司	珠海太平洋粤新海洋工程二期项目，建设电推平台供应船、拖船等	2014—2016	5 000	珠海
海洋工程高端重型装备研发生产项目	广东精铟机械有限公司	从事海洋工程高端重型关键配套设备的研发、设计制造及技术服务	2013—2016	15 000	佛山
海工装备、重型机械装备制造项目	中国船舶工业集团公司	生产海工装备、矿山机械、数控液压机床等	2015—2020	500 000	中山
地效翼船项目	德国路百、广新集团	建设地效翼船批量化生产基地	2014—2017	70 000	中山
中铁南方工程装备生产建设项目	中国中铁南方工程装备有限公司	年总拼大型钢箱梁 40 万吨、制造工程机械和海洋工程装备 45 台（套）、砼预制产品 40 万立方米	2013—2016	220 000	中山

续表

项目名称	项目建设单位	建设内容及规模	建设起止年限	投资总额	所属地市
粤新海洋工程专用作业船和海洋工程装备制造基地项目	广东粤新海工科技有限公司	研发生产当今世界最先进的海洋工程专用作业船包括万马力水级深水三用工作船、大型起重铺管船、工程勘察船、海上风力发电安装船等海洋工程作业船和辅助船产品	2014—2016	150 000	中山
广东江龙船舶制造项目	广东江龙船舶制造有限公司	年产 42 艘豪华游艇、海事渔政消防执法船	2013—2015	15 000	中山
中舟海洋科技项目	中舟海洋科技有限公司	生产精密无缝钢管，船舶非焊接液压管系统、阀门控制系统、静液压驱动系统、合成轴承等	2013—2015	28 000	中山
华斯曼利救生艇项目	中山华斯曼利设备制造有限公司	主要生产玻璃钢救生艇及吊艇架，船舶配套件	2013—2015	15 000	中山
洋通豪华游艇制造项目	广东洋通船舶有限公司	项目主要生产中小型、大型的钢铝混合、玻璃钢结构豪华游艇	2013—2015	50 000	中山
中艺港口机械生产项目	广东中艺重工有限公司	生产油气输送管线和港口机械大型钢结构件、输电钢杆等	2013—2015	80 000	中山
中泽重工项目	广东中泽重工有限公司	生产海水淡化装备和钻井平台	2012—2016	40 000	中山
海工辅助用船扩产项目	中交四航局	厂房建设及设备购置，新增海洋工程辅助用船生产能力	2014—2015	15 000	江门
鹤山市澳信航海设备有限公司船舶自动识别系统制造项目	鹤山市澳信航海设备有限公司	日生产船用雷达、船舶自动识别系统（AIS）、船载电子海图与信息系统（ECS）、测深仪仪器等 1 万余只	2015—2017	8 000	江门
海工装备生产制造项目	江门市博盈焊接工程有限公司	新建厂房，生产海洋工程平台上层建筑	2014—2016	60 000	江门
山河游艇制造项目	湖南山河游艇股份有限公司	游艇制造、研发及应用示范，运营一体	2014—2017	180 000	阳江
大飞洋帆船游艇制造产业基地	阳江市大飞洋置业投资有限公司	制造帆船、游艇	2014—2017	145 000	阳江

续表

项目名称	项目建设单位	建设内容及规模	建设起止年限	投资总额	所属地市
(三) 节能环保装备 (7 个)				49 300	
陶瓷窑炉技术创新与产能扩充技术改造项目	广东摩德娜科技股份有限公司	通过研发新型燃烧、传动技术、余热回收、保温技术等，全面提升项目所生产的设备性能。达到年产 10 套高效节能窑炉的能力	2014—2017	8 000	佛山
奥美森垃圾衍生燃料(RDF)成套设备及示范工程项目	中山市奥美森工业有限公司	主要生产垃圾分选及垃圾衍生燃料制造设备	2013—2015	20 000	中山
污水处理设备及节能环保产品开发项目	台山市科力尔环保设备有限公司	制造、销售：污水处理设备；节能环保产品开发	2014—2016	1 300	江门
自动化仪表项目	肇庆自动化仪表有限公司	生产产品有热电偶、热电阻、智能化仪表、温度控制器、电动热行器、调节控制阀、温度传感器，建筑面积 10 000 平方米	2004—2005	5 000	肇庆
东洋洛克流体设备公司不锈钢流体过滤管道设备项目	肇庆洛克流体技术有限公司	年产不锈钢流体过滤管道设备 300 套，建筑面积 2 050 平方米	2011—2012	2 000	肇庆
空气净化器、冷暖风机生产项目	肇庆市鼎湖力智电器制造有限公司	年产空气净化器、冷暖风机等 6 万台 / 套	2014—2016	2 000	肇庆
智能农业物联终端设备制造与应用项目	佛山市顺德区盛熙电器制造有限公司	生产水质传感器、数据采集器、气象传感器、土壤传感器等产品	2014—2015	11 000	顺德区
(四) 轨道交通装备 (12个)				918 900	
中国北车南方生产基地	中国北车集团	建设成为研发生产 100%低地板现代有轨电车、地铁、城际列车及地面供电、通讯与信号系统等轨道交通装备生产基地	2013—2020	200 000	珠海

续表

项目名称	项目建设单位	建设内容及规模	建设起止年限	投资总额	所属地市
轨道交通配件项目	珠海市业成轨道交通设备科技有限公司	生产机车用避震配件，预计达产后年产值为2亿元	2013—2015	20 000	珠海
佛山南车青岛四方机车车辆股份有限公司佛山产业基地项目	佛山南车青岛四方机车车辆股份有限公司	年产有轨电车100辆，年修地铁150辆	2014—2015	120 000	佛山
广东南车轨道交通装备修造基地	广东南车轨道交通车辆有限公司	总体建设规模按照新造700辆、三级修130列、四五级修备65列进行整体规划，其中一期项目总投资17.48亿元，规模为年制造城际动车组400辆，年三级修65列、年四、五级修各35列	2011—2020	400 000	江门
交通设备生产与研发项目	广东南奥交通设备有限公司	主要生产制动系统、电器控制系统等设备	2013—2015	50 000	江门
车身结构件生产项目	江门市广润轨道交通事业有限公司	车体铝合金结构件、铝合金送风道、不锈钢及铝合金内饰件、塑料制品等配套	2013—2014	8 000	江门
车辆照明系统生产项目	江门恒之源交通设备有限公司	为轨道机车提供绿色节能照明产品和售后服务	2014—2015	8 000	江门
制动系统、车门系统生产项目	德国克诺尔公司	轨道交通车辆制动系统和车门系统生产，计划用地30亩（2公顷），投资4亿元	2014—2017	40 000	江门
轨道交通车辆配件	广州华冷车辆配件公司	轨道交通车辆配件及铁道配件，计划用地30亩（2公顷）	2014—2016	8 000	江门
电连接器、减振器生产项目	深圳中车业成公司	轨道交通车辆电连接器、减振器生产，计划用地15亩（1公顷）	2014—2016	10 500	江门
车辆线缆生产项目	法国耐克森公司	拟投资建设配套动车组电器线缆生产中心	2014—2017	15 000	江门

续表

项目名称	项目建设单位	建设内容及规模	建设起止年限	投资总额	所属地市
江门轨道交通空调生产研发基地建设项目	江门中车轨道交通装备有限公司	拟新建3个车间（其中，3号车间为二期屏蔽门生产线），涵盖壳体加工、翅片换热器加工、机组总装配、机组电气控制总装配（电气线束模块化生产及装配、调试）四条主生产线等	2013—2015	39 400	江门
（五）通用航空装备（6个）				2 682 100	
中国通用飞机有限责任公司珠海通用飞机产业基地	中航通飞华南飞机工业有限公司	重点发展公务飞机（4~6座）、水陆两栖飞机、轻型涡桨飞机及大中型地效飞行器。二期工程包括扩建新总装试飞基地、交付和客服基地、航空运营服务基地	2009—2020	2 360 000	珠海
精密设备材料制造项目	航天科工集团（深圳）有限公司	生产精密设备及材料	2015—2017	200 000	珠海
航模电池项目	珠海军耀商贸有限公司	生产45C以上高倍率放电航模电池	2013—2015	6 000	珠海
黎明电气制造项目	中航工业	建设航空和家电变压器、电抗器以及非晶变压器等产品生产线	2014—2016	100 000	珠海
航天精密复杂件增材制造技术与装备研发项目	佛山市南海中南机械有限公司	项目研制大尺寸SLM+铣削复合加工装备，成型尺寸达到500×500×420毫米，制件精度≤±0.005毫米、堆积效率达150立方厘米/小时以上；四激光双振镜SLM成型装备，成型尺寸为350×350×400毫米，成型效率达75立方厘米/小时；单激光单振镜SLM成型设备，成型尺寸为280×280×300毫米。材料主要包括钛合金、铝合金等，满足航天装备核心构件和飞行器导引头复杂伺服机构零部件的高质量、高性能成形制造	2014—2018	5 000	佛山

续表

项目名称	项目建设单位	建设内容及规模	建设起止年限	投资总额	所属地市
精密机械加工及制造项目	同向（佛山）精密机械有限公司	年产登机桥100条、行李装卸架300台、焊接设备200套、模具及五金件200套	2012—2016	11 100	佛山
（六）新能源装备（24个）				1 167 900	
长园电力二期项目	长园电力技术有限公司	生产配网自动化设备和电力电缆附件、环网柜、分接箱等	2013—2015	8 000	珠海
建筑节能产品制造项目	中航三鑫股份公司	建设太阳能光伏建筑一体化生产中心、高端节能门窗生产中心、建筑安全节能幕墙产品生产中心和设计研发中心	2015—2018	60 000	珠海
佛山南海钜仕泰新型CIGS薄膜太阳能电池产业化一期	佛山南海钜仕泰粉末冶金有限公司	建设一条环形CIGS薄膜太阳能电池溅射镀膜生产线，具备12兆瓦生产能力	2011—2015	130 000	佛山
EPR1000先进型压水堆核电站核岛通风空调关键设备技术改造项目	南方风机股份有限公司	完成EPR1000先进型压水堆核电站核岛通风空调关键设备（核级直联大型离心风机、核级DVD分体式空调机组、核级快速隔离阀等）的研制工作，开展满足市场前景需求的批量化生产模式的技术改造	2010—2014	8 600	佛山
年产60兆瓦单晶双面受光高效太阳电池技术改造项目	广东爱康太阳能科技有限公司	以P型单晶硅为衬底材料，采用磷硅玻璃掺杂、硼掺杂、二氧化硅及氮化硅复合钝化膜等先进技术，制作光电转换效率前表面为18%、后表面为13%以上，电池片制作成本下降0.08元/峰瓦，并建立60兆瓦量产线	2013—2014	1 500	佛山

续表

项目名称	项目建设单位	建设内容及规模	建设起止年限	投资总额	所属地市
S13节能变压器及SH15节能非晶合金变压器项目、SF6（六氟化硫）气体绝缘电力设备项目	广东狮能电气股份有限公司	生产S13节能变压器及SH15节能非晶合金变压器，满足国家电网需要。研发新型六氟化硫气体绝缘电气设备状态检测及监测技术，实现对气体绝缘电气设备运行状态的实时在线监测并积累监测数据	2014—2016	4 000	佛山
太阳能跟踪系统研发及产业化技术改造项目	广东保威新能源有限公司	本项目主要目标是打破国外技术壁垒，实现对跟踪器技术的突破，进而实现产品的产业化，项目完成后的指标：1. 单轴（水平和斜单轴）：实现跟踪精度5度；2. 双轴：实现跟踪精度2度；3. 聚光跟踪器：实现跟踪精度0.3度	2013—2014	1 800	佛山
佛山市三水顺太电容电器有限公司项目	佛山市三水顺太电容电器有限公司	生产高品质交流电容器	2013—2015	23 000	佛山
百胜电气项目（原：科源电气项目）	广东百胜电气有限公司	主要制造销售电网配套专用的电气设备，产品主要用于电力、铁路、机场等的国家重点建设项目	2013—2015	20 000	佛山
200兆瓦高倍聚光光伏太阳能设备制造项目	广东瑞德兴阳光伏科技有限公司	项目建成后预计能形成年产200兆瓦高倍聚光砷化镓光伏电池芯片、电池模组的生产能力	2013—2015	96 300	中山
大型风力发电机组及关键部件产业化基地	广东明阳风电产业集团有限公司	建设内容包括1.5~2.0兆瓦风机技术改造、2.5/3.0兆瓦风机产业化；6.0/6.5兆瓦海上风机系列产品技术攻关及产业化；风机零部件基地项目；1.5~6.5兆瓦风机叶片项目；总部建设项目；10.0兆瓦海上风机项目	2013—2016	150 000	中山

续表

项目名称	项目建设单位	建设内容及规模	建设起止年限	投资总额	所属地市
明阳智能电气产业项目	明阳新能源投资控股集团有限公司	项目主要产品为生物质能设备、电气设备及电气工程，新能源 EPC 项目及合同能源管服务等	2013—2016	230 000	中山
电力装备制造项目	广东明泰电力装备制造有限公司	年产节能变压器 800 台及输变电配套设备	2014—2015	4 500	江门
江门市恒网电气有限公司	江门市恒网电气有限公司	年产高低压配电设备 1 600 台	2013—2015	2 300	江门
变压器及电气设备生产项目	海鸿电气有限公司	年产光伏 / 风力发电用变压器 800 台、110 千伏级油浸式立体卷铁芯变压器 160 台、油浸式立体卷铁心非晶合金变压器 1 000 台、敞开式立体卷铁心干式变压器 2 000 台及 220 千伏级及以下电力变压器，电流、电压互感器，油浸感应稳（调）压器等电力设备及元配件	2013—2015	18 300	江门
核电辅助装备制造	台山安施备核电装备有限公司	生产和经营核级管道，年产值可达 5 000 万元	2012—2014	6 600	江门
输配电设备及智能配电网系统集成项目	广东炜创电气有限公司	经营范围是电力输配电设备及智能配电网系统集成	2013—2015	4 500	江门
控电柜配件制造项目	台山市益新金属制品有限公司	销售控电柜、焊机机壳，其他钣金材料加工等项目	2014—2017	5 000	江门
发电机及垂直轴风力发电机项目	英格（阳江）电气有限公司	8~10 000 千瓦发电机扩产及垂直轴风力发电机叶片、轴承、同步发电机等关键部件及整机生产	2013—2015	102 000	阳江
新型片式电子元件战略新兴产业基地项目	广东风华高新科技股份有限公司	片式陶瓷电容器 720 亿片，片式电感器 148 亿只，引线电感 10 亿只	2014—2016	115 000	肇庆

续表

项目名称	项目建设单位	建设内容及规模	建设起止年限	投资总额	所属地市
羚光公司高要电子新材料项目	肇庆市羚光电子化学品材料科技有限公司	太阳能光伏材料和新型元器件用新材料的研发、生产、销售	2013—2018	50 000	肇庆
顺德广东日出东方太阳能、空气能研究开发及制造应用项目	顺德广东日出东方	建设日出东方热能研究院、空气能生产车间、高效平板蓝膜太阳能生产车间、欧洲收购国内转化的燃气壁挂炉生产车间、热能智能控制系统生产车间及热能办公生活示范区等为一体现代化热能产品制造基地	2013—2016	54 500	顺德区
顺特电气扩能项目	顺特电气设备有限公司	扩能生产干式变压器、预装式变电站、组合式变压器、电网成套设备、中低压开关、电力电子成套装置、智能电气等高品质电气设备	2013—2017	62 500	顺德区
固封紧凑型高压交流组合电器项目	广东顺源通开关有限公司	生产固封紧凑型高压交流组合式真空断路器、固封紧凑型高压交流组合式真空负荷开关和真空负荷开关熔断器组合电器	2014—2015	9 500	顺德区
（七）汽车制造（65 个）				7 951 700	
特种车辆制造项目	中联重科股份有限公司	各类环卫、环保车辆及零部件	2016—2018	300 000	珠海
亿威电动车项目	珠海亿威电动产业股份有限公司	组装电动车	2013—2015	5 800	珠海
泰坦能源锂离子电池项目	珠海泰坦能源有限公司	开展锂离电池研发和制造	2014—2017	10 000	珠海
锂电池智能化改造	珠海光宇电池有限公司	采用自动化、数字化、智能化制造设备，提高生产智能化水平	2014—2017	90 000	珠海
汽车零部件制造项目	珠海宇辉科技有限公司	主要生产汽车零部件，完全达产可实现年产值 8 亿元人民币	2015—2017	35 000	珠海

续表

项目名称	项目建设单位	建设内容及规模	建设起止年限	投资总额	所属地市
一汽－大众佛山工厂二期项目	一汽－大众汽车有限（佛山）公司	生产德国大众、奥迪 ABCD 级系列轿车	2014—2016	1 530 000	佛山
福田汽车华南生产基地建设项目	北汽福田汽车股份有限公司	一期 32 亿元，新建总装车间、车身车间、涂装车间、车架车间、检测车间、零部件库、整车库等，规划建设年产 24 万辆皮卡、SUV 工厂	2014—2016	1 620 000	佛山
纯电动车项目	北京长城华冠汽车科技有限公司	新能源汽车	2015—2019	800 000	佛山
本田汽车零部件有限公司二期项目	本田汽车零部件制造有限公司	年产 Llsize-CVT、Msize-CVT 变速箱 60 万台	2013—2014	215 000	佛山
智能电机生产基地及纯电动车租赁运营项目	深圳市风发科技发展有限公司	建设智能电机生产基地及纯电动车租赁运营	2014—2017	100 000	佛山
陆地方舟项目	陆地方舟集团	形成年产 20 万辆电动汽车的规模	2011—2014	103 800	佛山
美国 SMP 汽车空调配件项目（佛山市国荣先达车用空调及冷却部件项目）	佛山市国荣先达车用空调及冷却部件有限公司	由美国 SMP 标准电机产品公司投资 8 400 万美元，在三水生产和经营汽车空调配件用于干燥贮液器、液气分离器、空调管件和压力开关等产品	2014—2017	68 000	佛山
汽车检测设备、医疗检测设备生产项目	佛山市佛分环保仪器检测设备制造有限公司	生产汽车检测设备、医疗检测设备等	2014—2017	50 000	佛山
年产 300 万只铝车轮整体改造项目技术改造项目	佛山市南海中南铝车轮制造有限公司	应用机器人和全自动物流线，年产量达到 300 万只铝合金汽车轮	2013—2015	50 000	佛山
生产半挂车、专用车项目	广东明威挂车有限公司	年产挂车、半挂车 10 000 台	2009—2014	35 000	佛山
广东福迪汽车有限公司二期工程	广东福迪汽车有限公司	建设冲压、焊接、涂装生产车间；年产 30 万套车身件	2012—2014	32 000	佛山

续表

项目名称	项目建设单位	建设内容及规模	建设起止年限	投资总额	所属地市
佛山东阳汽车零部件有限公司项目	佛山东阳汽车零部件有限公司	年生产汽车保险杠及配件 2 400 吨	2013—2014	22 700	佛山
佛山市永力泰车轴有限公司项目	佛山市永力泰车轴有限公司	车轴 15 万条、悬挂 5 万套	2014—2015	18 000	佛山
帕卡表面改质有限公司二期项目	帕卡表面改质有限公司	年产无级变速箱渗炭处理 1 800 吨	2014—2016	18 000	佛山
佛山广顺新能源电动汽车关键零部件研发及产业化项目	佛山市广顺新能源动力电器有限公司	建设研发实验室、项目生产用房及相关生活配套设施	2012—2015	15 000	佛山
汽车零部件制造项目	佛山市旷达汽车内饰材料有限公司	生产汽车内饰复合材料、座套、真皮海绵一体化产品和车顶，立柱遮阳板材料	2013—2014	15 000	佛山
本田三期铸造工厂及动力房项目	本田汽车零部件制造有限公司	为本田发动机工厂提供铸造件配套	2013—2014	13 500	佛山
致卓龙腾汽车零部件项目	广东致卓龙腾汽车零部件有限公司	年产 50 万只哈雷摩托轮毂	2014—2015	13 500	佛山
KCMG Composites International Ltd 碳复合汽车部件制造中心	KCMG Composites International Ltd	初期主要制造高新科技的碳复合赛车支架、底盘及风叶部件等，中期拓展碳复合电动车部	2014—2016	8 000	佛山
佛山三友二期项目、产学研示范基地、自动化技术改造项目	佛山三友汽车部件制造有限公司	为适应一汽大众佛山项目，对焊装及工位器具改造，拟提升自动化生产技术水平	2014—2017	7 500	佛山
汽车零部件生产项目	广东美威制冷有限公司	生产汽车制冷设备	2014—2016	50 000	佛山
金属加工机械制造项目	佛山市何氏协力机械制造有限公司	引进国内外专用精密机床，具备年产 50 000 条 8~20 吨车轴总成的能力	2014—2015	13 500	佛山

续表

项目名称	项目建设单位	建设内容及规模	建设起止年限	投资总额	所属地市
新兴重工LNG（CNG）大型储存设备及车船用双燃料设备制造项目	新兴重工（天津）科技发展有限公司	年产LNG（CNG）大型存储罐500台，生产车船用“油+气”双燃料设备20 000套	2015—2017	300 000	中山
新能源客车项目	深圳佳华利道新技术开发有限公司	生产LNG新能源客车	2015—2017	160 000	中山
日信制动系统扩建项目	中山日信工业有限公司	新增制动系统年产能100万台套	2013—2015	28 000	中山
易山重工专用车建设项目	广东易山重工股份有限公司	新增部分工艺设备，对公用设施进行适应性改造，形成年生产钢领为单班制年产350辆专用车的生产产能	2013—2015	8 700	中山
百顺电气新能源汽车智能充电设备制造项目	中山百顺电气有限公司	年产10万套新能源汽车智能充电设备	2013—2015	20 000	中山
工程装备制造项目	广东富华铸锻有限公司	生产重型商用车桥	2014—2017	235 000	江门
江门市硕普科技开发有限公司生产全地形车、非道路二轮车生产项目	江门市硕普科技开发有限公司	年产全地形车、非道路二轮车35 000台	2014—2016	6 500	江门
牛力机械制造有限公司半挂车、电动车（叉车、清洁车）项目	牛力机械制造有限公司	生产搬运车、升高车、电动叉车、柴油叉车、升降平台、登车桥、汽车尾板、脚轮、托盘等	2014—2018	60 000	江门
科世得润线束项目	广东科世得润汽车部件有限公司	生产奥迪汽车线束产品	2013—2017	15 600	江门

续表

项目名称	项目建设单位	建设内容及规模	建设起止年限	投资总额	所属地市
江门市精美特机电设备有限公司精密机械与汽车配件制造生产建设项目	江门市精美特机电设备有限公司	从事精密机械加工及汽车配件生产加工行业，主要加工生产空压机组曲轴、动静盘等、空压机组缸体、汽配缸盖、汽配缸体及其他相关产品	2014—2017	7 500	江门
汽车零部件生产项目	台山市大成实业投资有限公司	主要生产汽车避震器、轮圈和刹车等汽配产品	2014—2017	2 000	江门
精密压铸件生产项目	广东鸿特精密技术（台山）有限公司	生产铝合金精密压铸件、汽车零配件及通信类零配件的生产和经营	2012—2018	80 000	江门
中航富华南方专用车生产项目	中航富华	制造轻中型军用及警用特种车辆、冷藏车、城市环卫车辆、工程车桥及相关核心部件；开发新能源车等民品专用车辆的整车生产	2014—2018	500 000	江门
大长江新能源和军用摩托车项目	大长江集团有限公司	建设新能源和军用摩托车生产基地	2015—2020	250 000	江门
生产环保电动车、混合动力摩托车以及汽车LED灯和汽车配套项目	广东新珠峰科技有限公司	主要生产环保电动车、混合动力摩托车以及汽车零部件、LED汽车灯和汽车五金	2014—2018	30 000	江门
富华重工鹤山汽配项目	广东富华机械集团有限公司	生产重型商用车驱动桥及车配件，年产重型商用车桥壳、弹簧、制动鼓、轮毂、制动盘、螺母等零配件60万吨	2014—2016	150 000	江门
半挂车生产项目	澳大利亚CT-SL公司	生产半挂车	2014—2016	10 000	江门
新型汽车发动机连杆制造项目	广东四会实力连杆有限公司	年产汽车发动机连杆500万条	2014—2015	4 800	肇庆
广东鸿特精密技术股份有限公司	广东鸿特精密技术股份有限公司	生产销售汽车发动机精密压铸加工件配件、通信产品铝合金件，生产能力约每年18 000吨	2013—2016	24 000	肇庆

续表

项目名称	项目建设单位	建设内容及规模	建设起止年限	投资总额	所属地市
宝龙汽车（防弹车改装）项目	广东宝龙汽车有限公司	建设生产弹运钞车、防弹轿车、警车、防暴车、反恐车、旅居车、防弹材料及防护产品等生产线	2014—2016	150 000	肇庆
广东鸿图科技三期项目	广东鸿图科技股份有限公司	年生产铝合金汽车零部件压铸件 14 000 吨	2010—2012	35 000	肇庆
高要鸿兴精密铸造公司项目	高要市鸿兴精密铸造有限公司	年生产重力铝合金汽车零部件压铸件 8 000 吨	2013—2015	18 000	肇庆
高要市四环保信汽车备件有限公司项目	高要市四环保信汽车备件有限公司	年产汽车座椅零配件 12 万套	2014—2016	38 700	肇庆
广东众鑫汽车部件有限公司项目	广东众鑫汽车部件有限公司	汽车零配件	2014—2016	33 800	肇庆
高要金利锋华汽车零部件有限公司项目	高要金利锋华汽车零部件有限公司	汽车零配件	2014—2016	21 800	肇庆
高要市坚利五金制品公司增资扩产项目	高要市坚利五金制品公司	主营汽车雨刮器及汽车五金配件生产	2013—2014	10 000	肇庆
高要市卓铭不锈钢汽配公司项目	高要市卓铭不锈钢汽配有限公司	汽车发动机冲压件	2013—2015	35 000	肇庆
高要市驰丰汽配有限公司项目	高要市驰丰汽配有限公司	汽车零配件	2014—2016	11 000	肇庆
高要市鸿爱斯通信科技公司项目	高要市鸿爱斯通信科技公司	通信元件、汽车零件、灯具的金属铸件和精密加工	2013—2016	10 000	肇庆
飞亚汽配增资扩产项目	高要市飞亚实业有限公司	生产铝压铸和特种铸铁件，汽车零配件	2013—2014	15 000	肇庆

续表

项目名称	项目建设单位	建设内容及规模	建设起止年限	投资总额	所属地市
汽车高性能铝合金零部件的研发与生产应用	广东鸿泰科技股份有限公司	年生产铝合金汽车零部件产品100万件	2014—2016	2 000	肇庆
电动车生产基地	广州市凯美骑电动车有限公司	电动两轮车50万台	2014—2016	70 000	肇庆
电动车电机项目	合普动力有限公司	年产电机100 000台	2013—2014	10 000	肇庆
玛西尔电动车	玛西尔电动科技有限公司	年产电动观光车、高尔夫球车、警用车1万台	2010—2013	36 000	肇庆
富华国际交通机械城	广东富华机械集团有限公司	厂房建设及设备购置	2013—2018	200 000	顺德区
佛山市顺德区富日交通机械城项目	佛山市顺德区富日交通机械设备有限公司	建设规模为年产驱动桥总成30万套，盘式制动器总成30万套	2012—2015	100 000	顺德区
汽车外饰件项目	佛山市顺德区任我通汽车用品有限公司	生产汽车护杠、踏板、行李架项目	2014—2015	15 000	顺德区
太昌环保车载电空调系统项目	广东顺德太昌客车空调有限公司	建设以环保车载电空调系统生产线为主的项目	2014—2018	9 000	顺德区
(八) 卫星及应用 (4个)				399 300	
欧比特芯片式卫星项目	珠海欧比特控制工程股份有限公司	利用在航空航天芯片领域的技术和经验储备，研发系列化芯片式卫星，并开发配套的地面测控系统、卫星应用终端和卫星应用服务	2015—2017	40 000	珠海
汉胜产业链延伸改造项目	珠海汉胜科技股份有限公司	实施技术改造和技术攻关，提高4G用低损耗同轴电缆技术水平和产能	2014—2017	17 000	珠海
生产通信天线设备项目	佛山市健博通电讯实业公司	生产通信天线	2013—2015	42 300	佛山

续表

项目名称	项目建设单位	建设内容及规模	建设起止年限	投资总额	所属地市
北斗物联网项目	中山南区资产经营有限公司	生产卫星导航、北斗芯片以及终端设备制造等	2014—2018	300 000	中山
(九) 重要基础件 (18个)				969 400	
广东省新材料产业基地	里水镇政府	重点发展新能源材料产业、新型金属材料产业、高性能材料产业、新型显示器材料产业,重点培育发展生物医用材料、生态环境材料、稀土材料、信息材料等,推动新材料产业的发展	2012—2016	200 000	佛山
弹簧制造项目	佛山市名奥弹簧开发有限公司	生产摩托车弹簧、汽车弹簧、电器精密弹簧、坦克弹簧等	2013—2014	4 500	佛山
加工设备技改项目	佛山市南海华南锻造金属结构有限公司	设备采购30台套,提升锻造能力和产品质量	2014—2015	1 500	佛山
佛山市高明盛世机电有限公司生产加工输电及通信设备项目	佛山市高明盛世机电有限公司	年生产铁塔及钢结构5万吨的规模	2013—2014	16 000	佛山
佛山市南海冶创金属制品有限公司项目	佛山市南海冶创金属制品有限公司	年生产钢结构制造6万吨	2012—2015	15 000	佛山
铝型材产业基地	狮山镇政府	维尚核心制造基地二期及自动化车间、华昌铝厂、伟业铝厂二期、精工里亚特种线材项目、广东电缆厂、南华铝厂、江南铝业,凯洋医疗项目、百胜电气,有色金属物流基地、铜铝型材加工区、仓储服务区等	2009—2014	84 000	佛山

续表

项目名称	项目建设单位	建设内容及规模	建设起止年限	投资总额	所属地市
SHS高强耐磨合金特种钢产业化项目一期	广东新劲刚新材料科技股份有限公司	形成年产1.5万吨高强耐磨特种钢的生产能力	2012—2015	11 100	佛山
佛山三水宝钢钢材部件有限公司项目	佛山三水宝钢钢材部件有限公司	钢材销售、加工剪切15万吨、激光拼焊100万片/年、落料500万片	2013—2014	50 000	佛山
多金属复合材料项目	广东春韵新材料有限公司	多金属复合材料的研发和生产应用	2014—2016	12 000	佛山
精密合金制造项目	佛山通宝精密合金股份有限公司	专业从事热双金属材料及其它多种层状复合金属、电接触材料及元件、钎焊材料的生产制造与设计开发	2014—2015	10 000	佛山
钢构件生产项目	中集集团广州分公司	工程钢铁构件15万吨、民用建筑工程构件30万平方米，建筑起重设备10 000部	2014—2016	50 000	阳江
新金属材料生产项目	广东东睦新材料有限公司	各类新金属材料制品的研制、生产	2013—2015	32 000	江门
江门市格雷亚特流体密封技术有限公司	江门市格雷亚特流体密封技术有限公司	年产密封件1 000万件	2013—2015	3 800	江门
恩平市重联铸锻有限公司	恩平市重联铸锻有限公司	年产各类机械锻件、液压铸锻钢件、模具铸锻钢件、船用机械铸锻件等20 000吨	2013—2015	12 000	江门
江门市日强重工有限公司	江门市日强重工有限公司	年产各类铸件7 000吨	2013—2015	4 500	江门
江门市志强重工有限公司	江门市志强重工有限公司	年产各类铸件5 000吨	2013—2015	3 000	江门
新会中集标准箱增资扩产及模块化建筑项目	中集集团	形成生产模块化房屋400套/月、特种箱20 000台的生产能力及相应的存储堆场	2014—2017	400 000	江门
不锈钢管（板）材及铝塑复合管材生产项目	广东炜联长城金属有限公司	年产不锈钢板材4万吨、不锈钢管材及铝塑复合管8万吨	2012—2015	60 000	江门

续表

项目名称	项目建设单位	建设内容及规模	建设起止年限	投资总额	所属地市
(十) 生产服务业 (20个)				4 504 200	
爱飞客航空综合体示范基地建设项目	中航通飞公司	建设航空营运、培训等综合体示范基地	2016—2020	600 000	珠海
广东工业设计城	广东工业设计城发展有限公司	建成工业设计服务外包基地、新型产业化孵化基地、原创产品研发基地，打造交易、金融、成果转化、人才引进及培训、共性技术研发、品牌推介等服务平台	2011—2017	400 000	佛山
顺德机器人专业园区	库卡机器人(上海)有限公司、佛山利迅达机器人系统有限公司等	引进库卡机器人，建设机器人专业园区	2014—2022	105 000	佛山
合肥工业大学广东研究院	三水区政府、合肥工业大学	建设四大科技服务平台，分别包括先进制造与智能装备平台、新能源技术与应用平台、汽车及其零部件平台和信息化与智能网络平台	2014—2017	10 000	佛山
广东新能源汽车核心部件产业基地	丹灶镇政府	建设广顺新能源电动汽车关键零部件研发及产业化项目、南海工业园新兴产业载体日本中小企业工业园（一、二期）、一汽大众零部件园区(丹灶园)，引进燃料电池电堆、空气系统、氢气系统、水系统、电控系统等新能源汽车核心部件产业	2011—2018	250 000	佛山
欧洲工业园C区	佛山市和硕投资管理有限公司	欧洲工业园C区，以集聚欧洲先进制造企业为主，重点引进欧洲高端环保装备等先进装备制造中小型企业、及其它国内外顶尖制造业企业	2012—2020	38 000	佛山

续表

项目名称	项目建设单位	建设内容及规模	建设起止年限	投资总额	所属地市
华南交通电子产业园	佛山市大南方投资发展有限公司、镇公资办	华南交通电子产业园搭建“1+2+2”产业体系，以汽车电子产业为龙头，智能交通电子产业和轨道交通电子产业为辅助，航空电子产业和船舶电子产业为补充，按照“一园五区”总体架构进行产业功能布局	2014—2018	31 000	佛山
慧泉科技产业中心一期	狮山镇政府	建设中外知名汽车产业发展科研开发基地和高地	2012—2015	30 000	佛山
零壹科技产业园项目	佛山正大机电有限公司	与世界五百强工业巨头（西门子、斯凯孚、阿特拉斯等）一起致力于集产业、研发、金融、孵化为一体的企业总部基地和中小企业创业平台	2013—2014	25 000	佛山
佛山（国际）智能电气科技产业城(禅城)	佛山市禅城区张槎街道股份合作经济联合社	建设集智能电气产业研发设计、生产制造、人才培训、孵化中心等为一体的主题产业园项目	2014—2019	150 000	佛山
佛山市康思达液压产业总部商贸区	佛山市康思达液压机械有限公司	建成一个集现代工贸、现代研发、现代服务为一体的国际级液压科技产业园区，以带动吸引一批国内外知名液压气动企业及公司	2013—2016	60 000	佛山
华南（国际）口腔医疗器材产业中心	狮山镇政府	建设以口腔医疗器械为主的产业项目	2012—2014	150 000	佛山
宝索集团研发生产中心项目	佛山市宝索机械制造有限公司	新建造纸机械等成套化装备研发中心	2014—2015	14 400	佛山
一汽－大众汽车零部件、物流园区	南海区狮山镇政府	陆续建成45家一汽－大众佛山项目的配套企业	2012—2016	470 800	佛山
江门市先进制造业江沙示范园区	江门市先进制造业江沙示范园区投资有限公司	重点发展智能家电、精密机械、新能源、食品制造、现代物流等主导产业，将继续建设成为具有示范性的先进制造业产业基地	2011—2020	250 000	江门

续表

项目名称	项目建设单位	建设内容及规模	建设起止年限	投资总额	所属地市
江门产业转移工业园恩平园区（机械装备组团）	江门产业转移工业园恩平园区管委会	以“园中园”模式建立恩平园区机械装备制造工业园。以恩平园区佛山机械制造组团为核心，重点引进先进机械装备制造企业，建设机械产业研发设计、生产制造、销售为一体的先进机械产业集聚区及传统机械产业升级示范区	2014—2017	300 000	江门
大广海湾临港先进装备制造业产业园	台山市广海湾工业园管委会	重点发展绿色能源、海洋工程装备等产业，打造现代海洋装备制造基地	2015—2020	900 000	江门
台山核电装备产业园	台山市清洁能源产业园管委会	建设集制造、研发、设计和应用为一体的、具有小成套供货能力的核电装备产业基地、综合服务和保障基地	2015—2020	600 000	江门
顺德精密智能装备制造产业创业园	由顺德机械商会作牵头，由省内重点机械装备制造企业和社会资本力量联合建设	由顺德机械商会作牵头，由省内重点机械装备制造企业和社会资本力量联合建设，分为高端精密机械部件加工制造基地、核心职能软件集成系统开发及电子元器件制造基地、机械装备管理研究学院、商务合作区和休闲娱乐区五大分区，可容纳装备制造装备企业约 80 家	2015—2017	60 000	顺德区
顺联国际机械城三期	佛山市顺德区顺联机械城有限公司	项目建成后，集交易、机械 4S 服务中心、展览、办公、科研、培训等功能于一体，以机械产业链为主题的多功能综合体	2014—2016	60 000	顺德区

珠江西岸先进装备制造业重点项目表（二）

项目名称	建设内容
二、规划项目（合计 59 个）	
（一）智能制造装备（4 个）	
专用智能装备生产项目	提高环保设备、木工机械、压力机械、包装机械、陶瓷机械等专用设备智能化水平，提升成套装备集成能力

续表

项目名称	建设内容
工业机器人生产项目	引进ABB集团等国际知名工业机器人生产企业，建设机器人本体和伺服电机、智能测控系统等关键零部件生产基地
智能电网装备生产项目	建设新型传感测量、通讯信息、电能质量控制、决策支持、超导、分布式电源柔性接入技术等智能电网先进技术产业化项目
3D打印技术装备产业化项目	实现3D打印设备产业化
（二）船舶与海洋工程装备（10个）	
船舶和海洋工程装备基地	引进具有国际先进水平的半潜式钻井平台、自升式钻井平台、浮式生产储油装置（FPSO）、单柱式钻井平台壳体、张力腿平台壳体、海洋工程辅助船，以及大型船舶维修、FPSO等海洋工程装备改装维修服务
防喷器（井控系统）	引进国内外先进企业及技术，突破关键技术，发展大通径高封井压力和高剪切力防喷器
泥浆泵	引进国内外先进企业及技术，突破关键技术，发展大功率、长行程交流变频驱动设备
超深井钻机及配套设备	引进国内外先进企业及技术，突破超深水、超深井钻井技术，发展大功率交流变频钻井设备、钻机主绞车、绞车顶部驱动装置（TPS，交流变频驱动）和转盘（静液驱动）等
船用导航设备制造项目	主要生产船用导航设备、计程仪、气象传真、风向风速仪等
船用自动控制设备制造项目	主要生产各类船用自动控制设备，产品包括主机遥控和监测报警设备等
船用通信设备制造项目	主要生产各类船用程控电话系统、有线对讲系统、选通对讲系统、移动电话适配器等
船用锚链制造项目	主要生产船用所需的一级、二级、三级锚链
船用箱柜制造项目	主要生产船用油渣柜、锅炉热井、热水柜、压力水柜等
船用压缩机制造项目	主要配套供应船用低、中、高压空气压缩机等
（三）节能环保装备（5个）	
环境污染控制设备	主要包括新型水处理装备、工业废气净化设备、生活垃圾分选、填埋、焚烧发电、生物处理和垃圾综合利用装备等
环境污染修复设备	主要包括河涌清淤、淤泥处理与资源化成套技术和设备
节能环保在线监测仪器仪表	主要包括能耗监测、工业废气排放监测、危险气体泄漏监测等
高效节能设备	主要包括高效节能锅炉窑炉、中央空调节能控制技术与设备等
资源回收利用技术和设备	主要包括工业余热余压利用设备，家电、大型运输工具等消费品的拆解、回收利用装备等
（四）轨道交通装备（10个）	
轨道交通牵引系统	生产轨道交通牵引系统
轨道交通制动系统	生产轨道交通制动系统
轨道交通列车控制系统	生产轨道交通列车控制系统

续表

项目名称	建设内容
轨道供电系统	
轨道交通通信系统	发展传输、无线、调度电话、站内及站旁电话、闭路电视、有线广播、时钟、集中告警终端等装备
轨道交通信号系统	列车自动防护、自动驾驶、自动监控系统。通过招商引资生产，替代进口产品
轨道交通售票检票（AFC系统）	包括中央计算机、编码/分拣机、车站计算机、车站AFC现场设备等装备
轨道交通通风空调系统	包括车站和隧道的空调机组、回/排风机、隧道风机、相关管道、附件等设备
屏蔽门系统	内引外联，突破关键技术，开拓了屏蔽门系统设备的国内供应市
轨道交通装备综合测试平台	承担轨道交通车辆及关键零部件测试验证
（五）通用航空装备（4个）	
民航校验中心南方基地	基地面向中国南方、东南亚地区开展飞行检验及公务飞机管理、维修等业务
轻型喷气公务飞机研发生产项目	联合国内航空企业与国际重要公务机生产厂商，在珠海航空产业园建立总装生产线，进行喷气公务飞机总装、交付、售后支援、产品维修、转包生产等。条件成熟时，进行产品改进改型、联合研发，并成为一级供应商
大型航空维修基地项目	引进具有较强第三方业务承包能力的大型航空维修企业，共同建设大型航空维修基地。开展机体维修，发动机维修，部件维修，机体、发动机、部件改装，飞机日常航空维护等维修业务
民用航空数控加工基地项目	依托骨干企业，引进数控设备，联合建设民用数控加工基地，为航空产业园内外的航空企业，乃至其他企业提供高水平、高质量的数控加工服务
（六）新能源装备（15个）	
太阳能产业用硅项目	太阳能电池用玻璃；太阳能高温真空集热管；石英陶瓷坩埚；光伏发电一体化新型建筑节能部件
风电用大型铸锻件	为风电整机企业提供大型铸锻件配套
风电用关键零部件	风电用齿轮箱、电控系统及变流器、冷却/润滑/防腐系统、精密轴承/高强度螺栓等
反应堆冷却剂泵	引进国内外大型企业及先进技术，突破泵壳的锻造、水力部件加工、电机密封和全流量性能试验等技术难关，取得核级设备的制造资质，形成批量生产能力
环型吊起重机	引进国内外大型企业及先进技术，突破环吊专用环形轨道的制造成型，吊钩的锻造等关键技术，取得核安全级设备的制造资质，形成批量生产能力
燃料装卸设备	引进国内外大型企业及先进技术，突破各类可靠性的高燃料装卸及运输储存设备，取得核安全级设备的制造资质，形成批量生产能力

续表

项目名称	建设内容
常规岛辅助系统	包括低加疏水箱、高加疏水箱、汽轮机疏水箱、给水泵疏水箱、蒸汽排污箱等
给水系统	包括除氧器、高压加热器、低压加热器、海水－工业水热交换器等
常规岛及核级阀门	引进国内外大型企业及先进技术，突破核安全一级和核安全二级阀门的关键技术，取得高压、高温、耐腐蚀阀、截止阀、闸阀、节流阀、球阀、止回阀、减压阀、回阀、隔离阀、球阀、碟阀、调节阀、控制阀、电磁阀、安全阀、保护阀、分相阀、快速动作闸阀、紧急切断阀和自动阀等核级设备的制造资质，形成批量生产能力
制冷机组	特种制冷机组
压缩机	核用高性能压缩机
重型部件支撑	包括减震拉杆、蒸发器、主泵、稳压器的支撑、压力容器封头提升装置、重池提升装置、主管道限制器、电缆支撑与桥架等
核岛和常规岛容器	包括核岛管式热交换器；常规岛有级、无级不锈钢罐，有级、无级碳钢罐，有级、无级除盐水箱等
核级电气设备	突破核级电缆制造关键技术，取得核电站动力电缆、控制电缆、仪表测量电缆、核电站补偿电力电缆、通信电缆等高端产品核安全级设备的制造资质，形成批量生产能力，开发核级 K1、K3 级中低压开关柜、非核级配电箱、动力箱、分接箱等小三箱的设备研发
全数字化仪表控制系统	全数字化仪表控制系统有特殊的性能要求。在国际上只有少数国家有自己的设计许可证和知识产权。我国目前仍需进口，其中 IE 级登记表控制系统，因西方禁运而通过国内科研攻关，已转为国内研制
（七）汽车制造（7 个）	
汽车整车生产项目	依托现有产业基础，引进福田汽车佛山乘用车工厂，建成乘用车生产工厂及配套研发中心
汽车零部件生产项目	建设发动机、变速箱、电控系统、安全气囊、汽车空调等关键零部件生产项目
摩托车生产项目	建设现代化摩托车整车的研发中心、检测、装配和发动机的装配、检测
电动汽车生产项目	引进国际领先技术，建设纯电动汽车、电动客车和电动专用车生产项目
动力电池产业链	建设锂离子电池、镍氢电池等动力电池产业链
永磁电机产业链	建设永磁电机产业链，加快上游特种电机材料、功率开关模块配套能力
特种专用车生产项目	建设高附加值、高技术特种专用车生产项目

续表

项目名称	建设内容
(八) 卫星及应用 (4个)	
卫星通信广播产业链项目	建设多功能抗干扰组合天线、卫星多媒体通信、卫星高速网络接入系统等
卫星导航终端及位置服务产业链项目	建设高灵敏度、抗干扰、高动态终端机、多星座、多模融合接收机、基带芯片、射频芯片、卫星天线等关键元器件及电子地图
北斗卫星空间基准授时产业链项目	建设小型高性能地面授时终端、地面用户接收设备及系统等
自主遥感信息产业链项目	建设高分辨、高识别能力光学、微波、多光谱遥感信息探测、接收、处理、存储、传输分发等硬件设备与软件产品

重点工作任务分工表

重点工作任务	主要工作内容	牵头单位	参与单位
提升自主创新能力，形成核心竞争力	提升自主创新能力	省科技厅	省发展改革委、经济和信息化委、教育厅、有关地市政府等
	加快市场推广应用	省发展改革委、经济和信息化委	省财政厅、科技厅、有关地市政府等
推进产业集聚，做大做强骨干企业	推进产业集聚	省发展改革委	省经济和信息化委、有关地市政府等
	全面推进“两化”融合	省经济和信息化委	省发展改革委、科技厅、有关地市政府等
	做大做强骨干企业	省经济和信息化委	省发展改革委、财政厅、国土资源厅、商务厅、国资委有关地市政府等
完善标准体系，打造知名品牌	提升质量品牌	省质监局	省发展改革委、经济和信息化委、科技厅、有关地市政府等
加大招商引资力度，壮大产业规模	加强招商引资	省经济和信息化委	省发展改革委、商务厅、有关地市政府等
加强人才培育，完善公共服务配套体系	加强人才培育	省人力资源和社会保障厅	省发展改革委、经济和信息化委、教育厅、有关地市政府等

实施《粤港合作框架协议》2015年重点工作

（广东省人民政府2015年3月11日印发）

一、跨界基础设施

1. 全力推进港珠澳大桥各项工程建设，按计划完成大桥通行政策研究。（省发展改革委、口岸办）

2. 推进广深港客运专线深圳北至粤港界段（福田站及相关工程）建设，按计划2015年底前建成。香港段预计2017年底完成。（省发展改革委，广铁集团）

3. 加快深圳东部过境高速公路建设，确保2018年建成。（省交通运输厅，深圳市政府）

4. 推进建设深港河套地区。在尊重历史、尊重现实的基础上，以共同开发、共享成果为原则，加快推进深港落马洲河套地区的开发建设。（深圳市政府）

5. 通过会议、互访、参观、培训和研讨会等，继续推动珠江三角洲地区机场经验交流。（省机场管理集团）

6. 发挥珠江三角洲地区空中交通管理规划与实施专题工作组的平台作用，继续推进落实《珠江三角洲地区空中交通管理规划与实施方案》中各项优化空域管理的措施，提升航机运作及空管效率。（民航中南管理局）

7. 完善粤港无线电频率使用、台站设置、过界覆盖使用、干扰查处等协调机制，适时召开粤港无线电频率协调专题会议，做好深港LTE网络使用频率协调、港珠澳大桥无线电信号覆盖、业余无线电台操作证书互认等事宜，维护粤港无线电频率资源使用权益。（省经济和信息化委、新闻出版广电局）

8. 进一步简化香港离岸呼叫中心试点业务审批流程，鼓励香港企业来粤开展业务。支持内地与港澳运营商根据实际情况共同制订优惠电讯资费方案，降低漫游资费。（省通信管理局）

二、青年合作交流

9. 支持开展多形式青年交流活动，加强粤港两地青年交流实习合作，新增约1 500名香港青年到广东省实习名额，优化及扩大各项内地交流和实习计划，让更多香港青年循不同方式到内地交流和实习。（省港澳办，团省委）

10. 继续商讨广东提供义务工作岗位，增加香港青年参与义务工作的机会。落实《粤港青年志愿服务合作计划战略合作框架协议》，鼓励两地青年合作组成青年志愿服务队，前往广东各地开展不同范畴的义工服务，包括支教助学、文化推广、科技支农、医疗服务等，促

进两地青年交流。（团省委）

11. 推进广州、深圳等粤港青少年交流活动基地建设。香港设立“青年发展基金”，与非政府机构合作支持香港青年创业，特别是支持有意创业的香港青年充分利用内地（包括广东省）资源和商机。（团省委，广州、深圳市政府）

三、现代服务业

（一）服务贸易自由化

12. 全面落实CEPA关于内地在广东与香港基本实现服务贸易自由化的协议，加快制订配套政策措施，构建与“准入前国民待遇加负面清单”管理模式相适应的市场准入体系和监管体系，加强沟通协调及政策宣传，推动实施各项粤港服务贸易自由化措施。（省港澳办牵头会同省有关单位）

（二）金融合作

13. 推动粤港跨境人民币业务创新发展，重点在跨境人民币双向融资、广东企业赴香港发行人民币债券、信贷资产跨境转让、引导香港投资者以人民币资金投资广东省内重点项目。（人行广州分行，省金融办、商务厅）

14. 鼓励广东银行机构单独或与支付机构合作，为粤港跨境电子商务以人民币计价结算提供服务。稳步开展粤港两地银行机构人民币贸易融资资产跨境转让业务。（人行广州分行，省金融办、商务厅）

15. 完善粤港跨境缴费通系统业务功能，推动香港地区银联商户收单人民币结算业务深入开展。（人行广州分行，广东银监局，省金融办）

16. 继续支持港资银行在广东增设异地支行。支持香港银行机构通过设立小企业金融服务专营机构、发起设立村镇银行等多种形式进入广东，参与广东地方法人金融机构的改革重组。继续争取支持符合条件的香港金融机构在广东试点设立消费金融公司，以及推进广东银行机构在港设立分支机构。（广东银监局，省金融办）

17. 加快两地资本市场双向开放进程。推动广东企业赴港上市、发行人民币债券，支持符合条件的香港金融机构在广东新设合资证券公司、合资基金管理公司、合资期货公司、合资证券投资咨询公司，进一步深化两地资本市场合作。研发和推出更加多元化的跨境投资产品。（人行广州分行，广东证监局，省金融办）

18. 积极推动RQFII、QFII、QDII等跨境投资业务的发展，为广东个人投资者投资香港资本市场提供便利。研究利用“深港通”契机，深化两地证券市场合作。继续研究推进粤港期货市场合作。（人行广州分行，广东证监局，省金融办）

19. 推动粤港保险业务合作发展，探索粤港两地保险业务合作创新，促进跨境保险业务。探索香港保险公司在粤设立售后服务中心，为跨境保险客户提供承保、查勘、理赔等后续服务。共同争取国家支持降低香港保险机构准入广东市场的门槛。（广东保监局，省金融办）

20. 争取进一步降低香港金融机构准入条件，支持粤港金融机构跨境互设和开展业务。

利用广东建设自贸园区的契机，完善粤港金融合作总体制度安排，推进广州南沙、深圳前海、珠海横琴等金融合作平台适度错位发展。研究将前海现行跨境人民币贷款政策实施范围扩展至南沙、横琴，放款主体由香港银行金融机构扩展至香港、澳门金融机构。（人行广州分行，广东银监局、证监局、保监局，省金融办）

21. 允许广东的保险公司分保到香港再保险公司并以人民币结算。支持香港保险公司继续扩大有关分出再保险业务到广东再保险公司的规模。（广东保监局，人行广州分行，省金融办）

（三）旅游合作

22. 落实《泛珠三角区域旅游合作框架协议》，与泛珠三角其他省区共同加强旅游市场的合作和交流，提升地区的整体旅游吸引力。（省旅游局）

23. 深化邮轮旅游合作，共同开发、推广粤港邮轮旅游“一程多站”线路，开拓邮轮旅游市场。加大海外联合推广力度，赴共同客源地联合开展粤港澳“一程多站”“海上丝绸之路”旅游线路的宣传活动。（省旅游局，广东海事局）

24. 广东加快完成“外国人 144 小时免签旅游团信息管理系统”的建设使用，进一步完善管理系统和相关管理办法，为外国旅游团“144 小时”便利签证政策扩大到全省实施奠定基础。（省旅游局、公安厅）

25. 制订实施细则，推动在粤设立的香港独资或合资旅行社经营中国内地居民出境游业务（台湾地区除外）。（省旅游局）

26. 配合中国（广东）自由贸易试验区建设，深化粤港旅游合作，引导香港服务提供者在自贸区内设立旅游企业，享受相关政策便利。（省旅游局）

27. 支持东莞编制《东莞市旅游城市建设发展规划（2015—2020 年）》，以虎门港、沙田港、长安新区为载体，建设环珠江口湾滨海旅游带。（东莞市政府）

（四）物流与会展合作

28. 广东研究适时启动粤港澳直通车辆审批管理立法工作。（省公安厅）

29. 支持举办第五届粤港物联网有关评选、第十届粤港物联网技术应用论坛等活动，促进物联网与 RFID 技术成果转化。（省经济和信息化委）

30. 加强智慧城市应用交流。协助亚太云应用联盟，结合香港“国际信息科技博览”活动，举办“智慧城市建设”论坛，分享智慧城市建设成果经验。（省经济和信息化委）

（五）文化创意及工业设计合作

31. 支持香港影视行业拓展广东省市场，加强宣传和推广“香港电影”品牌，支持香港影片参与影展，推动香港发展成为电影融资平台。在香港举办“第二届广东电影展映周”、在广州举办“第三届香港电影展映周”等活动，深化粤港电影合作。（省新闻出版广电局）

（六）专业服务合作

32. 贯彻落实《香港、澳门律师事务所与内地律师事务所在广东省实行合伙联营试行办法》和《内地律师事务所向香港律师事务所驻粤代表机构派驻内地律师担任内地法律顾问试点工作实施办法》两项先行先试政策，完善相关配套措施安排。（省司法厅）

33. 争取将粤港合伙联营律师事务所试点区域从广州南沙、深圳前海、珠海横琴逐步扩大到全省范围，增加合伙联营律师事务所名额，放宽粤港合伙联营律师事务所内地执业律师的执业限制。（省司法厅）

34. 在现有合作模式上，继续推动两地在律师、公证、仲裁及调解业界的交流与合作。争取司法部支持，待国家出台《律师特许执业条例》后，对符合一定条件的香港律师，经过特许执业制度安排，成为广东省执业律师。争取司法部支持，进一步放宽取得内地律师执业证的香港居民律师承办代理民事诉讼案件的范围。（省司法厅）

35. 允许在前海投资的企业选择香港法律作为适用法律以及选用香港作为仲裁地。（省司法厅）

36. 进一步完善粤港法律事务部门互访交流机制，探讨建立法律法规文本交流机制，建立促进两地紧密合作的相关法律事务协调机制，开展立法建议相互通报和咨询合作。继续开展法律事务专题研讨活动，加强人员培训交流。（省法制办）

37. 支持香港律师事务所在广东省向内地律师事务所派驻香港律师担任涉港或跨境法律顾问。争取司法部支持，出台或授权广东省司法厅出台相关配套措施。（省司法厅）

38. 继续推进粤港会计服务合作。争取财政部同意广东出台相关实施细则，落实取得中国注册会计师资格的香港居民可在广东省担任合伙制会计师事务所合伙人的措施，包括申请人在申请成为广东省会计师事务所合伙人时，已在香港取得的审计工作经验被视为等同于相等时间的内地审计工作经验。（省财政厅）

39. 支持通过互认取得内地执业资格的香港专业人士（包括香港产业测量师和内地注册房地产估价师）在广东省办理注册执业。（省住房城乡建设厅）

四、制造业及科技创新

40. 继续实施粤港科技合作资助计划，重点资助当前科技发展热点领域，吸引更多科研机构和企业参与创新合作。双方开展优势科技领域和技术资源清单交流，资料互换共享，为适时开展“十三五”粤港关键共性技术领域研究奠定良好基础。（省科技厅）

41. 继续推动广东高新园区与香港科研机构合作，促进新兴产业与特色园区的发展。强化技术转移机制建设，推动科研成果产业化。（省科技厅）

42. 加强两地高等院校合作，香港的大学及科研机构在广东设立的研发机构、港资企业在粤设立的或两地合作设立的省级研发中心（工程中心）、省级合作基地，广东省财政专项资金择优予以资助。（省科技厅）

43. 深化东莞市与香港科技大学合作，利用香港科技大学在先进控制与智能制造领域的优质项目和优秀人才资源，推动松山湖国际机器人产业基地建设。（东莞市政府）

五、国际化营商环境

（一）口岸建设与通关监管

44. 按计划推进莲塘/香园围口岸“一站式”通关模式改革工作，尽快确定通关流程设

计方案。（省口岸办）

45. 推进香港海关“多模式联运转运货物便利计划”与内地海关“跨境快速通关”系统对接试点实现规模化运作，利用同一电子锁监管跨境运输货物，缩短通关时间，提高物流通关效率。（海关广东分署牵头会同省内各直属海关）

46. 落实《珠江口区域VTS数据共享合作计划》，促进海上交通安全及港口运作效率合作。在广东电子口岸平台上建设“单一窗口”并在南沙口岸开展试点。推进南沙港区与香港在船舶动态信息共享、国际航运服务等方面合作，提升国际运输便利化水平。（广东海事局，省口岸办，广州市政府）

（二）电子商务合作

47. 继续向粤港两地业界推广国际及国内云计算服务的标准认证计划和相关的实务指南，并举办粤港云计算会议，以促进两地在云计算服务的标准发展和采用。（省经济和信息化委）

48. 实施第四届粤港ICT青年创业计划，扶持粤港两地信息及通讯科技行业创新创业。推进粤港资讯技术人才互认。（省经济和信息化委）

49. 继续推进粤港电子签名证书互认，推进粤港电子签名互认证书在电子政务和电子商务领域的应用，加快“粤港网上服务自由办”及“粤港网上贸易便利化”试点平台的建设，制订粤港电子签名互认证书的应用及管理办法。筹备召开粤港电子签名证书互认试点工作组第八次会议。（省经济和信息化委）

50. 加强检测和认证领域合作，推动香港检测或认证机构在港提供服务以协助广东产业转型升级。研究探索在强制性产品认证（CCC）领域下，进一步加强检测和认证的合作。（省质监局）

51. 提升两地标准制修订协作能力与水平。加强两地标准信息交流和标准制修订合作，推进粤港相关机构及企业积极参与国内外标准化活动。（省质监局）

52. 加强粤港计量技术合作，推进两地在技术性贸易措施方面的交流合作。以优势互补、优势共享为原则，推动计量技术的合作发展。（省质监局）

（三）知识产权保护

53. 举办新《商标法》研讨活动。完善情报合作机制，打击跨境侵权活动。推动在粤港资企业申请认定广东省著名商标，指导和协助广东商标协会开展在粤港资企业申请认定广东省著名商标工作，促进在粤港资企业提高商标管理水平与商品（服务）质量。（省工商局）

54. 广东省版权局与香港知识产权署开展版权产业企业交流活动，分享粤港版权产业知识产权创造、运用、保护、管理经验，研究推动两地版权企业维权合作和版权贸易发展途径。（省新闻出版广电局）

55. 推动粤港知识产权贸易的发展，组织粤方成员单位及企业参加在港举办亚洲知识产权营商论坛，开展版权产业企业交流活动，举办“粤港知识产权与中小企业发展”研讨会。（省知识产权局、新闻出版广电局）

（四）贸易投资促进

56. 全面推进商事制度改革，积极推进工商登记管理条例立法工作。贯彻落实《企业信息公示暂行条例》，加快完善后续监管制度，做好企业信用信息公示系统升级改造。（省工商局）

57. 双方继续推动两地间相互投资与贸易，宣传香港作为国内外“超级联系人”的角色，为广东企业向海外拓展国际业务的贸易平台。鼓励更多广东企业善用香港优势及利用香港国际级的中介及服务业机构，通过香港“走出去”，拓展国际市场。广东驻港经贸代表处继续组织开展广东企业赴港投资考察活动，搭建两地企业交流平台。共同开展2015粤港澳联合推介大珠三角活动和开拓海外市场活动，举办2015年粤港经济技术贸易合作交流会、2015年中国粤港澳商品（印度孟买）展览会。（省商务厅，省贸促会）

58. 积极参与21世纪海上丝绸之路建设，充分发挥香港国际贸易、航运、金融中心优势，结合广东有利条件，积极拓展与海上丝绸之路沿线国家，尤其是与东盟国家，在经贸、投资、旅游、科技、金融、专业服务等领域合作。（省发展改革委牵头会同商务厅、旅游局、科技厅、金融办等单位）

六、优质生活圈

（一）生态建设和环境保护

59. 落实《粤港清洁生产合作协议》，共同推进“清洁生产伙伴计划”至2020年，鼓励和协助在粤的港资工厂采用清洁生产技术及工序。（省经济和信息化委）

60. 继续落实《珠三角洲地区空气质素管理计划（2011—2020年）》，筹备开展中期工作回顾及研究2020年减排目标。继续发布珠江三角洲区域空气质量信息，继续推进区域性细颗粒物（$PM_{2.5}$）联合研究，加强三地环保技术交流及推广活动。（省环境保护厅、发展改革委）

61. 举办粤港海洋资源护理专题小组会议，加强联合执法，打击跨界渔船非法捕捞。举办渔业执法合作座谈会和香港渔民培训班，推进渔业资源评估、水产养殖、增殖放流及珊瑚普查等技术交流，深化珍稀水生野生动物的保育工作及文化交流，以及探索进一步建立粤港海洋环境信息交流合作机制。（省海洋渔业局）

62. 加强野生动植物监测、保护与执法交流，加强稀有濒危野生动植物保护。加强湿地交流合作，推进珠江口红树林湿地保护，共同规划建设跨境自然保护区。（省林业厅）

（二）文化交流

63. 落实《粤港澳文化交流合作发展规划（2014—2018）》，联合开发“粤港澳文化生活电子地图”，联合推出区域博物馆优惠证，粤港澳公共图书馆开通地方特色文献数字资源分享平台，联合举办粤港澳非物质文化遗产展览，推进文化创意产业园区、文化企业考察交流合作。继续做好粤港澳文化交流基地工作，重新评估广东省粤港澳文化交流合作示范点，提升现有粤港澳文化交流合作品牌活动，继续举办“粤港澳青年文化之旅”“粤港澳青少年粤剧艺术培训夏令营”等项目。（省文化厅）

64. 探索以粤语话剧、现代舞、粤剧为突破口建立大珠三角洲地区艺术创作联盟，加强业界在艺术生产、营销推广以及演出安排等方面合作，培养新人新作，打造文化精品，联合推向海内外演出市场。（省文化厅）

65. 支持广东广播电视频道在香港落地覆盖。继续举办“三江论坛”、粤港澳高等院校普通话辩论赛等活动，利用中国（广州）国际纪录片节、中国（深圳）国际文化产业博览交易会等平台，深化两地媒体机构交流合作。（省新闻出版广电局）

（三）社会保障

66. 推进香港大学深圳医院的发展。（省卫生计生委，深圳市政府）

67. 鼓励更多香港医疗机构在广东省设置独资、合资或合作医疗机构，探索建立办医审批绿色通道。（省卫生计生委）

68. 加强粤港两地医疗卫生合作，继续推动区域间突发公共卫生事件的应急工作。广东承办粤港澳防治传染病联席会议第15次会议。探讨便利在内地的港人回港就医的跨境运送安排，继续在深圳市试点医院进行香港病人病历转介合作。（省卫生计生委）

69. 促进粤港医疗卫生管理和专科护理培训合作，加强信息通报及专业人才交流培训合作。（省卫生计生委）

70. 继续推行“广东院舍住宿照顾服务试验计划”，对轮候入住资助安老宿位的长者，可自愿入住分别位于深圳及肇庆并由香港非政府资助机构营运的养老院。（省民政厅）

71. 继续积极争取国家相关政策支持，鼓励香港社会服务机构以民办非企业形式在广东登记注册，在内地开展社会服务业务。（省民政厅）

72. 加强两地社工专业合作交流，探索建立香港社工在粤执业备案制度。举办养老服务高级管理人员培训班，加强人员培训合作。（省民政厅、人力资源社会保障厅）

73. 做好供港鲜活商品配额管理和服务工作，及时下达和调整企业年度、月度商品配额，鼓励企业“优质、适量、均衡、应时”完成任务，切实保障供港农副产品等生活必需品的稳定供应。（省商务厅）

74. 加强供港食品农产品源头管理，加强供港种植养殖基地的备案、年度审核和日常监管，严格做好动植物疫情疫病防控和检验检疫工作，共同组织开展供港食品农产品原料种植养殖基地监督检查，加强禽流感防控信息沟通与合作，保障供港食品农产品质量安全。（广东、深圳检验检疫局）

75. 鼓励香港业界参与广东供港食品农产品示范区建设，提供技术指导和便利化通关等支援措施。继续推进供港活牛电子耳标标识管理工作。加强研究优化检验检疫模式，做好从化赛马场赛马、生物制品、饲草饲料等入境测试工作。（广东、深圳检验检疫局）

76. 强化粤港信息交流，广东制定监控计划和修订优化规例限量标准，配合香港《食物内除害剂残余规例》的标准。（广东、深圳检验检疫局）

（四）治安管理

77. 继续深化两地警务合作，加强情报交流，共同打击跨境犯罪和非法越境活动，维护边界安全稳定。加强两地反贪及廉政建设合作，完善个案协查机制，共同举办个案协查工作

座谈会，探讨扩大合作领域。（省公安厅，省检察院）

七、教育与人才

78. 继续推进香港中文大学（深圳）项目，深化高等教育合作，尽快完成第一期建设工程，支持提供本科生教育及开展学术研究。（深圳市政府，省教育厅）

79. 继续做好广东高等院校及部分具备条件的高职院校多途径招收香港学生工作，扩大对港招生规模。香港积极推行“内地大学升学资助计划”，资助有经济需要并已通过免试收生计划到内地修读学士学位课程的香港学生。支持两地高等院校开展办学、科研合作，邀请香港对广东终身教育学分银行建设予以指导支持。（省教育厅）

80. 继续开展语言教师培训、两地教师协作计划等合作交流，支持两地中小学生深化交流。提升粤港姊妹学校合作的深度和广度。（省教育厅，团省委）

81. 推进举办港人子弟学校和港籍学生班的工作。协调相关查验单位支援深港跨境学童校巴服务事宜，2015—2016学年继续安排适量跨境校巴特别配额提供跨境学童交通服务。（省教育厅、口岸办，深圳市政府）

82. 加强粤港职业教育培训合作，支持香港国际教育机构与内地机构合作在广东开展职业培训服务。推进建立职业技能实习实训基地，优化职业技能培训资源配置，提供贴近企业需求的专业课程和人才培养项目。继续与香港职训局合作举办广东省技工院校专业教师培训班。组织参加第九届穗港澳蓉青年技能竞赛。支持东莞和清远市与香港开展职业教育合作。（省人力资源社会保障厅，东莞、清远市政府）

83. 继续在香港开展国家职业技能鉴定考试，共同做好现有“一试两证／三证”试点项目，争取完成新项目的标准对接和题库建设等工作。探讨逐步扩大“一试两证／三证”的试点职业范围。（省人力资源社会保障厅）

84. 加强南沙、前海、横琴人才示范区建设。广州南沙新区加紧出台集聚创新创业高层次人才实施办法、紧缺人才引进和认定办法等引才政策。支持深圳前海开展地方人才立法探索，完善引进高层次人才服务平台。充分发挥广东省引进高层次人才“一站式服务专区”作用，优化吸引集聚面向全国（包括港澳）及海外高层次人才服务环境。（省人力资源社会保障厅）

八、重点合作区域

85. 推进中国（广东）自由贸易试验区建设，落实配套政策措施，加快管理制度改革，进一步深化自贸区各片区与香港的合作。（省商务厅，广州、深圳、珠海市政府）

86. 落实《广州南沙新区发展规划》，推进与香港在科技、金融、文化创意、旅游、教育、医疗、法律等方面合作，探索创新合作开发模式。深入实施《广州市南沙新区条例》，深化体制机制创新，营造与香港接轨的国际化、法治化营商环境。（广州市政府）

87. 支持前海创新项目管理模式，争取国家有关部门允许在粤登记开展经营的香港工程咨询、设计、测量等建筑服务企业及专业服务人员，在前海单项备案后可不受从业主体资

质资格限制，其建筑服务应符合国家法律法规和标准要求。（省住房城乡建设厅，深圳市政府）

88. 加快推进横琴新区开发建设。加大对香港招商力度，积极引进香港有实力的企业参与横琴开发，进一步加强两地金融服务、旅游休闲、文化创意等产业交流与合作。充分利用横琴新区金融创新政策优势，先行先试开展金融创新。加强与香港在社会管理和公共服务方面的交流与合作，不断完善高效科学的决策、执行和监督机制。（珠海市政府）

九、合作机制

89. 在粤港合作联席会议机制下，进一步完善各专责小组合作工作机制，务实推进各领域的合作。（省港澳办）

90. 发挥粤港发展策略研究小组机制作用，深化有关粤港合作重点问题研究，提供政策意见建议，为两地政府决策参考。（省港澳办）

实施珠三角规划纲要2015年重点工作任务

（广东省人民政府办公厅2015年4月15日印发）

2015年是珠三角地区“九年大跨越”中期关键之年。今年实施《珠江三角洲地区改革发展规划纲要（2008—2020年）》的总体要求是：按照省委十一届四次全会和省《政府工作报告》的部署要求，准确把握“四个全面”战略布局，主动适应和引领经济发展新常态，紧紧围绕“三个定位、两个率先”目标，以提高经济发展质量和效益为中心，以实施创新驱动发展战略为总抓手，狠抓重大项目、重大平台和重点企业，继续推进产业转型升级，强化改革攻坚，增强市场活力，促进绿色低碳发展，加强法治建设，强化民生保障，全力推进珠三角地区“九年大跨越”中期目标任务，推动珠三角地区实现转型升级、优化发展。

主要目标是：地区生产总值增长7.5%左右，人均地区生产总值增长6.5%左右，固定资产投资增长14.2%，进出口总额增长3%，社会消费品零售总额增长11.8%，服务业增加值比重提高到53.5%，研发经费支出占地区生产总值比重达2.7%，城乡居民人均收入与经济增长基本同步，全面完成“十二五”节能减排任务。在全面落实“九年大跨越”工作方案各项任务的基础上，重点推进以下工作：

一、全力落实创新驱动发展战略

（一）培育发展创新主体

开展龙头企业创新转型试点，实施大型骨干企业研发机构全覆盖行动，出台支持高新技术企业发展的实施方案，珠三角国家高新技术企业达1万家以上。开展科技型中小企业培育工程。出台省新型研发机构总体规划，在珠三角率先开展新型研发机构竞争力评价，新型研发机构达110个，产学研创新联盟达103家。2015—2017年全省投入50亿元专项资金，支持中山大学、华南理工大学等一批大学提高科研能力。加大力度支持基础科学研究和科技基础设施建设，筹建广东省科学院。大力推进粤港澳人才合作示范区建设。引进第五批创新创业团队和领军人才。（省科技厅、经济和信息化委、教育厅、财政厅、人力资源社会保障厅、港澳办等负责，列为第一的为牵头单位，下同）

（二）推动区域创新体系建设

落实珠三角科技创新一体化规划，制订2015—2017年创新型城市建设工作方案。支持深圳加快建设国家自主创新示范区，支持广州打造华南科技创新中心，联合珠三角其他城市以“1+7”方式整体申报创建珠三角国家自主创新示范区。佛山、东莞、珠海三市加快形成创建国家级创新型城市第二梯队，江门、中山、惠州、肇庆四市加快创新载体建设和创新资源集聚。推动各市加快建设创新型城市，落实创新型城市建设责任书目标任务。（省科技厅，珠三角九市政府等负责）

（三）加强创新载体建设

研究制订落实“大众创业、万众创新”的政策措施，大力发展“众创空间”等新型创新创业服务平台。出台省科技孵化育成体系建设专项规划，新增科技企业孵化器、加速器、前孵化器达50个，在孵企业数量突破1.5万家。加快珠三角9个国家级高新区建设，高新区产值达2.8万亿元。加快质量检验检测技术平台建设。组建专业镇特色产业技术创新战略联盟，开展“重点示范专业镇”行动，认定一批专业镇升级转型示范区。（省科技厅、经济和信息化委、质监局等负责）

（四）实施创新重点突破

组织实施智能机器人、新能源汽车电池和动力系统、3D打印技术等9个省级重大科技专项，推进50~100个重大科技专项项目建设。加强高端成套工艺装备、制造基础共性技术、智能车间、环保装备等先进技术开发和推广应用，跟踪研究电子信息、光机电一体化、基因组、核电子等源头性技术创新领域。增强原始创新能力，加快散裂中子源等在粤国家大科学装置建设和开放应用，依托“天河二号”建设国家大数据研究中心。（省科技厅、发展改革委、经济和信息化委等负责）

（五）优化创新制度环境

全面落实省关于加快科技创新的“十二条”政策措施。出台《广东省自主创新促进条例》配套政策，推动出台省科技成果转化促进条例。深化科技体制改革，加快推进科技成果产权制度改革试点，率先开展全面创新改革试验（试点）。建立科技创新资源优化配置机制，优化科技专项资金配套结构和方式；完善企业研发费用计核方法，扩大研发费用加计扣除优惠政策适用范围。开展创新券补助政策试点，落实企业研发准备金制度，探索设立政府创业投资和引导基金。建立知识产权质押融资市场化风险补偿机制。开展重大科技专项专利导航工程。发挥好广州知识产权法院的作用，探索跨地区知识产权案件异地审理机制。（省科技

厅，省编办，省发展改革委、财政厅、知识产权局、金融办，省国税局等负责）

二、大力推进产业转型升级

（六）全面推开工业转型升级三年攻坚

落实工业转型升级攻坚战三年行动计划。加快珠江西岸先进装备制造产业带建设，支持“六市一区”先进装备制造业集聚发展，办好首届珠江西岸先进装备制造业投资贸易洽谈会等对接活动，新引进10个投资额超10亿元的先进装备制造龙头项目，完成装备制造业投资1 200亿元，实现装备制造业工业增加值2 700亿元左右、比上年增长18%。支持珠海市申报先进装备制造业示范区和海洋工业园。做大做强珠江东岸电子信息产业带，围绕平板显示、集成电路芯片等重大项目，进一步拓展芯片设计、装备、模组制造及下游终端和应用开发产业链，打造平板显示、集成电路千亿级产业集群，新引进1~2个新型显示项目，新增2家营业收入超10亿元的集成电路企业，电子信息产业实现工业增加值5 600亿元。（省经济和信息化委、发展改革委、财政厅负责）

（七）加快发展现代服务业

制订省加快发展现代服务业的政策意见，加快推进70个现代服务业集聚区建设，规划建设一批总部经济基地，建设一批新兴服务业培育示范工程。培育20个生产性服务业功能区，促进制造业向生产服务型转变。支持广州、深圳开展国家服务业综合改革试点。出台促进健康、养老、体育、文化创意与设计等服务业发展的政策文件，开展养老服务信息化试点工作。加快现代物流业发展，支持广州建设国际航运中心。（省发展改革委、经济和信息化委、交通运输厅、商务厅、体育局等负责）

（八）狠抓重大项目建设

珠三角地区全年安排省重点项目174个，总投资27 181亿元，年度计划投资2 539亿元。其中，基础设施重点项目105个，总投资11 824亿元，年度计划投资1 404亿元；现代产业重点项目37个，总投资11 105亿元，年度计划投资868亿元。“九年大跨越”61个重大项目年度计划投资1 920亿元。深圳长安标志雪铁龙合资项目、珠海中海油精细化工园、中山明阳风电大型风力发电机组及关键部件产业化基地等项目建成投产，一汽大众佛山工厂二期、深圳华星光电8.5代面板二期等项目加快推进。实施新一版政府核准投资项目目录，推出新一批面向民间投资招标的重大项目。完善项目管理机制，建立健全珠三角亿元以上项目台账管理机制。（省发展改革委、省规划纲要办，珠三角九市政府等负责）

（九）推进重大平台建设

出台实施省科学推进重大区域发展平台规划建设指导意见。广州南沙加紧实施金融创新15条政策，落实部际联席会议15条支持事项。深圳前海重点推进人民币跨境业务，研究扩大跨境人民币贷款放款主体。珠海横琴推动制定自由贸易试验区条例，编制粤澳合作产业园产业规划，建设“全国知识产权运营公共服务横琴特色分平台”。推动中新（广州）知识城打造知识产权枢纽和知识密集型产业集聚高地。佛山中德工业服务区加快中欧城镇化合作示范区建设。惠州环大亚湾新区全面推进三大起步区建设，加快跨界道路对接。东莞水乡特色经济区启动水乡新城建设，推进疏港大道延长线等路网工程。中山翠亨新区加快招商引资，推进中瑞产业合作项目落地。江门大广海湾新区加快银洲湖先行区产业整合提升。肇庆新区加快推动路网、水网及重点配套项目建设。珠海西部生态新区、东莞粤海银瓶合作创新区完成发展总体规划编制。（省发展改革委、商务厅、知识产权局、法制办、港澳办、金融办，珠三角九市政府负责）

（十）推动新一轮技术改造

加强对工业技改的分类指导，督促各市制订新一轮工业技改实施细则和配套措施，形成一揽子政策支持体系。出台实施省机器人发展专项行动计划。支持4 000家规模以上工业企业进行技术改造，其中主营业务收入5 000万元以上企业1 800家。力争新增1~2家国家新型工业化产业示范基地，新增5个公共服务平台。建立技术改造信息平台和项目库，加强技术改造情况监测分析。工业投资实现5 280亿元，工业企业技术改造投资达1 468亿元，比上年增长28.7%。（省经济和信息化委、财政厅等负责）

（十一）促进各类企业健康发展

制订落实2015年支持大型骨干企业发展重点工作任务和大型骨干企业诉求办理办法。出台进一步优化企业兼并重组市场环境实施方案。推动国有企业发展混合所有制。遴选确定首批重点培育民营骨干企业。指导各市制订培育超10亿元、20亿元、50亿元后备企业目标和措施。落实国家“营改增”等结构性减税政策，清理规范涉企行政事业性收费。珠三角年主营业务收入超百亿元企业达211家，其中超千亿企业20家。出台促进小微型企业上规模的指导意见，创新扶持政策和措施，研究解决小微企业融资难问题，重点帮扶500家高成长中小企业发展，建设完善中小企业融资服务体系和中小企业公共技术服务示范平台，完成小微企业信用信息共享平台的研发推广。（省经济和信息化委、科技厅、财政厅、国资委、地税局，省国税局、人行广州分行、广东银监局等负责）

三、持续深化改革扩大开放

（十二）加快推进国家改革试点任务

广州、深圳（光明新区）、惠州、东莞市加快推进国家新型城镇化综合试点建设。深圳市加快推进国家创新型城市试点建设。珠海、江门市加快推进国家知识产权试点城市建设。推进佛山市（南海区）国务院农村综合改革示范试点建设。中山市加快推进国家创新型产业集群试点和国家基层综合性文化服务中心试点建设，东莞市重点推进基本公共文化服务标准化试点工作。佛山、肇庆市加快推进国家“多规合一”试点建设。（珠三角九市政府，省发展改革委、经济和信息化委、科技厅、住房城乡建设厅、文化厅、知识产权局等负责）

（十三）提高政府依法行政水平

推进珠三角法治政府示范区建设，协调推动解决东莞、中山两个不设区的地级市享有地方立法权问题。继续取消和调整一批行政审批事项，省级、市县级分别在3月底前和6月底前完成非行政许可审批事项清理。公布第二批40个省政府部门和各市县政府权责清单。全面推行行政审批标准化建设，实现行政审批全流程网上办理，建成全省统一的电子证照系统。推行工商营业执照、组织机构代码证和税务登记证“三证合一”，开展“一照一号”试点。继续深化经济发达镇行政体制改革试点工作。稳妥推进行政执法体制改革。（省编办，省发展改革委、工商局、法制办等负责）

（十四）推进投融资体制改革

制订国家创新重点领域投融资机制鼓励社会投资指导意见实施细则，出台市政基础设施等领域开展PPP模式的操作办法。推广项目收益债券、可续期债券等债券创新品种。引进保险资金支持经济社会建设，建立保险资金运用项目库，争取保险资金运用新增规模超过500亿元。推进珠三角金融改革创新综合试验区建设，开展股权众筹、互联网信用担保融资等融资模式创新，支持设立和发展民营银行等新型金融机构，规范发展民间金融、互联网金融。（省发展改革委、财政厅、金融办，人行广州分行、广东银监局、广东证监局、广东保监局等负责）

（十五）加快建设中国（广东）自由贸易试验区

制订自贸区总体方案的配套实施细则和管理办法，出台自贸区基本管理架构方案。推动上海自贸区可复制改革试点经验加快落地，对港澳投资者争取实施比上海自贸区更短的负面清单。发展国际仲裁、商事调解机制，完善国际法律服务体系；建立行政权责清单制度，建设市场准入统一平台和国际贸易“单一窗口”；对外商投资实行准入前国民待遇加负面清单管理模式，建立市场主体信用信息公示系统，推进金融体制机制创新，尽快形成与国际投资贸易通行规则相衔接的基本制度框架。（省商务厅，省编办，省发展改革委、工商局、法制办、金融办等负责）

（十六）深化粤港澳合作

深入推进粤港澳服务贸易自由化，建立健全对港澳服务业开放的“准入前国民待遇加负面清单”管理模式，深化粤港澳在金融、专业服务、运输物流、教育、医疗、文化等领域合作，携手港澳打造更具竞争力的世界级城市群。推进港珠澳大桥、粤澳新通道、广深港高速铁路等跨境基础设施建设。强化粤港澳国际贸易航运功能集成，携手澳门共建世界旅游休闲中心和中葡商贸合作服务平台。支持粤港澳共同设立海外投资基金，引入港澳征信机构。（省港澳办，省编办，省商务厅、旅游局、金融办，人行广州分行等负责）

（十七）提升对外开放合作水平

狠抓我省参与建设“一带一路”、加强与欧洲合作等工作落实。制订落实广东省参与建设21世纪海上丝绸之路的实施方案，加强与21世纪海上丝绸之路沿线国家商贸合作，推进广州国际枢纽机场建设，争取开辟更多直航线路，推动沿线港口城市联盟。办好第二届广东21世纪海上丝绸之路国际博览会。完善“粤新欧”国际铁路联运机制，打通珠三角往来丝绸之路经济带沿线国家物流大通道。开展珠三角参与“一带一路”建设专题研究。推动佛山、东莞等市申请国家级服务外包示范城市，认定一批省级服外包示范城市、示范园区和示范企业，服务贸易进出口总额占对外贸易总额比重达9%以上。深化外贸转型升级示范基地和科技兴贸创新基地建设，加工贸易“委托设计+自主品牌”方式出口比重达70%以上。提升引进外资质量，外商直接投资合同外资金额、实际使用外资金额同比均增长3%。大力培育外贸综合服务企业、跨境电商、旅游购物出口贸易、内外贸结合商品市场试点等外贸新业态。推动驻外经贸代表处、境外广东商会等投资服务平台建设，新设境外经贸代表处4个。（省商务厅、科技厅、贸促会等负责）

四、加快建设信息化先导区

（十八）加快信息基础设施建设

开展珠三角地市通信基础设施专项规划编制工作，加快新一代信息基础设施共建共享，率先建成珠三角宽带城市群。实施“光网城市”工程，推进宽带提速普及和4G、5G网络建设，珠三角光纤入户达700万户，3G/4G基站达38万个，无线局域网接入热点（AP）达34万个，公共区域实现WLAN全覆盖，建成全国规模最大的TD-LTE网络。扩大“三网融合”试点范围，推动广电、电信双向业务进入实质性商用阶段。（省经济和信息化委、住房城乡建设厅、新闻出版广电局，省通信管理局，珠三角九市政府等负责）

（十九）推进工业化与信息化深度融合

出台智能制造发展规划，实施智能制造试点示范工程，培育建设10个省智能制造示范基地，加快珠三角地区“机器换人”步伐。实施企业信息化改造工程，组织2 000家传统产业企业与200家信息技术企业开展交流对接。扩大“两化融合”贯标试点规模，全省国家和省贯标试点企业达到200家，其中通过评定的企业达70家。（省经济和信息化委等负责）

（二十）加快培育发展信息化新业态

制订实施“互联网+”行动计划。推进云计算、大数据、物联网产业化，加快建设广州、东莞、佛山、惠州、顺德等10个物联网产业示范基地，争取2个以上基地年产值超400亿元，云服务产业规模达到1 000亿元。加快推进深圳、珠海、惠州市等国家首批信息消费试点城市建设，以及广州、深圳、东莞等国家电子商务示范城市创建工作。培育一批综合性电商平台和网上商城，推动传统市场、展会和企业加快应用电子商务，电子商务交易额达3.15万亿元。加快跨境电子商务配套体系建设。（省经济和信息化委、商务厅等负责）

（二十一）加快推广信息化应用

推进电子政务网络系统升级改造，试点建设基于云计算的区域电子政务公共平台，电子政务网络互联互通率达85%，政务信息资源共享率达60%。继续深化省网上办事大厅建设，促进企业专属网页和市民个人网页的推广应用。加快推进广州、深圳、佛山、东莞等信息惠民国家试点城市建设。建成基础教育宽带网络“校校通”“粤教云”公共服务平台、养老服务信息平台。整合人口信息基层医疗卫生服务和医院信息，推进居民健康卡和社会保障卡功能对接和应用。（省经济和信息化委、教育厅、人力资源社会保障厅、卫生计生委等负责）

五、大力推进绿色低碳发展

（二十二）强力推进节能减排

确保完成“十二五”节能约束性目标任务，突出抓好电机能效提升和注塑机节能改造工程，全省累计完成电机能效提升1 000万千瓦，佛山、东莞市完成万台注塑机节能改造试点任务。推广应用新能源汽车 4.5 万辆，纯电动公交车保有量达 4 000 辆，占公交车保有量比重达 15%。落实省绿色建筑行动方案，新增绿色建筑 1 600 万平方米。启动碳排放管理和交易立法工作，设立全国首个省级低碳发展基金。严格执行项目环评制度，对排放二氧化硫、氮氧化物的建设项目实行现役源 2 倍削减量替代。增加清洁能源供应，非化石能源占一次能源消费比重提高到 20%。（省发展改革委、环境保护厅、经济和信息化委、住房城乡建设厅等负责）

（二十三）加强污染整治

落实大气污染防治行动方案，完成高污染燃料禁燃区内（含城市建成区）燃煤锅炉淘汰工作，基本淘汰区域内所有“黄标车”，$PM_{2.5}$ 平均浓度比 2013 年下降 5.25%。推进广佛跨界河流、深莞茅洲河等重点跨界流域整治，跨市交界断面水质达标率达 88%；加大内河涌整治力度，基本完成流经城区的主要河涌环境综合整治。广州、珠海、佛山、中山、东莞、江门等市开展受重金属污染耕地和受污染场地综合治理与修复试点示范。（省环境保护厅、公安厅、国土资源厅，珠三角九市政府等负责）

（二十四）加强生态建设

出台实施《广东省生态文明建设规划纲要（2015—2030 年）》及省生态保护与建设规划，建设森林碳汇 20 万亩（13 333.33 公顷）、森林公园 60 个、湿地公园 31 个、乡村绿化美化示范点 730 个。落实生态安全体系一体化规划，东莞、佛山、肇庆、珠海市加快创建国家森林城市，推动珠三角建成全国首个森林城市群。划定珠三角生态控制线，陆域生态功能用地规模占国土比例达 20%。落实耕地和基本农田保护目标，耕地保有量达 80.68 万公顷。编制省海洋主体功能区规划，启动“美丽海湾”示范点建设。（省林业厅、国土资源厅、住房城乡建设厅、海洋渔业局，珠三角九市政府等负责）

六、提升珠三角城市群建设水平

（二十五）深入推进珠三角一体化

建成广深港客运福田站、广佛肇城际轨道交通佛肇段、莞惠城际轨道交通首通段、东莞城市轨道交通二号线（一、二期）等 4 个轨道交通项目，新增运营里程约 188 千米；新开工中开高速、广佛肇高速广州佛山段等 8 个高速公路项目，建成新台高速公路南延线、惠州海湾大桥（广惠高速公路东延线）、广州至高明高速公路广州段一期等 4 个高速公路项目，新增通车里程 57 千米；打通市际断头路实现区域交通网络互联互通。深化金融服务一体化，加快推进“一卡通”工程，推动实现保险理赔通赔通付，支持城市商业银行、农村商业银行在珠三角互设分支机构和营业网点，扩大跨地区跨行通存通兑服务银行和网点数量。制订异地务工人员享受基本公共服务办法，统一企业养老保险单位缴费比例和缴费工资下限。建立珠三角物流发展联盟，基本实现物流节点布局和基础设施一体化；培育 20 个左右制造业与物流业联动发展示范企业。积极推进粤港澳游艇自由行，建成广州、深圳一级旅游集散中心，推出“网上珠三角”推介网站。（省发展改革委、经济和信息化委、财政厅、人力资源社会保障厅、旅游局、港澳办、金融办，人行广州分行，珠三角九市政府等负责）

（二十六）开展珠三角城市升级行动

出台实施新型城镇化规划，开展新型城镇化“2511”试点工作。加快珠三角全域规划编制工作，争取上半年出台实施。加大力度整治“批而未征、征而未供”问题，盘活存量土地。制订关于深入推进“三旧”改造工作的意见，完善“三旧”改造与新增用地指标分配的挂钩机制。加快推进城市危旧房、棚户区改造，完成15 713户城市棚户区（危旧房）改造。完成第三批TOD综合开发规划的编制，开展中心镇控制性详细规划编制试点。开展历史文化名镇名村、传统村落评选和宜居示范村镇等试点示范村镇建设，打造传统村落保护发展亮点。加快推进珠三角水资源配置工程前期工作。继续推进绿道网建设和升级行动。出台省城乡生活垃圾管理条例，推动广州、深圳市争创国家生活垃圾分类示范城市。推进广州、佛山、东莞市等国家智慧城市试点城市建设。支持肇庆市创建全国文明城市。（省住房城乡建设厅、发展改革委、经济和信息化委、国土资源厅、水利厅，省文明办，珠三角九市政府等负责）

（二十七）深化区域合作

启动编制广佛同城化“十三五”发展规划，推动广佛肇（怀集）经济合作区开发建设，加快建立管理机构，完善工作机制，落实工作力量。加快深莞惠边界地区（坪清新）低碳发展合作；编制实施珠中江城市（镇）供水同网方案，加快深中通道项目前期工作。粤桂合作特别试验区开展东西部政策叠加等制度创新，谋划建设粤桂产业合作示范区。建立珠三角与粤东西北地区高新区、专业镇对口帮扶与联动发展机制。推动“广佛肇 + 清远、云浮”“深莞惠 + 汕尾、河源”“珠中江 + 阳江”三个新型都市区建设。（省规划纲要办、发展改革委、经济和信息化委、科技厅、住房城乡建设厅、水利厅，珠三角九市、清远、云浮、汕尾、河源、阳江等市政府负责）

七、加快社会民生事业发展

（二十八）促进教育优先发展

实施第二期学前教育三年行动计划，开展义务教育办学条件达标建设，提高城乡免费义务教育公用经费补助标准。推进教育创强争先，教育现代化先进县（市、区）覆盖率达到60%。创建现代职业教育综合改革试点省，制订实施现代职业教育体系建设规划，技工院校高级工以上在校生比例达到40%左右，学历教育和社会培训规模比例达到5：5以上。出台实施省关于建设高水平大学的意见，扎实推进“创新强校工程”“四重”建设、“2011计划”。（省教育厅、财政厅、人力资源社会保障厅等负责）

（二十九）深化医药卫生体制改革

研究制订城市公立医院改革指导意见，新增2~3个城市公立医院综合改革试点城市；全面深化县级公立医院综合改革，实现县级公立医院改革阶段性目标。加快民营医疗机构发展，民营医疗机构诊疗量比重达25%以上，县域内就诊率达到90%以上。巩固扩大基本药物制度实施成效，三级公立医院基本药物销售额达到25%~30%，二级公立医院基本药物销售额达到40%~50%。（省卫生计生委、发展改革委、食品药品监督管理局等负责）

（三十）扎实推进就业和社会保障体系建设

推进创业型城市创建和创业孵化基地建设，城镇登记失业率控制在3.5%以内，实现新增城镇就业66万人，失业人员再就业27万人。大力推进社保卡“一卡通”。扩大养老、医疗保险为重点的社会保险覆盖面，推进企业全员足额参保，引导个体工商户、灵活就业人员和城乡居民等重点群体积极参保，实现应保尽保。稳步推进机关事业单位养老保险制度改革，研究建立城乡居民基本养老保险基础养老金正常调整机制。深化医保支付制度改革，以基金预算管理下的总额控制为基础，健全平均定额付费、按病种付费、按人头付费等复合式付费方式。完善城乡居民大病保险制度，制定重特大疾病特殊补助政策。健全异地务工人员子女教育、住房保障、城乡社会保险制度衔接配套政策，扩大积分制享受基本公共服务范围。城镇职工基本养老（含离退休）、城乡居民基本养老、城乡基本医疗、失业、工伤和生育保险参保人数分别达3 730万人、730万人、4 510万人、2 520万人、2 650万人和2 380万人。（省人力资源社会保障厅、教育厅、民政厅、公安厅等负责）

（三十一）加快文化强省建设

推动公共文化设施网络均匀分布，实现公共图书馆、文化馆（站）100%达到一级以上水平和基层综合性文化服务中心的全覆盖。推进文化与金融、文化与旅游融合发展，进一步提升深圳文博会等重点文化会展影响力。推进珠三角地区文化市场综合执法队伍建设，提升网络文化市场监管能力。增强与欧美、海上丝绸之路沿线国家、南太平洋岛国的文化交流合作，深化对港澳台地区文化工作，办好一批大型国际性文化活动。（省委宣传部，省文化厅、外办、旅游局、金融办等负责）

“九年大跨越”主要指标2015年目标

指　　标	单位	监测落实部门	珠三角目标
1. 地区生产总值增长率	%	省发展改革委	7.5
2. 人均地区生产总值增长率	%	省发展改革委	6.5
3. 固定资产投资增长率	%	省发展改革委	14.2
4. 社会消费品零售总额增长率	%	省商务厅	11.8
5. 进出口总额增长率	%	省商务厅	3
6. 研发经费支出占地区生产总值比重	%	省科技厅	2.7
7. 高速公路通车里程	千米	省交通运输厅	3 560
8. 发明专利申请量	件 / 百万人	省知识产权局	1 295
9. 发明专利拥有量	件 / 万人	省知识产权局	20
10.服务业增加值比重	%	省发展改革委	53.5
11. 现代服务业增加值占服务业增加值比重	%	省发展改革委	62
12. 高技术制造业增加值占规模以上工业增加值比重	%	省发展改革委	28.5
13. 先进制造业增加值占规模以上工业增加值比重	%	省发展改革委、经济和信息化委	53.1
14. 珠江西岸装备制造业工业增加值	亿元	省经济和信息化委	2 760

续表

指　　标		单位	监测落实部门	珠三角目标
15. 珠江西岸装备制造业投资		亿元	省经济和信息化委	1 200
16. 工业技术改造投资增速		%	省经济和信息化委	28.7
17. 年主营业务收入超千亿元企业		家	省经济和信息化委	20
18. 年主营业务收入超百亿元企业		家	省经济和信息化委	211
19. 单位建设用地第二、三产业增加值增长率		%	省国土资源厅	15.1
20. 高新技术产品占出口总额比重		%	省商务厅	36
21. 电子商务交易总额增长率		%	省商务厅	20
22. 文化及相关产业法人单位增加值占地区生产总值比重		%	省委宣传部	4.92
23. 城乡居民人均收入		元	省发展改革委	与经济增长基本同步
24. 互联网普及率		%	省经济和信息化委	77.5
25. 光纤入户率		%	省经济和信息化委	37
26. 忙闲时加权平均可用下载速率		Mbit/s	省通信管理局	5.15
27. 行政审批事项可网上办理率		%	省经济和信息化委	90
28. 社会事务服务事项可网上办理率		%	省经济和信息化委	80
29. 单位 GDP 能耗下降率		%	省经济和信息化委	—
30. 人均公园绿地面积		平方米	省住房城乡建设厅	16.32
31. 城镇生活垃圾无害化处理率		%	省住房城乡建设厅	92
32. 城镇污水处理率		%	省住房城乡建设厅、环境保护厅	93.5
33. 森林覆盖率		%	省林业厅	51.5
34. 四项污染物减排	二氧化硫排放量	万吨	省环境保护厅	—
	化学需氧量排放量	万吨		—
	氮氧化物排放量	万吨		—
	氨氮排放量	万吨		—

注：第 29 项“单位 GDP 能耗下降率”、第 34 项“四项污染物减排”不下达珠三角区域目标

“九年大跨越”重大项目 2015 年目标

项目名称	牵头单位	所在地市	2015 年投资目标进度（亿元）	2015 年建设目标进度
油气基础设施建设及 LNG 接收站建设	省发展改革委	深圳市	23.80	建设广东大鹏 LNG 接收站四号罐工程、深圳液化天然气工程（迭福站）等，开展后续项目前期工作

续表

<table>
<tr><th colspan="2">项目名称</th><th>牵头单位</th><th>所在地市</th><th>2015 年投资目标进度（亿元）</th><th>2015 年建设目标进度</th></tr>
<tr><td colspan="2">惠州 LNG 电厂热电联产扩建工程</td><td>省发展改革委</td><td>惠州市</td><td>4.00</td><td>开展主厂房施工和主机安装工作</td></tr>
<tr><td colspan="2">惠州国家石油储备地下水封洞库</td><td>省发展改革委</td><td>惠州市</td><td>7.00</td><td>地上工程：安装工程施工开始，土建基础施工、办公楼、附属楼和外部管道施工完成
地下工程：工艺竖井施工完成、主洞室二层开挖、支护施工完成、主洞室三层开挖</td></tr>
<tr><td colspan="2">中国海油惠州炼油二期改扩建工程</td><td>省发展改革委</td><td>惠州市</td><td>80.00</td><td>主要装置均开工建设</td></tr>
<tr><td colspan="2">中国散裂中子源项目</td><td>省发展改革委</td><td>东莞市</td><td>1.62</td><td>土建基本完工，直线设备楼全部完工，LRBT 设备楼交付使用，靶站全部完成，RCS 设备楼一层完工。设备批量生产完成 60%；直线隧道设备安装完成 50%，环隧道启动安装工作，并完成 50%</td></tr>
<tr><td rowspan="8">珠三角城际快速轨道交通系统</td><td>广佛城际轨道交通</td><td rowspan="8">省发展改革委</td><td>广州市
佛山市</td><td>4.60</td><td>继续推进土建及征拆工作</td></tr>
<tr><td>广佛城际轨道交通二期</td><td>佛山市</td><td>9.00</td><td>继续推进土建及征拆工作</td></tr>
<tr><td>穗莞深城际轨道</td><td>广州市
东莞市
深圳市</td><td>36.50</td><td>继续推进土建及征拆工作</td></tr>
<tr><td>莞惠城际轨道交通</td><td>东莞市
惠州市</td><td>31.80</td><td>首通段 54 千米建成</td></tr>
<tr><td>广佛肇城际轨道交通</td><td>佛山市
肇庆市</td><td>46.70</td><td>建成</td></tr>
<tr><td>广清城际轨道交通广州至广州北段</td><td>广州市</td><td>—</td><td>开展前期研究工作</td></tr>
<tr><td>广清城际轨道交通广州北站至清远段</td><td>广州市
清远市</td><td>19.00</td><td>继续推进土建及征拆工作</td></tr>
<tr><td>珠三角城际轨道交通调度中心项目</td><td>广州市</td><td>0.80</td><td>开工建设</td></tr>
</table>

续表

项目名称		牵头单位	所在地市	2015年投资目标进度（亿元）	2015年建设目标进度
珠三角城际快速轨道交通系统	广佛环线广州南站至白云机场站	省发展改革委	广州市	—	开展前期研究工作
	广佛环线佛山西站至广州南站段		广州市 佛山市	30.00	继续推进土建及征拆工作
	佛莞城际轨道交通广州南站至望洪站段		广州市 东莞市	23.00	继续推进土建及征拆工作
	珠海市区至珠海机场城际轨道交通拱北至横琴段		珠海市	10.00	继续推进土建及征拆工作
	广佛江珠城际轨道交通		广州市 珠海市 佛山市 中山市 江门市	—	继续推进前期工作
	广佛环线佛山西站至广州北站段		广州市 佛山市	—	继续推进前期工作
	新塘经白云机场至广州北站城际轨道交通		广州市	12.00	全线开工建设
	中南虎城际南沙至虎门段		广州市 东莞市 中山市	—	继续推进前期工作
	深惠城际轨道交通		深圳市 惠州市	—	继续推进前期工作
广深港客运专线福田站及相关工程		省发展改革委	深圳市	1.00	建成
粤海装备技术产业园		省发展改革委、经济和信息化委	东莞市	—	完成园区30号路施工，启动29号路前期研究工作
珠海市中航通用飞机制造基地		省经济和信息化委	珠海市	—	增补AG600飞机、AG300飞机生产、总装、检测、试飞等综合能力；新增轻型公务机（西锐SR2X飞机）转包生产能力；新增中型公务机总装批产能力建设

续表

项目名称	牵头单位	所在地市	2015年投资目标进度（亿元）	2015年建设目标进度
建设职业教育基地	省教育厅	珠三角九市	—	开展新一年珠三角学校“五位一体”综合实训中心和信息化建设。研制完成第二批13项中高职衔接专业教学标准和课程标准，推广试用第一批9项中高职衔接专业教学标准；进一步扩大中高职衔接三二分段、高职自主招生规模；探索推进中高职本科衔接一体化技术技能人才培养通道。完成5所高职院校清远校区首期工程前期工作
引进3~5所国外知名大学合作举办高等教育机构	省教育厅	珠三角九市	—	重点推动广东以色列理工学院、深圳北理莫斯科大学等独立法人设置的中外合作办学
深圳国家基因库	省科技厅	深圳市	—	基因信息数据总量达60PB的访问支持，完成1 000万份可溯源性生物样本的存储能力，制定相关标准和技术规范。一期工程室内装修、景观工程完成，投入使用
省技工教育示范基地（首期）	省人力资源社会保障厅	广州市	2.40	纳入省代建局代建，启动项目的土建、安装及市政建设
职业能力开发评价示范基地	省人力资源社会保障厅	佛山市	—	明确职能定位，完善基础设施建设，提高设备利用率；提高人才培养、技能鉴定、职业开发业务质量
省集中式人力资源社会保障一体化信息系统	省人力资源社会保障厅	—	1.40	全面启动项目基础设施及支撑平台建设。基本建成省集中式社会保险业务管理系统。建成全省基础信息数据库
工业锅炉污染治理	省环境保护厅、发展改革委、经济和信息化委、质监局	珠三角九市	—	完成高污染燃料禁燃区内（含城市建成区）燃煤锅炉淘汰工作
重点行业脱硫脱硝设施建设	省环境保护厅	珠三角九市	—	重点推进平板玻璃生产烟气脱硫及降氮脱硝
广佛河涌跨界污染整治	省环境保护厅 广州市 佛山市	广州市 佛山市	—	完善截污管网系统，实行污水深度处理；强化支流河涌污染整治；进一步加大交界区域和插花地污染监管检查力度

续表

<table>
<tr><th colspan="2">项目名称</th><th>牵头单位</th><th>所在地市</th><th>2015年投资目标进度（亿元）</th><th>2015年建设目标进度</th></tr>
<tr><td colspan="2">淡水河、石马河跨界污染整治</td><td>省环境保护厅
深圳市
惠州市
东莞市</td><td>深圳市
惠州市
东莞市</td><td>—</td><td>继续完善截污管网系统，实行污水深度处理；强化支流河涌污染整治；继续实施流域限批和行业限批，进一步加大交界区域和插花地污染监管检查力度</td></tr>
<tr><td rowspan="3">港珠澳大桥</td><td>港珠澳大桥珠海连接线</td><td>省交通运输厅</td><td rowspan="3">珠海市</td><td>11.20</td><td>按计划稳步推进工程建设</td></tr>
<tr><td>海中桥隧主体工程</td><td>港珠澳大桥管理局</td><td>49.50</td><td>按计划推进钢箱梁制造工程和桥梁土建工程。桥面铺装施工取得实质进展</td></tr>
<tr><td>珠海口岸及人工岛工程</td><td>珠海市</td><td>12.00</td><td>一标段、二标段、三标段、四标段全面开工，完成旅检大楼主体结构施工，以及部分道路、桥梁（包括匝道）的基础施工</td></tr>
<tr><td colspan="2">深中通道</td><td>省交通运输厅</td><td>广州市
深圳市
中山市</td><td>—</td><td>完成项目“工程可行性研究报告”批复，开展勘察设计招标，先行工程开工建设</td></tr>
<tr><td colspan="2">珠江三角洲水资源配置工程（原珠三角西水东调工程）</td><td>省水利厅</td><td>佛山市
广州市
深圳市
东莞市</td><td>—</td><td>加快完成项目建议书编制，上报水利部审查</td></tr>
<tr><td colspan="2">省水资源管理系统建设</td><td>省水利厅</td><td>—</td><td>—</td><td>加快启动项目初步设计工作，完成初步设计报告编制及审批</td></tr>
<tr><td colspan="2">白云机场扩建工程</td><td>省机场集团</td><td>广州市</td><td>30.93</td><td>第三跑道投产启用，完成二号航站楼主体机构工程，完成站坪33个临时机位工</td></tr>
<tr><td colspan="2">虎门第二通道项目</td><td>省交通集团</td><td>广州市
东莞市</td><td>17.00</td><td>完成桥梁基础54%，累计完成63%；桥梁下部结构累计完成21%，桥梁上部结构累计完成6%</td></tr>
<tr><td colspan="2">中新广州知识城</td><td>广州市</td><td>广州市</td><td>95.00</td><td>推进知识城起步区及相关专业园区建设，重点打造检验检测高技术服务集聚区、环球协同创新枢纽专业片区；加快推进知识城主要骨干路网建设，推进南安置区二期前期各项工作。加快知识产权综合集聚区、东方国际医学谷、院士专家创新创业园、腾飞科技园等重点专业园区建设，引进筹建一批创新能力强、经济效益好的高端知识经济项目，尽快形成产业集聚集群效应</td></tr>
</table>

续表

项目名称	牵头单位	所在地市	2015 年投资目标进度（亿元）	2015 年建设目标进度
广州南沙新区	广州市	广州市	645.00	围绕打造区域综合交通枢纽、建设国际航运中心的目标，重点安排一批连接区内外的骨干交通基础设施项目，完善区内主干路网（桥梁）以及港口配套道路项目。聚焦自贸试验区开发建设，着力推进黄阁－大岗先进制造业基地组团发展
广州市城市轨道交通	广州市	广州市	181.00	广佛线西朗至燕岗段建成开通；六号线二期土建工程累计完成 80%；七号线一期土建工程累计完成 70%；九号线一期土建工程累计完成 70%；四号线南延段土建工程累计完成 60%；八号线北延段土建工程累计完成 20%；十三号线首期土建工程累计完成 40%；十四号线一期土建工程累计完成 20%；知识城线土建工程累计完成 30%；二十一号线土建工程累计完成 30%；十一号线关键工点进场开工
广州国际金融城起步区	广州市	广州市	9.20	继续推进金融城起步区后续土地出让，加快推进市政基础设施等配套建设，重点推进地下公共空间施工图设计。继续推进村集体各复建项目建设
广州港南沙港区三期工程	广州市	广州市	8.00	继续推进施工建设，争取主体工程基本完工
广州超级计算中心	广州市	广州市	0.40	按计划推进项目建设收尾和尾款支付等工作，启动软件采购、可视化成果展示等工作。做好超级计算机系统二期研制和验收工作，配合国防科技大学做好二期升级改造工作，迎接国家科技部的验收
广州民营科技企业创新基地（广州民营科技园）	广州市	广州市	10.00	全力推进创新基地核心区、白云工业园、居家用品园、白云电器节能与智能电气产业园等约 1 204 亩（80.266 公顷）土地储备和出让工作。核心区外围路网工程完工；居家用品园区居家大道工程完工。启动柏塘变电站及核心区自来水加压泵站建设。推进 13 个重点项目工程建设、部分项目投产运营，2 个总部载体项目封顶。推进白云电器节能与智能电气产业园基础设施升级改造工程建设

续表

项目名称		牵头单位	所在地市	2015年投资目标进度（亿元）	2015年建设目标进度
深圳前海		深圳市	深圳市	150.00	东滨路、五号路、桂湾片区振海路及部分支路等基本通车，桂庙渠水廊道主槽基本形成，香江、卓越一期等项目基本封顶
深圳市轨道交通工程		深圳市	深圳市	146.00	加快推进轨道交通7、9、11号线建设，其中7、9号线建设达到洞通、轨通，11号线完成电通
深圳港盐田港区集装箱码头工程		深圳市	深圳市	2.50	4、6号泊位完成243米码头岸线
深圳市东部过境通道		深圳市	深圳市	12.00	路基建成10千米，桥梁下部结构完成5千米，隧道进场施工。完成征地1 500亩（100公顷），拆迁60 000平方米
茅洲河界河段防洪整治工程		深圳市 东莞市	深圳市 东莞市	—	继续推进前期工作，完成工程初步设计及概算编制
珠海横琴	长隆国际海洋度假区二期	珠海市	珠海市	20.00	马戏酒店、企鹅酒店竣工；海洋王国5D影院试运行；启动海洋王国二期项目建设
	珠海横琴十字门中央商务区			16.50	加快推进会展商务组团一期，国际商务大厦、横琴国际金融中心大厦建设，完成横琴片区市政基础设施一期、湾仔片区A、B、C区道路及截洪渠工程，抓紧推动烟墩山平基工程、堤岸工程一期及堤岸、桥梁工程
珠海海洋工程装备制造基地		珠海市	珠海市	11.00	推进中海油海工项目二期工程建设；推进三一海洋重工主基地一期工程竣工投产；推进珠江钢管海洋装备制造二期项目完成地基处理，并正式动工建设；推进中海油珠海管道制造加工基地项目建设；推进太阳岛连湾3D模块化游艇制造基地动工建设；推进熔盛重工项目加快开展前期工作
中国北车珠海基地项目		珠海市	珠海市	1.00	正式量产，完成设备采购工作
佛山中德工业服务区现代产业集聚区		佛山市	佛山市	20.00	推动欧洲中小微企业服务中心、知识产权法庭、公证处和仲裁委的进驻运作，引进研发设计和检验检测、国际商务和中介机构等优质项目；加快推进佛山中欧服务中心、中德高技术实验园、文化中心、CBD一期等重点项目建设

续表

项目名称	牵头单位	所在地市	2015 年投资目标进度（亿元）	2015 年建设目标进度
南海国家旅游产业集聚（实验）区建设项目	佛山市	佛山市	8.00	国艺度假酒店二期启动施工；南海中旅项目酒店、水上乐园部分开业；旅游不动产项目全面完工；听音湖片区继续推进樵山文化中心建设，完成相关市政建设；九江吴家大院博物馆开放运营
一汽－大众佛山工厂二期项目	佛山市	佛山市	30.00	初步建成冲压车间、涂装车间并交付设备安装，启动焊装车间、总装车间建设
仲恺科技企业孵化器群建设项目	惠州市	惠州市	0.80	完成东江产业园科创大厦建设，与水木清华公司共建同方信息港，启动海外孵化器建设前期工作
仲恺高新区智能终端装备制造产业园	惠州市	惠州市	2.00	继续开展征地拆迁与基础设施建设
东莞市城市轨道交通项目	东莞市	东莞市	19.65	2 号线一、二期工程完成全线开通试运营所需风亭、车站出入口施工；完成全线机电设备安装装修施工；完成全线设备调试及综合联调工作。继续开展 1 号线前期研究工作
东莞松山湖国家高新技术产业开发区	东莞市	东莞市	30.00	全年盘活闲置土地 1 000 亩（66.67 公顷），促进 8 个项目动工建设。促进购地企业项目在目标时间内竣工投产。中以产业园加快工程建设进度，引进 50 家以上实体电子商务运营及专业配套企业，尽快启动文化产业创新中心项目。启动松山湖高新区环保规划修编工作
世界鞋业总部基地	东莞市	东莞市	—	视基地一期市场化运营情况筹备规划二期建设方案
东江与水库联网供水工程	东莞市	东莞市	—	一期工程通水。完成二期工程论证并开展相关前期工作
翠亨新区	中山市	中山市	6.70	推进新区路网建设、科技金融新城及配套中心河公园等项目建设。推进中瑞产业园项目招商。进一步跟进标杆项目
中山船舶制造基地及航道配套建设	中山市	中山市	1.20	推进广东粤新海工科技有限公司二期工程建设
北斗卫星导航（中山）产业化基地	中山市	中山市	0.50	落实基地运营主体，完成首期 148 亩（9.87 公顷）用地控规编制和规划设计工作

续表

项目名称	牵头单位	所在地市	2015年投资目标进度（亿元）	2015年建设目标进度
中山美居创意产业基地	中山市	中山市	4.20	启动二期20 000平方米招商工作，大涌红博城完成展销中心的设备配套和装修工程，总部大厦和主题酒店完成主体建筑
广东海信电子南方基地	江门市	江门市	9.00	海信空调项目正式投产，海信冰箱及洗衣机项目完成首期供地
广东轨道交通产业园	江门市	江门市	1.80	配套企业南奥交通设备部分项目试投产，格兰达、恒之源开展土建工程，继续开展园区内道路和配套设施建设
富华工程装备制造项目	江门市	江门市	5.00	开展厂房基建
新财富环保电镀基地	江门市	江门市	—	引进15家企业
中电四会燃气热电冷联产项目	肇庆市	肇庆市	3.00	进行四通一平及地基处理
华南智慧城（肇庆市生产性服务业集聚项目）	肇庆市	肇庆市	3.00	完成工程总量的三分之二以上，争取完成商务综合大楼、商务产业大楼主体建设
端州龟顶新城项目(城中村改造)	肇庆市	肇庆市	3.00	继续推进白沙路、大鼎路、龟山路路网的拆迁工作；推进龟顶新城西片区建设工作；计划完成四路一湖（西湖路、大鼎路、白沙路、龟山路及珑湖）已建设完成路段的市政验收工作并通车
广佛肇（怀集）经济合作区（首期）	广州市 佛山市 肇庆市	肇庆市	—	编制合作区管理机构设立方案和运作细则，尽快成立合作区正式管理机构。完成合作区首期53平方千米总体规划和起步区10平方千米控制性详细规划编制工作，组织开展工业园区产业集群、产业布局两个专题研究。启动新一轮5 000亩（333.33公顷）征地工作，并落实新征2 000亩（133.33公顷）土地的“三通一平”工作

中国（广东）自由贸易试验区管理试行办法

（广东省人民政府2015年4月20日公布）

第一章 总 则

第一条 为了推进和保障中国（广东）自由贸易试验区建设，根据《全国人民代表大会常务委员会关于授权国务院在中国（广东）自由贸易试验区、中国（天津）自由贸易试验区、中国（福建）自由贸易试验区以及中国（上海）自由贸易试验区扩展区域暂时调整有关法律规定的行政审批的决定》、国务院批准的《中国（广东）自由贸易试验区总体方案》和有关法律、法规，结合本省实际，制定本办法。

第二条 本办法适用于经国务院批准设立的中国（广东）自由贸易试验区（以下简称自贸试验区）。自贸试验区范围包括广州南沙新区片区、深圳前海蛇口片区、珠海横琴新区片区。

第三条 自贸试验区应当依托港澳、服务内地、面向世界，以制度创新为核心，促进内地与港澳经济深度合作，深入推进粤港澳服务贸易自由化，强化国际贸易功能集成，深化金融领域的开放创新，创新监管服务模式，建立与国际投资和贸易规则体系相适应的管理体制，培育国际化、法治化、市场化营商环境，为全国全面深化改革和扩大开放探索新途径、积累新经验。

第二章 管理体制

第四条 按照统筹管理、分级负责、精干高效的原则，设置省自贸试验区管理机构和自贸试验区各片区管理机构。

第五条 省人民政府成立自贸试验区工作领导协调机构，负责统筹研究自贸试验区法规政策、发展规划，研究决定自贸试验区发展重大问题，统筹指导改革试点任务，统筹协调与国家有关部门、港澳及有关市自贸试验区事务。

第六条 省人民政府设立中国（广东）自由贸易试验区工作办公室，依照本办法履行以下职责：

（一）贯彻执行国家有关自贸试验区建设的方针、政策、法律、法规和制度；

（二）研究、推动出台自贸试验区综合改革、投资、贸易、金融、人才等政策并指导实施；

（三）具体协调与国家和省相关部门、港澳及有关市自贸试验区事务；

（四）推动各片区管理机构建立健全事中事后监管体系；

（五）检查各片区自贸试验区法规政策的落实情况，综合评估自贸试验区运行状况；

（六）统计发布自贸试验区公共信息，组织自贸试验区对外宣传和交流工作；

（七）承担自贸试验区工作领导协调机构日常工作；

（八）承担省人民政府赋予的其他职责。

第七条 依托现有管理机构，设立自贸试验区各片区管理机构，负责自贸试验区各片区的具体事务。各片区管理机构职责分别由广州、深圳、珠海市人民政府依照本办法另行规定。

省人民政府有关部门按照各片区管理机构行使省一级管理权限的要求下放管理权限，加强对自贸试验区各片区的协调和指导，支持自贸试验区的各项工作。

第三章 投资管理

第八条 自贸试验区对外商投资实行准入前国民待遇加负面清单管理模式。对负面清单之外的领域，外商投资项目实行备案制（国务院规定对国内投资项目保留核准的除外）；外商投资企业设立、变更及合同、章程实行备案管理。自贸试验区各片区管理机构负责本片区外商投资事项的备案管理，依法履行负面清单之外的外商投资事项的备案工作，备案后按国家有关规定办理相关手续。

第九条 自贸试验区内投资者可以开展多种形式的境外投资。自贸试验区内企业境外投资一般项目实行备案管理，国务院规定对境外投资项目保留核准的除外。

第十条 自贸试验区各片区管理机构组织实施企业准入并联审批，将外商投资项目核准（备案）、外商投资企业设立和变更审批（备案）、商事主体设立登记、组织机构代码证、税务登记证（国税、地税）、社保登记号、公章刻制备案等事项纳入“一口受理”机制实行并联办理，逐步推行工商营业执照、组织机构代码证、税务登记证等“多证合一”“一照一号”。

第十一条 自贸试验区推进工商注册制度便利化，依法实行注册资本认缴登记制。

投资者在自贸试验区设立外商投资企业，可以自主约定营业期限。

在自贸试验区内登记设立的企业（以下简称区内企业），可以到自贸试验区外再投资或者开展业务，需要办理相关手续的，按照规定办理。

第十二条 自贸试验区实行“先照后证”。区内企业取得营业执照后，即可从事一般生产经营活动；从事需经审批方可开展的生产经营活动，在取得营业执照后，应当依法向有关部门申请并取得批准文件、证件后，方可开展相关生产经营活动。

从事需前置审批的生产经营活动的，应当在申请办理营业执照前，依法办理审批手续。

第四章 贸易发展和便利化

第十三条 自贸试验区实行内外贸一体化发展，鼓励区内企业统筹开展国际贸易和国内贸易，为泛珠三角地区企业提供综合服务，建设国际大宗商品交易和资源配置平台。

自贸试验区促进服务贸易发展，鼓励离岸贸易、保税展示交易、仓单质押融资、融资租赁、期货保税交割、跨境电子商务、外汇免税店、市场采购等新型贸易方式发展。

自贸试验区建立服务于加工贸易转型升级的公共服务平台，支持区内加工贸易企业发展结算、保税服务、自主营销等业务。

鼓励企业在区内设立总部，建立整合贸易、物流、结算等功能的营运中心。

第十四条 自贸试验区内的广州南沙保税港区、深圳前海湾保税港区等海关特殊监管区域，实行“一线放开、二线安全高效管住”的进出境监管服务模式，整合优化海关特殊监管区域管理措施，并根据自贸试验区发展需要，探索口岸监管制度创新。

广州南沙新区片区、深圳前海蛇口片区中的非海关特殊监管区域范围，按照现行模式实施监管，不新增“一线、二线”分线管理方式。

珠海横琴新区片区按照国务院确定的“一线放宽、二线管住、人货分离、分类管理”的原则实施分线管理，不断探索口岸查验模式创新。

第十五条 按照通关便利、安全高效的要求，在自贸试验区开展进出境监管制度创新。在自贸试验区建立货物状态分类监管制度，推行通关无纸化、低风险快速放行，促进新型贸易业态发展。

境外进入广州南沙保税港区、深圳前海湾保税港区、珠海横琴新区片区（以下称围网区域）的货物，可以凭进口舱单先行进入，分步办理进境申报手续。出口货物可以实行先报关、后进港的通关方式。

区内保税存储货物不设存储期限。简化围网区域货物流转流程，允许分送集报、自行运输；实现围网区域与其他海关特殊监管区域之间货物的高效便捷流转。

第十六条 按照“进境检疫、适当放宽进出口检验，方便进出、严密防范质量安全风险”的原则，在自贸试验区开展检验检疫监管制度创新。

检验检疫部门建立出入境质量安全和疫病疫情风险管理机制，实施无纸化申报、签证、放行，提供出入境检验检疫信息查询服务。

境外进入围网区域的货物，应当接受入境检疫；除重点敏感货物外，其他货物免予检验。

围网区域货物出区前依企业申请，实行预检验制度，一次集中检验，分批核销放行。进出自贸试验区的保税展示商品免予检验。

围网区域企业之间仓储物流货物，免予检验检疫。

在自贸试验区建立有利于第三方检验鉴定机构发展和规范的管理制度，检验检疫部门按照法律法规和国际通行规则，采信第三方检测结果。

第十七条 自贸试验区建立跨部门的贸易、运输、加工、仓储等业务的综合管理服务平台，设立国际贸易单一窗口，实现部门之间信息互换、监管互认、执法互助。

企业可以通过单一窗口一次性递交各管理部门要求的标准化电子信息资料，处理结果通过单一窗口反馈。

第十八条 自贸试验区简化区内企业港澳台及外籍员工就业许可审批手续，提供入境、出境和居留的便利。

自贸试验区为区内企业内地籍人员提供办理出国出境证件便利。

第五章　自贸试验区功能集成

第十九条　自贸试验区在《内地与香港关于建立更紧密经贸关系的安排》和《内地与澳门关于建立更紧密经贸关系的安排》框架下实施对港澳更深度开放，重点在金融服务、商贸服务、专业服务、科技文化服务和社会服务等领域，取消或者放宽对港澳投资者资质要求、股比限制、经营范围等准入限制措施。

第二十条　自贸试验区依托香港连接全球市场网络和澳门辐射葡语国家市场的优势，借鉴港澳在金融服务、信息资讯、国际贸易网络、风险管理等方面的先进经验，将自贸试验区建设成为内地“走出去”的重要窗口和综合服务平台，加强与“一带一路”沿线国家和地区的贸易和投资往来，共同开拓国际市场。

第二十一条　发挥粤港澳三地海空港的联动作用，加强自贸试验区内外航运产业集聚区的协同发展，探索具有国际竞争力的航运发展制度和协同运作模式，建设21世纪海上丝绸之路的物流枢纽。

自贸试验区发展国际船舶运输、国际船舶管理、国际船员服务、国际航运经纪等产业，在国际船舶管理、国际远洋和国际航空运输服务、航运金融等领域对境外投资者扩大开放。

自贸试验区实行具有竞争力的国际船舶登记政策，建立高效率的船籍登记制度。

自贸试验区加大航线、航权开放力度，推动中转集拼业务发展，探索航运运价指数场外衍生品开发与交易业务。

第二十二条　推进自贸试验区在跨境人民币业务领域的合作和创新发展，推动以人民币作为自贸试验区与境外跨境大额贸易和投资计价、交易结算的主要货币。

在自贸试验区建立与粤港澳商贸、科技、旅游、物流、信息等服务贸易自由化相适应的金融服务体系。

探索通过设立自由贸易账户和其他风险可控的方式，开展跨境投融资创新业务。开展以资本项目可兑换为重点的外汇管理改革等试点，推动自贸试验区投融资汇兑便利化。

根据自贸试验区发展需要，经金融管理部门批准，允许不同层级、不同功能、不同类型的金融机构进入自贸试验区，支持在自贸试验区内建立面向国际的交易平台，提供多层次、全方位的金融服务。

第二十三条　自贸试验区对港澳及外籍高层次人才在出入境、在华停居留、项目申报、创新创业、评价激励、服务保障等方面给予特殊政策。

通过特殊机制安排，推进粤港澳服务业人员职业资格互认。

第二十四条　创新粤港澳口岸通关模式，加快推进一体化监管方式，推进建设统一高效、与港澳联动的口岸监管机制。

加快实施澳门车辆在横琴与澳门间便利进出政策。

第六章　综合管理与服务

第二十五条　在自贸试验区创新行政管理方式，推进政府管理由注重事先审批转为注重事中事后监管，提高监管参与度，推动形成行政监管、行业自律、社会监督、公众参与的综合监管体系。

第二十六条 自贸试验区各片区应当建立集中统一的综合行政执法体系，建立部门间合作协调的联动执法工作机制。依法及时公开执法检查情况，涉及食品药品安全、公共卫生、环境保护、安全生产、职业健康的，应当发布必要的警示、预防建议等信息。

第二十七条 自贸试验区应当配合国家有关部门在自贸试验区实施外商投资国家安全审查和经营者集中反垄断审查，实施外商投资全周期监管。

第二十八条 自贸试验区应当配合金融管理部门完善金融风险监测和评估，构建自贸试验区金融宏观审慎管理体系，建立与自贸试验区金融业务发展相适应的风险防范机制。

第二十九条 自贸试验区应当落实现有相关税收政策，按照国家规定，实施促进投资和贸易的有关税收政策；围网区域执行相应的海关特殊监管区域的税收政策。

税务部门应当在自贸试验区建立便捷的税务服务体系，开展税收征管现代化试点，推行网上办税，提供在线纳税咨询、涉税事项办理情况查询等服务，逐步实现跨区域税务通办。

税务部门应当运用税收信息系统和自贸试验区监管信息共享平台进行税收风险监测，提高税收管理水平。

第三十条 依法保护自贸试验区内劳动者的就业、获取报酬、休息休假、劳动安全、职业健康、接受培训、保险福利、参与企业管理等权利。

建立公正、公开、高效、便民的劳动保障监察和劳动争议处理机制，保护劳动者和用人单位合法权益。

第三十一条 自贸试验区应当加强环境保护工作，探索开展环境影响、危险危害因素评价分类管理，提高环境保护管理水平和效率。

鼓励区内企业申请国际通行的环境和能源管理体系标准认证，采用先进生产工艺和技术，节约能源，减少污染物和温室气体排放。

第三十二条 自贸试验区应当加强知识产权保护工作，完善行政保护与司法保护衔接机制。探索建立统一的知识产权管理和执法体制。

完善知识产权纠纷调解和维权援助机制。

第三十三条 自贸试验区应当建立健全企业信用信息归集、披露、运用制度，推进跨部门多领域信用信息综合管理运用，完善激励、警示、惩戒制度。

自贸试验区鼓励信用服务机构利用各方面信用信息开发信用产品，为行政监管、市场交易等提供信用服务；鼓励企业和个人使用信用产品和服务。

第三十四条 自贸试验区实行企业年度报告公示制度和企业经营异常名录制度。

区内企业应当按规定向各片区管理机构报送年度报告。年度报告应当向社会公示，涉及商业秘密内容的除外。企业对年度报告的真实性、及时性负责。

各片区管理机构对企业公示的信息依法开展抽查，对企业未按照规定的期限公示年度报告或者未按照责令的期限公示有关企业信息的，列入企业经营异常名录，并通过企业信用信息公示系统向社会公示。

第三十五条　在自贸试验区推进电子政务建设，在行政管理领域推广电子签名和具有法律效力的电子公文，实行电子文件归档和电子档案管理。电子档案与纸质档案具有同等法律效力。

第三十六条　在自贸试验区建设统一的监管信息共享平台，促进监管信息的归集、交换和共享。自贸试验区各片区管理机构和有关部门应当及时主动提供信息，参与信息交换和共享。

自贸试验区各片区管理机构和有关部门应当依托监管信息共享平台，整合监管资源，推动全程动态监管，提高联合监管和协同服务的效能。

监管信息归集、交换、共享的办法，由省人民政府另行制定。

第三十七条　各片区管理机构应当及时、完整向省自贸试验区管理机构报送统计数据及业务信息。

自贸试验区建立信息发布机制，通过新闻发布会、信息通报例会或者书面发布等形式，及时发布自贸试验区相关信息。

自贸试验区管理机构应当将涉及自贸试验区的法律、法规、规章、政策、办事程序等信息，在中国（广东）自由贸易试验区门户网站及各片区管理机构门户网站上公布，方便公众查询。

第三十八条　自贸试验区应当对试验情况进行专项和综合评估，评估工作可以吸纳社会公众、企业或者第三方评估机构等参与。

第三十九条　鼓励律师事务所、会计师事务所、税务师事务所、知识产权服务机构、报关报检机构、检验检测机构、认证机构、船舶和船员代理机构、公证机构、司法鉴定机构、信用服务机构等专业机构在自贸试验区开展业务。

第四十条　当事人对自贸试验区各片区管理机构或者有关部门的行政行为不服的，可以依照《中华人民共和国行政复议法》或者《中华人民共和国行政诉讼法》的规定，申请行政复议或者提起行政诉讼。

第四十一条　自贸试验区内企业发生商事纠纷的，可以向人民法院起诉，也可以按照约定，申请仲裁或者商事调解。

仲裁机构、商事纠纷专业调解机构应当依据法律、法规并借鉴国际惯例，在自贸试验区范围开展仲裁和商事调解，解决商事纠纷。

第七章　附　　则

第四十二条　本办法自公布之日起施行。

实施《粤澳合作框架协议》2015年重点工作

（广东省人民政府2015年4月30日印发）

一、现代服务业

（一）服务贸易自由化

1. 全面落实CEPA关于内地在广东与澳门基本实现服务贸易自由化的协议，加快制订配套政策措施，构建与“准入前国民待遇加负面清单”管理模式相适应的市场准入体系和监管体系，加强沟通协调及政策宣传，推动实施各项粤澳服务贸易自由化措施。（省港澳办牵头会同省有关单位）

（二）金融合作

2. 推动粤澳跨境人民币业务创新发展。推动澳门人民币资金参与中国（广东）自由贸易试验区基础设施建设，积极推进粤澳跨境人民币双向融资业务以及其他资本项目交易使用人民币结算。推动粤澳两地企业开展集团内部跨境人民币资金集中运营业务。推动广东银行机构为个人办理其他经常项下的跨境人民币结算业务。扩大人民币在粤澳货物、服务贸易结算中的使用，促进对澳水、电和食品供应等项目使用人民币计价结算。鼓励广东银行机构单独或与支付机构合作，为粤澳跨境电子商务以人民币计价结算提供服务。稳步开展粤澳两地银行机构人民币贸易融资资产跨境转让业务。（人行广州分行，省金融办、商务厅）

3. 深化粤澳支付结算合作，争取尽快启动澳门地区银联商户收单以人民币结算，便利广东居民到澳门刷卡消费。（人行广州分行）

4. 继续支持两地银行业互设金融机构。支持澳门银行在广东设立营业性分支机构，鼓励澳门银行在广东设立小企业金融服务专营机构，发起设立村镇银行、小额贷款公司等新型金融机构，参与广东地方法人金融机构改革和建设。推动设立中澳合资银行。争取支持符合条件的澳门金融机构在广东试点设立消费金融公司。推动符合条件的广东法人银行机构在澳门设立分支机构。（广东银监局，省金融办）

5. 支持符合条件的在粤澳资企业通过国内资本市场上市融资，支持广东上市公司参与澳门产业多元化发展。支持符合条件的广东证券期货法人机构在澳门开设分支机构，按有关规定提供金融中介服务。支持符合条件的澳资金融机构按有关规定在内地设立合资基金管理公司、合资证券公司、合资证券投资咨询公司。（广东证监局，省金融办）

6. 继续推动粤澳保险业加强合作，为跨境机动车出险的客户提供查勘、救援、理赔等后续服务。（广东保监局，省金融办）

7. 继续支持澳门作为广东金融机构发展葡语国家业务合作的平台，推动广东与葡语系国家的贸易往来经澳门金融机构以人民币结算。（省金融办）

（三）旅游合作

8. 深化粤澳旅游合作，引导澳门服务提供者在中国（广东）自由贸易试验区内设立旅游企业，享受相关政策便利，开展游艇旅游项目合作等。支持和推动澳门居民在粤提供导游服务享受国民待遇，完善相关配套措施。（省旅游局）

9. 继续推进粤澳“一程多站”精品旅游线路、共同开拓海内外市场，提升区域旅游品牌。加大海外联合推广力度，赴共同客源地联合开展粤港澳“一程多站”“海上丝绸之路”旅游线路宣传活动。（省旅游局）

10. 开展旅游培训合作，推动两地旅游院校通过合作办学、人才培训等方式，联合开展旅游职业技能培训。（省教育厅、旅游局）

11. 深化粤澳游艇旅游合作，推动中山神湾与澳门游艇“自由行”项目率先落地，加快推进广州南沙与澳门游艇“自由行”项目，探索建立游艇监管新型模式，推动粤港澳游艇“自由行”新型产业发展。（广州、中山市政府，省旅游局，广东海事局，海关广东分署）

（四）文化创意、会展及贸易投资合作

12. 继续与澳门贸易投资促进局等机构合作办展。继续支持广东企业赴澳参展办展。（省商务厅、贸促会）

13. 共同组织粤澳经贸代表团，赴非洲开展经贸交流活动；粤港澳三地共同组团赴海外开展联合推介大珠三角活动。（省商务厅）

14. 继续共同举办粤澳名优商品展销会，通过举办名优商品展销、采购洽谈会、经贸合作推介会等活动，推动两地企业交流合作。（省商务厅）

15. 继续共同组织澳门企业家经贸代表团赴粤西地区开展经贸交流活动，推动两地企业代表对口交流洽谈。（省商务厅）

（五）中医药产业合作

16. 加快推进粤澳中医药合作产业园规划建设，联合开展项目招商工作，推进产业园作为“世界卫生组织传统医药合作中心”合作伙伴的前期筹备工作。（珠海市政府，省商务厅）

17. 支持两地开展中医药种植基地、中医药加工、研发、健康产业、人才培养等项目合作。（省中医药局、农业厅、食品药品监管局）

（六）专业服务合作

18. 加强检测认证领域合作，以便利化、自由化、专业化为着眼点，推动澳门检测或认证机构服务广东产业转型升级。加强两地标准信息交流和标准制修订合作，支持两地相关企业和机构积极参与国内外标准化活动，提升两地标准制修订协作能力与水平。加强粤澳计量技术合作，推进两地在技术性贸易措施方面的沟通交流。（省质监局，珠海检验检疫局）

19. 支持内地与澳门律师事务所在广州南沙、深圳前海和珠海横琴实行合伙联营试点。积极争取国家政策支持，将粤澳合作联营律师事务所试点区域逐步扩大到全省范围，增加合伙联营律师事务所名额，放宽合伙联营律师事务所内地执业律师的执业限制。（省司法厅）

20. 争取司法部支持，待国家出台《律师特许执业条例》后，对符合条件的澳门律师，通过特许执业制度安排，成为广东省执业律师，并争取进一步放宽取得内地律师执业资格的澳门居民律师承办代理民事诉讼案件范围。（省司法厅）

21. 继续推进“一试三证”试点项目，争取2015年开展粤澳咖啡师、茶艺师和助理设施管理师“一试两证”试点工作，推进完成粤澳设施管理师的标准对接和题库建设等工作。继续在港澳开展国家职业技能鉴定考试。（省人力资源社会保障厅）

22. 做好外资研发中心采购设备免/退税资格审核认定工作，结合税收优惠政策的督导开展监督检查，确保优惠政策落实到位。（省财政厅、商务厅，省国税局、海关广东分署）

23. 全面推进商事制度改革，积极推进工商登记管理条例立法工作。贯彻落实《企业信息公示暂行条例》，加快完善后续监管制度，做好企业信用信息公示系统升级改造。（省工商局）

24. 推进粤澳电子签名证书互认。完成《粤澳电子签名证书互认证书策略》及相关标准规范的制订和发布工作。提出粤澳互认试点应用推进办法的具体措施，筹备“粤澳网上贸易便利化”及“粤澳网上服务自由办”试点平台的建设，推进“安全电子邮件服务”应用项目和粤澳跨境互认证书的应用。（省经济和信息化委）

25. 加强知识产权保护合作。与澳门海关等部门开展合作，商讨并拟定双方商标执法合作需求评估，建立联络员制度，明确交流协作范围、具体程序等事项。（省知识产权局、工商局）

26. 抓好国家支持政策落实，支持澳门离岸呼叫中心试点业务，为澳门电信服务提供者在广东销售电话卡提供便利。支持内地和澳门运营商根据实际情况探索制订电信优惠资费方案，不断降低漫游资费。（省通信管理局）

27. 深化粤澳两地统计工作交流合作，加强粤澳合作相关领域的统计数据和资料交流互换。（省统计局、商务厅）

二、重点合作区域

(一) 深入推进中国（广东）自由贸易试验区建设

28. 推进中国（广东）自由贸易试验区建设，落实配套政策措施，加快管理体制改革，进一步深化自贸试验区各片区与澳门的合作。（省商务厅，广州、深圳、珠海市政府）

(二) 全面推进横琴开发合作

29. 推进横琴新区与澳门的深度合作。加快粤澳合作产业园区、中医药科技产业园的建设及有关项目落地，务实促进澳门经济适度多元发展。（珠海市政府）

30. 加快推动横琴新区金融建设，积极推进金融创新，争取逐步降低澳资金融机构准入门槛，推动金融机构集聚发展。加快推进横琴—澳门电子同城清算系统建设，为澳门金融机构在横琴设立后台服务或备份中心提供支持和便利，探索推动横琴与澳门间更便捷的跨境金融服务。（珠海市政府，人行广州分行，广东银监局、证监局、保监局，省金融办）

31. 推进横琴全国人才管理改革试验区建设。积极争取政策，便利澳门专业人才在横琴新区执业。（珠海市政府，省人力资源社会保障厅）

32. 支持广东高校、科研机构和企业与澳门在中医药、电子通讯等领域开展科技交流合作，积极参与横琴新区开发建设。（省科技厅）

33. 组织更多合作基础良好、具有产业化前景的项目与澳门相关机构联合申报科技部对港澳台合作专项。（省科技厅）

34. 围绕粤澳共同关注的问题，鼓励双方联合举办高水平的专题研讨会等活动，推动两地科研人员交流合作。（省科技厅）

35. 继续跟进横琴新区粤澳保险机构相互提供跨境机动车保险服务试点工作，协助试点企业解决遇到的政策性问题，总结试点经验。（广东保监局）

（三）研究推进澳门与广州南沙新区合作

36. 探索创新南沙新区与澳门合作开发模式，深入实施《广州市南沙新区条例》，推动经济、社会管理体制创新，营造良好的国际化、法治化营商环境。（广州市政府）

37. 根据《广州南沙新区发展规划》，围绕建设先进制造业基地、区域科技创新中心、综合服务枢纽、粤港澳优质生活圈目标，推进粤澳科技、金融、文化创意、旅游、教育、医疗、法律等方面合作。（广州市政府）

（四）加快推进珠澳跨境工业区转型升级

38. 争取国家支持，推动珠澳跨境工业区从以发展工业为主向以发展商贸服务业为主转型。（珠海市政府）

（五）加快中山市与澳门的合作

39. 加快推进中山翠亨与澳门共建“粤澳全面合作示范区”。加快设立合资开发主体，完成示范区总体规划和产业规划编制。（中山市政府）

（六）研究江门大广海湾经济区合作新模式

40. 研究推进澳门与江门大广海湾产业合作，创新合作开发模式，适时启动实质性合作，为下一步澳门加强与粤西地区合作创造条件。（江门市政府）

三、基础设施与便利通关

41. 加快推进港珠澳大桥各项工程建设，按计划完成大桥通关政策研究。（珠海市政府，省发展改革委、口岸办）

42. 加快推进广珠城际轨道交通延伸线（珠海市区至珠海机场城际轨道交通）项目建设。加快推进澳门轻轨延伸横琴线的设计工作，推进两地轨道交通在横琴口岸无缝换乘对接前期工作。（省发展改革委，珠海市政府）

43. 积极研究推进澳门机场与珠海机场开展合作，探索创新合作模式，实现互利双赢。（珠海市政府）

44. 加快粤澳新通道（青茂口岸）各项工程规划建设，重点抓好新批发市场和鸭涌河综合整治工程、项目规划环评和出入境联检大楼设计等工作。按照“合作查验、一次放行”的新模式，着力抓好配套设施及系统软件研制等准备工作。抓紧推进港珠澳大桥珠海口岸、横琴口岸及综合交通枢纽建设，提高珠澳两地的通关效率。（珠海市政府，省口岸办、港澳办）

45．推动开展珠海湾仔与澳门内港河底人行隧道工程及口岸设施的前期研究工作，并就珠海湾仔与澳门内港之间水域水环境综合整治进行磋商。（珠海市政府）

46．积极推进西部沿海高速公路月环至南屏支线延长线项目建设，确保2016年建成通车。推进珠海金鼎至横琴高速公路建设。（珠海市政府，省发展改革委）

47．加快推进珠海220千伏琴韵至澳门CT220（莲花）站第3回线路工程建设，力争2015年建成；220千伏烟墩站至新澳站2回线路确保“十三五”规划期间建成，形成对澳供电第三通道。加快500千伏加林站和相关配套输变电工程建设进度，保障澳门经济社会发展需求。（南方电网公司，省发展改革委，珠海市政府）

48．推广应用航行港澳小型船舶检疫监管系统，适时启动供澳活牛电子耳标的开发实施工作，着力提升通关信息化和智能化水平。（广东、珠海检验检疫局）

49．加快研究制定澳门机动车进出横琴管理暂行办法，规范澳门入出横琴新区车辆的管理，促进两地便捷往来。（省公安厅）

50．配合推进内地驾驶证与澳门驾驶执照免试互认换领工作，实现内地小型汽车（C1）、小型自动档汽车（C2）类驾驶证和澳门轻型汽车（B）类驾驶执照的免试互认换领。（省公安厅）

51．积极筹措建设资金，加强项目资金监管，确保跨境重大交通基础设施项目建设顺利进行。（省财政厅、发展改革委、交通运输厅）

52．制订年度应对咸潮方案，保障珠澳供水安全。共同签署《关于建造第四条对澳供水管道工程及平岗—广昌原水供应保障工程的合作协议》，加快推进第四条对澳供水管道工程及平岗—广昌原水供应保障工程建设。（省水利厅，珠海市政府）

53．按照中央统一部署，配合推进明确澳门特别行政区习惯水域管理范围和陆地界线相关工作。（珠海市政府，省港澳办、民政厅、海洋渔业局）

四、社会公共服务

54．继续推动两地高校开展合作办学和科研交流。配合澳门特区政府做好对在广东就读幼儿园及中小学的澳门籍幼儿、学生提供学费津贴资助计划相关工作，支持两地中小学、职业院校加强校际交流。（省教育厅）

55．加强与澳门社会保障基金在养老保障方面的合作，增进业务交流、研讨，推动签署合作协议，促进两地养老保险领域合作。（省人力资源社会保障厅）

56．以粤澳新通道建设为契机，加强珠澳跨境河涌综合整治工作，共同保护两地水环境安全。（珠海市政府）

57．推进区域大气联合防治工作，共同维护粤港澳珠江三角洲区域空气监测网络，联合发布珠三角空气质量信息，推进改善珠三角空气质量的$PM_{2.5}$相关研究工作。（省环境保护厅）

58．继续深化粤澳环保产业及技术交流，积极参与2015年澳门国际环保合作发展论坛及展览。（省环境保护厅）

59. 继续推动澳门惰性拆建物料和废旧车辆转移至广东处置项目的落实。（省环境保护厅、海洋渔业局）

60. 办好粤港澳劳动监察执法培训班，积极参加在澳门举行的粤港澳劳动监察合作会议。加强劳动监察方面的政策宣传，在广东省劳动关系重大立法过程中广泛听取港澳意见。（省人力资源社会保障厅）

61. 以粤澳法律问题协商与合作专家小组为平台，积极开展粤澳法律事务合作，务实开展专题研讨、人员培训、立法建议相互通报和咨询等合作，建立促进两地紧密合作的法律事务协调机制。（省法制办）

62. 加强粤澳应急管理合作。加快推进粤澳应急平台互联互通建设。双方定期开展联合应急演练。协调做好港珠澳大桥应急救援通行政策相关方案研究。深化澳门大学横琴校区应急合作协议，定期轮流组织演练。共同争取国家支持建立粤澳应急救援队伍在协同处置突发事件时快速进入对方辖区的“绿色通道”。（省政府应急办）

63. 继续深化珠海淇澳—澳门路氹城生态区生态教育及科研交流，加强湿地生态管理，共同开展鸟类资源和鸟类栖息地保护监测。开展澳门路氹城—横琴生态保护合作区建设合作。加强濒危动植物物种鉴定合作、执法、培训交流合作。（省林业厅）

64. 继续推动粤澳气象合作，在提升区域数值天气预报技术、提升天气预报预警技术、气候变化研究和交流、优化珠三角和海洋大气综合探测网等方面加强合作。（省气象局）

65. 完善工作机制，全力确保对澳食品、农产品、水、电、石油气及天然气等生活必需品安全稳定供应。（珠海市政府，省发展改革委、商务厅，广东、珠海检验检疫局）

五、机制安排

66. 发挥粤澳发展策略小组机制作用，合作开展有关粤澳合作重点领域及项目政策研究，为促进两地经济社会发展提供决策参考。（省港澳办）

67. 在粤澳合作联席会议机制下，支持中山市与澳门特区政府完善合作专责小组工作机制，定期举行工作会议，推进合作事宜。（中山市政府）

68. 在粤澳合作联席会议机制下，完善珠澳合作会议及工作小组机制建设，根据需要增设相应工作小组。继续举办珠澳合作发展论坛，搭建珠海和澳门业界互动交流平台，为两地协同发展建言献策。（珠海市政府）

69. 支持两地在粤澳合作联席会议机制下建立气象科技合作工作机制，签署气象科技合作协议，推进合作的广度和深度。（省气象局）

索　引

说　明

一、本索引采用主题分析方法，款目按汉语拼音字母（同音字按声调）顺序排列。

二、文中的类目题、分目题用黑体字标示，其余用宋体字排印。

三、索引款目后的数字表示内容所在的页码，数字后的拉丁字母（a、b）表示栏别（即版面的左、右栏）。

四、同一主题的内容在文中多处出现的，在其款目后用不同的页码标明。

五、《大事记》《珠江三角洲发展研究论文摘要》《文献法规》等篇目未作索引。

六、为方便从不同名词术语检索相关内容，索引中部分主题词使用“见”，作相互参照。

条目索引

数字

A

B

C

D

K

L

M

N

P

Q

R

X

Y

Z

表格索引

随文图片索引